Das Urkataster der Gemeinde Lamberti 1828–1829

Das Urkataster der Gemeinde Lamberti 1828–1829

Grundeigentümer in Karten und Tabellen

Bearbeitet von Dieter Overhageböck

Herausgegeben vom Stadtarchiv Münster: Peter Worm

Aschendorff Verlag

QUELLEN UND FORSCHUNGEN
ZUR GESCHICHTE DER STADT MÜNSTER
Neue Folge

Herausgegeben vom Stadtarchiv Münster:
Peter Worm

Die Neue Folge der Reihe
erscheint ab 1989 in drei Serien:
Serie A: Sammelbände
Serie B: Monographien
Serie C: Quelleneditionen

Das vorliegende Werk ist
Neue Folge, 29. Band

Gedruckt mit freundlicher Unterstützung
des Landesarchivs NRW

Bibliografische Information der Deutschen Bibliothek
Die Deutsche Bibliothek verzeichnet diese Publikation in der
Deutschen Nationalbibliografie; detaillierte bibliografische Daten
sind im Internet über <http://dnb.ddb.de> abrufbar.

Einband: Gemeinde Lamberti, Urhandriss der Flur 7-2, Haus Geist,
Abteilung No. 7 von 1829 (Ausschnitt)
Original im Kataster- und Vermessungsamt der Stadt Münster

www.aschendorff-buchverlag.de

Printed in Germany
Gedruckt auf säurefreiem, alterungsbeständigem Papier ♾
ISBN 978-3-402-14560-9

Inhalt

Zwei Sonderkarten 1:7 500 als Beilagen im hinteren Schuber im Format A0

Sonderkarte 1: Gemeinde Lambert im Gesamtbild der 12 Fluren, Stand 1828-1829

Sonderkarte 2: Gemeinde Lamberti im Gesamtbild der 12 Fluren, Stand 1828-1829, im Zusammendruck mit der Situation von 2013

I. Thomas Tippach
Vorwort
Der rheinisch-westfälische Kataster. Entstehung und quellenkritische Bemerkungen

Der vierte Band der Edition des Urkatasters der Stadt Münster befasst sich mit der ehemaligen Landgemeinde St. Lamberti, die sich über einen südlich der Innenstadt gelegenen Streifen des heutigen Stadtgebiets von Mecklenbeck bis zur Loddenheide erstreckt. Sie wurde in den Jahren 1828/1829 in einer bis heute beeindruckenden Genauigkeit aufgenommen und kartiert. Die preußische Landaufnahme hatte Vorläufer und diente vor allem einer gerechten Steuerfestlegung. Die Entwicklung und der Entstehungskontext wird im Folgenden dargestellt; er gilt in vergleichbarer Weise auch für die bereits erschienenen Bände der Edition, die die Altstadt von Münster und die Gemeinden Nienberge und St. Mauritz betreffen.

Der Begriff Kataster ist von dem mittellateinischen Wort capistratum abgeleitet und somit als Kopfsteuerliste zu übersetzen. Die Arbeitsgemeinschaft der Vermessungsverwaltungen der Länder der Bundesrepublik Deutschland definiert den Begriff als „Sammelbezeichnung für Verzeichnisse und graphische Darstellungen gleichartiger Gegenstände, die meist in Wortverbindungen wie beispielsweise Liegenschaftskataster, Weinbaukataster, Jagdkataster, Deichkataster [...] gebraucht wird, um den wesentlichen Inhalt, den Zweck oder die Form eines bestimmten Katasters zu bezeichnen“.[1] Die in dieser modernen Definition hier nur verkürzt wiedergegebene Liste lässt sich in historischer Perspektive ohne weiteres verlängern. Hingewiesen sei hier nur auf die für zahlreiche Städte und Gemeinden vorliegenden Brandkataster oder die im Zusammenhang mit der Unterbringung der bewaffneten Macht zu führenden Einquartierungskataster. Es ist aber nicht nur die fraglos noch durch zahlreiche andere Beispiele zu ergänzende Liste, die die moderne Definition in historischer Perspektive nur als bedingt brauchbar erscheinen lässt. Die gemäß der Definition offenkundig unabdingbar zum Kataster gehörende graphische Darstellung ist erst eine relativ junge Erscheinung, die sich nur allmählich durchsetzte und keineswegs zum festen Bestandteil eines jeden Katasters wurde. Die bereits erwähnten Einquartierungskataster liegen meist nur als Textkataster vor und ebenso sind die Brandkataster in aller Regel ohne kartographische Umsetzung erstellt worden.

Aber auch die im Zuge von Grundsteuerfestsetzungen aufgestellten Kataster sind bis weit in die Neuzeit hinein vielfach nur als Textkataster geführt worden. Aufgrund des Aufschwungs, den die Vermessungstechnik und die Kartographie im 16. Jahrhundert insbesondere in den Niederlanden nahmen, verwundert es nicht, dass es hier besonders früh zu einer Verbindung von Textkatastern mit Karten kam, denen eine entsprechend der zeitgenössischen Vermessungstechnik exakte Parzellaraufnahme zugrunde liegt. Eine nicht zu unterschätzende Rolle spielte hierbei die Bedeutung des Deichunterhalts, die bereits seit dem ausgehenden 15. Jahrhundert zunehmend als eine öffentliche Aufgabe angesehen wurde. Um eine gerechte Aufteilung der Deichlasten zu erreichen, wurde bereits 1533 eine Katasteraufnahme angeordnet. Auch im Rahmen der Landgewinnung entstanden exakte Karten, die in erster Linie für die Landzuweisung unabdingbar waren. Seit dem 17. Jahrhundert wurden diese Karten sogar gedruckt. Hatte die Publikation den primären Zweck, Kapital für die Landgewinnungsmaßnahmen zu akquirieren,[2] so dürfte den Karten auch ein symbolischer Wert für das holländische Selbstverständnis nicht abgesprochen werden, wird in ihnen doch dokumentiert, welche Fortschritte in dem Bestreben erzielt worden waren, dem Meer Land abzuringen.[3]

Es ist freilich nicht nur die frühe Verbindung von Text und Karte, die den Ausblick auf die Niederlande notwendig erscheinen ließ, denn ohne die niederländischen Einflüsse sind beispielsweise die Vermessungen und Kartierungen im Herzogtum Kleve seit der zweiten Hälfte des 16. Jahrhunderts nicht zu erklären. Auch hier war es der Deichunterhalt, der zu einer genauen Vermessung und Erfassung des geschützten Landes führte. Erfolgte dies ursprünglich nur in Listenform, so findet sich seit der zweiten Hälfte des 16. Jahrhunderts zunehmend auch eine kartographische Erfassung der jeweiligen Deichschauen. Insbesondere im Gefolge der 1575 von Herzog Wilhelm von Kleve erlassenen Deichordnung lassen sich Neuvermessungen und Kartierungen finden. Offenkundig erwiesen sich kartographische Darstellungen als geeigneter, um die Deichlasten gerecht zu verteilen. Die Vermessung beschränkte sich dabei auf diejenigen Grundstücke, deren Nutzungsberechtigte zum Deichunterhalt verpflichtet waren. Entstanden sind hierbei freilich zum Teil nur unmaßstäbige Handrisse, die unter Umständen nicht einmal die Parzellengrenzen exakt wiedergaben. Die räumliche Darstellung erfüllte allerdings ihren Zweck, denn in erster Linie war sie als Find- und Orientierungshilfe gedacht.[4] Mithin kann man hier von pragmatischer Bildlichkeit sprechen.[5] Gleichwohl wurden die Ergebnisse dieser Vermessungen insbesondere mit Blick auf die in ihr enthaltenen Flächenangaben als überaus zuverlässig eingeschätzt, so dass im Rahmen der klevischen Katasteraufnahme im ersten Drittel des 18. Jahrhunderts auf eine Vermessung und Kartierung der Gebiete der Deichschauen verzichtet wurde.[6]

Diese frühen Aufnahmen beschränken sich durchweg auf kleinere, überschaubare Gebiete. Ihre Entstehung ist meist auf einen konkreten Anlass zurückzuführen oder war mit einem bestimmten Zweck verknüpft. Erst seit der zweiten Hälfte des 17. Jahrhunderts trat ein allmählicher Wandel ein.

Bekanntlich verlangte die Erweiterung der Staatsaufgaben in der Zeit nach dem Dreißigjährigen Krieg zunehmend eine Verbesserung der Einnahmesituation. Auf der einen Seite bemühten sich die Landesherren um eine Erhöhung ihrer Einkünfte aus dem Domanialbesitz. Um eine Grundlage für eine Nutzungsintensivierung zu schaffen, waren genauere Kenntnisse über diese Besitzungen erforderlich. Die kartographische Erfassung erschien den Landesherren in zahlreichen Territorien als ein hierzu geeignetes Mittel. Ihren Niederschlag findet diese Entwicklung in einer wachsenden Zahl von großmaßstäbigen Gemarkungskarten seit der zweiten Hälfte des 17. Jahrhunderts. Den Vermessungen lagen in den wenigsten Fällen allgemeine Vorgaben zugrunde, so dass z.B. die Maßstäbe der überlieferten Karten auch innerhalb einer Landesherrschaft häufig variierten. Auf der anderen Seite galt es, die Steuereinnahmen neu zu regulieren. Insbesondere im Bereich der Grundsteuererhebung war nach den Umwälzungen der Eigentumsverhältnisse im Gefolge des Dreißigjährigen Krieges eine Reform der den Steuern zugrundeliegenden Register dringend erforderlich. Eine wachsende Zahl von Klagen in nahezu allen Territorien des Alten Reichs belegt zudem die Unzufriedenheit der betroffenen Bevölkerung mit dem bestehenden Steuersystem.

Entsprechend finden sich in den meisten Staaten Ansätze zu einer Katasterreform. Da der absolutistische Staat mit seinem Interesse an Rationalisierung und Effizienzsteigerung in der Verwaltung in Karten ein geeignetes Mittel zur Durchdringung und Aneignung des Raumes erblickte – erinnert sei hier nur an die großen Landesaufnahmen des 18. Jahrhunderts, die ausschließlich politischen und administrativen Zwecken dienten,[7] – verwundert es nicht, dass auch vielfach die Verbindung von Textkataster und Kartenaufnahme angestrebt wurde. Ohne Anspruch auf Vollständigkeit sei hier nur auf die entsprechenden – freilich nur zum Teil realisierten – Bestrebungen im Kurfürstentum Bayern (1745), in Baden (1755), im Fürstentum Osnabrück und auf den u.a. aufgrund der verwendeten Messmethode und der Verbindung mit einer generellen Landesaufnahme als wegweisend eingestuften Mailänder Kataster, dessen Aufnahme Karl VI. 1718 angeordnet hatte, der aber innerhalb der Länder des Hauses Österreich ohne Nachfolger blieb.[8]

In Nordwestdeutschland war es zunächst das Herzogtum Jülich-Berg, in dem Herzog Philipp Wilhelm 1669 eine allgemeine Vermessung anregte, doch lehnten die Stände den Vorstoß aus Kostengründen, aber wohl auch weil sie eine Einschränkung ihrer privilegierten Stellung befürchteten, ab. Im folgenden Jahr begann daher nur eine allgemeine Güteraufzeichnung, die als Grundlage der Steuererhebung diente. Die immer deutlicher hervortretenden Mängel dieser Aufzeichnung veranlassten 1743 den Landesherrn zu einem erneuten Vorstoß zu einer Landesvermessung. Als Basis für die Taxierung der Grundstücke sollte der Pachtwert herangezogen werden. Gegen das Vorhaben erhoben die Stände Klage, so dass das Projekt 1747 zwischenzeitlich eingestellt werden mußte. Zwar wurden die Arbeiten 1750 wieder aufgenommen, um endgültig 1752 noch vor der Erfassung aller Grundstücke eingestellt zu werden. Immerhin trug das Vorhaben dazu bei, innerhalb des Herzogtums ein einheitliches Maßsystem durchzusetzen.[9]

Der Widerstand der Stände war auch das entscheidende Hindernis für die Katasteraufnahme des Herzogtums Kleve. Dieses Vorhaben ist das umfassendste Projekt im nordwestdeutschen Raum in der ersten Hälfte des 18. Jahrhunderts.[10] Bereits im Verlauf des 17. Jahrhunderts finden sich im Herzogtum Kleve erste Ansätze zu einer besseren Erfassung des platten Landes, da sich die vorliegenden Register als lückenhaft erwiesen. Hingewiesen sei hier nur auf die Veränderungen der landwirtschaftlichen Nutzfläche durch Veränderungen des Rheinlaufs. Um auf diese Schwankungen zu reagieren, war 1640 der Beschluss gefasst worden, den Kataster jährlich zu revidieren. Diese auch von den Ständen mitgetragene Entscheidung blieb jedoch folgenlos. Wahrscheinlich aufgrund des Hochwassers von 1701, das beachtliche Schäden anrichtete, wurde eine neue Vermessung angeordnet, die auf eine gleichmäßigere Verteilung der Steuerlast zielte. Da das Vorhaben sich nicht nur auf eine Vermessung der kontribuablen (= abgabepflichtigen) Güter beschränkte. sondern auf eine Erfassung des gesamten Territoriums abzielte, stieß es diesmal auf heftigen Widerstand der Stände. Vor allem die adeligen Grundbesitzer befürchteten, dass die von ihnen vielfach als Pachtgüter ausgegebenen Ländereien, die bislang in den Steuermatrikeln nicht erfasst waren, nun zur Steuer herangezogen würden. Es gelang den Ständen 1705, eine Einstellung der Vermessungsarbeiten, die in den entsprechenden Gebieten auf die bereits erwähnten Deichkataster zurückgegriffen hatten, zu erreichen.

Die brandenburgischen Verwaltungsbehörden in Kleve drängten in der Folgezeit in Berlin auf eine Wiederaufnahme der Katasterarbeiten. Da die Vorteile des Projekts auf der Hand lagen, ordnete Friedrich Wilhelm I. die Wiederaufnahme an, die zwischen 1731 und 1738 durchgeführt wurde. Das Vorhaben erwies sich als überaus kostenträchtig. Beim Abschluss der Vermessung hatten sich die Kosten gegenüber den ersten Anschlägen weit mehr als verdoppelt. Die Vermessung sollte auf der Basis einer Triangulation (Dreiecksmessung) erfolgen. Zwar wurde kein landesweites Dreiecksnetz angelegt, aber offenkundig wurden zumindest die jeweiligen Gemarkungen der Ämter und Städte mit einem entsprechenden Netz überzogen, so dass die einzelnen, als Inselkarten ausgeführten Blätter einer Gemarkung in einem konstruktiven Zusammenhang stehen.[11] Die Karten zeigen parzellengenau die Eigentumsgrenzen und die unterschiedlichen Kulturarten und Gebäude. Außerhalb steuerbarer Grundstücke ist die Kartierung freilich weniger präzise. So bricht beispielsweise häufig die Darstellung von Verkehrswegen unvermittelt ab, sobald sie durch extensiv genutzte Heidegebiete führen.[12]

So bedeutsam die Aufnahme auch ist – erstmals wird hier im nordwestdeutschen Raum ein Territorium flächendeckend erfasst – so bleibt sie doch mit Blick auf ihren eigentlichen Zweck hinter den Erwartungen zurück. Eine Bewertung des Bodens erfolgte nicht, so dass eine gleichmäßigere und gerechtere Verteilung der Grundsteuern ein Desiderat blieb.

Wie angedeutet scheiterte in den meisten Staaten eine Katasterreform aus Kostengründen und am Widerstand der Stände. In der staatswissenschaftlichen Theorie bestanden indes keine Zweifel an den Vorteilen einer Vermessung und Kartierung von Grund und Boden. Mit der Forderung der Kameralisten, das gemeine Beste zum Staatsziel zu erheben, verband sich auch eine Rechtfertigung des staatlichen Besteuerungsrechts. Wenn, wie es Johann Heinrich Gottlob von Justi formulierte, alle Bürger und Einwohner an der Wohlfahrt des Staates „gleichen Antheil" hatten, hatten sie auch entsprechend ihrem Vermögen die gleichen steuerlichen Lasten zu tragen. Sichtbarster Ausdruck des Vermögens seien „die Grundstücke", die daher in der Regel mit einer Steuer belegt seien. Aber aus dem bestehenden Steuersystem mit seinen veralteten Registern entstünden „öfters Streitereien". Aufgrund dieser Entwicklung sei es erforderlich, exakte Lagerbücher anzulegen, die auf Vermessungen basierten und die durch Pläne zu ergänzen seien. Entscheidender war jedoch die Forderung nach einer Abschätzung des Bodens und der Bebauung, denn nur so ließ sich die Grundbesteuerung mit den Steuerprinzipien der Kameralistik, die auf eine Besteuerung abschöpfungsfähiger Gewinne zielten, vereinbaren. Erst die Klassifikation des Bodens bot hierzu einen Maßstab.[13] Inwieweit diese theoretischen Grundlegungen die tatsächliche Steuerpraxis beeinflussten, sei dahingestellt. Die geforderte Aufhebung von Exemtionen in der Besteuerung war ohnedies bis in die französische Zeit nicht durchzuführen.

Mit dem in der französischen Revolution durchgesetzten Prinzip der Gleichheit aller Menschen vor dem Gesetz mussten die bisherigen Steuerprivilegien fallen. Demnach bedurfte es auch einer Neuregulierung der Grundsteuer, bei der eine Besteuerung nach dem Prinzip der Leistungsfähigkeit angestrebt werden sollte. Obwohl die Verwaltung von der Effektivität eines allgemeinen Katasters überzeugt war, wurde aus Zeit- und Kostengründen von diesem Vorhaben abgesehen. Die verschiedenen in der Folgezeit gewählten Lösungsansätze hinterlassen den Eindruck eines Trial and Error-Vorgehens. Zunächst wurde versucht, die Grundsteuerrollen allein auf der Basis von Eigentumsdeklarationen zu erneuern.[14] Dieser Versuch erwies sich rasch als Fehlschlag, gleichwohl entschied man sich nach wie vor gegen eine Parzellarvermessung. Stattdessen wurden in einzelnen durch Los bestimmten Gemeinden die jeweiligen Kulturarten vermessen. Deren Verbreitung in dem jeweiligen Departement diente als Grundlage der Steuerrepartition (Aufteilung der Steurlast auf die jeweiligen Departements) . Dieses sogenannte Kulturmassenkataster stieß auf erhebliche Kritik der betroffenen Bevölkerung, da hiermit eine ungleiche Verteilung der Steuerlast letztlich fortgeschrieben wurde. 1805 fiel daher die Entscheidung, die Eigentumsverhältnisse stärker zu berücksichtigen. Hierzu wurde die Gesamtfläche einer Gemeinde vermessen. Diese Größe diente lediglich als Kontrollgröße für die von den einzelnen Grundbesitzern geforderten Erklärungen über ihren Besitz. Die Ergebnisse dieses Verfahrens, das auch in den Großherzogtümern Hessen-Darmstadt und Berg – hier beim Aufbau eines vorläufigen Katasters – Anwendung fand, waren vollständig unbefriedigend. Obwohl etwa im Großherzogtum Berg die Konfiskation des nicht gemeldeten Grundeigentums drohte, wurden letztlich nur 187 von 300 Quadratmeilen angegeben.[15] Ob hierbei in jedem Fall eine bewusste Steuerhinterziehung anzunehmen ist, scheint zumindest fragwürdig. Es dürfte einem Teil der Bevölkerung sicherlich schwergefallen sein, die tatsächlichen Flächengrößen ihres Eigentums anzugeben.

Aufgrund des Misserfolgs dieses Verfahrens entschied man sich 1808, in den zum Kaiserreich Frankreich gehörenden Gebieten eine Parzellarvermessung vorzunehmen. Die Vermessungsvorschriften sahen zunächst nicht den Aufbau eines trigonometrischen Netzes vor, entsprechend zeigte sich rasch die Unzulänglichkeit der Kartenaufnahmen, denn die Flurkarten, die als Inselkarten erstellt wurden, ließen sich nicht aufeinander beziehen. Daher wurde noch im selben Jahr beschlossen, zumindest für jede Katastergemeinde ein trigonometrisches Netz zu entwerfen. Die Arbeiten konnten bis 1813 nicht abgeschlossen

werden und nur in wenigen Gemeinden, z.B. Köln und Bonn, wurden sie als Grundlage der Steuererhebung genutzt.
Im Großherzogtum Berg war nach dem niederschmetternden Ergebnis der Selbsteinschätzung zunächst eine Vermessung des Grundeigentums gänzlich eingestellt worden. Verantwortlich hierfür waren aber nicht zuletzt auch die personellen Wechsel in der Regierung. 1812 wurde zwar die Landesvermessung wieder aufgenommen, doch gelang im Großen und Ganzen nur noch die Schaffung einer Vermessungsgrundlage durch die Anlage eines trigonometrischen Netzes erster und zweiter Ordnung durch Johann Friedrich Benzenberg, in das später die im Rahmen der Gemeindevermessung anzulegenden trigonometrischen Netze eingebunden werden sollten. Lediglich einzelne Flurkarten entstanden in den Jahren 1814 und 1815.
Das Herzogtum Westfalen war im Gefolge des Reichsdeputationshauptschlusses an die Landgrafen von Hessen-Darmstadt gefallen. Der neue Landesherr begann unverzüglich mit einer Neuordnung des Steuer- und Abgabenwesens. Bereits im Oktober 1803 verordnete er die Erstellung eines Kataster für die bislang schatzfreien Güter.[16] Da bislang für das Herzogtum ein Grundsteuerkataster vollständig fehlte, erfolgte diese Maßnahme lediglich im Vorgriff auf eine allgemeine Rektifikation (Berichtigung) des Steuerwesens. Der Versuch 1804 eine allgemeine Vermögenssteuer einzuführen, die auf einer Selbsteinschätzung der Grundbesitzer basierte, erwies sich ebenso wie in den französischen Gebieten oder im Großherzogtum Berg als Fehlschlag.[17] Aber es sollte noch bis 1807 dauern, bis eine Kommission eingesetzt wurde, die die Besteuerung auf eine neue Grundlage stellen sollte. Im Januar des Jahres wurde die Anlage provisorischer Feld- und Lagerbücher für das gesamte Land veranlasst. Erfasst werden sollten alle im jeweiligen Gemeindebezirk liegenden Grundstücke „nach Ordnung ihrer Lage“. Gleichzeitig sollten diese Bücher Angaben über den Besitzer, die Größe des jeweiligen Grundstücks und die Kulturart enthalten. Um eine gerechtere Steuererhebung vornehmen zu können, sollten jedoch alle Grundlasten erfasst werden und eine Bonitierung des Bodens vorgenommen werden. Hierzu wurde ein Verfahren in Analogie zum französischen Kulturmassenkataster gewählt. Obwohl lokale Unterkommissionen eingesetzt wurden, um das Verfahren zu beschleunigen, sollte es bis zum Ende des Jahres 1811 dauern, bis der provisorische Kataster abgeschlossen werden konnte. Eine allgemeine Landesvermessung war hiermit ausdrücklich nicht verbunden. Erst am 15. 9. 1810 wurde eine allgemeine Landesvermessung angekündigt,[18] wobei zunächst die Vermessung des trigonometrischen Netzes zweiter Ordnung im Mittelpunkt stand. Ab 1813 scheint die Vermessung in ihre nächste Phase getreten zu sein, denn in diesem Jahr sollten weitere Geometer ausgebildet werden, die je nach Ausbildung entweder vollständige Fluren, Gewanne oder lediglich eine Parzelle (s.u.) aufnehmen sollten.[19] Fraglos waren die Vermessungsarbeiten im Herbst 1813 angelaufen, aber es scheint nicht zu einem Abschluss der Arbeiten gekommen zu sein, denn in den Akten der Katasterverwaltung im Bereich der Bezirksregierung Arnsberg im Landesarchiv NRW Abteilung Westfalen findet sich kein Hinweis auf die Verwendung von Karten des „Hessen-Katasters“ im Rahmen der preußischen Katasteraufnahme.
Mit dem Ende der napoleonischen Herrschaft und dem Übergang der Gebiete zwischen Rhein und Weser an den preussischen Staat sah sich die Verwaltung vor die Aufgabe gestellt, in den zurückgewonnenen bzw. neu erworbenen Provinzen die Steuerverfassung zu vereinheitlichen.[20] Zwar war bereits 1810 eine allgemeine Katastrierung des preußischen Staatsgebiets angekündigt worden, doch war das Gesetz bislang noch nicht umgesetzt worden. In der Zentralregierung in Berlin hatte sich ohnedies inzwischen der Widerstand gegen dieses Vorhaben formiert und 1820 wurde schließlich im Rahmen der Steuergesetzgebung lediglich festgestellt, dass eine allgemeine Revision der Grundsteuer für nötig erachtet werde. Vor dem Hintergrund der mit der Verfassungsfrage verknüpften Steuergesetzgebung war aber eine Änderung in absehbarer Zeit nicht zu erwarten. Der Gesamtbetrag der Grundsteuer wurde daher wie bisher auf die einzelnen Provinzen verteilt, die wiederum die Unterverteilung vornehmen mussten. Die in den ehemals zum Königreich Westfalen und zum Großherzogtum Hessen gehörenden Gebiete der preußischen Westprovinzen übliche Steuererhebung nach dem Quotitätsprinzip (die Steuererhebung erfolgte auf der Grundlage regelmäßig erneuerter Quoten des Reinertrages) wurde aufgehoben.

In der Provinzialverwaltung der Westprovinzen setzte sich angesichts der Kritik aus der Bevölkerung an der Steuerpolitik allmählich die Überzeugung durch, dass eine gerechte Steuerverteilung nur durch eine vollständige Vermessung und Bonitierung des Landes zu erreichen sei. Nicht zuletzt waren es die relativ positiven Erfahrungen mit der französischen Gesetzgebung seit 1808, die diese Haltung begünstigten. 1818 zunächst für die linksrheinischen Gebiete die Katasteraufnahme fortgesetzt. Im folgenden Jahr fiel nach heftigen Debatten die vorläufige Entscheidung, mit den Vorarbeiten zur Parzellarvermessung in den rechtsrheinischen Teilen der Provinzen Großherzogtum Niederrhein, Kleve-Jülich-Berg und auch in Westfalen zu beginnen. Gleichzeitig sollten die notwendigen Ausführungsbestimmungen erarbeitet werden. Auf der Grundlage der 1822 veröffentlichten Vorschriften erfolgte schließlich die Vermessung, die aber in den Provinzen nicht unumstritten war.
Plattform des Widerstands waren die 1826 erstmals zusammengetretenen Provinzialstände. Die in diesem Jahr vorgelegte Landtagsproposition enthielt u.a. einen Antrag auf Erhöhung der Umlage zur Erstellung des Katasters und bot somit dem opponierenden Adel die Gelegenheit zu einer grundsätzlichen Auseinandersetzung mit der ungeliebten Parzellarvermessung.[21] Einerseits wurde eine Ausdehnung des Katasters auf den gesamten preußischen Staat gewünscht – eine Forderung, die fraglos auf ein Scheitern des gesamten Vorhabens abzielte, da sich die ständischen Vertreter des Widerstands der adeligen Grundbesitzer in den östlichen Provinzen der Monarchie bewusst waren. Um die politische Zielrichtung nicht allzu deutlich werden zu lassen, wurden gleichzeitig Alternativen angeregt. Zum einen wurde vorgeschlagen, zu dem in der französischen Zeit zeitweilig eingeführten Verfahren der Selbstdeklaration zurückzukehren. Andere Stimmen forderten mit Blick auf die bayerischen Erfahrungen, auf eine separate Vermessung für die Katasterarbeiten zu verzichten.[22] Stattdessen sollte das Militär mit der Vermessung beauftragt werden, wodurch die Grundlage für eine allgemeine Landesaufnahme gelegt und die Kosten für die Katasteraufnahme gesenkt würden. Letztlich lehnte aber das preußische Finanzministerium diese Vorstöße ab. Die Katasteraufnahmen wurden in den folgenden Jahren fortgesetzt und konnten 1834 in beiden Provinzen abgeschlossen werden. Auf der Grundlage der Ergebnisse der Katastervermessung wurde 1839 schließlich das Grundsteuergesetz für die westlichen Provinzen des preußischen Staats verabschiedet, das 1844 um die Verordnung zur „periodischen“ Revision des Katasters ergänzt wurde. Diese Verordnung schrieb erstmals auch eine Vermarkung der Parzellengrenzen vor, sofern Grundbesitzveränderungen eingetreten waren. Die gesetzlichen Regelungen blieben bis 1861 in Kraft. Die in diesem Jahr verabschiedete Gesetzesreform sah eine Trennung in eine separate Grund- und Gebäudesteuer vor, die jeweils auf einer Parzellarvermessung basierte und mit der nun erstmals auch für die östlichen Provinzen des preußischen Staates eine Katasteraufnahme eingeführt wurde.
Zur Ermittlung der zu leistenden Grundsteuerbeträge in der Rheinprovinz und in Westfalen war seit 1822 eine Parzellarvermessung und eine anschließende Abschätzung vorgesehen. Hierzu hatte der beauftragte Geometer in einem ersten Schritt unter Beteiligung der jeweiligen Kommunalverwaltung zunächst die Grenze der Gemeinde zu vermarken und hierüber eine Handzeichnung anzufertigen, die die Entfernung zwischen den Grenzzeichen und die jeweiligen Winkel „ungefähr“ angab. Die tatsächliche Grenze wurde durch die Ergebnisse der Parzellarvermessung festgelegt. Allerdings mussten die hier aufgenommenen Grenzen nicht unbedingt deckungsgleich mit dem politischen Gemeindegebiet sein. Die Verordnung von 1822 sah zwar vor, dass bei Grenzstreitigkeiten zwischen einzelnen Gemeinden zunächst der Grenzverlauf bis zu einer möglichen Entscheidung der Kommunalaufsichtsbehörden auf den Karten

nur vorläufig festgelegt werden sollte, gleichzeitig wurde aber der Geometer berechtigt, die betroffenen Gemeinden zu bewegen, „eine möglichst natürliche und unveränderliche Grenze“ anzuerkennen. Da mit der Katasteraufnahme „bloß eine Steuer-Grenze“ [23] festgelegt wurde und die Gerechtsame und das Eigentum der jeweiligen politischen Gemeinde nicht berührt wurden, erschien dieses Verfahren in der Regel als praktikabel. Entsprechend dieser Vorgaben wurden etwa Enklaven in den jeweiligen Steuerbezirk integriert, in dem sie lagen.

Mithin bilden sowohl die Übersichtshandrisse als auch die später anzufertigenden Gemeindeübersichtskarten stets eine Steuergemeinde ab, die keine Rückschlüsse auf die politischen Grenzen zulässt. Das Gemeindegebiet selbst wurde anschließend in Flurstücke aufgeteilt, wobei diese Fluren nicht unbedingt mit älteren Flurkomplexen zusammenfallen mussten. Die in der Regel ortsfremden Geometer sollten den Grenzverlauf in erster Linie an naturräumlichen Begebenheiten ausrichten. Fehlten indes beispielsweise Bachläufe oder dergleichen, musste eine Abgrenzung der Flur durch Grenzzeichen vorgenommen werden. Die Vermarkung der Flurgrenze sollte in der Regel mit Grenzsteinen erfolgen, u. U. konnten aber auch starke Pfähle verwendet werden. Für die anschließende Parzellarvermessung hatten die im jeweiligen Flurbezirk angesessenen Grundeigentümer ihre Grundstücke durch entsprechende Grenzzeichen zu markieren. Eine dauerhafte Vermarkung der Grenzen wurde nicht vorgeschrieben. Für die erforderlichen Katasterrevisionen resultierten aus dieser fehlenden Vorgabe erhebliche Schwierigkeiten, da sich die Grundstücksgrenzen bei den erforderlichen Feldarbeiten nicht immer eindeutig bestimmen ließen, wie bereits der Generalkommissar des Katasters, Rolshausen, bemängelte.[24] Erst die bereits erwähnte Verordnung von 1844 sah eine dauerhafte Vermarkung der Grenzen vor.

In der Regel geht die Forschung davon aus, dass Grundstücksgrenzen wenig variabel sind und somit in den Grenzlinien ältere Zustände konserviert sind. So seien etwa bei der Teilung oder der Vereinigung von Parzellen im Regelfall die alten Grenzlinien erhalten geblieben.[25] Dies dürfte im Großen und Ganzen auch zutreffen, aber gleichwohl sei vor einem allzu sorglosen Umgang mit dieser Annahme gewarnt, denn die in den Katastervorschriften vorgegebene Definition lässt auch andere Interpretationen zu. Eine Parzelle ist demnach ein Grundstück, das in der Regel einem Besitzer eigentümlich gehörte und innerhalb einer Flur lag. Jedoch musste das Grundstück aufgrund der Bedeutung des Katasters für die Steuererhebung einer Kulturart zuzuordnen sein. Zudem mussten Grundstücke, deren Zusammengehörigkeit aufgrund von natürlichen und eindeutigen Grenzen – hierunter wurden ausdrücklich auch Zäune verstanden – nicht ohne weiteres erkannt werden konnte, als zwei verschiedene Grundstücke behandelt werden. In den Städten wurden die bebauten Grundstücke einschließlich der Hausgärten und des Hofraums nur als eine Parzelle angesehen, sofern das Gartenland nicht eine Fläche von 60 Quadratruten (= 851 m²) überstieg. Bei kleineren Grundstücken erfolgte lediglich für die Bonitierung eine Unterscheidung zwischen bebauter und unbebauter Fläche.[26]

Nach der Kennzeichnung der Einzelparzellen konnten sie im Rahmen der Stückvermessung in die oben genannte Handzeichnung eingetragen werden. In der Regel wurden aber jeweils eigene Handrisse (Broullions) für die jeweiligen Fluren oder u. U. auch für Teilfluren angelegt. Die Handrisse wurden unmittelbar auf dem Feld angelegt und „stellen in geschlossenen Fluren und Gewannen die Formen aller Grundstücke mit einer von der genauen Karte nicht merklich abweichenden Ähnlichkeit dar“.[27] Sie enthielten alle Winkel, Linien u. Längenangaben, die für die parallel zu diesen Arbeiten anzufertigende Originalflurkarte erforderlich waren[28]. Falls die Parzellarverhältnisse innerhalb einer Flur zu komplex waren, musste gegebenenfalls in einem besonderen Register die notwendigen Informationen zusammengestellt werden. Die Berechnung der Grundstücksgrößen erfolgte nicht im Feld, sondern auf der Grundlage der Angaben in den Handrissen bzw. den daraus gezeichneten Flurkarten, deren Maßstab je nach Größe der vermessenen Flur variierte. Hierzu konnten Glastafeln und Rechenmaschinen verwendet werden. Gerade dieses Verfahren erwies sich letztlich als wenig zuverlässig. Bereits im 19. Jahrhundert mehrte sich die Kritik an den Ergebnissen dieser Flächenberechnung, die allerdings für den angestrebten Zweck zunächst als durchaus ausreichend anerkannt wurde.[29] Nicht zuletzt schlichen sich bei der Anlage der Flurkarte unbeabsichtigte Übertragungsfehler ein,[30] die bei der hier vorgenommenen Edition dazu zwang, dass die Flurkarten soweit wie möglich im Zusammenhang mit den Handrissen betrachtet worden sind. Die Flurkarten mussten neben den nummerierten Parzellen auch die Namen der Gemeinden, die Bezeichnung der Flur und der einzelnen Höfe sowie das Wege- und Gewässernetz enthalten.

Neben den Handrissen und Flurkarten hatten die Geometer zusätzlich Übersichtskarten für die von ihnen aufgenommenen Steuergemeinden anzufertigen. Diese Karten waren durch Maßstabsreduktion aus den Flurkarten zu entwickeln. In ihnen waren lediglich die Flurgrenzen einzutragen. Die Wiedergabe von Parzellengrenzen war in der Regel nicht vorgesehen.[31]

Parallel zu den kartographischen Arbeiten hatten die Geometer das Flurbuch anzulegen. In der Reihenfolge der Fluren und der einzelnen Grundstücke waren die Eigentümer, die Größe, Lage und Benutzungsart aufzulisten. Bei gemeinschaftlich bewirtschafteten Parzellen war lediglich der Eigentümer aufzunehmen, der den größten Anteil an dem Grundstück besaß. Die Mitbesitzer wurden lediglich summarisch als Teilhaber erfasst. Bei einer gleichwertigen Berechtigung wurde nur der alphabetisch an erster Stelle stehende Eigentümer eingetragen. In jedem Fall mussten aber alle Berechtigten in einem besonderen Verzeichnis aufgenommen werden.[32]

Bevor abschließend über die Ermittlung des Steuerbetrags berichtet wird, muss noch der Blick auf die Grundlagen der Vermessung gerichtet werden. Während in Bayern die seit 1808 durchgeführte Katasteraufnahme von vornherein auf dem gleichen Dreiecksnetz wie die Landesvermessung aufbaute, entspann sich über diese Frage in den zuständigen preußischen Behörden eine kontroverse Debatte. Insbesondere Generalmajor von Müffling, der die topographische Landesaufnahme des Rheinlands leitete, und die Bezirksregierungen in Koblenz und Trier sprachen sich für eine Trennung von Landesvermessung und Kataster aus, eine Position, die sich letztlich durchsetzen konnte. Dabei wurde die Nützlichkeit einer allgemeinen Triangulation zur „Kontrolle und Übersicht der Parzellarvermessung“ zwar nicht bestritten, aber sie galt als nicht unbedingt erforderlich.[33]

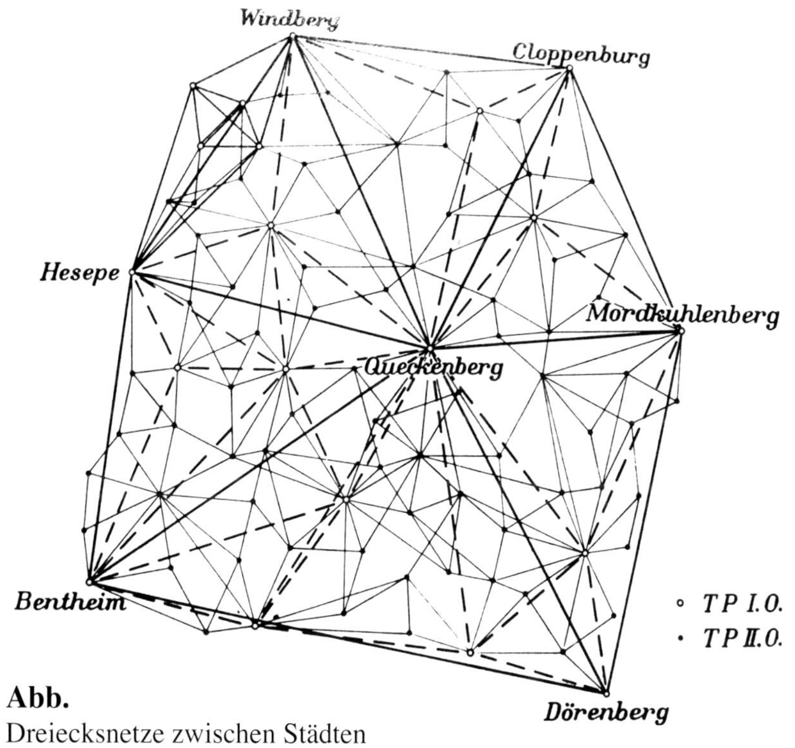

Abb.
Dreiecksnetze zwischen Städten
und Orten mit Trigonomtrischen Punkten (TP) erster und zweiter Ordnung (I. O., II. O.)

Immerhin wurde schließlich in den Vermessungsinstruktionen vorgeschrieben, dass das in jedem Vermessungsdistrikt für die Parzellarvermessung anzulegende trigonometrische Netz (Netz vierter Ordnung) mit dem Netz der jeweiligen Nachbarbezirke zu verbinden sei.[34] Zudem mussten größere Vermessungsdistrikte (21 Quadratmeilen, entspr. 56,25 qkm) durch die Anlage eines Netzes dritter Ordnung in die trigonometrischen Netze höherer Ordnung eingebunden werden.[35] Bereits auf der Godesberger Konferenz 1817 war beschlossen worden, dass das beim Generalstab der Armee ressortierende topographische Büro die hierzu notwendigen Informationen liefern sollte.[36] Allerdings erwies sich die Umsetzung dieser Vorgabe als problematisch, da in den preußischen Westprovinzen mehrere unterschiedliche trigonometrische Netze bestanden. Im Bereich des Großherzogtums Berg war durch Benzenberg seit 1806 ein Dreiecksnetz erster Ordnung vermessen worden.[37]

Das Herzogtum Westfalen war aufgrund seiner zwischenzeitlichen Zugehörigkeit zu Hessen-Darmstadt in das dortige Dreiecksnetz eingebunden worden, das seinen Basispunkt in Darmstadt besaß. Dieses Netz war 1816 auf den gesamten Regierungsbezirk Arnsberg ausgedehnt worden. Hiermit wurde zwar eine Verbindung der beiden Netze geschaffen, aber für die Regierungsbezirke Münster und Minden fehlte nach wie vor ein Trigonometrisches Netz erster und zweiter Ordnung. Das von LeCoq für seine Topographische Karte, die den gesamten nordwestdeutschen Raum abdeckte, vermessene Dreiecksnetz erwies sich für weitere Vermessungen als zu ungenau.[38]

Im linksrheinischen Teil der Rheinprovinzen war im Rahmen der französischen Landesaufnahme durch Tranchot ein Netz vermessen worden, das aber nicht auf eigenen astronomischen Berechnungen basierte, sondern in Nijmegen an das niederländische Netz anknüpfte, das sich auf den Basispunkt Dünkirchen bezog.[39] Schon 1821 war daher beschlossen worden, die Hauptdreieckssysteme in den preußischen Westprovinzen zu vereinheitlichen und auf die Koordinaten des Kölner Doms zu beziehen. Mit Blick auf die Katasteraufnahme blieb diese Entscheidung jedoch zunächst ohne Konsequenzen, da in der Vermessungsinstruktion von 1822 lediglich festgelegt wurde, dass die Koordinaten der trigonometrischen Punkte niederer Ordnung auf den Meridian eines „schicklich gelegenen" Punktes erster Ordnung zu beziehen seien. Erst seit 1824 wurde die Berechnung der Koordinaten in der Regel auf den Kölner Dom bezogen.[40]

Aus dem Nebeneinander der verschiedenen trigonometrischen Netze und unterschiedlichen Koordinatensysteme ergibt sich eine Reihe von Problemen. So wurde unter Umständen bei der Aufnahme benachbarter Katasterverbände der Anschluss an ein jeweils anderes übergeordnetes Netz hergestellt. Mithin können für die trigonometrischen Punkte entlang der gemeinsamen Grenze zwei verschiedene Koordinaten vorliegen. Daraus resultieren beträchtliche Lageungenauigkeiten,[41] die die Fortführung des Katasters erschweren konnten. Bedingt durch die jeweils unterschiedlichen Bezugspunkte der trigonometrischen Netze höherer Ebene traten zudem in den Grenzsäumen erhebliche Klaffungen auf. Auch ließen sich aufgrund der verschiedenen, nur unzureichend aufeinander bezogenen Netze die Kontrollmessungen zur Bestimmung der trigonometrischen Punkte dritter und vierter Ordnung kaum in wünschenswerter Weise realisieren. Insbesondere in Gebieten mit nur wenigen Festpunkten höherer Ordnung wurde der Anschluß meist nur an einer Dreiecksseite des Netzes zweiter oder erster Ordnung durchgeführt. Teilweise wurden auch einfach Parallelen zum Meridian des jeweiligen Punktes erster Ordnung gezogen, ohne dabei die Erdkrümmung zu beachten, so dass selbst für einzelne Gemeinden ganz verschiedene Systeme ohne gegenseitige Übereinstimmung entstanden,[42] und somit auch innerhalb eines Gemeindegebietes bei einer Verbindung der jeweiligen Flurkarten erhebliche Klaffungen auftreten können. Die Schwierigkeiten waren den Behörden bekannt, und es fehlte nicht an Bemühungen, die übergeordneten Netze auszugleichen. Aber erst mit dem von Carl Friedrich Gauß im Rahmen der hannoverschen Landesvermessung entwickelten Verfahren der konformen Abbildung mit längentreuem Hauptmeridian und dem hieraus abzuleitenden Koordinatensystem sowie mit der von ihm entwickelten Methode der kleinsten Quadrate standen Techniken zur Verfügung, die zufriedenstellende Ergebnisse versprachen. 1832 begann daher eine Neuvermessung der trigonometrischen Netze und die entsprechende Einbindung der Katasteraufnahmen.[43]

Aber nicht nur in zeitgenössischer Perspektive erweisen sich die Ergebnisse der Triangulation als problematisch. Für die hier vorgelegte Edition wurden die ursprünglichen Inselkarten zu einer Rahmenkarte zusammengesetzt. Beim Zusammenfügen der einzelnen Inselkarten müssen die, aufgrund der oben skizzierten Unzulänglichkeiten der Dreiecksnetze, auftretenden Klaffungen ausgeglichen werden. Vor dem Hintergrund, dass in der Edition ein Maßstab von 1:7.500 zugrunde gelegt ist – ein Maßstab, mit dem noch Objekte mit einer Kantenlänge von einem Meter relativ problemlos erfasst werden können – wird die Schwierigkeit deutlich bei den hieraus resultierenden Verzerrungen noch eine lagetreue Abbildung zu erhalten. Die Fehlerquellen sind aber nicht nur auf die Schwierigkeiten bei der Einbindung in die übergeordneten Netze zurückzuführen, denn insbesondere in den ersten Jahren der Katasteraufnahme liegen auch den Berechnungen der trigonometrischen Netze unterer Ordnung vielfach mangelhafte Verfahren zugrunde, wie die zahlreichen Beanstandungen der Obergeometer belegen.[44] Zumindest zum Teil lag die Ursache der Fehler an den unzureichenden methodischen Kenntnissen des Vermessungspersonals.[45] Erst im Laufe der Zeit konnte dieses Manko aufgrund einer größeren Routine und besser ausgebildeter Geometer ausgeglichen werden.

Weitere Schwierigkeiten erwachsen in diesem Zusammenhang aus den mangelnden Vorgaben über die Art der Vermessung in den jeweiligen Vermessungsdistrikten, denn die Instruktion vom 22. März 1822 erweist sich hier als erstaunlich undifferenziert. So können benachbarte Vermessungsdistrikte mit voneinander abweichenden Verfahren aufgenommen worden sein, so dass die Vergleichbarkeit zumindest eingeschränkt ist. Es ist hier nicht der Ort, die unterschiedlichen zugelassenen Vermessungsmethoden und deren Qualität im Einzelnen zu erörtern. Es genügt der Hinweis, dass mit abnehmender Zuverlässigkeit des gewählten Verfahrens eine größere Zahl an Dreiecken pro Flächeneinheit vorgeschrieben war, um die der jeweiligen Methode innewohnenden Messungenauigkeiten möglichst gering zu halten. Lediglich die im Rahmen der französischen Katasteraufnahme häufig angewandte Vermessung mit einer Bussole, einem Winkelmessinstrument mit Magnetnadel, wurde im Allgemeinen untersagt, da sich hiermit grundsätzlich nur genäherte Winkelmaße bestimmen ließen.

Diese hier nur grob umrissenen allgemeinen Schwierigkeiten sind mit Blick auf die für die Steuerverteilung wichtigeren Ergebnisse der Parzellarvermessung jedoch zu vernachlässigen. Die preußischen Instruktionen verlangten hier eine Genauigkeit von 1 % bei den geometrischen Arbeiten. Aber diese grundsätzliche Vorgabe galt ausschließlich für Neuaufnahmen. Bei der Verwendung von vorhandenen älteren Karten, die aus Kostengründen zumindest möglich war, wurde ein weniger strenger Maßstab angelegt.

Ungeachtet der geforderten Genauigkeit der Vermessungen fehlte es während des gesamten 19. Jahrhunderts und darüber hinaus nicht an Kritik an der Zuverlässigkeit der Karten und der Vermessungsergebnisse. Die Vorwürfe sind sicherlich nicht in jedem Fall unberechtigt, denn zumindest in der ersten Zeit fehlte es an hinreichend ausgebildetem Personal,[46] dem durch die Einrichtung entsprechender Schulen entgegengewirkt werden sollte. Darüber hinaus zeigen die Stellungnahmen der Aufsichtsbehörden bei der Katasteraufnahme, dass es in Einzelfällen zu pflichtwidrigem Verhalten beim Personal gekommen war. So weigerten sich offenbar die bei der Vermessung in Dortmund beschäftigten Geodäten, brauchbare Handrisse abzuliefern.[47] Auch die Zeichner scheinen – wie bereits angedeutet – nicht in allen Fällen mit der geforderten Sorgfalt gearbeitet zu haben. Die Katasterkommission in Arnsberg bemängelte beispielsweise, dass bei der Erstellung der Reinkarten Fehler aus den Orginalflurkarten übernommen wurden, die bei der genaueren Beachtung der Stückvermessungshandrisse hätten vermieden werden können.[48]

Aber nicht nur diese offensichtlichen Übertragungsfehler lösten Kritik an den Originalflurkarten und den Reinzeichnungen aus. Bei der Darstellung gekrümmter Eigentumsgrenzen etwa waren die Knickpunkte häufig nicht hinreichend deutlich kenntlich gemacht.[49] Ohnedies erscheint die Grenzfestlegung selbst in vielen Fällen als problematisch. Hingewiesen sei hier nur auf die insbesondere im westfälischen Raum geradezu als landschaftstypisches Merkmal geltenden Hecken und Wallhecken, die vielfach den Grenzsaum zwischen zwei Grundstücken bildeten und die u. U. mehrere Meter breit sein konnten und somit eine exakte Festlegung der Grenzlinie kaum möglich erscheinen lassen.

Ungeachtet aller Schwierigkeiten bei der Bestimmung der Eigentumsgrenzen war durch die Vermessungs- und Kartierungsarbeiten eine für die damaligen Verhältnisse exakte Übersicht über die Grundbesitzverhältnisse in den jeweiligen Steuergemeinden geschaffen worden, die für ihren Zweck, die Bestimmung der Steuerleistung der einzelnen Grundbesitzer, völlig ausreichend war. Aus Sicht der damaligen Katasterverwaltung bestand nach einem Vergleich mit den Katasteraufnahmen anderer Staaten des Deutschen Bundes kein Anlass, Änderungen vorzunehmen. Als hilfreich erschien Rolshausen lediglich die Einrichtung von „topographisch-statistischen Bureaus“ auf Kreisebene zur Anfertigung von Kreis- und Amtskarten und die Umsetzung der Karten in Lithographien. Zudem erschien es ihm sinnvoll, das Steuerkataster in ein Eigentumskataster fortzuentwickeln und zur Fortschreibung des Katasters in den einzelnen Kreisen entsprechendes Personal einzustellen.[50]

Zur Festlegung der Steuerleistung musste abschließend noch der Reinertrag des Grundeigentums ermittelt werden. Hierzu wurden zunächst verschiedene Kulturarten (Äcker, Wiesen, Holzungen) festgelegt, die wiederum je nach Bodenqualität in verschiedene Klassen eingeteilt wurden. Genaue Kriterien zur Bestimmung der Bodenqualität wurden nicht in die Vorschrift eingearbeitet, indes sollten hierzu „theoretisch und praktisch gebildete Landwirthe“ hinzugezogen werden.[51] Zur Ermittlung des steuerlichen Reinertrags wurden zusätzlich die durchschnittlichen Marktpreise für Ernteerzeugnisse, die Kosten für die erforderlichen Arbeiten, die Fruchtwechselfolgen, der Rohertrag und die Kosten der Bodenbewirtschaftung herangezogen. Wohnhäuser wurden entsprechend ihres möglichen Mietertrags in Anschlag gebracht. Der Mietertrag errechnete sich aus einem zehnjährigen Durchschnitt unter Abzug eines Viertels des Ertrages, der als Entschädigung für den Bau und Unterhalt galt. Abgezogen wurde zudem der Bodenwert, für den das entsprechend der Klassifizierung „beste Ackerland“ veranschlagt wurde.

Nach Abschluss der Arbeiten wurden für die einzelnen Eigentümer Güterverzeichnisse angelegt, die auf Richtigkeit und Vollständigkeit zu prüfen waren. Erhoben die betroffenen Grundbesitzer keinen Einspruch, wurde auf der Grundlage dieser Zusammenstellungen die Grundsteuermutterrolle angelegt. Dieses Verzeichnis enthält – geordnet nach den jeweiligen Eigentümern – alle Grundstücke in der Reihenfolge des Flurbuchs der verschiedenen Sektionen. Ergänzt wird diese Zusammenstellung durch die summarische Mutterrolle, in der – wie es der Name schon sagt – die Ergebnisse summiert wiedergibt.

Im Rahmen der Katasteraufnahme entstanden somit neben den weitgehend exakten großmaßstäbigen Karten, Grundstücksverzeichnisse und die insbesondere für die Agrargeschichte wichtigen Akten zur Ermittlung des steuerlichen Reinertrags.[52] Die Quellen bilden eine Einheit und müssen stets gemeinsam benutzt werden, eine eigentlich selbstverständliche Forderung, die aber von manchem Benutzer der Katasterkarten nicht hinreichend beherzigt wird.

1 Wittstock, Bernhard, Rechts- u. Verwaltungsvorschriften des preußischen Grundsteuerkatasters 1820-1945, Berlin 2001, S. 15.

2 Vgl. Kain, Roger J.P./ Baigant, Elizabeth, The Cadastral Map in the Service of Stare. A History of Property Mapping, Chicago/London 1992, S. 9, 13.

3 Vgl. grundsätzlich zur Bedeutung von Karten für das holländische Selbstverständnis im 17. Jahrhundert Helgerson, Richard, Genremalerei, Landkarten und nationale Unsicherheit im Holland des 17. Jahrhunderts, in Bielefeld, Ulrich/Engel, Gisela (Hg.), Bilder der Nation: kulturelle und politische Konstruktion am Beginn der europäischen Moderne, Hamburg 1998, S. 123-153, bes. S. 135 ff.

4 Vgl. hierzu grundsätzlich Schreiner, Johannes, Der Schauzwang auf Deich und Schleuse. „Die dwanck od den dijck ind sluese“. Die Entwicklung der Deichschauen am unteren Niederrhein vom Spätmittelalter bis zur Mitte des 17. Jahrhunderts (Schriften der Heresbach-Stiftung Kalkar 2), Kalkar 1995, S. 450-468

5 Den Begriff schlug Mark Mersiowsky in Anlehung an die Überlegungen Hagen Kellers zur pragmatischen Schriftlichkeit vor. Vgl. Mersiowsky, Mark, Aus den Anfängen der Kartographie in Westfalen. Die Mühlen bei Lippstadt (1473), in: Westfälische Zeitschrift 147 (1997), S. 9-18, hier S. 18.

6 Vgl. Aymans, Gerhard, Das Borth-Wallacher Erbenbuch. Eine Rekonstruktion auf der Grundlage der Vermessungsarbeiten des Landmessers Heinrich von Senheim aus dem Jahr 1580, in: Das Erbenbuch der Deichschau Borth-Wallach. Eine Landschaftsaufnahme von 1580 (Schriftenreihe des Kreises Wesel 2), Wesel 1994, S. 55-70.

7 Vgl. etwa: Scharfe, Wolfgang, Von der Gemarkungskarte zur Landesaufnahme, in: Ders./Scheerschmidt, Holger (Hg.), Berlin-Brandenburg im Kartenbild, Berlin 2000; Schlögl, Daniel, Der planvolle Staat. Raumerfassung und Reformen in Bayern 1750-1800 (Schriftenreihe zur bayerischen Landesgeschichte 118), München 2002.

8 Zum Mailänder Kataster siehe Caprai, Carlo/Galli, Giancarlo, The 18th Century Land Register in the State of Milan, in: Manori, Lucca (Hg.), Kataster und moderner Staat in Italien, Spanien und Frankreich (Jahrbuch für europäische Verwaltungsgeschichte 13), Baden-Baden 2001, S. 55-81.

9 Croon, Helmuth, Stände und Steuern in Jülich-Berg im 17. und vornehmlich im 18. Jahrhundert (Rheinisches Archiv 10), Bonn 1929.

10 Zum folgenden siehe Ketier, Kurt, Der Versuch einer Katasterreform in Kleve unter Friedrich Wilhelm I. (Rheinisches Archiv 9), Bonn 1919; Hövelmann, Gregor (Hg.), 250 Jahre Klevisches Kataster. Studien zur Geschichte der Kartographie und des Vermessungs- und Katasterwesens am Niederrhein (Schriftenreihe des Kreises Kleve 4), Kleve 1984; Aymans, Gerhard, Die preußische Katasteraufnahme im Herzogtum Kleve der Jahre 1731-38, in: Erdkunde 40 (1986), S. 14-28.

11 Vgl. Aymans, Die preußische Katasteraufnahme, S. 171.

12 Vgl. Ebd., S. 21.

13 Vgl. von Justi, Johann Heinrich Gottlob, Gesammelte politische und Finanzschriften über wichtige Gegenstände der Staatskunst, der Kriegswissenschaften und des Kameral- und Finanzwesens, Bd. 1 Kopenhagen und Leipzig 1761, ND Aalen 1970, S. 367-371. Siehe hierzu auch Wesely, Daniel, Steuerreform und Katasterreform im Fürstentum Fürstenberg im 18. Jahrhundert, Frankfurt/M u.a. 1995, S. 28 ff. Zu den Grundzügen kameralistischer Steuerpolitik siehe Simon, Thomas, „Gute Policey“. Ordnungsleitbilder und Zielvorstellungen politischen Handelns in der Frühen

Neuzeit (Studien zur europäischen Rechtsgeschichte 170), Frankfurt/ M. 2004, S. 465-481.

14 Vgl. hierzu und im Folgenden: Osthoff, Friedrich, Die Entstehung des Rheinisch-Westfälischen Katasters 1808-1839, Diss. Bonn 1950, S. 49ff.; Kohl, Willy, Die Geschichte des rheinisch-westfälischen Katasters, in: Vermessungstechnische Rundschau 18, 8, S. 281 -293, hier S. 282 ff.

15 Archiv des Landschaftsverbandes Westfalen-Lippe, 101/367, Protokolle der Plenarsitzungen nebst Anhang fol. 83.

16 Vgl. Scotti, J.J., Sammlung der Gesetze und Verordnungen, welche in dem vormaligen Churfürstenthum Cöln (im rheinischen Erzstifte Cöln, im Herzogthum Westphalen und im Veste Recklinghausen) über Gegenstände der Landeshoheit, Verfassung, Verwaltung und Rechtspflege ergangen sind, 2. Abt. 1. Theil, Düsseldorf 1831, Nr. 61, 5. 77.

17 Vgl. ebd., Nr. 208, S. 226. Siehe allgemein zum sogenannten Hessen-Kataster Ehbrecht, Wilfried, Das Grafschafter Ortsbild in Karten und Plänen der neueren Zeit, in: Wiegel, Josef (Hg.), Grafschaft. Beiträge zur Geschichte von Kloster und Dorf, Grafschaft 1972, S, 137-152, bes. S. 137 ff. und Wiesemann, Klemens, Geschichte des Grundsteuer- und Vermessungswesens im Herzogrum Westfalen – Kurkölnisches Sauerland (Schieferbergmuseum Schmallenberg-Holthausen, Beiträge VII), Fredeburg 1993, S. 25-32.

18 Vgl. Scotti, Johann Josef, Sammlung der Gesetze und Verordnungen, Nr. 392, S. 508.

19 Vgl. ebd. Bd. 2, Theil 2, Düsseldorf 1831, Nr. 523, S. 778 f.

20 Vgl. zum folgenden Osthoff, Die Entstehung des rheinisch-westfälischen Katasters, S. 72-114; Kohl, Geschichte des rheinisch-westfälischen Katasters, S. 285-289; Minkenberg, Rolf, Das rheinisch-westfälische Kataster, in: Annalen des historischen Vereins für den Niederrhein 200 (1997), S. 161-177, hier S. 161 ff.

21 Vgl. Osthoff, Die Entstehung des Rheinisch-Westfälischen Katasters, S. 79 f., 89.

22 Vgl. Landschaftsverband Westfalen-Lippe, Archiv 101/367, fol. 171. Zur Beurtheilung des rheinisch-westfälischen Katasters, fol. 145 v.

23 Vgl. Allgemeine Instruction über das Verfahren bei Aufnahme des Catasters ... vom 11.2.1822, §19, in: Amtsblatt der Kgl. Regierung zu Münster 1822, Nr. 23, 8.6.1822, S. 206-236. hier S. 210. – Entsprechend konnten etwa auch einzelne Fluren, die „zungenförmig" in ein anderes Gemeindegebiet hineinragten, mit Zustimmung der jeweiligen staatlichen Mittelbehörde diesem Steuergebiet zugewiesen werden. Vgl. ebd., S. 210 f., § 21.

24 Vgl. Landesarchiv NRW, Abt. Westfalen, Nachlass Vincke, A V, 66 „Die zur örtlichen Einsicht des Zustandes des Katasterwerks in Bayern, Württemberg und im Großherzogtum Hessen angeordnete Reise 14.7.1829, fol. 465".

25 Vgl. Junk, Heinz K., Zur Zuverlässigkeit von Katasterkarten des 19. Jahrhunderts und historischen Stadtansichten, in: Stad in Kaart, Alphen aan den Rijn 1984, S. 71-93. hier S. 78.

26 Vgl. Allgemeine Instruction über das Verfahren bei Aufnahme des Catasters, S. 211, §§ 25-27.

27 Vgl. Landesarchiv NRW, Abt. Westfalen, Nachlass Vincke, A V, 66, fol. 468.

28 Vgl. Instruktion über das Verfahren bei der Vermessung des Grundeigenthums Behufs Anfertigung des Grundsteuer-Katasters in den Rheinisch-Westfälischen Provinzen der Preußischen Monarchie vom 12.3.1822, § 66. Druck: Wittstock, Rechts- und Verwaltungsvorschriften, S. 45.

29 Vgl. Harksen, W., Das preußische Kataster und seine Verbindung mit dem Grundbuch. Ein Beitrag zum deutschen Vermessungs-, Kataster- und Grundbuchwesen, Dessau 1896, S. 38 f.

30 Vgl. ebd., S. 39. Die hier nur als Vermutung geäußerte Kritik findet aber ihre Bestätigung in den Stellungnahmen der Aufsichtsbehörden. Vgl. Landesarchiv NRW, Abt. Westfalen, Regierung Arnsberg, Katasterverwaltung Nr. 9, Schreiben der Katasterkommission an die Zeichner Möllendorf, Dickmann, Dictz, Gerard, Halsten, Custodis, Schulte vom 14.5.1832.

31 Vgl. Allgemeine Instruction über das Verfahren bei Aufnahme des Catasters, S. 214, § 48.

32 Vgl. ebd., S. 212, §§ 33-35.

33 Vgl.Osthoff, Die Entstehung des Rheinisch-Westfälischen Katasters, S. 79f., 89.

34 Vgl. Instruktion über das Verfahren bei der Vermessung des Grund-Eigenthums, S. 45, § 17.

35 Vgl. ebd., §§ 17-20.

36 Vgl. Osthoff, Die Entstehung des Rheinisch-Westfälischen Katasters, S. 89

37 Eine Abbildung des Dreiecknetzes findet sich bei Sukkau, Peter, An den Wurzeln der Landesvermessung. Wiederaufdeckung von historischen Vermessungspunkten in der Soester Börde, in: Soester Zeitschrift 113 (2001), S. 53-64, hier S. 55.

38 Vgl. Osthoff, Die Entstehung des Rheinisch-Westfälischen Katasters, S. 101.

39 Vgl. ebd., S. 127.

40 Vgl. ebd., S. 138.

41 Vgl. ebd., S. 130, 158 f.

42 Vgl. ebd., S. 130, 158 f.

43 Vgl. Kohl, Die Geschichte des rheinisch-westfälischen Katasters, S. 291f.

44 Vgl. Osthoff, Die Entstehung des Rheinisch-Westfälischen Katasters, S. 164 f.

45 Vgl. ebd., S. 144.

46 Es erweist sich als schwierig, einen Überblick über das bei den Katasterarbeiten beschäftigte Personal zu gewinnen, da Geometer, Zeichner, Rechner und Gehilfen nur für die Dauer der jeweiligen Vermessung und auf Kündigung angestellt wurden. Lediglich für die Beamten ist ein Überblick möglich. So waren beispielsweise 1825 bei der Katasterkommission im Bereich der Bezirksregierung Arnsberg zwei Obergeometer tätig. Für die Abschätzungsarbeiten waren ein Abschätzungsinspektor, acht Abschätzungskommissare und drei Klassifizierungskommissare angestellt. Hinzu kamen neun Katasterkontrolleure und je ein Registrator, Kalkulator und Bürodiener. Vgl. Landesarchiv NRW, Abt. Westfalen, Regierung Arnsberg, Katasterverwaltung, Nr. 24, Nachweis der im Regierungsbezirk Arnsberg mit eigenem Gehalt oder Diäten angestellten Katasterbeamten vom 21.12 1825.

47 Vgl. Landesarchiv NRW, Abt. Westfalen, Regierung Arnsberg, Katasterverwaltung, Nr. 9, Schreiben des Geometers Zabel an die Katasterkommission in Arnsberg vom 26.3. 1829.

48 Vgl. Landesarchiv NRW, Abt. Westfalen, Regierung Arnsberg, Katasterverwaltung, Nr. 9, Schreiben der Katasterkommission Arnsberg an die Zeichner Möllendorf, Dickmann, Dietz, Gerard, Holsten, Custodis und Schulte vom 15.5.1832.

49 Vgl. Lichte, Einige Erläuterungen über die Brauchbarkeit des Karten- und Vermessungsmaterials des westfälischen Katasters, in: Zeitschrift für Vermessungswesen 57 (1928), S. 445-455, hier S. 446.

50 Vgl. Landesarchiv NRW, Abt. Westfalen, Nachlass Vincke, A V, 66, fol. 476.

51 Vgl. Allgemeine Instruction über das Verfahren bei Aufnahme des Catasters, S. 222, § 111.

52 Vgl. hierzu allgemein: Müller-Wille, Wilhelm, Die Akten der Katastralabschätzung 1822-35 und der Grundsteuerregelung 1861-65 in ihrer Bedeutung für die Landesforschung in Westfalen, in: Ders., Probleme und Ergebnisse geographischer Landesforschung und Länderkunde. Gesammelte Beiträge 1936-1979, Erster Teil, S. 75-91(Westfälische Geographische Studien 39) [urspr. in: Westfälische Forschungen 3 (1940), S. 48-64.].

II. Dieter Overhageböck
Einleitung

Nach den bisher erschienenen Abhandlungen über die Gemeinde Münster (die Altstadt innerhalb der Befestigungsanlagen), die Gemeinde Nienberge und die Gemeinde St. Mauritz liegt nun der vierte Band der Edition des Preußischen Urkatasters von Münster, die Gemeinde Lamberti vor.

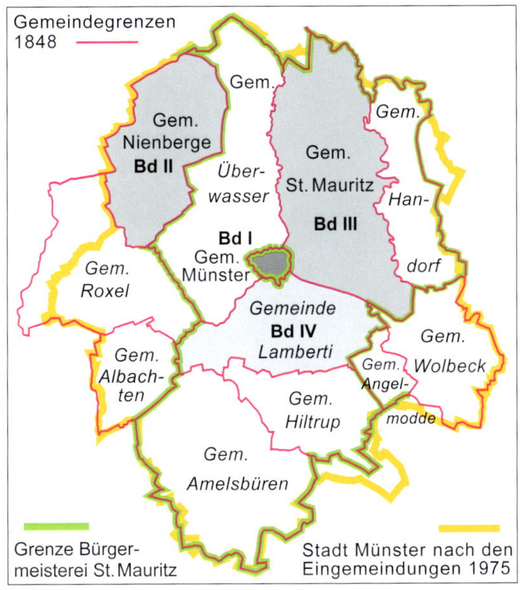

Eine Zusammenfassung aller zwölf Übersichts-Urhandrisse der jeweiligen Flur zeigt die unterschiedliche Qualität der Zeichen- und Farbbearbeitung (Seiten 8-13) _ ganz im Unterschied zu den danach exakt ausgeführten und maßstäblich genauen Urkarten.

Wie bei den Vorgängerbänden wurden die vom Kataster- und Vermessungsamt der Stadt Münster eingescannten großformatigen Originale des Urkatasters aus der Zeit 1828/29 im Maßstab 1 : 7 500 neu gezeichnet.

Auf der Grundlage der Deutschen Grundkarte 1 : 5000 im Zeitstand von 2013, hier verkleinert auf 1 : 7500, wurden alle 12 Inselkarten der Gemeinde Lamberti in ihren Außengrenzen gegenseitig angepasst.

Viele Grundstücksgrenzen haben sich über Jahrzehnte nicht verändert. So konnten das alte und das heutige Parzellenbild gegenseitig gut aufeinander abgestimmt und im einheitlichen Maßstab und Zeichenstil bearbeitet werden.

Es entstand somit eine Gesamtübersicht der Gemeindefläche im gefalteten Format A 0, mit einer späteren Separation der zwölf Einzelfluren auf das Buchformat.

Die gesamte Kartenbeschriftung, bestehend aus Parzellennummern, Flur- und Hofnamen wurde übernommen, ergänzt in Klammern mit Angaben aus den Vermessungs-Urrissen und Katasterbüchern. Aus diesen Büchern wurden die in den Urkarten nicht ausgewiesenen Flächennutzungen der Parzellen mit entsprechenden Farben in die Karten-Neuzeichnungen übernommen. Im Buch stehen sich auf den Gegenseiten je die farbig angelegte Situation von 1828/29 und im Überdruck das Parzellenbild von damals mit dem von 2013 gegenüber (Seiten 16-43).

Der Zeitschnitt 2013 wurde gewählt, da hier das heutige Stadtbild flächendeckend aktualisiert wurde. Danach erfolgten nur noch Nachträge von einzelnen Projekten, so dass in Zukunft kein umfassender Zeitschnitt mehr möglich sein wird.

Mit der Abschrift des gesamten Inhaltes der in deutcher Kurrentschrift vorliegenden Katasterbüchern ergibt sich ein tabellarischer Überblick des Besitztums mit Namen, Parzellennummer, -nutzung, -größe und deren steuerlichen Belastung (Seiten 46-129).

Aus diesen nach den Fluren und Parzellen aufgeführten Eigentümern konnte eine alphabetische Sortierung der Namen erstellt werden (Seiten 131-163).

In der Übergangszeit vom preußischen zum 1872 eingeführten metrischen Maßsytem ergeben sich interessante Kartenblätter. Die neuen Zahlenwerte wurden dabei in Rot vermerkt.

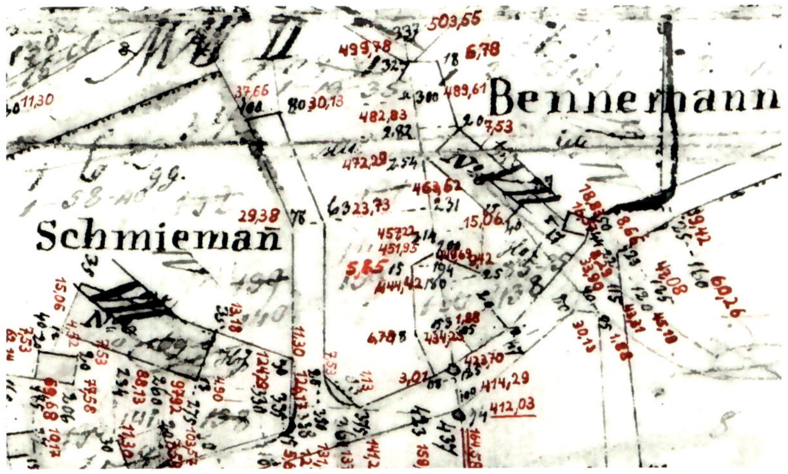

Urriss mit umgerechneten Eintragungen ins metrische System in Rot

Themenkarten:

In einer Gegenüberstellung des Hauses Lütkenbeck stehen sich der nicht maßstäbliche Urriss und die genaue Urkarte gegenüber, die genordete Ausrichtung beider Ausschnitte lassen leider das Schriftbild weniger lesbar erscheinen, ergänzt durch den neu gezeichneten Ausschnitt (Seite 165).

Drei Bauerschaften (Mecklenbeck, Geist und Delstrup mit ihren möglichen gegenseitigen Abgrenzungen, den Haus- und Hoflagen mit vorhandenen Katastralnummern (= alte Hausnummern) und vorhandenen Pachtverhältnissen ergeben ein Siedlungsgefüge der Zeit um 1828/29 (Seite 166).

Eine thematische Grundlagenkarte aus dem gesamten originalen Material dieser Zeit zeigt den Grundbesitz des Droste von Vischering mit seinen Pächtern. Auch das Haus Lütkenbeck ist verpachtet (Seite 167).

Aus den überarbeiteten und vereinheilichten Quellen des Urkatasters ergibt sich ein zeitlich festgeschriebenes Bild für die Gemeinde Lamberti auf die Jahre 1828-1829 in einer bearbeiteten Quellenedition.

Ein weiterer Zeitraum ließe sich um etwa 1865/70 erschließen durch die Übernahme ergänzender Nachträge und Veränderungen, die mit roter Tusche in die Karten eingetragen wurden. Die damit verbundene Unleserlichkeit des Kartenbildes erforderten in der Folge eine umfassende Neubearbeitung der Situation

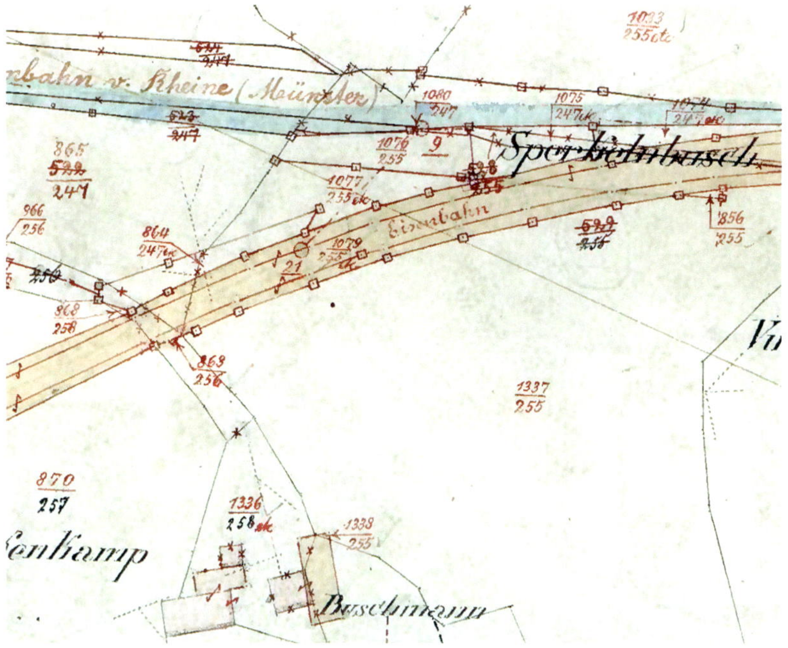

Urkarte mit zeitlichen Veränderungen in Rot

Die Erstellung des vorliegenden Bandes unterstützte Thomas Tippach mit dem Vorwort. Mein ausdrücklicher Dank richtet sich auch an den Leiter des Vermessungs- und Katasteramtes Jochen Marienfeld. Darüber hinaus fühle ich mich weiteren Mitarbeitern des Vermessungsamtes für ihre Unterstützung sowie der Bereitstellung von Korrekturausdrucken im Repro-Sercivecenter verpflichtet. Dem Stadtarchiv gilt ebenfalls mein Dank, namentlich Peter Worm und Philipp Erdmann für die redaktionelle Bearbeitung, und für die Möglichkeit der Veröffentlichung in der Reihe Quellen und Forschungen zur Geschichte der Stadt Münster. Dirk Paßmann und Silke Haunfelder vom Verlag Aschendorff unterstützten in bewährt professioneller Weise Druck und Vertrieb des Bandes.

Meiner Frau Tuija Witte danke ich für ihre liebevolle Begleitung bei der Bearbeitung und Fertigstellung.

III. Urkataster Gemeinde Lamberti 1828 bis 1829

Zusammenstellung der Quellen im Vermessungs- und Katasteramt der Stadt Münster

1. **Arbeitshefte** mit der im Feld aufgenommenen Daten sind nicht mehr vorhanden.
2. **Handrisse und Übersichtshandrisse** der Einzelfluren 1 bis 12 liegen in Mappen vor, als kolorierte nichtmaßstäbliche Basisvorstufe der Flurkarten, mit dem Zahlenkonvolut der Vermessungsdaten und Texthinweisen auf Flurnamen und Eigentümer.
3. **Maßstäbliche Ur-Flurkarten** der Fluren 1 bis 12 befinden sich in Einzelkarten auf Karton.
4. **Zwei Flurbücher,** die Fluren 1 bis 12 enthaltend, als Verzeichnis der Güterbesitzer, der Grundgüter, ihre Flächeninhalte, ihre Klasse und ihre Reinerträge.

Flurkarten der Gemeinde Lamberti 1828-1829

Urkarte **Flur I Althoff** in 3 Blättern
Aufgenommen im Monat März/April 1829 unter der Leitung der Geometer v. Manger & Stiehl, durch Christoph Greveler, chartirt durch Meyer
Maasstab 1:1250
Durch Übernahme der Supplemente für die Jahre 1834 bis 1866 einschließlich, auf die Gegenwart berichtigt im Monat Mai 1867, B. Leihten.
Durch die im Jahr 1909 stattgefundene Kartenerneuerung ist diese Karte außer Gebrauch gesetzt.
Stratemeyer 30. 7. 1910

Urkarte **Flur II Haferland** in 2 Blättern
Aufgenommen im Jahre 1828 unter Leitung der Geometer v. Manger & Stiehl, durch Lindgens, chartirt durch Krämer
Maasstab 1:2500
gez. 22.5.1830 Danckwardt
Durch Übernahme der Supplemente für die Jahre 1834 bis 1866 einschließlich, auf die Gegenwart berichtigt im Monat Mai 1867, B. Leihten, Rev. 21. 9. 67 Landers.
Durch die im Jahr 1910 stattgefundene Kartenerneuerung ist diese Karte außer Gebrauch gesetzt.
Stratemeyer, Katasterhilfszeichner, 23. 11. 1910

Urkarte **Flur III Lüttkenbeck**
Aufgenommen im Jahre1828 unter der Leitung der Geometer v. Manger & Stiehl, durch Stricker chartirt durch Wennemar
Maasstab 1:2500
gez. 24.3.1830 Danckwardt
Durch Übernahme der Supplemente für die Jahre 1834 bis 1866 einschließlich, auf die Gegenwart berichtigt im Monat Mai 1867, B. Leihten, Rev. 21. 9. 67 Landers.
Durch Übernahme der Veränderungen für die Jahre 1867 bis 1911 einschließlich auf die Gegenwart berichtigt bis 1911 durch den geprüften Hilfsarbeiter Dartmann.

Urkarte **Flur IV Averkamp**
Aufgenommen im Jahre1828 unter Leitung der Geometer v. Manger & Stiehl, durch Hüning chartirt durch Potthoff
Maasstab 1:2500
gez. 24.5.1830 Danckwardt
Durch Übernahme der Supplemente für die Jahre 1834 bis 1866 einschließlich, auf die Gegenwart berichtigt im Monat Mai 1867, B. Leihten.
Durch Übernahme der Veränderungen für die Jahre 1867 bis 1911 einschließlich auf die Gegenwart berichtigt im September 1911 durch den geprüften Hilfsarbeiter Dartmann.

Urkarte **Flur V Loddenheide** in 2 Blättern
Getheilt im Jahre 1829 durch den Geometer Böckmann, ins Kataster übertragen im Jahre 1830, unter Leitung der Geometer v. Manger & Stiehl, durch Wennemar.
Maasstab 1:3000
Durch Übernahme der Supplemente für die Jahre 1834 bis 1866 einschließlich, auf die Gegenwart berichtigt im Monat Mai 1867, B. Leihten, Rev. 21. 9. 67 Landers.
Durch Übernahme der Veränderungen für die Jahre 1867 bis 1911 einschließlich auf die Gegenwart berichtigt im September 1911 durch den geprüften Hilfsarbeiter Dartmann.

Urkarte **Flur VI Geist I,** in 3 Blättern
Aufgenommen im Jahre 1828 unter Leitung der Geometer v. Manger & Stiehl durch Stricker, chartirt durch Wennemar, Rau, Krämer
Maasstab 1:2500
gez. 24.5.1830 Danckwardt
Durch Übernahme der Supplemente für die Jahre 1834 bis 1866 einschließlich, auf die Gegenwart berichtigt im Monat Mai 1867, B. Leihten, Rev. 21. 9. 67 Landers.
Durch Übernahme der Veränderungen für die Jahre 1867 bis einschließlich auf die Gegenwarte bezogen im September 1911 durch den geprüften Hilfsarbeiter Dartmann.
Durch die Jahre 1911 stattgefundene Kartenerneuerung ist diese Karte außer Gebrauch gesetzt.
Grotemeyer, Hilfszeichner, 1. 7. 1911

Urkarte **Flur VII Geist II,** in 2 Blättern
Aufgenommen im Monat März/April 1829, unter Leitung der Geometer v. Manger & Stiehl, durch Christoph Greveler, chartirt durch Meyer
Maasstab 1:2500
gez. 27.10.1830 Danckwardt
Durch Übernahme der Supplemente für die Jahre 1834 bis 1866 einschließlich, auf die Gegenwart berichtigt im Monat Mai 1867, B. Leihten, Rev. 21. 9. 67 Landers.
Durch Übernahme der Veränderungen für die Jahre 1867 bis einschließlich auf die Gegenwarte bezogen im September 1911 durch den geprüften Hilfsarbeiter Dartmann.
Durch die Jahre 1911 stattgefundene Kartenerneuerung ist diese Karte außer Gebrauch gesetzt.

Urkarte **Flur VIII Friedrichsburg**
Aufgenommen im Jahre 1828, unter Leitung der Geometer v.Manger & Stiehl, durch Gaselmann, chartirt durch Kramer
Maasstab 1:2500
Durch die im Jahre 1909 stattgefundene Kartenerneuerung ist diese Karte außer Gebrauch gesetzt.
Stratemeyer 5. 6. 1909

Urkarte **Flur IX Mertens**
Aufgenommen im Jahre 1828, unter Leitung der Geometer v. Manger & Stiehl, durch Gaselmann, chartirt durch Krämer
Maasstab 1:2500
gez. 24. 5.1830 Danckwardt
Durch Übernahme der Supplemente für die Jahre 1834 bis 1866 einschließlich, auf die Gegenwart berichtigt im Monat Mai 1867, B. Leihten, Rev. 21. 9. 67 Landers.
Durch Übernahme der Veränderungen für die Jahre 1867 bis einschließlich auf die Gegenwart bezogen im September 1911 durch den geprüften Hilfsarbeiter Dartmann.

Urkarte **Flur X Galgheide**
Vermessen und getheilt durch Wunderlich, renoviert im Jahre 1828, unter Leitung der Geometer v. Manger & Stiehl, durch Gastmann, chartirt durch Krämer
Maasstab 1:3000
gez. Danckwardt 24. 5. 30
Durch Übernahme der Supplemente für die Jahre 1834 bis 1866 einschließlich, auf die Gegenwart berichtigt im Monat Mai 1867, B. Leihten, Rev. 21. 9. 67 Landers.
Durch Übernahme der Veränderungen für die Jahre 1867 bis 1911 einschließlich auf die Gegenwart bezogen im Monat September 1911 durch den geprüften Hilfsarbeiter Dartmann.

Urkarte **Flur XI Untied**
Aufgenommen im Jahre 1828, unter Leitung der Geometer v. Manger & Stiehl, durch Meyer, chartirt durch Rau
Maasstab 1:2500
Durch Übernahme der Supplemente für die Jahre 1834 bis 1866 einschließlich, auf die Gegenwart berichtigt im Monat Mai 1867, B. Leihten, Rev. 21. 9. 67 Landers.
Durch Übernahme der Veränderungen für die Jahre 1867 bis 1911 einschließlich auf die Gegenwart bezogen im Monat September 1911 durch den geprüften Hilfsarbeiter Dartmann.

Urkarte **Flur XII Mecklenbeck**
Durch Kartenbeschnitt fehlen alle Angaben

A. Gemeinde Lamberti 1828 - 1829

GEMEINDEGRENZEN 1848

Grenze Bürgermeisterei St. Mauritz

Stadt Münster nach den Eingemeindungen 1975

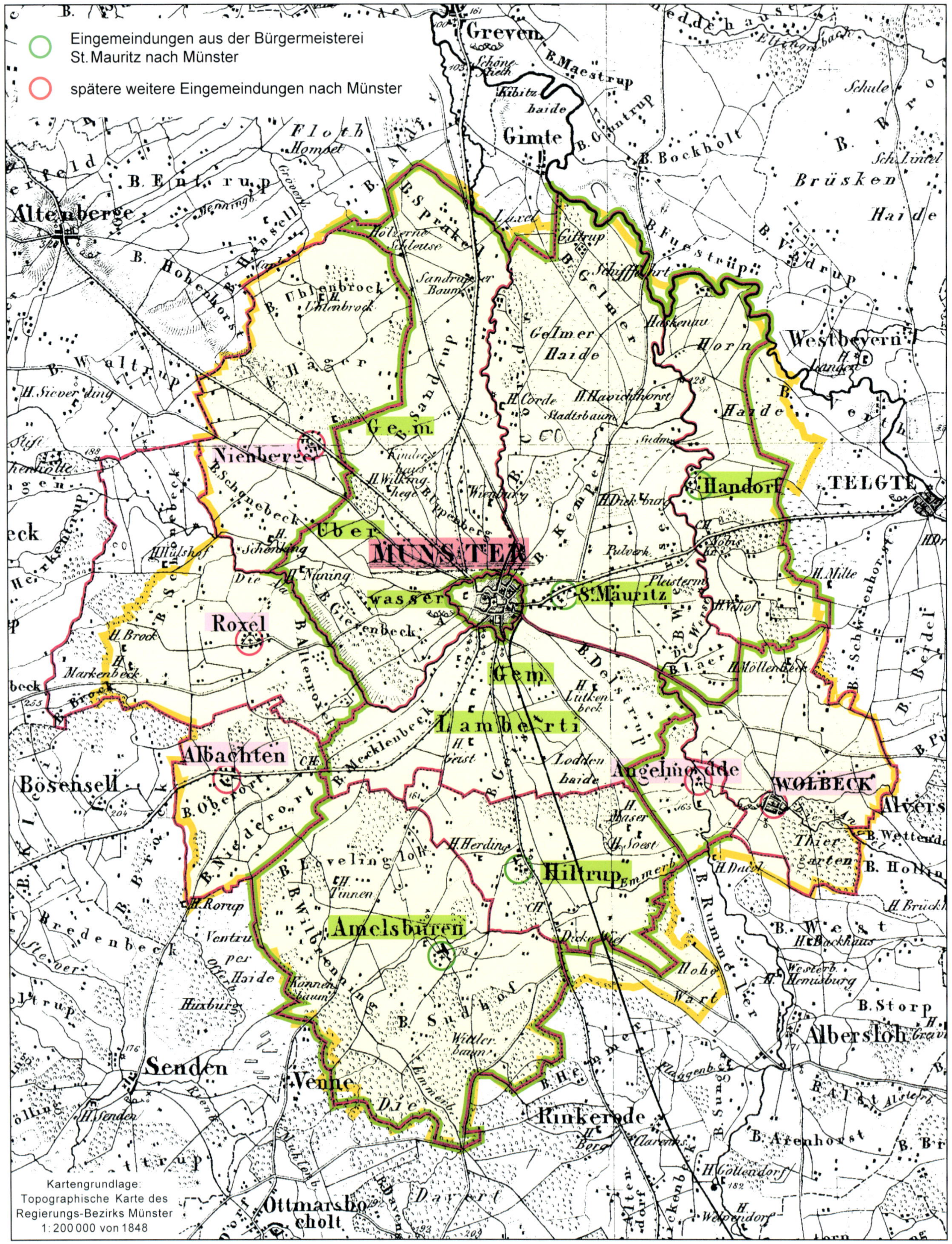

FLÄCHENWACHSTUM DER STADT MÜNSTER

mit ihren Eingemeindungen

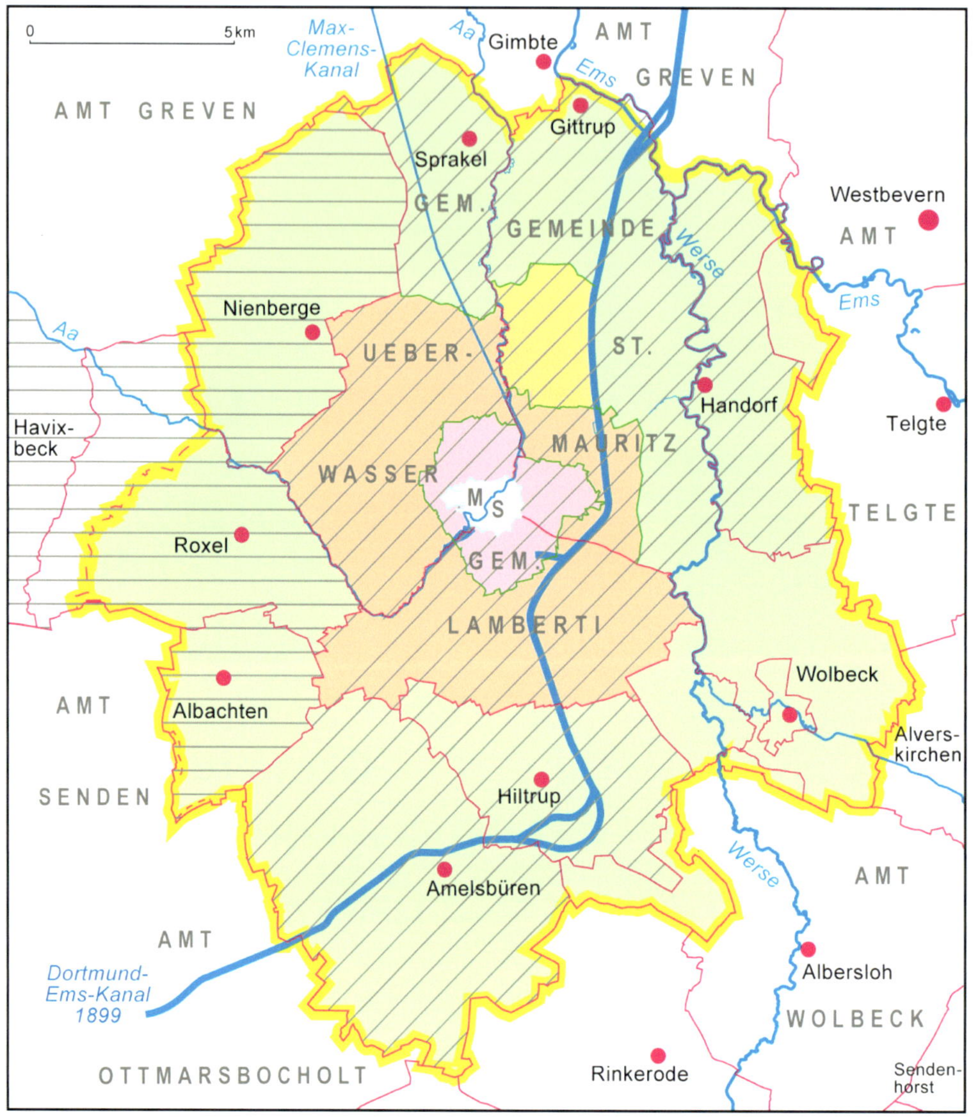

- MS — Stadtgebiet bis 1875 (Gemeinde Münster) (Altstadt)
- zum Stadtgebiet ab 1.10.1875
- zum Stadtgebiet ab 1.4.1903
- zum Stadtgebiet ab 1.10.1956
- zum Stadtgebiet ab 1.1.1975 (Eingemeindungen der Umlandgemeinden)
- Bürgermeisterei Roxel 1822, Amt 1843/44, mit Havixbeck 1929-1954
- Bürgermeisterei St. Mauritz 1822, Amt 1931-1975 mit St. Mauritz, Amelsbüren, Handorf, Hiltrup
- (alte) Gemeindegrenze
- Stadtgrenze ab 1975
- Hauptort der Gemeinde

siehe dazu:
Burg, Peter, Verwaltung in der Modernisierung, Französische und Preußische Reginalverwaltung vom Ancien-Regime zum Revolotionszeitalter, Forschungen zur Regionalgeschichte, Bd 15, Paderborn 1994

Übersichtskarte der Bürgermeisterei St. Mauritz o.D.

Original im Vermessungs- und Katasteramt der Stadt Münster0

ergänzt wurden die Flurnamen in den jeweiligen Gemeinden

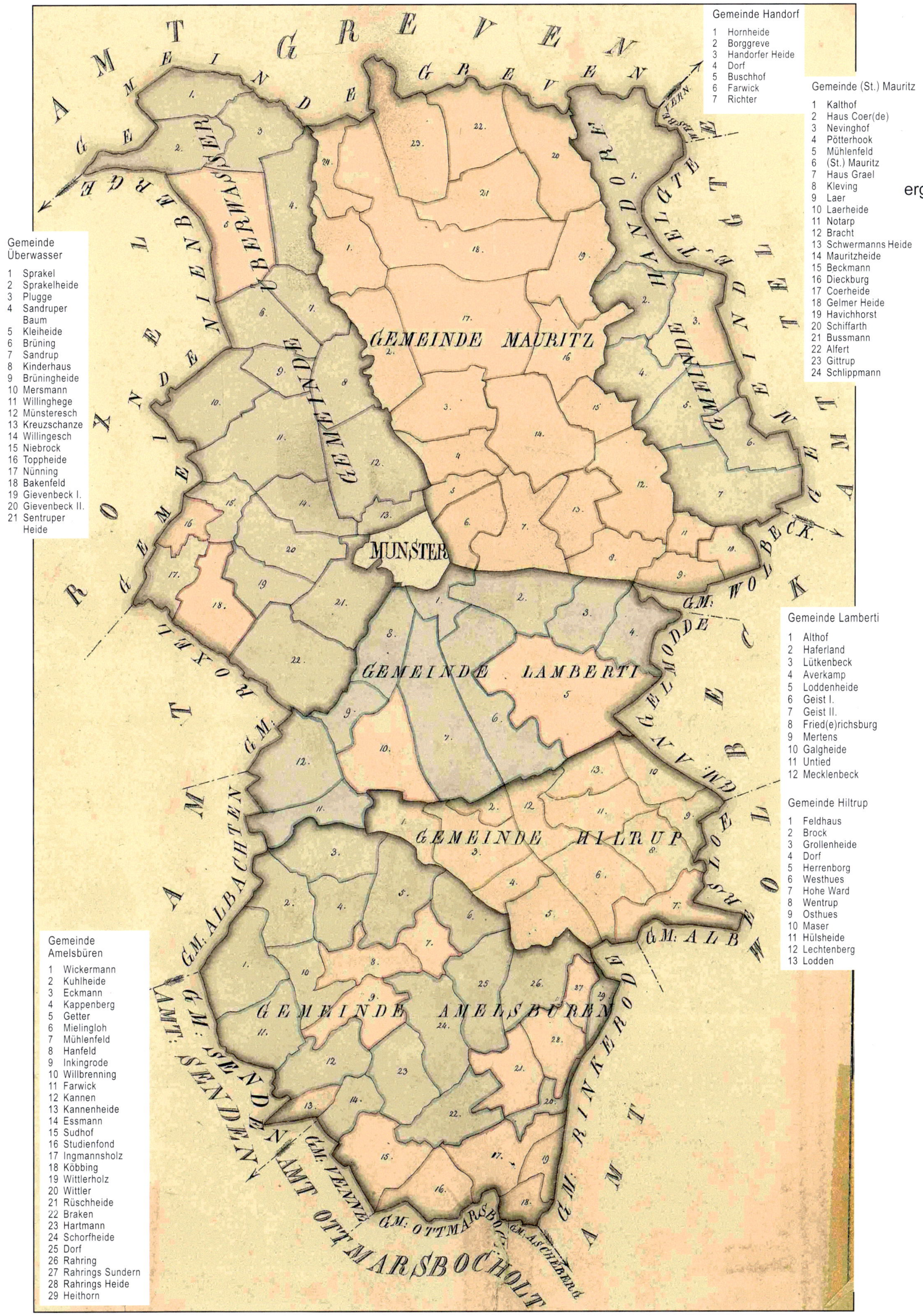

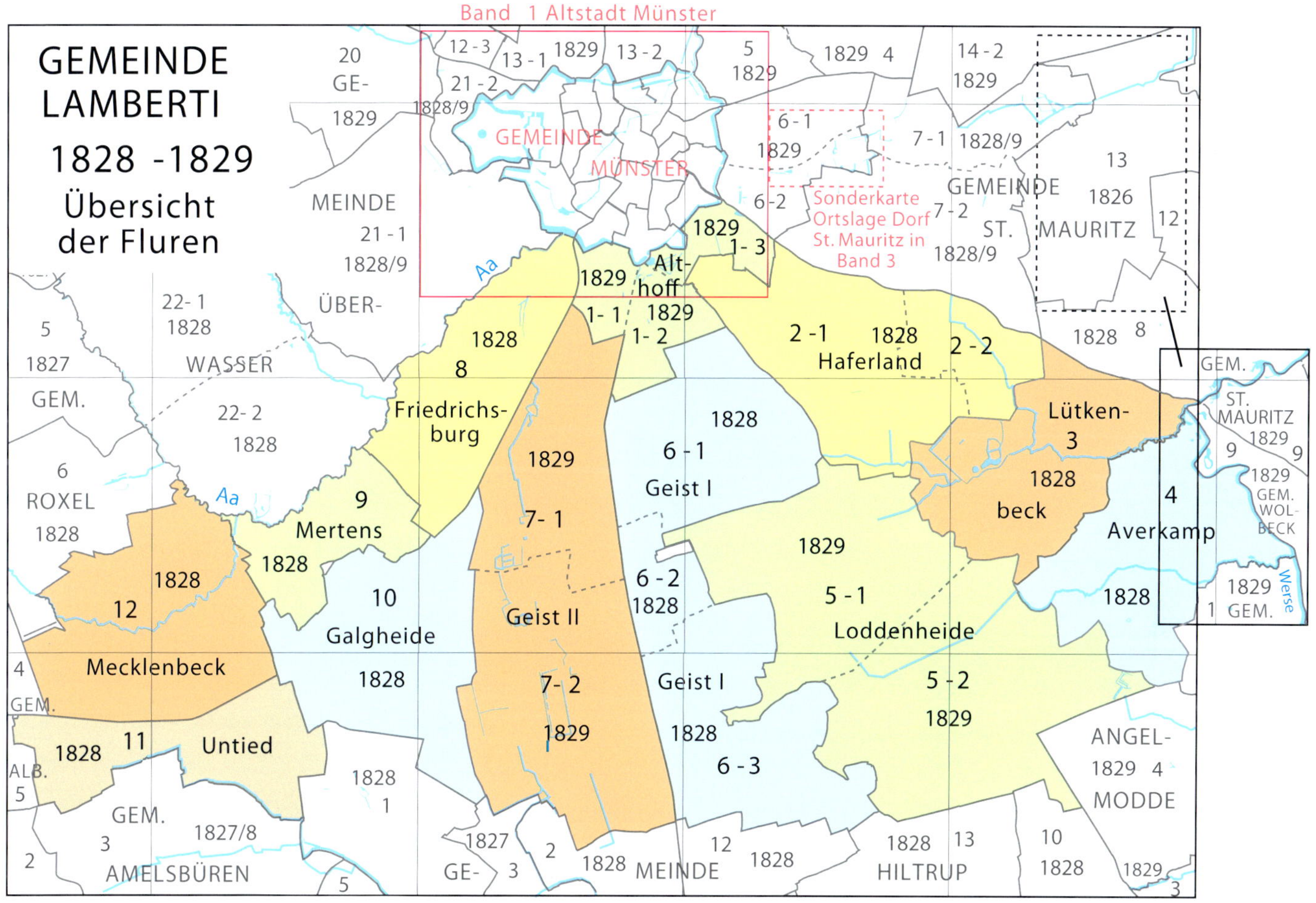

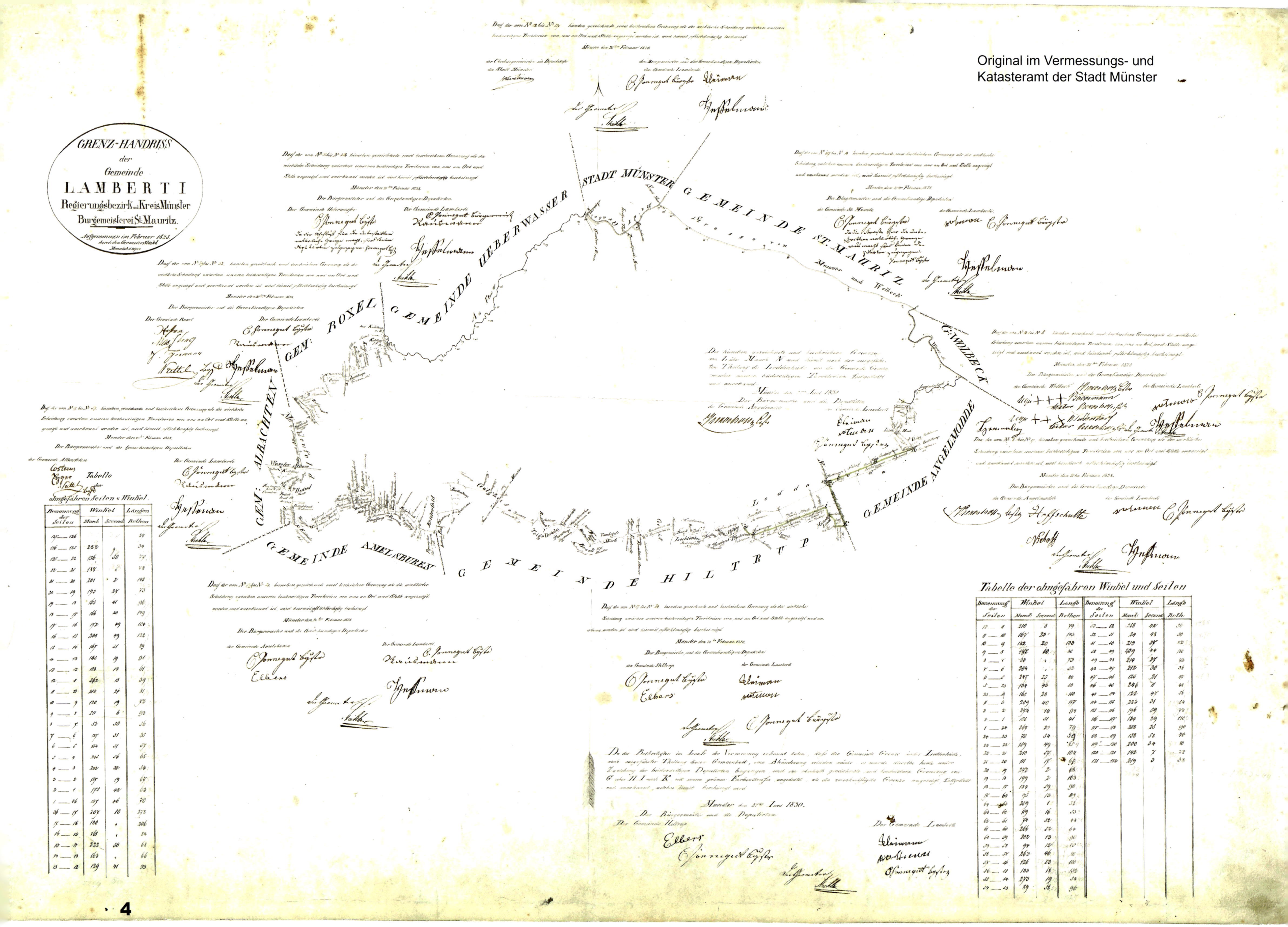

Original im Vermessungs- und Katasteramt der Stadt Münster

4

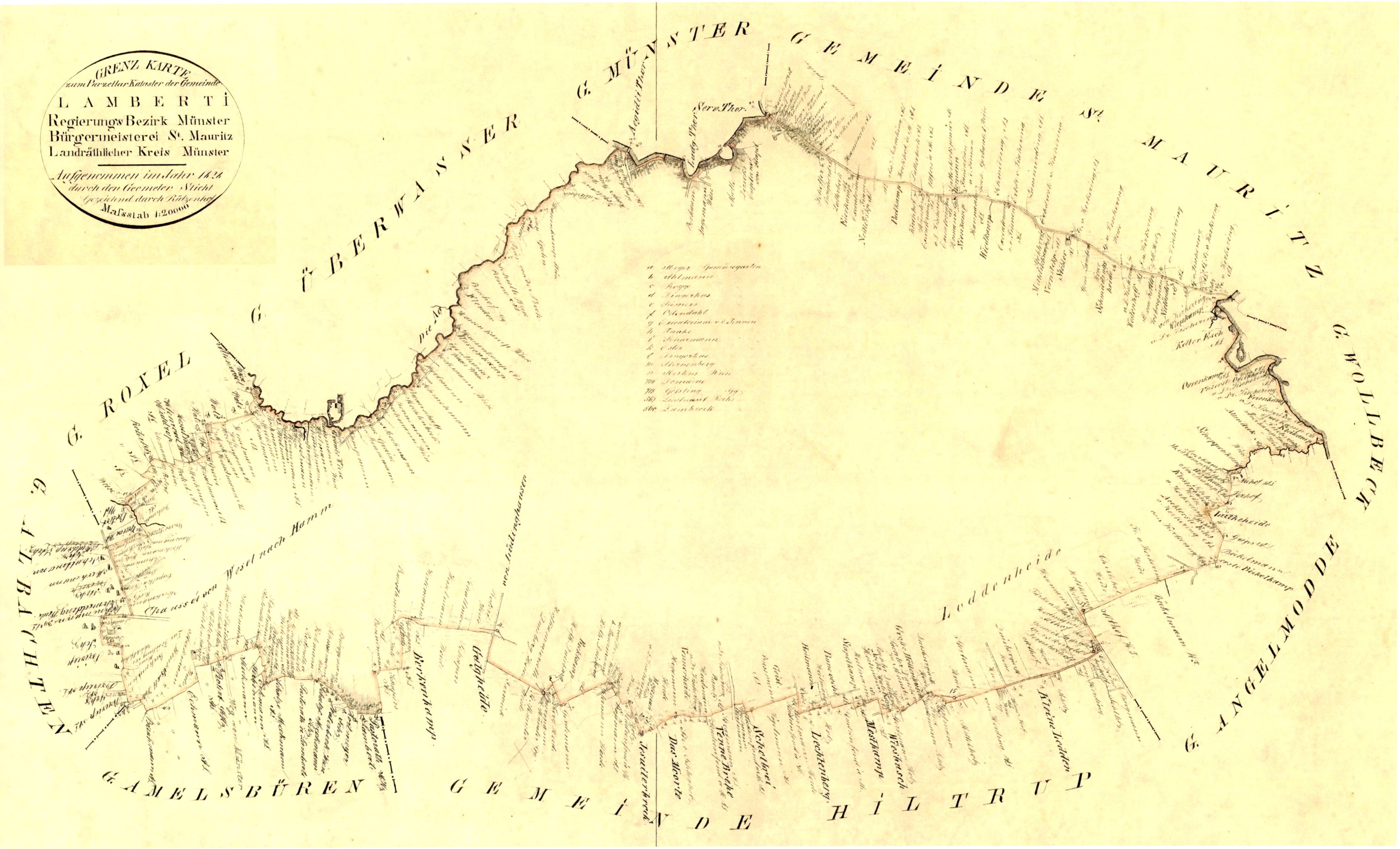

Original im Vermessungs- und
Katasteramt der Stadt Münster

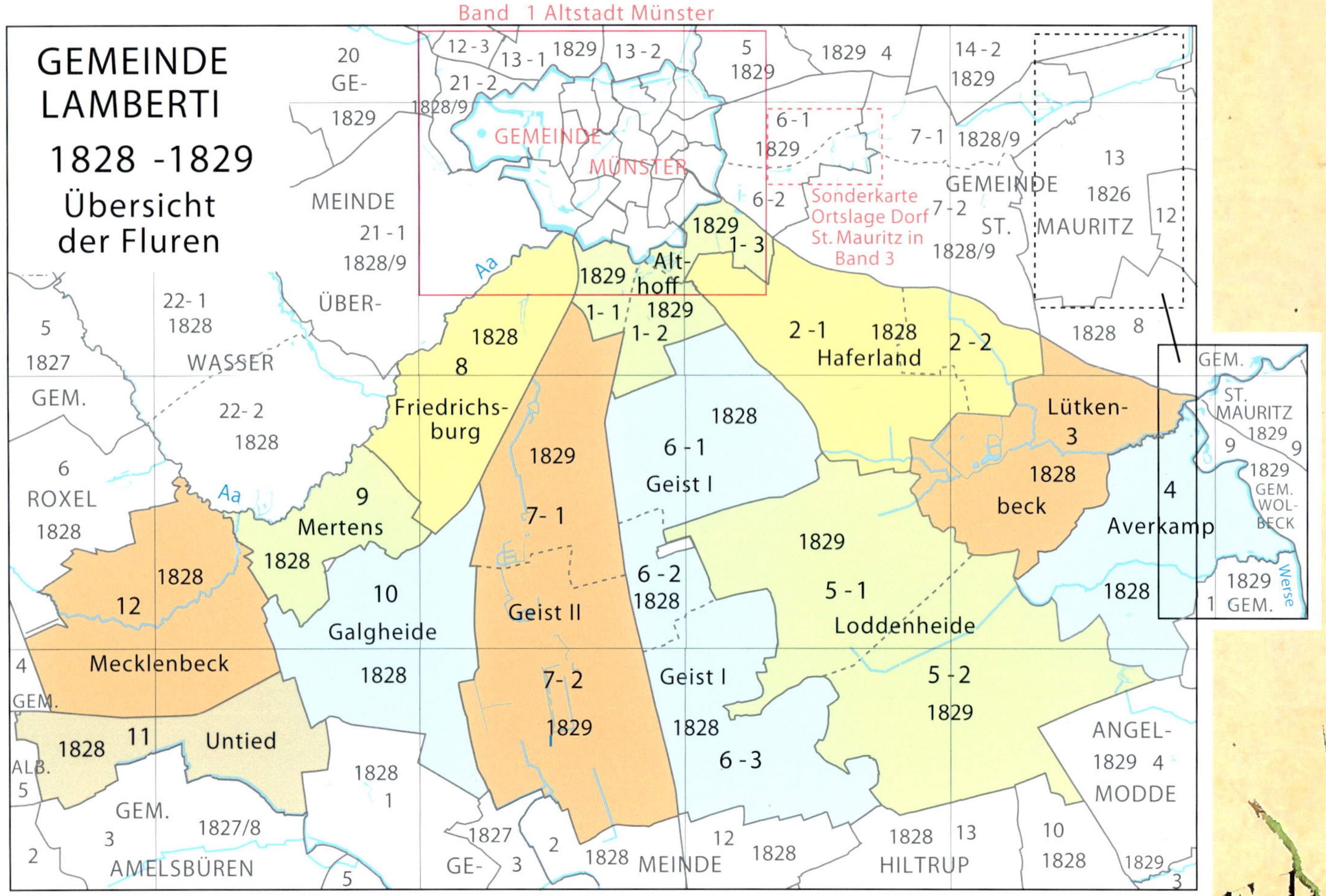

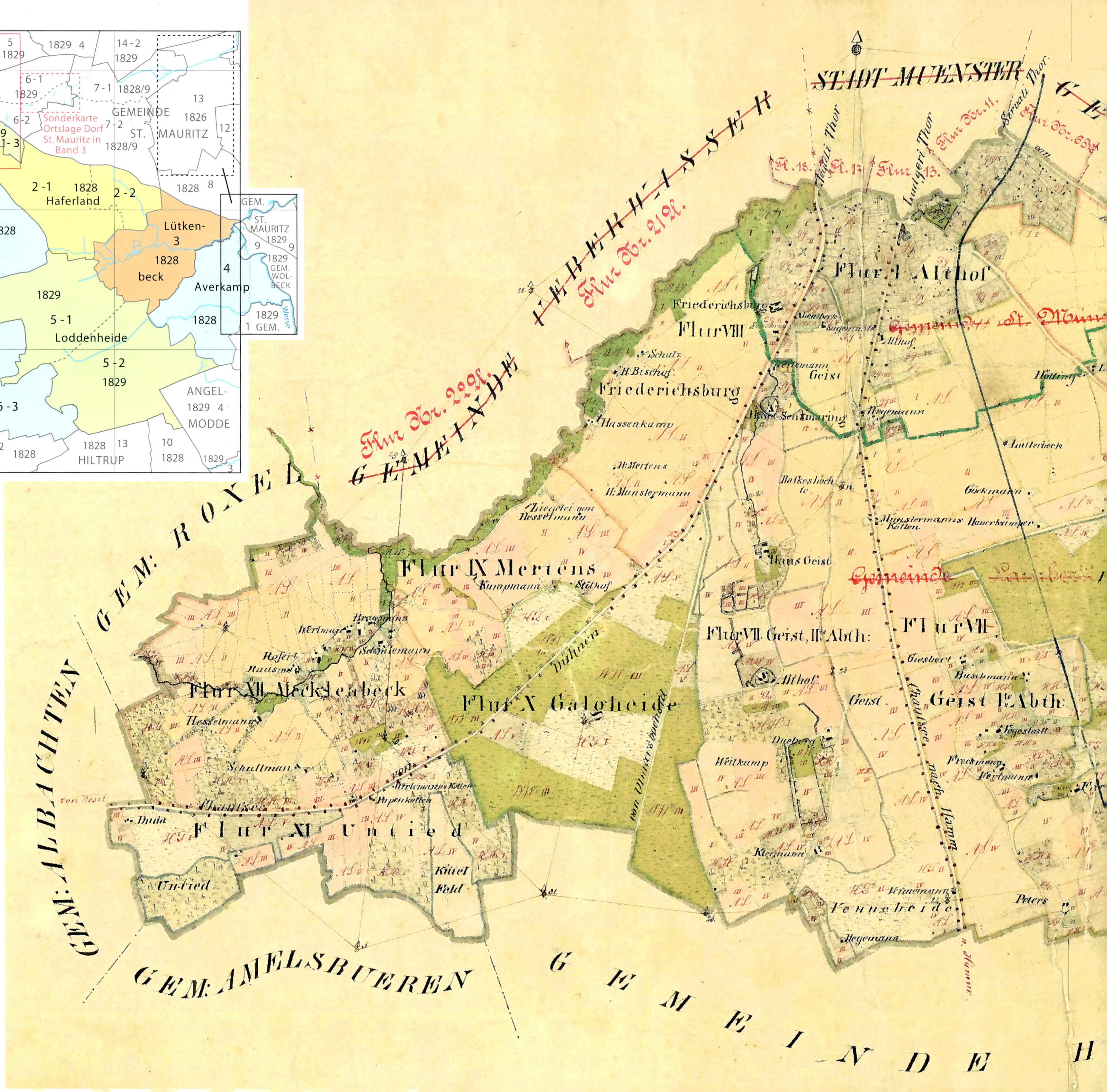

Übersichtshandriss
der Gemeinde Lamberti,
Bürgermeisterei St. Mauritz, Kreis Münster,
Regierungsbezirk Münster
aufgenommen im Monat Januar & Februar 1828,
durch den Geometer Stiehl, im Masstab 1: 20 000

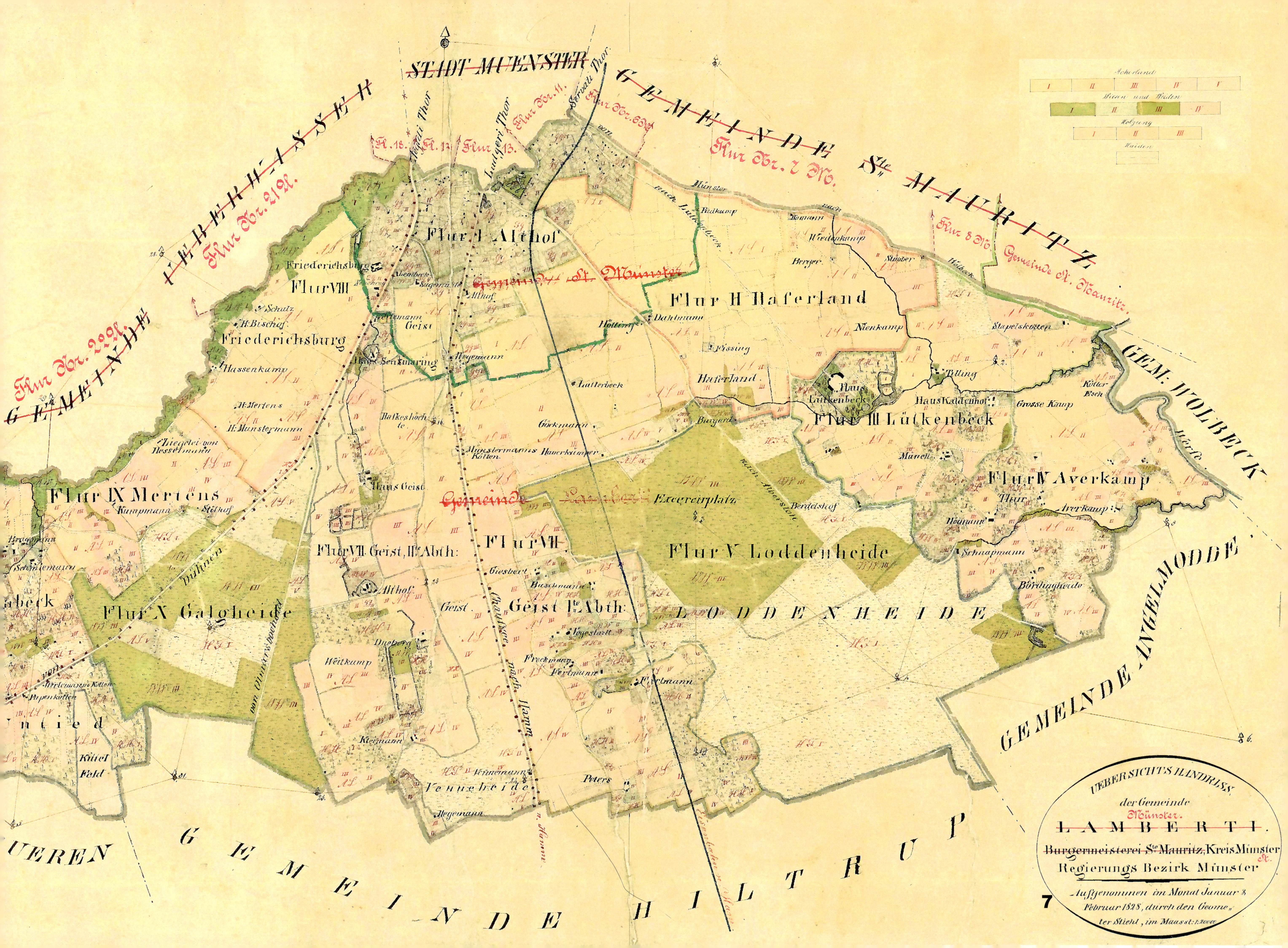

STADT MUENSTER
GEMEINDE St. MAURITZ
GEM: WOLBECK
GEMEINDE ANGELMODDE
GEMEINDE HILTRUP
UEBERWASSER
GEMEINDE
Flur Nr. 22 Ü.
Flur Nr. 21 Ü.
Flur Nr. 7 M.
Flur 8 M.
Gemeinde St. Mauritz
Gemeinde St. Münster
Flur I Althof
Flur II Haferland
Flur III Lütkenbeck
Flur IV Averkamp
Flur V Loddenheide
Flur VII
Flur VII. Geist, IIte Abth:
Geist Ite Abth:
Flur VIII
Friederichsburg
Flur IX Mertens
Flur X Galgheide
LODDENHEIDE
Exercierplatz
Haus Lütkenbeck
Haus Geist
Haferland
Vennheide
UEBERSICHTS HANDRISS
der Gemeinde
Münster
LAMBERTI
Burgermeisterei St. Mauritz, Kreis Münster
Regierungs Bezirk Münster
Aufgenommen im Monat Januar & Februar 1828, durch den Geometer Stiehl, im Maasst: 1:10000

7

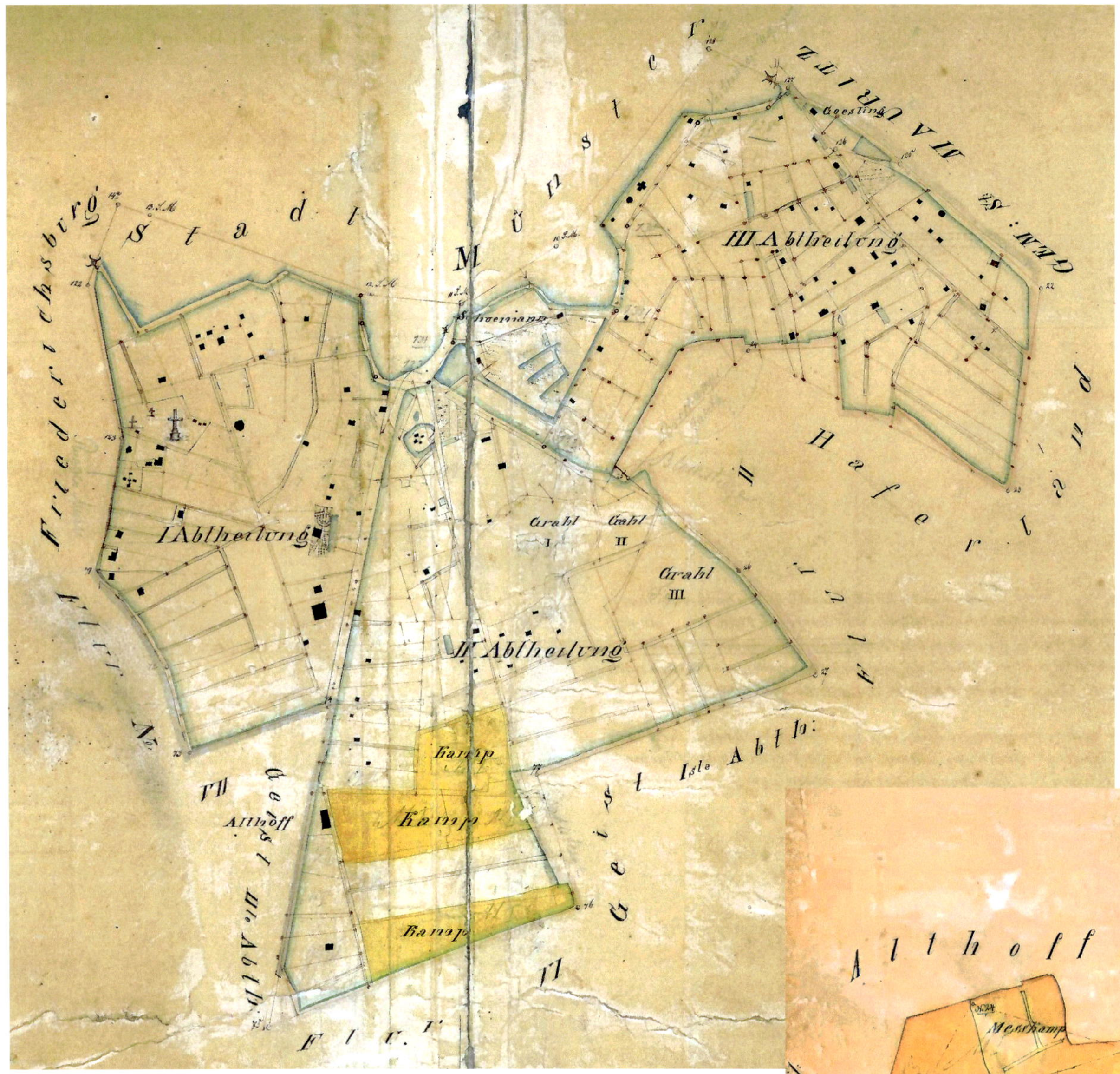

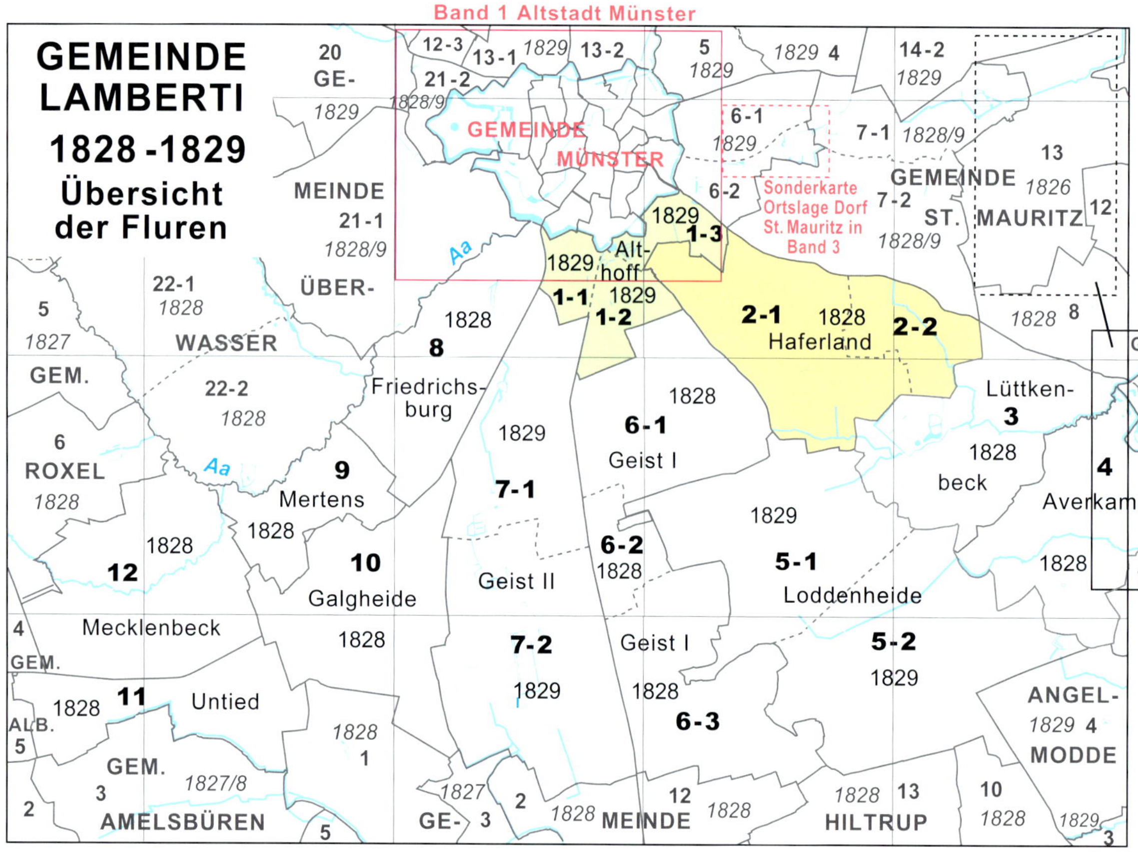

Urhandriss der Flur 1 Lamberti, gen. Althoff,
angefertigt unter der Leitung der Geometer v. Manger und Stiehl, durch Greveler,
ohne Jahresangabe

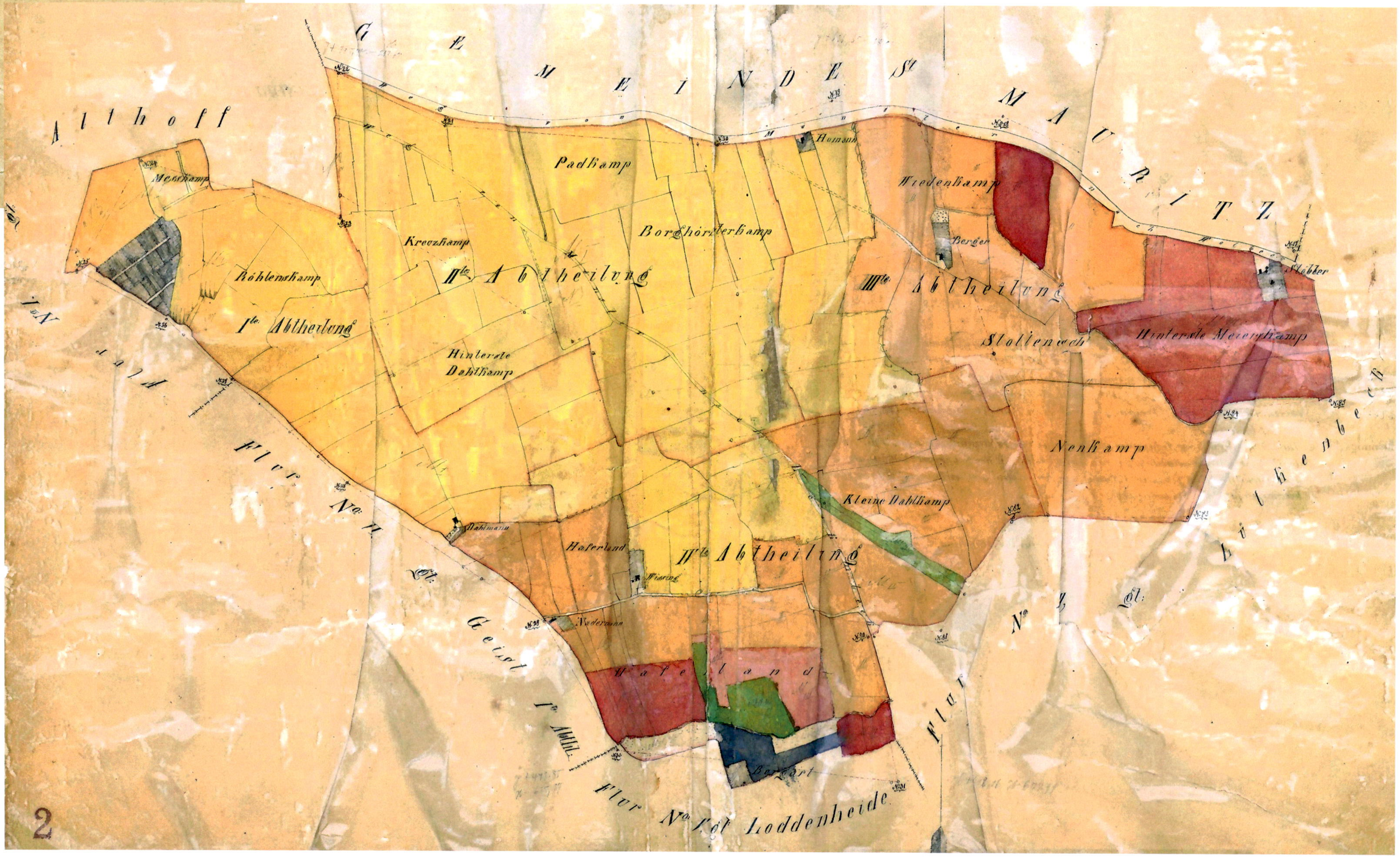

Urhandriss der Flur 2 Lamberti, gen. Haferland,
ohne Angaben

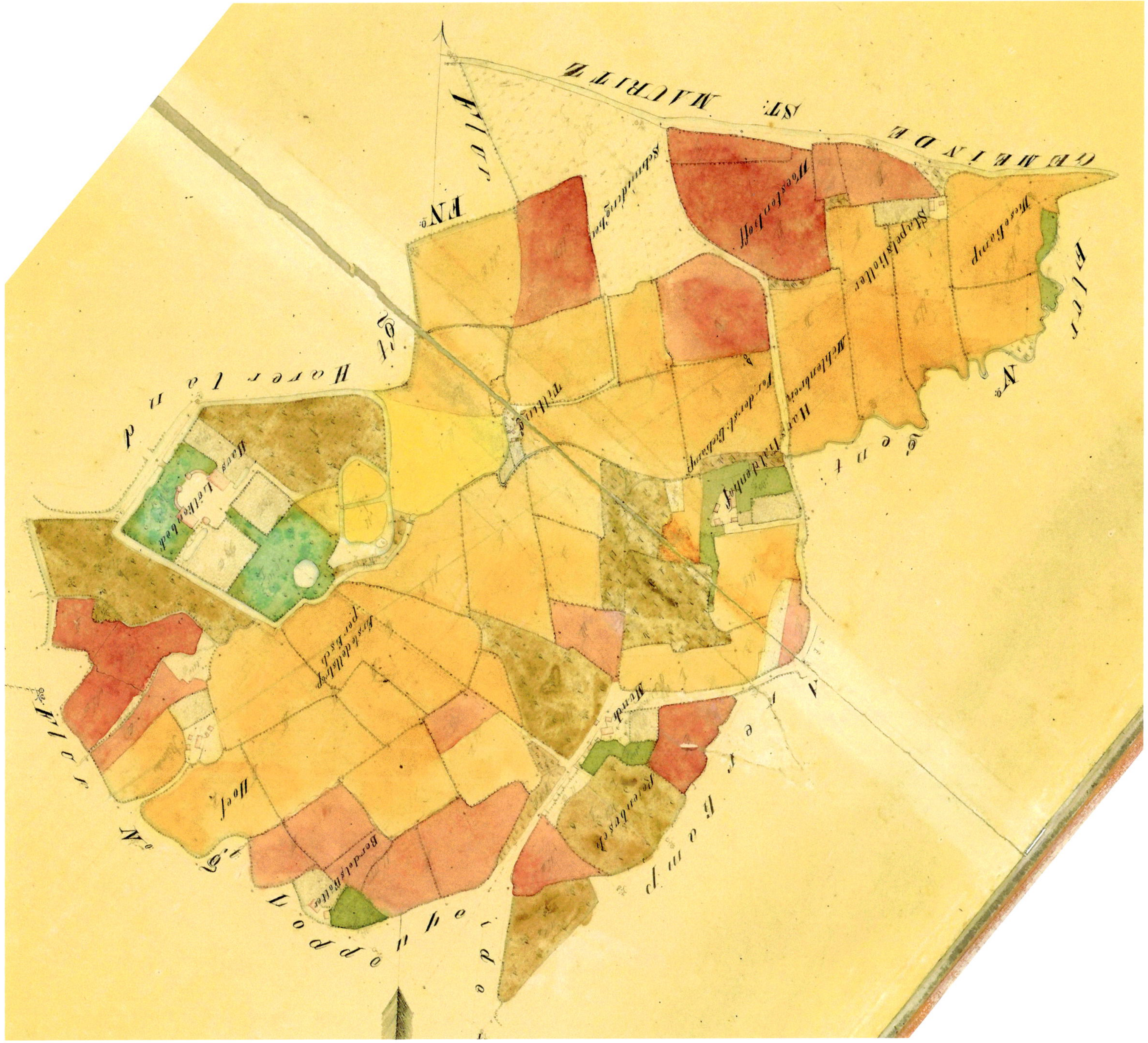

Urhandriss der Flur 3 Lamberti, gen. Lütkenbeck,
angefertigt unter der Leitung der Geometer v. Manger und Stiehl, durch den Gehilfen Stricker vom 23. Mai 1828, gez. Dankwardt 24. 5. 1830,
enthält die Gewannen (Parzellen) 1 bis 115

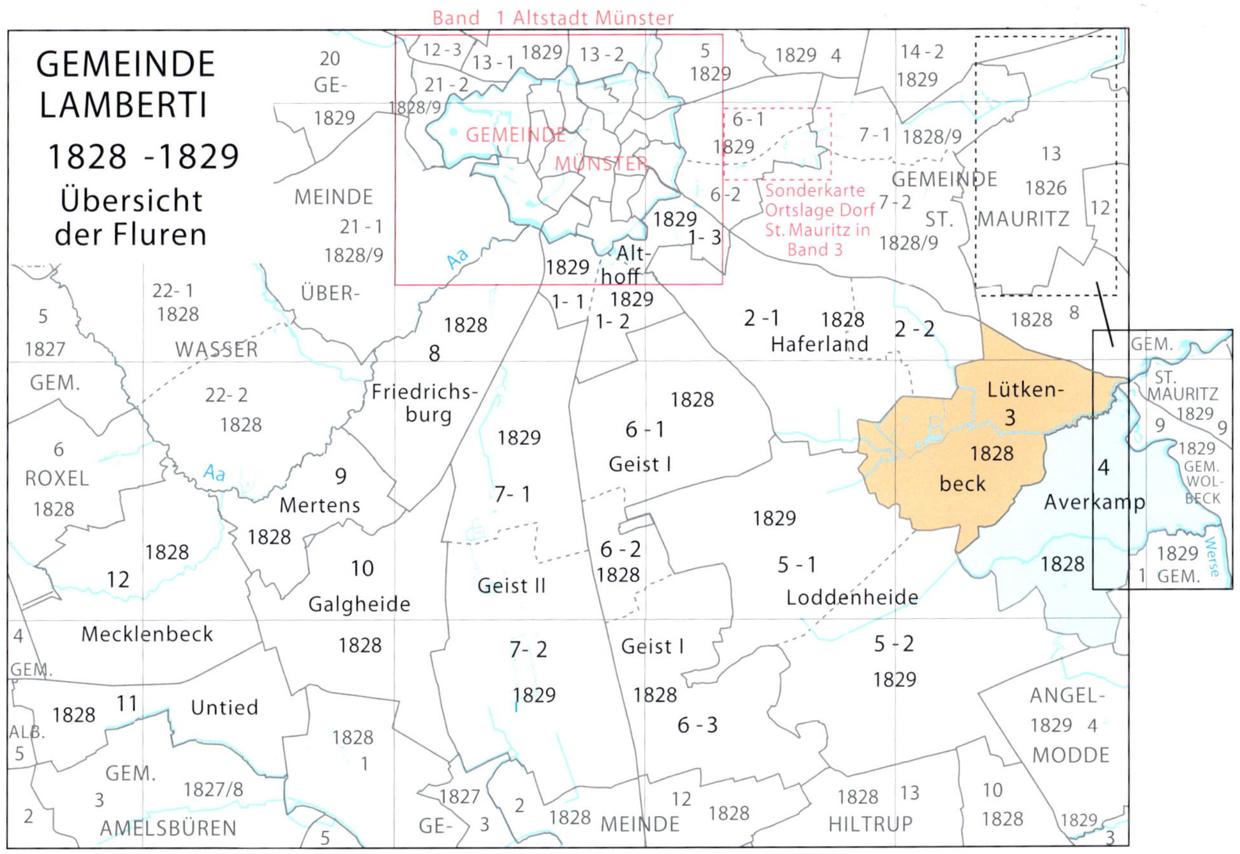

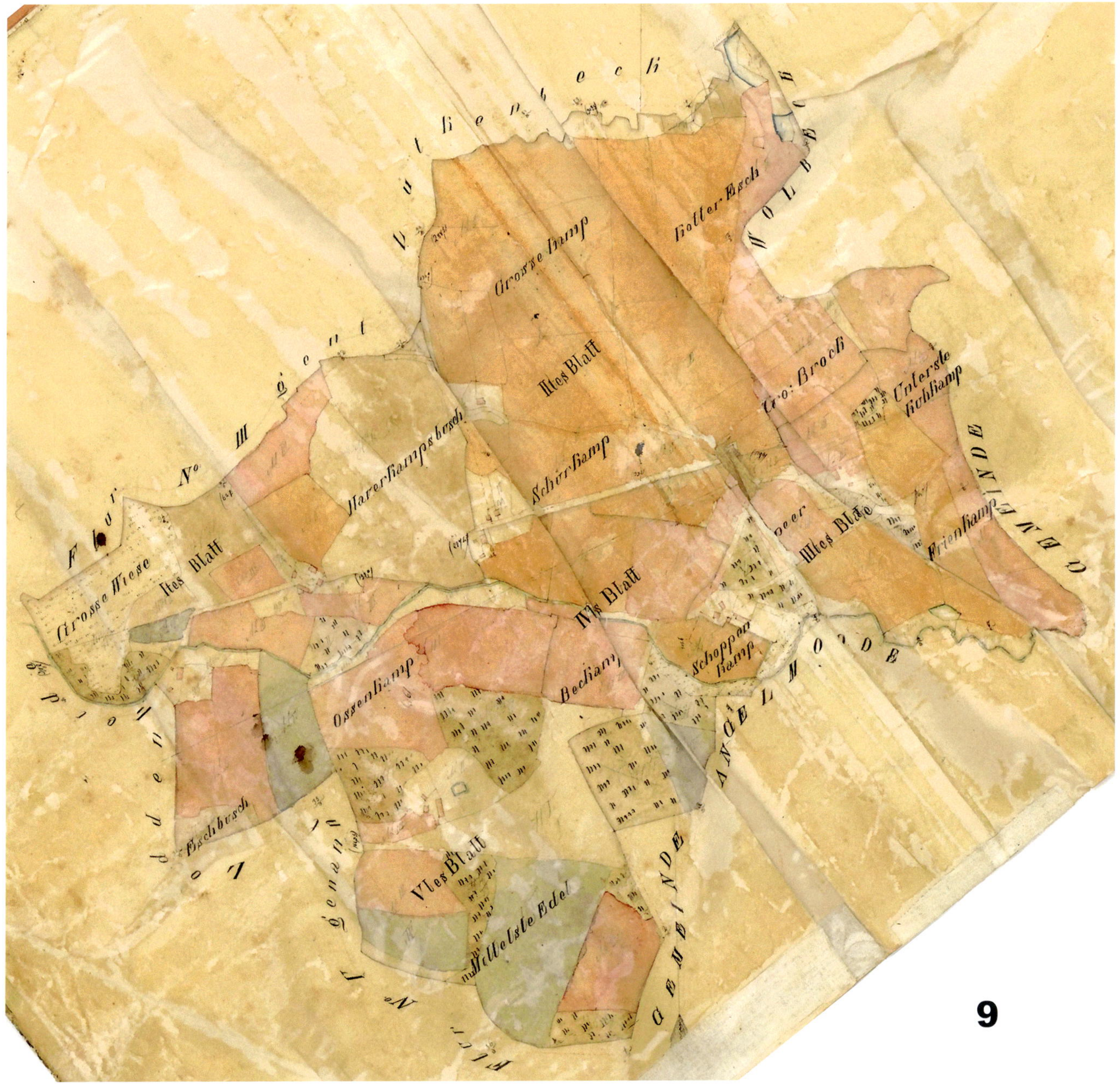

Urhandriss der Flur 4 Lamberti, gen. Averkamp
ohne Angaben

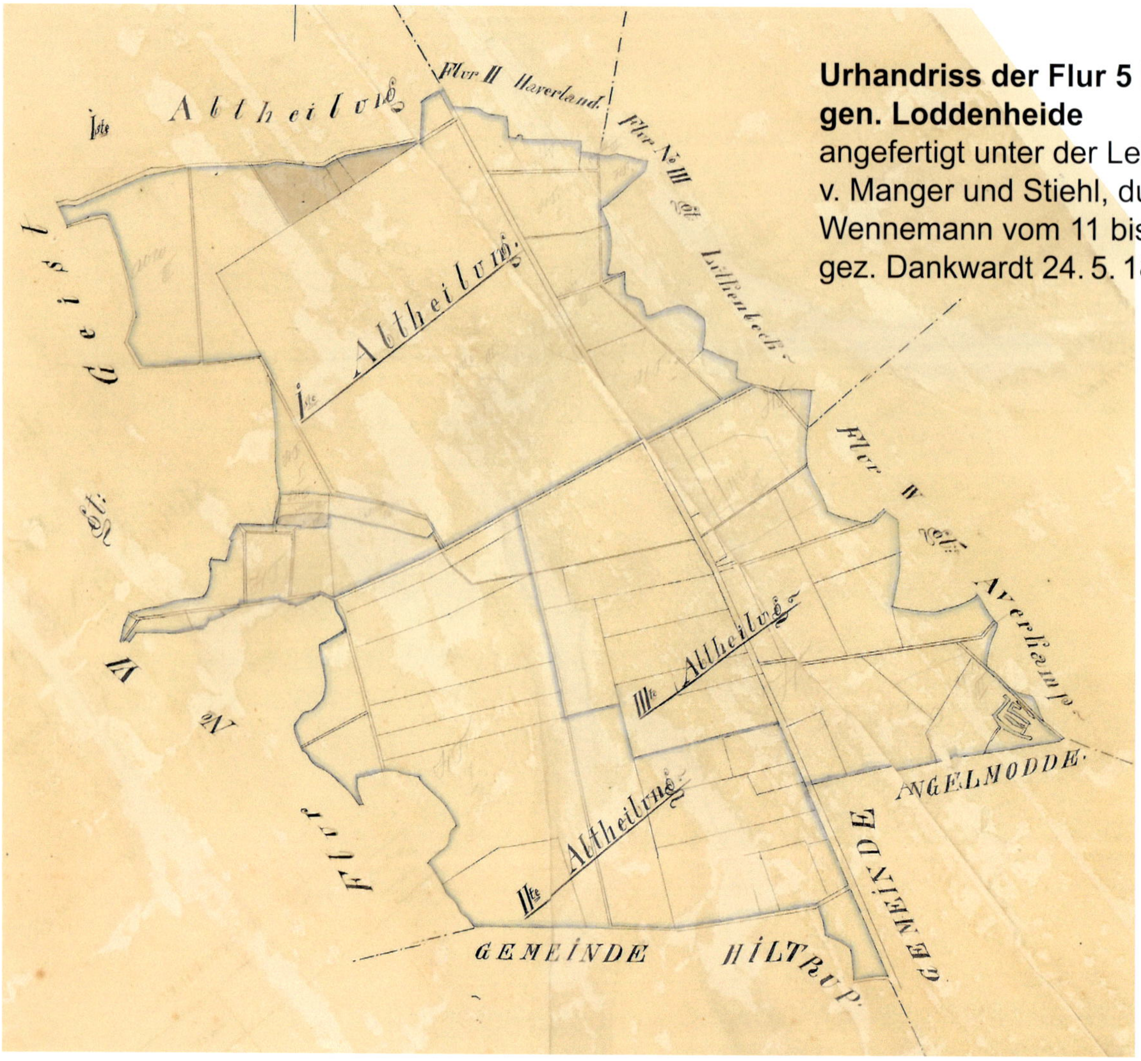

Urhandriss der Flur 5 Lamberti, gen. Loddenheide
angefertigt unter der Leitung der Geometer v. Manger und Stiehl, durch den Hilfsarbeiter Wennemann vom 11 bis 12. Februar 1830, gez. Dankwardt 24. 5. 1830

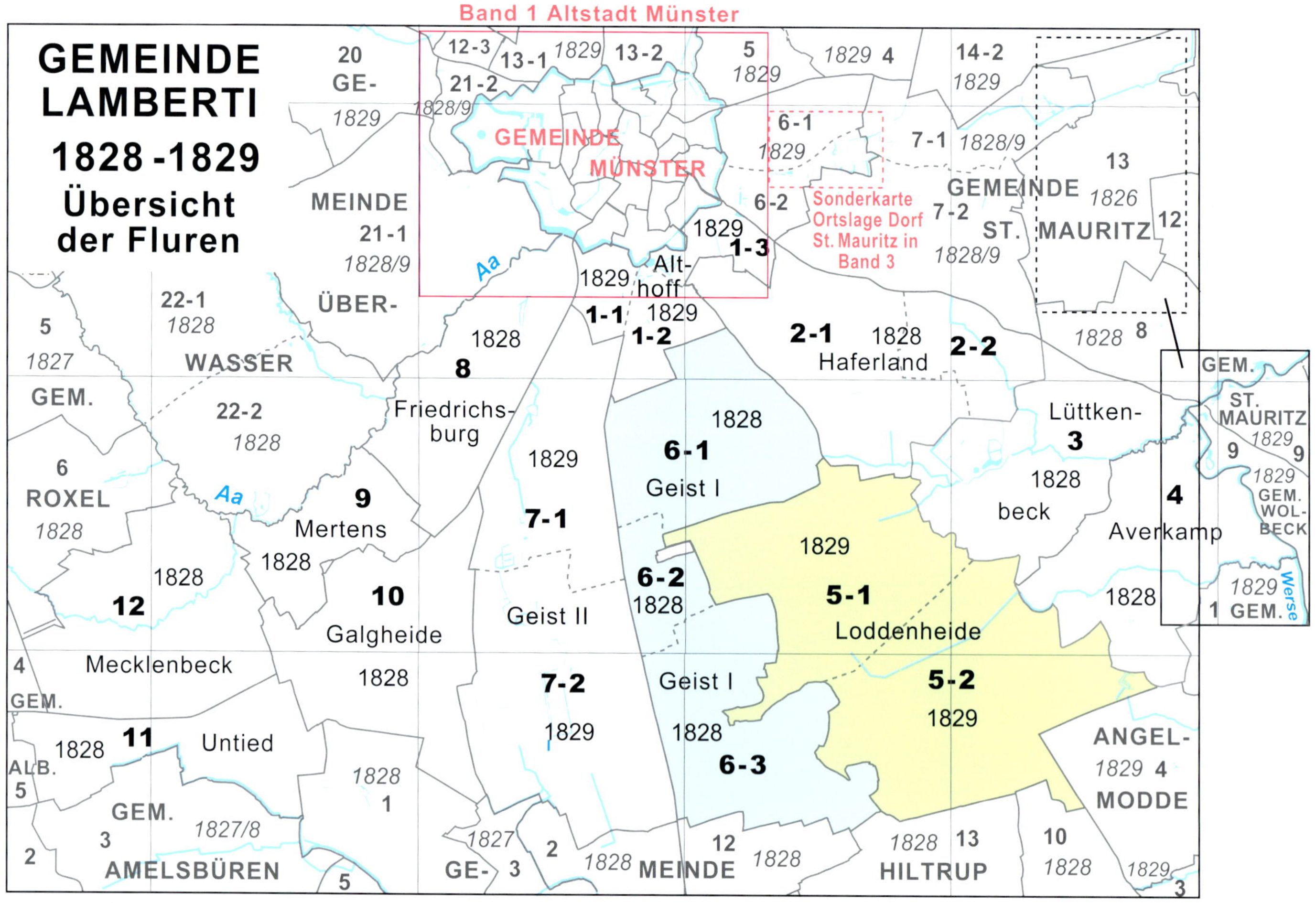

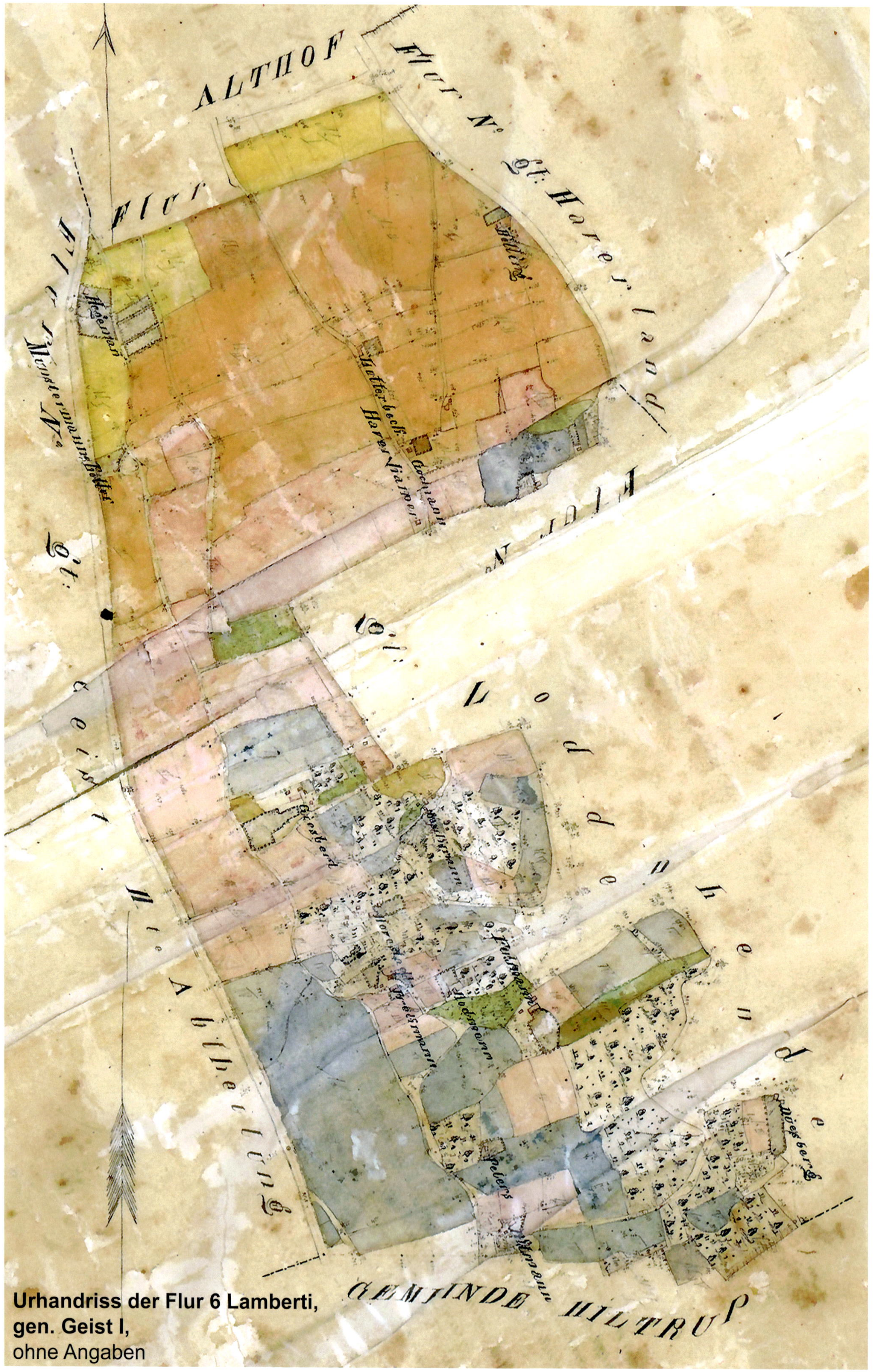

Urhandriss der Flur 6 Lamberti, gen. Geist I,
ohne Angaben

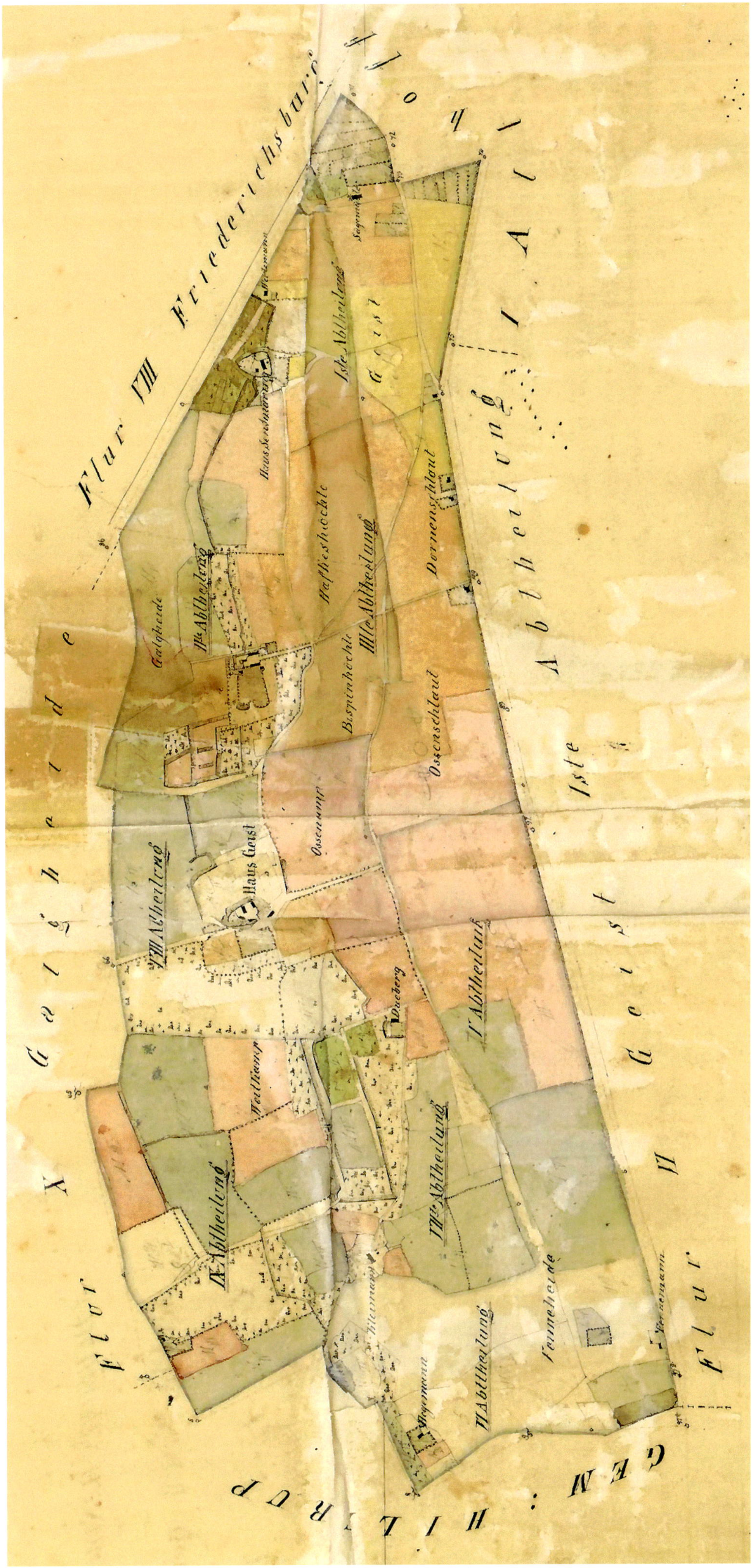

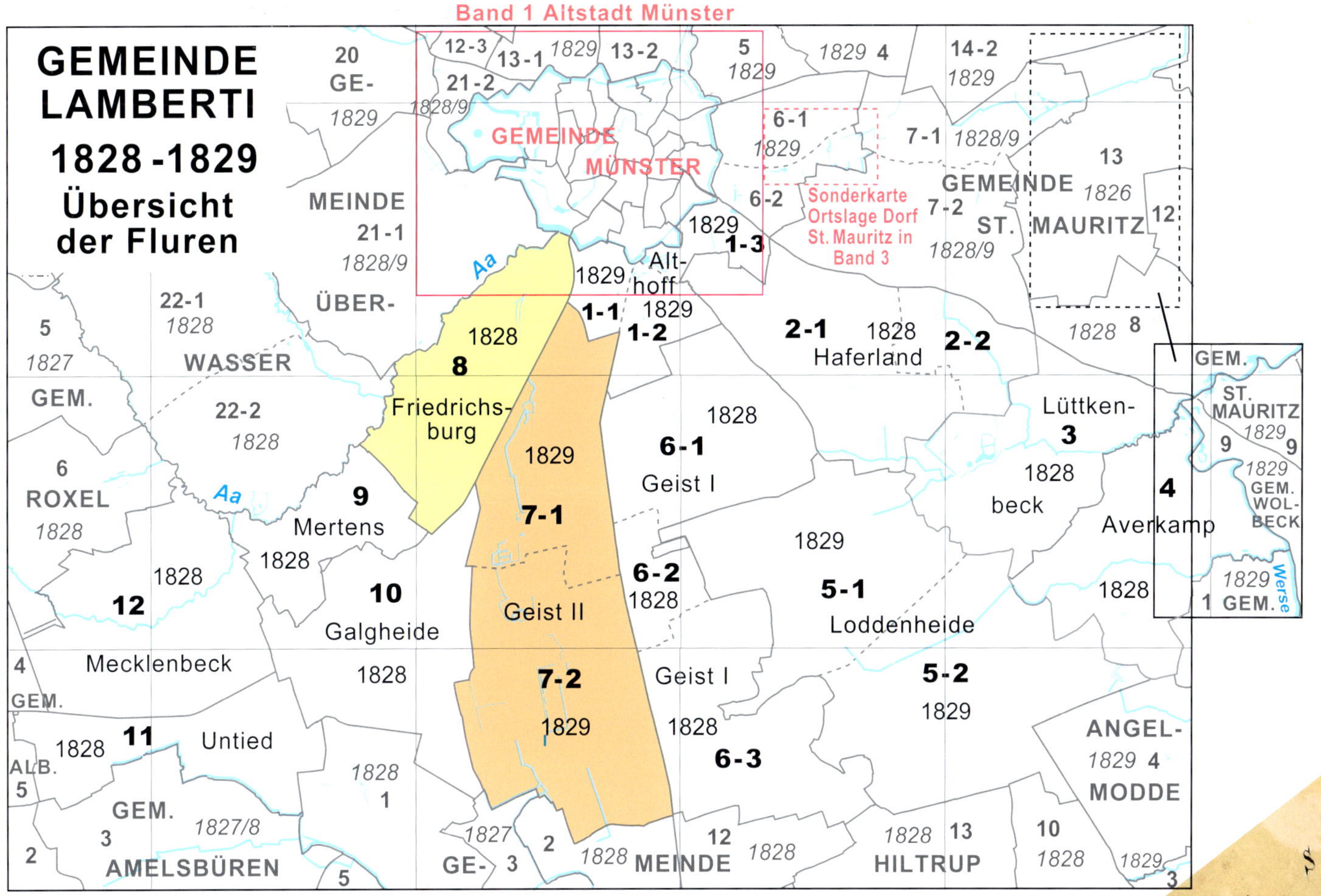

Urhandriss der Flur 7 Lamberti, gen. Geist II,
ohne Angaben

Urhandriss der Flur 8 Lamberti, gen. Friedrichsburg
ohne Angaben

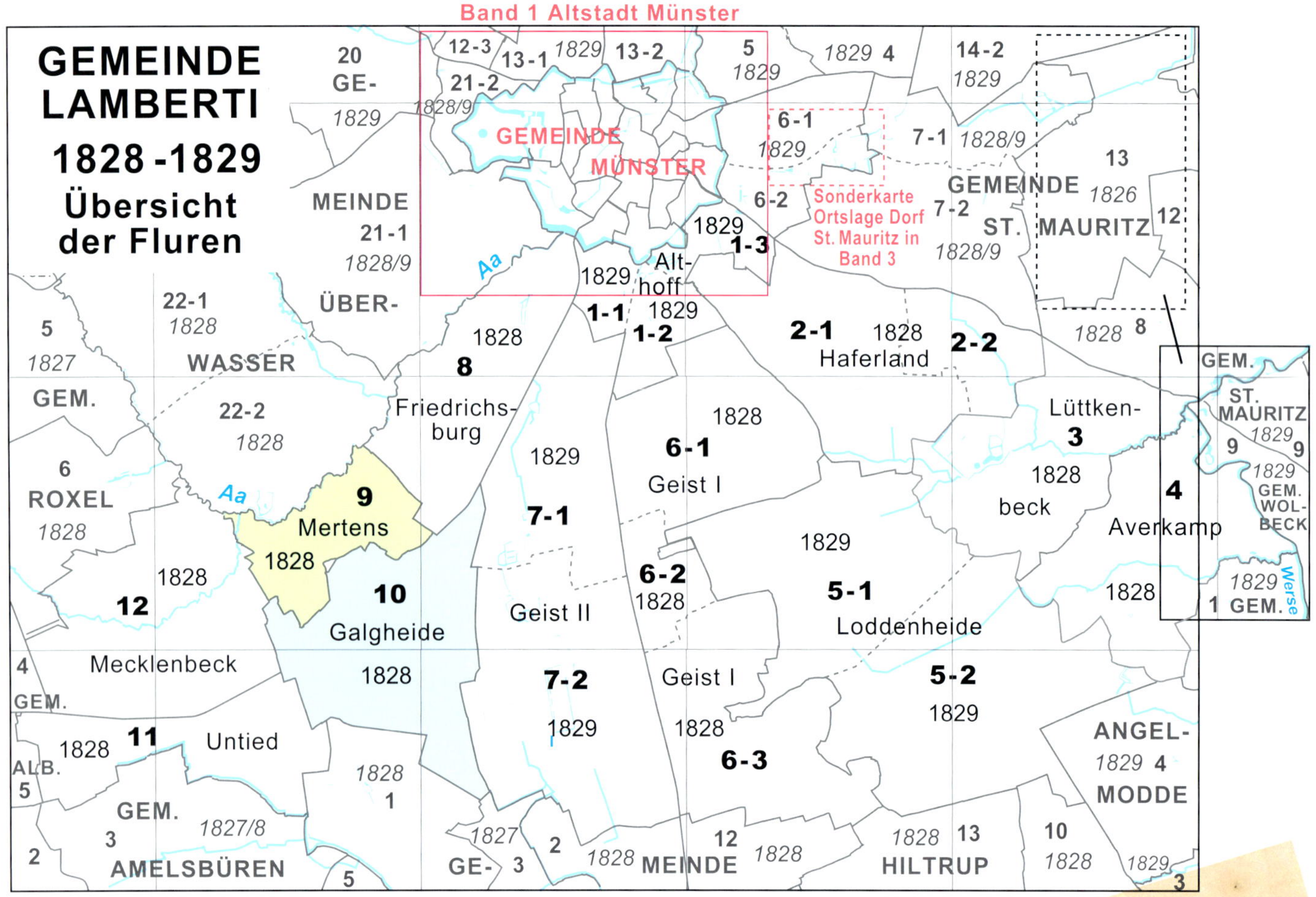

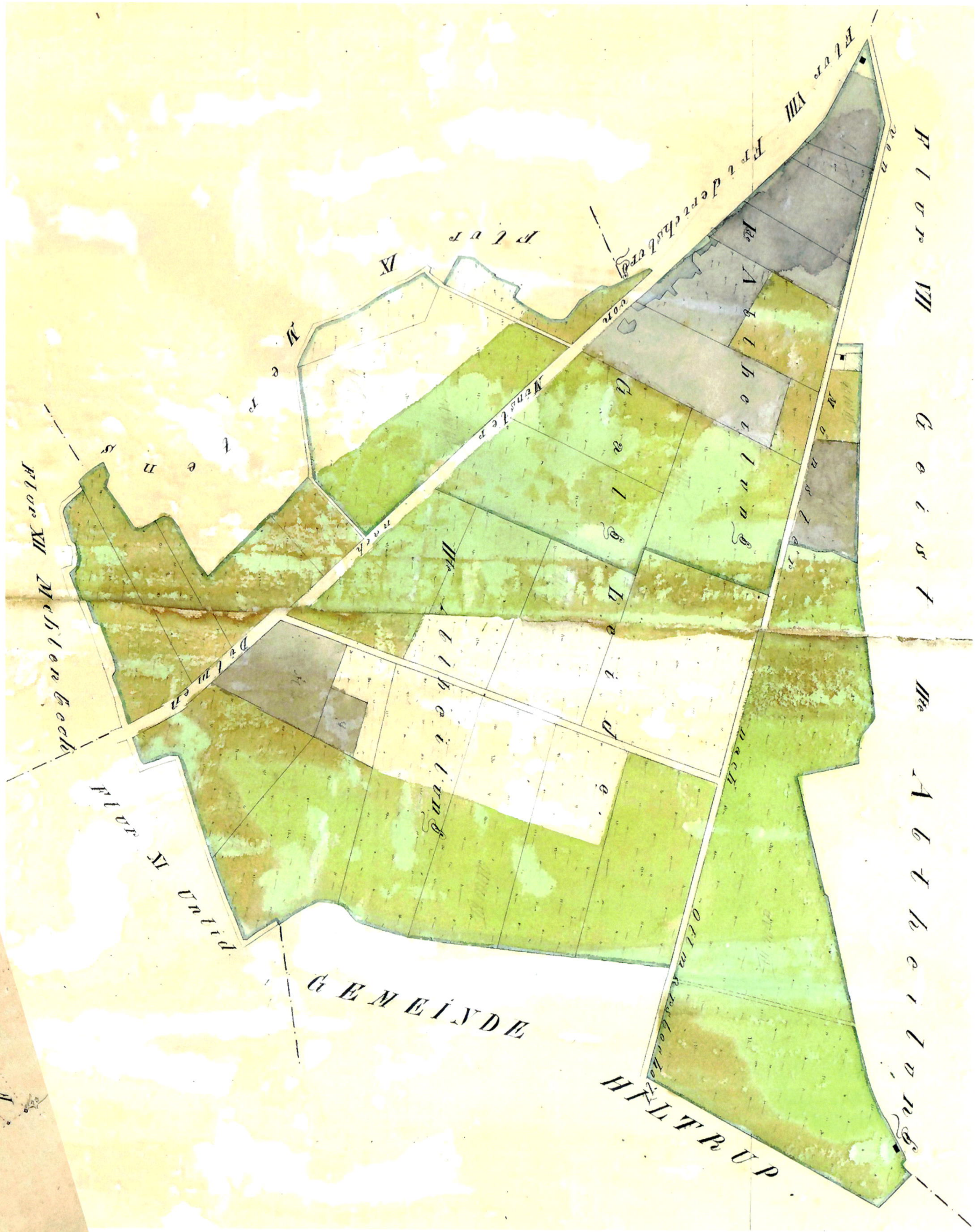

Urhandriss der Flur 10 Lamberti, gen. Galgheide,
ohne Angaben

Urhandriss der Flur 9 Lamberti, gen. Mertens,
angefertigt unter der Leitung der Geometer v. Manger und Stiehl,
durch den Gehilfen Gastmann, gez. Dankwardt 7. 5. 1829

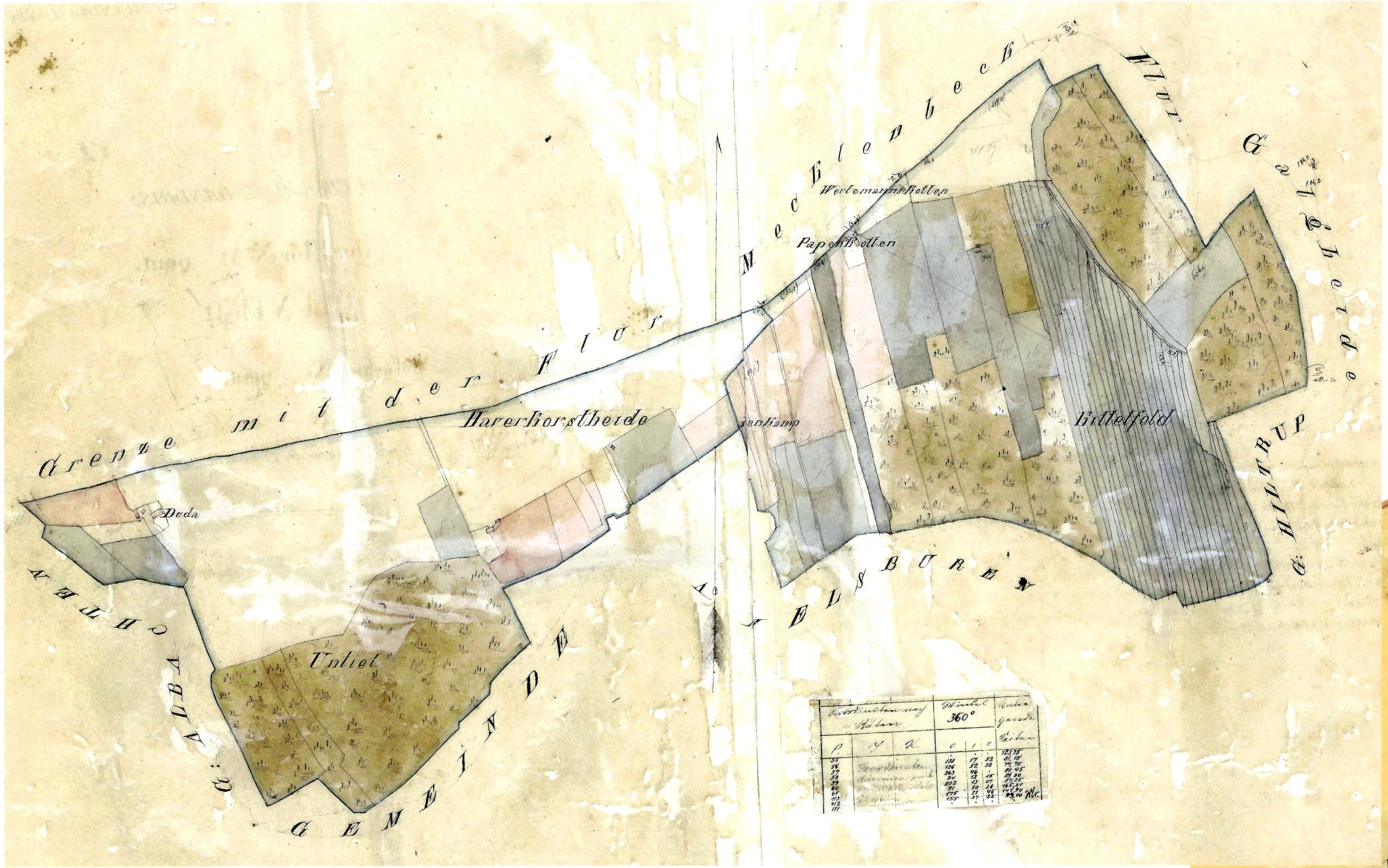

Urhandriss der Flur 11 Lamberti, gen. Untied
ohne Angaben

Urhandriss der Flur 12 Lamberti, gen. Mecklenbeck,
ohne Angaben

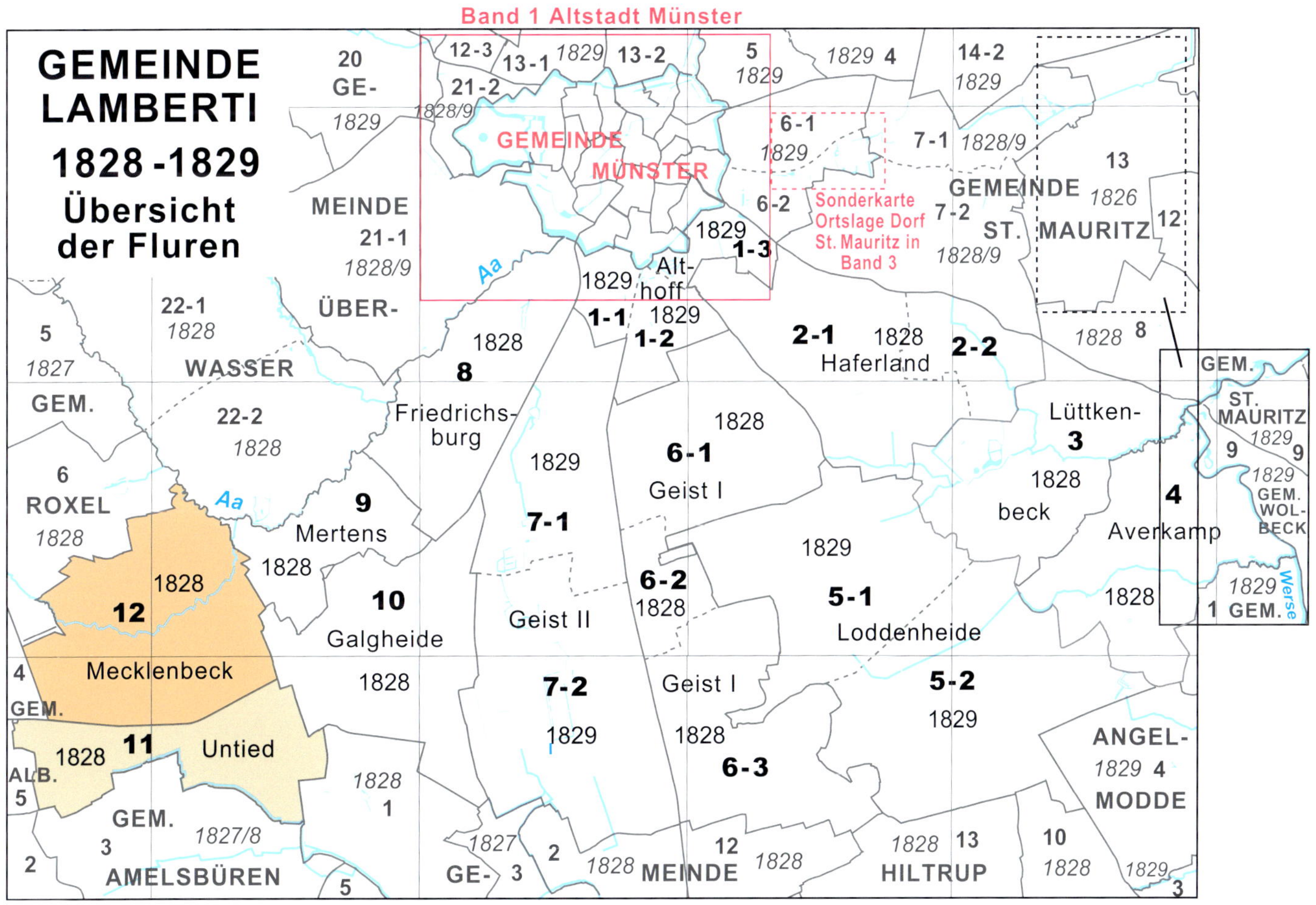

Aufteilung der Loddenheide 1823

(siehe auch Seiten 24, 25)

Das Areal wurde anfänglich als Weide- und Jagdfläche genutzt, dann erstmals militärisch im Siebenjährigen Krieg, zwischen 1756 und 1763 als Militärlager von den mit Preußen verbündeten Alliierten.

Von 1802 bis 1806 wurde es nach Abzug der Truppen als Exerzierplatz genutzt.

Ab 1822 begann die Aufteilung der Loddenheide, die sich bis zum 5. November 1829 hinzog.

1827 wurde ein etwa 420 Morgen großes Areal (entspicht etwa der heutigen Fläche) an das preußische Militar für 10.500 Reichstaler verkauft. Bis auf die Schießstände war das Gelände weiterhin für die Allgemeinheit zugänglich.

Ab 1836 fanden bis 1897 regelmäßig Pferderennen statt.

Das preußische Militär erwarb ein größeres Übungsgebiet außerhalb Münsters, und so fand eine vermehrten Nutzung durch die Bevölkerung statt: 1910 Testflüge des Luftsportvereins, mit Höhepunkten in den Zeppelinlandungen 1911 und 1930.

Danach wurde der private Flugverkehr eingestellt, und die Reichswehr übernahm das Gelände 1933 als Militärflugplatz.

Nach dem Ende des II. Weltkrieges wurde es militärisches Sperrgebiet der Briten, die Streitkräfte zogen 1993 ab.

Seit 1996 wurde aus diesem Gebiet der Gewerbepark Münster-Loddenheide

Original im Landearchiv NRW Westfalen, Abt. Münster, Kartensammlung W_Karten_A-34981_vinr_01_r

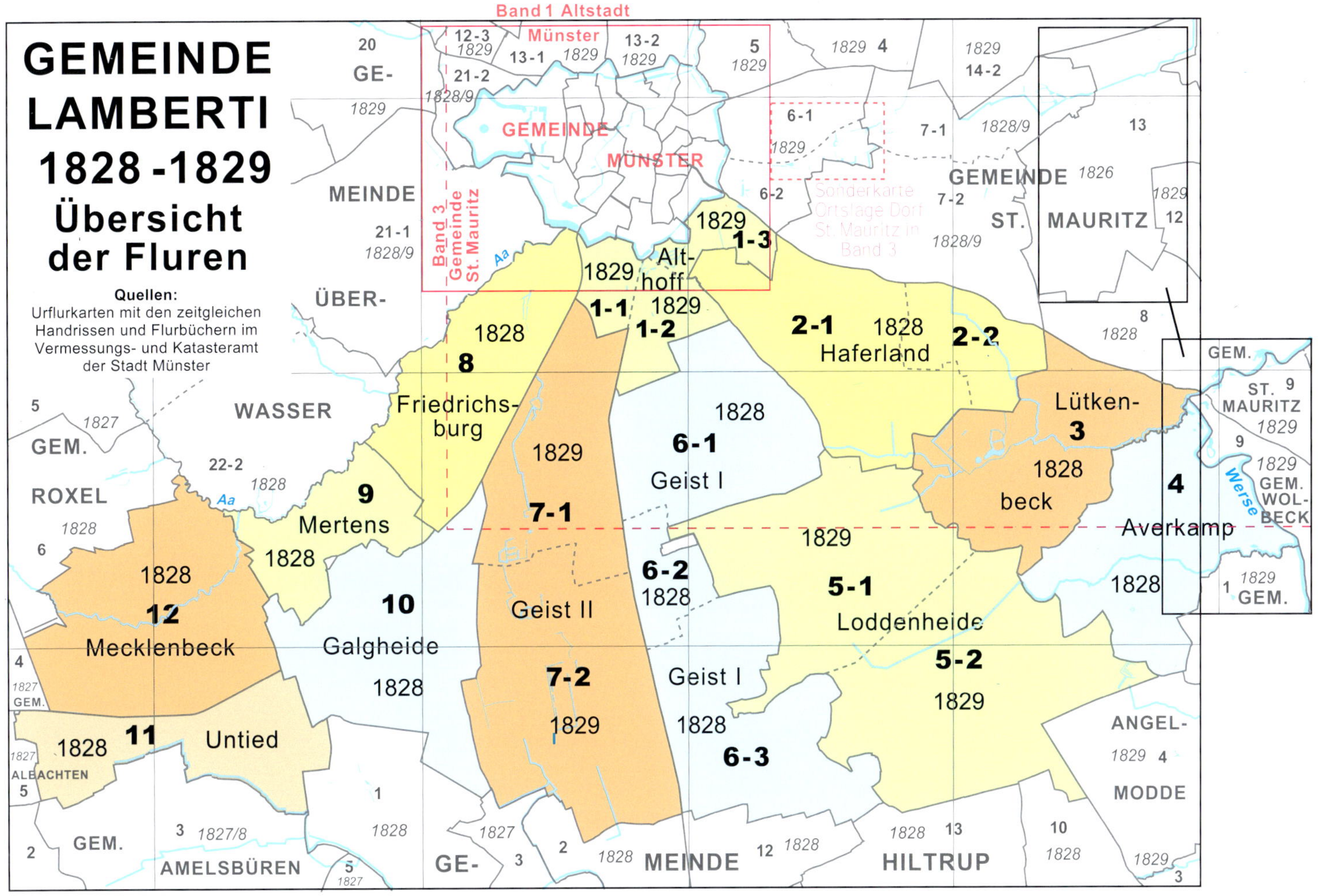

Übersicht der Fluren in der Gemeinde Lamberti

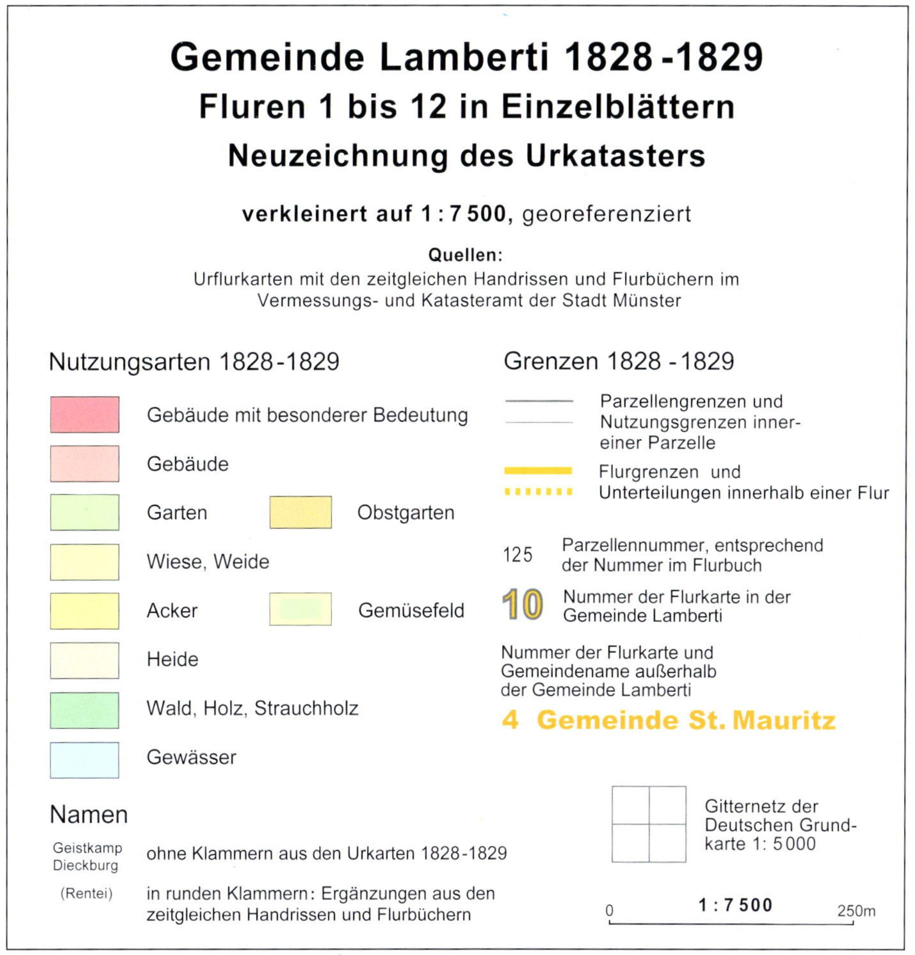

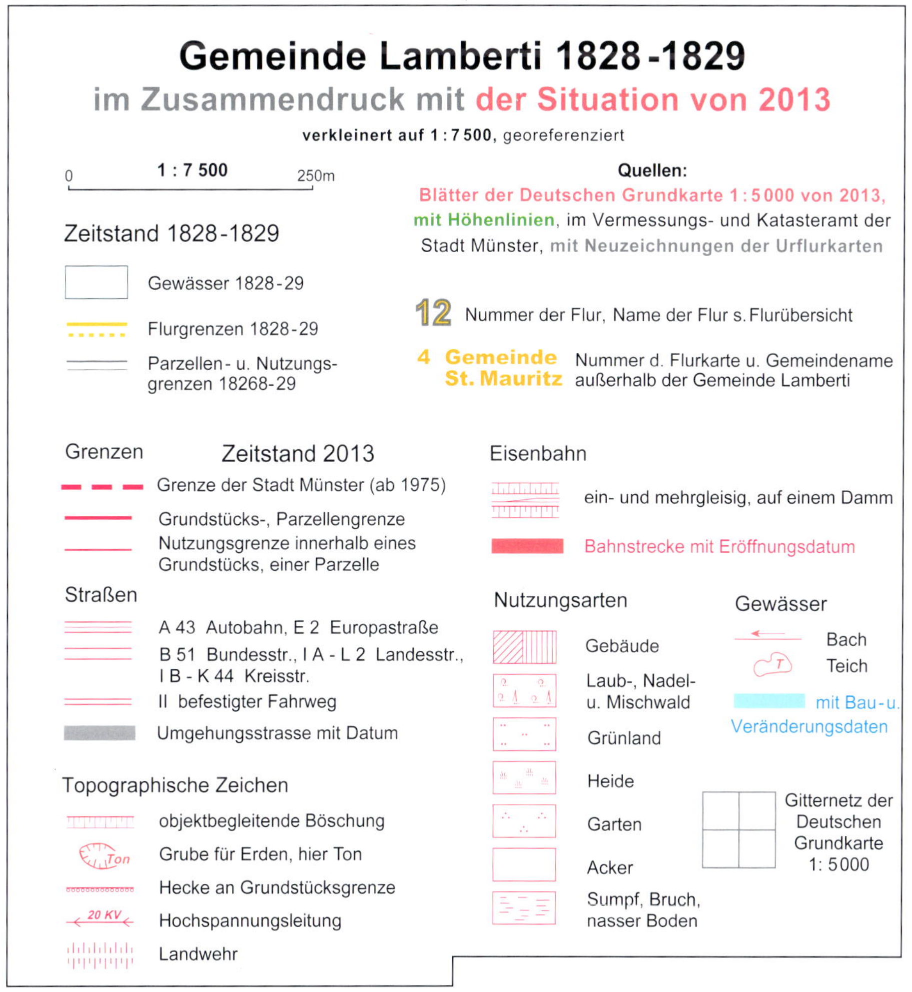

Legendenblatt der Flurkarten-Neuzeichnungen

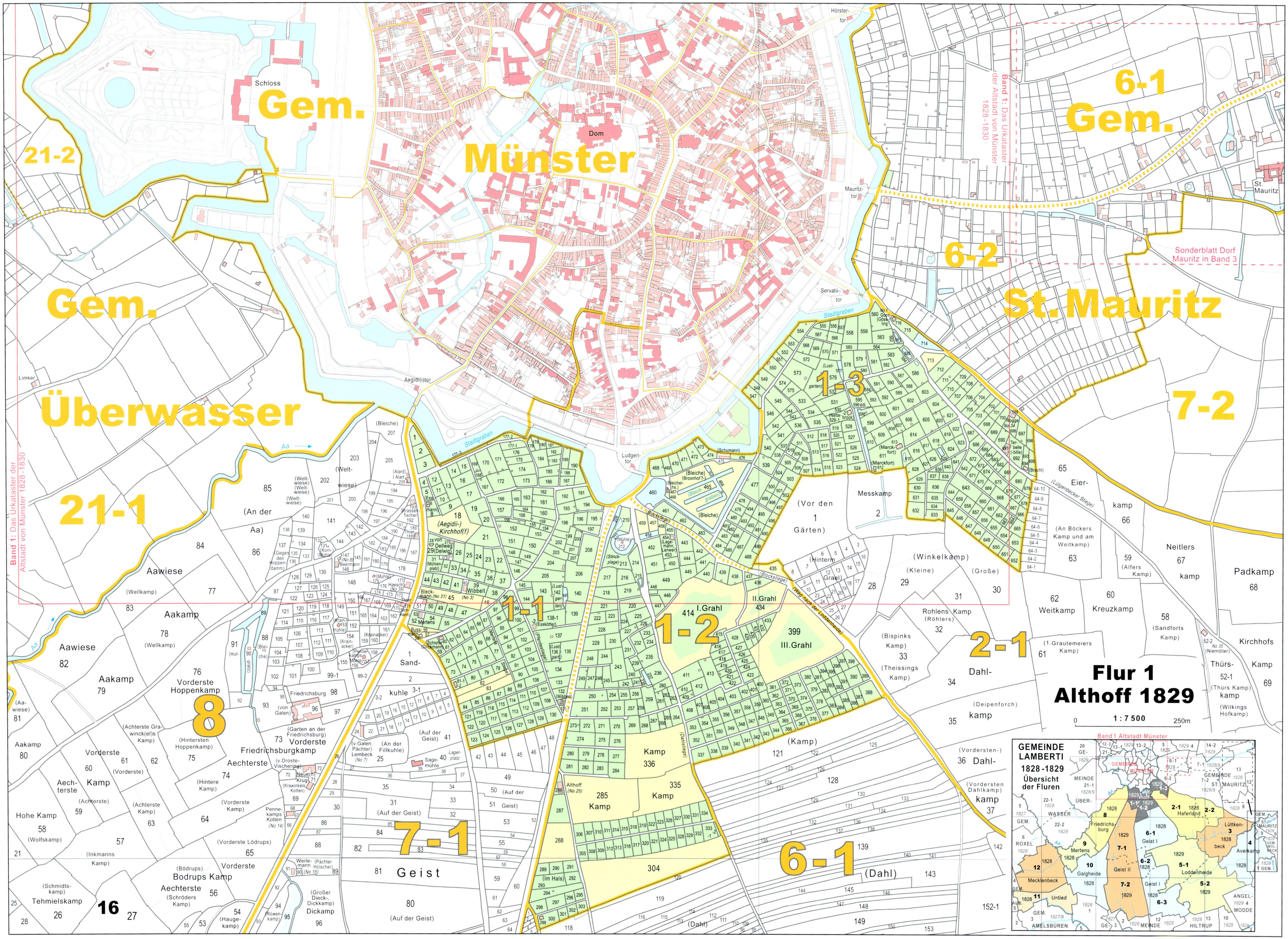
Flur 1
Althoff 1829
1 : 7 500
0
250m
Gem.
Münster
Gem.
Überwasser
Gem.
St. Mauritz
21-2
21-1
6-1
6-2
7-2
1-1
1-2
1-3
2-1
7-1
6-1
8
16
Schloss
Dom
Aegidi(i)tor
Ludgeri-
tor
Servatii-
tor
Mauritz-
tor
Hörster-
tor
Stadtgraben
Aa
St.
Mauritz
Band 1: Das Urkataster der Altstadt von Münster 1828-1830
Sonderblatt Dorf Mauritz in Band 3
I. Grahl
II. Grahl
III. Grahl
Messkamp
(Vor den Gärten)
(Aegidii-) Kirchhof(f)
Friedrichsburg
Friedrichsburgkamp
Vorderste Hoppenkamp
Aawiese
Aakamp
Geist
Sand-
kuhle
Kamp
Dahl-
kamp
(Dahl)
Eier-
kamp
Neitlers
kamp
Padkamp
Weitkamp
Kreuzkamp
Kirchhofs
Thürs-
Kamp
Tehmielskamp
Bodrups Kamp
Hohe Kamp
Limker
GEMEINDE
LAMBERTI
1828-1829
Übersicht
der Fluren
Band 1 Altstadt Münster

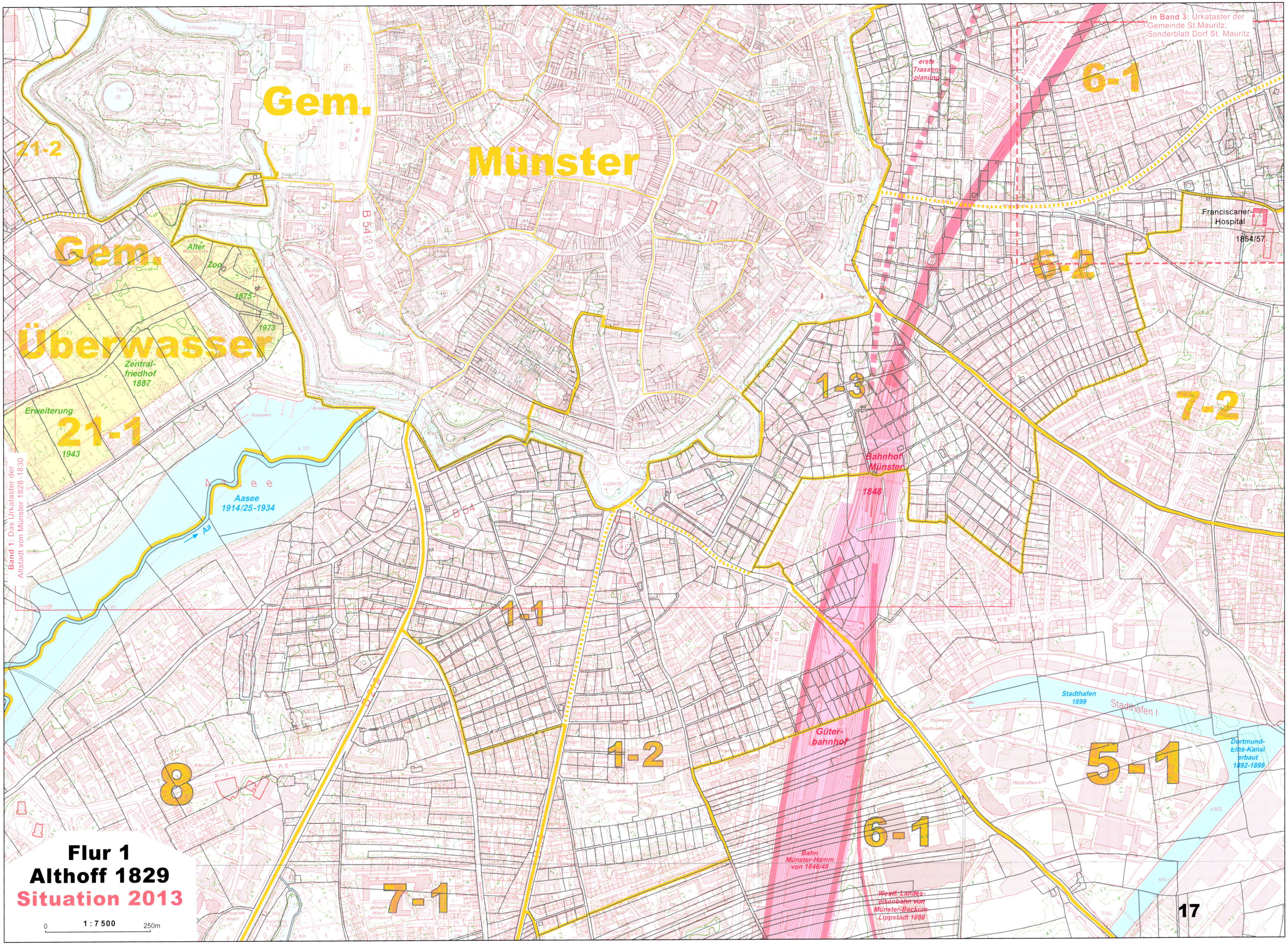

Flur 1
Althoff 1829
Situation 2013

Gemeinde Münster

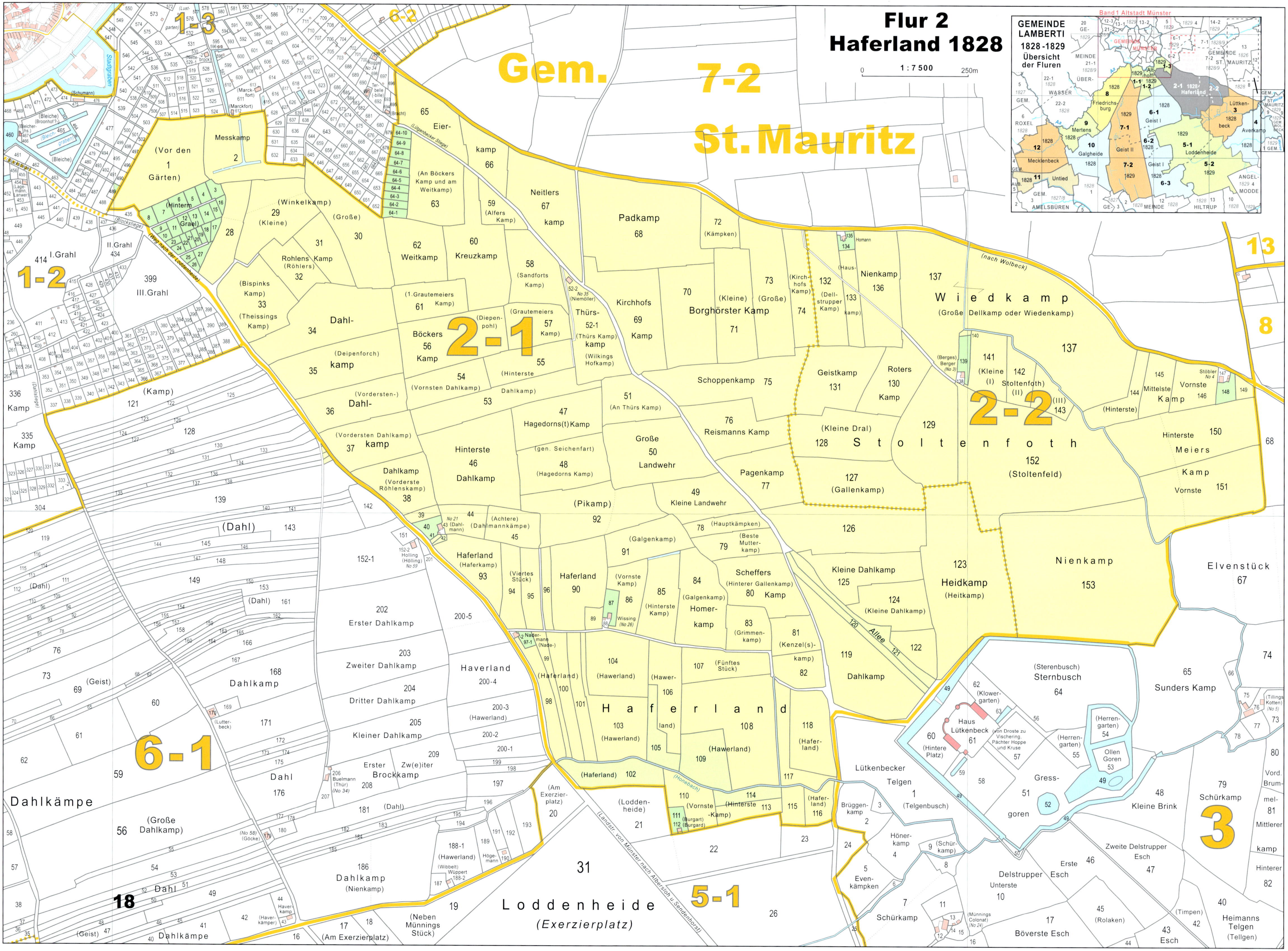

Gemeinde Münster

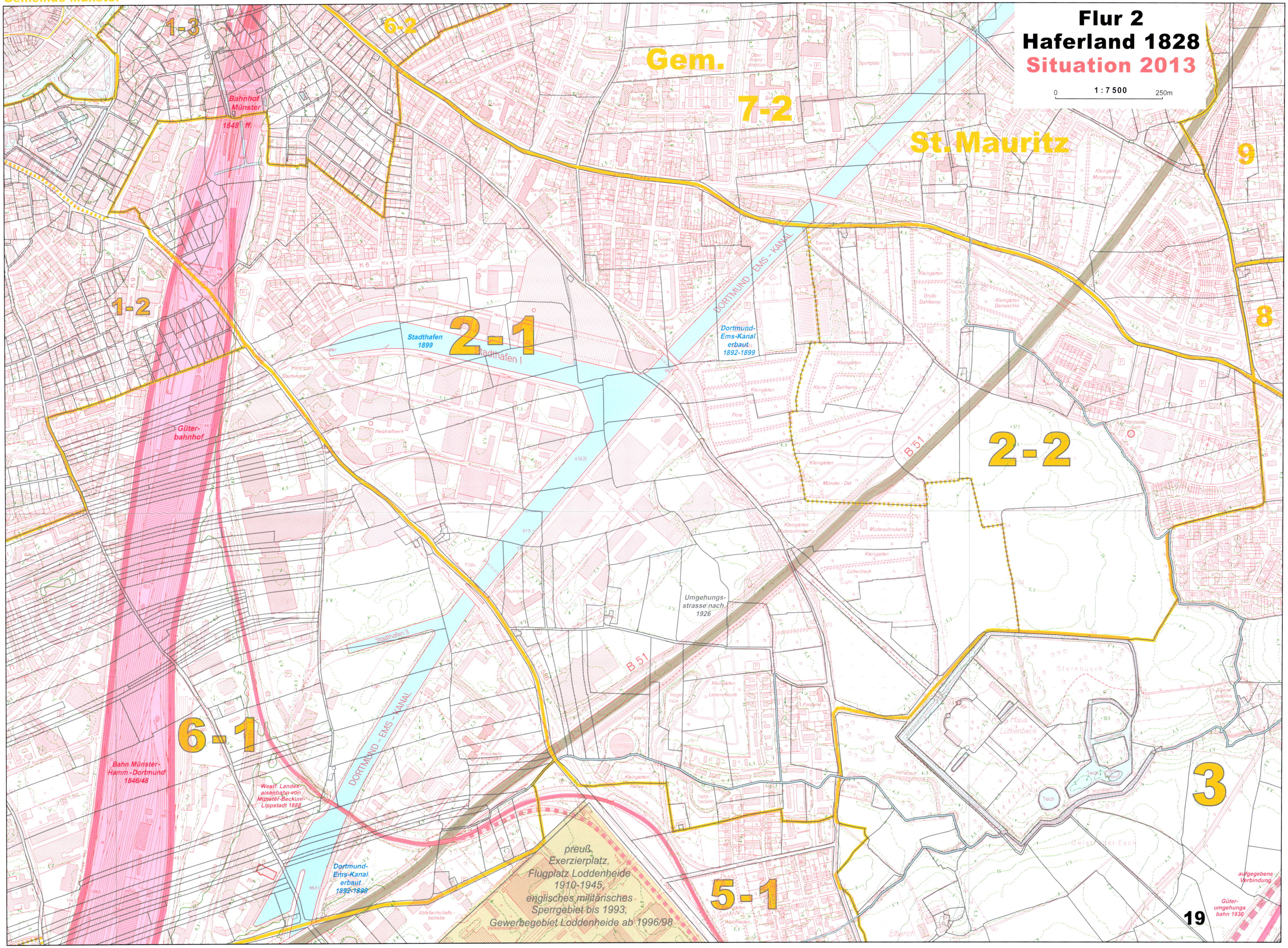

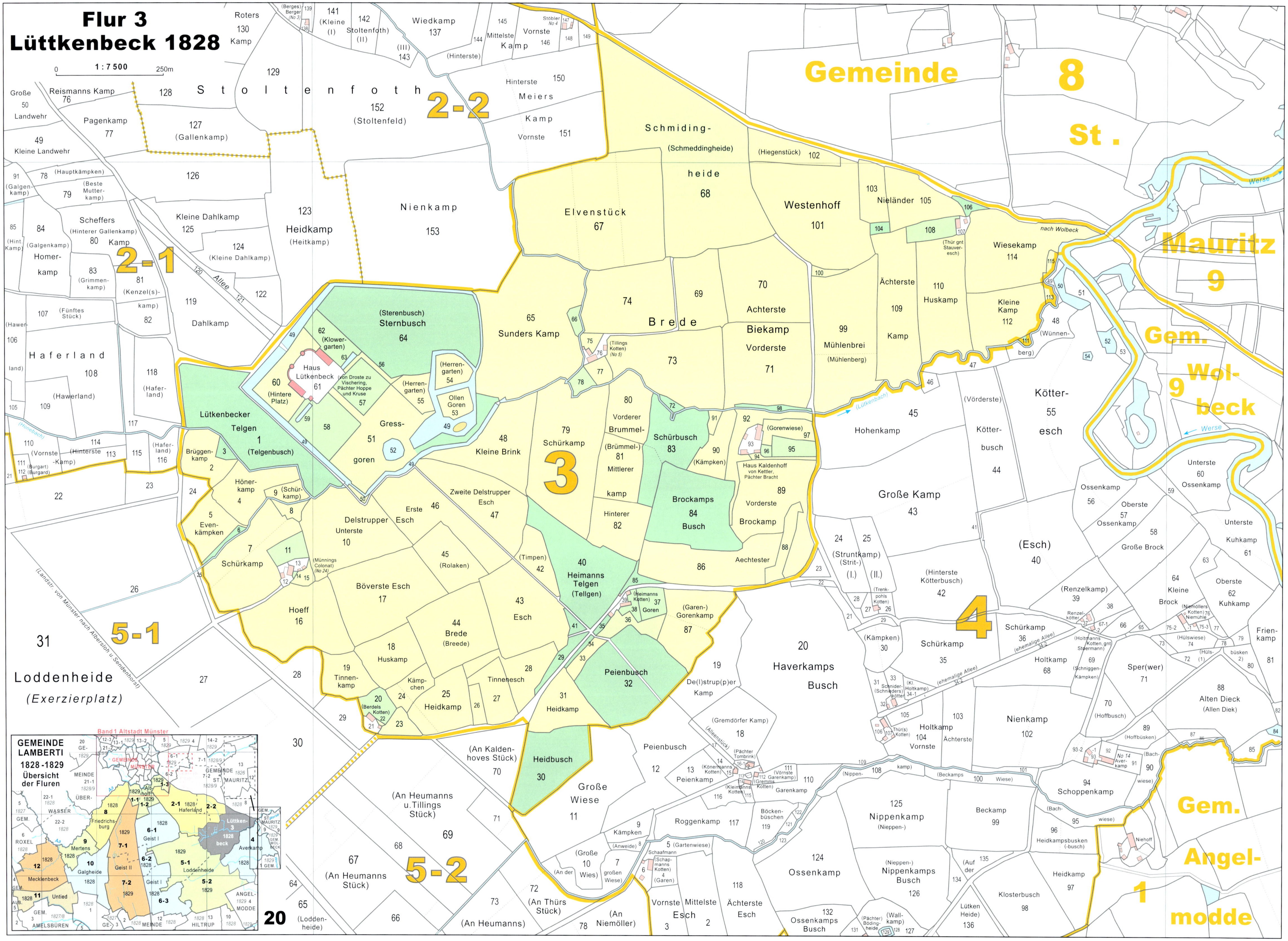

Flur 3
Lüttkenbeck 1828
0
1 : 7 500
250m
Stoltenfoth
2-2
2-1
3
4
5-1
5-2
Gemeinde
8
St.
Mauritz
9
Gem.
Wolbeck
Gem.
Angelmodde
1
Roters Kamp
Wiedkamp
Stoltenfoth
Stoltenfeld
Reismanns Kamp
Pagenkamp
Gallenkamp
Kleine Landwehr
Große Landwehr
Hauptkämpken
Scheffers
Hinterer Gallenkamp
Kleine Dahlkamp
Heidkamp
Heitkamp
Nienkamp
Homerkamp
Grimmenkamp
Dahlkamp
Allee
Haferland
Hawerland
Hoffbusch
Meiers Kamp
Vornste
Hinterste
Schmidingheide
Schmeddingheide
Hiegenstück
Elvenstück
Westenhoff
Nieländer
Wiesekamp
nach Wolbeck
Werse
Achterste
Huskamp
Kleine Kamp
Wünnenberg
Brede
Biekamp
Vorderste
Mühlenbrei
Mühlenberg
Sunders Kamp
Sternbusch
Sterenbusch
Klowergarten
Haus Lüttkenbeck
Herrengarten
Ollen Goren
Lütkenbecker Telgen
Telgenbusch
Hintere Platz
Gressgoren
Kleine Brink
Schürkamp
Brummelkamp
Mittlerer
Schürbusch
Kämpken
Gorenwiese
Haus Kaldenhoff
Lütkenbach
Hohenkamp
Kötteresch
Kötterbusch
Große Kamp
Brüggenkamp
Hönerkamp
Evenkämpken
Delstrupper Esch
Unterste
Erste Esch
Zweite Delstrupper Esch
Rolaken
Timpen
Heimanns Telgen
Tellgen
Brockamps Busch
Brockamp
Aechtester
Böverste Esch
Hoeff
Brede
Breede
Huskamp
Tinnenkamp
Kämpchen
Heidkamp
Tinnenesch
Esch
Gorenkamp
Peienbusch
Heidbusch
Haverkamps Busch
Delstrupper Kamp
Gremdörfer Kamp
Peienkamp
Große Wiese
Roggenkamp
Böckenbüschen
Garenkamp
Nippenkamp
Beckamp
Beckamps Wiese
Schoppenkamp
Heidkampsbusken
Ossenkamp
Nippenkamps Busch
Klosterbusch
Lütken Heide
Ossenkamps Busch
Heidkamp
Achterste Esch
Vornste Esch
Mittelste
Struntkamp
Hinterste Kötterbusch
Renzelkamp
Schürkamp
ehemalige Allee
Holtkamp
Sper(wer)
Alten Dieck
Allen Diek
Unterste Kuhkamp
Oberste Kuhkamp
Kleine Brock
Große Brock
Oberste Ossenkamp
Nienkamp
Frienkamp
Niehoff
Loddenheide
(Exerzierplatz)
Landstr. von Münster nach Albersloh u. Sendenhorst
An Kaldenhoves Stück
An Heumanns u. Tillings Stück
An Heumanns Stück
An Heumanns
An Thürs Stück
An Niemöller
Loddenheide
GEMEINDE LAMBERTI
1828-1829
Übersicht der Fluren
Band 1 Altstadt Münster
Lüttkenbeck
Haferland
Friedrichsburg
Mertens
Geist I
Geist II
Mecklenbeck
Gelmer
Untied
Galgheide
Averkamp
Loddenheide
Angelmodde
Hiltrup
Amelsbüren
Roxel
Wasser
20

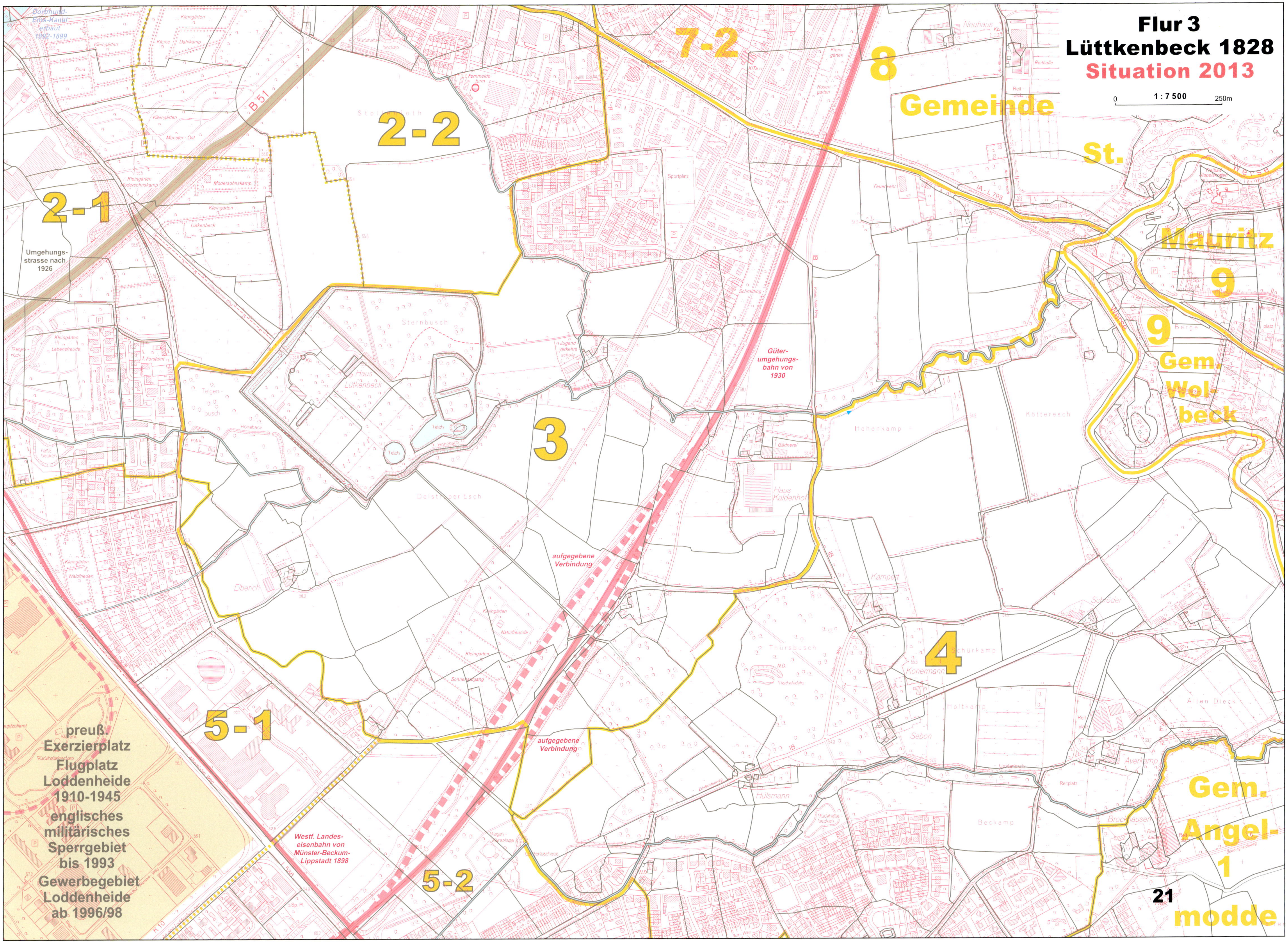
Flur 3
Lüttkenbeck 1828
Situation 2013
1 : 7 500
0
250m
2-1
2-2
3
4
5-1
5-2
7-2
8
Gemeinde
St.
Mauritz
9
9
Gem.
Wol-
beck
Gem.
Angel-
1
modde
Umgehungs-
strasse nach
1926
B 51
Güter-
umgehungs-
bahn von
1930
aufgegebene
Verbindung
aufgegebene
Verbindung
Westf. Landes-
eisenbahn von
Münster-Beckum-
Lippstadt 1898
preuß.
Exerzierplatz
Flugplatz
Loddenheide
1910-1945
englisches
militärisches
Sperrgebiet
bis 1993
Gewerbegebiet
Loddenheide
ab 1996/98
Haus
Lütkenbeck
Haus
Kaldenhof
Sternbusch
Teich
Thursbusch
Hohenkamp
Kottenesch
Hülsmann
Beckamp
Sebon
Konermann
Kampert
Elberich
Dortmund-
Ems-Kanal
erbaut
1892-1899

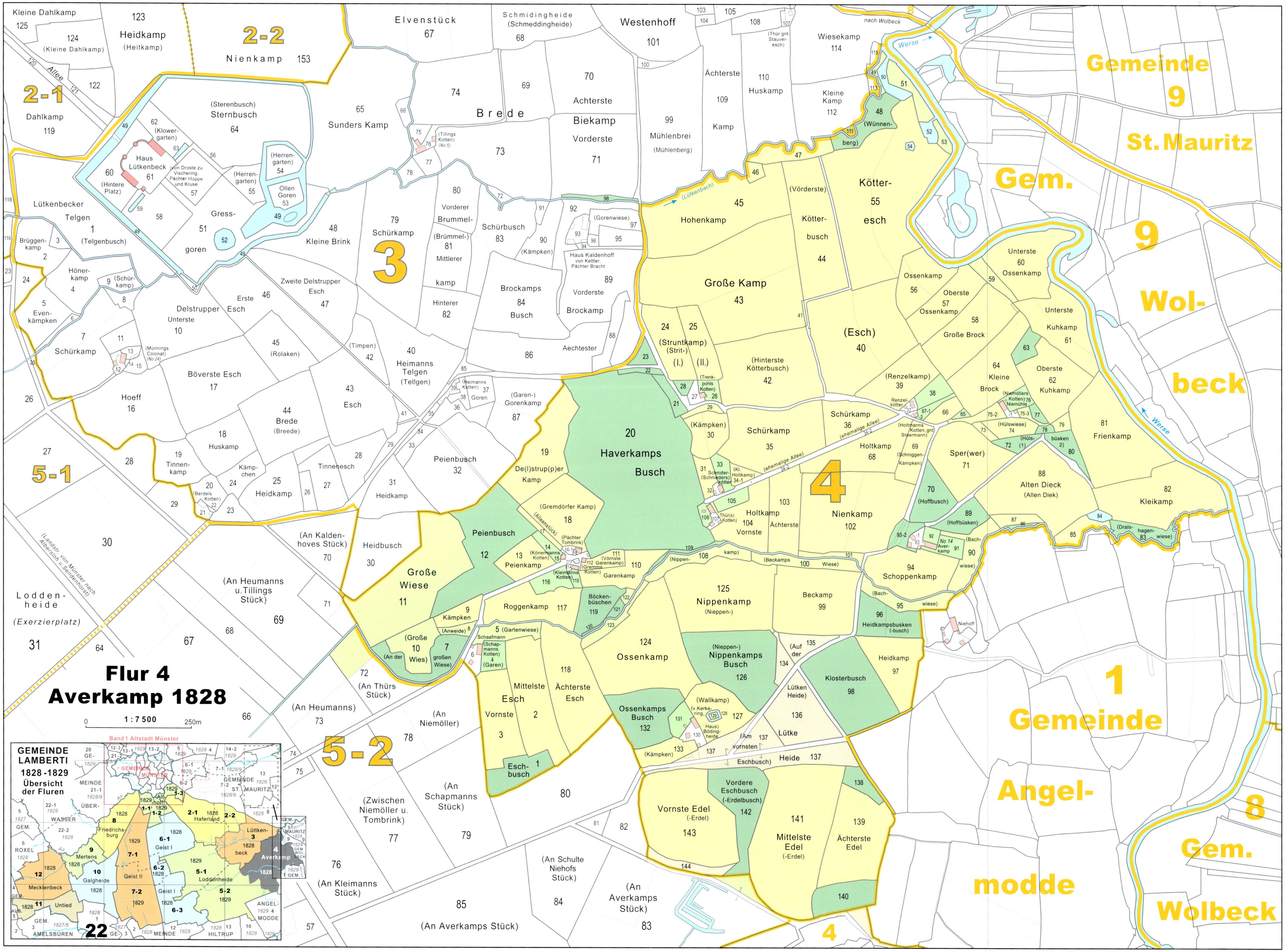

Flur 4
Averkamp 1828
1 : 7 500
0
250m
Gemeinde 9 St. Mauritz
Gem. 9 Wol- beck
Gemeinde 1 Angel- modde
Gem. 8 Wolbeck
2-2
2-1
3
4
5-1
5-2
Kleine Dahlkamp
Heidkamp (Heitkamp)
Nienkamp 153
Elvenstück 67
Schmidingheide (Schmeddingheide) 68
Westenhoff 101
Wiesekamp 114
Dahlkamp 119
Sternbusch 64
Haus Lütkenbeck
Sunders Kamp 65
Brede
Achterste Biekamp Vorderste
Mühlenbrei (Mühlenberg)
Huskamp
Kleine Kamp
Lütkenbecker Telgen
Gress- goren
Kleine Brink
Schürkamp
Hohenkamp
Kötter- esch
Kötter- busch
Große Kamp 43
(Esch) 40
Haverkamps Busch 20
Delstrupper Esch
Böverste Esch
Heimanns Telgen (Tellgen)
Brockamps Busch
Aachtester
Hoeff
Huskamp
Tinnenesch
Heidkamp
Peienbusch
Große Wiese
Roggenkamp
Nippenkamp
Beckamp
Schoppenkamp
Ossenkamp
Nippenkamps Busch
Klosterbusch
Heidkamp
Mittelste Esch
Achterste Esch
Vornste
Esch- busch
Ossenkamps Busch
Vornste Edel (-Erdel)
Vordere Eschbusch (-Erdelbusch)
Mittelste Edel (-Erdel)
Achterste Edel
Lütke Heide
Nienkamp
Holtkamp
Schürkamp
Alten Dieck (Allen Diek)
Kleikamp
Frienkamp
Sper(wer)
Oberste Kuhkamp
Unterste Kuhkamp
Große Brock
Kleine Brock
Oberste Ossenkamp
Unterste Ossenkamp
Lodden- heide (Exerzierplatz)
(Landstr. von Münster nach Albersloh u. Sendenhorst)
(An Kaldenhoves Stück)
(An Heumanns u. Tillings Stück)
(An Thürs Stück)
(An Heumanns)
(An Niemöller)
(Zwischen Niemöller u. Tombrink)
(An Schapmanns Stück)
(An Kleimanns Stück)
(An Averkamps Stück)
(An Schulte Niehofs Stück)
(An Averkamps Stück)
Werse
(Lütkenbach)
nach Wolbeck
Niehoff
GEMEINDE LAMBERTI 1828-1829 Übersicht der Fluren
Band 1 Altstadt Münster
22

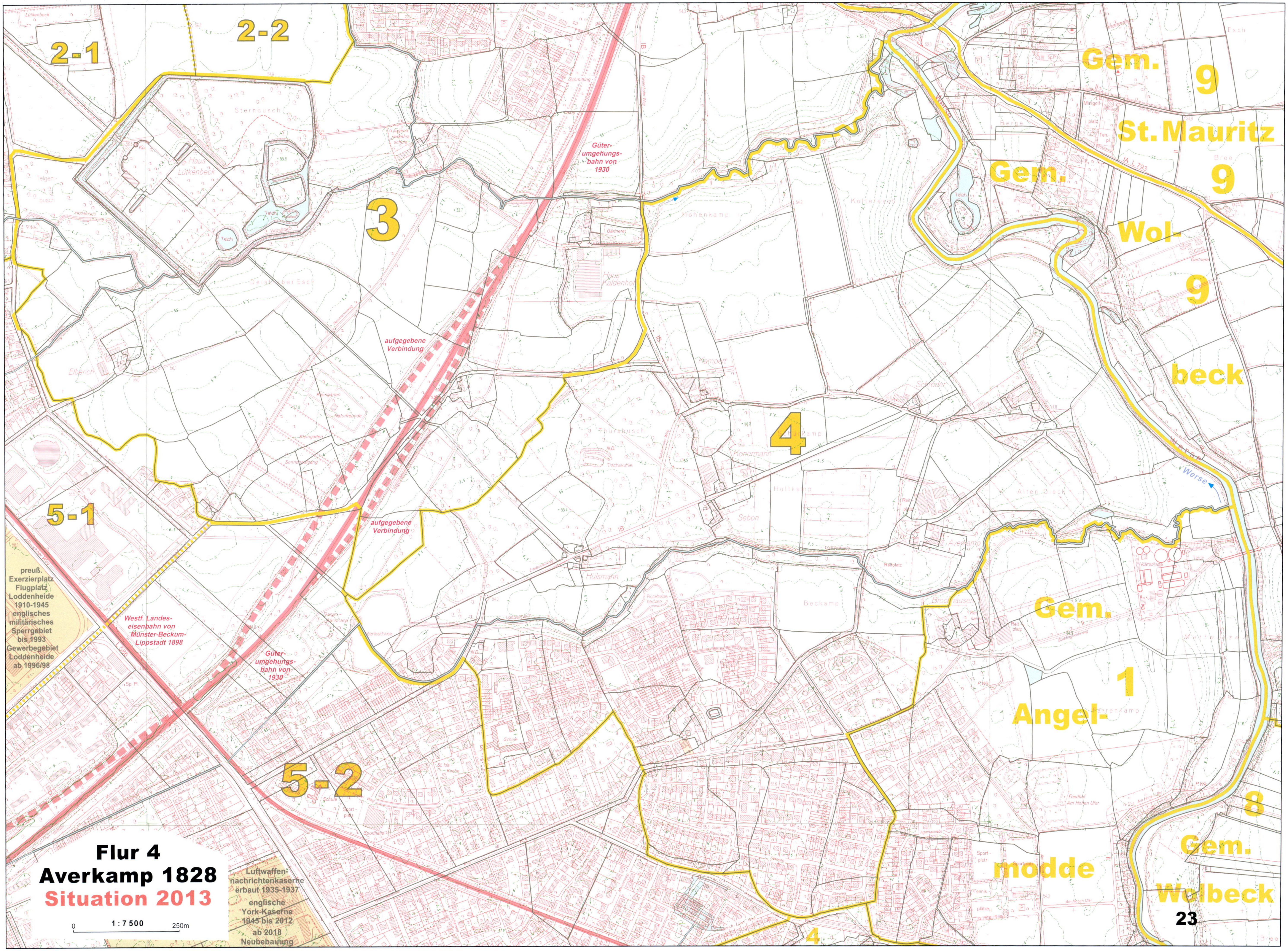

Flur 4
Averkamp 1828
Situation 2013

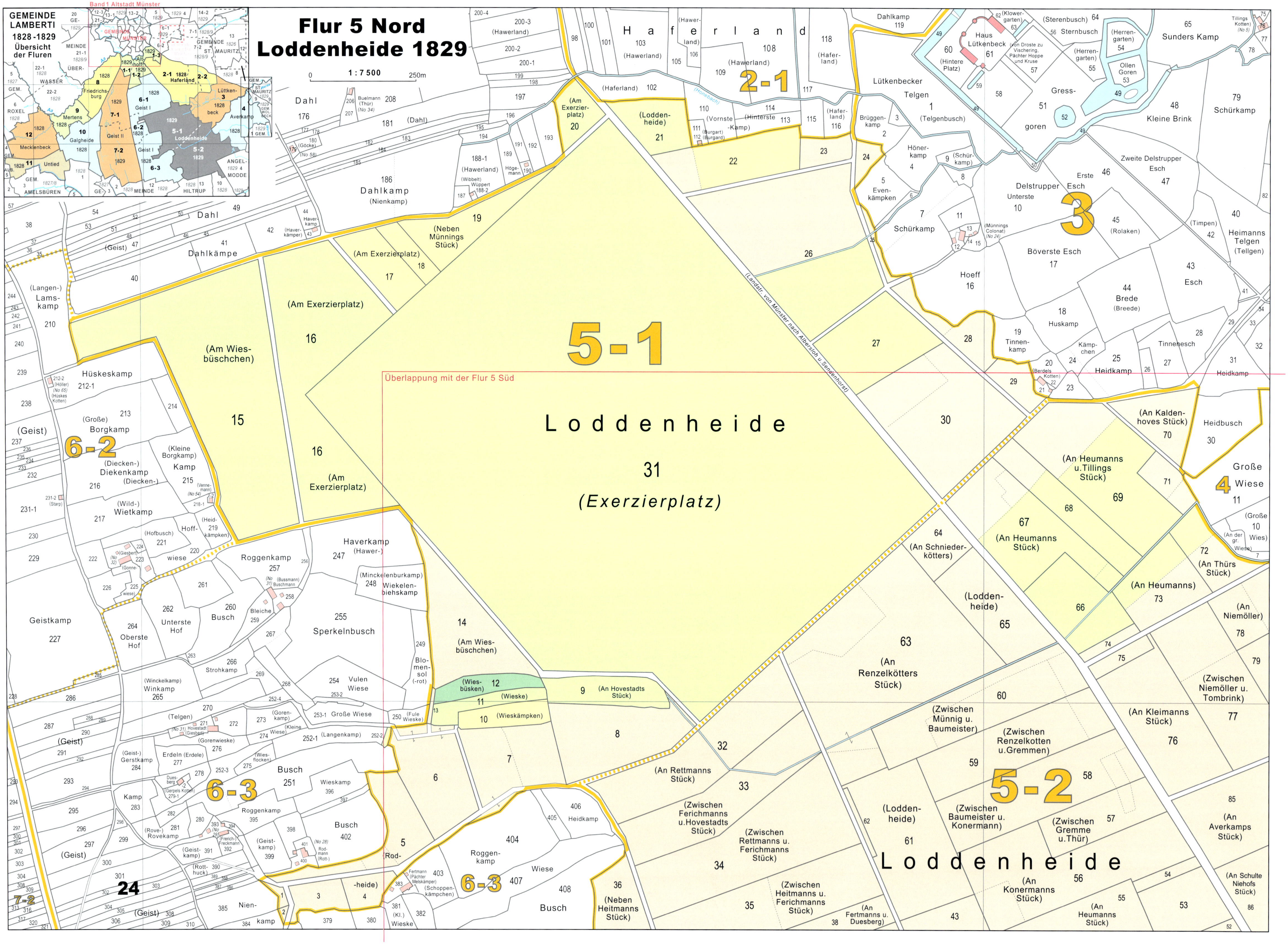

Flur 5 Nord
Loddenheide 1829
1 : 7 500
0
250m
GEMEINDE LAMBERTI 1828-1829 Übersicht der Fluren
Band 1 Altstadt Münster
5-1
Loddenheide
31
(Exerzierplatz)
Überlappung mit der Flur 5 Süd
Landstr. von Münster nach Albersloh u. Sendenhorst
5-2
Loddenheide
2-1
Haferland
3
4
6-2
6-3
7-2
24
Dahl
Dahlkamp
(Nienkamp)
Dahlkämpe
Haus Lütkenbeck
Lütkenbecker Telgen
Delstrupper Esch
Erste Delstrupper Esch
Zweite Delstrupper Esch
Böverste Esch
Gressgoren
Kleine Brink
Schürkamp
Heimanns Telgen (Tellgen)
Sunders Kamp
Sternbusch
Hoeff
Huskamp
Brede (Breede)
Tinnenkamp
Tinnenesch
Heidkamp
Heidbusch
Große Wiese
(Am Wiesbüschchen)
(Am Exerzierplatz)
(Neben Münnings Stück)
(Langen-) Lamskamp
Hüskeskamp
(Große) Borgkamp
(Kleine Borgkamp) Kamp
(Diecken-) Diekenkamp
(Wild-) Wietkamp
Geistkamp
Unterste Hof
Oberste Hof
Roggenkamp
Haverkamp (Hawer-)
Sperkelnbusch
Busch
Strohkamp
Vulen Wiese
Große Wiese
Winkamp
Erdeln (Erdele)
Wieskamp
Rovekamp
Heidkamp
Roggenkamp
Wiese
Busch
(An Schniederkötters)
(An Heumanns u. Tillings Stück)
(An Heumanns Stück)
(An Heumanns)
(An Kaldenhoves Stück)
(An Thürs Stück)
(An Niemöller)
(An Renzelkötters Stück)
(An Rettmanns Stück)
(Zwischen Münnig u. Baumeister)
(Zwischen Renzelkotten u. Gremmen)
(Zwischen Baumeister u. Konermann)
(Zwischen Gremme u. Thür)
(Zwischen Niemöller u. Tombrink)
(An Kleimanns Stück)
(An Averkamps Stück)
(Zwischen Ferichmanns u. Hovestadts Stück)
(Zwischen Rettmanns u. Ferichmanns Stück)
(Zwischen Heitmanns u. Ferichmanns Stück)
(An Konermanns Stück)
(An Heumanns Stück)
(An Fertmanns u. Duesberg)
(An Schulte Niehofs Stück)
(Neben Heitmanns Stück)
(An Hovestadts Stück)
(Wieskämpken)
(Wiesbüsken)
(Wieske)

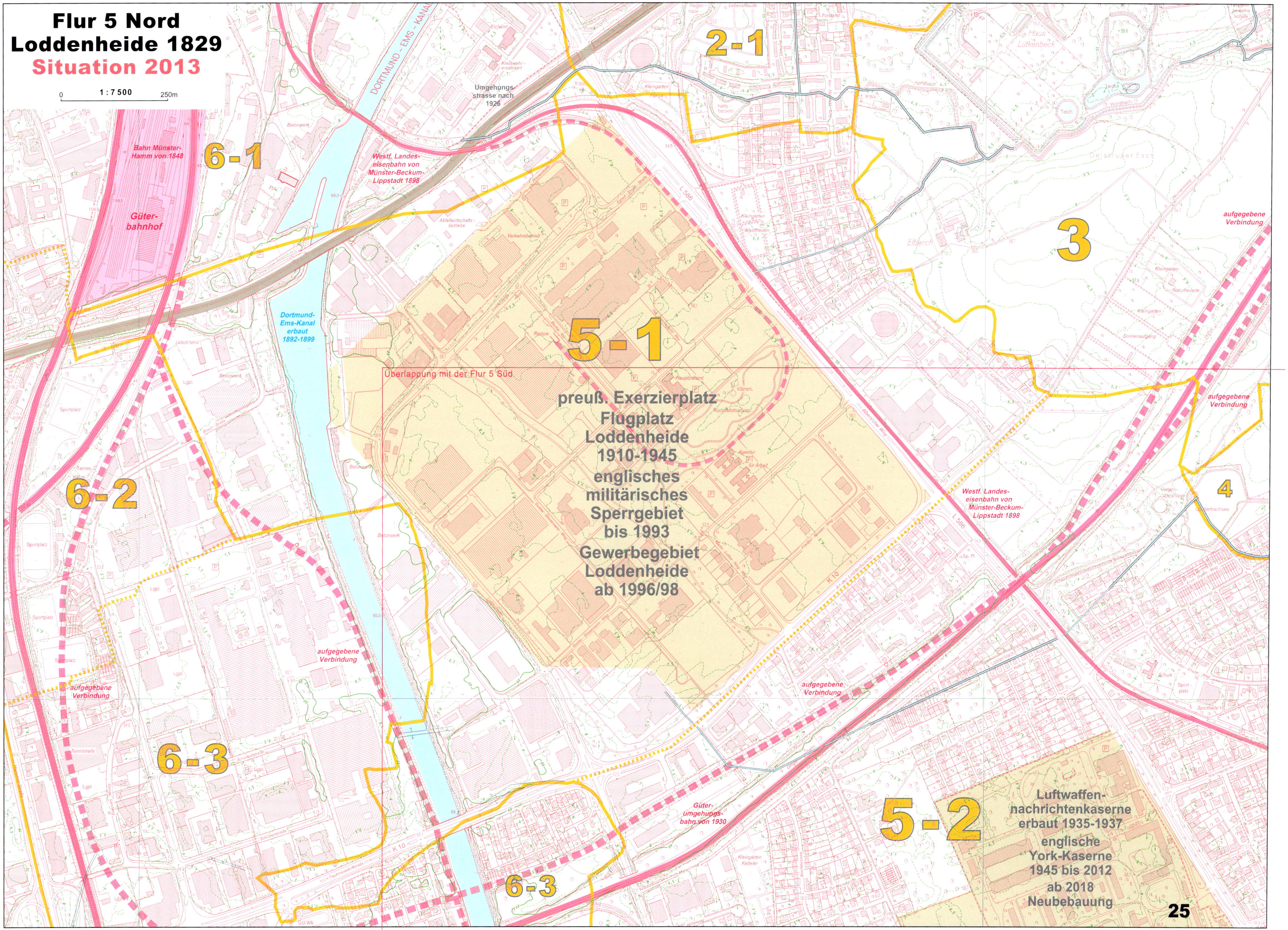

Flur 5 Nord
Loddenheide 1829
Situation 2013
0
1 : 7 500
250m
Bahn Münster-Hamm von 1848
Güter-bahnhof
6-1
Westf. Landes-eisenbahn von Münster-Beckum-Lippstadt 1898
DORTMUND - EMS - KANAL
Umgehungs-strasse nach 1926
2-1
3
aufgegebene Verbindung
Dortmund-Ems-Kanal erbaut 1892-1899
5-1
Überlappung mit der Flur 5 Süd
preuß. Exerzierplatz
Flugplatz
Loddenheide
1910-1945
englisches
militärisches
Sperrgebiet
bis 1993
Gewerbegebiet
Loddenheide
ab 1996/98
aufgegebene Verbindung
4
Westf. Landes-eisenbahn von Münster-Beckum-Lippstadt 1898
6-2
aufgegebene Verbindung
aufgegebene Verbindung
aufgegebene Verbindung
6-3
Güter-umgehungs-bahn von 1930
5-2
Luftwaffen-
nachrichtenkaserne
erbaut 1935-1937
englische
York-Kaserne
1945 bis 2012
ab 2018
Neubebauung
6-3

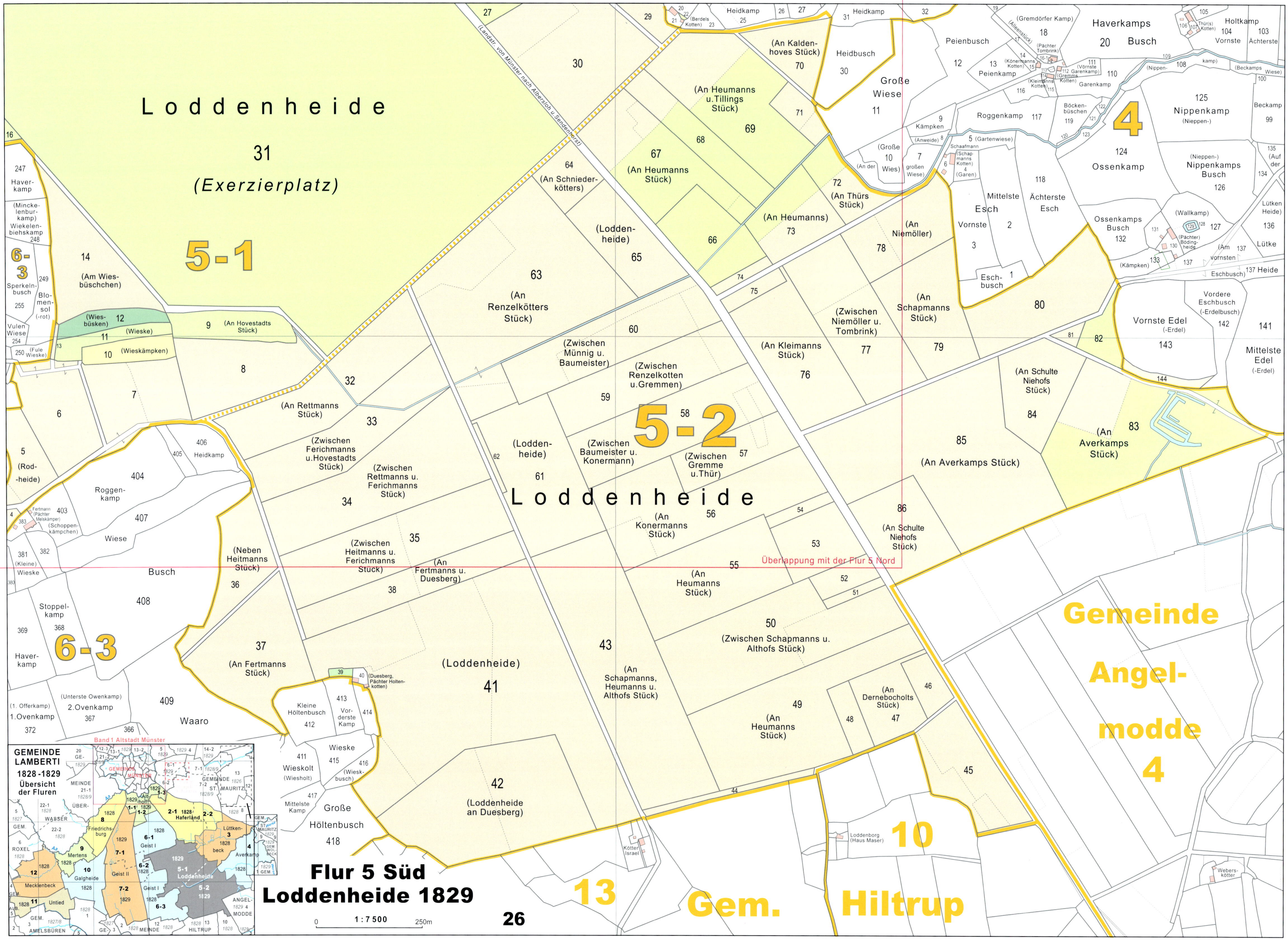

Loddenheide
31
(Exerzierplatz)
5-1
5-2
6-3
4
Loddenheide
(Landstr. von Münster nach Albersloh u. Sendenhorst)
(An Kaldenhoves Stück)
(An Heumanns u. Tillings Stück)
(An Heumanns Stück)
(An Schniederkötters)
(Loddenheide)
(An Renzelkötters Stück)
(Zwischen Münnig u. Baumeister)
(Zwischen Renzelkotten u. Gremmen)
(An Thürs Stück)
(An Niemöller)
(Zwischen Niemöller u. Tombrink)
(An Schapmanns Stück)
(An Kleimanns Stück)
(An Schulte Niehofs Stück)
(An Averkamps Stück)
(An Averkamps Stück)
(An Rettmanns Stück)
(Zwischen Ferichmanns u. Hovestadts Stück)
(Zwischen Rettmanns u. Ferichmanns Stück)
(Zwischen Baumeister u. Konermann)
(Zwischen Gremme u. Thür)
(An Konermanns Stück)
(Neben Heitmanns Stück)
(Zwischen Heitmanns u. Ferichmanns Stück)
(An Fertmanns u. Duesberg)
(An Heumanns Stück)
(Zwischen Schapmanns u. Althofs Stück)
(An Fertmanns Stück)
(Loddenheide)
(An Schapmanns, Heumanns u. Althofs Stück)
(An Heumanns Stück)
(An Dernebocholts Stück)
(Loddenheide an Duesberg)
Überlappung mit der Flur 5 Nord
(Am Wiesbüschchen)
(An Hovestadts Stück)
(Wieskämpken)
Haverkamp
Sperkelnbusch
Roggenkamp
Wiese
Busch
Stoppelkamp
Haverkamp
1.Ovenkamp
2.Ovenkamp
(Unterste Owenkamp)
Waaro
Kleine Höltenbusch
Vorderste Kamp
Wieskolt (Wiesholt)
Mittelste Kamp
Große Höltenbusch
Heidkamp
Heidbusch
Große Wiese
Peienbusch
Peienkamp
Roggenkamp
Haverkamps Busch
Holtkamp
Vornste
Achterste
Nippenkamp
Beckamp
Ossenkamp
Nippenkamps Busch
Mittelste Esch
Achterste Esch
Vornste
Ossenkamps Busch
Eschbusch
Vornste Edel
Mittelste Edel
Vordere Eschbusch
Loddenborg (Haus Maser)
Kötter Israel
Webers-kotter
Gemeinde Angelmodde 4
13 Gem. 10 Hiltrup
GEMEINDE LAMBERTI 1828-1829 Übersicht der Fluren
Band 1 Altstadt Münster
Flur 5 Süd Loddenheide 1829
1 : 7 500
0
250m

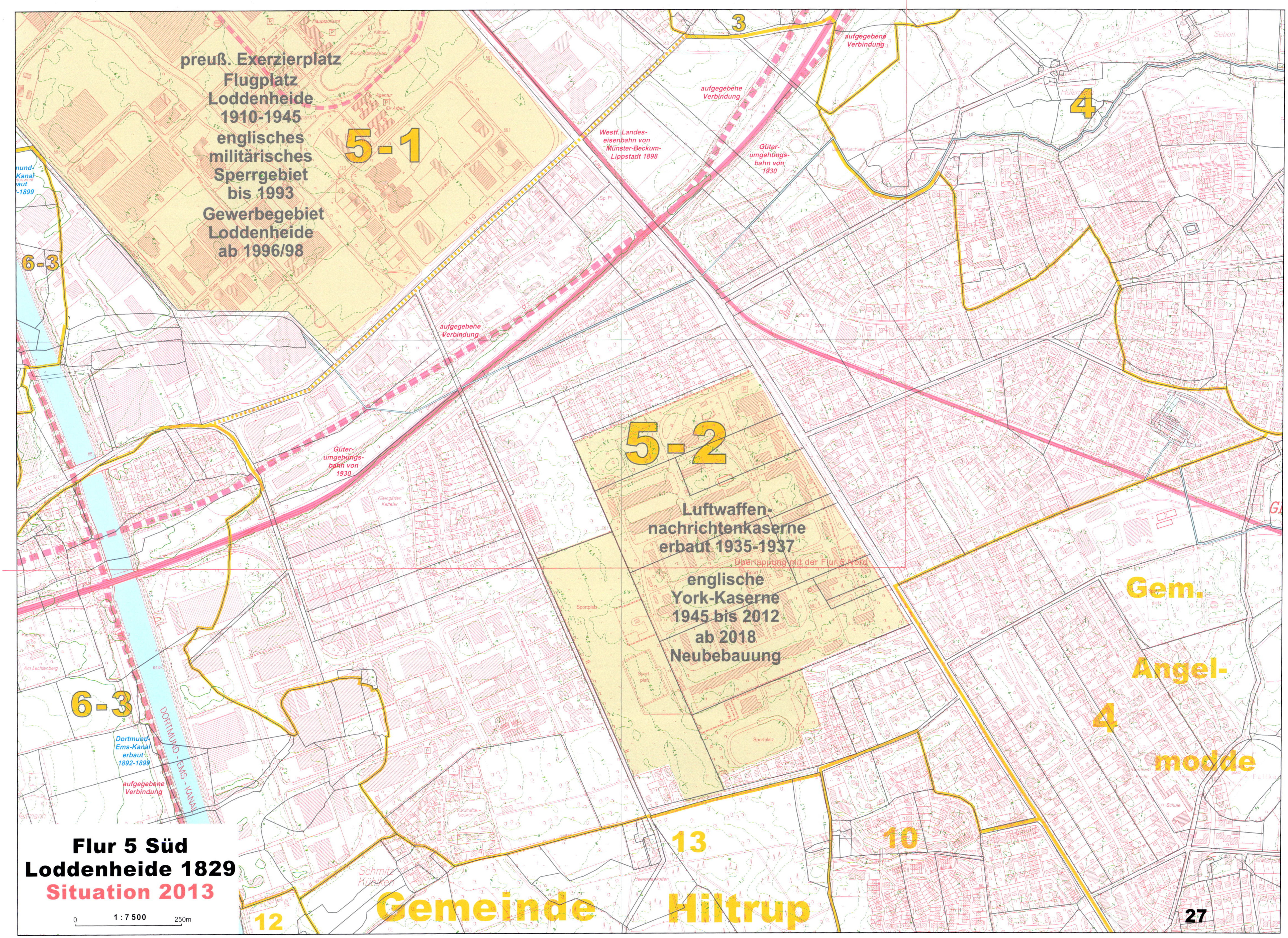
preuß. Exerzierplatz
Flugplatz
Loddenheide
1910-1945
englisches
militärisches
Sperrgebiet
bis 1993
Gewerbegebiet
Loddenheide
ab 1996/98
5-1
3
4
6-3
aufgegebene Verbindung
Westf. Landes-eisenbahn von Münster-Beckum-Lippstadt 1898
Güter-umgehungs-bahn von 1930
5-2
Luftwaffen-
nachrichtenkaserne
erbaut 1935-1937
Überlappung mit der Flur 5 Nord
englische
York-Kaserne
1945 bis 2012
ab 2018
Neubebauung
Gem.
Angel-
4
modde
Dortmund-Ems-Kanal erbaut 1892-1899
DORTMUND - EMS - KANAL
13
10
12
Gemeinde
Hiltrup
Flur 5 Süd
Loddenheide 1829
Situation 2013
1 : 7 500
0
250m

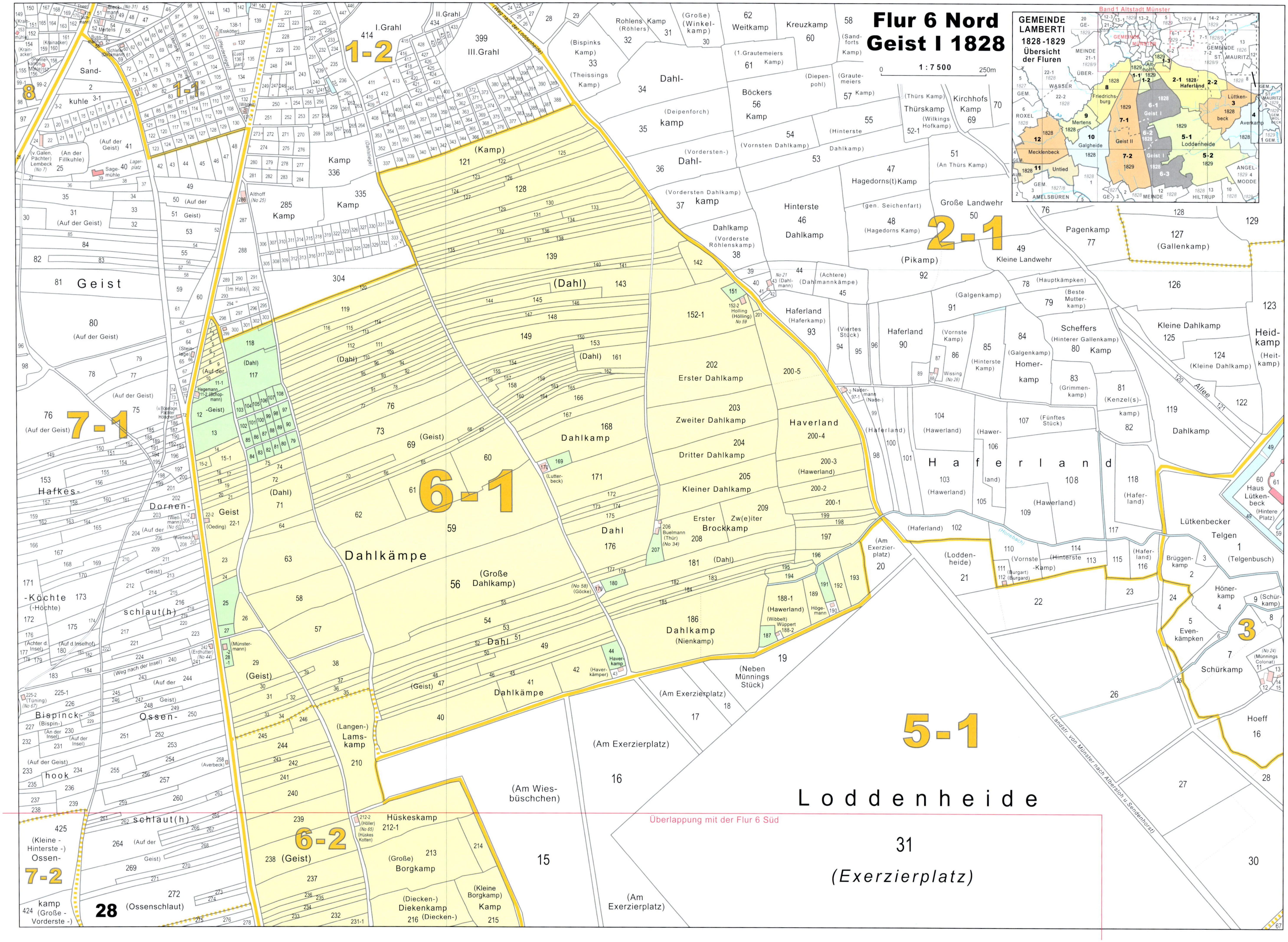
Flur 6 Nord
Geist I 1828
1 : 7 500
0
250m
GEMEINDE LAMBERTI
1828 -1829
Übersicht der Fluren
Band 1 Altstadt Münster
I.Grahl
II.Grahl
III.Grahl
1-2
1-1
2-1
5-1
6-1
6-2
7-1
7-2
8
3
Sand-kuhle
Geist
(Auf der Geist)
Hafkes-
Dornen-
Köchte
(Höchte)
schlaut(h)
Bispinck-
Ossen-
hook
Dahlkämpe
(Große Dahlkamp)
Dahlkamp
Dahl
Erster Dahlkamp
Zweiter Dahlkamp
Dritter Dahlkamp
Kleiner Dahlkamp
Haverland
Haferland
Erster Brockkamp
Zw(e)iter Brockkamp
Lamskamp
Hüskeskamp
(Große) Borgkamp
(Kleine Borgkamp) Kamp
Diekenkamp
(Am Exerzierplatz)
(Am Wiesbüschchen)
Loddenheide
(Exerzierplatz)
Überlappung mit der Flur 6 Süd
Lütkenbecker Telgen
Schürkamp
Hoeff
Pagenkamp
Große Landwehr
Kleine Landwehr
Kleine Dahlkamp
Heidkamp
Hagedorns(t)Kamp
Weitkamp
Kreuzkamp
Kirchhofs Kamp
Thürskamp
Böckers Kamp
Rohlens Kamp
Dahl-kamp
(Weg nach der Loddenheide)
(Landstr. von Münster nach Albersloh u. Sendenhorst)
(Ossenschlaut)
28

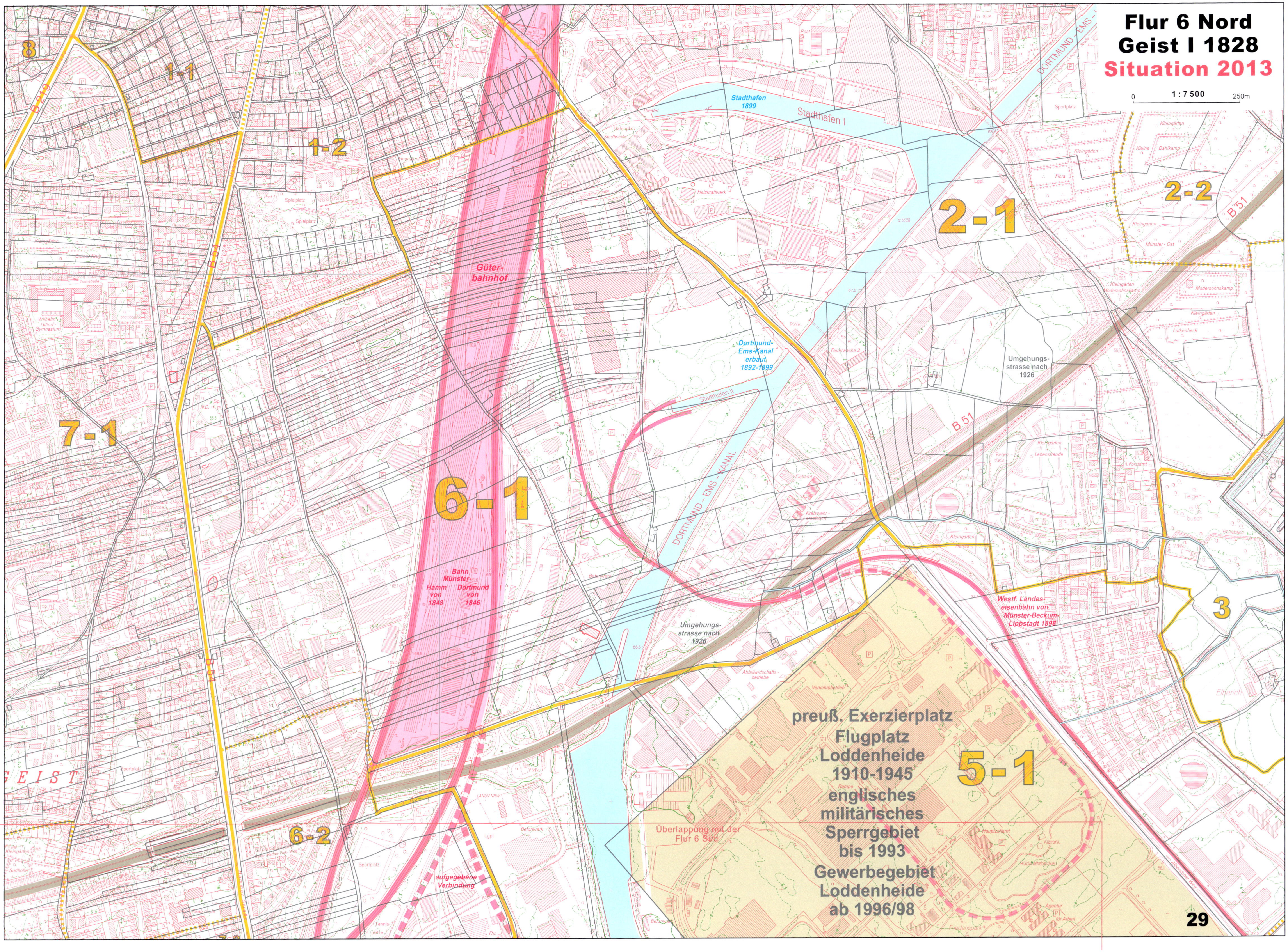
Flur 6 Nord
Geist I 1828
Situation 2013
1 : 7 500
0
250m
1-1
1-2
2-1
2-2
3
5-1
6-1
6-2
7-1
8
Stadthafen 1899
Stadthafen I
Stadthafen II
Güter-bahnhof
Dortmund-Ems-Kanal erbaut 1892-1899
DORTMUND - EMS - KANAL
Umgehungs-strasse nach 1926
Bahn Münster-Hamm von 1848
Dortmund von 1846
Westf. Landes-eisenbahn von Münster-Beckum-Lippstadt 1898
aufgegebene Verbindung
Überlappung mit der Flur 6 Süd
preuß. Exerzierplatz
Flugplatz
Loddenheide
1910-1945
englisches
militärisches
Sperrgebiet
bis 1993
Gewerbegebiet
Loddenheide
ab 1996/98
B 51
B 54
B 219
GEIST

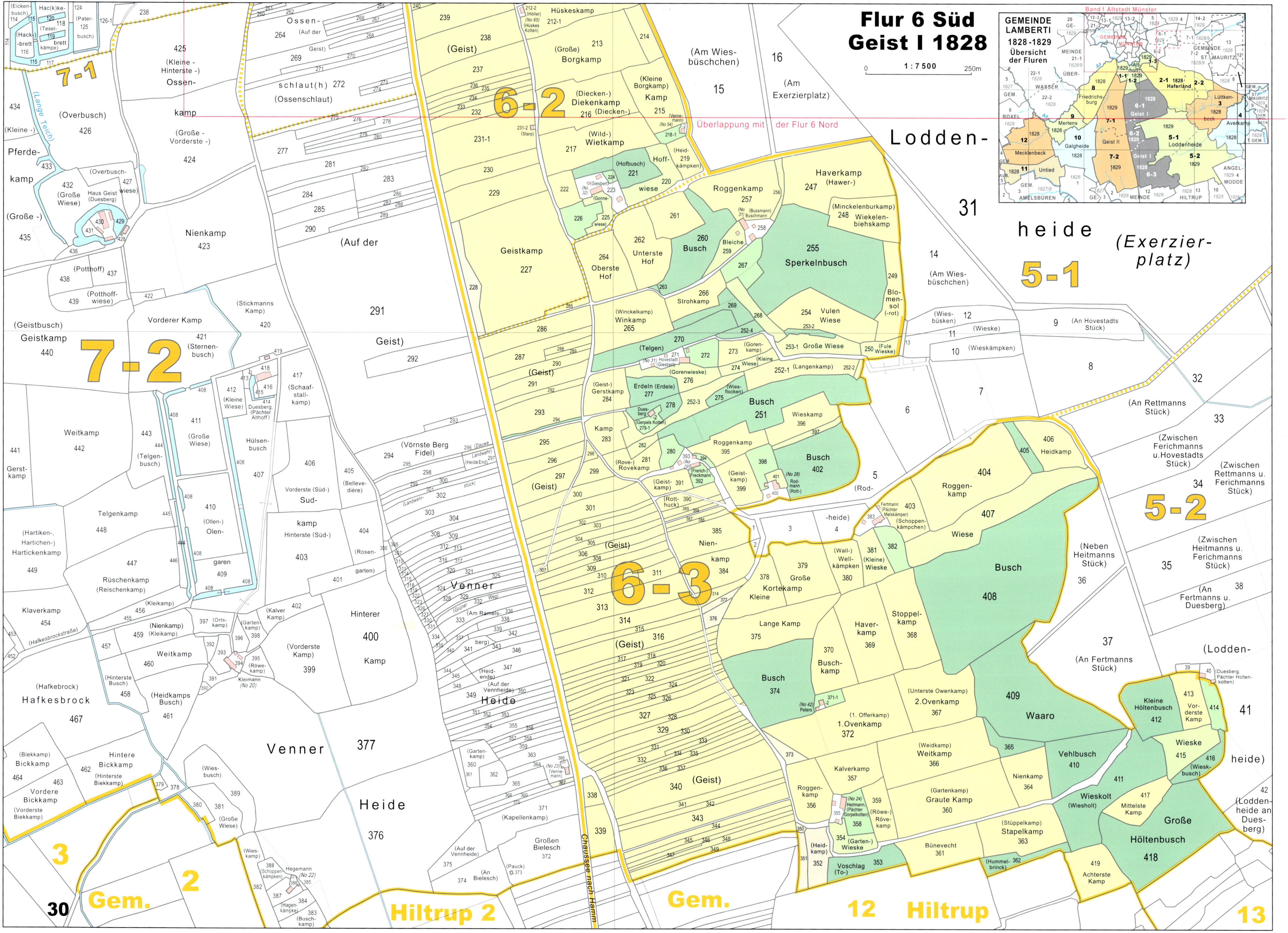

Flur 6 Süd
Geist I 1828
1 : 7 500
0
250m
GEMEINDE LAMBERTI 1828-1829 Übersicht der Fluren
Band 1 Altstadt Münster
Überlappung mit der Flur 6 Nord
6-2
6-3
7-1
7-2
5-1
5-2
3
2
12
13
Lodden-
heide
(Exerzier-
platz)
(Lodden-
heide)
Gem.
Hiltrup 2
Gem.
Hiltrup
Chaussee nach Hamm
(Lange Teich)
Hüskeskamp
(Geist)
Geistkamp
(Große) Borgkamp
(Diecken-) Diekenkamp
(Wild-) Wietkamp
(Am Wiesbüschchen)
(Am Exerzierplatz)
Haverkamp (Hawer-)
Roggenkamp
(Minckelenburkamp) Wiekelenbiehskamp
Sperkelnbusch
Unterste Hof
Oberste Hof
Strohkamp
Winkamp
Vulen Wiese
Große Wiese
Busch
Roggenkamp
Nienkamp
Heidkamp
Roggenkamp
Wiese
Busch
Waaro
Vehlbusch
Wieskolt (Wiesholt)
Große Höltenbusch
Kleine Höltenbusch
Vorderste Kamp
Wieske
Mittelste Kamp
Achterste Kamp
Stapelkamp
Bünevecht
Graute Kamp
Weitkamp
Nienkamp
1. Ovenkamp
2. Ovenkamp
Haverkamp
Stoppelkamp
Buschkamp
Busch
Lange Kamp
Große Kortekamp
Kleine
Kalverkamp
Roggenkamp
Voschlag (To-)
(Zwischen Ferichmanns u. Hovestadts Stück)
(Zwischen Rettmanns u. Ferichmanns Stück)
(An Rettmanns Stück)
(Neben Heitmanns Stück)
(Zwischen Heitmanns u. Ferichmanns Stück)
(An Fertmanns u. Duesberg)
(An Fertmanns Stück)
(An Hovestadts Stück)
(Wieskämpken)
Ossen-
schlaut(h)
(Ossenschlaut)
(Auf der
Geist)
(Kleine - Hinterste -) Ossenkamp
(Große - Vorderste -)
(Overbusch)
Pferdekamp
(Große Wiese)
Haus Geist (Duesberg)
Nienkamp
(Potthoff)
(Potthoff-wiese)
(Geistbusch)
Geistkamp
Vorderer Kamp
(Sternenbusch)
(Stickmanns Kamp)
(Schaafstallkamp)
Weitkamp
Gerstkamp
Telgenkamp
(Hartiken-, Hartichen-) Hartickenkamp
Rüschenkamp (Reischenkamp)
Klaverkamp
(Hafkesbrockstraße)
Hafkesbrock
Hintere Bickkamp
Vordere Bickkamp
(Biekkamp) Bickkamp
Weitkamp
Hülsenbusch
Vorderste (Süd-) Sud-
kamp
Hinterste (Süd-)
(Belleve-dière)
(Rosengarten)
Venner
Heide
Venner
Heide
Hinterer Kamp
(Vorderste Kamp)
(Vörnste Berg Fidel)
Große Bielesch
(Kapellenkamp)
(Ollen-) Olengaren
30

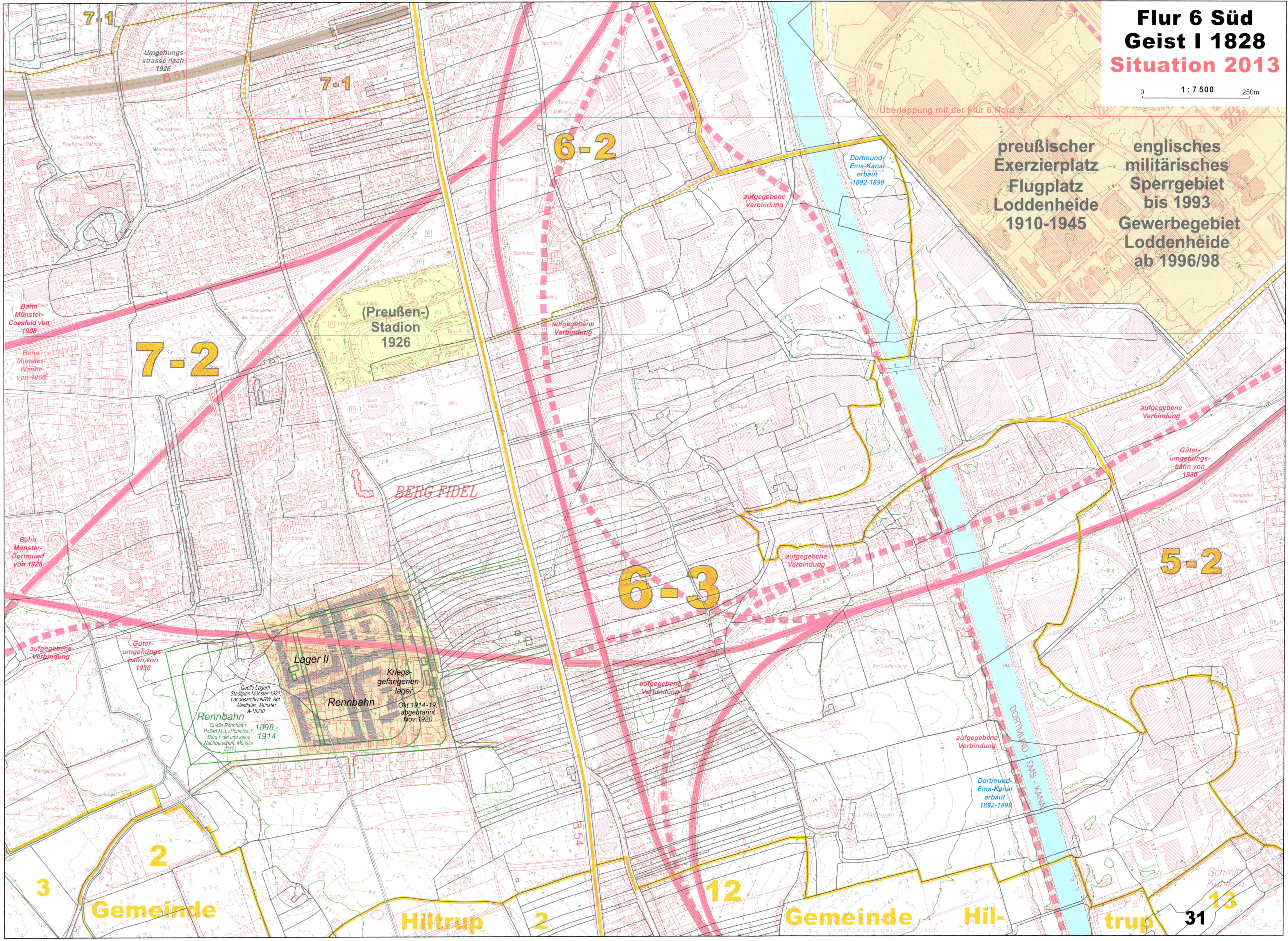
Flur 6 Süd
Geist I 1828
Situation 2013
0
1 : 7 500
250m
Überlappung mit der Flur 6 Nord
preußischer Exerzierplatz Flugplatz Loddenheide 1910-1945
englisches militärisches Sperrgebiet bis 1993 Gewerbegebiet Loddenheide ab 1996/98
7-1
7-1
Umgehungs-strasse nach 1926
B 51
6-2
Dortmund-Ems-Kanal erbaut 1892-1899
aufgegebene Verbindung
Bahn Münster-Coesfeld von 1908
Bahn Münster-Warne-von 1866
7-2
(Preußen-) Stadion 1926
aufgegebene Verbindung
aufgegebene Verbindung
Güter-umgehungs-bahn von 1930
BERG FIDEL
Bahn Münster-Dortmund von 1928
aufgegebene Verbindung
5-2
6-3
aufgegebene Verbindung
Güter-umgehungs-bahn von 1930
Lager II
Kriegs-gefangenen-lager
Rennbahn
Okt.1914-19 abgebrannt Nov.1920
Rennbahn
1898-1914
aufgegebene Verbindung
aufgegebene Verbindung
DORTMUND - EMS - KANAL
Dortmund-Ems-Kanal erbaut 1892-1899
B 54
2
3
Gemeinde
Hiltrup
2
12
Gemeinde
Hil-
trup
13

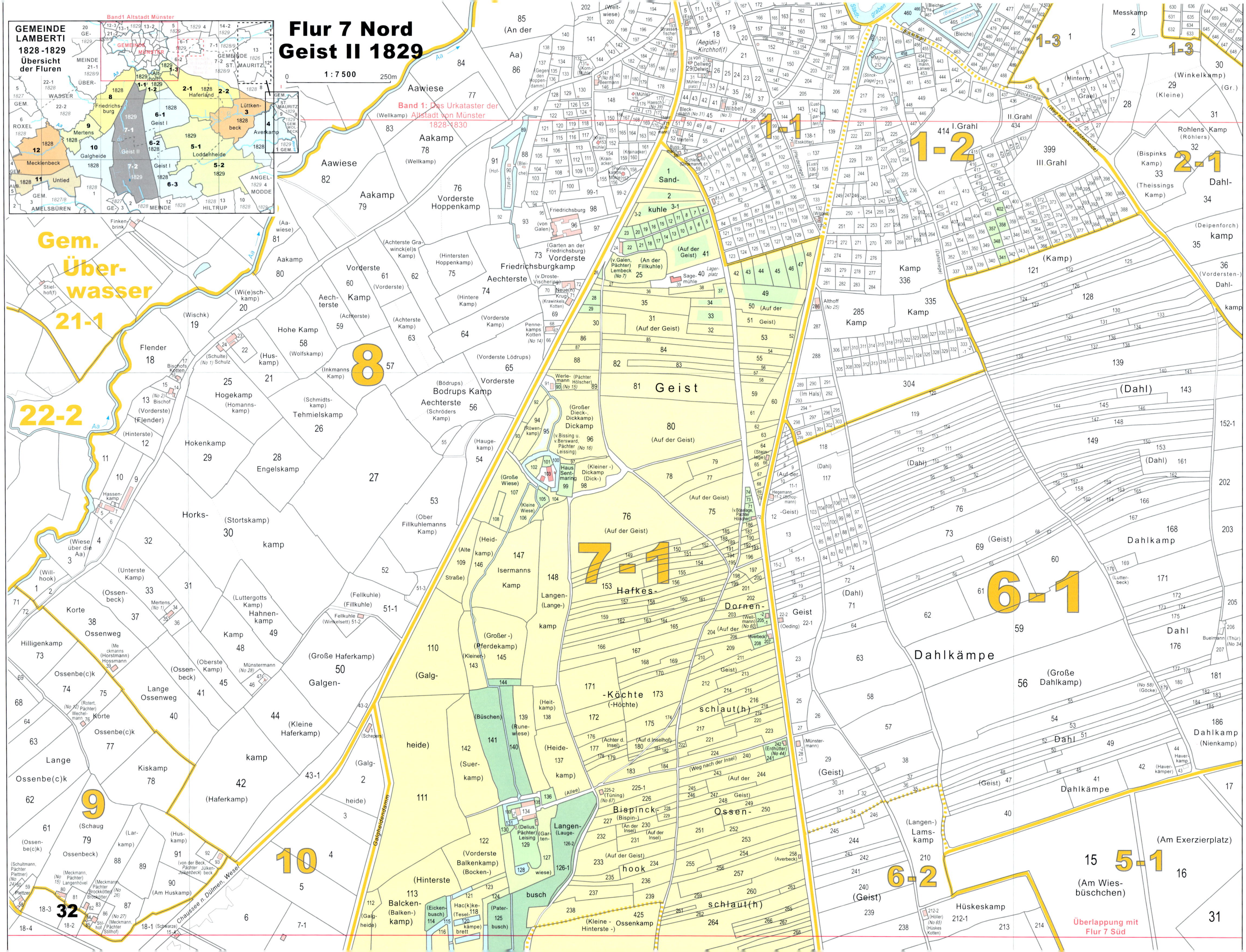

Flur 7 Nord
Geist II 1829
1 : 7 500
250m
GEMEINDE LAMBERTI
1828 -1829
Übersicht der Fluren
Band1 Altstadt Münster
Band 1: Das Urkataster der Altstadt von Münster 1828-1830
Gem. Überwasser
21-1
22-2
8
9
10
32
7-1
6-1
6-2
5-1
1-1
1-2
1-3
2-1
Geist
Dahlkämpe
Dahlkamp
Aawiese
Aakamp
Friedrichsburgkamp
Vorderste Hoppenkamp
Hohe Kamp
Hogekamp
Hokenkamp
Engelskamp
Tehmielskamp
Isermanns Kamp
Langen-kamp
Hafkes-
Dornen-
-Köchte
schlaut(h)
Bispinck-
Ossen-
hook
Balcken-kamp
busch
Galgen-
heide)
Horks-
kamp
Lange Ossenweg
Kiskamp
Hüskeskamp
Sand-kuhle
Chaussee n. Dülmen, Wesel
Galgheidendamm
Überlappung mit Flur 7 Süd

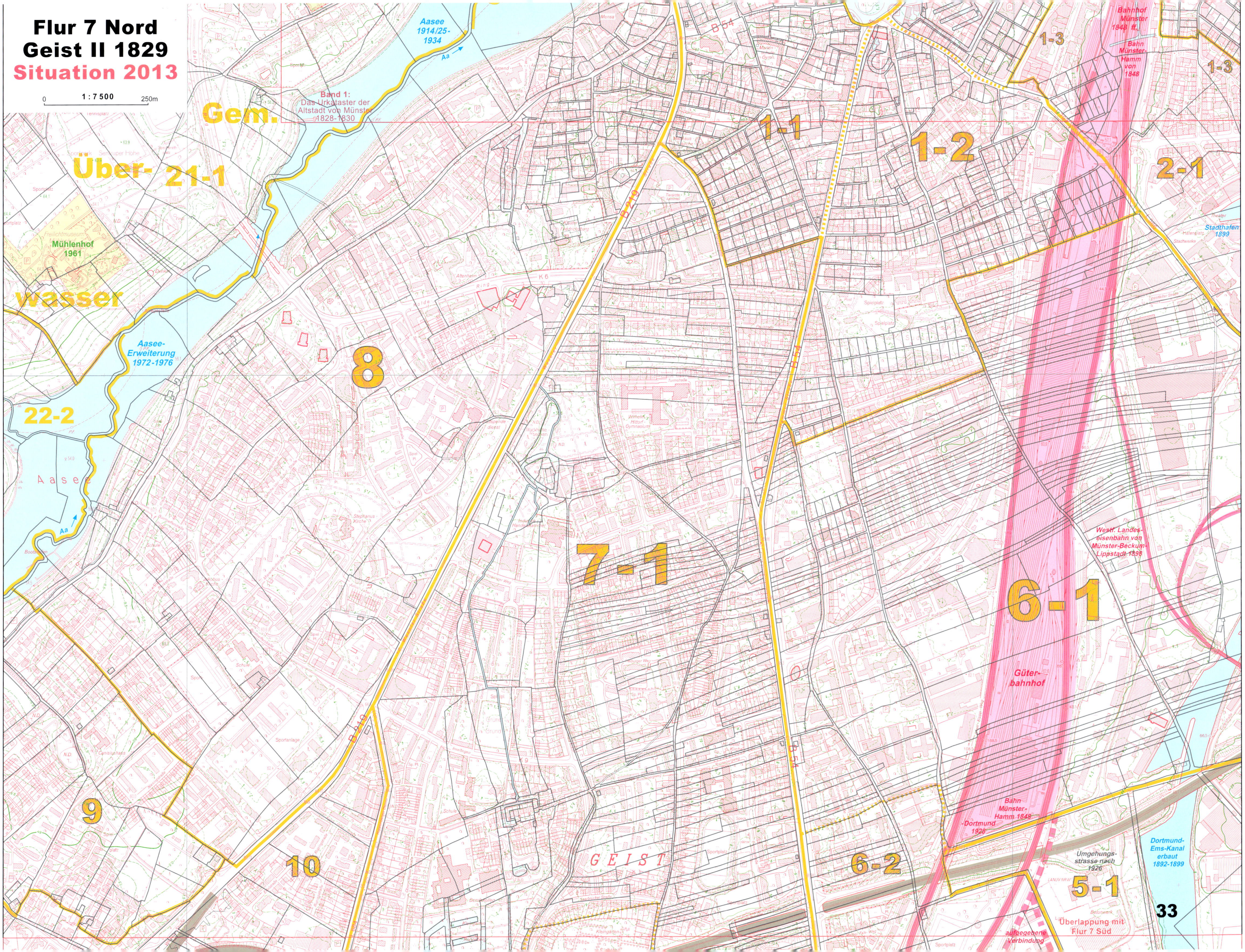
Flur 7 Nord
Geist II 1829
Situation 2013
1 : 7 500
0
250m
Aasee 1914/25-1934
Aa
Band 1: Das Urkataster der Altstadt von Münster 1828-1830
Gem.
Über-
21-1
wasser
Mühlenhof 1961
Aasee-Erweiterung 1972-1976
22-2
Aasee
8
1-1
1-2
1-3
2-1
Bahnhof Münster 1848 ff.
Bahn Münster-Hamm von 1848
Stadthafen 1899
7-1
6-1
Westf. Landes-eisenbahn von Münster-Beckum-Lippstadt 1898
Güter-bahnhof
9
10
GEIST
6-2
5-1
Bahn Münster-Hamm 1848
-Dortmund 1928
Umgehungs-strasse nach 1926
Dortmund-Ems-Kanal erbaut 1892-1899
Überlappung mit Flur 7 Süd
aufgegebene Verbindung
B 54
B 219

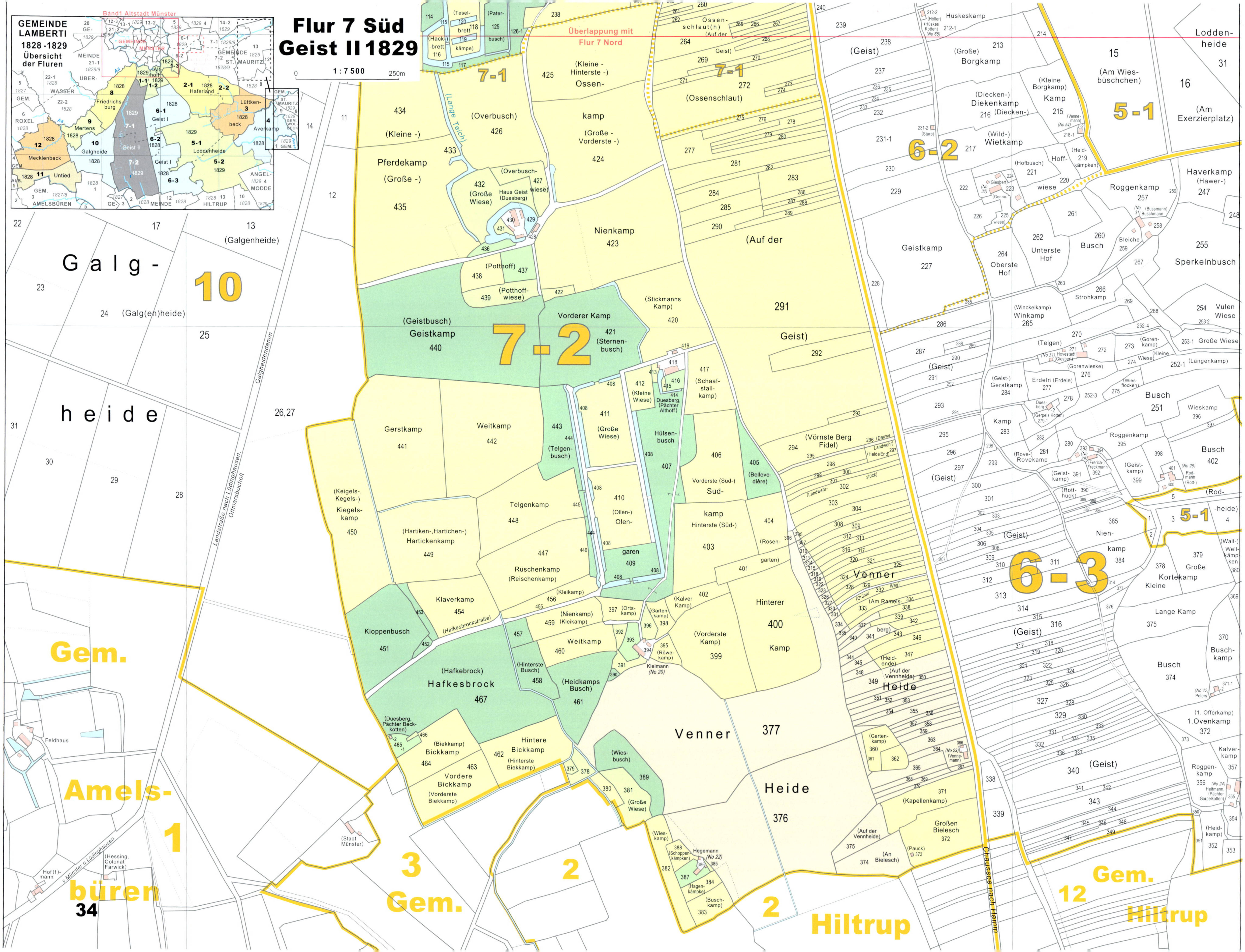

Flur 7 Süd
Geist II 1829
1 : 7 500
250m
GEMEINDE LAMBERTI 1828 -1829
Übersicht der Fluren
Band1 Altstadt Münster
Überlappung mit Flur 7 Nord
7-1
7-2
6-2
6-3
5-1
10
Galg-
heide
(Galgenheide)
(Galg(en)heide)
Galgheidendamm
Landstraße nach Lüdinghausen Ottmarsbocholt
(Lange Teich)
(Kleine -)
Pferdekamp
(Große -)
(Overbusch)
(Overbusch-wiese)
(Große Wiese)
Haus Geist (Duesberg)
(Kleine - Hinterste -)
Ossen-
kamp
(Große - Vorderste -)
Ossen-schlaut(h) (Auf der
(Ossenschlaut)
Nienkamp
(Auf der
Geist)
(Potthoff)
(Potthoff-wiese)
(Geistbusch)
Geistkamp
Vorderer Kamp
(Sternen-busch)
(Stickmanns Kamp)
(Schaaf-stall-kamp)
(Kleine Wiese)
Duesberg, (Pächter Althoff)
Gerstkamp
Weitkamp
(Telgen-busch)
(Große Wiese)
Hülsen-busch
(Vörnste Berg Fidel)
(Keigels-, Kegels-)
Kiegels-kamp
Telgenkamp
(Hartiken-,Hartichen-)
Hartickenkamp
Vorderste (Süd-)
Sud-
kamp
Hinterste (Süd-)
(Belleve-dière)
Olen-
garen
(Ollen-)
Rüschenkamp (Reischenkamp)
(Rosen-garten)
Venner
Klaverkamp
(Kleikamp)
(Nienkamp)
(Kleikamp)
(Orts-kamp)
(Garten-kamp)
(Kalver Kamp)
Hinterer
Kamp
(Vorderste Kamp)
Kloppenbusch
(Hafkesbrockstraße)
Weitkamp
(Hinterste Busch)
(Heidkamps Busch)
(Röwe-kamp)
Kleimann (No 20)
(Hafkebrock)
Hafkesbrock
Heide
Venner
Heide
(Duesberg, Pächter Beck-kotten)
(Biekkamp)
Bickkamp
Vordere Bickkamp
(Vorderste Biekkamp)
Hintere Bickkamp
(Hinterste Biekkamp)
(Wies-busch)
(Große Wiese)
(Wies-kamp)
Hegemann (No 22)
(Hagen-kämpke)
(Busch-kamp)
(Garten-kamp)
(Kapellenkamp)
Großen Bielesch
(Auf der Vennheide)
(An Bielesch)
(Pauck)
Chaussee nach Hamm
(Geist)
Geistkamp
(Große) Borgkamp
Diekenkamp
(Wild-) Wietkamp
(Kleine Borgkamp)
Kamp
Hüskeskamp
(Am Wies-büschchen)
(Am Exerzierplatz)
Lodden-heide
Haverkamp (Hawer-)
Roggenkamp
Oberste Hof
Unterste Hof
Busch
Bleiche
Sperkelnbusch
Strohkamp
Vulen Wiese
Große Wiese
(Langenkamp)
(Winckelkamp) Winkamp
(Telgen)
Gerstkamp
Erdeln (Erdele)
Busch
Wieskamp
Roggenkamp
Rovekamp
Nien-
kamp
Kortekamp
Große
Kleine
Lange Kamp
Busch-kamp
Busch
1.Ovenkamp
Kalver-kamp
Roggen-kamp
(Heid-kamp)
Feldhaus
(Stadt Münster)
(Hessing, Colonat Farwick)
Hof(f)-mann
v. Münster n. Lüdinghausen
Gem.
Amels-
büren
1
3
Gem.
2
2
Hiltrup
Gem.
12
Hiltrup

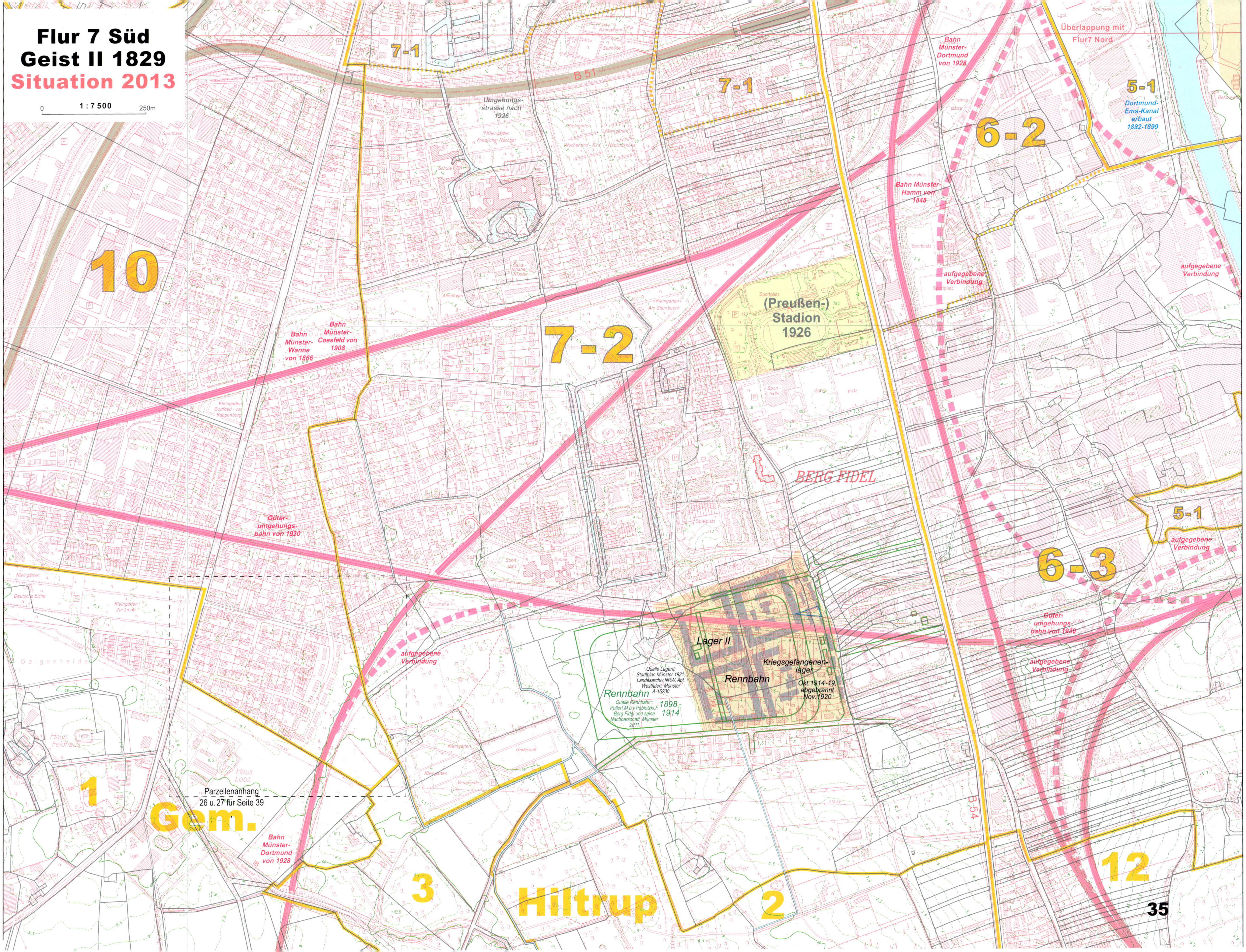

Flur 7 Süd
Geist II 1829
Situation 2013
1 : 7 500
0
250m
7-1
7-1
B 51
Umgehungs-strasse nach 1926
Überlappung mit Flur7 Nord
Bahn Münster-Dortmund von 1928
5-1
Dortmund-Ems-Kanal erbaut 1892-1899
6-2
Bahn Münster-Hamm von 1848
10
aufgegebene Verbindung
aufgegebene Verbindung
(Preußen-) Stadion 1926
Bahn Münster-Wanne von 1866
Bahn Münster-Coesfeld von 1908
7-2
BERG FIDEL
5-1
aufgegebene Verbindung
Güter-umgehungs-bahn von 1930
6-3
Güter-umgehungs-bahn von 1930
Lager II
Kriegsgefangenen-lager
Rennbahn
Okt.1914-19, abgebrannt Nov.1920
aufgegebene Verbindung
aufgegebene Verbindung
Rennbahn
1898-1914
Parzellenanhang 26 u.27 für Seite 39
1
Gem.
Bahn Münster-Dortmund von 1928
3
Hiltrup
2
12
B 54

Flur 8
Friedrichsburg 1828

1 : 7 500

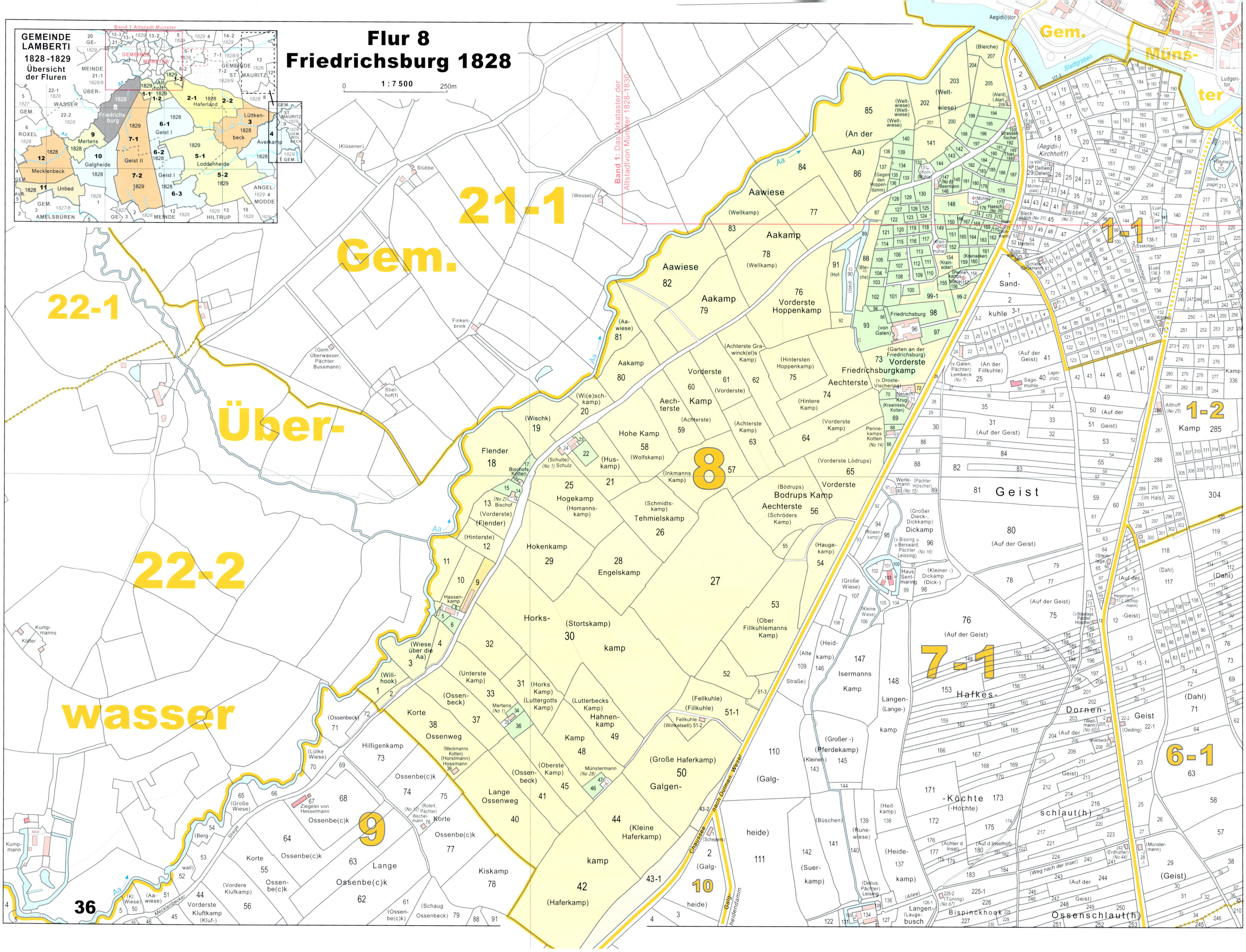

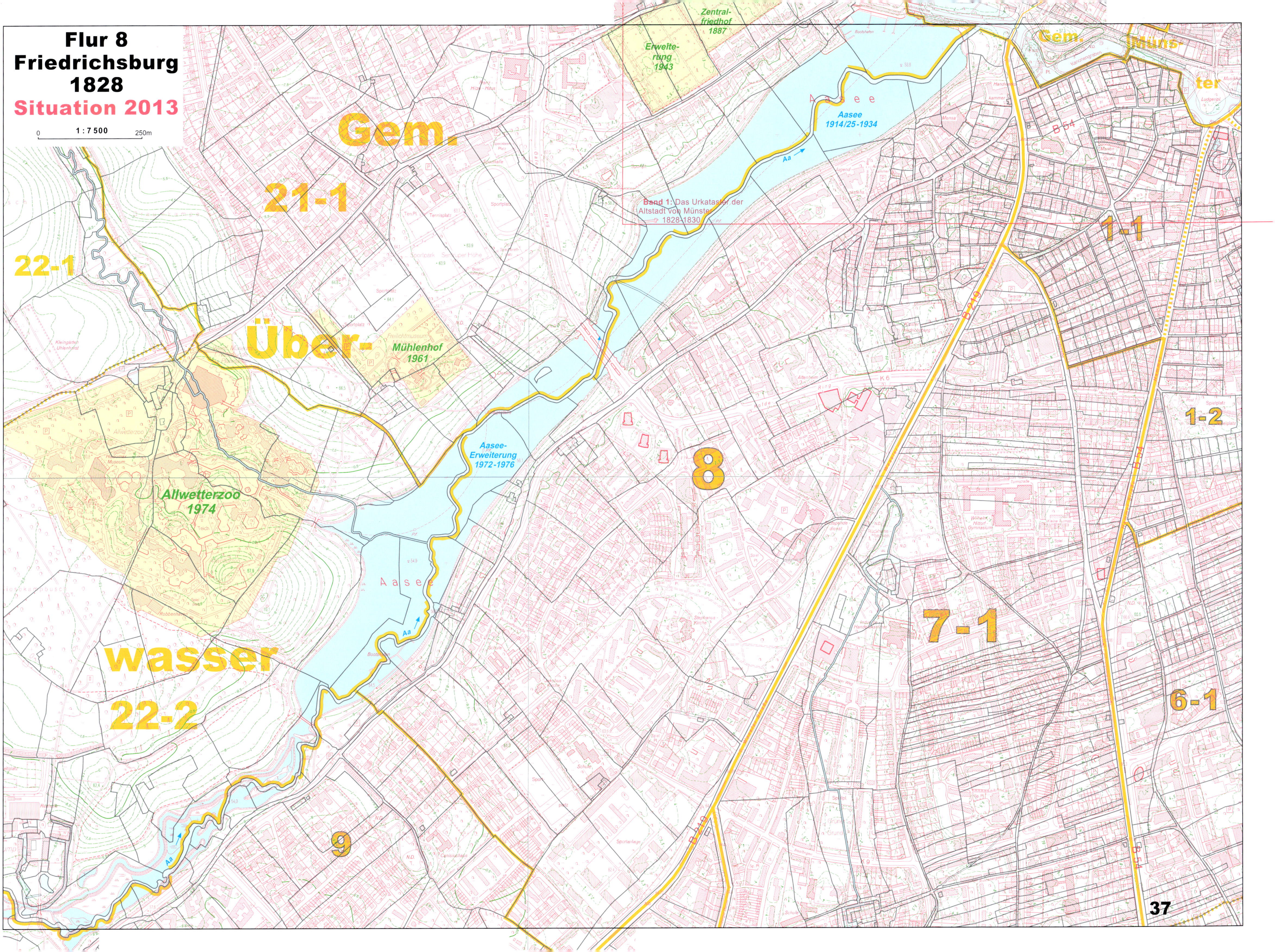

Flur 8
Friedrichsburg
1828
Situation 2013
1 : 7 500
0
250m
Gem.
Über-
wasser
21-1
22-1
22-2
Zentral-
friedhof
1887
Erweite-
rung
1943
Aasee
Aasee
1914/25-1934
Aa
Band 1: Das Urkataster der
Altstadt von Münster
1828-1830
Mühlenhof
1961
Aasee-
Erweiterung
1972-1976
Allwetterzoo
1974
Aasee
Aa
Aa
Gem.
Müns-
ter
1-1
1-2
8
7-1
6-1
9
B 54
B 219

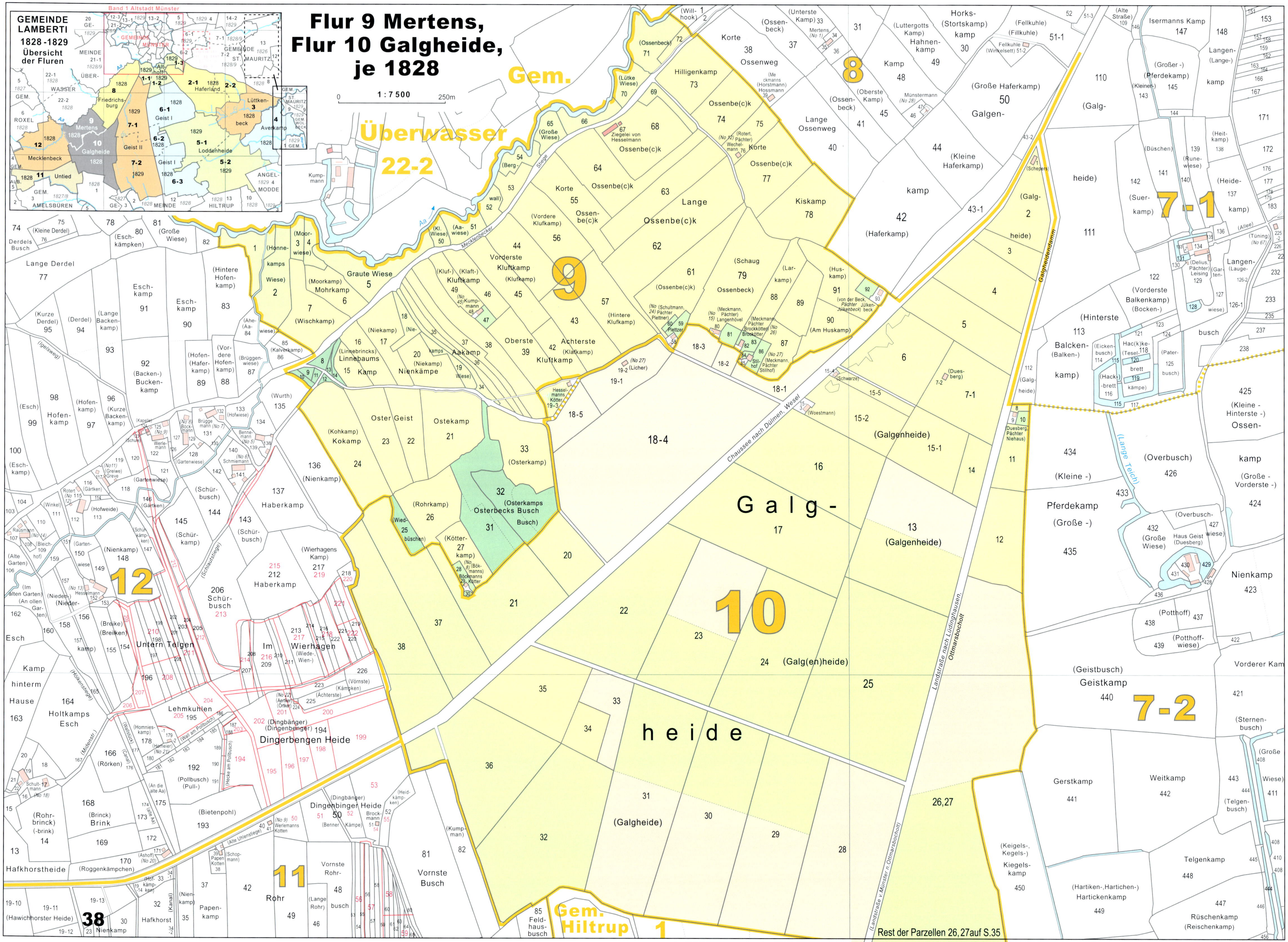
Flur 9 Mertens,
Flur 10 Galgheide,
je 1828
1 : 7 500
0
250m
GEMEINDE LAMBERTI
1828 -1829
Übersicht der Fluren
Band 1 Altstadt Münster
Gem.
Überwasser
22-2
Galg-
heide
9
10
8
7-1
7-2
11
12
Gem.
Hiltrup
1
Chaussee nach Dülmen, Wesel
Landstraße nach Lüdinghausen, Ottmarsbocholt
Landstraße v. Münster n. Ottmarsbocholt
Galgheidedamm
Mecklenbecker
Aa
Rest der Parzellen 26,27auf S.35

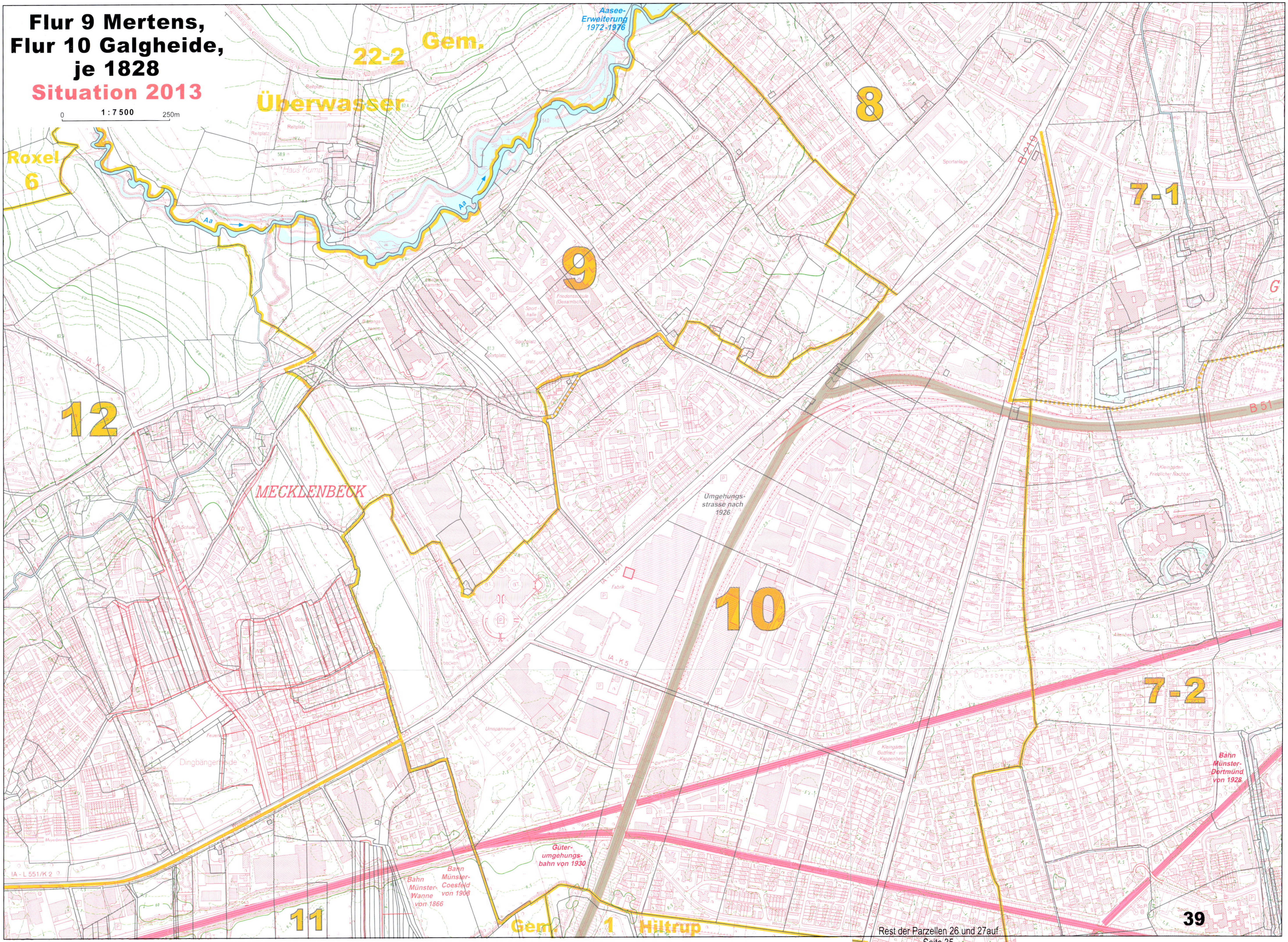
Flur 9 Mertens,
Flur 10 Galgheide,
je 1828
Situation 2013
0
1 : 7 500
250m
Aasee-
Erweiterung
1972-1976
Gem.
22-2
Überwasser
8
Roxel
6
7-1
9
12
MECKLENBECK
B 51
Umgehungs-
strasse nach
1926
10
7-2
Bahn
Münster-
Dortmund
von 1928
Güter-
umgehungs-
bahn von 1930
Bahn
Münster-
Wanne
von 1866
Bahn
Münster-
Coesfeld
von 1908
11
Gem.
1
Hiltrup
Rest der Parzellen 26 und 27auf
Seite 35

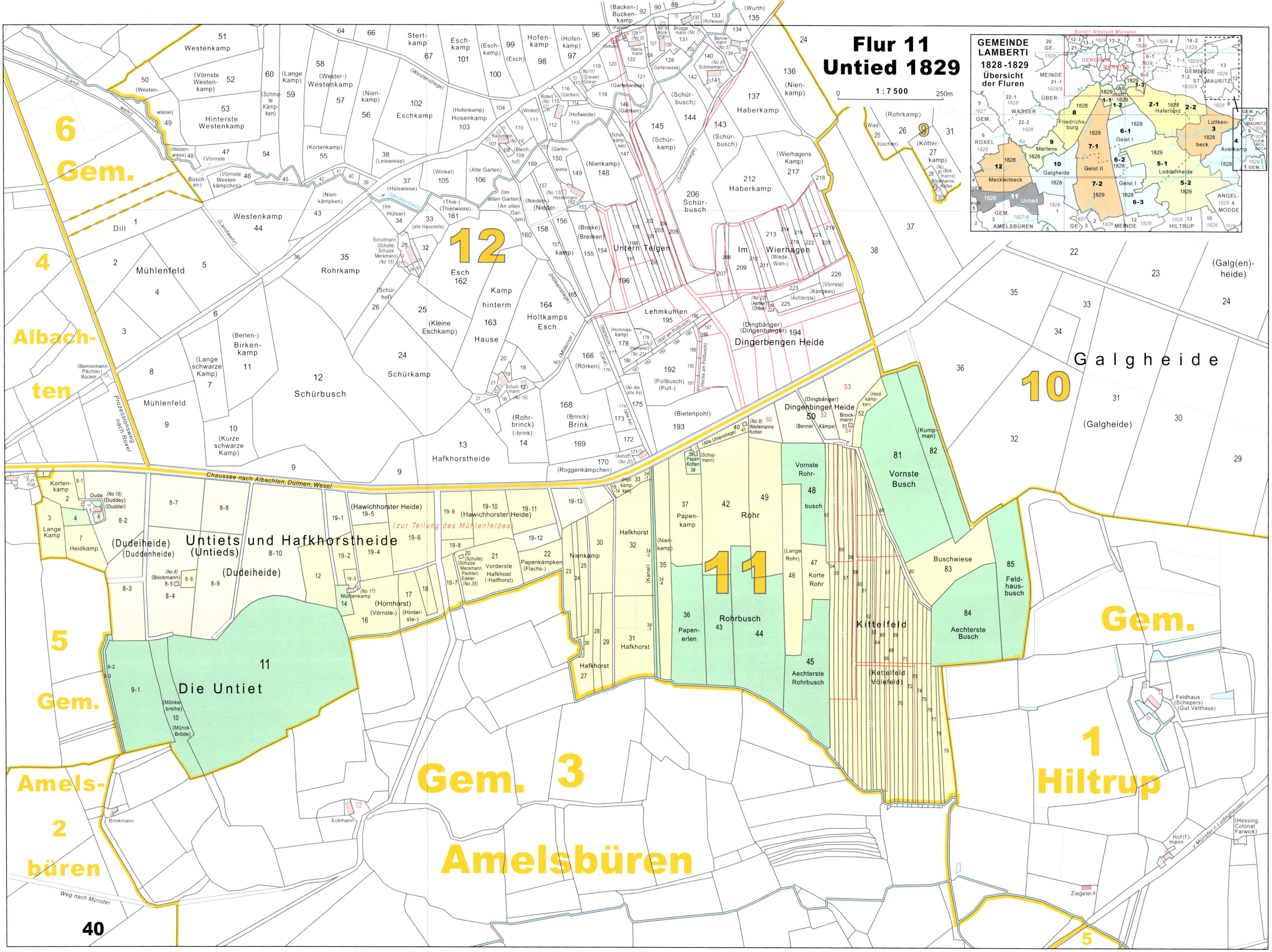
Flur 11
Untied 1829
1 : 7 500
0
250m
GEMEINDE LAMBERTI
1828-1829
Übersicht der Fluren
Untiets und Hafkhorstheide
(Untieds)
Die Untiet
Chaussee nach Albachten, Dülmen, Wesel
(zur Teilung des Mühlenfeldes)
Dingerbengen Heide
Dingenbinger Heide
Unter'n Telgen
Wierhagen
Lehmkuhlen
Galgheide
Mühlenfeld
Schürbusch
Schürkamp
Rohrkamp
Westenkamp
Hinterste Westenkamp
Eschkamp
Haberkamp
Kittelfeld
Rohrbusch
Vornste Busch
Buschwiese
Feldhausbusch
Aechterste Busch
Aechterste Rohrbusch
Papenkamp
Papenerlen
Hafkhorst
Nienkamp
Dudeiheide
Heidkamp
Lange Kamp
Kortenkamp
Mühlenkamp
Hafkhorstheide
Holtkamps Esch
Kamp hinterm Hause
Esch
Brink
Prozessionsweg nach Roxel
Weg nach Münster
v. Münster n. Lüdinghausen
Ziegelei
Brinkmann
Eckmann
Feldhaus (Schepers) (Gut Velthaus)
12
11
10
6 Gem.
4 Albachten
5 Gem.
2 Amelsbüren
Gem. 3 Amelsbüren
Gem. 1 Hiltrup

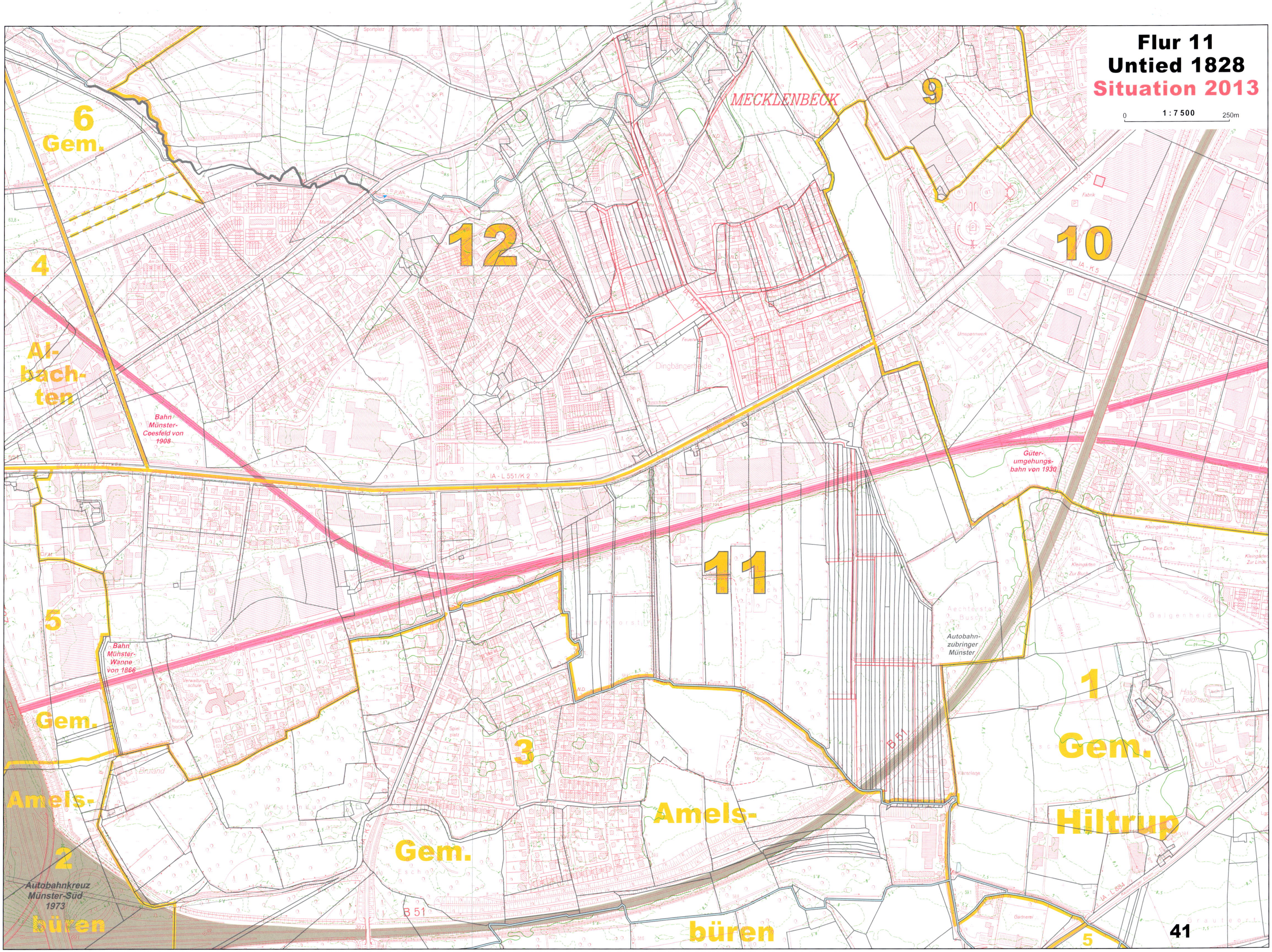
Flur 11
Untied 1828
Situation 2013
1 : 7 500
0
250m
MECKLENBECK
9
10
12
6
Gem.
4
Al-
bach-
ten
Bahn Münster-Coesfeld von 1908
Güter-umgehungs-bahn von 1930
11
5
Bahn Münster-Wanne von 1866
Gem.
Autobahn-zubringer Münster
1
Gem.
Hiltrup
3
Amels-
Gem.
büren
Amels-
2
Autobahnkreuz Münster-Süd 1973
büren
B 51
5

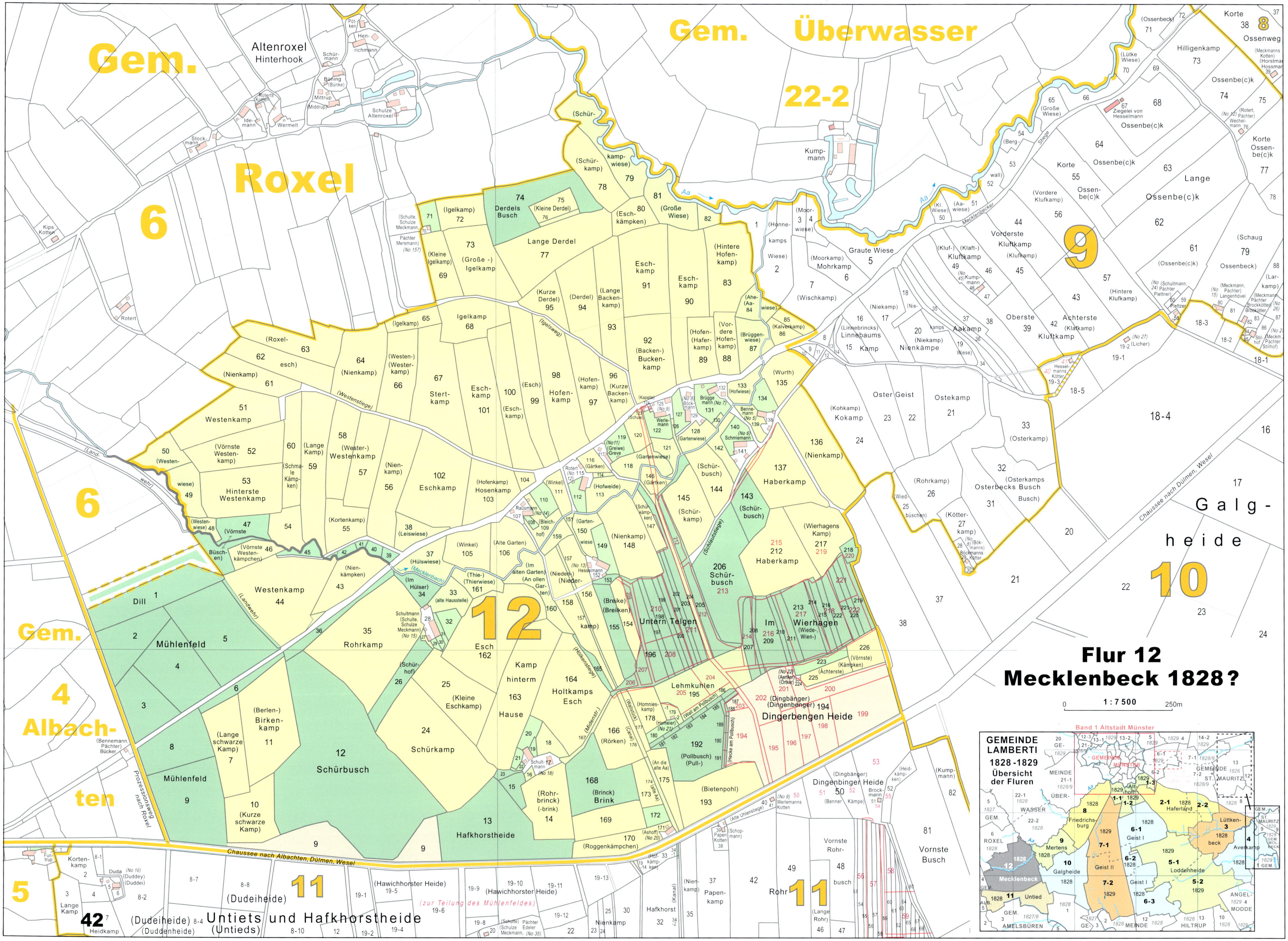

Flur 12
Mecklenbeck 1828?
1 : 7 500
0
250m
Gem. Roxel
6
Gem. Überwasser
22-2
9
Galgheide
10
Gem. Albachten
4
5
11
12
Altenroxel Hinterhook
Westenkamp
Mühlenfeld
Schürbusch
Rohrkamp
Schürkamp
Hafkhorstheide
Unter'n Telgen
Im Wierhagen
Haberkamp
Lehmkuhlen
Dingerbengen Heide
Dingenbinger Heide
Eschkamp
Igelkamp
Lange Derdel
Derdels Busch
Esch
Kamp hinterm Hause
Holtkamps Esch
Graute Wiese
Kuffkamp
Aakamp
Nienkämpe
Oster Geist
Ostekamp
Osterbecks Busch
Vornste Busch
Rohr
Papenkamp
Untiets und Hafkhorstheide
(Dudeiheide)
Chaussee nach Albachten, Dülmen, Wesel
Chaussee nach Dülmen, Wesel
Prozessionsweg nach Roxel
Landwehr
Mecklenbach
Aa
GEMEINDE LAMBERTI
1828-1829
Übersicht der Fluren
Band 1 Altstadt Münster
Mecklenbeck

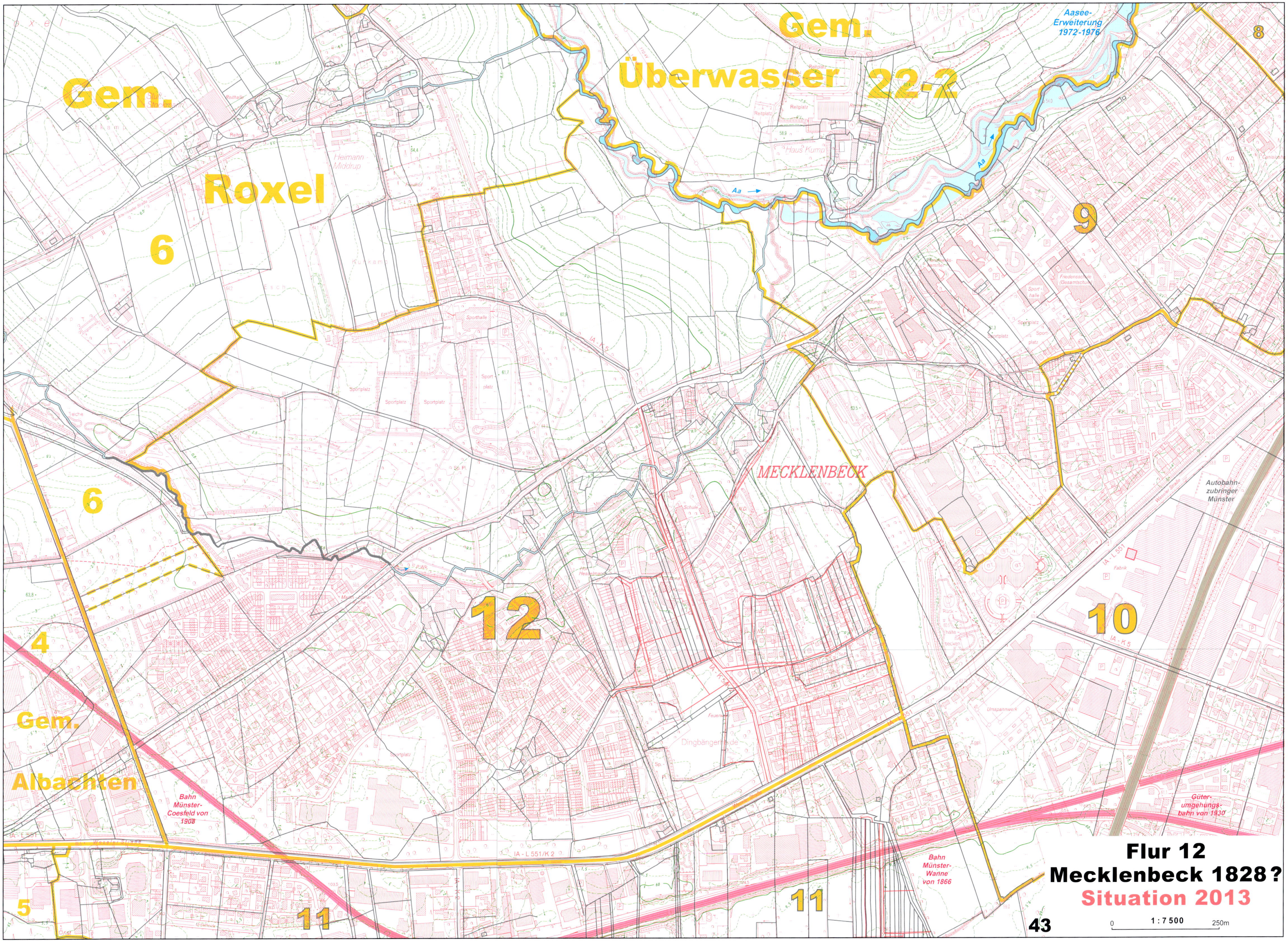

Flur 12
Mecklenbeck 1828 ?
Situation 2013

B. Aufstellung der Grundeigentümer nach dem Flurbuch zum Urkataster in der Gemeinde Lamberti 1828-1829, Fluren 1-12

Legendenblatt zum Flurbuch

Erläuterungen zur Abschrift des Flurbuches auf den Seiten 46 -129 zum Urkataster der Gemeinde Lamberti von 1828 -1829, Fluren 1 bis 12

Für die alphabetische Sortierung auf den Seiten 131 - 163 wurden alle Original-Eintragungen des Flurbuches für eine sinnvolle Sortierung bereinigt

Schrift in normal Schwarz	=	Namen im Flurbuch
Schrift in *kursiv* Schwarz	=	Namen im Flurbuch korrigiert bzw. durchgestrichen und durch rote Schrift ersetzt
Schrift in Rot	=	Namenskorrektur bzw neuer Name im Flurbuch in Rot
Schrift in Blau	=	Namenskorrektur bzw. Namensergänzun aus den summarischen Verzeichnissen im Flurbuch und Handrissen der Urkarten und „Parcellar-Catasters” (Mutterrolle)
Vennemann *No 54*	=	Hofname mit Hof-(Katastral-)Nummer

Alle roten und blauen Korrekturen und Ergänzungen in meiner Abschrift aus den Original-Flurbüchern von 1826 -1830 sind wohl zeitgleich mit der Aufstellung des Urkatasters entstanden, da sie meist auch in den zeitgleichen Ur-Flurkarten, deren Handrissen, sowie den summarischen Übersichten im Ur-Flurbuch bestätigt werden.
Damit entfällt wohl eine zeitlich spätere Nachtragskorrektur. Die Entstehung der Karten und Bücher läßt sich auf den Zeitraum von 1826 -1830 datieren, wie auf den Ur-Katasterkarten angegeben.

Regierungsbezirk Münster,
Landrätlicher Kreis Münster,
Bürgermeisterei St. Mauritz,
Gemeinde Lamberti

Erläuterungn zu den Abkürzungen in den Tabellen:

Parzellengröße in
M = Morgen
R = Ruten
F = Fuß

Ertrag/Steuerbarer Reinertrag in
Tlr = Taler
Sg = Silbergroschen
Pf = Pfennig

Ausschnitt aus dem Flurbuch von 1828 -1829
Original im Vermessungs- und Katasteramt der Stadt Münster

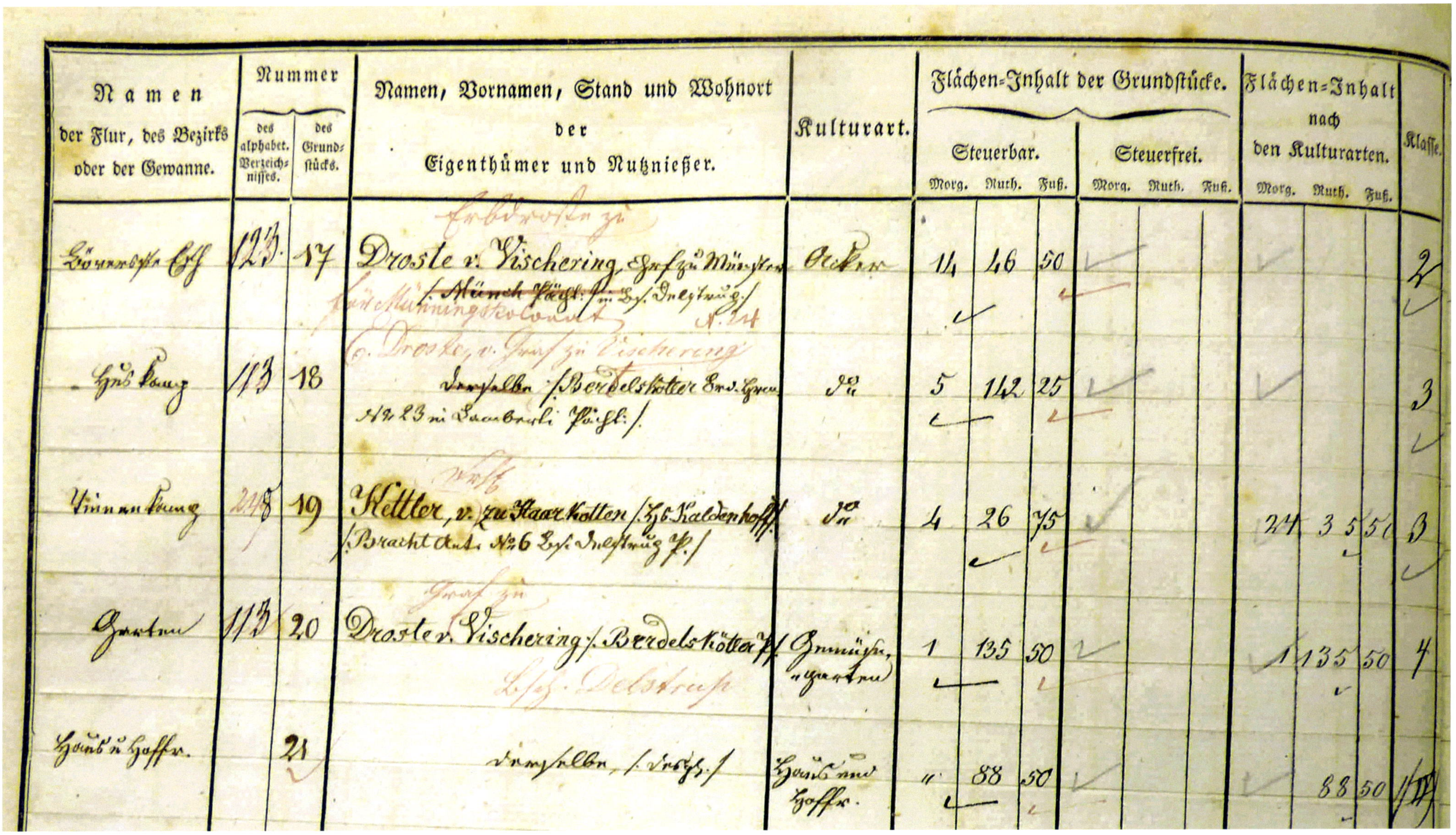

Flur 1 Althoff

Flurnummer mit Flurname Flurbezeichnung	Par-zellen-nr.	Eigentümer und Nummer in der Bauerschaft (Bsch) Lage und Zuordung von Höfen und Pächtern in den drei Bauerschaften Mecklenbeck, Geist und Delstrup der Gemeinde Lamberti siehe Karte auf Seite 166	Nutzungsart	Parzellengröße			Klasse	Ertrag			steuer-barer Rein-ertrag
				Morgen	Ruthen	Fuss		Taler	Silbergr.	Pfennig	
1 Althoff											
an Aegidi-Tor	1	Berbaum, Witwe, zu Münster, Ludgeri-Laischaft No 18	Gemüsegarten		61	78	1	4	3	8	
an Aegidi-Tor	2	Berbaum, Witwe, zu Münster, Ludgeri-Laischaft No 18	Gemüsegarten		76	41	1	5	2	10	
an Aegidi-Tor	3	Berbaum, Witwe, zu Münster, Ludgeri-Laischaft No 18	Gemüsegarten		93	69	1	6	7	4	
an der Straße auf Dülmen	4	*Armen-Commission zu Münster,* Eleemosynenfond ad St. Aegidi	Gemüsegarten		25	24	2	1	7	4	
an der Straße auf Dülmen	5	Witwe Webers, Essmann, Bernh. Wilh., zu Amelsbüren	Gemüsegarten		48	37	2	2	12	6	
am Aegidii-Kirchhoff	6	Essmann, Bernh. Wilh., zu Amelsbüren	Haus		3	14	*XX,* VI		2	5	12
am Aegidii-Kirchhoff	7	Essmann, Bernh. Wilh., zu Amelsbüren	Haus		2	96	*XX,* VI		2	3	12
am Aegidii-Kirchhoff	8	Essmann, Bernh. Wilh., zu Amelsbüren	Gemüsegarten		68	58	2	3	12	11	
am Aegidii-Kirchhoff	9	Mertens, Franz Heinr., zu Münster, Aegidistr. No 114	Gemüsegarten		79	91	2	3	29	10	
am Aegidii-Kirchhoff	10	Mertens, Franz Heinr., zu Münster, Aegidistr. No 114	Gemüsegarten		45	22	2	2	7	4	
an der zum Todtenacker führenden Garten-stiege	11	von der Beck von der Becke, Clara, Präsidentin, zu Münster, Aegidistr. No 124	Gemüsegarten		52	52	2	2	18	9	
an der zum Todtenacker führenden Garten-stiege	12	von der Beck von der Becke, Clara, Präsidentin, zu Münster, Aegidistr. No 124	Gemüsegarten		55	2	2	2	22	6	
an Mertens Garten	13	v(on) d(er) Beck von der Becke, Clara, Präsidentin, zu Münster, Aegidistr. No 124	Gemüsegarten		125	47	2	6	8	3	
am Stadtgraben	14	Helweg, Andreas, zu Münster, auf der Rothenburg	Gemüsegarten		52	64	2	2	18	11	
am Stadtgraben	15	Hüger, Mauritz, Procurator, zu Münster, Aegidistr. No 72	Gemüsegarten		54	10	2	2	21	2	
	16	von Münstermann, Oberbürgermeister zu Münster, Aegidistr.	Gemüsegarten		108	69	2	5	13		
vor Ludgeritor	17	Moll, Walter, zu Münster, in der Königsstr.	Gemüsegarten		138	60	2	6	27	11	
Kirchhoff vor Aegiditor	18	*Gemeinde Lamberty, zu Münster,* Stadt Münster	*Todtenacker*, Acker	2	77	21	1				
am Kirchhof	19	Koppen-, Coppenrath, Jos., zu Münster, Königsstr. No 252	Gemüsegarten		152	3	2	7	18	1	
	20	Pölling *Pohling*, Witwe, zu Münster, *Aegidistr.*, Schützenstr. No 94	Gemüsegarten		65	16	2	3	7	9	
am Kirchhoff	21	von Ketteler, Freiherr, *zu Münster, Königsstr.*, Harkotten	Feldgarten	1	10	57	1	8	14	1	
am Kirchhoff	22	von Ketteler, Freiherr, *zu Münster, Königsstr.*, Harkotten	Gemüsegarten		114	9	2	5	21	2	
am Kirchhoff	23	von Ketteler, Freiherr, *zu Münster, Königsstr.*, Harkotten	Gemüsegarten		92	44	2	4	18	8	
am Kirchhoff	24	von Ketteler, Freiherr, *zu Münster, Königsstr.*, Harkotten	Gemüsegarten		75	40	2	3	23	2	
Breite Stiege	25	*Kort- Kortemeyer* Kottmeyer, Reg. Rat, zu Münster, Breite Stiege	Gemüsegarten		82	50	2	4	3	9	
am Kirchhoff	26	*Kort- Kortemeyer* Kottmeyer, Reg. Rat, zu Münster, Breite Stiege	Gemüsegarten		83	26	2	4	4	10	
Rothenburg	27	*von Delwig* von Dellwig -weg, Ernst, zu Münster, Rothenburg	Haus		3	14	IV		2	5	6
Rothenburg	28	*von Delwig* von Dellwig -weg, Ernst, zu Münster, Rothenburg	Haus		2	60	IV		2		?
Rothenburg	29	*von Delwig* von Dellwig -weg, Ernst, zu Münster, Rothenburg	Garten		178	52	2	8	21	9	
Rothenburg	30	*von Delwig* von Dellwig -weg, Ernst, zu Münster, Rothenburg	Haus		22	93	VI		17	7	12
Mühlenplatz	31	*Wibbelt, Heinr.*, Armen-Commission, zum Magdalenenspital gehörig	*Haus,* Garten		92	13	2	4	18	2	
	32	von Delwig von Dellweg, Ernst, zu Münster, Rothenburg	Garten		36	30	2	1	24	5	
	33	Lindenkamp, Witwe, zu Münster, Ludgeri-Kirche No 184	Gemüsegarten		46	31	2	2	9	5	
	34	Lindenkamp, Witwe, zu Münster, Ludgeri-Kirche No 184	Gemüsegarten		47	94	2	2	11	11	
	35	Wibbelt, Heinr., Bsch Geist No 3	Gemüsegarten		96	88	2	4	25	3	
	36	*Kock* Koch, Gerh., zu Münster No 349	Gemüsegarten		48	93	2	2	13	5	
	37	Lindenkamp, Witwe, zu Münster, Ludgeri-Kirche No 184	Gemüsegarten		95	7	2	4	22	8	

Flur 1 Althoff

Flurnummer mit Flurname Flurbezeichnung	Par-zellen-nr.	Eigentümer und Nummer in der Bauerschaft (Bsch) Lage und Zuordung von Höfen und Pächtern in den drei Bauerschaften Mecklenbeck, Geist und Delstrup der Gemeinde Lamberti siehe Karte auf Seite 166	Nutzungsart	Parzellengröße Morgen	 Ruthen	 Fuss	Klasse	Ertrag Taler	 Silbergr.	 Pfennig	steuer-barer Rein-ertrag
Grüne Straße, vor Aegiditor	38	*Henkhaus, Jos., zu Münster, Grüne Gasse 315,* Wibbelt, Heinr., Bsch Geist No 3	Gemüsegarten		67	7	2	3	10	8	
	39	*Leppermann, Jos. Bernh., zu Münster, Aegidi-Laisch. No 284,* Wibbelt, Heinr., Bsch Geist No 3	Gemüsegarten		97	98	2	4	27		
	40	*Roden, zu Münster, Ludgeristr.,* Wibbelt, Heinr., Bsch Geist No 3	Haus, Hofraum		28	27	IV		21	9	6
bei Wibbert, an von Nagels Gemüsegarten	41	Lutterbeck, Heinr., zu Münster, Ludgeristr. No 161,162	Gemüsegarten		58	2	2	2	27		
an Brügg(e)manns Garten	42	Renne, Anton, zu Münster, Aegidistr. No 75	Gemüsegarten		52	75	2	2	19	2	
	43	Brüggemann, Friedr., zu Münster, Aegidistr. No 67	Gemüsegarten		52	9	2	2	18	2	
	44	Broschard, Franz, Justizrat, zu Münster, Salzstr. No 66	Gemüsegarten		45	36	2	2	8		
an der Straße auf Dülmen, vorm Aegiditor	45	von Nagel, verwitwete Generalin, zu Münster, Königsstr.	*Garten,* Acker	1	119	23	*3,* 2	5	19	5	
	46	von Nagel, verwitwete Generalin, zu Münster, Königsstr.	*Feldgarten,* Acker		42	69	*3,* 2		24	4	
am Grundstück des Freiherr von Nagel	47	Bleckmann, Bernh., Bsch Geist No 31	Gemüsegarten		84	81	3	2	24	10	
	48	Bleckmann, Bernh., Bsch Geist No 31	Gemüsegarten		50	36	3	1	20	4	
am Grundstück des Freiherr von Nagel	49	Bleckmann, Bernh., Bsch Geist No 31	Gemüsegarten		50	72	3	1	20	8	
	50	Bleckmann, Bernh., Bsch Geist No 31	Gemüsegarten		52	41	3	1	22	6	
	51	Bleckmann, Bernh., Bsch Geist No 31	Haus, Hofraum		44	4	VIII	1	3	9	20
	52	Mertens, Conrad, zu Münster	Gemüsegarten		67	2	3	2	7		
	53	Mertens, Conrad, zu Münster	Haus		12	34	VI		9	5	12
	54	Mertens, Conrad, zu Münster	Gemüsegarten		102	94	3	3	12	11	
	55	Mertens, Conrad, zu Münster	Gemüsegarten		74	78	3	2	14	9	
	56	Wibbelt, Heinr., Bsch Geist No 3	*Gemüsegarten,* Acker		46	58	*3,* 2		26	5	
	57	Bus- Bussmann, Bern. Henr., zu Lamberti, Bsch Geist No 47	Acker		34	21	*3,* 2		19	4	
	58	Bus- Bussmann, Bern. Henr., zu Lamberti, Bsch Geist No 47	Haus		4	23	VII		3	3	15
	59	Bus- Bussmann, Bern. Henr., zu Lamberti, Bsch Geist No 47	*Gemüsegarten,* Acker		73	88	*3,* 2	1	11	10	
vorm Ludgeritor	60	*Schefers* Schlefer, *Wilh.,* Dirckmann, Friedr., Tagelöhner, Bsch Geist	Haus		5	4	VI		3	10	12
	61	*Schefers* Schlefer, *Wilh.,* Dirckmann, Friedr., Tagelöhner, Bsch Geist	Gemüsegarten		45	46	3	1	15	5	
den Gärten der Witwe Krawinkel gegenüber	62	Mertens, Franz Heinr., zu Münster, Egidistr. Aegidistr. No 114	Gemüsegarten		43	73	3	1	13	9	
den Gärten der Witwe Krawinkel gegenüber	63	Mertens, Franz Heinr., zu Münster, Egidistr. Aegidistr. No 114	Gemüsegarten		43	89	3	1	13	11	
den Gärten der Witwe Krawinkel gegenüber	64	Mertens, Franz Heinr., zu Münster, Egidistr. Aegidistr. No 114	Gemüsegarten		47	29	3	1	17	4	
den Gärten der Witwe Krawinkel gegenüber	65	Mertens, Franz Heinr., zu Münster, Egidistr. Aegidistr. No 114	Gemüsegarten		39	27	3	1	9	7	
den Gärten der Witwe Krawinkel gegenüber	66	Mertens, Franz Heinr., zu Münster, Egidistr. Aegidistr. No 114	Gemüsegarten		43	92	3	1	13	4	
den Gärten der Witwe Krawinkel gegenüber	67	Mertens, Franz Heinr., zu Münster, Egidistr. Aegidistr. No 114	Gemüsegarten		42	97	3	1	19		
	68	Krawinkel, Witwe, zu Bsch Geist No 13, Neuen Krug	Gemüsegarten		70	4	3	2	10		
	69	Krawinkel, Witwe, zu Bsch Geist No 13, Neuen Krug	Gemüsegarten		68	13	3	2	8	2	
	70	Krawinkel, Witwe, zu Bsch Geist No 13, Neuen Krug	Gemüsegarten		66	87	3	2	6	10	
	71	Krawinkel, Witwe, zu Bsch Geist No 13, Neuen Krug	Gemüsegarten		67	61	3	2	7	7	
	72	Krawinkel, Witwe, zu Bsch Geist No 13, Neuen Krug	Gemüsegarten		68	10	3	2	8	1	
zwischen d. Gärten des Demter u. Krawinkel	73	Jütting, Bernh., zu Münster, Clemens- Klemenzstr. No 110	Gemüsegarten		60	54	3	2		7	
zwischen d. Gärten des Demter u. Krawinkel	74	Jütting, Bernh., zu Münster, Clemens- Klemenzstr. No 110	Gemüsegarten		60	55	3	2		7	
zwischen d. Gärten des Demter u. Krawinkel	75	Jütting, Bernh., zu Münster, Clemens- Klemenzstr. No 110	Gemüsegarten		59	32	3	1	29	4	
zwischen d. Gärten des Demter u. Krawinkel	76	Jütting, Bernh., zu Münster, Clemens- Klemenzstr. No 110	Gemüsegarten		91	30	3	3	1	4	
zwischen d. Gärten des Demter u. Krawinkel	77	Jütting, Bernh., zu Münster, Clemens- Klemenzstr. No 110	Gemüsegarten		59	40	3	1	29	5	

Flur 1 Althoff

Flurnummer mit Flurname Flurbezeichnung	Parzellennr.	Eigentümer und Nummer in der Bauerschaft (Bsch) Lage und Zuordung von Höfen und Pächtern in den drei Bauerschaften Mecklenbeck, Geist und Delstrup der Gemeinde Lamberti siehe Karte auf Seite 166	Nutzungsart	Parzellengröße Morgen	Ruthen	Fuss	Klasse	Ertrag Taler	Silbergr.	Pfennig	steuerbarer Reinertrag
zwischen Arlands Acker und dem Gemüsegarten des Jütting	78	*Demter, Bernh., Schuster, zu Münster, Königsstr. No 258,* Mense, Arnold Anton, zu MS, Hausknecht bei Hf. v. Landsberg	Gemüsegarten		63	56	3	2	3	6	
zwischen Arlands Acker und dem Gemüsegarten des Jütting	79	*Demter, Bernh., Schuster, zu Münster, Königsstr. No 258,* Mense, Arnold Anton, zu MS, Hausknecht bei Hf. v. Landsberg	Gemüsegarten		62	98	3	2	3		
zwischen Arlands Acker und dem Gemüsegarten des Jütting	80	*Demter, Bernh., Schuster, zu Münster, Königsstr. No 258,* Mense, Arnold Anton, zu MS, Hausknecht bei Hf. v. Landsberg	Gemüsegarten		62	70	3	2	2	8	
zwischen Arlands Acker und dem Gemüsegarten des Jütting	81-1	*Demter, Bernh., Schuster, zu Münster, Königsstr. No 258,* Mense, Arnold Anton, zu Münster	Gemüsegarten		*51,* 55	*69,* 3	3	1	25		
zwischen Arlands Acker und dem Gemüsegarten des Jütting	81-2	*Demter, Bernh., Schuster, zu Münster, Königsstr. No 258,* Mense, Arnold Anton, zu Münster, Hausknecht bei v. Landsberg	Haus		6	66	VI		5	1	12
neben Demters Garten	82	*Arlard* Alard, Bernh. Jos., zu Kirchspiel Lamberty, Bsch Geist No 1	Acker		146	61	*3,* 2	2	23	1	
neben Arlards Ackerland	83	*Studienfond zu Münster,* Lembeck, Bern., Erbg(emeinschaft) des Studienfonds, Bsch Geist	*Acker,* Garten	1	11	59	3	6	11	7	
am Ackerland des Studienfonds	84	Roling, Witwe, zu Münster, Prinzipalmarkt No 46	Gemüsegarten		44	97	3	1	15		
am Ackerland des Studienfonds	85	Roling, Witwe, zu Münster, Prinzipalmarkt No 46	Gemüsegarten		40	46	3	1	10	5	
am Ackerland des Studienfonds	86	Roling, Witwe, zu Münster, Prinzipalmarkt No 46	Gemüsegarten		41	47	3	1	11	6	
am Ackerland des Studienfonds	87	Roling, Witwe, zu Münster, Prinzipalmarkt No 46	Gemüsegarten		41	85	3	1	11	10	
am Ackerland des Studienfonds	88	Roling, Witwe, zu Münster, Prinzipalmarkt No 46	Gemüsegarten		41	59	3	1	11	7	
am Ackerland des Studienfonds	89	Roling, Witwe, zu Münster, Prinzipalmarkt No 46	Gemüsegarten		41	80	2	2	2	8	
an Mertens Stiege	90	Mertens, Franz Heinr., zu Münster, Egidistr. Aegidistr. No 114	Gemüsegarten		63	9	2	3	4	8	
an Mertens Stiege	91	Mertens, Franz Heinr., zu Münster, Egidistr. Aegidistr. No 114	Gemüsegarten		59	56	2	2	29	4	
an Mertens Stiege	92	Mertens, Franz Heinr., zu Münster, Egidistr. Aegidistr. No 114	*Haus,* Garten		60	3	2	3		1	
an Mertens Stiege	93	Mertens, Franz Heinr., zu Münster, Egidistr. Aegidistr. No 114	Garten		59	75	2	2	29	7	
an Mertens Stiege	94	Mertens, Franz Heinr., zu Münster, Egidistr. Aegidistr. No 114	Garten		61	18	2	3	1	9	
an Mertens Stiege	95	Mertens, Franz Heinr., zu Münster, Egidistr. Aegidistr. No 114	Garten		60	91	2	3	1	4	
an Mertens Stiege	96	Mertens, Franz Heinr., zu Münster, Egidistr. Aegidistr. No 114	Garten		62	46	2	3	3	8	
an Mertens Stiege	97	Mertens, Franz Heinr., zu Münster, Egidistr. Aegidistr. No 114	Gemüsegarten		57	39	2	2	26	1	
an der zur Chaussee auf Hamm führenden Gartenstiege	98	Mertens, Franz Heinr., zu Münster, Egidistr. Aegidistr. No 114	Gemüsegarten		74	33	2	3	21	6	
an der zur Chaussee auf Hamm führenden Gartenstiege	99	Mertens, Franz Heinr., zu Münster, Egidistr. Aegidistr. No 114	Gemüsegarten		70	70	2	3	16	1	
an der zur Chaussee auf Hamm führenden Gartenstiege	100	Mertens, Franz Heinr., zu Münster, Egidistr. Aegidistr. No 114	Gemüsegarten		68	36	2	3	12	6	
an der zur Chaussee auf Hamm führenden Gartenstiege	101	Mertens, Franz Heinr., zu Münster, Egidistr. Aegidistr. No 114	Gemüsegarten		70	4	2	3	15	1	
an der zur Chaussee auf Hamm führenden Gartenstiege	102	Mertens, Franz Heinr., zu Münster, Egidistr. Aegidistr. No 114	Gemüsegarten		66	67	2	3	10		
an der zur Chaussee auf Hamm führenden Gartenstiege	103	Mertens, Franz Heinr., zu Münster, Egidistr. Aegidistr. No 114	Gemüsegarten		68	26	2	3	12	5	
an der zur Chaussee auf Hamm führenden Gartenstiege	104	Mertens, Franz Heinr., zu Münster, Egidistr. Aegidistr. No 114	Gemüsegarten		65	82	2	3	8	9	
an der zur Chaussee auf Hamm führenden Gartenstiege	105	Mertens, Franz Heinr., zu Münster, Egidistr. Aegidistr. No 114	Gemüsegarten		65	85	2	3	8	9	
neben Mertens Garten	106	Wegener, zu Münster, König(s)str. No 275	Gemüsegarten		83	80	2	4	5	8	
den Gärten von der Tinnen gegenüber	107	Landgräber, Witwe, Rätin, zu Münster	Gemüsegarten		45	12	2	2	7	8	
neben den Gärten der Witwe Landgräber	108	*Fundation* Executorium v(on) d(er) Tinnen, zu Münster	Gemüsegarten		67	88	2	3	11	10	
neben den Gärten der Witwe Landgräber	109	*Fundation* Executorium v(on) d(er) Tinnen, zu Münster	Gemüsegarten		57	24	2	2	25	11	
den Gärten von der Tinnen gegenüber	110	Landgräber, Witwe, Rätin, zu Münster	Gemüsegarten		43	89	2	2	5	10	

Flurnummer mit Flurname Flurbezeichnung	**Par-zellen-nr.**	**Eigentümer und Nummer in der Bauerschaft (Bsch)** Lage und Zuordnung von Höfen und Pächtern in den drei Bauerschaften Mecklenbeck, Geist und Delstrup der Gemeinde Lamberti siehe Karte auf Seite 166	**Nutzungsart**	**Parzellengröße** **Morgen**	**Ruthen**	**Fuss**	**Klasse**	**Ertrag** **Taler**	**Silbergr.**	**Pfennig**	steuer-barer Rein-ertrag
den Gärten von der Tinnen gegenüber	111	Landgräber, Witwe, Rätin, zu Münster	Gemüsegarten		41	97	2	2	2	9	
neben den Gärten der Witwe Landgräber	112	*Fundation* Executorium v(on) d(er) Tinnen, zu *Mauritz* Münster	Gemüsegarten		58	31	2	2	27	5	
neben den Gärten der Witwe Landgräber	113	*Fundation* Executorium v(on) d(er) Tinnen, zu Mauritz	Gemüsegarten		57	30	3	1	27	4	
den Gärten von der Tinnen gegenüber	114	Landgräber, Witwe, Rätin, zu Münster	Gemüsegarten		44	9	3	1	14	1	
den Gärten von der Tinnen gegenüber	115	Landgräber, Witwe, Rätin, zu Münster	Gemüsegarten		42	99	3	1	13		
neben den Gärten der Witwe Landgräber	116	*Fundation* Executorium v(on) d(er) Tinnen, zu Mauritz	Gemüsegarten		58	94	3	1	25	11	
neben den Gärten der Witwe Landgräber	117	*Fundation* Executorium v(on) d(er) Tinnen, zu Mauritz	Gemüsegarten		58	72	3	1	28	9	
den Gärten von der Tinnen gegenüber	118	Landgräber, Witwe, Rätin, zu Münster	Gemüsegarten		43	2	3	1	13		
den Gärten von der Tinnen gegenüber	119	Landgräber, Witwe, Rätin, zu Münster	Gemüsegarten		44	95	3	1	12		
neben den Gärten der Witwe Landgräber	120	*Fundation* Executorium v(on) d(er) Tinnen, zu Mauritz	Gemüsegarten		57	76	3	1	27	8	
den Gärten von der Tinnen gegenüber	121	Landgräber, Witwe, Rätin, zu Münster	Gemüsegarten		41	50	3	1	11	6	
neben den Gärten der Witwe Landgräber	122	*Fundation* Executorium von der Tinnen, zu Mauritz	Gemüsegarten		59	13	3	1	29	2	
neben den Gärten der Witwe Landgräber	123	*Fundation* Executorium von der Tinnen, zu Mauritz	Gemüsegarten		64	5	3	2	4	1	
neben den Gärten der Witwe Landgräber	124	*Fundation* Executorium von der Tinnen, zu Mauritz	Gemüsegarten		60	50	3	2		6	
neben den Gärten der Witwe Landgräber	125	*Fundation* Executorium von der Tinnen, zu Mauritz	Gemüsegarten		60	87	3	2		10	
neben den Gärten der Witwe Landgräber	126	*Fundation* Executorium von der Tinnen, zu Mauritz	Gemüsegarten		59	38	3	1	29	5	
neben den Gärten der Witwe Landgräber	127	*Fundation* Executorium von der Tinnen, zu Mauritz	Gemüsegarten		60	68	3	2		8	
neben den Gärten der Witwe Landgräber	128	*Fundation* Executorium von der Tinnen, zu Mauritz	Gemüsegarten		59	97	3	2	29	11	
vor Ludgeritor	129	Executorium v(on) d(er) Tinnen, zu Mauritz	Gemüsegarten		59	81	2	2	29	9	
vor Ludgeritor	130	Executorium v(on) d(er) Tinnen, zu Mauritz	Gemüsegarten		79	87	2	3	29	10	
vor Ludgeritor	131-1	*Stegemann, zu Münster, Pferdestiege,* Wibbelt, Müller, Kirchspiel Lamberti	Gemüsegarten		*27*, 14	*89*, 73	2		22		
vor Ludgeritor	131-2	*Stegemann, zu Münster, Pferdestiege,* Wibbelt, Müller, Kirchspiel Lamberti, No 130	Haus		13	16	VIII		10	2	20
vor Ludgeritor	132	*Stegemann, zu Münster, Pferdestiege,* Wibbelt, Müller, Kirchspiel Lamberti	Garten		59	70	2	2	29	7	
vor Ludgeritor	133	*Stegemann, zu Münster, Pferdestiege, Wibbelt, Müller, Kirchsp. Lamberti,* Vennemann, Mauritz, zu Münster, in d. Lütken Stiege 130	Garten		84	33	2	4	6	6	
neben Stegemanns Garten	134	Essing Witwe, zu Münstr, Rothenburg No 27	Gemüsegarten		163	25	2	8	4	10	
neben Essings Garten	135	Paschen, Chirurg, zu Münster, Ludgeristr. No 166	Gemüsegarten		124	31	1	8	8	8	
	136	*Roling* Rolinck, Friedr. Anton, zu Münster, *Ludgeristr.* Fisch-markt	Lustgarten		66	25	1	4	12	6	
an der Chaussee auf Hamm	137	*Roling* Rolinck, Friedr. Anton, zu Münster, *Ludgeristr.* Fisch-markt	Gemüsegarten	1	146	64	1	21	23	3	
vor Ludgeritor	138-1	*Theissing, Bernh., zu Münster, Prinzipalmarkt No 21,* Eskötter, Jos. Heinr., Zimmermann, Bsch Geist	Gemüsegarten	*1*,1	*59*, 54	*33*, 71	1	15	19	5	
vor Ludgeritor	138-2	*Theissing, Bernh., zu Münster, Prinzipalmarkt No 21,* Eskötter, Jos. Heinr., Zimmermann, Bsch Geist	Haus		4	62	I		3	7	
an der Chaussee auf Hamm	139	Dankelmann, Jos., zu Münster, aufm Prinzipalmarkt No 13	Gemüsegarten		151	16	1	10	2	3	
an der Chaussee auf Hamm	140	Lindenkamp, Witwe, Ludgeristr., Schrott Schrot, Casper, zu Münster, Werninsgasse im Wernin	Gemüsegarten		168	49	1	11	6	11	
an der Chaussee auf Hamm	141	Lindenkamp, Witwe, Ludgeristr., Schrott Schrot, Casper, zu Münster, Werninsgasse im Wernin	*Fischteich*, Lache		27	50	1			5	
an der Chaussee auf Hamm	142	Lindenkamp, Witwe, Ludgeristr., Schrott Schrot, Casper, zu Münster, Werninsgasse im Wernin	Lustgarten		109	9	1	7	8	3	
an der Chaussee auf Hamm	143	Lindenkamp, Witwe, Ludgeristr., Schrott Schrot, Casper, zu Münster, Werninsgasse im Wernin	Gemüsegarten	1	33	68	1	14	7	4	

Flur 1 Althoff

Flurnummer mit Flurname Flurbezeichnung	Par-zellen-nr.	Eigentümer und Nummer in der Bauerschaft (Bsch) Lage und Zuordnung von Höfen und Pächtern in den drei Bauerschaften Mecklenbeck, Geist und Delstrup der Gemeinde Lamberti siehe Karte auf Seite 166	Nutzungsart	Parzellengröße Morgen	Ruthen	Fuss	Klasse	Ertrag Taler	Silbergr.	Pfennig	steuer-barer Rein-ertrag
an der Chaussee auf Hamm	144	v(on) Detten, Witwe, Hofrätin, zu Münster, Aegidistr.	Gemüsegarten		133	84	1	8	27	7	
vor dem Ludgeritor	145	Woldering, Registrator, zu Münster, im Sack	Gemüsegarten		46	12	1	3	8	3	
	146	Evens Evets, Bernh., zu Münster, *Aegidistr.* Rothenburg No 38	Gemüsegarten		66	1	1	4	12		
	147	von Droste zu Vischering Fischering, Graf, Erbdroste, *Freiherr, zu Münster,* Besitzer des Gutes Lutkenbeck, zu Darfeld	Gemüsegarten		68	92	1	4	17	10	
	148	Finkenbrink, zu Münster, Aegidistr. No 81	Gemüsegarten		56	3	1	3	22	1	
	149	Winkelsett, Theod. Anton, zu Münster, Aegidistr. No 60	Gemüsegarten		59	4	1	3	28	1	
an Wenners Garten	150	Mertens, Franz Heinr., zu Münster, Aegidistr. No 114	Gemüsegarten		115	60	1	7	21	2	
an Wenners Garten	151	Mertens, Franz Heinr., zu Münster, Aegidistr. No 114	Gemüsegarten		118	89	1	7	27	10	
vor Ludgeritor	152	Wenner, Dr., Witwe, Reg.-Secretair, zu Münster, auf der Rothenburg	Gemüsegarten		138	65	1	9	7	4	
vor Ludgeritor	153	Wenner, v(on) d(er) Beck, geb. Clara Wenner, Präsidentin, zu Münster, No 124	Gemüsegarten		73	54	1	4	27	2	
an Wenners Garten	154	*Volbiers Erben, zu Münster,* Armenstiftung (privat) Frie Vendt, Patronin Sophia Vollbier, geb. Boichorst	Gemüsegarten		30	53	1	2	1	1	
an Wenners Garten	155	*Volbiers Erben, zu Münster,* Armenstiftung (privat) Frie Vendt, Patronin Sophia Vollbier, geb. Boichorst	Gemüsegarten		30	16	1	2		4	
	156	Armenstiftung (privat) Frie Vendt, Patronin Sophie Vollbier, geb. Boichorst, Pächter Bredenbeck, Friedr., *zu Münster, Aegidistr.*	Gemüsegarten		41	51	1	2	23		
Aegiditor, P(ächter) Weitkamp	157	*Wertkamp, Vicariat Generalis,* Seminarium, zu Münster	Gemüsegarten		112	44	1	7	14	10	
	158	Humke, Secretair, *bei Ludorf,* zu Münster	Gemüsegarten		60	92	1	4	1	10	
bei Winkelsett	159	Zumbrock, geb. Sophie Schweling, Räthin, zu Münster, Königsstr-	Gemüsegarten		58	14	1	3	26	3	
vorm Ludgeritor	160	Winkelsett, Theod. Anton, Gastwirt, zu Münster, Aegidistr. No 60	Gemüsegarten		94	47	1	6	8	11	
vor Aegiditor	161	*Schöloer* v(on) Scheloer, *Oberlandes-Gerichtsrat,* Witwe, zu Münster, Krummen Timpen	Gemüsegarten		108	98	1	7	8		
	162	Riepenzell Riepensell, zu Münster, Grüne Stiege	Gemüsegarten		62	37	1	4	4	9	
an Henkaus Garten	163	Renne, Anton, zu Münster, Aegidistr. No 75	Gemüsegarten		93	32	1	6	6	8	
	164	*Schöloer, Oberlandes-Gerichtsrat, Witwe, zu Münster,* Hagemann, *Theod.* Herm., zu Münster, Grüne Gasse No 316	Gemüsegarten		34	62	1	2	9	3	
vor Ludgeritor	165	Henkhaus, Jos., zu Münster, Grüne Gasse No. 315	Gemüsegarten		53	16	1	3	16	4	
	166	*Koppstadt* Kopstadt, Franz, zu Münster, Ludgeristr. No 203	Gemüsegarten		97	32	1	6	14	8	
vor Aegiditor	167	Weitzel, Joh. Conrad, zu Münster, Pferdestiege	Gemüsegarten		71	68	1	4	23	2	
	168	Küsterei zu Aegidii, zu Münster	Gemüsegarten		19	30	1	1	8	7	
vorm Aegiditor	169	*Saltze* Saltz, Witwe, Reg. Bote, zu Münster, Breite Stiege	Gemüsegarten		41	61	1	2	23	2	
vor Ludgeritor	170	Winters, Witwe, Rendantin, zu Münster, Domhof No 8	Gemüsegarten		144	68	1	19	19	4	
	171	*Fröhling* Fröling, Bernh., zu Münster, Rothenburg No 33	Gemüsegarten		134	41	1	8	28	10	
	172	Edelgrimm, *Conrad* Jos., zu Münster, Aegidistr. No 104	Gemüsegarten		176	5	1	11	22	1	
	173	Hersemann, Hofrat, zu Münster, am Neuen Platz	Gemüsegarten		97	98	1	6	15	10	
	174	*Terlinde* Linde, Doktorin, zu Münster, Königsstr. No 239	Gemüsegarten		125	33	1	8	10	8	
	175	Bitter, Adolph, zu Münster, Rothenburg	Gemüsegarten		75	24	1	5		8	
	176	Roelen, Geschwister, zu Münster, Ludgeristr.	Gemüsegarten		76	57	1	5	3	1	
	177-1	Driver, Ludgeristr., Hackenholz *Hakenholz,* Oberlandes-Gerichtsbote, zu Münster	Garten		71	13	1	4	22	3	
Spinnbahn vor Aegiditor	177-2	Stadt Münster	*Weide* Garten		48	14	1	3	6	4	
Spinnbahn vor Aegiditor	177-3	Stadt Münster	*Weide* Garten		66	25	1	2	6	2	
	178	Wolff, Nicolaus, zu Münster, unterm Bogen 1, Prinzipalmarkt	Gemüsegarten		24	41	1	1	18	10	

Flurnummer mit Flurname Flurbezeichnung	Parzellen-nr.	Eigentümer und Nummer in der Bauerschaft (Bsch) Lage und Zuordung von Höfen und Pächtern in den drei Bauerschaften Mecklenbeck, Geist und Delstrup der Gemeinde Lamberti siehe Karte auf Seite 166	Nutzungsart	Parzellengröße Morgen	Ruthen	Fuss	Klasse	Ertrag Taler	Silbergr.	Pfennig	steuerbarer Reinertrag
	179	Aulike, Kammer-Secretair, zu Münster, *Aegidistr.* Rothenburg No 37	Gemüsegarten		31	91	1	2	3	10	
vorm Ludgeritor	180	Schücking, Gerh., Kaufmann, zu Münster, aufm Markt No 37	Gemüsegarten		25	8	1	1	20	2	
	181	Kentling, Rentmeister, zu Münster, unterm Bogen	Gemüsegarten		27	29	1	1	24	7	
	182	Rüden, Witwe, zu Münster, Aegidistr. No 128	Gemüsegarten		44	89	1	2	29	10	
	183	Scheffer-Boichorst, Bernh., zu Münster, alten Steinweg	Gemüsegarten		46	78	1	3	3	7	
	184	Eters Esthers, Joh. Heinr., zu Münster, Aegidistr. No 68	Gemüsegarten		89	96	1	5	29	10	
	185	Lorenz, Jos., zu Münster, Ludgeristr. No 204	Gemüsegarten		85	50	1	5	21		
	186	Helweg, Andreas, zu Münster, Rothenburg	Gemüsegarten		79	13	1	5	8	3	
	187	*Deckwitz, Friedr., Höcker, zu Münster,* Scheffer, Reg.-Rat, zu Münster	Gemüsegarten		53	38	1	3	16	9	
	188	Deckwitz, Friedr., zu Münster	Gemüsegarten		39	69	1	2	19	5	
	189	*Kruse* Cruse, Balthasar, Acuar, zu Münster	Gemüsegarten		61	10	1	4	2	2	
vor Ludgeritor	190	Schlüter, Wilh., seel. Witwe, zu Münster, *Sindicatgasse No 31,* Ludgeri-Laischaft No 206	Gemüsegarten		135	17	1	9		11	
	191	von Olfers, Witwe, zu Münster, Ludgeristr. No 208, Königsstr.	Gemüsegarten		76	34	1	5	2	8	
vor Ludgeritor	192	Sterneberg, *Bernh.*, Witwe, zu Münster, *Ludgeristr. No 141,* Königstr.	Gemüsegarten		92	38	1	6	4	9	
vor Ludgeritor	193	*Hatzfeld, zu Münster, Ludgeristr.,* von Olfers, Heinr., Bankier, zu Münster	Gemüsegarten		78	67	1	5	7	5	
	194	von Olfers, Witwe, zu Münster, Ludgeristr. No 208, Königsstr.	Gemüsegarten		101	15	1	6	22	4	
	195	*Koermann* Coermann, Louise, zu Münster, Bispinghof	Gemüsegarten		79	33	1	5	8	8	
	196	*Koermann* Coermann, Louise, zu Münster, Bispinghof	Gemüsegarten		67	13	1	4	14	3	
	197	*Haas, zu Münster,* Koberg, Kaplan zu Überwasser, zu Münster	Gemüsegarten		68	84	1	4	17	8	
vor Ludgeritor	198	Seveneick, Doktor, zu Münster, Rothenburg No 23	Gemüsegarten		101	93	1	6	23	10	
	199	Wilken, zu Münster, Salzstr.	Gemüsegarten		85	4	1	5	20	1	
	200	Berbaum, Witwe, zu Münster, Ludgeri-Laischaft No 18	Gemüsegarten		41	8	1	2	22	2	
	201	*Berbaum, Witwe, zu Münster,* Schmitz, Witwe, zu Münster, Loerstr. No 300	Gemüsegarten		44	31	1	2	28	7	
	202	Funke, *J. C.* Jos., zu Münster, Aegidistr., an Überwasser-Kirchhof	Gemüsegarten		62	73	1	4	5	6	
	203	*Coone* Kohn, Karalina, zu Münster	*Gemüsefeld* Gemüsegarten		88	95	1	5	27	10	
	204	Achtermann, Theod. Wilh., zu Münster, Königsstr. No 259	Gemüsegarten		158	22	1	10	16	6	
	205	Kumpmann, zu Münster, Domhof	Gemüsegarten	1	15	54	1	13	1	1	
	206	Lagemann, Paul, zu Münster, Ludgeristr. No 200	Gemüsegarten	1	19	30	1	13	8	7	
	207	Endersen, Jacob, zu Münster, am Markt No 20	Gemüsegarten		28	4	1	7	26	1	
	208	Kentling, Rentmeister, zu Münster, unterm Bogen	Gemüsegarten	1	26	69	1	13	23	4	
Graben am Ludgeritor	209	*Domaine II Rentei zu Münster,* Stadt Münster	*Kuhle, Lache,* Weide		80	57	3		4	6	
Graben am Ludgeritor	210	*Domaine II Rentei zu Münster,* Stadt Münster	Gemüsefeld		121	51	1		5	12	
Teich um die Mühle	211	*Domaine II Rentei zu Münster, Stadt Münster,* Schopmann, Wilh., Müller, zu Lamberti	*Graben, Lache,* Weide		78	6	3		4	4	
Mühlenplatz	212	*Kerkerinck v(on) Kerkering-Borg, Freiherr zu Münster,* Schopmann, Wilh., Müller, zu Lamberti	*Oedland,* Hofraum		89	35	1	2	8	6	
Niederlage vor Ludgeritor	213	*Domaine II Rentei zu Münster,* Stadt Münster	*Oedland,* Gemüsefeld	1	1	66	1	8	2	2	
Garten	214	Leppermann, Joh. Bernh., zu Münster, Aegidi-Laischaft No 284	Gemüsegarten		123	14	2	6	4	9	
Teich	215	Leppermann, Joh. Bernh., zu Münster, Aegidi-Laischaft No 284	Teich als Weide		11	10	3			7	
	216	Armen-Commission zu Münster, z. Clemenz-Hospital gehörig	Gemüsegartem		94	13	1	6	8	3	

Flur 1 Althoff

Flurnummer mit Flurname Flurbezeichnung	Parzellen-nr.	Eigentümer und Nummer in der Bauerschaft (Bsch) Lage und Zuordnung von Höfen und Pächtern in den drei Bauerschaften Mecklenbeck, Geist und Delstrup der Gemeinde Lamberti siehe Karte auf Seite 166	Nutzungsart	Parzellengröße Morgen	Ruthen	Fuss	Klasse	Ertrag Taler	Silbergr.	Pfennig	steuerbarer Reinertrag
	217	Armen-Commission zu Münster, z. Clemenz-Hospital gehörig	Gemüsegarten		133	50	1	8	27		
an Holtkamps (Garten)	218	Winkelzet Winkelsett, Wilh., zu Münster, Ludgeristr. No 144	Gemüsegarten		118	4	1	7	26	1	
	219	Holtkamp, Bernh., zu Münster, Ludgeristr. No 183	Gemüsegarten		114	6	1	7	18	2	
	220	Grotemeyer, Joh. Bernh, zu Münster, Ludgeristr. No 206	Gemüsegarten		122	32	1	8	4	7	
	221	v(on) Schonebeck Schonne-, Majorin, zu Münster, Ludgeristr.	Gemüsegarten		117	31	1	7	24	7	
	222	Cordes, Elise, zu Münster, Ludgeristr. No 210	Gemüsegarten		74	1	1	4	28	2	
	223	Klaverkamp Haver-, Bernh., zu Münster, Ludgeristr. No 201	Gemüsegarten		57	81	1	3	25	8	
	224	Hannasch, Witwe, zu Münster, alten Fischmarkt No 87	Gemüsegarten		39	70	1	2	19	5	
	225	Hannasch, Witwe, zu Münster, alten Fischmarkt No 87	Gemüsegarten		104	17	1	6	28	4	
hinter der Mühle an der 1. Gartenstiege	226	Merlin, Amseln, zu Münster, Ludgeristr. 212, u. Chor Caplanei zu St. Ludgeri / Caplan Bohnenkamp, jedem zur Hälfte	Gemüsegarten		19	22	1	1	8	5	
hinter der Mühle an der 1. Gartenstiege	227	Bitter, Bernh., zu Münster, Alten Steinweg No 406	Gemüsegarten		60	75	1	4	1	6	
an Cordes Gemüsegarten, vorm Ludgeritor	228	Theissing, Heinr., zu Münster, Ludgeristr.	Gemüsegarten		142	80	1	9	15	8	
an Theissings Garten	229	Armen-Commission, Dechaney ad St. Ludgeri, zu Münster, Kellermann, Dechant ad St. Ludgerum	Gemüsegarten		119	30	1				
Ludgeritor	230	Wewering Weverinck, Witwe, zu Münster, Ludgeristr. No 163	Gemüsegarten		88		1	5	26		
	231	Wewering, Witwe, zu Münster, Ludgeristr. No 163	Gemüsegarten		70	16	1	4	20	3	
	232	Ellerbrock, Franz, zu Münster, Rothenburg No 44	Gemüsegarten		78	52	1	5	7		
vorm Ludgeritor	233	von Schilgen, Geschwister Deiters *gnt* Mandatar, zu Münster	Gemüsegarten		45	7	1	3		2	
	234	von Schilgen, Geschwister Deiters *gnt* Mandatar, zu Münster	Gemüsegarten		43	27	1	2	26	7	
	235	v(on) Druffel Drüffel, *Geh.* Medicinal-Rat, zu Münster, *Rothenburg,* Königstr, Königsstr.	Gemüsegarten		122	38	1	8	4	9	
	236	von u. Zurmühlen von Zurmühlen, Prof., zu Münster, Ludgeristr.	Gemüsegarten		132	10	2	6	18	2	
	237	von u. Zurmühlen von Zurmühlen, Prof., zu Münster, Ludgeristr.	Fischteich		29	35	1		12	9	
Ludgeritor	238	von u. Zurmühlen von Zurmühlen, Prof., zu Münster, Ludgeristr.	Mähwiese		20	13	1		16	10	
vor Ludgeritor	239	Schlüter, Wilh., seel. Witwe, zu Münster, *in der Frauenstr.,* Ludgeri-Kirchhof No 206	Gemüsegarten		42	94	1	2	4	5	
	240	Bispink, Franz, zu Münster, Aegidistr.	Gemüsegarten		72	30	1	3	18	5	
vor Ludgeritor	241	Linsmann, Gottfried, zu Münster, Lütke Gasse No 131	Gemüsegarten		26	5	2	1	9	1	
	242	Kruse, Anton, zu Münster, Aegidi-Laischaft No 118	Gemüsegarten		41	47	2	2	2	3	
	243	v(on) Beverförde, Freiherr, zu Münster	Gemüsegarten		173	47	2	8	20	3	
	244	*Kretz, Adolph, Sattler zu Münster, Aegidistr.,* Kretz, Anton, Sattler, zu Münster, Aegidistr.	Gemüsegarten		76	41	1	5	2	10	
	245	*König, zu Münster, Klarissengasse,* Althaus, Christof Anton, zu Münster	Gemüsegarten		86	82	2	4	10	3	
	246	Neuhaus, Witwe, zu Münster, *Bispinghoff,* Prinzipalmarkt	Gemüsegarten		60	52	2	3		9	
	247	Beckel, Konrad, zu Münster, Krumme Stiege No 429	Gemüsegarten		75	92	2	3	23	11	
	248	Krüger, Gerh. *Herm.* Heinr. Anton, zu Münster, Königsstr. 216	Gemüsegarten		100	24	1	6	20	6	
	249	v(on) Beverförde, Freiherr, zu Münster	Gemüsegarten		88	51	2	4	12	9	
vor von Oers Gemüsegarten	250	Lutterbeck, Heinr., zu Münster, Ludgeri-Laischaft No 161,162	Gemüsegarten		150	32	2	7	15	5	
	251	von Oer, Freiherr, zu Münster, Königsstr.	Gemüsegarten		168	55	2	8	12	10	
Ludgeritor	252	Wewering Wevering, Witwe, zu Münster, Ludgeristr. No 163	Gemüsegarten		78	87	2	3	28	5	
	253	Engelkamp, Paul, zu Münster, Rothenburg No 42	Gemüsegarten		80	7	2	4		1	
hinter Lutterbecks Garten	254	Executorium v(on) d(er) Tinnen, zu Mauritz	Gemüsegarten		50	21	2	2	15	4	
hinter Lutterbecks Garten	255	Executorium v(on) d(er) Tinnen, zu Mauritz	Gemüsegarten		46	84	2	2	10	3	

Flur 1 Althoff

Flurnummer mit Flurname Flurbezeichnung	Parzellen-nr.	Eigentümer und Nummer in der Bauerschaft (Bsch) Lage und Zuordung von Höfen und Pächtern in den drei Bauerschaften Mecklenbeck, Geist und Delstrup der Gemeinde Lamberti siehe Karte auf Seite 166	Nutzungsart	Parzellengröße			Klasse	Ertrag			steuerbarer Reinertrag
				Morgen	Ruthen	Fuss		Taler	Silbergr.	Pfennig	
hinter Lutterbecks Garten	256	Executorium v(on) d(er) Tinnen, zu Mauritz	Gemüsegarten		47	53	2	2	11	4	
	257	Levermann, Heinr., zu Münster, Loerstr. No 304	Gemüsegarten		80	64	2	4	1		
	258	Caplanei St. Ludgerum, zu Münster, Gilhaus, Cappelan in Ludgeri	Gemüsegarten		39	98	2				
	259	Renne, Ferdinand, zu Münster, Ludgeristr. No 212	Gemüsegarten		126	65	2	6	9	11	
	260	Allenkamp, Gerh., zu Münster, *aufm Prinzipalmarkt,* Königstr. No 281	Gemüsegarten		57	50	2	2	26	3	
vor Ludgeritor	261	Henkhaus, Jos., zu Münster, Grüne Gasse No 315	Gemüsegarten		54	5	2	2	21	1	
	262	Edelgrimm, *Konrad* Jos., zu Münster, Aegidistr. 104 Ludgeritor No 204 207?	Gemüsegarten		40	52	2	2		9	
vor Ludgeritor	263	*Merling, Heinr.* Hendrich, *zu Münster, Loerstr. 291,* Ostkirchen, Heinr., Minorennen?, zu Münster, auf der Hagedorngasse	Gemüsegarten		43	92	2	2	5	11	
vor Ludgeritor	264	Schweling Schwerling, verwitwete Bürgermeisterin, zu Münster, Neubrückenstr. No 181	Gemüsegarten		72	28	2	3	18	5	
	265	*Grass* Graes, Anton, zu Münster, im Sack No 176	Gemüsegarten		43	26	2	2	4	11	
vor Ludgeritor	266	*Merling* Merlin, Amseln, zu Münster, Ludgeristr. 212	Gemüsegarten		41	92	2	2	2	10	
	267	Volpert, Anton, zu Münster, beim Verspohl No 222	Gemüsegarten		60	23	2	2		4	
	268	*Holtheide* Holdheide, Anton, zu Münster Korduanenstr. No 219	Gemüsegarten		64	99	2	3	7	6	
	269	Frye, A(nton), zu Münster, Königsstr. No 260	Gemüsegarten		98	47	2	4	27	9	
	270	Schauff, Joh., zu Münster, Krumme Gasse No 430 Aegidistr.	Gemüsegarten		89	59	2	4	14	5	
Antoniusgarten	271	*Jürgens, Christof, zu Münster, Aegidistr. No 69,* Artmann, Ludwig, Bote, Neustr. No 165	Gemüsegarten		88	38	2	4	12	7	
vor Ludgeritor	272	Wiese, Joh.Heinr.,seel.Witwe, zu Münster, Schützenstr. No 295	Gemüsegarten		77	35	2	3	26		
	273	Brotzmann Pretzmann, Franz Heinr., *Posamentier,* zu Münster, Loerstr. No *290* 209	Gemüsegarten		68	37	2	3	12	7	
	274	v(on) Plettenberg, Graf, zu Nordkirchen	Gemüsegarten		176	19	2	8	24	4	
	275	v(on) Plettenberg, Graf, zu Nordkirchen	Gemüsegarten		73	48	2	3	20	3	
	276	v(on) Plettenberg, Graf, zu Nordkirchen	Gemüsegarten		81	2	2	4	1	6	
	277	v(on) Plettenberg, Graf, zu Nordkirchen	Gemüsegarten		83	78	2	4	5	8	
	278	v(on) Plettenberg, Graf, zu Nordkirchen	Gemüsegarten		71	51	2	3	17	3	
	279	v(on) Plettenberg, Graf, zu Nordkirchen	Gemüsegarten		78	82	2	3	28	3	
	280	v(on) Plettenberg, Graf, zu Nordkirchen	Gemüsegarten		95	2	2	4	22	6	
	281	v(on) Plettenberg, Graf, zu Nordkirchen	Gemüsegarten		107	91	3	3	17	0	
	282	v(on) Plettenberg, Graf, zu Nordkirchen	Gemüsegarten		77	40	3	2	18	5	
	283	v(on) Plettenberg, Graf, zu Nordkirchen	Gemüsegarten		73	74	3	2	13	9	
	284	v(on) Plettenberg, Graf, zu Nordkirchen	Gemüsegarten		94	73	3	3	4	9	
Kamp	285	von Ketteler Kettler, Franz, Freiherr zu Harkotten, Frau von Kettler	Ackerland	6	125	66	1	30	24	4	
	286	Althoff Althof, Anton, Witwe, zu Kirchsp. Lamberty, Bsch Geist No 35	Haus, Hof		67	4	VIII	1	21	4	20
	287	Althoff Althof, Anton, Witwe, zu Kirchsp. Lamberty, Bsch Geist No 35	Gemüsegarten	2	19	78	3	12	19	8	
	288	Althoff Althof, Anton, Witwe, zu Kirchsp. Lamberty, Bsch Geist No 35	Ackerland	4	117	36	1	7	17	11	
vorm Servatiitor am Wege	289	Schröder, Mathias, zu Münster, im Hals No 305	Gemüsegarten		61	70	3	2	1	9	
	290	Schröder, Mathias, zu Münster, im Hals No 305	Gemüsegarten		61	8	3	2	1	1	
	291	Schröder, Mathias, zu Münster, im Hals No 305	Gemüsegarten		63	11	3	2	3	1	
	292	Schröder, Mathias, zu Münster, im Hals No 305	Gemüsegarten		70	93	3	2	10	11	

Flurnummer mit Flurname Flurbezeichnung	**Par-zellen-nr.**	**Eigentümer und Nummer in der Bauerschaft (Bsch)** Lage und Zuordung von Höfen und Pächtern in den drei Bauerschaften Mecklenbeck, Geist und Delstrup der Gemeinde Lamberti siehe Karte auf Seite 166	**Nutzungsart**	**Parzellengröße** Morgen	Ruthen	Fuss	**Klasse**	**Ertrag** Taler	Silbergr.	Pfennig	steuer-barer Rein-ertrag
am Wege	293	Schröder, Mathias, zu Münster, im Hals No 305	Gemüsegarten		157	14	3	5	7	2	
Ludgeritor	294	Schlichter, Joh. Heinr., zu Münster, Ludgeristr. No 164	Gemüsegarten	1	8	7	3	6	8	1	
	295	*Hülsmann, Herm., zu Münster, Grüne Gasse No 324,* Berke-meyer, Witwe, zu Sassenberg,(Pächter) Riekamp, Rentmeister	Gemüsegarten		41	71	3	1	11	9	
	296	Hülsmann, Herm., zu Münster, Grüne Gasse No 324	Gemüsegarten		42	18	3	1	12	2	
	297	Letterhaus, Heinr. Heindrich, zu Münster, im Hals No 300	Gemüsegarten		91	28	3	3	1	4	
	298	Forstmann, Witwe, zu Münster, Kreuzstr. Kreutzstr. No 97	Gemüsegarten		71	81	3	2	11	10	
	299	*Senger, Georg, zu Münster, Kreuzstr. Kreutzstr. No 104,* Säpers, Wilh., Zimmermann, Bsch Geist	*Gemüsegarten,* Haus		*56,* 3	*61,* 68	*3,* I		2	10	?
	300	*Senger, Georg, zu Münster, Kreuzstr. No 104,* Säpers, Wilh., Zimmermann, Bsch Geist	Gemüsegarten		*29,* 101	*6,* 99	3	3	12		
	301	v(on) Hatzfeld, Franz, zu Münster Ludgeristr.	Gemüsegarten		47	58	3	1	17	7	
	302	*v(on) Hatzfeld Hartzfeld, Franz, zu Münster Ludgeristr.,* Schumacher, Erben, zu Münster	Garten		43	94	3	1	13	11	
	303	Schumacher, Erben, zu Münster, Blechschläger	Gemüsegarten		51	78	3	1	21	10	
Kamp	304	Theissing, Heinr., zu Münster Ludgeri(str.) No192	Ackerland	9	114	84	*1,* 1/2	38	16	7	
an Theissings Kamp	305	Hildebrand, Franz, zu Münster, Loerstr. No 309	Gemüsegarten		60	25	3	2		3	
Kettlers Kamp	306	Hildebrand, Franz, zu Münster, Loerstr. No 309	Gemüsegarten		81	49	3	2	21	6	
Kettlers Kamp	307	Hildebrand, Franz, zu Münster, Loerstr. No 309	Gemüsegarten		67	40	3	2	7	5	
an Theissings Kamp	308	Hildebrand, Franz, zu Münster, Loerstr. No 309	Gemüsegarten		58	64	3	1	28	8	
an Theissings Kamp	309	Hildebrand, Franz, zu Münster, Loerstr. No 309	Gemüsegarten		62	31	3	2	2	4	
an Kettlers Kamp	310	Hildebrand, Franz, zu Münster, Loerstr. No 309	Gemüsegarten		64	41	3	2	4	5	
an Kettlers Kamp	311	Hildebrand, Franz, zu Münster, Loerstr. No 309	Gemüsegarten		61	51	3	2	1	6	
an Theissings Kamp	312	Hildebrand, Franz, zu Münster, Loerstr. No 309	Gemüsegarten		64	82	3	2	4	10	
an Theissings Kamp	313	Hildebrand, Franz, zu Münster, Loerstr. No 309	Gemüsegarten		69	68	3	2	9	7	
an Kettlers Kamp	314	Hildebrand, Franz, zu Münster, Loerstr. No 309	Gemüsegarten		60	10	3	2		1	
an Kettlers Kamp	315	Hildebrand, Franz, zu Münster, Loerstr. No 309	Gemüsegarten		59	88	3	1	29	10	
an Theissings Kamp	316	Hildebrand, Franz, zu Münster, Loerstr. No 309	Gemüsegarten		70	26	3	2	10	3	
an Theissings Kamp	317	Hildebrand, Franz, zu Münster, Loerstr. No 309	Gemüsegarten		71	72	3	2	11	9	
an Kettlers Kamp	318	Hildebrand, Franz, zu Münster, Loerstr. No 309	Gemüsegarten		60	35	3	2		4	
an Merlins Kamp	319	Hildebrand, Franz, zu Münster, Loerstr. No 309	Gemüsegarten		58	60	3	1	28	7	
an Theissings Kamp	320	Hildebrand, Franz, zu Münster, Loerstr. No 309	Gemüsegarten		70	54	3	2	10	7	
an Theissings Kamp	321	Hildebrand, Franz, zu Münster, Loerstr. No 309	Gemüsegarten		71	89	3	2	11	11	
an Merlins Kamp	322	Hildebrand, Franz, zu Münster, Loerstr. No 309	Gemüsegarten		59	88	3	1	29	11	
an Merlins Kamp	323	Hildebrand, Franz, zu Münster, Loerstr. No 309	Gemüsegarten		61	19	3	2	1	2	
an Theissings Kamp	324	Hildebrand, Franz, zu Münster, Loerstr. No 309	Gemüsegarten		68	50	3	2	8	6	
an Theissings Kamp	325	Hildebrand, Franz, zu Münster, Loerstr. No 309	Gemüsegarten		67	30	3	2	7	4	
an Merlins Kamp	326	Hildebrand, Franz, zu Münster, Loerstr. No 309	Gemüsegarten		62	87	3	2	2	10	
an Merlins Kamp	327	Hildebrand, Franz, zu Münster, Loerstr. No 309	Gemüsegarten		64	14	3	2	4	2	
an Theissings Kamp	328	Hildebrand, Franz, zu Münster, Loerstr. No 309	Gemüsegarten		66	37	3	2	6	4	
an Theissings Kamp	329	Hildebrand, Franz, zu Münster, Loerstr. No 309	Gemüsegarten		65	66	3	2	5	7	
an Merlins Kamp	330	Hildebrand, Franz, zu Münster, Loerstr. No 309	Gemüsegarten		65	50	3	2	5	6	
an Merlins Kamp	331	Hildebrand, Franz, zu Münster, Loerstr. No 309	Gemüsegarten		67	58	3	2	7	7	
an Theissings Kamp	332	Hildebrand, Franz, zu Münster, Loerstr. No 309	Gemüsegarten		62	93	3	2	2	11	
an Theissings Kamp	333-1	Hildebrand, Franz, zu Münster, Loerstr. No 309	Gemüsegarten		88	22	3	2	28	3	

Flur 1 Althoff

Flurnummer mit Flurname Flurbezeichnung	Par- zellen- nr.	Eigentümer und Nummer in der Bauerschaft (Bsch) Lage und Zuordung von Höfen und Pächtern in den drei Bauerschaften Mecklenbeck, Geist und Delstrup der Gemeinde Lamberti siehe Karte auf Seite 166	Nutzungsart	Parzellengröße Morgen	 Ruthen	 Fuss	Klasse	Ertrag Taler	 Silbergr.	 Pfennig	steuer- barer Rein- ertrag
	333-2	Hildebrand, Franz, zu Münster, Loerstr. No 309	*Weide* Gemüsegarten		11	96	3		11	11	
an Merlins Kamp	334	Hildebrand, Franz, zu Münster, Loerstr. No 309	*Gemüsegarten* Garten		78	11	3	2	18	1	
Kamp	335	Merlin Merlien, Heinr. Hendrich, Wirt, zu Münster, *Loerstr.* Ludgeri-Laischaft No 291	Ackerland	4	177	69	1	22	28	3	
Kamp	336	v(on) Beverförde, Freiherr, zu Münster	Ackerland	5	135	37	1	26	13	10	
	337	Oberschmidt, Theod., Kaufmann, zu Münster, aufm Spiekerhof No 14, Jüdefelder Str.	Gemüsegarten		94	77	3	3	4	9	
	338	Oberschmidt, Theod., Kaufmann, zu Münster, aufm Spiekerhof No 14, Jüdefelder Str.	Gemüsegarten		62	5	3	2	2	1	
	339	Oberschmidt, Theod., Kaufmann, zu Münster, aufm Spiekerhof No 14, Jüdefelder Str.	Gemüsegarten		67	83	3	2	7	10	
	340	Oberschmidt, Theod., Kaufmann, zu Münster, aufm Spiekerhof No 14, Jüdefelder Str.	Gemüsegarten		70	7	3	2	10	1	
	341	Oberschmidt, Theod., Kaufmann, zu Münster, aufm Spiekerhof No 14, Jüdefelder Str.	Gemüsegarten		59	26	3	1	29	3	
	342	Oberschmidt, Theod., Kaufmann, zu Münster, aufm Spiekerhof No 14, Jüdefelder Str.	Gemüsegarten		62	2	3	2	2		
	343	Oberschmidt, Theod., Kaufmann, zu Münster, aufm Spiekerhof No 14, Jüdefelder Str.	Gemüsegarten		62	80	3	2	2	10	
	344	Oberschmidt, Theod., Kaufmann, zu Münster, aufm Spiekerhof No 14, Jüdefelder Str.	Gemüsegarten		59	47	3	1	29	6	
	345	Oberschmidt, Theod., Kaufmann, zu Münster, aufm Spiekerhof No 14, Jüdefelder Str.	Gemüsegarten		57	36	3	1	27	4	
	346	Oberschmidt, Theod., Kaufmann, zu Münster, aufm Spiekerhof No 14, Jüdefelder Str.	Gemüsegarten		61	15	3	2	1	2	
	347	Oberschmidt, Theod., Kaufmann, zu Münster, aufm Spiekerhof No 14, Jüdefelder Str.	Gemüsegarten		59	12	3	1	29	1	
	348	Oberschmidt, Theod., Kaufmann, zu Münster, aufm Spiekerhof No 14, Jüdefelder Str.	Gemüsegarten		54	81	3	1	24	10	
	349	Oberschmidt, Theod., Kaufmann, zu Münster, aufm Spiekerhof No 14, Jüdefelder Str.	Gemüsegarten		64	44	3	2	4	5	
	350	Oberschmidt, Theod., Kaufmann, zu Münster, aufm Spiekerhof No 14, Jüdefelder Str.	Gemüsegarten		59	42	3	1	29	5	
	351	Oberschmidt, Theod., Kaufmann, zu Münster, aufm Spiekerhof No 14, Jüdefelder Str.	Gemüsegarten		56	70	3	1	26	8	
	352	Oberschmidt, Theod., Kaufmann, zu Münster, aufm Spiekerhof No 14, Jüdefelder Str.	Gemüsegarten		77	38	3	2	17	5	
	353	Oberschmidt, Theod., Kaufmann, zu Münster, Spiekerhof	Gemüsegarten		65	25	3	2	5	3	
	354	Oberschmidt, Theod., Kaufmann, zu Münster, Spiekerhof	Gemüsegarten		57	72	3	1	27	9	
	355	Oberschmidt, Theod., Kaufmann, zu Münster, Spiekerhof	Gemüsegarten		58	90	3	1	28	11	
	356	Oberschmidt, Theod., Kaufmann, zu Münster, Spiekerhof	Gemüsegarten		58	96	3	1	29		
	357	Oberschmidt, Theod., Kaufmann, zu Münster, Spiekerhof	Gemüsegarten		58	47	3	1	28	6	
	358	Oberschmidt, Theod., Kaufmann, zu Münster, Spiekerhof	Gemüsegarten		58	41	3	1	28	5	
	359	Oberschmidt, Theod., Kaufmann, zu Münster, Spiekerhof	Gemüsegarten		59	59	3	1	29	7	
	360	Oberschmidt, Theod., Kaufmann, zu Münster, Spiekerhof	Gemüsegarten		56	30	3	1	26	4	
vorm Ludgeritor	361	Lagemann, Paul, zu Münster, Ludgeri(str.) No 200	Gemüsegarten		45	73	3	1	15	9	
vorm Ludgeritor	362	Lagemann, Paul, zu Münster, Ludgeri(str.) No 200	Gemüsegarten		48	47	3	1	18	6	
vorm Ludgeritor	363	Lagemann, Paul, zu Münster, Ludgeri(str.) No 200	Gemüsegarten		47	79	3	1	17	8	
vorm Ludgeritor	364	Lagemann, Paul, zu Münster, Ludgeri(str.) No 200	Gemüsegarten		47	63	3	1	17	8	
vorm Ludgeritor	365	Lagemann, Paul, zu Münster, Ludgeri(str.) No 200	Gemüsegarten		47	67	3	1	17	8	

Flur 1 Althoff

Flurnummer mit Flurname Flurbezeichnung	**Par-zellen-nr.**	**Eigentümer und Nummer in der Bauerschaft (Bsch)** Lage und Zuordung von Höfen und Pächtern in den drei Bauerschaften Mecklenbeck, Geist und Delstrup der Gemeinde Lamberti siehe Karte auf Seite 166	**Nutzungsart**	**Parzellengröße** Morgen	Ruthen	Fuss	**Klasse**	**Ertrag** Taler	Silbergr.	Pfennig	steuer-barer Rein-ertrag
vorm Ludgeritor	366	Lagemann, Paul, zu Münster, Ludgeri(str.) No 200	Gemüsegarten		44	12	3	1	14	1	
vorm Ludgeritor	367	Lagemann, Paul, zu Münster, Ludgeri(str.) No 200	Gemüsegarten		44	96	3	1	14	11	
vorm Ludgeritor	368	Lagemann, Paul, zu Münster, Ludgeri(str.) No 200	Gemüsegarten		42	25	3	1	12	3	
vorm Ludgeritor	369	Lagemann, Paul, zu Münster, Ludgeri(str.) No 200	Gemüsegarten		41	36	3	1	11	4	
vorm Ludgeritor	370	Lagemann, Paul, zu Münster, Ludgeri(str.) No 200	Gemüsegarten		40	26	3	1	10	4	
vorm Ludgeritor	371	Lagemann, Paul, zu Münster, Ludgeri(str.) No 200	Gemüsegarten		39	76	3	1	9	9	
vorm Ludgeritor	372	Lagemann, Paul, zu Münster, Ludgeri(str.) No 200	Gemüsegarten		34	83	3	1	4	10	
vorm Ludgeritor	373	Oberschmidt, Theod., Kaufmann, zu Münster, aufm Spiekerhof No 14	Gemüsegarten		84	10	3	2	24	1	
	374	Evers Elvers, zu Münster, Ludgeristr.	Gemüsegarten		44	54	3	1	14	7	
	375	Evers Elvers, zu Münster, Ludgeristr.	Gemüsegarten		54	79	3	1	24	10	
	376	Evers Elvers, zu Münster, Ludgeristr.	Gemüsegarten		49	70	3	1	19	8	
vorm Ludgeritor	377	Oberschmidt, Theod., zu Münster, aufm Spiekerhof	Gemüsegarten		63	16	3	2	3	2	
vorm Ludgeritor	378	Oberschmidt, Theod., zu Münster, aufm Spiekerhof	Gemüsegarten		65	59	3	2	5	7	
vorm Ludgeritor	379	Oberschmidt, Theod., zu Münster, aufm Spiekerhof	Gemüsegarten		57	25	3	1	27	3	
vorm Ludgeritor	380	Oberschmidt, Theod., zu Münster, aufm Spiekerhof	Gemüsegarten		64	50	3	2	4	6	
	381	v(on) *Randau* Rantzau, Sophia, Fräulein, zu Münster, Rothen-burg	Gemüsegarten		47	16	3	1	17	2	
	382	v(on) *Randau* Rantzau, Sophia, Fräulein, zu Münster, Rothen-burg	Gemüsegarten		49	85	3	1	19	10	
	383	v(on) *Randau* Rantzau, Sophia, Fräulein, zu Münster, Rothen-burg	Gemüsegarten		52	46	3	1	22	5	
	384	v(on) *Randau* Rantzau, Sophia, Fräulein, zu Münster, Rothen-burg	Gemüsegarten		54	90	3	1	24	11	
	385	v(on) *Ranzau* Rantzau, Fräulein, zu Münster, Rothenburg	Gemüsegarten		54	39	3	1	24	5	
	386	v(on) *Ranzau* Rantzau, Fräulein, zu Münster, Rothenburg	Gemüsegarten		51	86	3	1	21	10	
	387	v(on) *Ranzau* Rantzau, Fräulein, zu Münster, Rothenburg	Gemüsegarten		55	13	3	1	25	2	
Blaksstiege	388	Zumbrock, geb.Sophie Schweling,Rätin, zu Münster, Königsstr.	Gemüsegarten		118	61	3	3	28	7	
	389	v(on) *Ransau* Rantzau, Fräulein, zu Münster, Rothenburg	Gemüsegarten		40	22	3	1	10	5	
	390	v(on) *Ransau* Rantzau, Fräulein, zu Münster, Rothenburg	Gemüsegarten		101	58	3	3	11	7	
	391	v(on) *Ransau* Rantzau, Fräulein, zu Münster, Rothenburg	Gemüsegarten		46	55	3	1	16	6	
	392	v(on) *Ransau* Rantzau, Fräulein, zu Münster, Rothenburg	Gemüsegarten		48	85	3	1	18	10	
	393	v(on) *Ransau* Rantzau, Fräulein, zu Münster, Rothenburg	Gemüsegarten		46	58	3	1	16	7	
	394	v(on) *Ransau* Rantzau, Fräulein, zu Münster, Rothenburg	Gemüsegarten		47	8	3	1	17	1	
	395	v(on) *Ransau* Rantzau, Fräulein, zu Münster, Rothenburg	Gemüsegarten		47	28	3	1	17	3	
	396	v(on) *Ransau* Rantzau, Fräulein, zu Münster, Rothenburg	Gemüsegarten		47	93	3	1	17	11	
	397	*v(on) Ransau Rantzau, Sophia, Fräulein, zu Münster, Rothen-burg,* Kirche ad St. Ludgericum, zu Münster	Gemüsegarten		49	7	3	1	19	1	
	398	von Rantzau, Sophie, zu Münster, Rothenburg	Gemüsegarten		67	60	3	2	7	6	
Grahl 3	399	v(on) Droste Hülshoff Drostin von Hüshoff, geb. Engelen, *zu Münster,* u. deren Bruder Licentiae Ignatz Engelen zu Oeding-berge	Gemüsefeld	10	21	50	1	80	28	8	
vor Ludgeritor, Grals Garten	400	Studienfond, zu Münster	Gemüsegarten		57	52	2	2	26	3	
	401	Armen-Commission, zu Münster, zum Großen Armenhaus gehörig	Gemüsegarten		38	8	2	1	27	2	
	402	Hardemeyer, Marianne Maria Anna, zu Münster, Grüne Stiege	Gemüsegarten		49	13	2	2	13	8	
	403	*Terlinde* Linde, Doktorin, zu Münster, Königsstr. No 239	Gemüsegarten		73	63	2	3	20	5	

Flur 1 Althoff

Flurnummer mit Flurname Flurbezeichnung	**Par-zellen-nr.**	**Eigentümer und Nummer in der Bauerschaft (Bsch)** Lage und Zuordung von Höfen und Pächtern in den drei Bauerschaften Mecklenbeck, Geist und Delstrup der Gemeinde Lamberti siehe Karte auf Seite 166	**Nutzungsart**	**Parzellengröße** Morgen	Ruthen	Fuss	**Klasse**	**Ertrag** Taler	Silbergr.	Pfennig	steuer-barer Rein-ertrag
vorm Ludgeritor	404	Schlüter, Wilh., Kaufmann, Witwe, zu Münster, Ludgeri-Laischaft No 206	Gemüsegarten		64	94	2	3	7	5	
	405	Peters, *Wilh. Anton,* Gertrudis, bei Schulle Hermine Bitter, zu Münster, *Loerstr.* Voßgasse *No 292*	Gemüsegarten		64	93	2	3	7	5	
	406	*Allendorf* Aldendorf, Heinr., zu Münster, Aegidistr.	Gemüsegarten		42	80	2	2	4	2	
	407	Rüwell Ruwell, zu Münster, Königsstr. No 276	Gemüsegarten		42	42	2	2	3	7	
	408	Ringkamp, Franz, zu Münster, Ludgeristr. No 202	Gemüsegarten		89	82	2	4	14	9	
	409	*Malla, zu Münster, Ludgeristr.,* Brockhausen, Franz, Referendar, zu Münster, im Kathagen, Pächter Helmers	Gemüsegarten		43	36	2	2	5	1	
	410	*von Nues, zu Münster,* Executorum Schlebrügge, zu Münster, Alten Steinweg No 400	Gemüsegarten		44	62	2	2	6	11	
	411	v(on) Meerveldt, Graf, zu Münster, Ludgeristr.	Gemüsegarten	1	3	9	2	9	4	8	
	412	Bischof, Witwe, zu Münster, Ludgeristr. No 210	Gemüsegarten		89	26	2	4	13	10	
in Mithe Freitag	413	v(on) Landsberg- Lansberg-Veelen, Freiherr, Aegidistr.	Gemüsegarten		168	18	2	8	12	4	
Grahl 1	414	v(on) Droste Hülshoff Drostin von Hüshoff, geb. Engelen, *zu Münster,* u. deren Bruder Lizenziat Ignatz Engelen zu Oedingberge	Gemüsefeld	11	111	60	1	92	28	10	
vor Ludgeritor, Gralsche Garten	415	Studienfond, zu Münster, Kentling, Rentmeister	Garten		52	66	2	2	19		
vor Ludgeritor, Gralsche Garten	416	Studienfond, zu Münster, Kentling, Rentmeister	Garten		46	4	2	2	9	1	
vor Ludgeritor, Gralsche Garten	417	Studienfond, zu Münster, Kentling, Rentmeister	Gemüsegarten		51	25	2	2	16	10	
vor Ludgeritor, Gralsche Garten	418	Studienfond, zu Münster, Kentling, Rentmeister	Gemüsegarten		46	30	2	2	9	5	
vor Ludgeritor, Gralsche Garten	419	Studienfond, zu Münster, Kentling, Rentmeister	Gemüsegarten		47	88	2	2	11	10	
vor Ludgeritor, Graels Garten	420	Studienfond, zu Münster, Kentling, Rentmeister	Gemüsegarten		44	53	2	2	6	9	
vor Ludgeritor, Graels Garten	421	Studienfond, zu Münster, Kentling, Rentmeister	Gemüsegarten		45	18	2	2	7	9	
vor Ludgeritor, Graels Garten	422	Studienfond, zu Münster, Kentling, Rentmeister	Gemüsegarten		44	40	2	2	6	7	
vor Ludgeritor, Graels Garten	423	Studienfond, zu Münster, Kentling, Rentmeister	Gemüsegarten		75	29	2	3	22	11	
vor Ludgeritor, Graels Garten	424	Studienfond, zu Münster, Kentling, Rentmeister	Gemüsegarten		42	70	2	2	4	1	
vor Ludgeritor, Graels Garten	425	Studienfond, zu Münster, Kentling, Rentmeister	Gemüsegarten		48	35	2	2	12	6	
vor Ludgeritor, Graels Garten	426	Studienfond, zu Münster, Kentling, Rentmeister	Gemüsegarten		43	8	2	2	4	7	
vor Ludgeritor, Graels Garten	427	Studienfond, zu Münster, Kentling, Rentmeister	Gemüsegarten		46	47	2	2	9	9	
vor Ludgeritor, Graels Garten	428	Studienfond, zu Münster, Kentling, Rentmeister	Gemüsegarten		87	86	2	4	11	9	
vor Ludgeritor, Graels Garten	429	Studienfond, zu Münster, Kentling, Rentmeister	Gemüsegarten		57	24	2	2	25	11	
vor Ludgeritor, Graels Garten	430	Studienfond, zu Münster, Kentling, Rentmeister	Gemüsegarten		47	8	2	2	10	9	
vor Ludgeritor, Graels Garten	431	Studienfond, zu Münster, Kentling, Rentmeister	Gemüsegarten		40	4	2	2			
vor Ludgeritor, Graels Garten	432	Studienfond, zu Münster, Kentling, Rentmeister	Gemüsegarten		45	97	2	2	9		
vor Ludgeritor, Graels Garten	433	Studienfond, zu Münster, Kentling, Rentmeister	Gemüsegarten		51	16	2	2	16	9	
Grahl 2	434	v(on) Droste Hülshoff Drostin von Hüshoff, geb. Engelen, *zu Münster,* u. deren Bruder Licentiae Ignatz Engelen, zu Oedingberge	Gemüsefeld	2	91	5	1	20	1	5	
am Wege nach der Loddenheide	435	*v(on) Droste Hülshoff Drostin von Hüshoff, geb. Engelen, zu Münster, u. deren Bruder Lizenziat Ignatz Engelen, zu Oedingberge,* Stadt Münster	Weide		105	4	2	1	19		
	436	v(on) Droste Hülshoff Drostin von Hüshoff, geb. Engelen, *zu Münster,* u. deren Bruder Lizenziat Ignatz Engelen, zu Oedingberge	Gemüsegarten		87	42	2	4	11	1	
	437	v(on) Droste Hülshoff Drostin von Hüshoff, geb. Engelen, *zu Münster,* u. deren Bruder Lizenziat Ignatz Engelen, zu Oedingberge	Gemüsegarten		31	69	2	1	17	7	

Flur 1 Althoff

Flurnummer mit Flurname Flurbezeichnung	Par- zellen- nr.	**Eigentümer und Nummer in der Bauerschaft (Bsch)** Lage und Zuordung von Höfen und Pächtern in den drei Bauerschaften Mecklenbeck, Geist und Delstrup der Gemeinde Lamberti siehe Karte auf Seite 166	Nutzungsart	Parzellengröße Morgen	 Ruthen	 Fuss	Klasse	Ertrag Taler	 Silbergr.	 Pfennig	steuer- barer Rein- ertrag
	438	Molitor, Wilh., zu Münster, Spieckerhoff No 32	Gemüsegarten		82	42	1	5	14	10	
am Grahl	439	*Leppermann, Joh. Bernh., Aegidi- Laischaft No 284,* Merlin, Heinr., Wirt, Ludgeri-Laischaft No 291	Gemüsegarten		88	35	1	5	26	8	
	440	*Roden* Roelen Roellen, Gastwirt, zu Münster, Ludgeristr.	Gemüsegarten		80	19	1	5	10	5	
	441	*Rietmann* Riethmann, Joh. Heinr., zu Münster, Rothenburg No 28	Gemüsegarten		77	71	*1,* 2	3	26	7	
	442	*Kellermann, zu Münster, Ludgeristr.,* Hartmann, Fried., Baubeamter, zu Münster	Gemüsegarten		71	70	1	4	23	5	
	443	Möllers, zu Münster, Königsstr.	Gemüsegarten		107	91	1	7	5	10	
	444	Budde, Witwe, zu Münster, Ludgeristr. No 209	Gemüsegarten		73	74	1	4	27	6	
	445	Giese, Franz, zu Münster, *Aegidistr* Rothenburg No 16	Gemüsegarten		83	23	1	5	16	5	
	446	Martin, Theod., Chirug, zu Münster, *am Ludgeritor* Ludgeristr. No 204	Gemüsegarten		77	63	1	5	5	3	
	447	Hackenesch Hakenesch, zu Münster, Ludgeristr.	Gemüsegarten		77	36	1	5	4	9	
	448	*Holtkamp, Bernh., zu Münster, Ludgeristr. No 183,* Martin Theod., Ludgeristr. No 204	Gemüsegarten		13	72	1		27	5	
	449	Gertzen Gerzen, Mathias, zu Münster, Aegidi-Laischaft No 280	Gemüsegarten	1	57	36	1	15	24	9	
Servatiitor	450	Lagemann, Paul, zu Münster, Ludgeristr. (No 200)	Gemüsegarten		64	79	1	4	9	7	
	451	Bispink Bispinck, Franz, zu Münster, *Ludgeristr.* Aegidistr.	Gemüsegarten		119	8	1	7	28	2	
	452	Bispink Bispinck, Franz, zu Münster, *Ludgeristr.* Aegidistr.	Gemüsegarten		125	83	1	8	11	8	
vorm Ludgeritor	453	Lagemann, Paul, zu Münster, Ludgeristr. No 200	Gemüsegarten		121	92	1	8	3	10	
vorm Ludgeritor	454	Lagemann, Paul, zu Münster, Ludgeristr. No 200	Hausfläche		8	64	1		6	8	
	zu 454	Lanwer, Herm., Bsch Geist No 36	Haus		.	.	III				4
an der Blockstiege	455	Lagemann, Paul, zu Münster, Ludgeristr. No 200	Garten		29	75	1	1	29	6	
an der Blockstiege	456	Lagemann, Paul, zu Münster, Ludgeristr. No 200	*Wiese* Wüst		37	80	1	1	1	6	
an der Blockstiege	457	Lagemann, Paul, zu Münster, Ludgeristr. No 200	*Garten* Wiese		52	51	*2,* 1	7	13	9	
an der Blockstiege	458	Lagemann, Paul, zu Münster, Ludgeristr. No 200	Fischteich		44	2	1		19	1	
an der Blockstiege	459	Lagemann, Paul, zu Münster, Ludgeristr. No 200	*Wiese* Weide		90	2	1	2	15		
Weinpohl	460	Wirtensohn, Witwe, zu Münster, Johannesstr.	*Fischteich* Wiese	2	55	22	1	11	16		
vor Ludgeritor	461	*Domaine II Rentei,* Münster Stadt	Gemüsegarten		98	65	2	4	28		
vor Ludgeritor	462	*Domaine II Rentei,* Münster Stadt	Gemüsegarten		74	50	2	3	21	9	
vor Ludgeritor	463	*Domaine II Rentei,* Münster Stadt	Gemüsegarten		73	93	2	3	20	11	
Bleichgraben	464	Wirtensohn Wiertensohn, Witwe, zu Münster, Johannesstr.	Graben als Wiese	1	41	74	1	6	4	9	
Bleiche Broonhof ?	465	Wirtensohn Wiertensohn, Witwe, zu Münster, Johannesstr.	Bleiche als Wiese	5	104	2	1	27	26	8	
Bleiche	466	Wirtensohn Wiertensohn, Witwe, zu Münster, Johannesstr.	Gemüsegarten		8	39	2		12	7	
Bleicherhaus	467	Wirtensohn Wiertensohn, Witwe, zu Münster, Johannesstr.	Wohnhaus		2	96	III		2	3	4
Ludgeritor	468	Schlichter, Joh. Heinr., zu Münster, Ludgeri(str.) No 164	Gemüsegarten		94	18	1	6	8	3	
	469	Hosson, zu Münster, Ludgeristr. No 164	Gemüsegarten		50	12	1	3	10	3	
	470	Kühling, Konrad, zu Münster, Ludgeri(str.) No 173	Gemüsegarten		70	53	1	4	21	1	
Wirtensohns Bleiche gegenüber	471	Hammer, Landrat, zu Münster, Ludgeri(str.)	Gemüsegarten		74	40	1	4	28	10	
Wirtensohns Bleiche gegenüber	472	Aulike, zu Münster, Salzstr.	Gemüsegarten		88	80	1	5	27	8	
	473	Armen-Commission, zu Münster, zur Stiftung Schultenkamp gehörig	Gemüsegarten		59	32	1	3	28	8	
	474	Wirtensohn, Witwe, zu Münster, Johannesstr.	Gemüsegarten		42	14	1	2	24	3	
	475	Wirtensohn, Witwe, zu Münster, Johannesstr., Schumann	Wohnhaus		26	81	VII		20	6	15

Flurnummer mit Flurname Flurbezeichnung	Par-zellen-nr.	Eigentümer und Nummer in der Bauerschaft (Bsch) Lage und Zuordung von Höfen und Pächtern in den drei Bauerschaften Mecklenbeck, Geist und Delstrup der Gemeinde Lamberti siehe Karte auf Seite 166	Nutzungsart	Parzellengröße			Klasse	Ertrag			steuer-barer Rein-ertrag
				Morgen	Ruthen	Fuss		Taler	Silbergr.	Pfennig	
	476	Wirtensohn, Witwe, zu Münster, Johannesstr.	Gemüsegarten		55	17	1	3	20	4	
	477	*Wirtensohn, Witwe, zu Münster, Johannesstr.,* Reckfort, Domcapitular, zu Münster	Gemüsegarten	1	56	84	1	15	23	8	
vorm Ludgeritor	478	Sauerland, Witwe, zu Münster, Ludgeri(str.) No 189	Gemüsegarten		48	2	1	3	6	1	
	479	Schürmann, Anton, zu Münster, Ludgeri(str.) No 213	Gemüsegarten		49	11	1	3	8	3	
	480	Scheffer, Witwe, zu Münster, Loerstr. No 293	Gemüsegarten		49	35	1	3	8	8	
	481	Meyer, Jos., zu Münster, (Conditor), Prinzipalmarkt No 2	Gemüsegarten		22	35	1	1	14	8	
	482	Pape, zu Münster, Rothenburg No 32	Gemüsegarten		25	37	1	1	23	9	
	483	Meyer, Jos., zu Münster, Conditor, Prinzipalmarkt No 2	Gemüsegarten		49	80	1	3	9	7	
	484	Stienen, Ludwig, zu Münster, Ludgeri-Laischaft No 28	Gemüsegarten		51	86	1	3	13	7	
vor Ludgeritor	485	Wegmann, Jos., zu Münster, Ludgeristr. No 208	Gemüsegarten		48	98	1	3		8	
	486	Brüggemann, Friedr., zu Münster, Aegidistr. No 67	Gemüsegarten		43	60	1	2	27	2	
vor Ludgeritor	487	Wagener, Witwe, zu Münster	Gemüsegarten		98	78	1	6	17	8	
	488	Lagemann, Jos., zu Münster, Aegidistr. No 62	Gemüsegarten		139	16	1	9	8	4	
	489	Lagemann, Jos., zu Münster, Aegidistr. No 62	Gemüsegarten		45	71	2	2	8	7	
	490	Nimphius, Heinr. Hendrik, Schneider, Königsstr. No 231	Gemüsegarten		45	18	2	2	7	9	
an Brüggemanns Garten	491	Gausepohl, Anton, zu Münster, Aegidistr. No 66	Gemüsegarten		44	66	2	2	7		
	492	Brüggemann, Friedr., zu Münster, Aegidistr. No 67	Gemüsegarten		45	65	2	2	8	5	
	493	Aulike, Joh., Rendant, zu Münster, *Aegidistr.* Königstr. No 277	Gemüsegarten		45	51	2	2	8	3	
	494	Lutzenkirchen, Witwe, zu Münster, Bogenstr. No 22	Gemüsegarten		45	21	2	2	7	10	
	495	Bienengräber, Friedr., zu Münster, Königsstr. No 245	Gemüsegarten		87	47	2	4	11	2	
an Weingärtners Garten	496	Gausepohl, Anton, zu Münster, Aegidistr. No 66	Gemüsegarten		45	57	2	2	8	5	
vor Ludgeritor	497	Weingärtner -gärtener, Friedr., zu Münster, Pferdestiege No 32	Gemüsegarten		45	58	2	2	8	5	
vor Ludgeritor	498	Fabian, Clemens, zu Münster, Ludgeristr. No 370, bei Heide-brink, auf dem Schilde	Gemüsegarten		45	58	2	2	8	5	
	499	*Roling* Rolinck, Friedr. Anton, zu Münster, Fischmarkt Ludgeri-	Gemüsegarten		47	8	2	2	10	8	
	500	Grantegain Grautegain, Jos., sen., zu Münster, Domhof No 34	Gemüsegarten		44	87	2	2	7	4	
	501	Hamers Hamer, Joh. Herm., zu Münster, Klemenzstr. No 136	Gemüsegarten		45	12	2	2	7	8	
	502	Aldendorf, Jos., zu Münster, Aegidistr. No 178	Gemüsegarten		44	93	2	2	7	4	
	503	Bartz, Peter, zu Münster, Königsstr. No 222	Gemüsegarten		93	85	2	4	20	9	
	504	*Fröhling* Fröling Fröhlig, Bernh.,zu Münster, Rothenburg No 33	Gemüsegarten		43	19	2	2	4	18	
	505	*Demter, Bernh, Schuster, zu Münster, Königsstr. No 258,* Endersen, Jacob, zu Münster, am Markt 20	Gemüsegarten		57	16	2	2	25	8	
	506	Baltzer, Franz, zu Münster, Ludgeri(str.) No 143	Gemüsegarten		32	27	2	1	18	5	
	507	*Rochetti* Rocchetti Roketti, Peter, zu Münster, Pferdegasse No 31	Gemüsegarten		46	49	2	2	9	9	
	508	Kühling, Ferdinand, zu Münster, Klemensstr. 119	Gemüsegarten		48	60	2	2	12	11	
	509	Timmer, *Theod.* Elisabeth geb. Funhoff, zu Münster, Klosterstr. No 196	Gemüsegarten		31	19	2	1	16	8	
	510	*von der Forst, zu Münster, alten Fischmarkt No 309,* Wegemann, Jos., zu Münster, Ludgeri-Laischaft No 208	Gemüsegarten		26	55	2	1	9	10	
	511	v(on) der Forst, zu Münster, alten *Steinweg* Fischmarkt No 309	Gemüsegarten		67	33	2	3	11		
	512	v(on) der Forst, zu Münster, alten *Steinweg* Fischmarkt No 309	Gemüsegarten		63	31	2	3	4	11	
	513	Lepper, Heinr., zu Münster, Grüne Gasse No 303	Gemüsegarten		82	32	2	4	3	6	
	514	Kühling, Ferdinand, Instrumentenmacher zu Münster, Klemenz-str. 119	Gemüsegarten		51	6	2	2	16	7	

Flur 1 Althoff

Flurnummer mit Flurname Flurbezeichnung	Parzellen-nr.	Eigentümer und Nummer in der Bauerschaft (Bsch) Lage und Zuordnung von Höfen und Pächtern in den drei Bauerschaften Mecklenbeck, Geist und Delstrup der Gemeinde Lamberti siehe Karte auf Seite 166	Nutzungsart	Parzellengröße Morgen	Ruthen	Fuss	Klasse	Ertrag Taler	Silbergr.	Pfennig	steuerbarer Reinertrag
	515	Kruse, Balthasar, Actuar, zu Münster	Gemüsegarten		56	3	2	2	24		
	516	Hesse, Conrad, zu Münster, Loerstr. No 296	Gemüsegarten		41	46	2	2	2	2	
Servatitor	517	Wewering, Witwe, zu Münster, Ludgeri(str.) No 163	Gemüsegarten		43	78	2	2	5	8	
	518	Hamers, Joh. Herm., zu Münster, Klemenzstr. *No 76* No 136	Gemüsegarten		46	53	2	2	9	10	
	519	Brockmann, Joh., zu Münster, Klemenzstr. No 125	Gemüsegarten		38	12	2	1	27	2	
	520	Frye Frie, A(nton), zu Münster, Königsstr. No 260	Gemüsegarten		29	59	2	1	14	5	
	521	*Lorenz* Lorentz, Bernh., zu Münster, Königsstr. No 272	Gemüsegarten		53	34	2	2	20		
	522	*Lagemann, Paul, zu Münster, Ludgeristr. No 200,* Theissing, Heinr., Ludgeristr. No 192	Gemüsegarten		60	11	2	3		2	
am Meskamp	523	*Lagemann, Paul, zu Münster, Ludgeristr. No 200,* Sauerland, Witwe, Ludgeristr. No 189	Gemüsegarten		67	61	2	3	11	5	
zwischen Ludgeri- und Servatiitor	524	Lagemann, Paul, zu Münster, Ludgeristr. No 200	Gemüsegarten		71	54	2	3	17	4	
zwischen Ludgeri- und Servatiitor	525	Lagemann, Paul, zu Münster, Ludgeristr. No 200	Gemüsegarten		73	89	2	3	20	10	
zwischen Ludgeri- und Servatiitor	526	Lagemann, Paul, zu Münster, Ludgeristr. No 200	Gemüsegarten		64	79	2	3	7	2	
zwischen Ludgeri- und Servatiitor	527	Lagemann, Paul, zu Münster, Ludgeristr. No 200	Gemüsegarten		70	3	2	3	15	1	
zwischen Ludgeri- und Servatiitor	528	Lagemann, Paul, zu Münster, Ludgeristr. No 200	Gemüsegarten		63	41	2	2	5	1	
	529-1	Nettebrock, Anton, zu Bsch Delstrup	Gemüsegarten		*104,* 98	*42,* 17	2	4	27	3	
	529-2	Nettebrock, Anton, Bsch Delstrup	Haus		6	25	VI		4	9	12
vor Servatiitor	530	Niehert Niesert, Friedr., zu Münster, Frauenstr. No 44	Gemüsegarten		53	28	2	2	19	11	
auf dem Schilde	531	Heidebrink, Witwe, zu Münster No 321	Gemüsegarten		155	9	2	7	22	7	
zwischen Ludgeri- und Servatiitor	532	Lagemann, Paul, zu Münster, Ludgeristr. No 200	Gemüsegarten		93	3	2	4	19	7	
	533	Holtermann, P. L. Erben, zu Münster, Prinzipalmarkt No 14	Gemüsegarten		112	99	2	5	19	6	
	534	Linde, Dr., Witwe, zu Münster, Königsstr. No 239	Gemüsegarten		68	1	2	3	12		
	535	*Dohmer* Doemer, *Pastor, Erben,* Executorum Pastoris, Pächter Emonitor Domainen-Rat Scheffer Boichorst	Gemüsegarten		92	78	2	4	19	2	
an Wenners Garten	536	v(on) *Ransau* Rantzau, (Sophie), Fraulein, zu Münster, Rothenburg	Gemüsegarten		77	50	2	3	26	3	
	537	*Bäumer, Witwe,* Kramer, Witwe, zu Fraicenhorst Freckenhorst, Kreis Warendorf	Gemüsegarten		46	38	2	2	9	7	
Servatiitor	538	Wewering, Witwe, zu Münster, Ludgeri(str.) No 163	Gemüsegarten		43	70	2	2	5	9	
	539	Molle, Witwe, zu Münster, Ludgeristr.	Gemüsegarten		112	18	1	7	14	4	
	540	Diericks, Hofkammerrat, zu Münster, Königsstr. 367	Gemüsegarten		91	58	1	6	3	2	
	541	Pastorat *zu Lamberty* ad Stum Lambertum, zu Münster	Gemüsegarten		95	10	2				
	542	Caplanay ad St Lambertum	Gemüsegarten		93	29	2				
an Wenners Garten	543	v(on) *Ransau* Rantzau, Sophie, Fraulein, zu Münster, Rothen-burg	Gemüsegarten		35	20	2	1	22	10	
an Wenners Garten	544	v(on) *Ransau* Rantzau, Sophie, Fraulein, zu Münster, Rothen-burg	Gemüsegarten		41	53	2	2	2	4	
vor Servatiitor	545	Wenning, J. H., zu Münster, Rothenburg No 146	Gemüsegarten		138	34	1	9	6	8	
vor Servatiitor	546	*von Stapel, Freiherr, zu Stapel,* v(on) Droste gnt v(on) Kerkerinck, Freiherr zu Stapel	Gemüsegarten		101	2	2	5	1	6	
vor Servatiitor	547	*Beyer, zu Münster,* Wemann, Wilh., zu Münster, Clem(ens)str. No 135	Gemüsegarten		89	26	1	5	28	6	
	548	Armen-Commission, zu Münster, Jungebloths Stiftung gehörig	Gemüsegarten		50	83	1	3	11	8	
neben Helten Schanze	549	Kirchhoff, Drechsler, zu Münster, aufm Markt	Gemüsegarten		100	2	1	6	20		
vor Servatiitor	550	Tourtual, Medizinalrat, Erben, zu Münster, Rothenburg	Gemüsegarten		85	80	1	5	21	8	

Flur 1 Althoff

Flurnummer mit Flurname Flurbezeichnung	Parzellen-nr.	Eigentümer und Nummer in der Bauerschaft (Bsch) Lage und Zuordung von Höfen und Pächtern in den drei Bauerschaften Mecklenbeck, Geist und Delstrup der Gemeinde Lamberti siehe Karte auf Seite 166	Nutzungsart	Parzellengröße Morgen	Ruthen	Fuss	Klasse	Ertrag Taler	Silbergr.	Pfennig	steuerbarer Reinertrag
vor Servatiitor	551	*Tourtual, Medizinalrat,* Erben, *zu Münster, Rothenburg,* v(on) Droste gnt v(on) Kerkerinck, Freiherr zu Stapel	Gemüsegarten		34	77	1	2	9	6	
vor Servatiitor	552	*Hosius, Erben, zu Münster,* Hölscher, Pastor ad St Clementinum, zu Münster	Gemüsegarten		62	64	1	4	5	4	
	553	Driver, Witwe, zu Münster, Ludgeristr. No 194	Gemüsegarten		44	56	1	2	29	3	
	554	Driver, Witwe, zu Münster, Ludgeristr. No 194	Gemüsegarten		95	71	1	6	11	3	
	555	Kurtz, Joh. *Wilh.*, Witwe, zu Münster, aufm Spieckerhof No 49	Gemüsegarten		40	15	1	2	20	4	
	556	Diekhoff Dieckhoff, Witwe, Franz, zu Münster, Salzstr. No 60	Gemüsegarten		42	21	1	2	24	5	
	557	Wippo, Wilh. Anton, Witwe, zu Münster, Ludgeristr. No 171	Gemüsegarten		37	81	1	2	15	8	
	558	Neiteler, Franz Caspar, zu Münster, Telgter Str. No 318	Gemüsegarten		143	59	1	9	17	2	
auf der Geist	559	Wiedemann, Florenz, zu Münster, Prinzipalmarkt No 25	Gemüsegarten		159	38	1	10	18	9	
vor Servatiitor	560	Zumbrock, Witwe, zu Münster, Prinzipalmarkt	Gemüsegarten		152	47	1	10	4	11	
	561	*Kock, Lieutnant, zu Münster, Prinzipalmarkt,* von Droste, Dr., zu Münster, am Domhof	Teich		17	26	1		7	5	
	562	*Kock, Lieutnant, zu Münster, Prinzipalmarkt,* von Droste, Dr., zu Münster, am Domhof	Gemüsegarten		14	74	1		26	9	
	563	*Kock, Lieutnant, zu Münster, Prinzipalmarkt,* von Droste, Dr., zu Münster, am Domhof	Gemüsegarten		117	45	1	7	24	11	
	564	Pastorat ad St. Servatii, zu Münster	Gemüsegarten		86	82	1				
	565	Pastorat ad St. Servatii, zu Münster	Gemüsegarten		43	19	1				
	566	*Studienfond, zu Münster,* Giese, Criminal-Richter, zu Münster	Gemüsegarten		63	6	1	4	6	2	
	567	Ester, Witwe, zu Münster, Prinzipalmarkt No 77	Gemüsegarten		70	7	1	4	20	2	
	568	Hannasch, Witwe, zu Münster, alten Fischmarkt No 87	Gemüsegarten		69	82	1	4	19	8	
	569	Hannasch, Witwe, zu Münster, alten Fischmarkt No 87	Gemüsegarten		61	84	1	4	3	8	
	570	Berlage, Witwe, zu Münster, Ludgeri-Laischaft No 10	Gemüsegarten		56	87	1	3	23	8	
	571	*Baudistel, zu Münster, Salzstr.,* Busch, Adolph, Minoreneum für das Elatersche Canonicat ad St. Martinum, zu Münster No 12	Gemüsegarten		69	94	1	4	19	10	
	572	Herkmann, Witwe, zu Münster, Ludgeristr.	Gemüsegarten		103	5	1	6	26	1	
zwischen Servatii- und Ludgeritor	573	Ludorff, Oberlandes-Gerichtsrat, zu Münster, Salzstr.	Gemüsegarten	1	26	94	1	13	23	10	
	574	*Garrissen* Garitzen, *zu Münster, Höxterstr. No 107,* Schlemmer, Anton, Pächter im Großen Armenhaus, No 339	Gemüsegarten		63	60	1	4	7	2	
	575	Armen-Commission, zu Münster, zum Magdalenen-Spital gehörig	Gemüsegarten		64	80	1	4	9	8	
	576	*Heckmann, Witwe, zu Münster,* Roelen, Geschwister,zu Münster, (Ludgeristr.)	Lustgarten	1	162	11	1	22	24	3	
	577	*Heckmann, Witwe, zu Münster,* Roelen, Geschwister,zu Münster, (Ludgeristr.)	Fischteich		27	48	1		11	11	
vor Servatiitor	578	Wenning, Gerh., zu Münster, Salzstr. No 54	Gemüsegarten		142	58	1	9	15	2	
bei Wennings, Lohkamps und Pauli Garten	579	*Greve, Erben, zu Münster,* Kirchhoff, Drechsler, zu Münster, Prinzipalmarkt	Gemüsegarten		82	60	1	5	15	2	
	580	Lohkampff Lohkamp, Joh. Henr., zu Münster, aufm Fischmarkt No 26	Gemüsegarten		47	25	1	3	4	6	
	581	Pauly Pauli, Herm., zu Münster, Corduanenstr. No 204	Gemüsegarten		99	42	1	6	18	10	
	582	Heidebrink, Witwe, zu Münster, No 321	Gemüsegarten		46	80	1	3	3	8	
	583	Busson, Paul, zu Münster, im Drubbel No 3	Gemüsegarten		139	3	1	9	8	1	
	584	Busson, Paul, zu Münster, im Drubbel No 3	Garten*haus*		19	47	1	1	8	11	
	585	Busson, Paul, zu Münster, im Drubbel No 3	Fischteich		24	20	1		10	6	
Servatiitor	586	Zurstrassen, Melchior, Wirt, zu Münster, Salzstr. No 45	Gemüsegarten		156	23	1	10	12	6	

Flurnummer mit Flurname Flurbezeichnung	**Par-zellen-nr.**	**Eigentümer und Nummer in der Bauerschaft (Bsch)** Lage und Zuordung von Höfen und Pächtern in den drei Bauerschaften Mecklenbeck, Geist und Delstrup der Gemeinde Lamberti siehe Karte auf Seite 166	**Nutzungsart**	**Parzellengröße** Morgen	Ruthen	Fuss	**Klasse**	**Ertrag** Taler	Silbergr.	Pfennig	steuer-barer Rein-ertrag
Servatiitor	587	Zurstrassen, Anton, zu Münster, Roggenmarkt	Gemüsegarten		56	12	1	3	22	3	
Servatiitor	588	Zurstrassen, Anton, zu Münster, Roggenmarkt	Gemüsegarten		57	68	1	3	25	4	
	589	*Bickwede, zu Münster,* Schmedding, (Adolph), Weinhändler, (zu Münster), Prinzipalmarkt No 8	Gemüsegarten		58	87	1	3	27	9	
	590	Aulike, Kammer-Secretair, zu Münster, Rothenburg No 37	Gemüsegarten		92	38	1	6	4	9	
vor Servatiitor	591	Wittgen Witgen, Franz, zu Münster, Salzstr. 52	Gemüsegarten		71	67	1	4	23	4	
an Auliken Garten	592	Mertens, Bernh., zu Münster, Telgter Str. No 21	Gemüsefeld		77	79	1	3	13	2	
vorm Servatiitor	593	Schmedding, Adolph, zu Münster, Prinzipalmarkt No 8	Gemüsegarten		63	61	1	4	7	3	
	594	Günther, Fried. Wilh., Serois-Rendant, zu Münster Stuben-gasse No 348, Clemensstr. 119	Gemüsegarten		60	5	1	4		1	
	595	*Clemens-Hospital, zu Münster,* Armen-Commission zum Cle-menz-Hospital gehörig, zu Münster, Barmherzigen Kloster	Gemüsegarten		150	22	2	7	15	4	
	596	*Clemens-Hospital, zu Münster,* Armen-Commission zum Cle-menz-Hospital gehörig, zu Münster, Barmherzigen Kloster	Haus		1	5	I			10	
Nebenfluß	597	Mertens, Bernh., zu Münster, Telgter Str. No 21	Teich		86		1	1	7	3	
	598	Landgräber, Witwe, zu Münster	Lustgarten		38	14	2	1	27	2	
	599	Landgräber, Witwe, zu Münster	Gemüsegarten		113	82	2	5	20	9	
	600	*Moll, Walter, zu Münster, Königsstr.,* v(on) Herding, zu Münster, Königsstr., Pächter Lohkampff, Rentmeister	Gemüsegarten		91	7	1	6	2	2	
an Fohrmanns Garten	601	Renne, Anton, zu Münster, Aegidistr. No 75	Gemüsegarten		87	63	1	5	25	3	
	602	*Fohrmann* Vohrmann, Witwe, zu Münster, (Prinzipal)markt No 7	Gemüsegarten		89	26	1	5	28	6	
vor Servatiitor	603	Zumhülsen, Witwe, zu Münster, Ludgeristr.	Gemüsegarten		96	62	2	6	13	3	
vor Servatiitor	604	Lücke, Heinr. Hendrich, zu Münster, Rothenburg	Gemüsegarten		96	42	1	4	24	8	
vor Servatiitor	605	Oberrecht Oberecht, (Gastwirt), zu Münster, Neubr(ücken)str. No 132	Gemüsegarten		175	30	1	11	20	7	
vor Servatiitor	606	Thüssing Tüssing, A. J., zu Münster, alten Steinweg	Gemüsegarten		89	82	1	5	29	8	
vor Servatiitor	607	Zumbrock, Witwe, zu Münster, Prinzipalmarkt No 41?	Gemüsegarten		44	33	1	2	28	8	
vorm Servatiitor	608	Scheffer-Boichorst, Fried., *Landrentmeister,* Domainenrat, zu Münster	Gemüsegarten		46	42	1	3	2	10	
vorm Servatiitor	609	Scheffer-Boichorst, Fried., *Landrentmeister,* Domainenrat, zu Münster	Gemüsegarten		100	67	2	5		11	
vorm Servatiitor	610	Scheffer-Boichorst -Borchorst, Fried., *Landrentmeister,* Do-mainenrat, zu Münster	Gemüsegarten		49	87	2	2	14	10	
	611	*Böringheist,* Marckfort, Anton, Bsch Delstrup	Gemüsegarten	2	10	12	2	18	15	2	
	612	*Böringheist,* Marckfort Markfort, Anton, Bsch Delstrup	Haus		3	47	IV		2	8	6
	613	*Böringheist,* Marckfort Markfort, Anton, Bsch Delstrup	Haus		8	80	VII		6	9	15
	614	Primavesi Primawesi, Witwe, zu Münster, Prinzipalmarkt No 80	Gemüsegarten		126	26	1	8	12	6	
	615	Schaus, A., zu Münster, im Drubbel	Lustgarten		52	55	2	1	18	10	
vor Servatiitor	616	Polack, Herm. Jos., zu Münster, Rothenburg No 151	Gemüsegarten		87	8	2	4	10	7	
vor Servatiitor	617	*Polling, Everhard Wilh., zu Münster, Aegidistr.,* Dieckhoff, Franz, zu Münster, Salzstr. No 60	Gemüsegarten		45	3	2	2	7	6	
	618	Wagener, zu Münster, Prinzipalmarkt	Gemüsegarten		117	55	2	5	26	4	
	619	Ester, Witwe, zu Münster, Prinzipalmarkt No 77	Gemüsegarten		51	45	2	2	17	2	
	620	Müller, Wilh., zu Münster, Prinzipalmarkt	Gemüsegarten		43	86	1	2	27	8	
	621	*Bader, Engelbert, zu Münster, Aegidistr.,* Hassenkamp, Florenz, Clemenzstr.	Gemüsegarten		71	38	2	3	17	1	
	622	Baader Bader, Franz, zu Münstr, Winckelstr. No 31	Gemüsegarten		64	19	2	3	6	4	
	623	Ester, Witwe, zu Münster, Prinzipalmarkt (No 77)	Gemüsegarten		54	64	2	2	21	11	

Flur 1 Althoff

Flurnummer mit Flurname Flurbezeichnung	Parzellennr.	Eigentümer und Nummer in der Bauerschaft (Bsch) Lage und Zuordung von Höfen und Pächtern in den drei Bauerschaften Mecklenbeck, Geist und Delstrup der Gemeinde Lamberti siehe Karte auf Seite 166	Nutzungsart	Parzellengröße Morgen	Ruthen	Fuss	Klasse	Ertrag Taler	Silbergr.	Pfennig	steuerbarer Reinertrag
vor Servatiitor	624	Tergeist, Erben (Lohaus u. Vonnegut), zu Münster	Gemüsegarten		76	24	2	3	24	5	
vor Servatiitor	625	Wagener, zu Münster, Prinzipalmarkt	Fischteich		13	63	1		5	11	
vor Servatiitor	626	Oberrecht Oberecht, Gastwirt, zu Münster, Neubr(ücken)str. No 132	Gemüsegarten		68	5	2	3	12	1	
	627	Lohaus, A., zu Münster, im Drubbel	Gemüsegarten		37	41	2	1	26	2	
	628	Lohaus, A., zu Münster, im Drubbel	Gemüsegarten		100	68	2	5	1		
vor Servatiitor	629	*Bursar* Bursa-Vicariorum, ad St. Ludgerum	Gemüsegarten		52	91	2	2	19	4	
Garten vorm Servatiitor	630	Sauermann, Heinr., zu Münster, Klosterstr. No 227	Gemüsegarten		62	33	2	3	3	6	
Garten vorm Servatiitor	631	Strotkamp, Bernh., Bote, zu Münster, Sonnenstr. No *292* 262	Gemüsegarten		66	28	3	2	6	3	
	632	Hüger, Witwe, zu Münster, Mauritzstr. 346	Gemüsegarten		115	22	3	3	25	2	
an Stügers Gemüsegarten	633	Mertens, Bernh., zu Münster, Lamberti-Laischaft No 21	Gemüsegarten		75	39	3	2	15	5	
vor Servatiitor	634	*Osthues, Goldschmidt, zu Münster, Spieckerhof,* Vicariorum ad Stum Ludgerum Bursa, zu Münster	Gemüsegarten		47	91	3	1	17	1	
an Osthus Gemüsegarten	635	Mertens, Bernh., zu Münster, Lamberti-Laisch.No 21,Telgter Str.	Gemüsegarten		66	83	3	2	6	10	
große Garten	636	Mertens, Bernh., zu Münster, Lamberti-Laisch.No 21,Telgter Str.	Gemüsegarten		94	17	2	4	21	3	
	637	Garrissen Garitzen, zu Münster, Höxterstr. No 107	Gemüsegarten		34	15	2	1	21	3	
	638	*Schulz* Schultz, *zu Münster, Ludgeristr. No 211,* Reismann, Bernh., Bäcker, Clem(enz)str. No 103, Ludgeri-Laischaft	Gemüsegarten		37	38	2	1	26	1	
	639	*Brückner* Brückener Brükkener, *Franz,* Witwe, zu Münster, Hollenbeckerstiege No 174	Gemüsegarten		27	97	2	1	12		
vorm Servatiitor	640	*Dieckhoff, Franz, zu Münster, Salzstr. No 60,* Meyer, Bernh., Buchbinder, Hörsterstr.	Gemüsegarten		43	82	2	2	5	9	
vor dem Servatiitor, Pächter Lud. Her. König	641	*Roling, Anton, zu Münster, Ludgeristr.,* Teissing, Frau, Lieutenantin, zu Münster, am Prinzipalmarkt	Gemüsegarten		54	46	2	2	21	8	
	642	Schaale, Carl, zu Münster, Roggenmarkt No 11	Gemüsegarten		51	93	2	2	17	11	
	643	Böcker, Joh., Wagenfabrikant, zu Münster	Gemüsegarten		163	72	2	8	5	7	
	644	Böcker, Joh., Wagenfabrikant, zu Münster	Gemüsegarten		51	85	2, 3	1	21	10	
	645	Böcker, Joh., Wagenfabrikant, zu Münster	Gemüsegarten		62	54	3	2	2	7	
	646	Böcker, Joh., Wagenfabrikant, zu Münster	Gemüsegarten		57	8	3	1	27	1	
	647	Böcker, Joh., Wagenfabrikant, zu Münster	Gemüsegarten		58	66	3	1	28	8	
	648	Böcker, Joh., Wagenfabrikant, zu Münster	Gemüsegarten		56	77	3	1	26	9	
	649	Böcker, Joh., Wagenfabrikant, zu Münster	Gemüsegarten		58	46	3	1	28	5	
	650	Böcker, Joh., Wagenfabrikant, zu Münster	Gemüsegarten		57	75	3	1	27	9	
	651	Böcker, Joh., Wagenfabrikant, zu Münster	Gemüsegarten		58	34	3	1	28	4	
	652	Böcker, Joh., Wagenfabrikant, zu Münster	Gemüsegarten		73	58	3	2	13	7	
	653	Böcker, Joh., Wagenfabrikant, zu Münster	Gemüsegarten		74	84	3	2	14	10	
	654	Böcker, Joh., Wagenfabrikant, zu Münster	Gemüsegarten		57	14	2, 3	1	27	2	
	655	Böcker, Joh., Wagenfabrikant, zu Münster	Gemüsegarten		56	67	2, 3	1	26	8	
	656	Böcker, Joh., Wagenfabrikant, zu Münster	Gemüsegarten		57	57	2, 3	1	27	7	
	657	Böcker, Joh., Wagenfabrikant, zu Münster	Gemüsegarten		52	95	2, 3	1	22	11	
	658	Böcker, Joh., Wagenfabrikant, zu Münster	Gemüsegarten		52	63	2, 3	1	22	8	
	659	Böcker, Joh., Wagenfabrikant, zu Münster	Gemüsegarten		50	93	2, 3	1	20	11	
	660	Böcker, Joh., Wagenfabrikant, zu Münster	Gemüsegarten		50	10	2	2	15	2	
	661	*Musshoff* Mushoff, Christian, Witwe, *zu Münster, alten Fischmarkt No 92,* Loerstr. No 318	Gemüsegarten		58	89	2	2	28	4	
vor Ludgeritor	662	Lagemann, Paul, zu Münster, Ludgeristr. No 200	Gemüsegarten		57	96	2	2	26	11	

Flurnummer mit Flurname Flurbezeichnung	**Par-zellen-nr.**	**Eigentümer und Nummer in der Bauerschaft (Bsch)** Lage und Zuordung von Höfen und Pächtern in den drei Bauerschaften Mecklenbeck, Geist und Delstrup der Gemeinde Lamberti siehe Karte auf Seite 166	**Nutzungsart**	**Parzellengröße** Morgen	Ruthen	Fuss	**Klasse**	**Ertrag** Taler	Silbergr.	Pfennig	steuer-barer Rein-ertrag
	663	Böcker, Joh., Wagenfabrikant, zu Münster	Gemüsegarten		29	90	2	1	14	10	
	664	Böcker, Joh., Wagenfabrikant, zu Münster	Gemüsegarten		26	96	2	1	10	5	
vor Servatiitor	665	Studienfond, zu Münster, Kentling Rentmeister	Gemüsegarten		70	39	3	2	10	5	
	666	Studienfond, zu Münster, Kentling Rentmeister	Gemüsegarten		49	6	3	1	19	1	
	667	Ahlers, *Anton* Engelbert, zu Münster, Salzstr. No 56	Gemüsegarten		51	17	2	2	16	9	
	668	*Musshoff* Mushoff, Christian, Witwe, *zu Münster, alten Fischmarkt No 92,* Loerstr. No 318	Gemüsegarten		92	5	2	4	18	2	
an Wiennes Garten	669	v(on) *Ransau* Rantzau, Sophie Sophia, Fraulein, zu Münster, Rothenburg	Gemüsegarten		47	76	2	2	11	8	
an Wiennes Garten	670	v(on) *Ransau* Rantzau, Sophie Sophia, Fraulein, zu Münster, Rothenburg	Gemüsegarten		53	31	2	2	19	11	
	671	Winninghoff Wenning-, Witwe, zu Münster, Huxterstr. Huckster-str. No 269	Gemüsegarten		47	67	2	2	11	6	
	672	*Rienermann* Rinnermann, Witwe, zu Münster, Jüdefelder Str. No 79	Gemüsegarten		65	49	2	3	8	2	
	673	Neuhaus, Witwe, zu Münster, *Bispinghoff* Prinzipalmarkt	Gemüsegarten		33	29	2	1	19	11	
Servatiitor	674	*Schmitz, zu Münster, Corduanenstr. No 209* 208, Kres, Witwe, zu Münster, Rothenburg No 36	Gemüsegarten		41	61	2	2	2	5	
	675	Bonenkamp Bonekamp, Caplan, zu Münster, Ludgeristr.	Gemüsegarten		72	75	2	3	19	2	
	676	Aulike, Kammer-Secretair, zu Münster, *Aegidistr.,* Rothenburg No 37	Gemüsegarten		35	38	2	1	23	4	
Servatiitor	677	Winkelsett, Bernard, zu Münster, Spieckerhof No 46	Gemüsegarten		36	83	2	1	25	3	
	678	Baader Bader, Engelhart, zu Münser, Aerzkarrengasse No 10	Gemüsegarten		35	83	3	1	5	10	
	679	Deckhorn, Peter, zu Münster, Wiethower Gasse No 314	Gemüsegarten		42	41	3	1	12	5	
vor Servatiitor	680	Tergeist, Erben (Lohaus u. Vonnegut), zu Münster	Gemüsegarten		76	90	2	3	25	4	
	681	Offenberg, Herm., zu Münster, Klemenzstr. No 130	Gemüsegarten		79	3	2	3	28	7	
	682	v(on) Meerveldtsche Stiftung, Emonitor Seeling, Pastor, Loerstr.	Gemüsegarten		40	91	2	2	1	4	
	683	v(on) Meerveldtsche Stiftung, Emonitor Seeling, Pastor, Loerstr.	Gemüsegarten		39	27	2	1	28	11	
No 6 an der Lütkenbeckschen Stiege	684	Jütting, Bernh., zu Münster, Klemenzstr. No 110	Gemüsegarten		38	40	2	1	27	7	
vor Servatiitor	685	Tergeist, Erben, Lohaus u. Vonnegut, zu Münster, im Drubbel	Gemüsegarten		35	89	2	1	23	10	
	686	*Rienermann* Rinnermann, Wiwe, zu Münster, Jüdefelder Str. No 79	Gemüsegarten		67	82	2	3	11	9	
	687	*Sprinkmeyer, Heinr., zu Münster, alten Steinweg No 391,* Aulike, Kammer-Secretair, zu Münster, Rothenburg No 37	Gemüsegarten		57	4	2	2	25	7	
	688	Executorium Galen in Familie v(on) Olfers, zu Münster	Gemüsegarten		65	8	2	3	7	7	
vor Servatiitor	689	*Brückner, Franz, zu Münster, Hollenbecker Str. No 174, Schmitz, zu Münster, Rothenburg No 36,* Kres, Witwe, Rothenburg No 36	Gemüsegarten		64	97	2	3	7	6	
	690	Ahlers, *Anton,* Engelb., zu Münster, Salzstr. No 56	Gemüsegarten		69	47	2	3	14	2	
	691	Terbille, *Friedr.* Casper, *zu Bsch Delstrup,* zu Münster, Loerstr. No 312	Haus		19	77	VIII		15	2	20
	692	Terbille, *Friedr.* Casper, *zu Bsch Delstrup,* zu Münster, Loerstr. No 312	Gemüsegarten		142	94	2	7	4	5	
vor Servatiitor	693	*Schlüter, zu Münster, Frauenstr.,* Bracht, Anton, Bsch Delstrup	Gemüsegarten		50	1	2	2	15		
Gartenhaus	694	*Schlüter, zu Münster, Frauenstr.,* Bracht, Anton, Bsch Delstrup	Haus		5	36	VI		4	1	12
	695	*Schlüter, zu Münster, Frauenstr.,* Bracht, Anton, Bsch Delstrup	Gemüsegarten		62	87	2	3	4	4	
	696	Meyer, Joh. Heinr., zu Münster, Loerstr. No 306	Gemüsegarten		61	90	2	3	2	10	

Flur 1 Althoff, Flur 2 Haferland

Flurnummer mit Flurname Flurbezeichnung	**Par-zellen-nr.**	**Eigentümer und Nummer in der Bauerschaft (Bsch)** Lage und Zuordung von Höfen und Pächtern in den drei Bauerschaften Mecklenbeck, Geist und Delstrup der Gemeinde Lamberti siehe Karte auf Seite 166	**Nutzungsart**	**Parzellengröße**			**Klasse**	**Ertrag**			steuer-barer Rein-ertrag
				Morgen	**Ruthen**	**Fuss**		**Taler**	**Silbergr.**	**Pfennig**	
	697	Ahlmann, Witwe, zu Münster, Prinzipalmarkt, Aegidi-Laischaft No 11	Gemüsegarten		87	2	2	4	10	6	
	698	Rogge, Heinr., *Schustermeister, zu Münster, Herrenstr.*, Bsch Delstrup No 34	Gemüsegarten		89	16	2	4	13	9	
	699	Rogge, Heinr., *Schustermeister, zu Münster, Herrenstr.*, Bsch Delstrup No 34	Haus		12	62	VII		9	8	15
	700	*Siemers, zu Münster,* Erdhütter, Witwe, zu Münster, Ludgeri-Laischaft No 52	Gemüsegarten		54	66	2	2	21	11	
	701	Lagemann, Witwe, geb. Dingerkus, Assessorin, *Geschwister,* Lamberti-Laischaft No 39	Gemüsegarten		55	76	2	2	23	8	
	702	Siemers, Witwe, zu Münster, Loerstr. No 295	Gemüsegarten		42	87	2	2	4	4	
	703	Odendahl, Herm., zu Münster, aufm Markt No 8	Gemüsegarten		125	7	2	6	7	7	
vor Servatiitor hinter Funken Fanken Garten	704	Executorium v(on) d(er) Tinnen, zu Mauritz	Gemüsegarten		60	74	1	4	1	5	
vor Servatiitor	705	Waldeck, Professor, zu Münster, Alten Steinweg	Gemüsegarten		59	64	1	3	29	3	
	706	Funke Fanke, Peter Anton, Reg.-Secretär, zu Münster, Klemenzstr. No 328	Gemüsegarten		121	80	1	8	3	7	
	707	Neuwöhner, Witwe, zu Münster Bergstr. No 68	Gemüsegarten		65	7	1	4	10	2	
vor Servatiitor	708	Schürmann, Theod., zu Münster, Klemenzstr. No 132	Gemüsegarten		57	14	1	3	24	3	
	709	Ester, Witwe, zu Münster, Prinzipalmarkt No 77	Gemüsegarten		61	41	1	4	2	10	
	710	*Wolff,* Waldeck, Professorin, zu Münster	Gemüsegarten		65	19	1	4	10	5	
	711	Broschard, Franz, Rentmeister, zu Münster, Salzstr. No 66	Gemüsegarten		121		1	8	2		
vor Servatiitor an der Wolbecker Lütkenbecker Stiege	712	Sterneberg Sternenberg, *Witwe,* Anton Bernard, zu Münster, *Königsstr.* Ludgeristr. No 141	Gemüsegarten		129	38	1	8	18	9	
Alfers Wiese	713	Mertens, Bernh., zu Münster, Telgter Str. No 21	Wiese		104	57	3	1	18	10	
an der Wolbecker Stiege hinter Gossling	714	*Domaine II.Rentei, zu Münster,* Stadt Münster	*Kuhle,* Lache		92	29	1	1	10		
am Hause	715	Gössling, Wilh., zu Bsch Delstrup No 1	Gemüsegarten		103	5	1	6	26	1	
an Servatiitor	716	Gössling Gossling, Wilh., Bsch Delstrup No 1	Haus		4	31	IX		3	4	25
2 Haferland											
an den Garten	1	*Studienfond, zu Münster, Kentling Rentmeister,* Executorium v(on) d(er) Tinnen, zu Münster	Ackerland	11	150	4	1, 2	41	10		
Messkamp	2	Mertens, Bernh., Brandweinbrenner, zu Münster, Lamberti-Laischaft No 21	Ackerland	8	169	25	1	41	3	10	
Garten hinterm Grael	3	*Studienfond, (zu Münster),* Armen-Commission, zum Clemenz-Hospital gehörig, (zu Münster)	Gemüsegarten		81	20	2	2	21	3	
Garten hinterm Grael	4	*Studienfond, (zu Münster),* Armen-Commission, zum Clemenz-Hospital gehörig, (zu Münster)	Gemüsegarten		84		2	4	6		
Garten hinterm Grael	5	*Studienfond, (zu Münster),* Armen-Commission, zum Clemenz-Hospital gehörig, (zu Münster)	Gemüsegarten		87	76	2	4	11	7	
Garten hinterm Grael	6	*Studienfond, (zu Münster),* Armen-Commission, zum Clemenz-Hospital gehörig, (zu Münster)	Gemüsegarten		122	8	2	6	3	2	
Garten hinterm Grael	7	*Studienfond, (zu Münster),* Armen-Commission, zum Clemenz-Hospital gehörig, (zu Münster)	Gemüsegarten		126	45	2	6	9	8	
Garten hinterm Grael	8	*Studienfond, (zu Münster),* Armen-Commission, zum Clemenz-Hospital gehörig, (zu Münster)	Gemüsegarten		90	64	2	4	16		
Garten hinterm Grael	9	*Studienfond, (zu Münster),* Armen-Commission, zum Clemenz-Hospital gehörig, (zu Münster)	Gemüsegarten		41	88	2	2	2	10	
Garten hinterm Grael	10	*Studienfond, (zu Münster),* Armen-Commission, zum Clemenz-Hospital gehörig, (zu Münster)	Gemüsegarten		43	10	2	2	4	8	
Garten hinterm Grael	11	*Studienfond, (zu Münster),* Armen-Commission, zum Clemenz-Hospital gehörig, (zu Münster)	Gemüsegarten		79	92	2	3	29	10	

Flur 2 Haferland

Flurnummer mit Flurname Flurbezeichnung	**Par-zellen-nr.**	**Eigentümer und Nummer in der Bauerschaft (Bsch)** Lage und Zuordung von Höfen und Pächtern in den drei Bauerschaften Mecklenbeck, Geist und Delstrup der Gemeinde Lamberti siehe Karte auf Seite 166	**Nutzungsart**	**Parzellengröße** Morgen	Ruthen	Fuss	**Klasse**	**Ertrag** Taler	Silbergr.	Pfennig	steuer-barer Rein-ertrag
Garten hinterm Grael	12	*Studienfond,* *(zu Münster),* Armen-Commission, zum Clemenz-Hospital gehörig, (zu Münster)	Gemüsegarten		81	3	2	4	1	6	
Garten hinterm Grael	13	*Studienfond,* *(zu Münster),* Armen-Commission, zum Clemenz-Hospital gehörig, (zu Münster)	Gemüsegarten		78	37	2	3	27	6	
Garten hinterm Grael	14	*Studienfond,* *(zu Münster),* Armen-Commission, zum Clemenz-Hospital gehörig, (zu Münster)	Gemüsegarten		80	65	2	4	1		
Garten hinterm Grael	15	*Studienfond,* *(zu Münster),* Armen-Commission, zum Clemenz-Hospital gehörig, (zu Münster)	Gemüsegarten		51	2	3	1	21	1	
Garten hinterm Grael	16	*Studienfond,* *(zu Münster),* Armen-Commission, zum Clemenz-Hospital gehörig, (zu Münster)	Gemüsegarten		45	40	2	1	15	5	
Garten hinterm Grael	17	*Studienfond,* *(zu Münster),* Armen-Commission, zum Clemenz-Hospital gehörig, (zu Münster)	Gemüsegarten		57	63	3	1	27	7	
Garten hinterm Grael	18	*Studienfond,* *(zu Münster),* Armen-Commission, zum Clemenz-Hospital gehörig, (zu Münster)	Gemüsegarten		47	47	3	1	17	6	
Garten hinterm Grael	19	*Studienfond,* *(zu Münster),* Armen-Commission, zum Clemenz-Hospital gehörig, (zu Münster)	Gemüsegarten		39	16	3	1	9	2	
Garten hinterm Grael	20	*Studienfond,* *(zu Münster),* Armen-Commission, zum Clemenz-Hospital gehörig, (zu Münster)	Gemüsegarten		39	42	3	1	9	5	
Garten hinterm Grael	21	*Studienfond,* *(zu Münster),* Armen-Commission, zum Clemenz-Hospital gehörig, (zu Münster)	Gemüsegarten		38	57	3	1	8	7	
Garten hinterm Grael	22	*Studienfond,* *(zu Münster),* Armen-Commission, zum Clemenz-Hospital gehörig, (zu Münster)	Gemüsegarten		41	2	3	1	11		
Garten hinterm Grael	23	*Studienfond,* *(zu Münster),* Armen-Commission, zum Clemenz-Hospital gehörig, (zu Münster)	Gemüsegarten		40	55	3	1	10	7	
Garten hinterm Grael	24	*Studienfond,* *(zu Münster),* Armen-Commission, zum Clemenz-Hospital gehörig, (zu Münster)	Gemüsegarten		42	25	3	1	12	3	
Garten hinterm Grael	25	*Studienfond,* *(zu Münster),* Armen-Commission, zum Clemenz-Hospital gehörig, (zu Münster)	Gemüsegarten		43	32	3	1	13	4	
Garten hinterm Grael	26	*Studienfond,* *(zu Münster),* Armen-Commission, zum Clemenz-Hospital gehörig, (zu Münster)	Gemüsegarten		35	12	3	1	5	1	
Garten hinterm Grael	27	*Studienfond,* *(zu Münster),* Armen-Commission, zum Clemenz-Hospital gehörig, (zu Münster)	Gemüsegarten		76	3	3	2	16		
der 2. Kamp an den Gärten	28	Executorium von der Tinnen, zu Mauritz	Ackerland	5	47	97	1, 2	21	2		
kleine Winkelkamp	29	Leppermann, Joh. Bernh., zu Münster, Aegidii-Laischaft No 284	Ackerland	8	130	75	1, 2	34	27		
großer Winkelkamp	30	Böcker, Joh., Wagenfabrikant, zu Münster	Ackerland	10	132	2	1	49	11	2	
Röhlers Kamp	31	*Röhlen* Rölen, Geschwister, Gastgeber, in Münster, Ludgeristr.	Ackerland	4	76	87	1	20	10	11	
Röhlers Kamp	32	*Röhlen* Rölen, Geschwister, Gastgeber, in Münster, Ludgeristr.	Ackerland	4	81	1	1	20	14	2	
Theissings Kamp Bispinks Kamp	33	Executorium von der Tinnen, zu Mauritz	Ackerland	8	131	15	1, 2	34	27	5	
Dahlkamp	34	Lutterbeck, Heinr., zu Münster, Ludgeristr.	Ackerland	13	104	12	1	62	13	10	
Deipenforde	35	Winkelsett, Theod. Anton, zu Münster, Aegidiistr. No 60	Ackerland	11	39	12	1	51	18		
Deipenforde	36	Winkelsett, Theod. Anton, zu Münster, Aegidiistr. No 60	Ackerland	7	156	97	1	36	6	4	
vordersten Dahlkamp	37	Lutterbeck, Heinr., zu Münster, Ludgeristr.	Ackerland	8	67	83	1	38	16		
vornste Röhlenskamp	38	*Röhlen* Rölen, Geschwister, Gastgeber, in Münster, Ludgeristr.	Ackerland	6	119	87	1	30	19	11	
Gartenkämpchen	39	Dahlmann, Everhard, Bsch Delstrup No 21	Ackerland		143	28	1	3	19	10	
Garten	40	Dahlmann, Everhard, Bsch Delstrup No 21	Gemüsegarten		115	15	3	5	1	2	
am Garten	41	Dahlmann, Everhard, Bsch Delstrup No 21	Strauchholz		16	34	2		3	7	
vor dem Hofe	42	Dahlmann, Everhard, Bsch Delstrup No 21	Weide		23	27	2		10	11	
	43	Dahlmann, Everhard Anton, Bsch Delstrup No 21	Haus, Hofraum		21	30	IV		16	4	6
Blockkämpe Dahlmannkamp	44	Dahlmann, Everhard, Bsch Delstrup No 21	Ackerland	2	150	67	1	13	1	6	
achter Blockkämpe Dahlmannkamp	45	Dahlmann, Everhard, Bsch Delstrup No 21	Ackerland	3	172	99	1	18	6	8	

Flur 2 Haferland

Flurnummer mit Flurname Flurbezeichnung	**Parzellennr.**	**Eigentümer und Nummer in der Bauerschaft (Bsch)** Lage und Zuordung von Höfen und Pächtern in den drei Bauerschaften Mecklenbeck, Geist und Delstrup der Gemeinde Lamberti siehe Karte auf Seite 166	**Nutzungsart**	**Parzellengröße** Morgen	Ruthen	Fuss	**Klasse**	**Ertrag** Taler	Silbergr.	Pfennig	steuerbarer Reinertrag
hinterste Dahlkamp	46	*Röhlen* Rölen, Geschwister, Gastgeber, in Münster, Ludgeristr.	Ackerland	15	95	44	1	71	13	2	
Hagedorns Kamp genannt der Seichenfart	47	von Hövel, zu Ruhr, Pächter Harz, Schuster, zu Münster, Krumme Stiege	Ackerland	8	33	86	1	37	19	11	
Hagedorns Kamp genannt der Seichenfart	48	von Hövel, zu Ruhr, Pächter Harz, Schuster, zu Münster, Krumme Stiege	Ackerland	8	154	88	1	40	22	9	
kleine Landwehr	49	*Vischering, zum Hause Lütkenbeck*, von Droste zu Vischering, Graf, Erbdroste, zu Darfeld, Besitzer des Gutes Lütkenbeck	Ackerland	6	158	73	1	31	19	9	
große Landwehr	50	*Vischering, zum Hause Lütkenbeck*, von Droste zu Vischering, Graf, Erbdroste, zu Darfeld, Besitzer des Gutes Lütkenbeck	Ackerland	12	4	68	1, 2	20	13	4	
an Thüers Thürs Kamp	51	Vicarie ad St. Ludgeri	Ackerland	5	121	26	1	26	2	11	
Wilkings Hofkamp	52-1	*Thüer im Busch, zu Bsch Delstrup No 35,* Niemöller, Friedr. Wilh., Bsch Delstrup No 35	Ackerland	*8*, 8	*108*, 99	*34*, 34	1	39	10	2	
	52-2	*Thüer im Busch*, Bernh., *zu Bsch Delstrup No 35,* Niemöller, Friedr. Wilh., Bsch Delstrup No 35	Haus		9		VI		6	11	12
hinterste Dahlkamp	53	Lutterbeck, Heinr., zu Münster, Ludgeristr.	Ackerland	9	2	19	1	41	13	8	
vornsten Dahlkamp	54	Grotemeyer Grautemeyer, Albert, Metzger, zu Münster, Lamberti-Laischaft No 203	Ackerland	5	98	60	1	25	15	7	
hintersten Dahlkamp	55	Grotemeyer Grautemeyer, Albert, Metzger, zu Münster, Lamberti-Laischaft No 203	Ackerland	5	74	42	1	24	27	1	
Diepenpohl Bökers Kamp	56	Böcker, Joh., Wagenfabrikant, zu Münster	Ackerland	11	73	8	1	52	14	1	
Grautemeiers Kamp	57	Grotemeyer, Albert, Metzger, zu Münster, Lamberti-Laischaft No 203	Ackerland	5	64	84	1	24	19	9	
Sandforts Kamp Häumers Kamp	58	Scheffer-Boichorst, Friedr., *Oberlandes-Gerichtspräsident, zu Münster,* Domainenrat, zu Münster	Ackerland	6	149	40	1	31	12	7	
Alfers Kamp	59	*Scheffer-Boichorst, Friedr., Domainenrat, zu Münster, Executo-*rium Schlebrügge, zu Münster, alten Steinweg No 400	Ackerland	2	98	5	1	11	21	2	
Kreuzkamp	60	*Executorium Schlebrügge, zu Münster, alten Steinweg No 400,* Scheffer-Boichorst, Friedr., Domainenrat, zu Münster	Ackerland	11	93	50	1	52	29	8	
1. Grautemeiers Kamp	61	*Grautemeyer* Grotemeyer, Albert, Metzger, zu Münster, Lamberti-Laischaft No 203	Ackerland	5	101	18	1	25	17	6	
Weitkamp	62	Scheffer-Boichorst, Jos., zu Münster, alten Steinweg No 404	Ackerland	7	63	80	1	33	25	14	
an Böckers Kamp und am Weitkamp	63	Scheffer-Boichorst, Oberlandes-Gerichtspräsident, zu Münster	Ackerland	8	134	16	1	40	6	10	
kleine Winkelkamp	64-1	Böcker, Joh., Wagenfabrikant, zu Münster	Gemüsegarten		81		3		2	21	
	64-2	Böcker, Joh., Wagenfabrikant, zu Münster	Garten		72	40	3	2	12	5	
	64-3	Böcker, Joh., Wagenfabrikant, zu Münster	Garten		72		3	2	12		
	64-4	Böcker, Joh., Wagenfabrikant, zu Münster	Garten		72		3	2	12		
	64-5	Böcker, Joh., Wagenfabrikant, zu Münster	Garten		72		3	2	12		
	64-6	Böcker, Joh., Wagenfabrikant, zu Münster	Garten		72		3	2	12		
	64-7	Böcker, Joh., Wagenfabrikant, zu Münster	Garten		71	35	3	2	11	4	
	64-8	Böcker, Joh., Wagenfabrikant, zu Münster	Garten		72	70	3	2	12	8	
	64-9	Böcker, Joh., Wagenfabrikant, zu Münster	Garten		72	36	3	2	12	4	
	64-10	Böcker, Joh., Wagenfabrikant, zu Münster	Garten		71	50	3	2	11	6	
Eierkamp	65	Scheffer-Boighorst, Jos, zu Münster, alten Steinweg No 404	Ackerland	4	24	85	1	19	1		
Eierkamp	66	Lutterbeck, Heinr., zu Münster, Ludgeristr.	Ackerland	5	53	3	1	24	10	8	
Neidlers Kamp der 3. Kamp hinter den Gärten	67	Executorium von der Tinnen, zu Mauritz	Ackerland	10	150	24	1	19	25	2	
Padkamp	68	Kerckhoff Kirckhoff, Joh. Theod., zu Münster, Mauritzstr. No 368	Ackerland	20	154	98	1	95	28	10	
Kirchhofs Kamp	69	Kerckhoff Kirchhoff, Joh. Theod., zu Münster, Mauritzstr. No 368	Ackerland	10	88	75	1	48	8		

Flurnummer mit Flurname Flurbezeichnung	Parzellen-nr.	Eigentümer und Nummer in der Bauerschaft (Bsch) Lage und Zuordnung von Höfen und Pächtern in den drei Bauerschaften Mecklenbeck, Geist und Delstrup der Gemeinde Lamberti siehe Karte auf Seite 166	Nutzungsart	Parzellengröße Morgen	Ruthen	Fuss	Klasse	Ertrag Taler	Silbergr.	Pfennig	steuerbarer Reinertrag
Borghörster Kamp	70	von Droste zu Vischering, Graf, Erbdroste, zu Darfeld wohnhaft, Besitzer des Gutes Lütkenbeck	Ackerland	11	3	41	1	50	20	8	
der kleine Borghörster Kamp	71	Executorium von der Tinnen, zu Mauritz, Armen-Commission zu St. Mauritz	Ackerland	9	11	74	1	40	21		
Kämpken	72	Kerckhoff, Joh. Theod., zu Münster, Mauritzstr. No 368	Ackerland	3	59	95	1	15	10		
der große Borghörster Kamp	73	Executorium von der Tinnen, zu Mauritz, Armen-Commission zu St. Mauritz, Pächter Kirchoff	Ackerland	10	104	2	1	48	19	9	
Kirchhofs Kamp	74	*Kirchhoff, zu Münster,* von Droste zu Vischering, Graf, Erbdroste, zu Darfeld wohnhaft, Besitzer des Gutes Lütkenbeck	Ackerland	5	50	8	1	24	8	4	
Schoppenkamp	75	von Droste zu Vischering, Graf, Erbdroste, zu Darfeld wohnhaft, Besitzer des Gutes Lütkenbeck	Ackerland	13	93	55	1	62	5	9	
Reismanns Kamp	76	Lütke Reismann, Bernh., Bäcker, zu Münster, Clemensstr. No 103	Ackerland	8	155	94	1, 2	35	14	1	
Pagenkamp	77	von Droste zu Vischering, Graf, Erbdroste, zu Darfeld wohnhaft, Besitzer des Gutes Lütkenbeck	Ackerland	7	78	56	1	34	6	3	
Hauptkämpchen	78	Hoppe, Bernh., Förster, Bsch Delstrup No a	Ackerland	2	133	60	1	12	18	5	
beste Mutterkamp	79	von Droste zu Vischering, Graf, Erbdroste, zu Darfeld wohnhaft, Besitzer des Gutes Lütkenbeck	Ackerland	4	46	60	1	19	17	8	
Scheffers Kamp hinterer Gallenkamp	80	*Scheffer, Metzger, zu Münster,* Werneking Wernekinck, Rat, zu Münster	Ackerland	8	89	92	1	39	2	11	
Kenzelkamp	81	Thüer, Theod. Heinr., im Busch, Bsch Delstrup No 9	Ackerland	3	84	45	2	11	23	10	
Kenzels Kamp	82	Hoppe, Bernh., Förster, Bsch Delstrup No a, zum Gute Lütkenbeck	Ackerland	3	87	72	2	11	25	9	
Grimmenkamp	83	Schlüter, Wilh., seel Witwe, Kaufmann, zu Münster, Ludgeri-Kirchhoff No 206	Ackerland	4	1	92	2	13	19	1	
Galgenkamp Homerkamp	84	Thüer, Theod. Heinr., im Busch, Bsch Delstrup No 9	Ackerland	9	114	39	1, 2	38	16	2	
hinterste Kamp	85	v(on) Forkenbeck, Rat, zu Münster, Pächter Wissing, Joh. Heinr., Bsch Delstrup No 26	Ackerland	5	46	83	1, 2	21	2	3	
vornste Kamp	86	v(on) Forkenbeck, Rat, zu Münster, Pächter Wissing, Joh. Heinr., Bsch Delstrup No 26	Ackerland	4	34	43	1, 2	16	22	1	
	87	v(on) Forkenbeck, Rat, zu Münster, Pächter Wissing, Joh. Heinr., Bsch Delstrup No 26	Gemüsegarten		154	70	2	5	4	9	
	88	v(on) Forkenbeck, Rat, zu Münster, Pächter Wissing, Joh. Heinr., Bsch Delstrup No 26,	*Haus, Hof,* Haus		29	95	III		23		4
Galgenpahle	89	von Droste zu Vischering, Graf, Erbdroste, zu Darfeld wohnhaft, Besitzer des Gutes Lütkenbeck	Ackerland		141	6	2	2	19	11	
Haferland	90	Thüer, Theod. Heinr., im Busch, zu Bsch Delstrup No 9	Ackerland	9	9	38	2	30	23	4	
Galgenkamp	91	v(on) Forkenbeck, Rat, zu Münster, Pächter Wissing, Joh. Heinr., zu Bsch Delstrup No 26	Ackerland	5	169	95	1	27	10	4	
Scheffers Kamp der Pikamp	92	Executorium von der Tinnen, zu Mauritz	Ackerland	12	83	58	1	57	10	1	
Haferkamp	93	Dahlmann, Everhard Anton, Bsch Delstrup No 21	Ackerland	6	15	14	2	20	20	7	
4. Stück	94	Hoppe, Bernh., Förster, Bsch Delstrup No a, zum Gute Lütkenbeck	Ackerland	3	77	38	2	11	19	11	
4. Stück	95	Theissing, Heinr., *Bäcker,* zu Münster Ludgeristr. No 192	Ackerland	3	38	37	2	10	27	9	
2. Stück	96	Theissing, Heinr., *Bäcker,* zu Münster Ludgeristr. No 192	Ackerland	1	108	39	2	5	13	1	
	97-1	Nademann, Joh. Heinr., zu Bsch Delstrup	*Haus u.* Garten		*77,* 79	*95,* 76	*IV,* 4	2	1	2	
Haferland	97-2	Nademann Nadermann, Joh. Heinr., zu Bsch Delstrup	Haus		16	86	IV		12	11	6
Haferland	98	Nademann Nadermann, Bernh., Joh. Heinr., Bsch Delstrup	Ackerland	3	78	97	2, 3	9	29	1	
Haferland	99	Leppermann, Joh. Bernh., zu Münster, Aegidii-Laisch. No 284	Ackerland	1	50	35	2, 3	5	9	8	
Haferland	100	von Droste zu Vischering, Graf, Erbdroste, für Tillings Kotten, Joh. Theod., zu Bsch Delstrup No 5	Ackerland	3	151	60	2, 3	10	4	4	

Flurnummer mit Flurname Flurbezeichnung	**Par-zellen-nr.**	**Eigentümer und Nummer in der Bauerschaft (Bsch)** Lage und Zuordung von Höfen und Pächtern in den drei Bauerschaften Mecklenbeck, Geist und Delstrup der Gemeinde Lamberti siehe Karte auf Seite 166	**Nutzungsart**	**Parzellengröße** Morgen	Ruthen	Fuss	**Klasse**	**Ertrag** Taler	Silbergr.	Pfennig	steuerbarer Reinertrag
Haferland	101	Thüer, Theod. Heinr. Bernh., im Busch, Bsch Delstrup No 9	Ackerland	3	77	50	2, 3	9	28	4	
Haferland	102	von Droste zu Vischering, Graf, Erbdroste, zu Darfeld wohnhaft, Besitzer des Gutes Lütkenbeck	Wiese	4	177	38	4	4	29	7	
Hawerland	103	Averkamp, Franz, zu Bsch Delstrup No 14	Ackerland	8	15	16	3	19	12	1	
Hawerland	104	von Droste zu Vischering, Graf, Erbdroste, zu Darfeld wohnhaft, Besitzer des Gutes Lütkenbeck	Ackerland	8	17	55	2	27	16		
Hawerland an Averkamps, Pächter Dahlmanns Stück	105	*von Droste zu Vischering, Graf, Erbdroste, zu Darfeld wohnhaft, Besitzer des Gutes Lütkenbeck, Pächter Dahlmann, Anton,* v(on) Rantzau, Fräulein Sophie, auf der Rothenburg	Weide	2	153	39	3		28	6	
Hawerland an Averkamps, Pächter Dahlmanns Stück	106	*von Droste zu Vischering, Graf, Erbdroste, zu Darfeld wohnhaft, Besitzer des Gutes Lütkenbeck, Pächter Dahlmann, Anton,* v(on) Rantzau, Fräulein Sophie, auf der Rothenburg	Ackerland	5	129	19	2, 3	15	18	10	
5. Stück	107	Averkamp, Franz, zu Bsch Delstrup No 14	Ackerland	5	26	18	2	17	14	10	
Hawerland	108	von Droste zu Vischering, Graf, Erbdroste, zu Darfeld wohnhaft, Besitzer des Gutes Lütkenbeck	Ackerland	15	178	96	2, 3	43	21	6	
Hawerland	109	von Droste zu Vischering, Graf, Erbdroste, zu Darfeld wohnhaft, Besitzer des Gutes Lütkenbeck	Weide	5	28	39	3	1	21	7	
vornste Kamp	110	Duesberg, Hofkammerrat, Eigentümer, Pächter *Burgart* Burgard, Bsch Delstrup	Ackerland	4	39	59	4	5	27	3	
	111	Duesberg, Hofkammerrat, Eigentümer, Pächter *Burgart* Burgard, Bsch Delstrup	Gemüsegarten		153	5	5	3	27	4	
	112	Duesberg, Hofkammerrat, Eigentümer, Pächter *Burgart* Burgard, Bsch Delstrup	Haus, Hofraum		6	35	II		5		3
hinterste Kamp	113	Duesberg, Hofkammerrat, Eigentümer, Pächter *Burgart* Burgard, Bsch Delstrup	Ackerland	2	61	2	4	3	8	3	
hinterste Kamp	114	Duesberg, Hofkammerrat, Eigentümer, Pächter *Burgart* Burgard, Bsch Delstrup	*Weide* Wiese	1	176	98	4	1	29	6	
	115	von Droste zu Vischering, Graf, Erbdroste, zu Darfeld wohnhaft, Besitzer des Gutes Lütkenbeck, für Münings Münichs Colonat, *zu Gemeinde St. Mauritz,* Bsch Delstrup	Ackerland	2	9		3	4	27	7	
Haferland	116	von Droste zu Vischering, Graf, Erbdroste, zu Darfeld wohnhaft, Besitzer des Gutes Lütkenbeck	Ackerland	2	58	25	3	5	17	4	
Hawerland 4 Stücke	117	von Droste zu Vischering, Graf, Erbdroste, zu Darfeld wohnhaft, Besitzer des Gutes Lütkenbeck	Ackerland	3	175	92	2	13	15	8	
Haferland	118	von Droste zu Vischering, Graf, Erbdroste, zu Darfeld wohnhaft, Besitzer des Gutes Lütkenbeck, für Münnings Münichs Colonat, *zu Gemeinde St. Mauritz,* zu Bsch Delstrup	Ackerland	7	4	69	2	23	26	8	
Dahlkamp	119	von Droste zu Vischering, Graf, Erbdroste, zu Darfeld wohnhaft, Besitzer des Gutes Lütkenbeck	Ackerland	14	74	22	3	49		1	
Allee	120	von Droste zu Vischering, Graf, Erbdroste, zu Darfeld wohnhaft, Besitzer des Gutes Lütkenbeck	Weg als Wiese	2	139		3	7	22	10	
Allee	121	von Droste zu Vischering, Graf, Erbdroste, zu Darfeld wohnhaft, Besitzer des Gutes Lütkenbeck	*Weide* Wiese	3	20	39	3	8	21	6	
	122	von Droste zu Vischering, Graf, Erbdroste, zu Darfeld wohnhaft, Besitzer des Gutes Lütkenbeck	Ackerland	3	14	39	3	7	11	9	
Heitkamp	123	von Droste zu Vischering, Graf, Erbdroste, zu Darfeld wohnhaft, Besitzer des Gutes Lütkenbeck	Ackerland	25		40	2	85		3	
kleine Dahlkamp	124	*Althoff, Demoiselle, zu Münster,* Hammer, Landrat, zu Münster, Ludgeristr.	Ackerland	6	141	3	2	23	1	11	
kleine Dahlkamp	125	Hoppe, Bernh., Förster, Bsch Delstrup No a	Ackerland	7	166	30	2	26	28	3	
	126	von Droste zu Vischering, Graf, Erbdroste, zu Darfeld wohnhaft, Besitzer des Gutes Lütkenbeck	Ackerland	14	33	41	2	48	6	11	
Stoltenfoth Gallenkamp	127	Executorium von der Tinnen, *zu Mauritz,* zu Münster	Ackerland	11	70		1, 2	45	16	8	

Flurnummer mit Flurname Flurbezeichnung	**Parzellennr.**	**Eigentümer und Nummer in der Bauerschaft (Bsch)** Lage und Zuordnung von Höfen und Pächtern in den drei Bauerschaften Mecklenbeck, Geist und Delstrup der Gemeinde Lamberti siehe Karte auf Seite 166	**Nutzungsart**	**Parzellengröße** Morgen	Ruthen	Fuss	**Klasse**	**Ertrag** Taler	Silbergr.	Pfennig	steuerbarer Reinertrag
Stoltenfoth Kleine Dael	128	Executorium von der Tinnen, *zu Mauritz, zu Münster*	Ackerland	9	145	50	1, 2	39	6	11	
Stoltenfoth	129	Executorium von der Tinnen, zu Mauritz	Ackerland	12	105	64	2	42	23	10	
Roters Kamp	130	Lutterbeck, Heinr., zu Münster, Ludgeristr.	Ackerland	7	57		2	24	26	4	
Geistkamp	131	Lutterbeck, Heinr., zu Münster, Ludgeristr.	Ackerland	9	95	50	1	43	25	3	
Dellstrupper Kamp	132	Executorium von der Tinnen, zu Mauritz	Ackerland	7	6	52	1	32	11		
Hauskamp	133	Homann, Bernh., Erbpächter, Bsch Delstup No 2	Ackerland	3	24	80	1, 2	12	16	6	
	134	Homann, Bernh., Erbpächter, Bsch Delstup No 2	Gemüsegarten		92	55	4	2	10	11	
	135	Homann, Bernh., Erbpächter, Bsch Delstup No 2	Haus, Hof		17	53	III		13	5	4
Nienkamp	136	Hannasch, Witwe, Weinhändler, zu Münster, alter Fischmarkt No 87	Ackerland	9	145	17	1	45	3	4	
der große Dellkamp oder Wiedenkamp	137	Executorium von der Tinnen, zu Mauritz	Ackerland	47	4	27	2, 3	150	14	4	
	138	Berges Berger, Bernh., Bsch Delstrup No 3	Haus, Hof		35	87	IV		27	6	6
am Hause	139	Berges, Bernh., Bsch Delstrup No 3	Gemüsegarten	1	3	68	4	4	20	10	
Gartenwiese	140	Berges, Bernh., Bsch Delstrup No 3	Weide		25	60	2		11	11	
kleine Stoltenfoth I.	141	Berges, Bernh., Bsch Delstrup No 3	Ackerland	5	2	54	2	17	1	6	
kleine Stoltenfoth II.	142	Berges, Bernh., Bsch Delstrup No 3	Ackerland	3	8	92	2	10	11		
kleine Stoltenfoth III.	143	Berges, Bernh., Bsch Delstrup No 3	Ackerland	2	111	80	2	8	27	4	
hinterste Kamp	144	von Droste zu Vischering, Graf, Erbdroste, zu Darfeld wohnhaft, Besitzer des Gutes Lütkenbeck, für Stöbler, Bernh., Kotten, Bsch Delstrup No 4	Ackerland	3	140	50	2	9	2	2	
mittelste Kamp	145	von Droste zu Vischering, Graf, Erbdroste, zu Darfeld wohnhaft, Besitzer des Gutes Lütkenbeck, für Stöbler, Bernh., Kotten, Bsch Delstrup No 4	Ackerland	3	103	19	2	12	4	5	
vorderste Kamp	146	von Droste zu Vischering, Graf, Erbdroste, zu Darfeld wohnhaft, Besitzer des Gutes Lütkenbeck, für Stöbler, Bernh., Kotten, Bsch Delstrup No 4	Ackerland	4	22	50	2	14		10	
	147	von Droste zu Vischering, Graf, Erbdroste, zu Darfeld wohnhaft, Besitzer des Gutes Lütkenbeck, für Stöbler, Bernh., Kotten, Bsch Delstrup No 4	Haus, Hof		52	33	IV	1	10	1	6
	148	von Droste zu Vischering, Graf, Erbdroste, zu Darfeld wohnhaft, Besitzer des Gutes Lütkenbeck, für Stöbler, Bernh., Kotten, Bsch Delstrup No 4	Gemüsegarten		163	45	4	4	5	4	
Gartenkämpken	149	von Droste zu Vischering, Graf, Erbdroste, zu Darfeld wohnhaft, Besitzer des Gutes Lütkenbeck, für Stöbler, Bernh., Kotten, Bsch Delstrup No 4	Ackerland		126	50	3	1	20	7	
hinterste Meierkamp	150	von Kettler, Freiherr zu Haarkotten, Pächter Bracht, Anton, zum Hause Kaltenhoff, Bsch Delstrup	Ackerland	15	8	73	3	36	3	7	
vorderste Meierkamp	151	von Kettler, Freiherr zu Haarkotten, Pächter Bracht, Anton, zum Hause Kaltenhoff, Bsch Delstrup	Ackerland	15	136	50	3	37	24	7	
Stoltenfoth Stoltenfeld	152	von Droste zu Vischering, Graf, Erbdroste, zu Darfeld wohnhaft, Besitzer des Gutes Lütkenbeck	Ackerland	34	134		2	118	3	11	
Nienkamp	153	von Droste zu Vischering, Graf, Erbdroste, zu Darfeld wohnhaft, Besitzer des Gutes Lütkenbeck	Ackerland	43	96	3	2	148		5	
3 Lütgenbeck (Lütkenbeck)											
Lutkenbecker Telgenbusch	1	von Droste zu Vischering, Graf, Erbdroste, *zu eigener Benutzung,* Besitzer des Gutes Lütkenbeck	Hochholz	16	129	20	1	36	23	5	
Brüggenkamp	2	von Droste zu Vischering, Graf, Erbdroste, *zu eigener Benutzung,* Besitzer d. Gutes Lütkenbeck, *Pächter Thür in Lamberti*	Acker	4	34		3	10	1	7	
	3	von Droste zu Vischering, Graf, Erbdroste, *zu eigener Benutzung,* Besitzer des Gutes Lütkenbeck, für Münnings Colonat, Bsch Delstrup No 24	Holz		102	55	2		22	5	

Flur 3 Lütgenbeck (Lütkenbeck)

Flurnummer mit Flurname Flurbezeichnung	**Par-zellen-nr.**	**Eigentümer und Nummer in der Bauerschaft (Bsch)** Lage und Zuordung von Höfen und Pächtern in den drei Bauerschaften Mecklenbeck, Geist und Delstrup der Gemeinde Lamberti siehe Karte auf Seite 166	**Nutzungsart**	**Parzellengröße** Morgen	Ruthen	Fuss	**Klasse**	**Ertrag** Taler	Silbergr.	Pfennig	steuer-barer Rein-ertrag
Hönerkamp	4	von Droste zu Vischering, Graf, Erbdroste, *zu eigener Benutzung,* Besitzer des Gutes Lütkenbeck, für Münnings Colonat, Bsch Delstrup No 24	Acker	5	138	25	3	13	25	2	
Evenkämpken	5	von Droste zu Vischering, Graf, Erbdroste, *zu eigener Benutzung,* Besitzer des Gutes Lütkenbeck, für Münnings Colonat, Bsch Delstrup No 24	Acker	4	80	25	3	10	20	1	
Evenkämpken	6	von Droste zu Vischering, Graf, Erbdroste, *zu eigener Benutzung,* Besitzer des Gutes Lütkenbeck, für Münnings Colonat, Bsch Delstrup No 24	Schlagholz		95	63	3		8		
Schürkamp	7	von Droste zu Vischering, Graf, Erbdroste, *zu eigener Benutzung,* Besitzer des Gutes Lütkenbeck, für Münnings Colonat, Bsch Delstrup No 24	Acker	11	125	50	2, 3	53	27	9	
Schürkamps Wiese	8	von Droste zu Vischering, Graf, Erbdroste, *zu eigener Benutzung,* Besitzer des Gutes Lütkenbeck, für Münnings Colonat, Bsch Delstrup No 24	Wiese		161		3	2	15	2	
Schürkamp	9	von Droste zu Vischering, Graf, Erbdroste, *zu eigener Benutzung,* Besitzer des Gutes Lütkenbeck, für Münnings Colonat, Bsch Delstrup No 24	Acker	1	68	50	3	3	9	5	
Unterste Delstrupper Esch	10	von Droste zu Vischering, Graf, Erbdroste, *zu eigener Benutzung,* Besitzer des Gutes Lütkenbeck, für Münnings Colonat, Bsch Delstrup No 24	Acker	13	24	75	2	44	20		
Garten	11	von Droste zu Vischering, Graf, Erbdroste, *zu eigener Benutzung,* Besitzer des Gutes Lütkenbeck, für Münnings Colonat, Bsch Delstrup No 24	Garten	1	125	50	5	7	24	2	
Haus, Hofraum	12,13	von Droste zu Vischering, Graf, Erbdroste, *zu eigener Benutzung,* Besitzer des Gutes Lütkenbeck, für Münnings Colonat, Bsch Delstrup No 24	Haus, Hof		176	25	VI	4	15	1	12
Garten	14	von Droste zu Vischering, Graf, Erbdroste, *zu eigener Benutzung,* Besitzer des Gutes Lütkenbeck, für Münnings Colonat, Bsch Delstrup No 24	Garten		8	85	4		6	8	
Garenwiese	15	von Droste zu Vischering, Graf, Erbdroste, *zu eigener Benutzung,* Besitzer des Gutes Lütkenbeck, für Münnings Colonat, Bsch Delstrup No 24	Wiese		125		2	2	23	4	
Hoeff	16	von Droste zu Vischering, Graf, Erbdroste, *zu eigener Benutzung,* Besitzer des Gutes Lütkenbeck, für Münnings Colonat, Bsch Delstrup No 24	Acker	12	119		2	43	1	5	
Böverste Esch	17	von Droste zu Vischering, Graf, Erbdroste, *zu eigener Benutzung,* Besitzer des Gutes Lütkenbeck, für Münnings Colonat, Bsch Delstrup No 24	Acker	14	46	50	2	48	14	5	
Huskamp	18	von Droste zu Vischering, Graf, Erbdroste, Pächter *Berdels* Bertels Kotten, Bernh. Herm., No 23 in Lamberti	Acker	5	142	25	3	13	26	11	
Tinnenkamp	19	v(on) Kettler, Freiherr zu Haarkotten, Haus Kaldenhoff, Pächter Bracht, Anton, Bsch Delstrup No 6	Acker	4	26	75	3	9	28	8	
Garten	20	von Droste zu Vischering, Graf, Erbdroste, Pächter Berdels Kötter, Bsch Delstrup	Gemüsegarten	1	135	50	4	8	1	11	
Haus, Hofraum	21	von Droste zu Vischering, Graf, Erbdroste, Pächter Berdels Kötter, Bsch Delstrup	Haus, Hof		88	50	IV	2	7	10	6
Am Hause	22	von Droste zu Vischering, Graf, Erbdroste, Pächter Berdels Kötter, Bsch Delstrup	*Wildgrund* Weide		*10*, 25	*40*, 48	2		11	11	
Wieske	23	von Droste zu Vischering, Graf, Erbdroste, Pächter Berdels Kötter, Bsch Delstrup	Weide	1	*83*, 68	*50*, 42	2	3	25	11	
Kämpken	24	von Droste zu Vischering, Graf, Erbdroste, Pächter Berdels Kötter, Bsch Delstrup	Acker	2	77	90	2	8	8	2	
Heidkamp	25	von Droste zu Vischering, Graf, Erbdroste, Pächter Berdels Kötter, Bsch Delstrup	Acker	6	33		3	14	25	2	

Flur 3 Lütgenbeck (Lütkenbeck)

Flurnummer mit Flurname Flurbezeichnung	**Par-zellen-nr.**	**Eigentümer und Nummer in der Bauerschaft (Bsch)** Lage und Zuordung von Höfen und Pächtern in den drei Bauerschaften Mecklenbeck, Geist und Delstrup der Gemeinde Lamberti siehe Karte auf Seite 166	**Nutzungsart**	**Parzellengröße** Morgen	Ruthen	Fuss	**Klasse**	**Ertrag** Taler	Silbergr.	Pfennig	steuer-barer Rein-ertrag
An dem Heidkamp	26	von Droste zu Vischering, Graf, Erbdroste, Pächter Berdels Kötter, Bsch Delstrup	Acker	1	10	48	3	2	16	2	
Tinnenesch	27	v(on) Kettler, Freiherr zu Haarkotten, Haus Kaldenhoff, Pächter Berdels Kötter, Bsch Delstrup No 23	Acker	3	164	50	3	9	11	10	
Tinnenesch	28	von Droste zu Vischering, Graf, Erbdroste, Pächter Berdels Kötter, Bsch Delstrup	Acker	5	3	50	3	12	1	5	
Nadelholz	29	von Droste zu Vischering, Graf, Erbdroste, *Selbstbenutzer,* als Besitzer des Gutes Lütkenbeck	Nadelholz	1	39	50	2	1	17	6	
Heidbusch	30	von Droste zu Vischering, Graf, Erbdroste, *Selbstbenutzer,* als Besitzer des Gutes Lütkenbeck	Schlagholz	8	143	25	2	11	13	1	
Heidkamp	31	von Droste zu Vischering, Graf, Erbdroste, Besitzer des Gutes Lütkenbeck, Pächter Colonat Heimann, *Bsch Delstrup No 22*	Acker	5	95		3	13	8		
Peienbusch	32	von Droste zu Vischering, Graf, Erbdroste, Besitzer des Gutes Lütkenbeck	Schlagholz	14	50	96	1, 2	24	29	10	
Kleekämpken Kuekämpken	33	von Droste zu Vischering, Graf, Erbdroste, Besitzer des Gutes Lütkenbeck, *Pächter* Heimanns Kotten, zu Münster, *Bsch Dels-trup*	Acker	1	24	50	3	2	21	10	
Kleekämpken	34	von Droste zu Vischering, Graf, Erbdroste, *als Selbstbenutzer,* Besitzer des Gutes Lütkenbeck	Nadelholz		60	8	2		13		
Kleekämpken	35	von Droste zu Vischering, Graf, Erbdroste, *als Selbstbenutzer,* Besitzer des Gutes Lütkenbeck	Hochholz		46	65	2, 3		3	10	
Hauswiese Gorenwiese	36	von Droste zu Vischering, Graf, Erbdroste, Besitzer des Gutes Lütkenbeck, *Pächter* Heimanns Kotten, zu Münster, *Bsch Dels-trup*	*Acker* Wiese	2	6	75	2	8	4	6	
Goren	37	von Droste zu Vischering, Graf, Erbdroste, Besitzer des Gutes Lütkenbeck, *Pächter* Heimanns Kotten, zu Münster, *Bsch Dels-trup*	Gemüsegarten	1	121	80	4	7	21	5	
Goren	38	von Droste zu Vischering, Graf, Erbdroste, Besitzer des Gutes Lütkenbeck, *Pächter* Heimanns Kotten, zu Münster, *Bsch Dels-trup*	*Obst*garten		129	15	4	3	9		
Haus, Hofraum	39	von Droste zu Vischering, Graf, Erbdroste, Besitzer des Gutes Lütkenbeck, *Pächter* Heimanns Kotten, zu Münster, *Bsch Dels-trup*	Haus, Hof		68		VI	1	22	2	12
Tellgen	40	von Droste zu Vischering, Graf, Erbdroste, *als Selbstbenutzer,* Besitzer des Gutes Lütkenbeck	Hochholz	12	94	90	1	27	16	10	
Tellgen	41	von Droste zu Vischering, Graf, Erbdroste, *als Selbstbenutzer,* Besitzer des Gutes Lütkenbeck	Nadelholz		97	75	2		21	2	
Timpen	42	von Droste zu Vischering, Graf, Erbdroste, Besitzer des Gutes Lütkenbeck, *Pächter* Heimanns Kotten, zu Münster, *Bsch Dels-trup*	Acker	3	16	30	2, 3	8	28	10	
Esch	43	von Droste zu Vischering, Graf, Erbdroste, Besitzer des Gutes Lütkenbeck, *Pächter* Heimanns Kotten, zu Münster, *Bsch Dels-trup*	Acker	11	127	50	2, 3	35	27	2	
Breede	44	von Droste zu Vischering, Graf, Erbdroste, Besitzer des Gutes Lütkenbeck, *Pächter* Heimanns Kotten, zu Münster, *Bsch Dels-trup*	Acker	11	9	50	2	37	17	4	
Rolaken	45	von Droste zu Vischering, Graf, Erbdroste, Besitzer des Gutes Lütkenbeck, *Pächter* Heimanns Kotten, zu Münster, *Bsch Dels-trup*	Acker	5	133	65	2	19	15	8	
Erste Del(s)trupper Esch	46	von Droste zu Vischering, Graf, Erbdroste, Besitzer des Gutes Lütkenbeck, *Pächter* Heimanns Kotten, zu Münster, *Bsch Dels-trup*	Acker	*3,* 10	*137,* 177	*75,* 50	2	37	10	9	
Zweite Del(s)trupper Esch	47	von Droste zu Vischering, Graf, Erbdroste, Besitzer des Gutes Lütkenbeck, *Pächter* Heimanns Kotten, zu Münster, *Bsch Dels-trup*	Acker	10	23	38	2	34	13	6	

Flur 3 Lütgenbeck (Lütkenbeck)

Flurnummer mit Flurname Flurbezeichnung	**Par-zellen-nr.**	**Eigentümer und Nummer in der Bauerschaft (Bsch)** Lage und Zuordung von Höfen und Pächtern in den drei Bauerschaften Mecklenbeck, Geist und Delstrup der Gemeinde Lamberti siehe Karte auf Seite 166	**Nutzungsart**	**Parzellengröße** Morgen	Ruthen	Fuss	**Klasse**	**Ertrag** Taler	Silbergr.	Pfennig	steuer-barer Rein-ertrag
Kleine Brink	48	von Droste zu Vischering, Graf, Erbdroste, Besitzer des Gutes Lütkenbeck, Pächter *Tumbrinck* Tombrinck, Bsch Delstrup	Acker	10	16	25	2	34	9	3	
beim alten Gute Lütkenbeck	49	von Droste zu Vischering, Graf, Erbdroste, *als Selbstbenutzer,* Besitzer des Gutes Lütkenbeck	*Fischteich* Weide	11	51	51	3	3	22	11	
beim alten Gute Lütkenbeck	50	von Droste zu Vischering, Graf, Erbdroste, *als Selbstbenutzer,* Besitzer des Gutes Lütkenbeck, für Münnings Kolonat, Bsch Delstrup No 24	Weide		43	45	3		2	5	
Gresgärten	51	von Droste zu Vischering, Graf, Erbdroste, Besitzer des Gutes Lütkenbeck, *Pächter Kruse*	M(äh)weide	12	155	75	1	59	5	5	
Besein	52	von Droste zu Vischering, Graf, Erbdroste, Besitzer des Gutes Lütkenbeck, *Pächter Hoppe*	*Fischteich* Weide		139	75	3		7	9	
Alten Garten	53	von Droste zu Vischering, Graf, Erbdroste, *als Selbstbenutzer,* Besitzer des Gutes Lütkenbeck	Acker	1	123		1	7	22	4	
Herrengarten	54	von Droste zu Vischering, Graf, Erbdroste, *als Selbstbenutzer,* Besitzer des Gutes Lütkenbeck	Acker	2	21		1	9	22	1	
Herrengarten	55	von Droste zu Vischering, Graf, Erbdroste, Besitzer des Gutes Lütkenbeck, *Pächter Hoppe*	Acker	2	25		1	9	25	2	
An den Garten	56	von Droste zu Vischering, Graf, Erbdroste, Besitzer des Gutes Lütkenbeck, Pächter Kruse	Weg als Weide		120	75	3		6	8	
Garten	57	von Droste zu Vischering, Graf, Erbdroste, Besitzer des Gutes Lütkenbeck, Pächter Kruse	Gemüsegarten	3	92	25	3	21	2	3	
Garten	58	von Droste zu Vischering, Graf, Erbdroste, Besitzer des Gutes Lütkenbeck, Pächter Hoppe und Kruse	Gemüsegarten	5	49	25	3	31	19	3	
Teich	59	von Droste zu Vischering, Graf, Erbdroste, *als Selbstbenutzer,* Besitzer des Gutes Lütkenbeck	Teich		34	50	1		15		
Hintere Platz	60	von Droste zu Vischering, Graf, Erbdroste, *als Selbstbenutzer,* Besitzer des Gutes Lütkenbeck	Weide	4	92		1	20	22	6	
Haus Lütkenbeck	61	von Droste zu Vischering, Graf, Erbdroste, Besitzer des Gutes Lütkenbeck, Pächter Hoppe und Kruse	Haus	4	24		VI, VI, VII	19		5	12, 12,15
Klowergarten	62	von Droste zu Vischering, Graf, Erbdroste, Besitzer des Gutes Lütkenbeck, Pächter Kruse	Gemüsegarten	2	167	30	3	17	17	4	
Teich	63	von Droste zu Vischering, Graf, Erbdroste, Besitzer des Gutes Lütkenbeck, Pächter Kruse	*Teich* Weide		34	18	3		1	11	
Sterenbusch	64	von Droste zu Vischering, Graf, Erbdroste, *als Selbstbenutzer,* Besitzer des Gutes Lütkenbeck	Hochholz	21	128	35	1	47	23		
Sunders Kamp	65	von Droste zu Vischering, Graf, Erbdroste, Besitzer des Gutes Lütkenbeck, Pächter Kruse	Acker	25	89	50	1, 2	101	29	8	
Breede	66	von Droste zu Vischering, Graf, Erbdroste, Besitzer des Gutes Lütkenbeck, Pächter Kruse	Gemüsegarten		114		4	2	27	5	
Elvenstück	67	von Droste zu Vischering, Graf, Erbdroste, Besitzer des Gutes Lütkenbeck, Pächter Kruse	Acker	31	32	75	2, 3	90	12	11	
Schmeddingheide	68	*Gemeinde Lamberti,* von Droste zu Vischering, Graf, und Consorten, zu Münster	Weide	40	87		3	13	14	10	
Brede	69	von Droste zu Vischering, Graf, Erbdroste, Besitzer des Gutes Lütkenbeck, *Pächter* für Tillings Kotten, *in Lamberti,* Bsch Delstrup No 5	Acker	7	64	25	2	25		5	
Achterste Biekamp	70	v(on) Kettler, Freiherr zu Haarkotten, Haus Kaldenhoff, Pächter Bracht, Anton, Bsch Delstrup No 6	Acker	13	115		3	32	22		
Vörnste Biekamp	71	v(on) Kettler, Freiherr zu Haarkotten, Haus Kaldenhoff, Pächter Bracht, Anton, Bsch Delstrup No 6	Acker	15	20	50	2	51	11	7	
Vörnste Biekamp	72	von Droste zu Vischering, Graf, Erbdroste, *als Selbstbenutzer,* Besitzer des Gutes Lütkenbeck, *Pächter* für Tillings Kotten, *in Lamberti,* Bsch Delstrup No 5	M(ittel)holz		77		1		28	3	

Flurnummer mit Flurname Flurbezeichnung	**Par-zellen-nr.**	**Eigentümer und Nummer in der Bauerschaft (Bsch)** Lage und Zuordnung von Höfen und Pächtern in den drei Bauerschaften Mecklenbeck, Geist und Delstrup der Gemeinde Lamberti siehe Karte auf Seite 166	**Nutzungsart**	**Parzellengröße** Morgen	Ruthen	Fuss	**Klasse**	**Ertrag** Taler	Silbergr.	Pfennig	steuer-barer Rein-ertrag
Brede	73	von Droste zu Vischering, Graf, Erbdroste, *als Selbstbenutzer,* Besitzer des Gutes Lütkenbeck, *Pächter* für Tillings Kotten, *in Lamberti,* Bsch Delstrup No 5	Acker	14	102		2	49	15	10	
Brede	74	von Droste zu Vischering, Graf, Erbdroste, *als Selbstbenutzer,* Besitzer des Gutes Lütkenbeck, *Pächter* für Tillings Kotten, *in Lamberti,* Bsch Delstrup No 5	Acker	12	119	25	2	43	1	7	
Hoffwiese	75	von Droste zu Vischering, Graf, Erbdroste, *als Selbstbenutzer,* Besitzer des Gutes Lütkenbeck, *Pächter* für Tillings Kotten, *in Lamberti,* Bsch Delstrup No 5	*Weide* Wiese		117		2	2	18		
Haus, Hofraum	76	von Droste zu Vischering, Graf, Erbdroste, *als Selbstbenutzer,* Besitzer des Gutes Lütkenbeck, *Pächter* für Tillings Kotten, Joh. Theod, *in Lamberti,* Bsch Delstrup No 5	Haus, Hof		142		VI	3	18	10	12
Gorenwiese	77	von Droste zu Vischering, Graf, Erbdroste, *als Selbstbenutzer,* Besitzer des Gutes Lütkenbeck, *Pächter* für Tillings Kotten, *in Lamberti,* Bsch Delstrup No 5	Wiese	1	17	80	1	5	14	10	
Garten	78	von Droste zu Vischering, Graf, Erbdroste, *als Selbstbenutzer,* Besitzer des Gutes Lütkenbeck, *Pächter* für Tillings Kotten, *in Lamberti,* Bsch Delstrup No 5	Gemüsegarten		161	75	4	7	7		
Schürkamp	79	von Droste zu Vischering, Graf, Erbdroste, *als Selbstbenutzer,* Besitzer des Gutes Lütkenbeck, *Pächter* für Tillings Kotten, *in Lamberti,* Bsch Delstrup No 5	Acker	18	165	5	2	64	9	6	
Vörderster Brümmelkamp	80	von Droste zu Vischering, Graf, Erbdroste, *als Selbstbenutzer,* Besitzer des Gutes Lütkenbeck, *Pächter* für Tillings Kotten, *in Lamberti,* Bsch Delstrup No 5	Acker	5	110	25	2	19	2	6	
Mittelste Brümmelkamp	81	von Droste zu Vischering, Graf, Erbdroste, Besitzer des Gutes Lütkenbeck, *Pächter* für Tillings Kotten, Bsch Delstrup No 5	Acker	5	129		2	19	13	1	
Hinterste Brümmelkamp	82	von Droste zu Vischering, Graf, Erbdroste, Besitzer des Gutes Lütkenbeck, *Pächter* für Tillings Kotten, Bsch Delstrup No 5	Acker	6	10	5	3	14	16		
Schürbusch	83	von Droste zu Vischering, Graf, Erbdroste, Besitzer des Gutes Lütkenbeck	M(ittel)holz	8	54		1	18	7	10	
Brokamps Busch	84	v(on) Kettler, Freiherr zu Haarkotten, Haus Kaldenhoff, Pächter Bracht, Anton, Bsch Delstrup	M(ittel)holz	12	108	5	1	27	21	7	
An vörnsten Biekamp	85	v(on) Kettler, Freiherr zu Haarkotten, Haus Kaldenhoff, Pächter Bracht, Anton, Bsch Delstrup	Strauchholz		129	87	2		28	1	
Achterste Brockamp	86	v(on) Kettler, Freiherr zu Haarkotten, Haus Kaldenhoff, Pächter Bracht, Anton, Bsch Delstrup	Acker	11	37	70	*1,* 3	26	27	1	
Garenkamp	87	von Droste zu Vischering, Graf, Erbdroste, Besitzer des Gutes Lütkenbeck, *Pächter* Heimanns Kotten, *Bsch Delstrup*	Acker	7	175	55	3	19	4	2	
Brockamps Wiese	88	v(on) Kettler, Freiherr zu Haarkotten, Haus Kaldenhoff, Pächter Bracht	Wiese	2	4	5	3	5	19	10	
Vörderste Brockamp	89	v(on) Kettler, Freiherr zu Haarkotten, Haus Kaldenhoff, Pächter Bracht	Acker	12	25	80	2	41	8	7	
Kämpken	90	v(on) Kettler, Freiherr zu Haarkotten, Haus Kaldenhoff, Pächter Bracht	Acker	3	82	35	2	11	22	8	
Kämpken	91	v(on) Kettler, Freiherr zu Haarkotten, Haus Kaldenhoff, Pächter Bracht	Wiese		84		*2,* 3	1	9	2	
Hauswiese	92	v(on) Kettler, Freiherr zu Haarkotten, Haus Kaldenhoff, Pächter Bracht	Wiese	3	78	20	2	13	22	2	
Haus, Hofraum	93	v(on) Kettler, Freiherr zu Haarkotten, Haus Kaldenhoff, Pächter Bracht	Haus, Hof	1	20	25	VII	5	3	6	15
Kämpkes Wiese	94	v(on) Kettler, Freiherr zu Haarkotten, Haus Kaldenhoff, Pächter Bracht	*Wiese* Weide		86		*2,* 3		4	9	
Garten	95	v(on) Kettler, Freiherr zu Haarkotten, Haus Kaldenhoff, Pächter Bracht	Gemüsegarten	1	109	5	4	7	11	8	

Flurnummer mit Flurname Flurbezeichnung	**Par-zellen-nr.**	**Eigentümer und Nummer in der Bauerschaft (Bsch)** Lage und Zuordung von Höfen und Pächtern in den drei Bauerschaften Mecklenbeck, Geist und Delstrup der Gemeinde Lamberti siehe Karte auf Seite 166	**Nutzungsart**	**Parzellengröße** Morgen	Ruthen	Fuss	**Klasse**	**Ertrag** Taler	Silbergr.	Pfennig	steuer-barer Rein-ertrag
Garten	96	v(on) Kettler, Freiherr zu Haarkotten, Haus Kaldenhoff, Pächter Bracht	Gemüsegarten		47	45	4	1	6	1	
Gorenwiese	97	v(on) Kettler, Freiherr zu Haarkotten, Haus Kaldenhoff, Pächter Bracht, Bsch Delstrup	Wiese	2	25	35	2, 3	5	29	10	
Lanwer	98	v(on) Kettler Ketteler, Freiherr zu Haarkotten, Haus Kaldenhoff, Pächter Bracht, Bsch Delstrup	Schlagholz		111	40	2		24	2	
Mühlenberg Mühlenbrei	99	v(on) Kettler, Freiherr zu Haarkotten, Haus Kaldenhoff, Pächter Bracht, Bsch Delstrup	Acker	17	106	50	2	39	24	5	
Mühlenberg Mühlenbrei	100	v(on) Kettler, Freiherr zu Haarkotten, Haus Kaldenhoff, Pächter Bracht, Bsch Delstrup	Schlagholz		91	50	2		19	10	
Westenhoff	101	v(on) Kettler Ketteler, Freiherr zu Haarkotten, Haus Kaldenhoff, Pächter Bracht, Bsch Delstrup	Acker	20	35	40	3	48	14	2	
Hiegenstück	102	von Droste zu Vischering, Graf, Erbdroste, Besitzer des Gutes Lütkenbeck, Pächter Lammerdings Kotten, zu Mauritz	Acker	4	49	50	3	10	7	10	
Nieländer	103	Vosborgmann, Bernh. Heinr., Bsch Werse No 32	Acker	3	64		3	8	1	7	
Hecke	104	Vosborgmann, Bernh. Heinr., Bsch Werse No 32	Strauchholz		84	45	2		18	3	
Nieländer	105	Vosborgmann, Bernh. Heinr., Bsch Werse No 32	Acker	6	*30,* 1	*25,* 75	3	14	12	9	
	106	*Vosborgmann, Bernh. Heinr., Bsch Werse No 32,* Thür gnt Stauveresch, aufm Stapels Kotten, Bsch Delstrup	Strauchholz		*104,* 102	18	3		8	6	
Haus, Hofraum	107	*v(on) Kerkering-Borg, Freiherr, Pächter* Thür gnt Stauveresch Stauervisch, aufm Stapels Kotten, Bsch Delstrup	Haus, Hof		78	50	V	2		3	9
	108	*v(on) Kerkering-Borg, Freiherr, Pächter* Thür gnt Stauveresch, aufm Stapels Kotten, Bsch Delstrup	Gemüsegarten Acker		1 2, 1		4 2	4 3	18 12		
Achterste Kamp	109	*v(on) Kerkering-Borg, Freiherr, Pächter* Thür gnt Stauveresch, aufm Stapels Kotten, Bsch Delstrup	Acker	12	135	35	2	43	10	8	
Huskamp	110	*v(on) Kerkering-Borg, Freiherr, Pächter* Thür gnt Stauveresch, aufm Stapels Kotten, Bsch Delstrup	Acker	12	8	50	2	40	28	9	
In der kleinen Kog	111	*v(on) Kerkering-Borg, Freiherr, Pächter* Thür gnt Stauveresch, aufm Stapels Kotten, Bsch Delstrup	Strauchholz		41	25	2		9		
Kleine Kamp	112	*v(on) Kerkering-Borg, Freiherr, Pächter* Thür gnt Stauveresch, aufm Stapels Kotten, Bsch Delstrup	Acker	7	140	80	2	26	13	9	
Im kleinen Kamp	113	*v(on) Kerkering-Borg, Freiherr, Pächter* Thür gnt Stauveresch, aufm Stapels Kotten, Bsch Delstrup	Wiese *und Wildgrund*		70		2	1	16	8	
Wiesekamp	114-1	*v(on) Kerkering-Borg, Freiherr, Pächter* Thür gnt Stauveresch, aufm Stapels Kotten, Bsch Delstrup	Acker	*13,* 12	*84,* 27	*40,* 90	2, 3	35	7	6	
	114-2	*v(on) Kerkering-Borg, Freiherr, Pächter* Thür gnt Stauveresch, aufm Stapels Kotten, Bsch Delstrup	Weide		148	50	3		8	3	
Am Wiesenkamp	115	*v(on) Kerkering-Borg, Freiherr, Pächter* Thür gnt Stauveresch, aufm Stapels Kotten, Bsch Delstrup	*Wildgrund* Wiese		91	50	2	2	1		
4 Averkamp											
Eschbusch	1	von Droste zu Vischering, Graf, Erbdroste, *zu Münster, Pächter Schafmann in Lamberti,* für Schapmanns Kotten, Bsch Delstrup	Schlagholz	3	102	55	2	4	19	3	
Mittelste Esch	2	von Droste zu Vischering, Graf, Erbdroste, *zu Münster, Pächter Schafmann in Lamberti,* für Schapmanns Kotten, Bsch Delstrup	Acker	9	137	65	3	23	13	8	
Vörnste Esch	3	von Droste zu Vischering, Graf, Erbdroste, *zu Münster, Pächter Schafmann in Lamberti,* für Schapmanns Kotten, Bsch Delstrup	Acker	7	21	65	3	17	2	8	
Garen	4	von Droste zu Vischering, Graf, Erbdroste, *zu Münster, Pächter Schafmann in Lamberti,* für Schapmanns Kotten, Bsch Delstrup	Garten	1	98		4	7	3	2	
Gartenwiese	5	von Droste zu Vischering, Graf, Erbdroste, *zu Münster, Pächter Schafmann in Lamberti,* für Schapmanns Kotten, Bsch Delstrup	Wiese	2	39		3	6	6	2	
Haus, Hofraum	6	von Droste zu Vischering, Graf, Erbdroste, *zu Münster, Pächter Schafmann in Lamberti,* für Schapmanns Kotten, Bsch Delstrup	Haus, Hof		156	95	V	4		4	9

Flur 4 Averkamp

Flurnummer mit Flurname Flurbezeichnung	Par-zellen-nr.	Eigentümer und Nummer in der Bauerschaft (Bsch) Lage und Zuordung von Höfen und Pächtern in den drei Bauerschaften Mecklenbeck, Geist und Delstrup der Gemeinde Lamberti siehe Karte auf Seite 166	Nutzungsart	Parzellengröße Morgen	Ruthen	Fuss	Klasse	Ertrag Taler	Silbergr.	Pfennig	steuer-barer Rein-ertrag
An der großen Wiese	7	von Droste zu Vischering, Graf, Erbdroste, *zu Münster*, Pächter *Schafmann in Lamberti,* für Schapmanns Kotten, Bsch Delstrup	Schlagholz	4	86	75	3	2	7	3	
Anweide	8	von Droste zu Vischering, Graf, Erbdroste, *zu Münster*, Pächter *Schafmann in Lamberti,* für Schapmanns Kotten, Bsch Delstrup	Wiese		142	25	4		23	9	
Kämpken	9	von Droste zu Vischering, Graf, Erbdroste, *zu Münster*, Pächter *Schafmann in Lamberti,* für Schapmanns Kotten, Bsch Delstrup	Acker	1	157	35	4	2	18	9	
Große Wies	10	von Droste zu Vischering, Graf, Erbdroste, *zu Münster*, Pächter *Schafmann in Lamberti,* für Schapmanns Kotten, Bsch Delstrup	Wiese	3	138	15	4	3	23		
Große Wies	11	von Droste zu Vischering, Graf, Erbdroste, Besitzer des Gutes Lütkenbeck, Pächter Hoppe u. Kruse	Wiese	16	18	15	4	16	3		
Peienbusch	12	von Droste zu Vischering, Graf, Erbdroste, Besitzer des Gutes Lütkenbeck, Pächter Hoppe u. Kruse	Hochwald	12	51	35	1, 2	24	7	11	
Peienkamp	13	von Droste zu Vischering, Graf, Erbdroste, *zu Münster*, für *Könemann* Konermanns Kotten, Anton, *No 21 Lamberti, Erbp.*	Acker	3	54	60	3	7	27	10	
Garten	14	von Droste zu Vischering, Graf, Erbdroste, *zu Münster*, für *Könemann* Konermanns Kotten, Anton, *No 21 Lamberti, Erbp.*	Gemüsegarten		143		4	3	19	8	
Hofraum	15	von Droste zu Vischering, Graf, Erbdroste, *zu Münster*, für *Könemann* Konermanns Kotten, Anton, *No 21 Lamberti, Erbp.*	Haus		9	50	III		7	4	4
Haus und Garten	16-1	von Droste zu Vischering, Graf, Erbdroste, *zu Münster*, Pächter Tombrink, Bsch Delstrup	*Haus und* Garten		*50,* 30	*25,* 40	*I/II,* 4		23	4	
Haus	16-2	von Droste zu Vischering, Graf, Erbdroste, *zu Münster*, Pächter Tombrink, Bsch Delstrup	Haus		21		II		16	1	2
Alleenstück	17	von Droste zu Vischering, Graf, Erbdroste, *zu Münster*, für Kö-*nemann* Konermanns Koner- Kotten, *Erbpächter zu Lamberti*	Acker		118	17	2	2	6	11	
Gremdörfer Kamp	18	von Droste zu Vischering, Graf, Erbdroste, *zu Münster*, für Gremmes Kotten, *J. Wilh., zu Lamberti*, Bsch Delstrup	Acker	7	135	45	2	26	10	9	
Delstruper Kamp Dellstruper Kamp	19	von Droste zu Vischering, Graf, Erbdroste, *zu Münster*, Hei-manns Kotten, *J. Heinr., Pächt. zu Lamberti No 22*, zu Münster	Acker	8	90	75	3	20	12	3	
Haverkamps Busch	20	von Droste zu Vischering, Graf, Erbdroste, *zu Münster*, Be-sitzer des Gutes Lütkenbeck	Hochwald	42	112	25	1, 2	74	17	9	
Haverkamps Busch	21	von Droste zu Vischering, Graf, Erbdroste, *zu Münster*, Be-sitzer des Gutes Lütkenbeck	Hochwald	1	12	68	2	1	11	9	
Haverkamps Busch	22	von Droste zu Vischering, Graf, Erbdroste, *zu Münster*, Be-sitzer des Gutes Lütkenbeck	*Wildgrund* Hochwald		91	26	2		19	9	
Lerchenwäldchen	23	von Droste zu Vischering, Graf, Erbdroste, *zu Münster*, Be-sitzer des Gutes Lütkenbeck	Hochwald		153		2	1	3	2	
Struntkamp 1	24	von Droste zu Vischering, Graf, Erbdroste, *zu Münster*, Trenk-pohls Kotten, *gen. Twille, Zeitpächter*, Bsch Geist	Acker	5	7	25	2	17	4	1	
Struntkamp 2	25	von Droste zu Vischering, Graf, Erbdroste, *zu Münster*, Trenk-pohls Kotten, *gen. Twille, Zeitpächter*, Bsch Geist	Acker	3	168	25	2	13	11	4	
Garten	26	von Droste zu Vischering, Graf, Erbdroste, *zu Münster*, Trenk-pohls Kotten, *gen. Twille, Zeitpächter*, Bsch Geist	Gemüsegarten		157	62	4	4		10	
Haus und Hofraum	27	von Droste zu Vischering, Graf, Erbdroste, *zu Münster*, Trenk-pohls Kotten, *gen. Twille, Zeitpächter*, Bsch Geist	Haus, Hof		101	97	III	2	18	2	4
Tellgengarten	28	von Droste zu Vischering, Graf, Erbdroste, *zu Münster*, Be-sitzer des Gutes Lütkenbeck	*Baumschule* Holz		83	15	1	1		6	
Hofwiese	29	von Droste zu Vischering, Graf, Erbdroste, *zu Münster*, Trenk-pohls Kotten, *gen. Twille, Zeitpächter*, Bsch Geist	Wiese		107	20	2	2	11	6	
Kämpken	30	von Droste zu Vischering, Graf, Erbdroste, *zu Münster*, Trenk-pohls Kotten, *gen. Twille, Zeitpächter*, Bsch Geist	Acker	3	76	50	2, 3	9	27	11	
Alleenstück	31	von Droste zu Vischering, Graf, Erbdroste, *zu Münster*, Schnie-ders *Kötter, Heinr.*, Kotten, zu Münster	Acker	1	59	75	3	3	5	11	
Haus und Hofraum	32	von Droste zu Vischering, Graf, Erbdroste, *zu Münster*, Schnie-ders *Kötter, Heinr.*, Kotten, zu Münster	Haus, Hof		41	12	IV	1	1	6	6

Flur 4 Averkamp

Flurnummer mit Flurname Flurbezeichnung	**Par-zellen-nr.**	**Eigentümer und Nummer in der Bauerschaft (Bsch)** Lage und Zuordnung von Höfen und Pächtern in den drei Bauerschaften Mecklenbeck, Geist und Delstrup der Gemeinde Lamberti siehe Karte auf Seite 166	**Nutzungsart**	**Parzellengröße** Morgen	Ruthen	Fuss	**Klasse**	**Ertrag** Taler	Silbergr.	Pfennig	steuer-barer Rein-ertrag
Garten	33	von Droste zu Vischering, Graf, Erbdroste, zu Münster, Schnieders Kötter Kotten, in Lamberti	Gemüsegarten	1	24	95	4	5	7	2	
Kleine Holtkamp	34-1	von Droste zu Vischering, Graf, Erbdroste, zu Münster, Schnieders Kötter Kotten, in Lamberti	Acker		153	14	2	2	26	9	
ehemalige Allee	34-2	von Droste zu Vischering, Graf, Erbdroste, zu Münster, Schnieders Kötter Kotten, in Lamberti	Acker	1	130	52	2	5	25	11	
Schürkamp	35	von Droste zu Vischering, Graf, Erbdroste, zu Münster, für Schafmann Schapmanns Kotten, Bsch Delstrup	Acker	12	6	50	2	40	27	9	
Schürkamp	36	von Droste zu Vischering, Graf, Erbdroste, zu Münster, Schnieders Kötter Kotten, zu Münster	Acker	4	86	5	2	15	6	9	
Haus und Hofraum	37	von Droste zu Vischering, Graf, Erbdroste, zu Münster, für Renzelkötter, Renzels Kotten, Bsch Delstrup, No 11	Haus, Hof		57	20	IV	1	13	10	6
Garten	38	von Droste zu Vischering, Graf, Erbdroste, zu Münster, für Renzelkötter, Renzels Kotten, Bsch Delstrup	Gemüsegarten	1	89	17	4	6	26	4	
Renzelkamp	39	von Droste zu Vischering, Graf, Erbdroste, zu Münster, für Renzelkötter, Renzels Kotten, Bsch Delstrup	Acker	5	151		2	19	25	7	
Esch	40	von Droste zu Vischering, Graf, Erbdroste, zu Münster, Averkamp, Franz, Bsch Delstrup No 14	Acker	18	98	90	2, 3	56	26	6	
Esch	41	von Droste zu Vischering, Graf, Erbdroste, zu Münster, Averkamp, Franz, Bsch Delstrup No 14	Acker		15	5	2		8	6	
Hinterste Kötterbusch	42	von Droste zu Vischering, Graf, Erbdroste, zu Münster, Averkamp, Franz, Bsch Delstrup No 14, Pächter Baumeister, Eberhard und Consorten, von Droste zu Vischering, Graf, Erbdroste, zu Münster, Besitzer des Gutes Lütkenbeck	Acker	14	126	25	2	49	29	7	
Große Kamp	43	v(on) Kettler Ketteler, Freiherr zu Haarkotten, Haus Kaldenhoff, Pächter Bracht, Anton, Bsch Delstrup No 6	Acker	29	12	50	2	98	25	1	
Vörderste Kötterbusch	44	von Droste zu Vischering, Graf, Erbdroste, Besitzer des Gutes Lütkenbeck, Pächter Baumeister, Eberhard und Consorten	Acker	12	116	70	2	43		2	
Hofenkamp	45	von Kettler, Freiherr zu Haarkotten, Haus Kaldenhoff, Pächter Bracht, Bsch Delstrup	Acker	18	17	25	2	61	15	9	
Hohenkamp	46	von Kettler, Freiherr zu Haarkotten, Haus Kaldenhoff, Pächter Bracht, Bsch Delstrup	Weide		105	80	1, 2	1	19	4	
Wiese	47	von Droste zu Vischering, Graf, Erbdroste, Besitzer des Gutes Lütkenbeck, Pächter Baumeister, Eberhard und Consorten	Wiese Weide	2	164	15	2	8	4	7	
Wünnenberg	48	von Kettler, Freiherr zu Haarkotten, Haus Kaldenhoff, Pächter Bracht, Bsch Delstrup	Hochholz	3	46	37	1, 2	5	21		
Am Wünnenberg	49	von Kettler, Freiherr zu Haarkotten, Haus Kaldenhoff, Pächter Bracht, Bsch Delstrup	Wiese		61	57	2	1	11	3	
Fischweiher	50	von Droste zu Vischering, Graf, Erbdroste, zu Münster, Besitzer des Gutes Lütkenbeck	Fischteich	1	5	55	1	2	20	5	
Wiese	51	von Droste zu Vischering, Graf, Erbdroste, zu Münster, Besitzer des Gutes Lütkenbeck	Wiese	2	2	62	3	5	19	3	
Fischweiher	52	von Droste zu Vischering, Graf, Erbdroste, zu Münster, Besitzer des Gutes Lütkenbeck	Fischteich		115	10	1	1	19	10	
Wiese	53	von Droste zu Vischering, Graf, Erbdroste, zu Münster, Besitzer des Gutes Lütkenbeck	Wiese		116	75	3	2	24	6	
Fischweiher	54	von Droste zu Vischering, Graf, Erbdroste, zu Münster, Besitzer des Gutes Lütkenbeck	Fischteich		25	61	1		11	1	
Kötteresch	55	von Droste zu Vischering, Graf, Erbdroste, zu Münster, Besitzer des Gutes Lütkenbeck, Pächt. Baumeister u. Consorten	Acker	28	58		2, 3	82	4		
Ossenkamp	56	von Droste zu Vischering, Graf, Erbdroste, zu Münster, für Niemöllers Kotten, Bsch Delstrup	Acker	5	44	75	3, 4	9	29	3	
Oberste Ossenkamp	57	von Droste zu Vischering, Graf, Erbdroste, zu Münster, für Niemöllers Kotten, Bsch Delstrup	Acker	5	130	80	3	13	22	4	

Flur 4 Averkamp

Flurnummer mit Flurname Flurbezeichnung	Par- zellen- nr.	Eigentümer und Nummer in der Bauerschaft (Bsch) Lage und Zuordung von Höfen und Pächtern in den drei Bauerschaften Mecklenbeck, Geist und Delstrup der Gemeinde Lamberti siehe Karte auf Seite 166	Nutzungsart	Parzellengröße Morgen	 Ruthen	 Fuss	Klasse	Ertrag Taler	 Silbergr.	 Pfennig	steuer- barer Rein- ertrag
Große Brock	58	von Droste zu Vischering, Graf, Erbdroste, zu Münster, für Renzelkötter, Renzels Kotten	Acker	8	173	24	3	21	15	3	
In mitterste Ossenkamp	59	von Droste zu Vischering, Graf, Erbdroste, zu Münster, für Niemöllers Kotten, Bsch Delstrup	Wiese und Wildgrund	1	52	25	3	3	18	4	
Unterste Ossenkamp	60	von Droste zu Vischering, Graf, Erbdroste, zu Münster, Pächter Niemüller, für Niemöllers Kotten, Bsch Delstrup	Acker	8	2	20	3	19	6	11	
Unterste Kuhkamp	61	von Droste zu Vischering, Graf, Erbdroste, zu Münster, Pächter Niemüller, für Niemöllers Kotten, Bsch Delstrup	Acker	7	148	60	3	18	23	5	
Oberste Kuhkamp	62	von Droste zu Vischering, Graf, Erbdroste, zu Münster, Pächter Niemüller, für Niemöllers Kotten, Bsch Delstrup	Acker	7	83	75	2	25	11	5	
Kuhkamps Büsken	63	von Droste zu Vischering, Graf, Erbdroste, zu Münster, Pächter Niemüller, für Niemöllers Kotten, Bsch Delstrup	Schlagholz	1	43	20	2	1	18	4	
Kleiner Brock	64	von Droste zu Vischering, Graf, Erbdroste, zu Münster, Pächter Niemüller, für Niemöllers Kotten, Bsch Delstrup	Acker	8	112	40	3	20	21		
Garten	65	von Droste zu Vischering, Graf, Erbdroste, zu Münster, Pächter Niemüller, für Niemöllers Kotten, Bsch Delstrup	Gemüsegarten		39	33	4	1		2	
Am Hause	66	von Droste zu Vischering, Graf, Erbdroste, zu Münster, Pächter Niemüller, für Holtkamps Kotten, gnt Stoermann, Bsch Delstrup	Acker	1	42		4	4	5	10	
Haus und Garten	67-1	von Droste zu Vischering, Graf, Erbdroste, zu Münster, Pächter Niemüller, für Holtkamps Kotten, gnt Stoermann, Bsch Delstrup	Gemüsegarten		116, 112	90, 50	4	2	26	3	
	67-2	von Droste zu Vischering, Graf, Erbdroste, zu Münster, Pächter Niemüller, für Holtkamps Kotten, gnt Stoermann, Bsch Delstrup	Haus		9	70	II		7	5	2
Holtkamp	68	von Droste zu Vischering, Graf, Erbdroste, zu Münster, Pächter Thür, Theod., Besitzer des Gutes Lütkenbeck	Acker	7	41	25	2	24	17	4	
Schniggenkämpken	69	Averkamp, Franz, in Lamberti, Bsch Delstrup No 14	Acker	2	169	75	2, 3	8	16	2	
Hoffbusch	70	Averkamp, Franz, in Lamberti, Bsch Delstrup No 14	Schlagholz	3	102	60	3	1	23	7	
Sperwer Sper	71	Averkamp, Franz, in Lamberti, Bsch Delstrup No 14	Acker	8	124	55	3	20	25	10	
Hülsbüsken 1	72	Averkamp, Franz, in Lamberti, Bsch Delstrup No 14	Schlagholz	1	20	65	2	1	13	6	
Hülskämpken	73	von Droste zu Vischering, Graf, Erbdroste, zu Münster, Pächter Niemüller, für Niemöllers Kotten	Acker		76	15	2	1	13	2	
Hülswiese	74	von Droste zu Vischering, Graf, Erbdroste, zu Münster, Pächter Niemüller, für Niemöllers Kotten, Bsch Delstrup	Heide und Wiese	1	151	75	3	5	4	10	
Haus und Hofraum	75-1	von Droste zu Vischering, Graf, Erbdroste, zu Münster, Pächter Niemüller, für Niemöllers Kotten, Bsch Delstrup	Haus und Hofraum	1	131, 75	70, 30	V	1	27	9	9
	75-2	von Droste zu Vischering, Graf, Erbdroste, zu Münster, Pächter Niemüller, für Niemöllers Kotten, Bsch Delstrup	Weide	1	1		2	2	24	6	
	75-3	von Droste zu Vischering, Graf, Erbdroste, zu Münster, Pächter Niemüller, für Niemöllers Kotten, Bsch Delstrup	Weide		55	40	2		25	10	
Garten	76	von Droste zu Vischering, Graf, Erbdroste, zu Münster, Pächter Niemüller, für Niemöllers Kotten, Bsch Delstrup	Gemüsegarten	1	11		4	4	26	5	
Hülsbüsken	77	von Droste zu Vischering, Graf, Erbdroste, zu Münster, Pächter Niemüller, für Niemöllers Kotten, Bsch Delstrup	Schlagholz		75		2		16	3	
An de Hülswiese	78	von Droste zu Vischering, Graf, Erbdroste, zu Münster, Pächter Niemüller, für Niemöllers Kotten, Bsch Delstrup	Schlagholz		51	60	2		11	3	
Rundeil	79	von Droste zu Vischering, Graf, Erbdroste, zu Münster, Pächter Niemüller, für Niemöllers Kotten, Bsch Delstrup	Wiese		95	57	4		15	11	
Hülsbüsken 2	80	Averkamp, Franz, in Lamberti, Bsch Delstrup No 14	Schlagholz	1	122	20	2	2	5	5	
Frienkamp	81	von Droste zu Vischering, Graf, Erbdroste, zu Münster, Besitzer des Gutes Lütkenbeck	Acker	13	132	95	2, 3	39	25	3	
Kleikamp	82	Averkamp, Franz, in Lamberti, Bsch Delstrup No 14	Acker	11	89	25	2, 3	33	10	1	
Dralshagenwiese	83	von Droste zu Vischering, Graf, Erbdroste, zu Münster, Besitzer des Gutes Lütkenbeck	Schlagholz	2	6	75	2	2	19	6	

Flur 4 Averkamp

Flurnummer mit Flurname Flurbezeichnung	**Parzellennr.**	**Eigentümer und Nummer in der Bauerschaft (Bsch)** Lage und Zuordnung von Höfen und Pächtern in den drei Bauerschaften Mecklenbeck, Geist und Delstrup der Gemeinde Lamberti siehe Karte auf Seite 166	**Nutzungsart**	**Parzellengröße** Morgen	Ruthen	Fuss	**Klasse**	**Ertrag** Taler	Silbergr.	Pfennig	steuerbarer Reinertrag
Kuhle	84	Averkamp, Franz, in Lamberti. Bsch Delstrup No 14	*Wasserkuhle* Lache		77	87	1			8	
Wiese an dem alten Diek	85	*Averkamp, Franz, in Lamberti. Bsch Delstrup No 14,* Niehoff, Schulte, zu Kirchspiel Angelmodde	Mähwiese	1	128	57	4	1	21	5	
Allendiecks Wiese	86	Averkamp, Franz, in Lamberti. Bsch Delstrup No 14	*Gestrüpp* Holz		39	45	2		3	5	
An den Allendieck	87	Averkamp, Franz, in Lamberti. Bsch Delstrup No 14	*Wildgrund* Wiese	1	12	72	3	2	29	11	
Allen Diek	88	Averkamp, Franz, in Lamberti. Bsch Delstrup No 14	Acker	13	123	35	2	46	15	10	
Hoffbüsken	89	Averkamp, Franz, in Lamberti. Bsch Delstrup No 14	Schlagholz	2	61	45	1	5	4	6	
Bachwiese	90	Averkamp, Franz, in Lamberti. Bsch Delstrup No 14	Wiese	2	157	55	2	11	15		
Garen	91	Averkamp, Franz, in Lamberti. Bsch Delstrup No 14	Gemüsegarten	1	137	22	4	5	16	6	
Garen	92	Averkamp, Franz, in Lamberti. Bsch Delstrup No 14	Garten		90		4	2	9		
Haus und Hofraum	93-1	Averkamp, Franz, in Lamberti. Bsch Delstrup No 14	Haus, Hof	*2*	*6,* 122	*70,* 57	VII	3	3	11	15
	93-2	Averkamp, Franz, in Lamberti. Bsch Delstrup No 14	Holz	1	30	50	3		17	7	
Schoppenkamp	94	Averkamp, Franz, in Lamberti. Bsch Delstrup No 14	Acker	7	149	17	2	26	18	8	
Bachwiese	95	Averkamp, Franz, in Lamberti. Bsch Delstrup No 14	Wiese	2	122	65	3, 4	5	2	11	
Heidkamps Busch	96	Averkamp, Franz, in Lamberti. Bsch Delstrup No 14	Schlagholz	4	110	20	1	5	29	11	
Heidkamp	97	Averkamp, Franz, in Lamberti. Bsch Delstrup No 14	Acker	6	74		4	8	29	3	
Klosterbusch	98	Averkamp, Franz, in Lamberti. Bsch Delstrup No 14	Schlagholz	11	137	50	2, 3	10	17	7	
Beckamp	99	von Droste zu Vischering, Graf, Erbdroste, *zu Münster,* für *Schafmann* Schapmanns Kotten, Bsch Delstrup	Acker	11	62	80	3	27	7	2	
Beckamps Wiese	100	von Droste zu Vischering, Graf, Erbdroste, *zu Münster,* für *Schafmann* Schapmanns Kotten, Bsch Delstrup	Wiese	2	101	70	4	2	16	11	
Zwischen de Bache und Nienkamp	101	von Droste zu Vischering, Graf, Erbdroste, *Pächter Thür, Theod.,* Pächter Thürs Kotten, zu Münster	Wiese		156	45	4		26	1	
Nienkamp	102	Averkamp, Franz, in Lamberti. Bsch Delstrup No 14	Acker	17	86	80	2, 3	50	20	11	
Aechterste Holtkamp	103	von Droste zu Vischering, Graf, Erbdroste, *zu Münster,* Pächter Thürs Kotten, zu Münster	Acker	5	109	20	2	19	1	10	
Vörnste Holtkamp	104	von Droste zu Vischering, Graf, Erbdroste, *zu Münster,* Pächter Thürs Kotten, zu Münster	Acker	5	126	77	2	19	11	10	
Garten	105	von Droste zu Vischering, Graf, Erbdroste, *zu Münster,* Pächter Thürs Kotten, zu Münster	Gemüsegarten	1	4	7	4	4	21	2	
Garten	106	von Droste zu Vischering, Graf, Erbdroste, *zu Münster,* Pächter Thürs Kotten, zu Münster	Garten		106	70	4	2	21	9	
Haus und Hofraum	107	von Droste zu Vischering, Graf, Erbdroste, *zu Münster,* Pächter Thürs Kotten, zu Münster	Haus, Hof		48	70	IV	1	7	5	6
Nippenkamp	108	(von) Kerkering-Borg, Freiherr, zu Münster, Zeitpächter Bödingheide, Caspar, Bsch Delstrup No 15	Wiese	2	145	30	*3,* 4	2	24	3	
Wallhecke	109	(von) Kerkering-Borg, Freiherr, zu Münster, Zeitpächter Bödingheide, Caspar, Bsch Delstrup No 15	Str(auch)holz		100	4	3		8	4	
Garenkamp	110	von Droste zu Vischering, Graf, Erbdroste, für *Pächter Gremm,* Gremms Kotten, Bsch Delstrup	Acker	3	176	77	3	9	16	9	
Vörnste Garenkamp	111	von Droste zu Vischering, Graf, Erbdroste, für *Pächter Gremm,* Gremms Kotten, Bsch Delstrup	Acker	1	54	45	4	1	24	8	
Haus und Hofraum	112	von Droste zu Vischering, Graf, Erbdroste, für *Pächter Gremm,* Gremms Kotten, Bsch Delstrup	Haus und Schuppen		6	60	II		5	1	2
Baumeisters Hofraum	113	von Droste zu Vischering, Graf, Erbdroste, *zu Münster,* Pächter Baumeister *u. Kleimann,* Bsch Delstrup No 17	Hof		*9,* 19	*94,* 69	1		15	1	
Haus und Hofraum	114	von Droste zu Vischering, Graf, Erbdroste, *zu Münster,* für Kleimanns Kotten, Bsch Delstrup	Haus, Hof		*23,* 13	*24,* 39	V		10	4	9
Baumeisters Garten	115	von Droste zu Vischering, Graf, Erbdroste, *zu Münster,* Pächter Baumeister, zu Delstrup No 17	Gemüsegarten		69	95	4	1	23	7	

Flurnummer mit Flurname Flurbezeichnung	Par-zellen-nr.	**Eigentümer und Nummer in der Bauerschaft (Bsch)** Lage und Zuordnung von Höfen und Pächtern in den drei Bauerschaften Mecklenbeck, Geist und Delstrup der Gemeinde Lamberti siehe Karte auf Seite 166	**Nutzungsart**	**Parzellengröße** Morgen	Ruthen	Fuss	**Klasse**	**Ertrag** Taler	Silbergr.	Pfennig	steuerbarer Reinertrag
Kleimanns Garten	116	von Droste zu Vischering, Graf, Erbdroste, *zu Münster,* für Kleimanns Kotten, Bsch Delstrup	Gemüsegarten	1	103		4	7	7		
Roggenkamp	117	von Droste zu Vischering, Graf, Erbdroste, *zu Münster, Pächter Schafmann in Lamberti,* für Schaafmanns Kotten, Bsch Delstrup	Acker	6	147		3	16	10	10	
Aechterste Esch	118	von Droste zu Vischering, Graf, Erbdroste, *zu Münster, Pächter Schafmann in Lamberti,* für Schaafmanns Kotten, Bsch Delstrup	Acker	11	19	75	4	15	16	7	
Böckenbusch Böckenbüschen	119	von Droste zu Vischering, Graf, Erbdroste, *zu Münster, Pächter Schafmann in Lamberti,* für Schaafmanns Kotten, Bsch Delstrup	Schlagholz	3	42	35	2	4	6	2	
Hackebret	120	v(on) Kerkering Kerkerink-Borg, Freiherr, zu Münster, Pächter Bödingheide, Bsch Delstrup	Str(auchholz)		21	50	3		1	10	
Hackebret	121	v(on) Kerkering Kerkerink-Borg, Freiherr, zu Münster, Pächter Bödingheide, Bsch Delstrup	Schlagholz		72	40	3		6		
Hackebret	122	v(on) Kerkering Kerkerink-Borg, Freiherr, zu Münster, Pächter Bödingheide, Bsch Delstrup	Wiese		54	25	4		9	1	
Ossenkamps Wiese	123	v(on) Kerkering Kerkerink-Borg, Freiherr, zu Münster, Pächter Bödingheide, Bsch Delstrup	Wiese	1	48	80	4	1	8	1	
Ossenkamp	124	v(on) Kerkering Kerkerink-Borg, Freiherr, zu Münster, Pächter Bödingheide, Bsch Delstrup	Acker	16	144	20	3	40	9	8	
Nippenkamp	125	v(on) Kerkering Kerkerink-Borg, Freiherr, zu Münster, Zeitpächter Bödingheide, Caspar, Bsch Delstrup	Acker	14	178	15	3	35	29	3	
Nippenkamps Busch	126	v(on) Kerkering Kerkerink-Borg, Freiherr, zu Münster, Zeitpächter Bödingheide, Caspar, Bsch Delstrup	Schlagholz	11	60	45	3	5	20		
Wallkamp	127	v(on) Kerkering Kerkerink-Borg, Freiherr, zu Münster, Pächter Bödingheide, Bsch Delstrup	Acker	4	172	76	2	16	25	11	
Kuhle	128	v(on) Kerkering Kerkerink-Borg, Freiherr, zu Münster, Pächter Bödingheide, Bsch Delstrup	*Kuhle* Weide		25	80	2		12	1	
Bleiche	129	v(on) Kerkering Kerkerink-Borg, Freiherr, zu Münster, Pächter Bödingheide, Bsch Delstrup	Weide		22	6	2		10	3	
Haus und Hofraum	130	v(on) Kerkering Kerkerink-Borg, Freiherr, zu Münster, Pächter Bödingheide, Bsch Delstrup	Haus, Hof		151	95	VI	3	26	5	12
Garten	131	v(on) Kerkering Kerkerink-Borg, Freiherr, zu Münster, Pächter Bödingheide, Bsch Delstrup	Gemüsegarten	1	24	37	4	5	6	8	
Ossenkamps Busch	132	v(on) Kerkering Kerkerink-Borg, Freiherr, zu Münster, Pächter Bödingheide, Bsch Delstrup	Schlagholz	6	119	95	2	8	20		
Kämpken	133	v(on) Kerkering Kerkerink-Borg, Freiherr, zu Münster, Pächter Bödingheide, Bsch Delstrup	Acker	2	80	85	3	5	26	4	
Am Nippenkamps Busch	134	v(on) Kerkering Kerkerink-Borg, Freiherr, zu Münster, Pächter Bödingheide, Bsch Delstrup	Heide	1	3	90	1		5	1	
Am Nippenkamps Busch Auf der Lütkenheide	135	von Droste zu Vischering, Graf, Erbdroste, *Pächter Schafmann,* für *Schafmann* Schapmanns Kotten, Bsch Delstrup	Heide	1	173		1		9	10	
Am Nippenkamps Busch Auf der Lütkenheide	136	Averkamp, Franz, zu Lamberti, Bsch Delstrup No 14	Heide	6	98	31	1	1	2	9	
Am vornsten Eschbusch	137	v(on) Kerkering Kerkerink-Borg, Freiherr, Haus Bödingheide	Heide	8	144	70	1	1	14		
Am achtersten Edelbusch	138	v(on) Kerkering Kerkerink-Borg, Freiherr, Haus Bödingheide	Strauchholz	1	79	45	3		21	7	
Am achtersten Edelbusch Ächterste Edel	139	v(on) Kerkering Kerkerink-Borg, Freiherr, Haus Bödingheide	Acker	11	35	55	3	26	26	2	
Am achtersten Edelbusch	140	v(on) Kerkering Kerkerink-Borg, Freiherr, Haus Bödingheide	Schlagholz	3	147	70	3	1	21	4	
Mittelste Erdel Mittelste Edel	141	v(on) Kerkering Kerkerink-Borg, Freiherr, Haus Bödingheide	Acker	22	165	25	4	32	2	7	
Vornste Erdelbusch Vornste Eschbusch	142	v(on) Kerkering Kerkerink-Borg, Freiherr, Haus Bödingheide	Schlagholz	7	29	80	3	3	17	6	
Vornste Erdel Vornste Edel	143	v(on) Kerkering Kerkerink-Borg, Freiherr, Haus Bödingheide	Acker	16	32	85	3, 4	30	22	5	
Vornste Erdel Vornste Edel	144	v(on) Kerkering Kerkerink-Borg, Freiherr, Haus Bödingheide	Heide	1	93	25	1		7	7	
5 Loddenheide											
Loddenheide	1	Ferichmann Frerichmann, Bern. Anton, Bsch Geist No 29	Heide		100		1		2	9	

Flur 5 Loddenheide

Flurnummer mit Flurname Flurbezeichnung	**Par-zellen-nr.**	**Eigentümer und Nummer in der Bauerschaft (Bsch)** Lage und Zuordung von Höfen und Pächtern in den drei Bauerschaften Mecklenbeck, Geist und Delstrup der Gemeinde Lamberti siehe Karte auf Seite 166	**Nutzungsart**	**Parzellengröße** Morgen	Ruthen	Fuss	**Klasse**	**Ertrag** Taler	Silbergr.	Pfennig	steuer-barer Rein-ertrag
an Heumanns Stück	2	*Twillenkötter, zu Bsch Delstrup,* Giesbert, Bern. Heinr., *Bsch Delstrup* Bsch Geist No 32	Heide		31		1			10	
Loddenheide	3	Ferichmann Frerichmann, Bern. Anton, Bsch Geist No 29	Heide	3	41		1		16	2	
	4	v(on) Droste zu Vischering, Graf, Erbdroste, für Fertmanns Kolonat, zu Bsch Geist, Pächter Melskämper	Heide	2	149		1		14	2	
Loddenheide	5	Rothmann Rottmann, Joh. Heinr., Bsch Geist No 28	Heide	12	13		1	2		4	
Loddenheide	6	Ferichmann Frerichmann, Bern. Anton, Bsch Geist No 29	Heide	12	54		1	2	1	6	
	7	v(on) Droste zu Vischering, Graf, Erbdroste, für Fertmanns Kolonat, zu Bsch Geist, Pächter Melskämper	Heide	13	48		1	2	6	4	
	8	Freifr(au) v(on) Bissing u. Freifr(au) v(on) Bersward, für Hovestadts Kolonat, Bsch Geist No 31	Heide	16	45		1	2	21	3	
an Hovestadts Stück	9	Bussmann, Bern. Heinr., Bsch Geist No 31	*Heide* Wiese	6	172		4	6	28	8	
Wieskämpken	10	*Frickmann* Frerichmann, Bern. Anton, Kolon, Bsch Geist No 39	Acker	4	20	88	4	5	22	11	
Wieske	11	*Frickmann* Frerichmann, Bern. Anton, Kolon, Bsch Geist No 39	Wiese	3	113	39	3	10	11	11	
Wiesbüsken	12	*Frickmann* Frerichmann, Bern. Anton, Kolon, Bsch Geist No 39	Waldung	3	158	4	3	1	28	2	
	13	Bussmann, Bern. Heinr., Bsch Geist No 31, u. Frickmann, Kolon, Bsch Geist, gemeinschaftlich	Heide		45	36	1		1	3	
am Wiesbüschchen	14	Bussmann, Bern. Heinr., Bsch Geist No 31	Heide	16	87		1	2	22	5	
am Wiesbüschchen	15	*Bussmann, Bern. Heinr., Bsch Geist,* Giesbert, Bern. Heinr., *Kolon,* Bsch Geist No 32	*Heide* Weide	57	98		3	19	5	6	
am Exerzierplatz	16	Bussmann, Bern. Heinr., Bsch Geist No 31	*Heide* Weide	41	149		3	13	28	3	
am Exerzierplatz	17	Bussmann, Bern. Heinr., Bsch Geist No 31	*Heide* Acker	7	35		5	5	22	8	
am Exerzierplatz	18	v(on) Droste zu Vischering, Graf, Erbdroste, für Münnings Kolonat, Bsch Delstrup No 24	*Heide* Acker	3	24		5	2	15	2	
neben Münnings Stück	19	Giesbert, Bern. Heinr., Kolon, Bsch Geist No 32	*Heide* Acker	8	123		5	6	28	5	
am Exerzierplatz	20	v(on) Droste zu Vischering, Graf, Erbdroste, für Münnings Kolonat, Bsch Delstrup No 24	Weide	3	152		3	1	8	5	
an der Landstr. von Münster nach Albersloh Loddenheide	21	v(on) Droste zu Vischering, Graf, Erbdroste, als Besitzer *Haus* Lütkenbecks	*Heide* Weide	7	17		3	2	11		
an der Landstr. von Münster auf Albersloh u. Sendenhorst	22	Duesberg, zu Münster, zum Hause Geist, Pächter Burghard, Bsch Delstrup	*Heide* Acker Weide	*12,* 8 4	118		5 3	8 1	118 10		
Loddenheide	23	*Depot Gemeinheit* Gemeinde Lamberti	Heide	2	139		1		13	10	
	24	v(on) Droste zu Vischering, Graf, Erbdroste, für Münnings Kolonat, Bsch Delstrup No 24	Heide	1	144		1		9		
	25	v(on) Droste zu Vischering, Graf, Erbdroste, für Münnings Kolonat, Bsch Delstrup No 24	Heide	1	46		1		6	4	
an der Landstr. von Münster nach Albersloh	26	v(on) Droste zu Vischering, Graf, Erbdroste, als Besitzer *Haus* Lütkenbecks	*Heide* Weide Heide	*40,* 20 20	*91,* 45 45	50 50	3 1	6 3	22 11	6 5	
an der Landstr. von Münster nach Albersloh	27	v(on) Droste zu Vischering, Graf, Erbdroste, für Münnings Kolonat, Bsch Delstrup No 24	*Heide* Weide	15	50		3	5	2	9	
an der Landstr. von Münster nach Albersloh	28	v(on) Droste zu Vischering, Graf, Erbdroste, für Münnings Kolonat, Bsch Delstrup No 24	Heide	5	129		1		28	7	
	29	v(on) Droste zu Vischering, Graf, Erbdroste, Haus *Kaldenhove* Kaldenhoff, Bsch Delstrup, Pächter Bracht, Casper	Heide	3	53		1		16	6	
an der Landstr. von Münster auf Albersloh u. Sendenhorst	30	v(on) Droste zu Vischering, Graf, Erbdroste, Pächter Bertelskötter Berdelskötter, Bsch Delstrup	Heide	29	39		1	4	26	1	
Loddenheide Exerzierplatz	31	*königlicher Exerzierplatz,* Militair-Fiskus, in Münster	*Heide* Weide	420	128		3	140	7	1	
an Rettmanns Stück	32	v(on) Bissing, Freifrau, geb. v(on) Gall und v(on) Bersward, Freifrau, für Hovestadts Kolonat, Bsch Geist No 31	Heide	24	32		1	1		11	
zwischen Ferichmanns u. Hovestadts Stück	33	Rottmann, Joh. Heinr., Bsch Geist No 28	Heide	21	129		1	3	18	7	

Flur 5 Loddenheide

Flurnummer mit Flurname Flurbezeichnung	**Par-zellen-nr.**	**Eigentümer und Nummer in der Bauerschaft (Bsch)** Lage und Zuordung von Höfen und Pächtern in den drei Bauerschaften Mecklenbeck, Geist und Delstrup der Gemeinde Lamberti siehe Karte auf Seite 166	**Nutzungsart**	**Parzellengröße** Morgen	Ruthen	Fuss	**Klasse**	**Ertrag** Taler	Silbergr.	Pfennig	steuer-barer Rein-ertrag
zwischen Rettmanns u. Fertmanns Stück	34	Ferichmann Frerichmann, Bern. Anton, Bsch Geist No 29	Heide	33	36		1	5	16		
zwischen Heitmanns u. Ferichmanns Stück	35	v(on) Droste zu Vischering, Graf, Erbdroste, für Fertmanns Kolonat, Bsch Geist, Pächter Melskämper	Heide	27	68		1	4	16	11	
neben Heitmanns Stück	36	v(on) Droste zu Vischering, Graf, Erbdroste, für Fertmanns Kolonat, Bsch Geist, Pächter Melskämper	Heide	12	14		1	2		5	
an Fertmanns Stück	37	Heitmann, Christopherus, Bsch Geist No 24	Heide	21	82		1	3	17	3	
an Fertmanns u. Duesberg	38	Heitmann, Christopherus, Bsch Geist No 24	Heide	15	33		1	2	15	11	
Loddenheide	39	Duesberg, Hofkammerrat, zu Münster, *zum Hause Geist,* Pächter Holtenkotten	Gemüsegartem		70	63	4	1	24	2	
Loddenheide	40	Duesberg, Hofkammerrat, zu Münster, *zum Hause Geist,* Pächter Holtenkotten	Haus, Hof		89	71	III	2	8	9	4
Loddenheide	41	Duesberg, Hofkammerrat, zu Münster, *zum Hause Geist,* Pächter Holtenkotten Höltenkotten	Heide	91	168	66	1	15	9	9	
Loddenheide an Duesberg	42	Stertmann, Joh. Herm., *Kolon zu Duesberg,* Kirchspiel Hiltrup No 33	Heide	38	45		1	6	11	3	
an Schapmanns, Heumanns u. Althofs Stück	43	Duesberg, Hofkammerrat, zu Münster, *zum Hause Geist,* Pächter Holtenkotten Höltenkotten	Heide	46	40		1	7	21	1	
	44	von Herding, Freiherr u. von Stapel, Freiherr	Heide	2	55		1		11	6	
	45	Schulte Dernebocholt, zu Alberslohe	Heide	16	43		1	2	21	2	
Loddenheide	46	*Depot Gemeinheit,* Gemeinde Lamberti	Heide	3	148		1		19	1	
an Dernebocholts Stück	47	v(on) Merveldt, Graf, zu Münster, Ludgeristr.	Heide	8	116		1	1	13	3	
an Althofs Stück	48	Schulte Dernebocholt, zu Alberslohe	Heide	3	76		1		17	1	
an Heumanns Stück	49	Schulte Althof Althoff, zu Angelmodde	Heide	33	137		1	5	18	10	
zwischen Schapmanns u. Althofs Stück	50	v(on) Droste zu Vischering, Graf, Erbdroste, Heumanns Kotten, *Bsch Delstrup*	Heide	35	88		1	5	27	5	
an Heumanns Stück	51	v(on) Droste zu Vischering, Graf, Erbdroste, *Twittenkötter,* Trenkpohls Kotten, Bsch Geist	Heide	1	56		1		6	7	
an Niemüllers Stück	52	v(on) Ketteler, Freiherr, zu Haarkotten, Pächter Bracht, Haus Kaldenhoff, Bsch Delstrup	Heide	3	143		1		18	2	
	53	v(on) Droste zu Vischering, Graf, Erbdroste, für Niemöllers Kotten, Bsch Delstrup	Heide	9	135		1	1	18	9	
Loddenheide	54	*Depot Gemeinheit,* Gemeinde Lamberti	Heide	1	139		1		8	10	
an Heumanns Stück	55	v(on) Droste zu Vischering, Graf, Erbdroste, für Schapmanns Kotten, Bsch Delstrup	Heide	23	156		1	3	29	4	
vor Konermanns Stück	56	v(on) Droste zu Vischering, Graf, Erbdroste, Thürs Kotten, *Bsch Delstrup*	Heide	29	129		1	4	28	7	
zwischen Gremme u. Thür	57	v(on) Droste zu Vischering, Graf, Erbdroste, Konermanns Kotten, Bsch Delstrup	Heide	10	117		1	1	23	3	
zwischen Baumeister u. Konermann	58	v(on) Droste zu Vischering, Graf, Erbdroste, *Gremme, Bsch Delstrup,* für Gremmes Kotten, Bsch Delstrup	Heide	24	22		1	4		7	
zwischen Renzelkotten u. Gremmen	59	v(on) Droste zu Vischering, Graf, Erbdroste, Pächter Baumeister, Bsch Delstrup	Heide	19	173		1	3	9	10	
zwischen Münnig u. Baumeister	60	v(on) Droste zu Vischering, Graf, Erbdroste, Eigentümer für Renzelkotten, Bsch Delstrup	Heide	22	173		1	3	25	10	
auf der Loddenheide	61	*Depot Gemeinheit Lamberti,* Lohkampff, Steuerempfänger, zu Münster, Ludgeristr.	Heide	24	65		1	4	1	10	
auf der Loddenheide	62	*Depot Gemeinheit Lamberti,* Lohkampff, Steuerempfänger, zu Münster, Ludgeristr.	Wegematerial, Heide		138		1		3	10	
an Renzelkötters Stück	63	v(on) Droste zu Vischering, Graf, Erbdroste, für *Münnigs* Münnings Kolonat, Bsch Delstrup	Heide	52	159		1	8	24	5	
an Schniederkötters	64	v(on) Droste zu Vischering, für Haus Lütkenbeck, No 24	Heide	5	140		1		28	10	

Flurnummer mit Flurname Flurbezeichnung	**Par-zellen-nr.**	**Eigentümer und Nummer in der Bauerschaft (Bsch)** Lage und Zuordung von Höfen und Pächtern in den drei Bauerschaften Mecklenbeck, Geist und Delstrup der Gemeinde Lamberti siehe Karte auf Seite 166	**Nutzungsart**	**Parzellengröße** **Morgen**	**Ruthen**	**Fuss**	**Klasse**	**Ertrag** **Taler**	**Silbergr.**	**Pfennig**	steuer-barer Rein-ertrag
an Münnings Stück Loddenheide	65	*Schniederskötter, Bsch Delstrup,* v(on) Droste zu Vischering, Graf, zu Münster	Heide	14	99		1	2	12	4	
an der Landstr. von Münster nach Alberslohe u. Sendenhorst	66	Schulte Niehoff, zu Angelmodde	*Heide* Weide	11	144		3	3	18		
an Heumanns Stück	67	v(on) Droste zu Vischering, Graf, Erbdroste, *Twittenkötter,* Trenkpohls Kotten, Bsch Geist	*Heide* Weide Heide	16 4	74		3 1	5	14 20	1	
an Heumanns u. Niehofs Stück	68	v(on) Droste zu Vischering, Graf, Erbdroste, Besitzer, Heumanns Kotten, *Bsch Delstrup*	Heide Weide	2 8	 5		1 3	 2	10 20	 5	
an Heumanns und Tillings Stück	69	v(on) Ketteler, Freiherr, zu Haarkotten, Pächter Bracht, Haus Kaldenhoff, Bsch Delstrup	Heide Weide	13 13	124 124		1 3	2 4	8 16	5 11	
an Kaldenhoves Stück	70	*Tilling, Bsch Delstrup,* v(on) Droste zu Vischering, Graf, Erbdroste, als Besitzer des Gutes Lütkenbeck	Heide	7	171		1	1	9	9	
an Kaldenhoves Stück	71	*Tilling, Bsch Delstrup,* v(on) Droste zu Vischering, Graf, Erbdroste, als Besitzer des Gutes Lütkenbeck	Heide	3	173		1		19	10	
an Thürs Stück	72	v(on) Droste zu Vischering, Graf, Erbdroste, für Konermanns Kotten, Bsch Delstrup	Heide Weide	4 4	2 9		1 3	 1	20 10	3 6	
an Heumanns Stück *vor Schapmanns Stück*	73	*Niemöller, Bsch Delstrup,* v(on) Droste zu Vischering, Graf, Erbdroste, zu Münster, für Thürs Kotten, *Bsch Delstrup*	Heide Weide	5 5	112 112	50 50	1 3	 1	28 26	1 4	
	74	*Depot Gemeinheit* Gemeinde Lamberti	Heide	1	85		1		7	4	
	75	*Depot Gemeinheit* Gemeinde Lamberti	Heide	1	156		1		9	4	
an Kleimanns Stück	76	v(on) Droste zu Vischering, Graf, Erbdroste, für Tombrink, Bsch Delstrup	Heide	20	115		1	3	13	8	
zwischen Niemöller u Tombrink	77	v(on) Droste zu Vischering, Graf, Erbdroste, für Kleimanns Kotten, Bsch Delstrup	Heide	22	142		1	3	23	11	
an Niemöller	78	v(on) Droste zu Vischering, Graf, Erbdroste, für Schapmanns Kotten, Bsch Delstrup	Heide	13	121		1	2	8	4	
an Schapmanns Stück	79	v(on) Droste zu Vischering, Graf, Erbdroste, für Niemöllers Kotten, Bsch Delstrup	Heide	17	123		1	2	28	5	
	80	Averkamp, Franz, *Kolon,* Bsch Delstrup No 14	Heide	19	85		1	3	7	5	
an Haus Bödings Stück	81	*Depot Gemeinheit,* Gemeinde Lamberti	Heide		154		1		4	3	
an v(on) Kerkering-Borg Stück	82	v(on) Kerkerink-Borg, Freiherr, zu Münster, Haus Bödding-heide, Bsch Delstrup No 15	*Heide* Weide	3	173		3	1	9	7	
an Averkamps Stück	83	v(on) Kerkerink-Borg, Freiherr, zu Münster, Haus Bödding-heide, Bsch Delstrup No 15	*Heide* Weide Heide	18 *37* 18	106 *32* 106		3 1	6 3	5 2	1 11	
an Schulte Niehofs Stück	84	*Schulte Althof, zu Angelmodde,* Averkamp, Franz, Bsch Delstrup No 14	Heide	13	38		*3* 1	2	6	1	
an Averkamps Stück	85	Schulte Niehoff, zu Angelmodde	Heide	53	64		1	8	26	9	
an Schulte Niehofs Stück	86	v(on) Droste zu Vischering, Graf, Erbdroste, für Holtkamps Kotten gnt Stoermann, Bsch Delstrup	Heide	14	8		1	2	10	3	
6 Geist I											
an der Chaussee	1	Wibbelt, Heinr., zu Lamberti, Bsch Geist No 3	Acker		13	30	1		10	4	
auf der Geist	2	*Schepers, Notar, Jüdefelder Str., zu Münster,* Wibbelt, Heinr., zu Lamberti, Bsch Geist No 3	Acker		16		1		12	3	
auf der Geist an der Landstraße	3	Schlichter, Joh. Heinr., Eisenhändler, zu Münster, Ludgeristr. No 164	Acker		18	20	1		14		
Geist	4	*Wibbelt, Heinr., zu Lamberti,* Schlichter, Joh. Heinr., Eisenhändler, zu Münster, Ludgeristr. No 164	Acker		23	45	1		18		
Geist	5	*Wibbelt, Heinr., zu Lamberti,* Schlichter, Joh. Heinr., Eisenhändler, zu Münster, Ludgeristr. No 164	Acker		39	50	1	1		4	
auf der Geist	6	*Schepers, Notar, zu Münster, Jüdefelder Str.,* Kühling, Conr., zu Münster, Ludgeristr. No 173	Acker		37	5	1		28	4	

Flur 6 Geist I

Flurnummer mit Flurname Flurbezeichnung	Par-zellen-nr.	Eigentümer und Nummer in der Bauerschaft (Bsch) Lage und Zuordnung von Höfen und Pächtern in den drei Bauerschaften Mecklenbeck, Geist und Delstrup der Gemeinde Lamberti siehe Karte auf Seite 166	Nutzungsart	Parzellengröße Morgen	Ruthen	Fuss	Klasse	Ertrag Taler	Silbergr.	Pfennig	steuer-barer Rein-ertrag
	7	Schepers, Notar, zu Münster, Jüdefelder Str., Kühling, Conr., zu Münster, Ludgeristr. No 173	Acker		43	20	1	1	3	2	
auf der Geist	8	Executorium v(on) d(er) Tinnen, zu Münster	Acker		46	35	1	1	5	6	
auf der Geist, links an der Chaussee	9	Weitkamp, Bernh., (zu Münster), Aegidistr.	Acker		98	25	1	2	15	4	
auf der Geist	10	Schepers, Notar, zu Münster, Jüdefelder Str., Steinlage, Nicolaus Joh., Bsch Geist	Acker		77	5	1	1	29		
	11-1	Hegemann, Schneider, zu Münster, Aegidistr., Schopmann, Wilh., Müller, zu Lamberti	Gemüsegarten	1	14, 1	59, 79	3	6	1	9	
	11-2	Hegemann, Schneider, zu Münster, Aegidistr., Schopmann Schoschmann, Wilh., Müller, zu Lamberti	Haus		12	80	VI		9	9	12
	12	Hölscher, zu Münster, v(on) Böselager, Carl, Freiherr, zu Mün-ster, Pächter Hölscher, Everh.	Lustgarten	2	95	50	3	15	5	6	
	13	Hölscher, zu Münster, v(on) Böselager, Carl, Freiherr, zu Mün-ster, Pächter Hölscher, Everh.	Gemüsegarten	2	92	85	3	15	2	11	
Geist 1. Stück	14	Leppers Lepper, Heinr. Wilh., zu Münster, Grüne Stiege No 303	Acker		102	20	1	2	18	4	
Geist 2. 3. Stück, an der Landstraße	15-1	Studienfond zu Münster, Kentling, Rentmeister	Acker	1	153, 99	25, 43	1	7	4	3	
an Studienfond und der Chaussee	15-2	Jütting, Bernh., zu (Münster), Cl(emens)str. No 110	Acker		53	82	1	1	11	3	
Geist 1. Stück, schießt zu No 62	16	Studienfond zu Münster, Kentling, Rentmeister	Acker		93	10	1	2	11	5	
Geist 1. Stück, schießt zu No 62	17	Studienfond zu Münster, Kentling, Rentmeister	Acker	1	87	25	1	2	6	10	
Geist 1. Stück	18	Leppers Leppermann, Joh. Bern, Wirt, zu Münster, Grüne Stiege, zu Münster, Königsstr. No 284	Acker		81	15	1	2	2	3	
Geist 1. Stück bei Leppers eins der 3. Stücke jenseits der Landstraße zu No 61	19	Studienfond zu Münster, Kentling, Rentmeister	Acker		158	55	1	4	1	7	
	20	Studienfond zu Münster, Kentling, Rentmeister	Acker		90	5	1	2	9		
	21	Studienfond zu Münster, Kentling, Rentmeister			108	65	1	2	23	4	
auf der Geist	22-1	Oeding, Joh. Melchior, zu bei Münster, Ludgeri-Laischaft No 229, vor Ludgeritor No 66	Acker	4, 3	3, 174	32, 12	1	18	7	6	
auf der Geist	22-2	Oeding, Joh. Melchior, zu bei Münster, Ludgeri-Laischaft No 229, vor Ludgeritor No 66	Haus		9	18	V		7	1	9
auf der Geist	23	Jütting, Bernh., zu Münster, Cle(mens)str. No 110	Gestrüpp Acker	1	139	25	1	8	4	9	
am Studienfond vor der Chaussee	24	Jütting, Bernh., zu Münster, Cle(mens)str. No 110, Lepper, Heinr., Grüne Gasse No 303	Acker		63	30	1	1	18	9	
	25	Gerbaulet, Gastwirt, Kopstadt, Franz, zu Münster, aufm Markt No 203	Gemüsegarten	2	7	25	3	12	7	4	
vor Leppermanns Kamp	26	Rottmann Rodmann, Joh. Heinr., Bsch Geist No 28	Acker	1	73	60	2	4	25	8	
vor Leppermanns Kamp	27	Rottmann Rodmann, Joh. Heinr., Bsch Geist No 28	Gemüsegarten		65	10	3	2	5	1	
Dörmschtrut	28-1	Lutterbeck, Heinr., zu Münster, Ludgeristr., Münstermann, Katt-hagen, Bsch Geist	Gemüsegarten		100, 92	9, 6	3	3	2	1	
Dörmschtrut	28-2	Lutterbeck, Heinr., zu Münster, Ludgeristr., Münstermann, Heinr., Katthagen, Bsch Geist	Haus		8	84	VI		6	10	12
Dörmschtrut	29	Lutterbeck, Heinr., zu Münster, Ludgeristr., Münstermann, Katt-hagen, Bsch Geist	Acker	5	163		2	20	2	4	
Geist 1. Stück bei Münstermann	30	Leppers Leppermann, Joh. Bern, Wirt, zu Münster, Grüne Stiege, zu Münster, Königsstr. No 284	Acker	1	8	75	2	3	16	11	
Geist	31	Schweling, Hofrat, zu Münster, Schmedding, Weinhändler, zu Münster, Prinzipalmarkt No 8	Acker	2	77	70	2	8	8	1	
Geist 1. Stück am Studienfond	32	Giesbert, Bsch Geist, Frerichmann, Bern. Anton, Bsch Geist No 29	Acker	1	2	10	2	3	13	3	
auf der Geist 1. Stück vor der gr. Dahlkamp bei Giesbert No 36	33	Studienfond zu Münster, Kentling, Rentmeister	Acker		152	60	2	2	26	6	
Geist	34	Freckmann Frerichmann, Bernh. Anton, Bsch Geist No 29	Acker	1	107	85	2	5	13	1	

Flur 6 Geist I

Flurnummer mit Flurname Flurbezeichnung	**Par-zellen-nr.**	**Eigentümer und Nummer in der Bauerschaft (Bsch)** Lage und Zuordung von Höfen und Pächtern in den drei Bauerschaften Mecklenbeck, Geist und Delstrup der Gemeinde Lamberti siehe Karte auf Seite 166	**Nutzungsart**	**Parzellengröße** Morgen	Ruthen	Fuss	**Klasse**	**Ertrag** Taler	Silbergr.	Pfennig	steuer-barer Rein-ertrag
Geist	35	*Freckmann* Frerichmann, Bernh. Anton, Bsch Geist No 29	Acker		155	25	3	2	2	2	
auf der Geist 2. Stück bei Freckmann No 35	36	Studienfond zu Münster, Kentling, Rentmeister	Acker		153	20	3	2	1	3	
Geist	37	*Freckmann* Frerichmann, Bernh. Anton, Bsch Geist No 29	Acker		138	25	3	1	25	3	
7. Stück auf der Geist	38	Althoff, *Kaspar* Anton, Witwer, Bsch Geist No 25	Acker	4	179	75	3	11	29	11	
am Studienfond	39	*Lepper* Leppermann, *Wilh.* Joh. Bern., zu Münster, Königsstr. No 284	Acker		29		3		11	7	
Dahlkamp	40	*Studienfond zu Münster,* Kentling, Rentmeister, Executorium v(on) d(er) Tinnen, zu Münster	Acker	9	19	75	3	21	25	11	
Dahlkamp	41	*Haverkemper* Haverkämper, Witwe, Bsch Geist	Acker	4	4		3	9	19	7	
Dahlkamp	42	*Haverkemper* Haverkämper, Witwe, Bsch Geist	Acker	3	126		3	8	26	5	
	43	*Haverkemper* Haverkämper Haverkamp, Witwe, Bsch Geist	Haus, Hof		50		II	1	8	4	
	44	*Haverkemper* Haverkämper, Witwe, Bsch Geist	Gemüsegarten	1		75	4	4	18	7	
Dahl	45	Bussmann, Bern. Heinr., Bsch Geist 31	Acker	2	115	30	3	6	10	2	
Dahl	46	Haverkämper, Witwe, Bsch Geist	Acker	2	120	80	3	6	12	4	
Geist 2. Stück bei Vogelmann	47	Giesbert, Bern. Heinr., Bsch Geist No 32	Acker	2	168	85	3	7	1	6	
Geist	48	Vogelmann, zu Hiltrup, Dorfbauerschaft	Acker	1	72	55	3	3	11		
Dahl	49	Bussmann, Bernh. Heinr., Bsch Geist 31	Acker	4	146	95	3	11	16	10	
aufm Dahl	50	Executorium v(on) d(er) Tinnen, zu Münster	Acker	2	53	80	3	5	13	6	
Dahl, auf der Geist 2. Stück hinter dem Großen Dahlkamp No 80	51	Studienfond zu Münster, Kentling, Rentmeister	Acker	3	124	80	3	8	25	11	
Dahl, hinter Lepper	52	Lutterbeck, zu Münster, Ludgeristr.	Acker	2	124	10	3	6	13	8	
Dahl	53	Executorium v(on) d(er) Tinnen, zu Münster	Acker	3	179	15	3	9	17	8	
Dahl, hinter Lepper	54	Lutterbeck, zu Münster, Ludgeristr.	Acker	8	97	30	3	20	14	11	
am Dahlkamp	55	Rottmann, Joh. Heinr., Bsch Geist 28	Acker	1	167	35	3	4	18	11	
große Dahlkamp No 32	56	Studienfond zu Münster, Kentling, Rentmeister	Acker	*27,* 28	*173,* 61	*95,* 45	3	96	10	10	
Dahlkämpe	57	*Lepper* Leppermann, *Wilh.* Joh. Bern., zu Münster, Königsstr. No 284	Acker	6	174	45	2, 3	20	6	5	
Dahlkämpe	58	*Lepper* Leppermann, *Wilh.* Joh. Bern., zu Münster, Königsstr. No 284	Acker	6	167	70	2, 3	20	3	11	
Dahlkämpe	59	Lutterbeck, zu Münster, Ludgeristr.	Acker	*24,* 23	*15,* 127	*25,* 75	2, 3	72	21	3	
Dahlkämpe	60	Renne, Ferdinand, zu Münster, Luderistr.	Acker	6	85	75	2	22		7	
Dahlkämpe	61	Renne, Ferdinand, zu Münster, Luderistr.	Acker	6	102		2	22	9	10	
Dahlkämpe	62	Studienfond zu Münster	Acker	7	102	90	2	25	22	4	
Dahlkämpe	63	*Leppers, Wirt, zu Münster, Grüne Stiege,* Schmedding, Weinhändler, zu Münster, Prinzipalmarkt No 8	Acker	10	9	95	2	34	5	8	
Dahlkämpe	64	Executorium v(on) d(er) Tinnen, zu Mauritz	Acker	1	59	25	2	4	15	6	
am kleinen Dahlkamp	65	Rottmann, Joh. Heinr., Bsch Geist 28	Acker	1	139	30	2	6		11	
im Dahl	66	*Flerlin zu Münster,* Vicariorum ad St. Ludgerium Bursa, zu Münster	Acker	1	127	55	2	5	24	4	
Dahl	67	von Droste zu Vischering, Graf, Freiherr, als Besitzer des Gutes Lütkenbeck	Acker		44		2		24	11	
Dahl Endken am kleinen Dahlkamp	68	Rottmann Rodmann, Joh. Heinr., Bsch Geist 28	Acker		48	70	2		27	6	
Geist	69	Wittkampf, Ignatz, zu Münster, Königsstr. No 223	Acker	10	111		2	36	2	11	
Dahl	70	Executorium v(on) d(er) Tinnen, zu Münster	Acker	1	31	62	2	3	29	11	
Dahl	71	Schweling, *Justizrat,* Justiz-Commissair, zu Münster, Rothenburg	Acker	4	104	55	2	15	17	3	
Dahl	72	Althoff, *Caspar* Anton, Witwe, Bsch Geist No *25* 35	Acker	1	60	66	2	4	16	5	

Flurnummer mit Flurname Flurbezeichnung	Parzellennr.	Eigentümer und Nummer in der Bauerschaft (Bsch) Lage und Zuordung von Höfen und Pächtern in den drei Bauerschaften Mecklenbeck, Geist und Delstrup der Gemeinde Lamberti siehe Karte auf Seite 166	Nutzungsart	Parzellengröße Morgen	Ruthen	Fuss	Klasse	Ertrag Taler	Silbergr.	Pfennig	steuerbarer Reinertrag
Dahl 5. Stück, im Ludgeri Thal 4. Stück an das Stück am großen Thalkamp No 74 u. 77	73	Studienfond zu Münster, Kentling, Rentmeister	Acker	8	24	75	2	27	20		
Dahl	74	Bockelmann, Joh. Bernh., zu Angelmodde No 30	Acker	1	18	25	2	3	22	4	
Dahl	75	v(on) Gahlen, Graf, zu Münster	Acker		155	75	2	2	28	3	
Dahl	76	Mertens, Bernh., zu Münster, Telg(ter) Str. No 21	Acker	6	29	50	2	20	28	9	
Dahl	77	Executorium v(on) d(er) Tinnen, zu Münster	Acker	1	61	45	2	4	16	10	
Dahl 1. Stück, im Ludgeri Thal 2. Stück, jenseits des Weges No 73	78	Studienfond zu Münster, Kentling, Rentmeister	Acker	2	126	90	2	4	5	11	
	79	Roelen, Geschwister, Gastwirt, zu Münster, Ludgeristr.	Gemüsegarten		70	35	3	2	10	4	
	80	Roelen, Geschwister, Gastwirt, zu Münster, Ludgeristr.	Gemüsegarten		50	35	3	1	20	4	
vorm Ludgeritor	81	Roelen, Geschwister, Gastwirt, zu Münster, Ludgeristr.	Gemüsegarten		49		3	1	19		
vorm Ludgeritor	82	Roelen, Geschwister, Gastwirt, zu Münster, Ludgeristr.	Gemüsegarten		53	40	3	1	23	5	
vorm Ludgeritor	83	Roelen, Geschwister, Gastwirt, zu Münster, Ludgeristr.	Gemüsegarten		51		3	1	21		
vorm Ludgeritor	84	Roelen, Geschwister, Gastwirt, zu Münster, Ludgeristr.	Gemüsegarten		55	45	3	1	25	2	
vorm Ludgeritor	85	Roelen, Geschwister, Gastwirt, zu Münster, Ludgeristr.	Gemüsegarten		52	75	3	1	22	9	
vorm Ludgeritor	86	Roelen, Geschwister, Gastwirt, zu Münster, Ludgeristr.	Gemüsegarten		45	5	3	1	15	1	
vorm Ludgeritor	87	Roelen, Geschwister, Gastwirt, zu Münster, Ludgeristr.	Gemüsegarten		47	10	3	1	17	1	
vorm Ludgeritor	88	Roelen, Geschwister, Gastwirt, zu Münster, Ludgeristr.	Gemüsegarten		44	85	3	1	14	10	
vorm Ludgeritor	89	Roelen, Geschwister, Gastwirt, zu Münster, Ludgeristr.	Gemüsegarten		44	40	3	1	14	5	
vorm Ludgeritor	90	Roelen, Geschwister, Gastwirt, zu Münster, Ludgeristr.	Gemüsegarten		62	10	3	2	2	1	
	91	Werneking, Rat, zu Münster, Königsstr., v(on) Droste zu Vischerung, Graf, Erbdroste, Pächter Krawinkels Kotten	Acker	1	129		1, 2	6	16	1	
	92	Werneking, Rat, zu Münster, Königsstr., v(on) Droste zu Vischerung, Graf, Erbdroste, Pächter Krawinkels Kotten	Acker	1	118	30	1, 2	6	15	10	
Dahl	93	Werneking Wernekinck, Rat, zu Münster, Ludgeristr.	Acker	1	146	10	1, 2	7	7	4	
im Dahl Wernekings und Studienfonds Executorium	94	Stratmann, Messionaricus in Rom, Emonitor, Klaverkampf, Kaufmann , Ludgeristr.	Acker	1	48	5	1, 2	7	8	8	
Dahl 1. Stück, jenseits des Weges No 72	95	Studienfond zu Münster, Kentling, Rentmeister	Acker	1	104	50	1, 2	6	9	8	
an v(on) Gahlens und Tinnens Stück	96	Studienfond zu Münster, Kentling, Rentmeister, Executorium v(on) d(er) Tinnen, zu Münster	Acker	1	133	45	1, 2	6	29		
vor Ludgeritor	97	Roelen, Geschwister, Gastwirt, zu Münster, Ludgeristr.	Gemüsegarten		55	45	3	1	25	6	
vor Ludgeritor	98	Roelen, Geschwister, Gastwirt, zu Münster, Ludgeristr.	Gemüsegarten		40	40	3	1	10	5	
vor Ludgeritor	99	Roelen, Geschwister, Gastwirt, zu Münster, Ludgeristr.	Gemüsegarten		41	45	3	1	11	5	
vor Ludgeritor	100	Roelen, Geschwister, Gastwirt, zu Münster, Ludgeristr.	Gemüsegarten		43		3	1	13		
vor Ludgeritor	101	Roelen, Geschwister, Gastwirt, zu Münster, Ludgeristr.	Gemüsegarten		43	25	3	1	13	3	
vor Ludgeritor	102	Roelen, Geschwister, Gastwirt, zu Münster, Ludgeristr.	Gemüsegarten		54	85	3	1	24	10	
vor Ludgeritor	103	Roelen, Geschwister, Gastwirt, zu Münster, Ludgeristr.	Gemüsegarten		59	40	3	1	29	5	
vor Ludgeritor	104	Roelen, Geschwister, Gastwirt, zu Münster, Ludgeristr.	Gemüsegarten		50		3	1	20		
vor Ludgeritor	105	Roelen, Geschwister, Gastwirt, zu Münster, Ludgeristr.	Gemüsegarten		49	50	3	1	19	6	
vor Ludgeritor	106	Roelen, Geschwister, Gastwirt, zu Münster, Ludgeristr.	Gemüsegarten		50		3	1	20		
vor Ludgeritor	107	Roelen, Geschwister, Gastwirt, zu Münster, Ludgeristr.	Gemüsegarten		50		3	1	20		
vor Ludgeritor	108	Roelen, Geschwister, Gastwirt, zu Münster, Ludgeristr.	Gemüsegarten		61	90	3	2	1	11	
1. Stück bei Lutterbeck	109	Werneking Wernekinck, Rat, zu Münster	Acker	1	126	5	1, 2	6	24	1	
Dahl, Wilberts gehabt	110	Lutterbeck, zu Münster, Ludgeristr. No 160	Acker	1	109	10	1, 2	6	12	8	
Dahl	111	Renne, Ferd., Wirt, zu Münster, Ludgeristr.	Acker	3	67	75	1, 2	13	15	2	

Flur 6 Geist I

Flurnummer mit Flurname Flurbezeichnung	Par-zellen-nr.	Eigentümer und Nummer in der Bauerschaft (Bsch) Lage und Zuordnung von Höfen und Pächtern in den drei Bauerschaften Mecklenbeck, Geist und Delstrup der Gemeinde Lamberti siehe Karte auf Seite 166	Nutzungsart	Parzellengröße Morgen	Ruthen	Fuss	Klasse	Ertrag Taler	Silbergr.	Pfennig	steuer-barer Rein-ertrag
Dahl 2. Stück	112	Theissing, Heinr., zu Münster, Ludgeristr. No 192	Acker	3	68	50	1, 2	13	15	8	
im Ludgeri Thal	113	Duesberg, Hofkammer-Rat, zu Münster, Pächter Althoff	*Waldung,* Acker	1	107	20	1, 2	6	11	6	
Dahl	114	Werneking Wernekinck, Rat, zu Münster	Acker	1	50	90	1, 2	5			
Dahl	115	Althoff, *Caspar,* Anton, Witwe, Bsch Geist No *25* 35	Acker	2	151		1, 2	11	10	8	
Dahl, Sinn gehabt	116	Lutterbeck, zu Münster, Ludgeristr. No 160	Acker	2	47	58	1, 2	9	1	10	
neue Garten	117	*Rohling* Rolinck, *Kaufmann,* Friedr. Anton, zu Münster, Alten Fischmarkt	Garten	4	29	30	*1, 2,* 3	24	29	3	
auf`m Dahl	118	*Rohling* Rolinck, *Kaufmann,* Friedr. Anton, zu Münster, Alten Fischmarkt	Garten	2	98	50	*1, 2,* 3	15	8	6	
Dahl 4. Stück an Grawinkel und Theissing	119	v(on) Droste zu Vischering, Graf, Erbdroste, Besitzer des Gutes Lütkenbeck	Acker	6	62	95	1, 2	25	11	11	
Dahl	120	Executorium v(on) d(er) Tinnen, zu Münster	Acker	1	88	75	1, 2	5	29	2	
Dahl Kamp	121	Armen-Kommission, zu Mauritz, zum Clemenz-Hospital ge-hörig	Acker	11	59	10	1	52	3	4	
Dahl 1. Stück	122	*Rochette* Röchette, Peter, zu Münster, Pferdestiege No 31	Acker	2	134	55	1	12	4	2	
Dahl	123	*Eselgrim* Edelgrim, Jos., zu Münster, Aegidistr. No 104	Acker	2	60	75	1	10	22	7	
Dahl	124	*Eselgrim, Wirt, zu Münster, Aegidistr.,* Werneking Wernekinck, Rat, zu Münster	Acker	1	145	35	1	8	9	5	
Dahl 2. Stück	125	Theissing, Heinr., zu Münster, Ludgeristr. No 192	Acker	1	141	70	1	8	6	8	
Dahl	126	v(on) Gahlen, Graf, zu Münster	Acker	2	36	20	1	10	3	9	
Dahl	127	Werneking Wernekinck, Rat, zu Münster	Acker	1	3	5	1	4	28	5	
Dahl 3. und 4. Stück	128	Theissing, Heinr., zu Münster, Ludgeristr. No 192	Acker	10	7		1	46	8	4	
Dahl	129	Mertens, Bernh., zu Münster, Telgter Str. No 21	Acker	2	102	25	2	8	22		
Dahl	130	Werneking Wernekinck, Rat, zu Münster	Acker	4	34	35	2	4	7	5	
Dahl zwischen Bockelmann und Wernekink	131	Lutterbeck, zu Münster, Ludgeristr. No 160	Acker	3	125	55	2	12	17	2	
Dahl an Bockelmann zu Angelmodde gren-zend	132	Werneking Wernekinck, Rat, zu Münster	Acker	2	6		2	6	27	5	
Dahl 2. Stück	133	Bockelmann, Joh. Bernh., zu Angelmodde No 30	Acker	1	166		2	4	19	5	
auf dem Dahl bei Lutterbeck	134	Evens, Bern., Geschwister, zu Münster, a.d.Rothenburg No 38	Acker	2	19	80	2	7	5	3	
Dahl 1. Stück an Evens Schieffend	135	v(on) *Ransau* Rantzau, *Louise* Sophia, Fräulein, zu Münster, Rothenburg	Acker		98		2	1	25	6	
Dahl zwischen v. Galen und von Ransau	136	Lutterbeck, zu Münster, Ludgeristr. No 160	Acker	2	71	90	2	8	4	9	
Dahl	137	v(on) Gahlen, Graf, zu Münster	Acker	2	135	35	2	9	10	8	
Dahl 1. Stück an Winkelsett No 70	138	Studienfond zu Münster, Kentling, Rentmeister	Acker	2	89	45	2	8	14	8	
Dahl	139	Winkelsett, zu Münster, Ludgeristr. No 144	Acker	14	113	60	2	49	22	4	
Dahl	140	Executorium v(on) d(er) Tinnen, zu Münster	Acker	2	98	30	2	8	19	8	
Dahl	141	*Ruhr* Röhr, Bernh., Bäcker, zu Münster, Klemensstr. No 329	Acker	2	44	55	2	7	19	3	
Dahl	142	Executorium v(on) d(er) Tinnen, zu Münster	Acker	2	61		2	7	28	7	
Dahl 5. Stück bei Regensberg wovon ein durchschießt No 71	143	Studienfond zu Münster, Kentling, Rentmeister	Acker	8	71	5	2	28	16	3	
Dahl 2. Stück	144	Regensberg, H(au)ptmann, zu Münster	Acker	1	176	25	2	6	21	11	
Dahl	145	Pastorat zu Kinderhaus	Acker	3	35	70	2				
Dahl	146	Schneiderkötter Schniederskötter, Bernh. Heinr., Bsch Geist Delstrup No 10	Acker	2	33	60	2	7	13		
Dahl	147	v(on) d(er) Tinnen, Executorium, zu Münster, *von Droste zu Vischering*	Acker	1	176	10	2	6	21	10	
Dahl zwischen v. Tinnen u. Wischering	148	Lutterbeck, zu Münster, Ludgeristr. No 160	Acker	4	26	80	2	14	3	2	

Flur 6 Geist I

Flurnummer mit Flurname Flurbezeichnung	**Par-zellen-nr.**	**Eigentümer und Nummer in der Bauerschaft (Bsch)** Lage und Zuordnung von Höfen und Pächtern in den drei Bauerschaften Mecklenbeck, Geist und Delstrup der Gemeinde Lamberti siehe Karte auf Seite 166	**Nutzungsart**	**Parzellengröße** Morgen	Ruthen	Fuss	**Klasse**	**Ertrag** Taler	Silbergr.	Pfennig	steuer-barer Rein-ertrag
5. Stück im Dahl	149	von Droste zu Vischering, Graf, Erbdroste, Besitzer des Gutes Lütkenbeck	Acker	7	65	25	2	25	1		
1. Stück auf der Geist	150	*Köchling* Köhling, Schlachter, zu Münster	Acker	1	95	80	2	5	6	4	
Dahl	151	Hölling, Joh. Herm., Bsch Geist No 59	*Acker* Garten		99	75	4	2	16	7	
Dahl	152-1	Hölling, Joh. Herm., Bsch Geist No 59	Acker	10	*96*, 86	*50*, 40	2	35	19		
Dahl	152-2	Hölling, Joh. Herm., Bsch Geist No 59	Haus		10	10	IV		7	9	6
2. Stück im Dahl	153	von Droste zu Vischering, Graf, Erbdroste, Besitzer des Gutes Lütkenbeck	Acker	2	173	95	2	10	2	6	
Dahl	154	Trenkpohl gnt Twiellenkötter *Twielen-, Moritz*, Bsch *Geist* Delstrup No 8	Acker		158	60	2	2	29	10	
Dahl	155	Mertens, zu Münster, Telgter Str. No 21	Acker	1	2	70	2	3	13	7	
Dahl	156	v(on) Gahlen, Graf, zu Münster	Acker		138	80	2	2	18	7	
im Dahl 1. Stück bei Mertens No 75	157	Studienfond zu Münster, Kentling, Rentmeister	Acker	1	7	40	2	3	16	3	
Dahl	158	Mertens, Bernh., zu Münster, Telgter Str. No 21	Acker	1	144	95	2	6	4	1	
Dahl	159	v(on) Gahlen, Graf, zu Münster	Acker		142	55	2	2	20	10	
Dahl 1. Stück bei v. d. Tinnen u. von Galen, im Thal ein krummes Stück	160	Studienfond zu Münster, Kentling, Rentmeister	Acker		161	75	2	3	1	8	
Dahl	161	*Lohkamp* Lohkampf, Steuerempfänger, zu Münster, Ludgeristr.	Acker	3	45		2, 3	7	24		
Dahl	162	Executorium v(on) d(er) Tinnen, zu Münster	Acker	1	80	40	2	4	27	6	
Dahl	163	Rottmann, Joh. Heinr., Bsch Geist No 28	Acker		142	20	2	2	20	7	
2. Stück im Dahl	164	von Droste zu Vischering, Graf, Erbdroste, Besitzer des Gutes Lütkenbeck	Acker		111	95	2	2	3	6	
Dahl Stück vor Rennenkamp	165	Rottmann, Joh. Heinr., Bsch Geist No 28	Acker	1	81	50	2	4	28	3	
Dahl	166	v(on) *Ransau* Rantzau, *Louise* Sophia, Fräulein, zu Münster, Rothenburg	Acker	4	65	75	2	14	25	3	
Dahl	167	Executorium v(on) d(er) Tinnen, zu Münster	Acker	2	114	16	2	8	28	8	
Dahlkamp Hidding	168	Lutterbeck, zu Münster, Ludgeristr. No 160	Acker	9	115		2	32	23	2	
Dahlkamp	169	Lutterbeck, zu Münster, Ludgeristr. No 160	Gemüsegarten		112	33	4	2	26	1	
Dahlkamp	170	Lutterbeck, Heinr., zu Münster, Ludgeristr. No 160	Haus, Hof		47	65	VI	1	6	6	12
Dahl	171	v(on) *Ransau* Rantzau, *Louise* Sophia, Fräulein, zu Münster, Rothenburg	Acker	8	46	80	2	28	2	6	
Dahl	172	Thür *sive Bachmann*, Joh. Herm., Bsch Geist No 34	Acker	2	17	60	2	7	4		
Dahl zwischen Studienfond und Thür	173	Schweling, *Hofrat*, Gograf, zu Münster, St. Mauritz	Acker	1	12	85	2	3	19	3	
Dahl 1. Stück im Dahl gegen den großen Dahlkamp No 78	174	Studienfond zu Münster, Kentling, Rentmeister	Acker	1	5	80	2	3	15	3	
Dahl	175	*Lohkamp* Lohkampf, Steuerempfänger, zu Münster, Ludgeristr.	Acker	2	40	50	2	7	17		
Dahl 9. Stück zwischen Rottmann und Lohkampf No 79	176	Studienfond zu Münster, Kentling, Rentmeister	Acker	7	22	95	2	24	7		
vor Bülmanns Garen	177	Rottmann, Joh. Heinr., Bsch Geist No 28	Acker		111	60	2	2	3	3	
aufm Dahl	178	*Wewerskötter, Bernh., zu Angelmodde No 32,* Rottmann, Joh. Heinr., Bsch Geist No 28	Acker		124	30	2	2	10	5	
	179	*Göckmann* Göcke Göcks, Bernh., Erbp. von Lutterbeck, Krspl. Lamberti, im Dahl No 58	(Haus), Hofraum		45	84	*VI*, V	1	5	2	9
	180	*Göckmann* Göcke, Bernh., Erbp. von Lutterbeck, Krspl. Lamberti, im Dahl No 58	Gemüsegarten		116	18	4	2	29		
Dahl	181	*Göckmann* Göcke, Bernh., Erbp. von Lutterbeck, Krspl. Lamberti, im Dahl No 58	Acker	8	85	80	2, 3	24	17	6	
Dahl 1. Stück bei Haverkämper	182	Giesbert, Bern. Heinr., Bsch Geist No 32	Acker	2	25	35	2, 3	6	6	3	
	183	Haverkämper, Witwe, Bsch Geist	Acker	3	4	55	2, 3	8	23	2	

Flur 6 Geist I

Flurnummer mit Flurname Flurbezeichnung	**Parzellennr.**	**Eigentümer und Nummer in der Bauerschaft (Bsch)** Lage und Zuordnung von Höfen und Pächtern in den drei Bauerschaften Mecklenbeck, Geist und Delstrup der Gemeinde Lamberti siehe Karte auf Seite 166	**Nutzungsart**	**Parzellengröße** Morgen	Ruthen	Fuss	**Klasse**	**Ertrag** Taler	Silbergr.	Pfennig	steuerbarer Reinertrag
Dahl	184	Executorium v(on) d(er) Tinnen, zu Münster	Acker	1	44	35	2, 3	3	15	5	
	185	Haverkämper, Witwe, Bsch Geist	Acker	1	81	80	2, 3	4	6	6	
Dahlkamp Nienkamp	186	*Leppers* Leppermann, *Wirt*, Joh. Bern., zu Münster, *Grüne Stiege* Königsstr. No 284	Acker	18	145	10	3, 4	35	22		
Loddeheide	187	Wibbelt, Theod. Heinr., zu Lamberti, Bsch Geist	Gemüsegarten		117	75	4	3		3	
Hawerland	188-1	Wibbelt, Theod. Heinr., zu Lamberti, Bsch Geist	Acker	4	*54*, 38	*50*, 22	5	3	11	1	
Hawerland	188-2	Wibbelt, Theod. Heinr., zu Lamberti, Bsch Geist	Haus		16	28	I		12	6	1
am Hause	189	*Hegemann* Högemann, Moritz *Mauritz*, Bsch Geist	Acker	1	99	68	5	1	7	3	
	190	*Hegemann* Högemann, Moritz *Mauritz*, Bsch Geist	(Haus) Hofraum		45	59	I	1	5		1
	191	*Hegemann* Högemann, Moritz *Mauritz*, Bsch Geist	Gemüsegarten		158		4	4	1	2	
an Hegemanns Garten	192	Giesbert, Bern. Heinr., Bsch Geist No 32	Acker	1	107	50	5	1	8	4	
an Hegemanns Garten	193	Giesbert, Bern. Heinr., Bsch Geist No 32	*Heide* Wiese	2	104	45	4	2	17	5	
Wiese bei Bussmann	194	Giesbert, Bern. Heinr., Bsch Geist No 32	Wiese	1	15	5	3	3	1		
Dahl	195	*Bussmann, B. H., Bsch Geist No 31,* Giesbert, Bern. Heinr., Bsch Geist No 32	Wiese		102	73	3	1	17	11	
Wiese am Wege	196	Giesbert, Bern. Heinr., Bsch Geist No 32	Wiese	1	11	25	3	2	29	4	
Dahl	197	*Göckmann* Göcke, Bernh., Erbg. von Lutterbeck, Krspl. Lamberti, im Dahl No 58	Acker	3	30	70	3	7	18	4	
Hawerland Haverland	198	Thür *sive Bachmann*, Joh. Herm., Bsch Geist No 34	Acker	1	45	10	3	3			
Hawerland Haverland	199	Rottmann, Joh. Heinr., Bsch Geist No 28	Acker	1	24	10	3	2	21	7	
Hawerland Haverland	200-1	*Domaine, königl.*, Rottmann, Joh. Heinr., Bsch Geist No 28	Acker	*27*, 3	*172*, 112	65	3	7	23	1	
Hawerland Haverland	200-2	Frerichmann, Bernh. Anton, Bsch Geist No 29	Acker	3	19	10	3	7	13	8	
Hawerland Haverland	200-3	Bussmann, Bernh. Heinr., Bsch Geist No 31	Acker	4	158	25	3	11	21	4	
Hawerland Haverland	200-4	Bockelmann, Joh. Bernh., zu Angelmodde No 30	Acker	8	67	50	2	28	14		
Hawerland Haverland	200-5	Thür, Thür im Busch, Theodor Heinr., Bsch Delstrup No 9	Acker	8	67	50	2	28	13	11	
Spitzken am kleinen Hawerland und Holling	201	*Hötting, Joh. Herm., Bsch Geist No 59,* Stadt Münster	*Acker* Weide		35	95	3		2		
erste Dahlkamp	202	Theissing, Heinr., zu Münster, Ludgeristr. No 192	Acker	15	42		2	51	23	10	
2. Dahlkamp	203	Theissing, Heinr., zu Münster, Ludgeristr. No 192	Acker	10	159	65	2	37		6	
3. Dahlkamp	204	Theissing, Heinr., zu Münster, Ludgeristr. No 192	Acker	8	138	50	2	29	24	5	
kleine Dahlkamp vor Theissing und Thür	205	Schweling, *Hofrat*, Gograf, zu Münster, St. Mauritz	Acker	8	106	80	2	29	6	7	
	206	*Buelmann, Herm., zu Lamberti No 34,* Thür, Joh. Herm., Bsch Geist No 34	Haus, Hof		29	81	IV		22	10	6
	207	*Buelmann, Herm., zu Lamberti No 34,* Thür, Joh. Herm., Bsch Geist No 34	Gemüsegarten		159	75	4	4	2	6	
erste Brockkamp	208	*Buelmann, Herm., zu Lamberti No 34,* Thür, Joh. Herm., Bsch Geist No 34	Acker	5	100		2	18	26	8	
2. Brockkamp	209	*Buelmann, Herm., zu Lamberti No 34,* Thür, Joh. Herm., Bsch Geist No 34	Acker	5	76	65	3	13		8	
Langenkamp	210	Giesbert, Bern. Heinr., Bsch Geist No 32	Acker	9	*141*, 81	*20*, 80	3	22	20	8	
(entfällt hier, in Bl. 5-1, Parzelle 15 enthalten)	*211*	*Gemeinheit Lamberti*	*Heide Weide*	*7*	*140*	*30*	*3*				
Hülskamp Hüskeskamp	212-1	*Lepper, Heinr., zu Münster, Grüne Gasse No 303,* Höller, Franz, Bsch Geist No 65	*Heide* Acker	8	*168*, 141	*10*, 12	3	21	2	6	
Hüskes Kotten	212-2	*Lepper, Heinr., zu Münster, Grüne Gasse No 303,* Höller, Franz, Bsch Geist No 65	Haus		26	98	III		20	8	
Henn.....kamp der große Borgkamp No 29	213	Studienfond zu Münster, Kentling, Rentmeister	Acker	12	179	95	3	31		6	
Borgkamp Honewitzkämpchen No 30	214	Studienfond zu Münster, Kentling, Rentmeister	Acker	2	21	75	3	5	2	8	
Kamp auf der Geist Kleine Borgkamp	215	Vennemann, Bernh. Heinr., Bsch Geist No 54	Acker	6	116		3	15	28	4	

Flur 6 Geist I

Flurnummer mit Flurname Flurbezeichnung	**Par-zellen-nr.**	**Eigentümer und Nummer in der Bauerschaft (Bsch)** Lage und Zuordung von Höfen und Pächtern in den drei Bauerschaften Mecklenbeck, Geist und Delstrup der Gemeinde Lamberti siehe Karte auf Seite 166	**Nutzungsart**	**Parzellengröße** Morgen	Ruthen	Fuss	**Klasse**	**Ertrag** Taler	Silbergr.	Pfennig	steuer-barer Rein-ertrag
Dieckenkamp	216	Giesbert, Bern. Heinr., Bsch Geist No 32	Acker	9	57	55	4	13	1	5	
Wildkamp No 28	217	Studienfond zu Münster, Kentling, Rentmeister	Acker	9	6	30	4	12	19	5	
Heidkämpken	218-1	*Giesbert, Bern. Heinr., Bsch Geist No 32,* Vennemann, Bernh. Heinr., Bsch Geist No 54	Gemüsegarten		*153,* 125	*15,* 79	4	3	6	5	
Heidkämpken	218-2	*Giesbert, Bern. Heinr., Bsch Geist No 32,* Vennemann, Bernh. Heinr., Bsch Geist No 54	Haus		27	36	III		20	11	4
Heidkämpken	219	Giesbert, Bern. Heinr., Bsch Geist No 32	Acker	2	8		3	4	27	2	
Hofwiese	220	Giesbert, Bern. Heinr., Bsch Geist No 32	Wiese	3	44	75	2, 3	11	1	4	
Hofbusch	221	Giesbert, Bern. Heinr., Bsch Geist No 32	Wald	3	163		2	5	2	4	
Hauskämpchen	222	Giesbert, Bern. Heinr., Bsch Geist No 32	Acker	1	160	75	2	6	13	1	
	223	Giesbert, Bern. Heinr., Bsch Geist No 32	Haus, Hof	2	26	25	VII	9	26	1	15
	224	Giesbert, Bern. Heinr., Bsch Geist No 32	Gemüsegarten		51	16	4	1	9	1	
Gonnewiese	225	Giesbert, Bern. Heinr., Bsch Geist No 32	Wiese	1	66	10	2	5	14	1	
	226	Giesbert, Bern. Heinr., Bsch Geist No 32	Gemüsegarten	2	51	50	4	10	15	6	
Geistkamp	227	Giesbert, Bern. Heinr., Bsch Geist No 32	Acker	24	113	10	3, 4	50	27		
längst dem Geistkamp am Wege	228	Giesbert, Bern. Heinr., Bsch Geist No 32	*Acker* Heide	2	42	25	2		4	6	
Geist	229	Bussmann, Bernh. Heinr., zu Lamberti, Bsch Geist No 31	Acker	6	54	90	3	15	4		
Geist auf der Geist hinter Giesbert	230	Rottmann, Joh. Heinr., Bsch Geist No 28	Acker	3	88	25	3	8	11	3	
Geist	231-1	Delius, Reg(ierungs-) Rat, zu Münster, Starp, Joh., Erbg(emeinschaft). des Reg. Rat, Bsch Geist	Acker	9	*82,* 75	*50*	3	22	18		
Geist	231-2	Delius, Reg(ierungs-) Rat, zu Münster, Starp, Joh., Erbg(emeinschaft). des Reg. Rat, Bsch Geist	Haus		7	50	I		5	9	
Geist 2. Stück	232	Giesbert, Bern. Heinr., Bsch Geist No 32	Acker	3	8	96	3	7	9	7	
Geist Stück vorm Borgkamp	233	Rottmann, Joh. Heinr., Bsch Geist No 28	Acker	1	41	43	3	2	28	7	
Geist 1. Stück	234	Giesbert, Bern. Heinr., Bsch Geist No 32	Acker	1	35	12	3	2	26	1	
Geist	235	*Freckmann, Bernh. Anton, Bsch Geist No 29,* Giesbert, Bern. Heinr., Bsch Geist No 32	Acker	1	61	51	3	3	6	7	
Geist	236	*Bussmann, Bernh. Heinr., zu Lamberti, Bsch Geist No 31,* Giesbert, Bern. Heinr., Bsch Geist No 32	Acker	1	62	22	3	3	6	11	
Geist 5. Stück	237	Giesbert, Bern. Heinr., Bsch Geist No 32	Acker	5	126	60	3	13	20	8	
auf der Geist No 37b	238	Studienfond zu Münster, Kentling, Rentmeister	Acker	7	20	20	3	17	2	1	
Geist 5. Stück	239	Giesbert, Bern. Heinr., Bsch Geist No 32	Acker	6	53	75	3	15	3	5	
Geist	240	*Weidemann* Wiedemann, *Theod.,* Florenz, *zu Münster, Bogen-str. No 25,* Prinzipalmarkt	Acker	5	49	25	3	12	19	8	
2. Stück auf der Geist bei Wiedemann	241	Vennemann, Anton, Kötter, Bsch Geist No 23	Acker	2	52		3	5	14	10	
Geist auf der Geist zwei Stücke No 37	242	Studienfond zu Münster, Kentling, Rentmeister	Acker	2	34	56	3	5	7	9	
1. Stück beim Studienfond	243	Vennemann, Anton, Kötter, Bsch Geist No 23	Acker	1	12	82	3	2	17	2	
Geist aufm Geist No 37	244	Studienfond zu Münster, Kentling, Rentmeister	Acker	3	157	75	2, 3	11	7	2	
Geist	245	*Freckmann* Frerichmann, Bernh. Anton, Bsch Geist No 29	Acker	1	178	25	2	6	23		
Dahl 4. Stück	246	*Armen-Kommission zu St. Mauritz,* Executorium v(on) d(er) Tinnen, zu Münster	Acker		177		2	3	10	4	
Hawerkamp Haverkamp	247	Bussmann, Bernh. Heinr., Bsch Geist No 31	Acker	13	24	75	3	31	15	11	
Minckelenburkamp	248	Bussmann, Bernh. Heinr., Bsch Geist No 31	Acker	5	159	25	4	8	7	2	
Blomenrot	249	Bussmann, Bernh. Heinr., Bsch Geist No 31	Acker	4	166		4	6	26	9	
fule Wieske	250	Bussmann, Bernh. Heinr., Bsch Geist No 31	*Acker* Weide	1	91		3	4	6	6	
Busch	251	*Freckmann* Frerichmann, Bernh. Anton, Bsch Geist No 29	Wald	12	76	35	2	16	4	7	

Flur 6 Geist I

Flurnummer mit Flurname Flurbezeichnung	Par-zellen-nr.	Eigentümer und Nummer in der Bauerschaft (Bsch) Lage und Zuordung von Höfen und Pächtern in den drei Bauerschaften Mecklenbeck, Geist und Delstrup der Gemeinde Lamberti siehe Karte auf Seite 166	Nutzungsart	Parzellengröße Morgen	Ruthen	Fuss	Klasse	Ertrag Taler	Silbergr.	Pfennig	steuer-barer Rein-ertrag
Langenkamp	252-1	Rottmann, Joh. Heinr., Bsch Geist No 28	Acker	*8*, 4	*77*, 68	95	4	6	3	10	
Langenkamp	252-2	Rottmann, Joh. Heinr., Bsch Geist No 28	Wiese		39		3		18	2	
	252-3	Duesberg, Hofkammer-Rat, zu Münster, Pächter Gerpels Kotten	Wiese	3	107		3	10	1	11	
	252-4	v(on) Bissing, Freifrau, geb. v(on) Gall und v(on) Bersward, Freifrau, für Hovestadts Kolonat zu Lamberti, Bsch Geist No 31	Holz	2	42		3	1	3	6	
große Wiese an Bussmanns faule Wieske	253-1	*Hovestadt, Franz Jos., Bsch Geist No 31,* v(on) Droste, gnt v(on) Kerkerinck, zu Stapel	Wiese	3	*102*, 6	*52*, 65	2	12	5	5	
an Bussmanns faule Wieske	253-2	*Hovestadt, Franz Jos., Bsch Geist No 31,* v(on) Droste, gnt v(on) Kerkerinck, zu Stapel	Holz		95	90	3		8		
fule Wieske	254	Bussmann, Bernh. Heinr., Bsch Geist No 31	Acker	7		45	3	16	24	21	
Sperkelnbusch	255	Bussmann, Bernh. Heinr., Bsch Geist No 31	Wald	21	105	50	2	19	12	10	
Straße	256	Bussmann, Bernh. Heinr., Bsch Geist No 31	*Ungrund* Weide		130	30	1		7	3	
Roggenkamp	257	Bussmann, Bernh. Heinr., Bsch Geist No 31	Acker	8	12	75	2	27	13	3	
	258	Bussmann Buschmann, Bernh. Heinr., Bsch Geist No 31	Haus, Hof	1	21	75	VI	5	4	8	12
Bleiche	259	Bussmann, Bernh. Heinr., Bsch Geist No 31	Wiese	1	133	95	3	4	26	7	
Busch	260	Giesbert, Bern. Heinr., Bsch Geist No 32 und Bussmann, Bernh. Heinr., Bsch Geist No 31	Wald	7	22	30	2	9	7	10	
am Busch	261	Giesbert, Bern. Heinr., Bsch Geist No 32	Acker	3	141	45	4	5	9		
unterste Hof	262	Giesbert, Bern. Heinr., Bsch Geist No 32	Acker	6	79	40	4	9	6		
unterste Hof	263	Giesbert, Bern. Heinr., Bsch Geist No 32	Strauchholz		16	50	3		1	4	
oberste Hof	264	Giesbert, Bern. Heinr., Bsch Geist No 32	Acker	6	21	15	3	14	20	7	
Winckelkamp	265	Bussmann, Bernh. Heinr., Bsch Geist No 31	Acker	7	83	15	3	17	27	3	
Strohkamp	266	Bussmann, Bernh. Heinr., Bsch Geist No 31	Acker	3	26	80	4	4	12	3	
	267	Bussmann, Bernh. Heinr., Bsch Geist No 31	Gemüsegarten	2	92	85	4	11	7	2	
Gartenwiese	268	Bussmann, Bernh. Heinr., Bsch Geist No 31	Wiese	1	167	20	2	7	21	6	
Storkkamps Büschen	269	Bussmann, Bernh. Heinr., Bsch Geist No 31	Wald	2	24	60	2	2	23	4	
Telgen	270	Giesbert, Bern. Heinr., Bsch Geist No 32	Wald	5	135	35	2	7	14	4	
	271	von Bissing, Freifrau, geb v(on) Gall und von Bersward, Freifrau, gemeinschaftl., für Hovestadts Kolonat, Giesbert, Bsch Geist No 31	Haus, Hof	1	47	20	VI	5	24	2	12
	272	von Bissing, Freifrau, geb v(on) Gall und von Bersward, Freifrau, gemeinschaftl., für Hovestadts Kolonat, Bsch Geist No 31	Gemüsegarten	1	98	90	4	7	3	10	
Gorenkamp	273	von Bissing, Freifrau, geb v(on) Gall und von Bersward, Freifrau, für Hovestadts Kolonat, Bsch Geist No 31	Acker	2	45	35	3	5	12	2	
kleine Wiese	274	von Bissing, Freifrau, geb v(on) Gall und von Bersward, Freifrau, für Hovestadts Kolonat, Bsch Geist No 31	Wiese	1	64	25	2	5	12	10	
Wiesflocken	275	*von Bissing, Freifrau, geb v(on) Gall und von Bersward, Freifrau, für Hovestadts Kolonat, Bsch Geist No 31,* Duesberg, Hofkammer-Rat, zu Münster, Pächter Gerpels Kotten	Wald	1	33	40	2	1	16	3	
Gorenwieske	276	von Bissing, Freifrau, geb v(on) Gall und von Bersward, Freifrau, für Hovestadts Kolonat, Bsch Geist No 31	Wiese	2	163		2	11	18	8	
Erdele	277	von Bissing, Freifrau, geb v(on) Gall und von Bersward, Freifrau, für Hovestadts Kolonat, Bsch Geist No 31	Wald	2	93	5	2	3	8	2	
am Garten	278	Duesberg, Hofkammer-Rat, zu Münster, *Pächter Hovestadt,* Pächter Gerpels Kotten	Wald	1	105	60	2	2	1	11	
	279-1	Duesberg, Hofkammer-Rat, zu Münster, *Pächter Hovestadt,* Pächter Gerpels Kotten	Gemüsegarten		*155*,144	60	4	3	20	11	

Flur 6 Geist I

Flurnummer mit Flurname Flurbezeichnung	Par- zellen- nr.	Eigentümer und Nummer in der Bauerschaft (Bsch) Lage und Zuordung von Höfen und Pächtern in den drei Bauerschaften Mecklenbeck, Geist und Delstrup der Gemeinde Lamberti siehe Karte auf Seite 166	Nutzungsart	Parzellengröße Morgen	 Ruthen	 Fuss	Klasse	Ertrag Taler	 Silbergr.	 Pfennig	steuer- barer Rein- ertrag
	279-2	Duesberg, Hofkammer-Rat, zu Münster, *Pächter Hovestadt,* Pächter Gerpels Kotten	Haus		10	40	IV		8		6
Garten	280	*Freckmann* Frerichmann, Bernh. Anton, Bsch Geist No 29	Garten	1	38	40	4	5	17	6	
Roiwekamp	281	*Freckmann* Frerichmann, Bernh. Anton, Bsch Geist No 29	Acker	2	*127,* 56	*5,* 55	4	3	7	2	
ob den Roiwekamp	282	*Freckmann* Frerichmann, Bernh. Anton, Bsch Geist No 29	*Wald* Wiese	1	24	5	2, 4	1	4		
Kamp	283	Duesberg, Hofkammer-Rat, zu Münster, *Pächter Hovestadt,* Pächter Gerpels Kotten	Acker	2	168	90	4	4	3	5	
Geistkamp	284	von Bissing, Freifrau, geb v(on) Gall und von Bersward, Freifrau, für Hovestadts Kolonat, Bsch Geist No 31	Acker	3	118	80	3	8	23	6	
Geist	285	Bussmann, Bernh. Heinr., Bsch Geist No 31	Acker		100	91	3	1	10	4	
Geist an dem Winkel	286	Bussmann, Bernh. Heinr., Bsch Geist No 31	Acker	4	131	90	3	11	10	9	
Geist	287	von Bissing, Freifrau, geb v(on) Gall und von Bersward, Freifrau, für Hovestadts Kolonat, Bsch Geist No 31	Acker	3	126		3	8	26	5	
Geist bei Rottmann	288	Giesbert, Bern. Heinr., Bsch Geist No 32	Acker		125	2	3	1	20	1	
Geist vor Bussmanns Winkel	289	Rottmann, Joh. Heinr., Bsch Geist No 28	Acker		82	30	3	1	2	11	
Geist	290	Bussmann, Bernh. Heinr., Bsch Geist No 31	Acker	2	75	25	3	5	24	1	
2. Stück bei Rodmann	291	Giesbert, Bern. Heinr., Bsch Geist No 32	Acker	3	30	80	3	7	18	4	
Geist vor Hovestadts Straße	292	Rottmann, Joh. Heinr., Bsch Geist No 28	Acker	1	38	72	3	2	27	6	
Geist	293	von Bissing, Freifrau, geb v(on) Gall und von Bersward, Freifrau, für Hovestadts Kolonat, Bsch Geist No 31	Acker	5	46	50	3	12	18	7	
Geist	294	von Bissing, Freifrau, geb v(on) Gall und von Bersward, Freifrau, für Hovestadts Kolonat, Bsch Geist No 31	Strauchholz		67	88	3		5	8	
Geist vor Duesbergs Gerbel	295	Rottmann, Joh. Heinr., Bsch Geist No 28	Acker	3	127	45	4	5	5	9	
Geist	296	von Bissing, Freifrau, geb v(on) Gall und von Bersward, Freifrau, für Hovestadts Kolonat, Bsch Geist No 31	Acker	2	98	85	4	3	17		
Geist	297	*Freckmann* Ferichmann, Bernh. Anton, Bsch Geist No 29	Acker	3	67	55	4	4	21	10	
Geist	298	von Bissing, Freifrau, geb v(on) Gall und von Bersward, Freifrau, für Hovestadts Kolonat, Bsch Geist No 31	Acker		63	25	4		14	9	
Geist	299	*Freckmann* Frerichmann, Bernh. Anton, Bsch Geist No 29	Acker	1	68	25	4	1	27	11	
Geist	300	von Bissing, Freifrau, geb v(on) Gall und von Bersward, Freifrau, für Hovestadts Kolonat, Bsch Geist No 31	Acker	3	58	25	4	4	19	7	
Geist	301	*Freckmann* Frerichmann, Bernh. Anton, Bsch Geist No 29	Acker	5	8	50	4	7	1	11	
Geist	302	von Bissing, Freifrau, geb v(on) Gall und von Bersward, Freifrau, für Hovestadts Kolonat, Bsch Geist No 31	Acker	1	91	70	4	2	3	5	
Geist	303	*Freckmann* Frerichmann, Bernh. Anton, Bsch Geist No 29	Acker	2	54	45	4	3	6	5	
Geist	304	Giesbert, Bern. Heinr., Bsch Geist No 32	Acker	2	40	17	4	3	3	5	
Geist Schrattgenstück	305	Rottmann, Joh. Heinr., Bsch Geist No 28	Acker	1	61	82	4	2	19	9	
Geist	306	von Bissing, Freifrau, geb v(on) Gall und von Bersward, Freifrau, für Hovestadts Kolonat, Bsch Geist No 31	Acker	2	83		4	3	13	4	
Geist	307	von Bissing, Freifrau, geb v(on) Gall und von Bersward, Freifrau, für Hovestadts Kolonat, Bsch Geist No 31	Acker		31	63	4		7	5	
Geist	308	*Freckmann* Frerichmann, Bernh. Anton, Bsch Geist No 29	Acker	1	160	65	4	2	19	6	
	309	Giesbert, Bern. Heinr., Bsch Geist No 32	Acker	2	99	40	4	3	17	2	
Geist 2. Stück	310	von Droste zu Vischering, Graf, für Ferichmanns Kolonat, Pächter Milskämper *gnt Fertmann, zu Lamberti*	Acker	2	130	29	4	3	24	5	
Geist	311	*Freckmann* Frerichmann, Bernh. Anton, Bsch Geist No 29	Acker	1	68	65	4	1	28		
Geist Nienkamp	312	Rottmann, Joh. Heinr., Bsch Geist No *25* 28	Acker	3	4	50	4	4	7		
Geist 4. Stück bei Rodmann	313	Giesbert, Bern. Heinr., Bsch Geist No 32	Acker	7	92	75	4	10	15	8	

Flurnummer mit Flurname Flurbezeichnung	**Par-zellen-nr.**	**Eigentümer und Nummer in der Bauerschaft (Bsch)** Lage und Zuordnung von Höfen und Pächtern in den drei Bauerschaften Mecklenbeck, Geist und Delstrup der Gemeinde Lamberti siehe Karte auf Seite 166	**Nutzungsart**	**Parzellengröße** Morgen	Ruthen	Fuss	**Klasse**	**Ertrag** Taler	Silbergr.	Pfennig	steuer-barer Rein-ertrag
Geist	314	*Freckmann* Frerichmann, Bernh. Anton, Bsch Geist No 29	Acker	6	6	50	4	8	13	6	
Geist Stück vor der Fardincks Straße	315	Rottmann, Joh. Heinr., Bsch Geist No 25	Acker	2	10	45	4	2	26	5	
Geist	316	*Freckmann* Frerichmann, Bernh. Anton, Bsch Geist No 29	Acker	5	119	20	4	7	27	10	
Geist	317	Bussmann, Bernh. Heinr., Bsch Geist No 31	Acker	1	161	60	4	2	19	9	
Geist 1. Stück bei Bussmann	318	Heitmann, Christoph, Bsch Geist No 24	Acker	1	163	30	4	2	20	1	
Geist	319	von Bissing, Freifrau, geb v(on) Gall und von Bersward, Freifrau, für Hovestadts Kolonat, Bsch Geist No 31	Acker	1	115	57	4	2	9		
Geist 1. Stück bei Fortmann	320	Heitmann, Christoph, Bsch Geist No 24	Acker	1	142	63	4	2	15	4	
Geist 1. Stück	321	*Fertmann, Zeitpächter,* von Droste zu Vischering, Graf, Erbdroste, *zum Hause Lütkenbeck gehörig,* für Fertmanns Kolonat, Pächter Melskamper Milskämper	Acker	1	98	59	4	2	5		
Geist	322	Hagemann Hegemann, Bsch Geist No 22	Acker	3	11	22	4	4	8	8	
Geist vor Hovestadts Langenkamp	323	Rottmann, Joh. Heinr., Bsch Geist No 25	Acker	1	98	32	4	2	4	11	
Geist	324	*Freckmann* Frerichmann, Bernh. Anton, Bsch Geist No 29	Acker	1	164	10	4	2	20	3	
Geist	325	Bussmann, Bernh. Heinr., Bsch Geist No 31	Acker	1	131	83	4	2	12	9	
Brede 6. Stück	326	von Droste zu Vischering, Graf, Erbdroste, für Fertmanns Kolonat, Pächter Milskämper Melskämper	Acker	2	33	6	4	3	1	8	
Geist	327	von Bissing, Freifrau, geb v(on) Gall und von Bersward, Freifrau, für Hovestadts Kolonat, Bsch Geist No 31	Acker	4	163	15	4	6	26	1	
1. Stück bei Hovestadt	328	Vennemann, Anton, Kötter, Bsch Geist No 23	Acker	2	38	81	4	3	3		
Geist	329	Hegemann Hagemann, Bernh. Heinr., Bsch Geist No 22	Acker	4	60	65	4	6	2	2	
Geist	330	Bussmann, Bernh. Heinr., Bsch Geist No 31	Acker	1	142	45	4	2	15	3	
Geist vor Hovestadts Busch	331	Rottmann, Joh. Heinr., Bsch Geist No 25	Acker	1	102	98	4	2	6		
Geist	332	*Freckmann* Frerichmann, Bernh. Anton, Bsch Geist No 29	Acker	2	*52,* 64	*36,* 11	4	3	8	11	
Geist 1./2. Stück	333	von Droste zu Vischering, Graf, Erbdroste, für Fertmanns Kolonat, Pächter Melskamper Milskamper	Acker		150	99	4	1	5	3	
Geist	334	Stertmann, Joh. Herm., zu Kirchspiel Hiltrup No 33	Acker	1	*33,* 37	49	4	1	20	10	
Geist	335	*Freckmann* Frerichmann, Bernh. Anton, Bsch Geist No 29	Acker	1	*165,*171	*56,* 96	4	2	22	2	
Brede 6. Stück vor Averkamp	336	*Hilbkämper gnt Fertmann,* Rotmann, Joh. Heinr., Bsch Geist No 28	Acker	1	*134,*138	*20,* 40	4	2	14	3	
Geist	337	Heitmann, Christoph, Bsch Geist No 24	Acker	1	*138,*145	*12,* 70	4	2	16		
vor der Straße	338	Vennemann, Anton, Kötter, Bsch Geist No 23	Acker		171	35	4	1	10		
Geist	339	Heitmann, Christoph, Bsch Geist No 24	Acker	2	98	90	4	3	17	1	
	340	von Droste zu Vischering, Graf, Erbdroste, für Fertmanns Kolonat, Pächter Melskamper	Acker	10	37	65	4	14	8	10	
Geist vor Heitmanns Kamp	341	Rottmann, Joh. Heinr., Bsch Geist No 25	Acker	2	*129,*153	*68,* 60	4	3	29	10	
Geist	342	Bussmann, Bernh. Heinr., Bsch Geist No 31	Acker	1	*162,*178	*64,* 96	4	2	23	9	
Geist	343	Heitmann, Christoph, Bsch Geist No 24	Acker	6	*1,* 52	50	4	8	24	3	
Geist	344	Heitmann, Christoph, Bsch Geist No 24	Acker	2	*26,* 48	*95,* 48	4	3	5	3	
Geist	345	Vogelmann, zu Hiltrup, Dorfbauerschaft	Acker	1	*151,*173	*83,* 59	4	2	22	6	
1. Stück auf der Geist bei Vogelmann	346	Vennemann, Anton, Kötter, Bsch Geist No 23	Acker	1	*80,* 97	*40,* 30	4	2	4	8	
Geist	347	Wegmann, Heinr., Witwe, *zu Lamberty,* zu Hiltrup, Dorfbauerschaft No 37	Acker		*56,* 67	*75,* 66	4		15	10	
Geist	348	Heitmann, Christoph, Bsch Geist No 24	Acker	1	*129,*137	*37,* 5	4	2	14		
Geist	349	Bussmann, Bernh. Heinr., Bsch Geist No 31	Acker	2	*73,* 109	*39,* 13	4	3	19	5	
Heidken	350	Heitmann, Christoph, Bsch Geist No 24	*Wildgrund* Heide		27	45	1			9	
Heidkamp	351	Heitmann, Christoph, Bsch Geist No 24	Heide	1	12	75	1		5	4	

Flur 6 Geist I

Flurnummer mit Flurname Flurbezeichnung	Parzellennr.	Eigentümer und Nummer in der Bauerschaft (Bsch) Lage und Zuordnung von Höfen und Pächtern in den drei Bauerschaften Mecklenbeck, Geist und Delstrup der Gemeinde Lamberti siehe Karte auf Seite 166	Nutzungsart	Parzellengröße Morgen	Ruthen	Fuss	Klasse	Ertrag Taler	Silbergr.	Pfennig	steuerbarer Reinertrag
Heidkamp	352	Heitmann, Christoph, Bsch Geist No 24	Heide	2	120	40	1		13	4	
Toschlag	353	Heitmann, Christoph, Bsch Geist No 24	Wald	3	62	50	1	7	10	11	
Gartenwiese	354	Heitmann, Christoph, Bsch Geist No 24	Wiese	2	22	30	2	8	14	10	
	355	Heitmann, Christoph, Bsch Geist No 24, Pächter Gorpelkotten	Haus, Hof		133	40	V	3	12	4	9
Roggenkamp	356	Heitmann, Christoph, Bsch Geist No 24	Acker	4	125	35	3	11	8	2	
Kalverkamp	357	Heitmann, Christoph, Bsch Geist No 24	Acker	4	149	20	3	11	17	8	
	358	Heitmann, Christoph, Bsch Geist No 24	Gemüsegarten	2	28	80	4	9	28	1	
Röwekamp	359	Heitmann, Christoph, Bsch Geist No 24	Acker	2	102	25	3	6	4	4	
Gartenkamp	360	Heitmann, Christoph, Bsch Geist No 24	Acker	12	131		3, 4	22	1	9	
Bünevecht	361	Heitmann, Christoph, Bsch Geist No 24	Acker	5	157	85	4	8	6	10	
Hummelbrinck	362	Heitmann, Christoph, Bsch Geist No 24	Wald	2	21	10	1	4	19	8	
Stüppelkamp	363	Heitmann, Christoph, Bsch Geist No 24	Acker	6	167	90	4	9	21	2	
Nienkamp	364	Heitmann, Christoph, Bsch Geist No 24	Acker	4	60	35	4	6	2	1	
Nienkamp Hölt	365	Heitmann, Christoph, Bsch Geist No 24	Wald	1	126	40	2	2	6	5	
Weidkamp	366	Heitmann, Christoph, Bsch Geist No 24	Acker	11	13	55	3, 4	19	5	11	
unterste Owenkamp	367	*Studienfond, Erbpächter* Peters, Wilh., Bsch Geist No 42	Acker	8	112	75	4	12	2	4	
Stoppelkamp	368	von Droste zu Vischering, Graf, Erbdroste, für Fertmanns Kolonat, Pächter Melskamper	Acker	7	99	65	3	18	3	10	
Haverkamp	369	von Droste zu Vischering, Graf, Erbdroste, für Fertmanns Kolonat, Pächter Melskamper	Acker	8	156	10	3	21	8	6	
Buschkamp	370	von Droste zu Vischering, Graf, Erbdroste, für Fertmanns Kolonat, Pächter Melskamper	Acker	5	84	55	4	7	19	8	
	371-1	*Studienfond, Erbpächter* Peters, Wilh., Bsch Geist No 42	Gemüsegarten		*169*,147	*75*, 11	4	3	22	9	
	371-2	*Studienfond, Erbpächter* Peters, Wilh., Bsch Geist No 42	Haus		22	64	III		17	4	4
1. *Overkamp* Offerkamp	372	*Studienfond, Erbpächter* Peters, Wilh., Bsch Geist No 42	Acker	13	85	55	4	18	26		
Heidplack	373	*Studienfond, Erbpächter* Peters, Wilh., Bsch Geist No 42	Heide		157	50	1		4	5	
Busch	374	von Bissing, Freifrau, geb v(on) Gall und von Bersward, Freifrau, für Hovestadts Kolonat, Bsch Geist No 31	Wald	11	109	50	2	15	2	8	
Langenkamp	375	von Bissing, Freifrau, geb v(on) Gall und von Bersward, Freifrau, für Hovestadts Kolonat, Bsch Geist No 31	Acker	8	40		4	11	15	4	
in dem Fahrstück	376	*Freckmann* Frerichmann, Bernh. Anton, Bsch Geist No 29	Heide		153	25	1		4	3	
in dem Fahrstück vor Lardings Straße	377	Rottmann, Joh. Heinr., Bsch Geist No *25* 28	*Acker* Heide		96		1		2	8	
kleine Kortekamp	378	von Bissing, Freifrau, geb v(on) Gall und von Bersward, Freifrau, für Hovestadts Kolonat, Bsch Geist No 31	Acker	4	94	25	4	6	10		
große Kortekamp	379	von Bissing, Freifrau, geb v(on) Gall und von Bersward, Freifrau, für Hovestadts Kolonat, Bsch Geist No 31	Acker	5	166		4	8	8	9	
Wallkämpchen	380	von Droste zu Vischering, Graf, Erbdroste, für Fertmanns Kolonat, Pächter Melskämper	Acker	3	42	40	4	4	15	11	
kleine Wieske	381	von Droste zu Vischering, Graf, Erbdroste, für Fertmanns Kolonat, Pächter Melskämper	Wiese	2	116	20	4	2	19	4	
	382	von Droste zu Vischering, Graf, Erbdroste, für Fertmanns Kolonat, Pächter Melskämper	Gemüsegarten	1	170	75	4	8	29		
	383	von Droste zu Vischering, Graf, Erbdroste, für Fertmanns Kolonat, Pächter Melskämper	Haus, Hof	1	17	62	V	5	1	6	9
(entfällt hier, in Flur 5-1, in Parzellen 1 und 2 enthalten)	*384*	*Gemeinheit Lamberty*	*Heide*	*12*	*120*	*25*					
Toschlag (entfällt hier, in Flur 5-1, in Parzellen 3, 4 und 5 enthalten)	*385*	*Freckmann, Bernh. Anton, Bsch Geist No 29*	*Wald*		*72*	*65*					

Flurnummer mit Flurname Flurbezeichnung	Parzellen-nr.	Eigentümer und Nummer in der Bauerschaft (Bsch) Lage und Zuordung von Höfen und Pächtern in den drei Bauerschaften Mecklenbeck, Geist und Delstrup der Gemeinde Lamberti siehe Karte auf Seite 166	Nutzungsart	Parzellengröße Morgen	Ruthen	Fuss	Klasse	Ertrag Taler	Silbergr.	Pfennig	steuerbarer Reinertrag
Nienkamp	384	Giesbert, Bern. Heinr., Bsch Geist No 32	Acker	4	154	90	4	6	24	9	
Nienkamp	385	*Freckmann* Ferichmann, Bernh. Anton, Bsch Geist No 29	Acker	5	18	35	3	12	7	4	
Geist	386	von Bissing, Freifrau, geb v(on) Gall und von Bersward, Freifrau, für Hovestadts Kolonat, Bsch Geist No 31	Acker		107	70	3	1	13	1	
Geist vorm Rottbaum	387	Rottmann, Joh. Heinr., Bsch Geist No *25* 28	Acker		111	15	3	1	14	6	
Geist	388	Rottmann, Joh. Heinr., Bsch Geist No *25* 28	Acker		105		3	1	12		
Geist	389	*Freckmann* Frerichmann, Bernh. Anton, Bsch Geist No 29	Acker		126	35	3	1	20	7	
Rotthuck	390	von Bissing, Freifrau, geb v(on) Gall und von Bersward, Freifrau, für Hovestadts Kolonat, Bsch Geist No 31	Acker	1	123	20	3	11	1	3	
Geistkamp	391	*Freckmann* Frerichmann, Bernh. Anton, Bsch Geist No 29	Acker	1	158	70	3	4	15	5	
	392	*Freckmann* Frerichmann, Bernh. Anton, Bsch Geist No 29	Gemüsegarten		149	65	4	3	24	9	
	393	*Freckmann* Frerichmann, Bernh. Anton, Bsch Geist No 29	Haus, Hof	1	110	60	V	7	12	9	9
Höfgen	394	*Freckmann* Frerichmann, Bernh. Anton, Bsch Geist No 29	Garten		43	60	4	1	3	5	
Roggenkamp	395	Rottmann, Joh. Heinr., Bsch Geist No *25* 28	Acker	3	108	25	3	8	19	3	
Wieskamp	396	Rottmann, Joh. Heinr., Bsch Geist No *25* 28	Acker	4	17	75	4	5	22	2	
an dem Wieskamp	397	Rottmann, Joh. Heinr., Bsch Geist No *25* 28	Wiese		114	38	3	1	23	4	
	398	Rottmann, Joh. Heinr., Bsch Geist No *25* 28	Gemüsegarten	1	135	50	4	8	1	10	
Geistkamp	399	Rottmann, Joh. Heinr., Bsch Geist No *25* 28	Acker	3	26	65	3	7	16	8	
	400	Rottmann, Joh. Heinr., Bsch Geist No *25* 28	Haus, Hof		173	40	VI	4	13		12
Bleiche	401	Rottmann, Joh. Heinr., Bsch Geist No *25* 28	Wiese		97	25	2	2	4	10	
Busch	402	Rottmann, Joh. Heinr., Bsch Geist No *25* 28	Wald	9	33	40	2	11	28	3	
Schoppenkämpchen	403	von Droste zu Vischering, Graf, Erbdroste, für Fertmanns Kolonat, Pächter Melskämper	Acker	4		50	3	9	18	3	
Roggenkamp	404	von Droste zu Vischering, Graf, Erbdroste, für Fertmanns Kolonat, Pächter Melskämper	Acker	13	107	50	4	19	1	2	
Heidkamps Busch	405	von Droste zu Vischering, Graf, Erbdroste, für Fertmanns Kolonat, Pächter Melskämper	Wald	1	54	25	2	1	20	8	
Heidkamp	406	von Droste zu Vischering, Graf, Erbdroste, für Fertmanns Kolonat, Pächter Melskämper	Acker	4	103	60	4	6	12	2	
Wiese	407	von Droste zu Vischering, Graf, Erbdroste, für Fertmanns Kolonat, Pächter Melskämper	Wiese	10	42	25	4	10	7	1	
Busch	408	von Droste zu Vischering, Graf, Erbdroste, für Fertmanns Kolonat, Pächter Melskämper	Wald	34	140	85	2	45	6	6	
Waaro	409	Oberschmidt, Theodor, Kaufmann, zu Münster, aufm Spiekerhof No 14	Wald	17	121	55	2	22	29	4	
Vehlbusch	410	Heitmann, Christoph, Bsch Geist No 24	Wald	6	37		1	13	19	7	
Wieshold	411	Heitmann, Christoph, Bsch Geist No 24	Wald	10	56	95	1	22	20	11	
kleine Höltenbusch	412	Duesberg, Hofkammer-Rat, zu Münster, Pächter Holtenkotten	Wald	5	135	25	1	12	19	7	
vornste Kamp	413	Duesberg, Pächter Holtenkötter	Acker	3	25	75	3	7	16	4	
Garten	414	Duesberg, Pächter Holtenkötter	Garten	1	*108*, 95	*41*, 93	4	6	28	5	
Wieske	415	Duesberg, Pächter Holtenkötter	Wiese	3	147	85	4	3	24	8	
Wieskbusch	416	Duesberg, Pächter Holtenkötter	*Wiese* Holz	1	179		1	4	11	8	
mittelste Kamp	417	Duesberg, Pächter Holtenkötter	Acker	3	88		4	4	26	6	
große Höltenbusch	418	Duesbert, zu Münster	Wald	16	132	85	1	36	24	5	
achterste Kamp	419	Duesberg, Pächter Holtenkötter	Acker	4	157	75	2	6	24	11	
7 Geist II											
Sandkuhle	1	Falger, Minorennen, zu Münster, Frauenstr.	Gemüsefeld	2	172	45	2	16	22	10	

Flur 7 Geist II

Flurnummer mit Flurname Flurbezeichnung	Parzellennr.	Eigentümer und Nummer in der Bauerschaft (Bsch) Lage und Zuordnung von Höfen und Pächtern in den drei Bauerschaften Mecklenbeck, Geist und Delstrup der Gemeinde Lamberti siehe Karte auf Seite 166	Nutzungsart	Parzellengröße Morgen	Ruthen	Fuss	Klasse	Ertrag Taler	Silbergr.	Pfennig	steuerbarer Reinertrag
Sandkuhle	2	*Börding* Bödding, Christian, zu Münster, Königsstr. No 271	*Sandkuhle* Gemüsefeld	1	130	95	2	9	23	9	
Sandkuhle	3-1	von Galen, Graf, zu Münster	Gemüsefeld	2	*66,* 41	*50*	2		24		
auf der Sandgrube	3-2	Chaussee Baufond, zu Münster	Gemüsefeld		25	50	2				
Gärten zwischen der Sandkuhle u. dem Wege	4	von Galen, Graf, zu Münster	Garten		28	95	3		29		
Gärten zwischen der Sandkuhle u. dem Wege	5	von Galen, Graf, zu Münster	Garten		47	15	3	1	17	2	
Gärten zwischen der Sandkuhle u. dem Wege	6	von Galen, Graf, zu Münster	Garten		47	25	3	1	17	2	
Gärten zwischen der Sandkuhle u. dem Wege	7	von Galen, Graf, zu Münster	Garten		32	55	3	1	2	7	
Gärten zwischen der Sandkuhle u. dem Wege	8	von Galen, Graf, zu Münster	Garten		38	35	3	1	8	4	
Gärten zwischen der Sandkuhle u. dem Wege	9	von Galen, Graf, zu Münster	Garten		46	70	3	1	16	9	
Gärten zwischen der Sandkuhle u. dem Wege	10	von Galen, Graf, zu Münster	Garten		47	20	3	1	17	2	
Gärten zwischen der Sandkuhle u. dem Wege	11	von Galen, Graf, zu Münster	Garten		37	40	3	1	7	5	
Gärten zwischen der Sandkuhle u. dem Wege	12	von Galen, Graf, zu Münster	Garten		40	95	3	1	11		
Gärten zwischen der Sandkuhle u. dem Wege	13	von Galen, Graf, zu Münster	Garten		44	85	3	1	14	10	
Gärten zwischen der Sandkuhle u. dem Wege	14	von Galen, Graf, zu Münster	Garten		46	50	3	1	16	6	
Gärten zwischen der Sandkuhle u. dem Wege	15	von Galen, Graf, zu Münster	Garten		40	55	3	1	10	6	
Gärten zwischen der Sandkuhle u. dem Wege	16	von Galen, Graf, zu Münster	Garten		41	10	3	1	11	1	
Gärten zwischen der Sandkuhle u. dem Wege	17	von Galen, Graf, zu Münster	Garten		52	15	3	1	22	2	
Gärten zwischen der Sandkuhle u. dem Wege	18	von Galen, Graf, zu Münster	Garten		47	45	3	1	17	5	
Gärten zwischen der Sandkuhle u. dem Wege	19	von Galen, Graf, zu Münster	Garten		42	30	3	1	12	4	
Gärten zwischen der Sandkuhle u. dem Wege	20	von Galen, Graf, zu Münster	Garten		42	65	3	1	12	7	
Gärten zwischen der Sandkuhle u. dem Wege	21	von Galen, Graf, zu Münster	Garten		42	30	3	1	12	4	
Gärten zwischen der Sandkuhle u. dem Wege	22	von Galen, Graf, zu Münster, Pächter Lembeck, Caspar	Gemüsegarten		73	75	3	2	13	9	
auf der Geist	23	von Galen, Graf, zu Münster	Gemüsegarten		58	10	3	1	28	1	
auf der Geist	24	von Galen, Graf, zu Münster, Pächter Lembeck, Caspar	Haus, Hof		57	70	VI	1	14	2	12
an der Tillkuhle an der Fillkuhle	25	Werlemann, Peter, Bsch Geist No 15	Weide	3	171	75	2, 3	6	5	11	
an der Tillkuhle an der Fillkuhle	26	*Gemeinde Lamberti,* Chausseebaufond, zu Münster	*Gemüsefeld* Acker		16	50	2		9	4	
	27	Callenberg, Oberlandes-Gerichtsrat, zu Münster	Acker		111	95	2	2	3	5	
an der Chaussee	28	Lepper, Heinr., zu Münster, Aegidii-Laischaft No 303	Gemüsegarten		84		3	2	24		
	29	Krawinkel, Witwe, Bsch Geist No 13	Gemüsegarten		62	50	3	2	2	6	
3. Stück auf der Geist	30	von Droste zu Vischering, Graf, Erbdroste, *Besitzer des Gutes Lütkenbeck, zum Neuen Krug,* Krawinkels Kotten	Acker	1	172		2	6	19	6	
auf der Geist	31	Krawinkel, Witwe, Bsch Geist No 13	Acker	4	156	70	2	16	16	10	
auf der Geist	32	Budde, Witwe, zu Münster, Ludgeristr. No 209	Acker	1	14		2	3	19	11	
Sandkuhle, auf der Geist	33	*von Galen, Graf, zu Münster,* Schmedding, Adolph, zu Münster, Prinzipalmarkt No 8	Gemüsefeld	1	116	40	2	9	9	11	
an Schmeddings Gemüsefeld	34	Evens, Bernh., Gastgeber, zu Münster, auf der Rothenburg No 38	Gemüsefeld		142	65	2	4	14	8	
auf der Geist 2. Stück	35	Lepper, Heinr., zu Münster, Aegidii-Laischaft No 303	Acker	3	16	25	2	10	15	3	
auf der Geist	36	*bischöfliche Commission,* Seminarium zu Münster	Acker	1	104	25	2	5	11		
auf der Geist bei der Sägemühle	37	*Merlin, Heinr., zu Münster,* Vicarium ad St. Ludgerum Bursa	*Acker* Gemüsefeld		74	20	2	2	10	1	
	38	Callenberg, Oberlandes-Gerichtsrat, zu Münster	Acker		152	55	2	2	26	6	
Sägemühle	39	Callenberg, Oberlandes-Gerichtsrat, zu Münster	Sägemühle, Hofraum		19	55	1		15		
Lagerplatz	40	Callenberg, Oberlandes-Gerichtsrat, zu Münster	Lagerplatz als Weide	2	77	45	2	6	24	1	
auf der Geist	41	Schmedding, Adolph, zu Münster, Prinzipalmarkt No 8	Gemüsefeld	3	122	40	2	20	25	8	

Flur 7 Geist II

Flurnummer mit Flurname Flurbezeichnung	Parzellen-nr.	Eigentümer und Nummer in der Bauerschaft (Bsch) Lage und Zuordnung von Höfen und Pächtern in den drei Bauerschaften Mecklenbeck, Geist und Delstrup der Gemeinde Lamberti siehe Karte auf Seite 166	Nutzungsart	Parzellengröße Morgen	Ruthen	Fuss	Klasse	Ertrag Taler	Silbergr.	Pfennig	steuerbarer Reinertrag
auf der Geist	42	*Studienfond zu Münster,* Executorium von der Tinnen, zu Mauritz	Gemüsefeld		113	80	2	3	17	6	
auf der Geist	43	*Studienfond zu Münster, Kentling, Rentmeister,* Executorium von der Tinnen, zu Mauritz	Gemüsefeld		112	45	2	3	16	2	
3. Stück No 68	44	Studienfond zu Münster, Kentling, Rentmeister	Gemüsefeld	1	1	25	2	5	21	1	
auf der Geist	45	Potthoff, Franz Anton, zu Münster, Ludgeri-Laischaft No 203	Gemüsefeld	1	59		2	7	15	9	
auf der Geist 2. Stück No 67	46	Studienfond zu Münster, Kentling, Rentmeister	Gemüsefeld		178	40	2	5	18	6	
auf der Geist	47	Leppermann, Joh. Bernh., zu Münster, Aegidii-Laischaft No 84	*Acker* Gemüsefeld		157	45	2	4	28	8	
zwischen der Chaussee u. Leppermann, No 66, vor Ludgeritor	48	Studienfond zu Münster, Kentling, Rentmeister	*Acker* Gemüsefeld		150	50	2	4	22	2	
auf der Geist der Chaussee nach Hamm	49	*Ludgeri-Kirche zu Münster,* Vicarium ad St. Ludgerum Bursa, zu Münster	*Acker* Gemüsefeld	2	105	30	2	14	19	5	
auf der Geist	50	*Börding* Bödding, zu Münster, Königsstr. No 271	*Acker* Gemüsefeld	1	164	30	2	10	25	3	
auf der Geist	51	Schwarze Schwartze, Witwe, zu Münster, Ludgeri-Laischaft	Acker	1	152	75	1	8	15	1	
	52	*Gemeinde Lamberti,* Chausseebaufond, zu Münster	Wegematerial, als Weide		75	20	2	1	5	1	
auf der Geist	53	Budde, Witwe, zu Münster, Ludgeristr. No 209	Acker	2	82		1	11	8	10	
auf der Geist	54	Werlemann, Peter, Bsch Geist No 15	Acker		125	25	1	3	6		
auf der Geist	55	Renne, Anton, zu Münster, am Aegiditor No 75	Acker	1	43	55	1	5	21	5	
an Renn 1. Stück	56	von Droste zu Vischering, Graf, Erbdroste, *Besitzer des Gutes Lütkenbeck, zum Neuen Krug geh.,* Krawinkels Kotten	Acker		95	35	1	2	13		
auf der Geist	57	von *Ranzau* Rantzau, Sophia, zu Münster, Rothenburg	Acker		100	45	1	2	17		
1. Stück an Pennekamps Stück	58	von Droste zu Vischering, Graf, Erbdroste, *Besitzer des Gutes Lütkenbeck, zum Neuen Krug geh.,* Krawinkels Kotten	Acker		96	25	1	2	13	9	
4. Stück	59	Pennekamp, Bernh. Heinr., Müller, Bsch Geist No 111	Acker	1	65		1	6	7	10	
an der Chaussee Kämpchen auf der Wegscheide No 65	60	Studienfond zu Münster, Kentling, Rentmeister	Acker	1	148	95	1	8	12	3	
auf der Geist	61	von *Ranzau* Rantzau, Sophia, zu Münster, Rothenburg	Acker	2	60	50	1	10	22	5	
auf der Geist	62	v(on) Bissing, Freifrau, geb. v(on) Gall und v(on) Bersward, Freifrau, für Haus Sentmaring, Pächter Leissing, Bsch Geist	Acker		94	45	1	2	12	5	
auf der Geist	63	Wibbelt, Heinr., Müller, zu Kirchspiel Lamberty No 3	Acker		146	35	1	3	22	2	
auf der Geist	64	*Schepers, Notar, zu Münster,* Alard, Bern.Jos.,Bsch Geist No 1	Acker		*141,*164	40	1	4	6	1	
	65	*Arland, Bernh. Jos., zu Lamberty, Bsch Geist No 1,* Steinlage, Nicolaus Joh., Bsch Geist	Acker		*101,* 116	*51,* 41	1	2	29	3	
	66	Steinlage, Nicolaus Joh., Bsch Geist	Haus		7	59	VIII		5	9	20
an der Chaussee gegen Steinlage	67	Executorium von der Tinnen, zu Münster	Acker		*59,* 28	50	1		21	11	
an der Geist	68	*Jütting, zu Münster,* Weitkamp, Bernh., zu Münster, Aegidistr.	Acker		*40,* 38	*95,* 17	1		29	8	
an Münstermanns Stück	69	*Schepers, Notar, zu Münster,* Steinlage, Nicolaus Joh., Bsch Geist	Acker		18		1		13	10	
an der Frankfurter Straße bei Hölscher	70	*Gemeinde Lamberti,* Chaussee Baufond, zu Münster	Acker		11	15	1		8	6	
	71	v(on) *Böselager,* Böselage, Carl, Freiherr, zu Münster, Pächter Hölscher, Everhard	Gemüsegarten		87	55	3	2	27	7	
	72	v(on) *Böselager,* Böselage, Carl, Freiherr, zu Münster, Pächter Hölscher, Everhard	Haus		6	60	VI		4	11	12
	73	*Steinlage, zu Münster,* Schopmann, Wilh., zu Lamberti	Garten		14	25	3		14	3	
	74	*Gemeinde Lamberty,* Bauerschaft Geist	Gemüsefeld		18	84	2		17	10	
auf der Geist 9. Stück	75	v(on) Bissing, Freifrau, geb. v(on) Gall und v(on) Bersward, Freifrau, für Haus Sentmaring, Pächter Leissing, Bsch Geist	Acker Gemüsefeld	6	67	10	1	29	9	5	
auf der Geist	76	v(on) Bissing, Freifrau, geb. v(on) Gall und v(on) Bersward, Freifrau, Pächter Leissing, Bsch Geist No 16	Acker Gemüsefeld	*16,* 13 3	139	40	2 2	46 17	25		

Flur 7 Geist II

Flurnummer mit Flurname Flurbezeichnung	Par-zellen-nr.	**Eigentümer und Nummer in der Bauerschaft (Bsch)** Lage und Zuordnung von Höfen und Pächtern in den drei Bauerschaften Mecklenbeck, Geist und Delstrup der Gemeinde Lamberti siehe Karte auf Seite 166	**Nutzungsart**	**Parzellengröße** Morgen	Ruthen	Fuss	**Klasse**	**Ertrag** Taler	Silbergr.	Pfennig	steuerbarer Reinertrag
auf der Geist	77	Böcker, Joh., Wagenfabrikant, zu Münster, am Mauritztor	Acker	2	7	70	1	9	11	11	
auf der Geist 6. Stück	78	v(on) Bissing, Freifrau, geb. v(on) Gall und v(on) Bersward, Freifrau, für Haus Sentmaring, Pächter Leissing, Bsch Geist		3	100	75	1	16	11	3	
auf der Geist	79	Hammer, Landrat, zu Münster, Ludgeristr.	Acker	1	157	15	1	8	18	6	
auf der Geist 13. Stück	80	v(on) Bissing, Freifrau, geb. v(on) Gall und v(on) Bersward Besford, Freifrau, Pächter Leissing, Bsch Geist No 16	Acker	15	52	25	1	70	10		
4. Stück	81	Pennekamp, Bern. Heinr., Müller, Bsch Geist No 14	Acker	7	115	80	1, 2	30	17	4	
1. End und 2. langes Stück	82	von Droste zu Vischering, Graf, Erbdroste, *Besitzer des Gutes Lütkenbeck, zum Neuen Krug geh.*, Krawinkels Kotten	Acker	4	46	75	2	14	14	6	
auf der Geist	83	von *Ranzau* Rantzau, Sophia, zu Münster, Rothenburg	Acker	1	85	45	2	5		5	
auf der Geist 2. Stück	84	Krawinkel, Witwe, Bsch Geist No 13	Acker	3	72	75	2	11	17	3	
auf der Geist bei Krawinkel	85	Werlemann, Peter, Bsch Geist No 15	Acker	1	141	40	2	6	2	2	
auf der Geist bei Krawinkel 2. Ende	86	Werlemann, Peter, Bsch Geist No 15	Acker		179	45	2	3	11	8	
dem neuen Kruge gegenüber, zwischen Werlemann und Droste Vischerink	87	*Beumer* Bäumer, *Wirt oder Caffetier, am Kanal* in Rinkerodde	Acker		86	95	2	1	19	3	
4. Stück an Werlemanns Kämpchen	88	von Droste zu Vischering, Graf, Erbdroste, *Besitzer des Gutes Lütkenbeck, zum Neuen Krug geh.*, Krawinkels Kotten	Acker	2	7	90	2	6	28	5	
Röwekämpchen	89	Werlemann, Peter, Bsch Geist No 15	Acker	2	2	40	1	9	7	9	
	90	Werlemann, Peter, Bsch Geist No 15	Garten		15	45	3		15	5	
	91	Werlemann, Peter, Bsch Geist No 15, Pächter Hölscher	Haus, Hof		69	60	IV	1	23	5	6
Wiesken	92	von Droste zu Vischering, Graf, Erbdroste, *Besitzer des Gutes Lütkenbeck, zum Neuen Krug gehörig*, Krawinkels Kotten	Wiese		128	45	3	1	29	11	
im Rövekamp	93	v(on) Bissing, Frau, geb. v(on) Gall und v(on) Bersward, Freifrau, (zu Haus) Sentmaring, Pächter Leissing, Bsch Geist	Wiese		83	10	3	1	8	10	
Rövenkamp	94	v(on) Bissing, Frau, geb. v(on) Gall und v(on) Bersward, Freifrau, (zu Haus) Sentmaring, Pächter Leissing, Bsch Geist	Acker	1	162	60	3	4	17	1	
Sumpf	95	v(on) Bissing, Frau, geb. v(on) Gall und v(on) Bersward, Freifrau, (zu Haus) Sentmaring, Pächter Leissing, Bsch Geist	Wiese	1	84	85	2, 3	4	3	7	
großer Dieckkamp Dickamp Dickkamp	96	v(on) Bissing, Frau, geb. v(on) Gall und v(on) Bersward, Freifrau, zu Haus Sentmaring, Pächter Leissing, Bsch Geist No 16	*Gemüsefeld* Acker	7	36	65	2	24	24	9	
im kleinen Dieckkamp Dickamp Dickkamp	97	v(on) Bissing, Frau, geb. v(on) Gall und v(on) Bersward, Freifrau, zu Haus Sentmaring, Pächter Leissing, Bsch Geist No 16	Wiese		64	5	3	2	9	10	
kleine Dieckkamp Dickamp Dickkamp	98	v(on) Bissing, Frau, geb. v(on) Gall und v(on) Bersward, Freifrau, zu Haus Sentmaring, Pächter Leissing, Bsch Geist No 16	Acker	2	89	30	1	11	14	6	
am klenen Dieckkamp Dickamp Dickkamp	99	v(on) Bissing, Frau, geb. v(on) Gall und v(on) Bersward, Freifrau, zu Haus Sentmaring, Pächter Leissing, Bsch Geist No 16	Gemüsegarten	1	10	90	3	6	10	11	
Hausgarten	100	v(on) Bissing, Frau, geb. v(on) Gall und v(on) Bersward, Freifrau, zu Haus Sentmaring, Pächter Leissing, Bsch Geist No 16	*Fisch*teich	1	8	75	1	2	21	10	
am Hause	101	v(on) Bissing, Frau, geb. v(on) Gall und v(on) Bersward, Freifrau, zu Haus Sentmaring, Pächter Leissing, Bsch Geist No 16	Gemüsegarten		35	80	3	1	5	10	
Bleiche	102	v(on) Bissing, Frau, geb. v(on) Gall und v(on) Bersward, Freifrau, zu Haus Sentmaring, Pächter Leissing, Bsch Geist No 16	Wiese		88	25	2	1	28	10	
Haus Sentmaring	103	v(on) Bissing, Frau, geb. v(on) Gall und v(on) Bersward, Freifrau, zu Haus Sentmaring, Pächter Leissing, Bsch Geist No 16	Haus, Hof		118	50	VI	3		11	12
rure Hof	104	v(on) Bissing, Frau, geb. v(on) Gall und v(on) Bersward, Freifrau, zu Haus Sentmaring, Pächter Leissing, Bsch Geist No 16	Wiese		128	25	2	1	29	10	
kleine Garten	105	v(on) Bissing, Frau, geb. v(on) Gall und v(on) Bersward, Freifrau, zu Haus Sentmaring, Pächter Leissing, Bsch Geist No 16	Gemüsegarten		56	25	4	1	13	1	
kleine Wiese	106	v(on) Bissing, Frau, geb. v(on) Gall und v(on) Bersward, Freifrau, zu Haus Sentmaring, Pächter Leissing, Bsch Geist No 16	*Wiese* Weide	1	87	75	2, 3		14	10	
große Wiese	107	v(on) Bissing, Frau, geb. v(on) Gall und v(on) Bersward, Freifrau, zu Haus Sentmaring, Pächter Leissing, Bsch Geist No 16	*Wiese* Weide	4	103	35	3	12	24	3	

Flur 7 Geist II

Flurnummer mit Flurname Flurbezeichnung	Parzellen-nr.	Eigentümer und Nummer in der Bauerschaft (Bsch) Lage und Zuordnung von Höfen und Pächtern in den drei Bauerschaften Mecklenbeck, Geist und Delstrup der Gemeinde Lamberti siehe Karte auf Seite 166	Nutzungsart	Parzellengröße Morgen	Ruthen	Fuss	Klasse	Ertrag Taler	Silbergr.	Pfennig	steuerbarer Reinertrag
in der großen Wiese	108	v(on) Bissing, Frau, geb. v(on) Gall und v(on) Bersward, Freifrau, zu Haus Sentmaring, Pächter Leissing, Bsch Geist No 16	*Acker* Wiese		120	70	3	1	26	3	
alte Straße	109	v(on) Bissing, Frau, geb. v(on) Gall und v(on) Bersward, Freifrau, zu Haus Sentmaring, Pächter Leissing, Bsch Geist No 16	Acker	3	129		5	2	29	2	
an Delius Heidegrund Galgheide	110	Winkelsett, Theodor Anton, zu Münster, auf Aegidistr. No 60 von der Tinnen, zu Mauritz	*Heide* Acker	12	135	25	5	10	6	1	
Galgheide	111	Delius, Regierungs-Rat, zu Münster	*Heide* Acker	26	144	85	5	21	13	3	
Galgheide südlich vom Wege	112	Delius, Regierungs-Rat, zu Münster	*Heide* Acker	2	113		5	2	3	1	
hinterste Balckenkamp	113	Delius, Regierungs-Rat, zu Münster	Acker	14	27	70	4	19	24	5	
Eickenbusch	114	Delius, Regierungs-Rat, zu Münster	Buschholz	1	41	20	3		18	5	
am Hackebrett	115	Delius, Regierungs-Rat, zu Münster	*Fischteich* Lache	2	48		1		3	5	
Hackbrett Hochen	116	Delius, Regierungs-Rat, zu Münster	Acker	1	27	50	3	2	23		
am Hackbrett	117	Delius, Regierungs-Rat, zu Münster	Strauchholz	1	50	55	2, 3	1	19	11	
Teselkämpe Hack(k)ebrett	118	Delius, Regierungs-Rat, zu Münster	Acker	4	67	80	3	10	15	1	
Teselkämpe	119	Delius, Regierungs-Rat, zu Münster	*Fischteich* Lache		59	10	1			6	
Teselkämpe	120	Delius, Regierungs-Rat, zu Münster	*Fischteich* Lache		57	65	1			6	
Teselkämpe	121	Delius, Regierungs-Rat, zu Münster	*Fischteich* Lache		36		1			3	
vordersten Balkenkamp Bockenkamp	122	Delius, Regierungs-Rat, zu Münster	Acker	6	166		2, 3	16	18	5	
Balkenkamp	123	Delius, Regierungs-Rat, zu Münster	Wiese		59	55	4		9	11	
Paterbüsche	124	Delius, Regierungs-Rat, zu Münster	Wiese		114	90	4		19	1	
Paterbusch	125	Delius, Regierungs-Rat, zu Münster	Wald	2	136		1	6	1	10	
Langenbusch Laugebusch	126-1	Delius, Regierungs-Rat, zu Münster	Wald	8	179	15	1	19	23	9	
am Wege nach Haus Geist	126-2	*Delius, Regierungs-Rat, zu Münster,* Duesberg, Hofkammer-Rat zu Münster	Wald		78	50	1		28	9	
Gartenwiese	127	Delius, Regierungs-Rat, zu Münster	Wiese	4	57		2, 3	8	6	1	
in der Gartenwiese	128	Delius, Regierungs-Rat, zu Münster	*Fischteich* Lache		44	50	1			4	
auf der Geist	129	Delius, Regierungs-Rat, zu Münster	Gemüsegarten	2	119	75	4	12	7	11	
Lustgarten	130	Delius, Regierungs-Rat, zu Münster	*Lustgarten* Holz		85		3, *4*		7	1	
am Hause	131	Delius, Regierungs-Rat, zu Münster	*Fisch*teich		71	25	1	1	10		
Bleiche, zu 134	*132*										
am Hause	133	Delius, Regierungs-Rat, zu Münster	Gemüsegarten		9		4		6	11	
	132, 134	Delius, Regierungs-Rat, zu Münster, Pächter Lessing	Haus, Hof	1	9	55	VIII, 10x IV-VII	4	25	11	20, 5-12
am Hause	135	Delius, Regierungs-Rat, zu Münster	Gemüsegarten		18	20	4		14		
an der Allee	136	Delius, Regierungs-Rat, zu Münster	Gemüsegarten		79	15	4	2		7	
Heidekamp	137	Delius, Regierungs-Rat, zu Münster	*Gemüsefeld* Acker	5	179	50	2	20	11	8	
Heitkamp	138	v(on) Bissing, Frau, geb. v(on) Gall und v(on) Bersward, Freifrau, zu Haus Sentmaring, Pächter Leissing, Bsch Geist No 16	*Gemüsefeld* Acker	2	99	10	2	8	20	2	
Runewiese	139	v(on) Bissing, Frau, geb. v(on) Gall und v(on) Bersward, Freifrau, zu Haus Sentmaring, Pächter Leissing, Bsch Geist No 16	Acker	4	72	50	3	10	17		
Runewiese	140	v(on) Bissing, Frau, geb. v(on) Gall und v(on) Bersward, Freifrau, zu Haus Sentmaring, Pächter Leissing, Bsch Geist No 16	Buschholz	2	171		3	1	14	3	
Busch Büschen	141	v(on) Bissing, Frau, geb. v(on) Gall und v(on) Bersward, Freifrau, zu Haus Sentmaring, Pächter Leissing, Bsch Geist No 16	Wald	6	35	40	3	3	3		
Suerkamp	142	Delius, Regierungs-Rat, zu Münster	Acker	8	109	45	4	12	1	6	

Flur 7 Geist II

Flurnummer mit Flurname Flurbezeichnung	**Par-zellen-nr.**	**Eigentümer und Nummer in der Bauerschaft (Bsch)** Lage und Zuordung von Höfen und Pächtern in den drei Bauerschaften Mecklenbeck, Geist und Delstrup der Gemeinde Lamberti siehe Karte auf Seite 166	**Nutzungsart**	**Parzellengröße** Morgen	Ruthen	Fuss	**Klasse**	**Ertrag** Taler	Silbergr.	Pfennig	steuer-barer Rein-ertrag
kleiner Pferdekamp	143	v(on) Bissing, Frau, geb. v(on) Gall und v(on) Bersward, Frei-frau, zu Haus Sentmaring, Pächter Leissing, Bsch Geist No 16	Acker	2	161	50	4	11	1	9	
aufm großen Pferdekamp	144	v(on) Bissing, Frau, geb. v(on) Gall und v(on) Bersward, Frei-frau, zu Haus Sentmaring, Pächter Leissing, Bsch Geist No 16	Buschholz		87		3		7	3	
großer Pferdekamp	145	von Bissing, Frau, geb. von Gallen und von Bersward, Freifrau, zu Haus Sentmaring, Pächter Leissing, Bsch Geist No 16	Acker	6	132	75		9	13		
Heidkamp	146	von Bissing, Frau, geb. von Gallen und von Bersward, Freifrau, zu Haus Sentmaring, Pächter Leissing, Bsch Geist No 16	Acker	3	111	75	3	7	22	8	
Isermanns Kamp	147	von Bissing, Frau, geb. von Gallen und von Bersward, Freifrau, zu Haus Sentmaring, Pächter Leissing, Bsch Geist No 16	Acker	9	176	3	3	23	28	5	
Langenkamp Langekamp	148	von Bissing, Frau, geb. von Gallen und von Bersward, Freifrau, zu Haus Sentmaring, Pächter Leissing, Bsch Geist No 16	Acker	13		50	3	31	6	2	
an dem Hafkes Höchte	149	Edelgrimm, *Konrad* Jos., zu Münster, Aegidistr. No 104	Acker	1	83	60	2	4	29	4	
auf der Geist	150	Schmedding, Adolph, zu Münster, aufm Prinzipalmarkt No 8	Acker	1	126	45	2	5	23	9	
auf der Geist das Lange Stück	151	Hegemann, zu Kirchspiel Rinkerodde, No 12	Acker	1	115	50	2	5	17	5	
	152	Bockelmann, *Jos.* Joh. Bern., zu Kirchspiel Angelmodde No 30	Acker		33		2		18	8	
auf der Geist 3. Stück	153	von Bissing, Frau, geb. von Gallen und von Bersward, Freifrau, zu Haus Sentmaring, Pächter Leissing, Bsch Geist No 16	Acker	3	168	25	2	13	11	3	
an dem Hafkes Höchte	154	Edelgrimm, *Konrad* Jos., zu Münster, Aegidistr. No 104	Acker	1	54		2	4	12	7	
auf der Chaussee bei Edelgrimm	155	Lepper, Heinr., zu Münster, Aegidi-Laischaft No 303	Acker	1	70	50	2	11	21	11	
auf der Geist 1. Stück	156	Winkelsett, Theodor Anton, zu Münster, Aegidistr. No 60	Acker	2	101	25	2	8	21	5	
an dem Hafkes Höchte	157	von Bissing, Frau, geb. von Gallen und von Bersward, Freifrau, zu Haus Sentmaring, Pächter Leissing, Bsch Geist No 16	Acker	2	3		2	6	25	8	
an dem Hafkes Höchte	158	Edelgrimm, *Konrad* Jos., zu Münster, Aegidistr. No 104	Acker	1	122	50	2	5	21	6	
Hafkes Höchte	159	Dahlmann, Gottfried *Godfried*, zu Münster, Schützenstr. No 96	Acker	1	135	75	2	5	28	11	
	160	Bockelmann, *Jos.* Joh. Bern., zu Kirchspiel Angelmodde No 30	Acker	1	11	75	2	3	18	9	
auf der Geist	161	Heitalbers, Georg Anton, Witwe, *Kötter*, zu Kirchspiel Hiltrup No 20	Acker		112	15	2	2	3	7	
auf der Hafkes Höchte bei Dahlmann	162	von Bissing, Frau, geb. von Gallen und von Bersward, Freifrau, zu Haus Sentmaring, Pächter Leissing, Bsch Geist No 16	Acker		167	65	2	3	5		
Hafkes Höchte	163	Tüning, Wilh., Bsch Geist No 67	Acker	2	59	90	2	7	27	11	
auf der Geist	164	*Rochetti* Rocchetti, Peter, zu Münster, Pferdestiege No 31	Acker	1	127	25	2	5	24	2	
auf der Hafkes Höchte	165	Haesch, Herm., Bsch Geist No 39	Acker	1	162	75	2	6	14	3	
auf der Hafkes Höchte 3. Stück	166	*Studienfond zu Münster,* Schlichter, Joh. Heinr., zu Münster, Ludgeristr. No 164	Acker	2	45		2	7	19	6	
auf der Hafkes Höchte 3. Stück auf der Geist, 2 durchziehende Stücke zu 1/2 Stück No 59	167	*Schlichter, Joh. Heinr., zu Münster, Ludgeristr. No 164,* Studienfond zu Münster, Kentling, Rentmeister	Acker	4	3	50	2	13	19	11	
auf der Geist	168	Theissing, *Wilh.* Bernh., zu Münster, Prinzipalmarkt No 21	Acker	2	29		2	7	10	5	
Höfkes Höchte	169	Hegemann, Wilh., Schneider, zu Münster, Aegidistr.	Acker	1	57	65	2	4	14	8	
an Rochette 1. Stück No 83	170	Studienfond zu Münster, Kentling, Rentmeister	Acker		177	50	2	3	10	7	
auf der Höfkes Höchte 6. Stück	171	von Bissing, Frau, geb. von Gallen und von Bersward, Freifrau, zu Haus Sentmaring, Pächter Leissing, Bsch Geist No 16	Acker	5	69	75	2	18	9	6	
an Beuink auf der Geist 4. Stück, No 58	172	Studienfond zu Münster, Kentling, Rentmeister	Acker	2	163	50	2	9	26	8	
auf der Geist	173	*Rochetti* Rocchetti, Peter, zu Münster, Pferdestiege No 31	Acker	4	126	65	2	15	29	9	
Höfkes Höchte auf der Geist, am Wege nach der Insel	174	*Studienfond zu Münster,* Wolff gnt Hoffmann, Joh. Heinr., zu Hiltrup, No 29	Acker		11	25	2		6	5	
zum Höfkes Höchte u. Jüchting 3. Stück, auf der Geist 1. Stück u. 2. gegenüberliegender Stücke No 55 und 57	175	Studienfond zu Münster, Kentling, Rentmeister	Acker	2	74	50	2	8	6	2	

Flur 7 Geist II

Flurnummer mit Flurname Flurbezeichnung	**Par-zellen-nr.**	**Eigentümer und Nummer in der Bauerschaft (Bsch)** Lage und Zuordnung von Höfen und Pächtern in den drei Bauerschaften Mecklenbeck, Geist und Delstrup der Gemeinde Lamberti siehe Karte auf Seite 166	**Nutzungsart**	**Parzellengröße** Morgen	Ruthen	Fuss	**Klasse**	**Ertrag** Taler	Silbergr.	Pfennig	steuer-barer Rein-ertrag
	176	*Beuink* Beyink, Jos, zu Münster, *Aegidistr.* Winkelstr. No 34	Acker	1	49	50	2	4	10	1	
achter der Insel	177	Wolf gnt Hoffmann, Joh. Heinr., zu Kirchspiel Hiltrup, No 29	Acker	1	98		2	5	7	6	
auf der Hafkes Höchte 1. Stück	178	von Bissing, Frau, geb. von Gallen und von Bersward, Freifrau, zu Haus Sentmaring, Pächter Leissing, Bsch Geist No 16	Acker		79	25	2	1	14	11	
zwischen von Gall und Bersford auf der Geist 1. Stück an den Kamp schließend No 54	179	Studienfond zu Münster, Kentling, Rentmeister	Acker		106	15	2	2		2	
auf der Inselhof	180	Jütting, Bernh., zu Münster, Clemensstr. No 110	Acker	1	96		2	5	6	5	
zwischen Haus Geist u. Jütting auf der Geist 1. Stück No 33	181	Studienfond zu Münster, Kentling, Rentmeister	Acker		69	75	2	1	9	6	
Springacker	182	Duesberg, Hofkammer-Rat, zu Münster	Acker		87		2	1	19	4	
am Weg nach der Insel	183	von Bissing, Frau, geb. von Galle und von Bersward, Freifrau, zu Haus Sentmaring, Pächter Leissing, Bsch Geist No 16	Acker	2	162	50	2	9	26	2	
	184	Jütting, Bernh., zu Münster, Clemensstr. No 110	Acker		79	20	2	1	14	10	
bei Bussmann 1. Stück, auf der Geist No 64	185	Studienfond zu Münster, Kentling, Rentmeister	Acker		75	5	1	1	27	6	
bei Lohmanns 1. Stück, auf der Geist No 64	186	Studienfond zu Münster, Kentling, Rentmeister	Acker		41		1	1	1	5	
	187	*Dotermeyer, Kachelfuger, Unternehmer, zu Münster,* Steinhoff, Joh. Wilh., zu Unna	Acker		47	45	1	1	6	4	
	188	Besmann, Franz, zu Münster, Breite Gasse	Acker		67	20	1	1	21	7	
	189	Bockelmann, *Jos.* Joh. Bern., zu Kirchspiel Angelmodde No 30	Acker		52	25	1	1	10		
	190	*Bockelmann, Jos.* Joh. Bern., *zu Kirchspiel Angelmodde* No 30, Lutterbeck, Heinr., zu Münster, Ludgeristr.	Acker		53	25	1	1	10	10	
auf der Geist zwischen den Wegen	191	Hegemann, zu Kirchspiel Rinkerodde No 12	Acker		44	10	1	1	3	10	
auf der Geist an der Chaussee	192	Hegemann, zu Kirchspiel Rinkerodde No 12	Acker		36	95	1		28	4	
bei Winkelsett und Hagemann	193	von Bissing, Frau, geb. von Galle und von Bersward, Freifrau, zu Haus Sentmaring, Pächter Leissing, Bsch Geist No 16	Acker		35	50	1		27	3	
bei Winkelsett und Hagemann	194	von Bissing, Frau, geb. von Galle und von Bersward, Freifrau, zu Haus Sentmaring, Pächter Leissing, Bsch Geist No 16	Acker		23		1		17	8	
auf der Geist 1. Stück	195	Winkelsett, Theodor Anton, zu Münster, Aegidistr. No 60	Acker		49	90	1	1	8	3	
an der Frankfurter ? Straße	196	Lepper, Heinr., zu Münster, Aegidi-Laischaft No 303	Acker		115	40	1	2	28	6	
an der Chaussee	197	Edelgrimm, *Konrad* Jos., zu Münster, Aegidistr. No 104	Acker		107	50	1	2	22	4	
auf der Geist	198	Lepper, Heinr., zu Münster, Aegidi-Laischaft No 303	Acker		50	10	1	1	8	5	
auf der Geist	199	*Balke, Vicarius,* Timmer, Elisabeth geb Funhoff, zu Münster, Klosterstr. No 196	Acker		48	50	1	1	7	2	
bei Esetgrimm 1. Stück Endken über die Landstraße No 63	200	Studienfond zu Münster, Kentling, Rentmeister	Acker		34	15	1		26	2	
auf der Dornenschlaut Ossenschlaut	201	Leppermann, Joh. Bernh., zu Münster Aegidi-Laischaft No 84	Acker		175	90	1	4	14	10	
auf der Geist	202	Graes, Anton, Müller, zu Münster, im Sack, Ludgeri-Laischaft No 176	Acker	1	55		1	6		2	
auf der Geist	203	Potthoff, Franz Anton, zu Münster, Ludgeri-Laischaft No 203	Acker	1	20	45	1	5	3	9	
auf der Geist	204	Wellmann, Theod., Bsch Geist No 60	Acker	1	114	60	2	5	16	11	
auf der Geist	205-1	Wellmann, Theod., Bsch Geist No 60	Garten	*82*, 74	50		4	1	27	1	
auf der Geist	205-2	Wellmann, Theod., Bsch Geist No 60	Haus, Hof	7	50		VI		5	9	12
bei Herrmann Averbeck 1. Stück No 60	206	Studienfond zu Münster, Kentling, Rentmeister	Acker		172	20	2	3	7	7	
	207	Averbeck, Herm., zu Kirchspiel Lamberti, Bsch Geist No 57	Haus, Hof		15	70	VI		12		12
	208	Averbeck, Herm., zu Kirchspiel Lamberti, Bsch Geist No 57	Gemüsegarten		110	95	4	2	25	1	
auf der Geist	209	Averbeck, Herm., zu Kirchspiel Lamberti, Bsch Geist No 57	Acker	2	91	50	2	8	15	10	
auf der Geist	210	Rocchetti, Peter, zu Münster, Pferdestiege No 31	Acker		61	40	2	1	4	10	
auf der Dornenschlaut	211	Werlemann, Peter, Bsch Geist No 15	Acker	1	47	65	2	4	9	1	

Flurnummer mit Flurname Flurbezeichnung	Par-zellen-nr.	**Eigentümer und Nummer in der Bauerschaft (Bsch)** Lage und Zuordung von Höfen und Pächtern in den drei Bauerschaften Mecklenbeck, Geist und Delstrup der Gemeinde Lamberti siehe Karte auf Seite 166	Nutzungsart	Parzellengröße Morgen	Ruthen	Fuss	Klasse	Ertrag Taler	Silbergr.	Pfennig	steuer-barer Rein-ertrag
bei Herre Collegium 2. Stück auf der Geist 2 große und 2 kleine Stücke, No 56	212	Studienfond zu Münster, Kentling, Rentmeister	Acker	2	104	75	2	8	23	4	
	213	Collegium Heerde, zu Münster, Salzstr.	Acker	1	35		2	4	1	10	
auf der Geist	214	Wolf gnt Hoffmann, Joh. Heinr., zu Kirchspiel Hiltrup, No 29	Acker	2	12	25	2	7	1		
bei Hoffmann	215	Lepper, Heinr., zu Münster, Aegidi-Laischaft No 303	Acker		170	80	2	3	6	10	
3. Stück zwischen Lepper und Strüter	216	von Droste zu Vischering, Graf, Erbdroste, *zum Neuen Krug gehörig,* als Besitzer des Gutes Lütkenbeck	Acker	3	47	75	2	11	3	1	
	217	Jütting, Bernh., zu Münster, Clemensstr. No 110	Acker	1	87	20	2	5	1	5	
Dornenschlaut	218	Schlichter, Joh. Heinr., zu Münster, Ludgerstr. No 164	Acker		120	90	2	2	8	7	
auf der Geist	219	Dakke *Dacke*, Metzger, zu Münster, Salzstr.	Acker		97	20	2	1	25	2	
Dornenschlaut	220	*Hegemann, Wilh., zu Münster, Aegidistr.,* Roer, Bern., Bäcker, zu Münster, Ludgeristr. No 329	Acker	1	15	45	2	3	20	8	
zw. Rottmann u. Jütting auf der Geist No 85	221	Studienfond zu Münster, Kentling, Rentmeister	Acker	1	125	65	2	5	23	2	
Springacker	222	Duesberg, Anton Bernh., Hofkammer-Rat, zu Münster	Acker		18	50	2		10	5	
auf der Geist bei Erdhütter	223	Rottmann, Joh. Heinr., Bsch Geist No 28	Acker	2	14	75	2	7	2	4	
am Weg an der Insel	224	Erdhütter, Heinr., Bsch Geist No 44	Acker	1	139	25	2	6		10	
Bispinkhoock	225-1	*Herrn-Collegium, zu Münster,* Tüning, Wilh., Bsch Geist No 67	Acker	3	*69,* 64	*75,* 95	2	11	12	10	
Bispinkhoock`	225-2	Tüning, Wilh., Bsch Geist No 67	Haus		4	20	II		3	3	2
achter der Insel	226	Wolf gnt Hoffmann, Joh. Heinr., zu Kirchspiel Hiltrup, No 29	Acker	1	152	90	2	6	8	7	
aufm Bispinckhoock	227	von Bissing, Frau, geb. von Gall und von Bersward, Freifrau, zu Haus Sentmaring, Pächter Leissing, Bsch Geist No 16	Acker	2	46	40	2	7	20	4	
Bispinckhoock	228	*Hegemann, Wilh., zu Münster, Aegidistr.,* Roer, Bern., Bäcker, zu Münster, Clemensstr. No 329	Acker		46	25	2		26	3	
auf der Geist, über den Weg	229	Lohkampf,Steuerempfänger, zu Münster, *Langenstr.* Ludgeristr.	Acker		62	25	2	1	5	3	
auf der Geist an der Insel	230	Rottmann, Joh. Heinr., Bsch Geist No 28	Acker	1	60	50	2	4	16	4	
auf der Geist auf der Insel	231	Executorium von der Tinnen, zu Mauritz	Acker	1	163	50	2	6	14	7	
Bispinkoock	232	Tüning, Wilh., Bsch Geist No 67	Acker	1	29	75	2	3	28	10	
Bispinckhoock 6. Stück auf der Geist 2 u. 2 kl. Stücke	233	Studienfond zu Münster, Kentling, Rentmeister	Acker	4	70	50	2	14	28		
Bispinkhoock die 2 Stück in der Geist	234	Hegemann, Wilh., Schneider, zu Münster, Aegidistr.	Acker	1	119	50	2	5	19	8	
auf der Geist	235	Collegium *Herrn* Heerde, zu Münster	Acker		139	80	2	2	19	2	
aufm Bispinckhoock 3. Stück	236	von Bissing, Frau, geb. von Gall und von Bersward, Freifrau, zu Haus Sentmaring, Pächter Leissing, Bsch Geist No 16	Acker	2	23	25	2	7	7	2	
auf der Geist	237	Wolf gnt Hoffmann, Joh. Heinr., zu Kirchspiel Hiltrup, No 29	Acker	2	12	5	2	7	1	1	
Bispinkhoock	238	Duesberg, Anton Bernh., Hofkammer-Rat, zu Münster	Acker	3	179	50	2	13	17	8	
Bispinkhoock 2. Stück auf der Geist 3 kleine Stücke No 119	239	Studienfond zu Münster, Kentling, Rentmeister	Acker	1	40	65	2	4	5	1	
am Wege der Insel	240	Erdhütter, Heinr., Bsch Geist No 44	Acker	2	6	55	2	6	27	9	
Garten	241	Erdhütter, Heinr., Bsch Geist No 44	Gemüse*feld* -garten		155	50	4	3	29	3	
	242	Erdhütter, Heinr., Bsch Geist No 44	Haus, Hof		13		V		10		9
bei Heinr. Erdhütter 1.Stück auf d.Geist No 34	243	Studienfond zu Münster, Kentling, Rentmeister	Acker	1	80	55	2	4	27	8	
auf der Geist	244	Executorium von der Tinnen, zu Mauritz	Acker	3	19	75	2	10	17	3	
auf der Geist	245	Wolf gnt Hoffmann, Joh. Heinr., zu Kirchspiel Hiltrup, No 29	Acker		82	60	2	1	16	10	
an von der Tinnen	246	von Bissing, Frau, geb. von Gall und von Bersward, Freifrau, zu Haus Sentmaring, Pächter Leissing, Bsch Geist No 16	Acker		77	5	2	1	13	8	
Ossenschlaut Ossenschlauth	247	*Hegemann, Wilh., zu Münster, Aegidistr.,* Roer, Bern., Bäcker, zu Münster, Clemensstr. No 329	Acker		170	95	2	3	6	11	

Flur 7 Geist II

Flurnummer mit Flurname Flurbezeichnung	Parzellennr.	Eigentümer und Nummer in der Bauerschaft (Bsch) Lage und Zuordnung von Höfen und Pächtern in den drei Bauerschaften Mecklenbeck, Geist und Delstrup der Gemeinde Lamberti siehe Karte auf Seite 166	Nutzungsart	Parzellengröße Morgen	Ruthen	Fuss	Klasse	Ertrag Taler	Silbergr.	Pfennig	steuerbarer Reinertrag
auf der Geist an dem Weg	248	Lohkampf Lohkamp,Steuerempfänger, zu Münster, *Langenstr.* Ludgeristr.	Acker	2	123	30	2	9	3	20	
Ossenschlaut Ossenschlauth	249	Drees, Gerh. Heinr., zu Kirchspiel Hiltrup No 9	Acker	2	67	90	2	8	2	5	
Ossenschlaut Ossenschlauth 2. Stück	250	Münstermann, Heinr. Kötter, Bsch Geist	Acker	2		60	2	6	24	4	
bei Wiedemann 3. Stück	251	von Bissing, Frau, geb. von Gall und von Bersward, Freifrau, zu Haus Sentmaring, Pächter Leissing, Bsch Geist No 16	Acker	1	145		2	6	4	2	
auf der Geist	252	Wiedemann, Florenz, zu Münster, Prinzipalmarkt No 25	Acker	2	22	75	2	7	6	11	
Ossenschlaut Ossenschlauth 3. Stück	253	Münstermann, Heinr. Kötter, Bsch Geist	Acker	3	171		2	13	12	11	
Ossenschlaut Ossenschlauth	254	Drees, Gerh. Heinr., zu Kirchspiel Hiltrup No 9	Acker	1	168		2	6	17	2	
Ossenschlaut Ossenschlauth 3. Ende auf der Geist 3 große u. kleine Stück No 50	255	Studienfond zu Münster, Kentling, Rentmeister	Acker	1	57	50	2	4	14	7	
am Ossenschlaut Ossenschlauth	256	Vennemann, Anton, Bsch Geist No 23	Acker	1	103	50	2	5	10	7	
Ossenschlaut Ossenschlauth	257	*Hölscher, Landmann,* Averbeck, Adolph, Bsch Geist	Acker	4	111	45	2	15	21	2	
	258	*Hölscher, Landmann,* Averbeck, Adolph, Bsch Geist	Haus		4	60	III		3	7	4
auf der Geist an Delius u. Hölscher Stück No 47 und 48	259	*Armen-Commission, zu Münster,* Studienfond zu Münster, Kentling, Rentmeister	Acker	1	76	75	2, 3	4	14	10	
auf der Geist	260	Delius, Regierungs-Rat, zu Münster	Acker	4	112	75	2, 3	13	12	6	
an Ossenschlaut Ossenschlauth	261	Hegemann, Bernh. Heinr., Bsch Geist No 22	Acker		46	90	2		26	7	
Ossenschlaut Ossenschlauth	262	von Bissing, Frau, geb. von Gall und von Bersward, Freifrau, zu Haus Sentmaring, Pächter Leissing, Bsch Geist No 16	Acker	1	95		2, 3	4	13	1	
auf der Geist	263	Schepers, Notar, zu Münster	Acker		61	15	2		24	5	
Ossenschlaut Ossenschlauth 7. Stück auf der Geist 3 große u. 4 kleine Stück No 44, 45, 46	264	Studienfond zu Münster, Kentling, Rentmeister	Acker	9	2	50	2, 3	27	19	3	
Ossenschlaut Ossenschlauth	265	*Hegemann, Wilh., zu Münster, Aegidistr.,* Müller, Wilh., zu Münster, Prinzipalmarkt	Acker		124	95	3	1	20		
auf der Geist	266	Hegemann, zu Kirchspiel Rinkerodde No 12	Acker	1	18	85	3	2	19	6	
Ossenschlaut Ossenschlauth	267	Hegemann, Wilh., Schneider, zu Münster, Aegidistr.	Acker		160		3	2	4		
zwischen Graf v. Galen 1. Stück ein halb durchgehendes Stück am Hiltrupper No 43	268	Studienfond zu Münster, Kentling, Rentmeister	Acker		161	80	3	2	4	9	
auf der Geist	269	von Galen, Graf, zu Münster	Acker	5	139	50	2, 3	17	21	3	
Brodacker	270	Giesbert, Bernh., Heinr., Bsch Geist No 32	Acker	1	102	20	2, 3	4	16	6	
zwischen Duesberg u. Giesberts Stück auf der Geist ein durchgehendes Stück No 42	271	Studienfond zu Münster, Kentling, Rentmeister	Acker	1	163	30	3	4	17	3	
Ossenschlaut Ossenschlauth	272	Duesberg, Anton Bernh., Hofkammer-Rat, zu Münster, Pächter Althoff	Acker	15	52		3	36	20	10	
auf der Geist	273	von Galen, Graf, zu Münster	Acker		86	50	3	1	4	7	
Haugenend	274	Vennemann, Anton, Bsch Geist No 23	Acker		106	25	3	1	12	6	
Stück am Ossenschlaut Ossenschlauth	275	*Freckmann* Frerichmann, Bernh. Anton, Bsch Geist No 29	Acker	1	138	85	3	4	7	6	
auf der Geist	276	Stähler, Bernh. Heinr., zu Hiltrup No 12	Acker	2	45	80	3	5	12		
bei Stähler u. Duesberg 6. Stück auf der Geist 1 langes und 5 kurze Stücke No 40 u. 41	277	Studienfond zu Münster, Kentling, Rentmeister	Acker	5	80	40	3	13	2	2	
auf der Geist	278	Duesberg, Anton Bernh., Hofkammer-Rat, zu Münster, Pächter Althoff	Acker	1	138		3	4	7	2	
Haus Geist gegenüber	279	Vennemann, Anton, Bsch Geist No 23	Acker	1	3	50	3	2	13	4	
Stück am Geistbaum	280	Bussmann, Heinr., Bsch Geist No 31	Acker	1	41	75	3	2	28	9	
auf der Geist	281	Duesberg, Anton Bernh., Hofkammer-Rat, zu Münster, Pächter Althoff	Acker	6	22	50	3	14	21	1	
auf der Geist	282	Stähler, Bernh. Heinr., zu Hiltrup No 12	Acker	1	144	25	3	4	8	9	

Flur 7 Geist II

Flurnummer mit Flurname Flurbezeichnung	Parzellen-nr.	Eigentümer und Nummer in der Bauerschaft (Bsch) Lage und Zuordung von Höfen und Pächtern in den drei Bauerschaften Mecklenbeck, Geist und Delstrup der Gemeinde Lamberti siehe Karte auf Seite 166	Nutzungsart	Parzellengröße Morgen	Ruthen	Fuss	Klasse	Ertrag Taler	Silbergr.	Pfennig	steuerbarer Reinertrag
bei Stähler u. auf der Geist bei Prof. Sprickmann 4. Stück No 38	283	Studienfond zu Münster, Kentling, Rentmeister	Acker	4	45	90	3	10	6	9	
auf der Geist	284	Schwick, Geschwister, zu Münster, Lamberti-Laischaft 406, Alten Steinweg	Acker	3	30	25	3	7	18	1	
auf der Geist	285	Schepers, Notar, zu Münster	Acker	3	13	50	3	7	11	5	
auf der Geist	286	Sprickmann Kerkerinck, Prof., zu Münster	Acker	1	30		3	2	24		
auf der Geist an Lange und Sprickmanns Stück	287	Armen-Commission, zu Münster, zum großen Armenhaus gehörig	Acker		134	50	3	1	23	9	
Stück auf der Geist	288	Lange, Joh. Bernh., zu Kirchspiel Hiltrup No 18	Acker		164	50	3	2	5	10	
an Duesbergs Stück	289	Münstermann, Heinr., Kötter, Bsch Geist	Acker	1	97	50	3				
bei Notar Schepers u. Duesberg vor der Straße 2 große Stücke u. 1 kleines Stück	290	Studienfond zu Münster, Kentling, Rentmeister	Acker	2	142		3	3	21		
auf der Geist	291	Duesberg, Anton Bernh., Hofkammer-Rat, zu Münster, Pächter Althoff, Bsch Geist	Acker	66	100	15	3, 4	6	20	10	
vorn Althoff	292	Giesbert, Bernh., Heinr., Bsch Geist No 32	Acker	4	20		3, 4	7	24	4	
Nientieds End	293	Rottmann, Joh. Heinr., Bsch Geist No 28	*Heide* Acker		150		3, 4	1	17	6	
vörnste Bergfidel	294	von Bissing, Frau, geb. von Gall und von Bersward, Freifrau, für Hovestadts Kolonat *Franz Jos.*, Bsch Geist No 30	Acker	8	50		3, 4	15	21	10	
auf der Geist	295	Duesberg, Anton Bernh., Hofkammer-Rat, zu Münster, Pächter Althoff	Weg als Heide		94	10	1		2	7	
dauwe Landwehr	296	Giesbert, Bernh., Heinr., Bsch Geist No 32	Weg als Heide		38	50	1		1	2	
Heide End	297	Rottmann, Joh. Heinr., Bsch Geist No 28	*Ödland* Acker	1	5	25	4	1	13	3	
auf der Geist	298	Duesberg, Anton Bernh., Hofkammer-Rat, zu Münster, Pächter Althoff	Acker	2	69	75	4	3	10	3	
auf der Geist	299	*Freckmann* Frerichmann, Bernh. Anton, Bsch Geist No 29	Acker		138	95	4	1	2	5	
Landwehr Stück	300	Bussmann, Heinr., Bsch Geist No 31	Acker	1	85	50	4	2	1	11	
auf der Geist vor Duesbergs Rosengarten	301	Rottmann, Joh. Heinr., Bsch Geist No 28	*Heide* Acker	1	25	75	4	1	18		
zwischen Rottmann	302	von Bissing, Frau, geb. von Gall und von Bersward, Freifrau, für Hovestadts Howe-, Kolonat *Franz Jos.*, Bsch Geist No 30	Acker	3	69	25	4	4	22	2	
auf der Geist vor Duesbergs Rosengarten	303	Rottmann, Joh. Heinr., Bsch Geist No 28	Acker	3	41	50	4	4	15	8	
zwischen Rottmann u. Duesberg	304	*Freckmann* Frerichmann, Bernh. Anton, Bsch Geist No 29	Acker	2	174	50	4	4	4	9	
zwischen Rottmann u. Duesberg	305	*Freckmann* Frerichmann, Bernh. Anton, Bsch Geist No 29	*Acker* Heide		19	10	2			3	
Stück vor Kleimanns Baum	306	*Freckmann* Frerichmann, Bernh. Anton, Bsch Geist No 29	Acke Heide		31		2			4	
auf der Geist	307	Duesberg, Anton Bernh., Hofkammer-Rat, zu Münster, Pächter Althoff	Heide		16		2			2	
auf der Geist	308	Duesberg, Anton Bernh., Hofkammer-Rat, zu Münster, Pächter Althoff	Acker	1	158	25	4	2	18	11	
auf der Vennheide	309	von Bissing, Frau, geb. von Gall und von Bersward, Freifrau, für Hovestadts Howe-, Kolonat *Franz Jos.*, Bsch Geist No 30	Acker	1	169	25	4	2	21	6	
auf der Vennheide	310	von Bissing, Frau, geb. von Gall und von Bersward, Freifrau, für Hovestadts Howe-, Kolonat *Franz Jos.*, Bsch Geist No 30	Heide		22	55	2			3	
Stück vor Kleimanns Baum	311	*Freckmann* Frerichmann, Bernh. Anton, Bsch Geist No 29	*Acker* Heide		21		2			3	
Stück vor Kleimanns Baum	312	*Freckmann* Frerichmann, Bernh. Anton, Bsch Geist No 29	Acker	1	89	75	4	2	2	11	
Stück vor Kleimanns Baum	313	Bussmann, Heinr., Bsch Geist No 31	Acker	1	44	50	4	1	22	5	
Stück vor Kleimanns Baum	314	Bussmann, Heinr., Bsch Geist No 31	Heide		17	40	2			2	
an Vennheide	315	*Giesbert, Bernh., Heinr., Bsch Geist No 32,* Rottmann, Joh. Heinr., Bsch Geist No 28	Heide		30	5	2			4	
an Vennheide	316	*Giesbert, Bernh., Heinr., Bsch Geist No 32,* Rottmann, Joh. Heinr., Bsch Geist No 28	Acker	1	103	50	4	2	6	1	

Flur 7 Geist II

Flurnummer mit Flurname Flurbezeichnung	Par-zellen-nr.	**Eigentümer und Nummer in der Bauerschaft (Bsch)** Lage und Zuordung von Höfen und Pächtern in den drei Bauerschaften Mecklenbeck, Geist und Delstrup der Gemeinde Lamberti siehe Karte auf Seite 166	**Nutzungsart**	**Parzellengröße** Morgen	Ruthen	Fuss	**Klasse**	**Ertrag** Taler	Silbergr.	Pfennig	steuer-barer Rein-ertrag
auf der Geist	317	Duesberg, Anton Bernh., Hofkammer-Rat, zu Münster, Pächter Althoff	Acker	1	52	85	4	1	24	5	
auf der Geist	318	Duesberg, Anton Bernh., Hofkammer-Rat, zu Münster, Pächter Althoff	Heide		30	25	2				
Brend Aas	319	*Freckmann* Frerichmann, Bernh. Anton, Bsch Geist No 29	*Acker* Heide		21	50	2			3	
Brend Aas	320	*Freckmann* Frerichmann, Bernh. Anton, Bsch Geist No 29	Acker	1	74	15	4	1	29	4	
Vennheide	321	Giesbert, Bernh., Heinr., Bsch Geist No 32	Acker	1	83	75	4	2	1	6	
Vennheide	322	Giesbert, Bernh., Heinr., Bsch Geist No 32	Heide		33	40	2			5	
an Giesberts Heide vor Kleimanns Kamp	323	Rottmann, Joh. Heinr., Bsch Geist No 28	Heide		32	50	2			4	
an Giesberts Heide vor Kleimanns Kamp	324	Rottmann, Joh. Heinr., Bsch Geist No 28	Acker	1	32		4	1	19	6	
Venner Heide an Bussmanns Stück	325	Giesbert, Bernh., Heinr., Bsch Geist No 32	Acker	1	22	85	4	1	17	3	
Venner Heide an Bussmanns Stück	326	Giesbert, Bernh., Heinr., Bsch Geist No 32	Heide		30		2			4	
Stück am grünen Weg	327	Bussmann, Heinr., Bsch Geist No 31	Heide		25	60	2			3	
	328	Bussmann, Heinr., Bsch Geist No 31	Acker	1	36	90	4	1	20	8	
Stück am grünen Weg	329	*Freckmann* Frerichmann, Bernh. Anton, Bsch Geist No 29	Acker	1	78	60	4	2		2	
Stück am grünen Weg	330	*Freckmann* Frerichmann, Bernh. Anton, Bsch Geist No 29	*Acker* Heide		29	35	2			3	
Stück am grünen Weg	331	Giesbert, Bernh., Heinr., Bsch Geist No 32	Heide		31	35	2			5	
Stück am grünen Weg	332	Giesbert, Bernh., Heinr., Bsch Geist No 32	Acker	1	54	50	4	1	24	10	
an Ramels Berg	333	von Bissing, Frau, geb. von Gall und von Bersward, Freifrau, für Hovestadts Howe-, Kolonat *Franz Jos.*, Bsch Geist No 30	Acker	2	70	20	4	3	10	4	
an Ramels Berg	334	von Bissing, Frau, geb. von Gall und von Bersward, Freifrau, für Hovestadts Howe-, Kolonat *Franz Jos.*, Bsch Geist No 30	Heide		71	25	2			9	
an Ramels Berg	335	*Heidmann* Heitmann, Christophrus, Bsch Geist No 24	Heide		30	55	2			4	
an Ramels Berg	336	*Heidmann* Heitmann, Christophrus, Bsch Geist No 24	Acker	1	14		4	1	15	3	
Venner Heide zwischen Bussmann	337	Giesbert, Bernh., Heinr., Bsch Geist No 32	Heide		109	95	2		1	3	
Venner Heide zwischen Bussmann	338	Giesbert, Bernh., Heinr., Bsch Geist No 32	Acker		173	60	4	1	10	6	
Stück am Ramelsberg	339	Bussmann, Heinr., Bsch Geist No 31	Acker		179	35	4	1	11	10	
Stück am Ramelsberg	340	Bussmann, Heinr., Bsch Geist No 31	Heide		76	20	2			10	
auf Venner Heide zw. Rottmann u. Bussmann	341	Giesbert, Bernh., Heinr., Bsch Geist No 32	Heide	1	70	30	2		2	9	
auf Venner Heide zw. Rottmann u. Bussmann	342	Giesbert, Bernh., Heinr., Bsch Geist No 32	Acker		159	25	4	1	7	2	
auf der Geist am Ramelsberg	343	Rottmann, Joh. Heinr., Bsch Geist No 28	Acker	1	40	50	4	1	21	5	
auf der Geist am Ramelsberg	344	Rottmann, Joh. Heinr., Bsch Geist No 28	*Acker* Heide		83	35	2			11	
Heidende	345	*Freckmann* Frerichmann, Bernh. Anton, Bsch Geist No 29	*Acker* Heide		123	85	2		1	5	
Heidende	346	*Freckmann* Frerichmann, Bernh. Anton, Bsch Geist No 29	Acker	1	142	55	4	2	15	3	
auf der Geist Heidende	347	Rottmann, Joh. Heinr., Bsch Geist No 28	Acker	2	3	50	4	2	24	10	
auf der Geist Heidende	348	Rottmann, Joh. Heinr., Bsch Geist No 28	Heide		137	70	2		1	6	
auf der Vennheide	349	*Freckmann* Frerichmann, Bernh. Anton, Bsch Geist No 29	Heide	4	15	5	2		8	2	
auf der Vennheide	350	*Heidmann* Heitmann, Christoph, Bsch Geist No 24	Heide	1	62		2		2	8	
Stück an Vennheide	351	Bussmann, Heinr., Bsch Geist No 31	Heide	1	64	10	2		2	8	
auf der Vennheide	352	von Bissing, Freifrau, geb. von Gall u. von Bersward, Freifrau, für Hovestadts Howe-, Kolonat *Franz Jos.*, Bsch Geist No 30	Heide	1	65	50	2		2	10	
auf der Vennheide	353	*Heidmann* Heitmann, Christoph, Bsch Geist No 24	Heide	1	62	30	2		2	8	
auf der Vennheide	354	von Droste zu Vischering, Graf, Erbdroste, für Ferthmanns Kolonat, *Bernh. Heinr., Bsch Geist No 20,* Pächter Melskämper	Heide	1	27	90	2		2	4	
auf der Vennheide	355	Hegemann, Bernh. Heinr, Bsch Geist No 22	Heide	2	41	75	2		4	5	

Flur 7 Geist II

Flurnummer mit Flurname Flurbezeichnung	**Parzellennr.**	**Eigentümer und Nummer in der Bauerschaft (Bsch)** Lage und Zuordnung von Höfen und Pächtern in den drei Bauerschaften Mecklenbeck, Geist und Delstrup der Gemeinde Lamberti siehe Karte auf Seite 166	**Nutzungsart**	**Parzellengröße** Morgen	Ruthen	Fuss	**Klasse**	**Ertrag** Taler	Silbergr.	Pfennig	steuerbarer Reinertrag
Vennheide Gartenkamp	356	Rottmann, Joh. Heinr., Bsch Geist No 28	Heide		105	35	2		1	2	
auf der Vennheide	357	*Freckmann* Frerichmann, Bernh. Anton, Bsch Geist No 29	Heide		136	35	2		1	7	
Stück an Vennheide	358	Bussmann, Heinr., Bsch Geist No 31	Heide		139	60	2		1	7	
auf der Vennheide	359	von Droste zu Vischering, Graf, Erbdroste, für Ferthmanns Kolonat, *Bernh. Heinr., Bsch Geist No 20,* Pächter Melskämper	Heide		176	20	24		1	11	
Gartenkamp	360	Vennemann, Anton, Bsch Geist No 23	Acker	2	57	90	4	3	7	6	
auf der Vennheide	361	Vennemann, Anton, Bsch Geist No 23	Heide		67	50	2			9	
Garten	362	Vennemann, Anton, Bsch Geist No 23	*Gemüsegarten* Acker	1	36	60	4	1	20	7	
an Vennemanns Garten	363	von Bissing, Freifrau, geb. von Gall und von Bersward, Freifrau, für Hovestadts Kolonat *Franz Jos.*, Bsch Geist No 30	Heide	1	169	40	2		3	11	
auf der Vennheide	364	Vennemann, Anton, Bsch Geist No 23	Heide	1	*160*,157	*70*, 76	2		3	9	
auf der Vennheide	365	Hegemann, Bernh. Heinr, Bsch Geist No 22	Heide	2	*148*, 47	62	2		4	6	
Vennemanns	366	Vennemann Fennemann, Anton, Bsch Geist No 23	Haus, Hof		33	5	VI		25	4	12
an Vennemanns Haus	367	Vennemann, Anton, Bsch Geist No 23	Heide		15		2			2	
Stück an Vennheide	368	Bussmann, Heinr., Bsch Geist No 31	Heide	*1*	*24*, 163	*75*, 35	2		1	10	
Vennheide auf der Geist Kapellenendken	369	Rottmann, Joh. Heinr., Bsch Geist No 28	Heide	*1*	*21*, 156	12	2		1	9	
auf der Vennheide	370	*Freckmann* Frerichmann, Bernh. Anton, Bsch Geist No 29	Heide		*155*,135	*75*, 35	2		1	6	
Kapellenkamp	371	von Droste zu Vischering, Graf, Erbdroste, für Ferthmanns Kolonat, *Bernh. Heinr., Bsch Geist No 20,* Pächter Melskämper	Acker	*5*, 6	*175*, 17	95	4	8	16	2	
großen Bielesch	372	Pauck, Theod., Kötter, Bsch Geist	Acker	7	133	40	4, 5	8	15	6	
	373	Pauck, Theod., Kötter, Bsch Geist	Haus		3	4	I		2	4	1
an Bielesch	374	*Heidmann* Heitmann, Christoph, Bsch Geist No 24	Heide	4	144		2		9	7	
auf der Vennheide	375	von Droste zu Vischering, Graf, Erbdroste, für Fertmanns Kolonat, *Bernh. Heinr., Bsch Geist No 20,* Pächter Melskämper	Heide	3	16	20	2		6	2	
Venneheide	376	Hegemann, Bernh. Heinr., Bsch Geist No 22	Heide	41	83	45	2	2	22	11	
Venneheide	377	von Droste zu Vischering, Graf, Erbdroste, für Kleimanns Kolonat, Bsch Delstrup No 20	Heide	56	42	50	2	3	22	6	
Vennerheide	378	von Droste zu Vischering, Graf, Erbdroste, für Kleimanns Kolonat, Bsch Delstrup No 20	*Wildgrund* Weide		175		3		9	9	
auf der Geist	379	*Baurmann* Buurmann Buer-, Joh. Heinr., zu Hiltrup, Dorfbsch No 36	Weide		83	45	3		4	7	
Wischkämpken	380	von Droste zu Vischering, Graf, Erbdroste, für Kleimanns Kolonat, Bsch Delstrup No 20	Acker		168	65	4	1	9	4	
große Wiese	381	von Droste zu Vischering, Graf, Erbdroste, für Kleimanns Kolonat, Bsch Delstrup No 20	Wiese	4	34		4	4	5	8	
Wieskamp	382	Hegemann, Bernh. Heinr., Bsch Geist No 22	Acker	3	91	50	4	4	27	4	
Buschkamp	383	Hegemann, Bernh. Heinr., Bsch Geist No 22	Acker	2	83	50	4	3	13	6	
Hagenkämpke	384	Hegemann, Bernh. Heinr., Bsch Geist No 22	Acker	1	58	75	3	3	5	5	
auf der Vennheide	385	Hegemann, Bernh. Heinr., Bsch Geist No 22	Wiese		16		3		7	6	
	386	Hegemann, Bernh. Heinr., Bsch Geist No 22	Haus, Hof		43	55	IV	1	3	5	6
	387	Hegemann, Bernh. Heinr., Bsch Geist No 22	Gemüsegarten	1	11		4	4	26	5	
Schoppenkämpken	388	Hegemann, Bernh. Heinr., Bsch Geist No 22	Acker	1	29	50	4	1	18	10	
Wiesbusch	389	von Droste zu Vischering, Graf, Erbdroste, für Kleimanns Kolonat, Bsch Delstrup No 20	Wald	4	128	25	3	2	10	8	
in der Gartenwiese	390	von Droste zu Vischering, Graf, Erbdroste, für Kleimanns Kolonat, Bsch Delstrup No 20	Buschholz		37		3		3	1	
Gartenwiese	391	von Droste zu Vischering, Graf, Erbdroste, für Kleimanns Kolonat, Bsch Delstrup No 20	Wiese		141	40	2	3	4	3	

Flur 7 Geist II

Flurnummer mit Flurname Flurbezeichnung	**Par-zellen-nr.**	**Eigentümer und Nummer in der Bauerschaft (Bsch)** Lage und Zuordung von Höfen und Pächtern in den drei Bauerschaften Mecklenbeck, Geist und Delstrup der Gemeinde Lamberti siehe Karte auf Seite 166	**Nutzungsart**	**Parzellengröße** Morgen	Ruthen	Fuss	**Klasse**	**Ertrag** Taler	Silbergr.	Pfennig	steuer-barer Rein-ertrag
Büsken	392	von Droste zu Vischering, Graf, Erbdroste, für Kleimanns Kolonat, Bsch Delstrup No 20	*Wald* Wiese		90	20	2	2		2	
	393	von Droste zu Vischering, Graf, Erbdroste, für Kleimanns Kolonat, Bsch Delstrup No 20	Gemüsegarten	1	23		4	5	5	8	
	394	von Droste zu Vischering, Graf, Erbdroste, für Kleimanns Kolonat, Bsch Delstrup No 20	Haus, Hof		104	15	IV	2	20	5	6
Röwekamp	395	von Droste zu Vischering, Graf, Erbdroste, für Kleimanns Kolonat, Bsch Delstrup No 20	Acker	1	52	5	3	3	2	10	
kleine Wiese	396	von Droste zu Vischering, Graf, Erbdroste, für Kleimanns Kolonat, Bsch Delstrup No 20	*Wiese* Weide		150	5	2	2	10	1	
Ortskamp	397	von Droste zu Vischering, Graf, Erbdroste, für Kleimanns Kolonat, Bsch Delstrup No 20	Acker	1	159	5	3	4	15	8	
Gartenkamp	398	von Droste zu Vischering, Graf, Erbdroste, für Kleimanns Kolonat, Bsch Delstrup No 20	Acker	1	66	20	3	3	8	6	
Vorderer Kamp	399	von Droste zu Vischering, Graf, Erbdroste, für Kleimanns Kolonat, Bsch Delstrup No 20	Acker	12	104	50	4	17	18	4	
Hinterer Kamp	400	von Droste zu Vischering, Graf, Erbdroste, für Kleimanns Kolonat, Bsch Delstrup No 20	Acker	17	113	50	4	24	20	6	
Rosengarten	401	*Freckmann* Frerichmann, Bernh. Anton, Bsch Geist No 29	Acker	2	142	90	4	3	27	4	
Kalver Kamp	402	von Droste zu Vischering, Graf, Erbdroste, für Kleimanns Kolonat, Bsch Delstrup No 20	Acker	2	95	75	4	3	16	4	
hinterste Südkamp Sudkamp	403	Duesberg, Bernh. Anton, Hofkammer-Rat, zu Münster, Pächter Althoff	Acker	12	147		4	17	28	4	
Rosengarten	404	Duesberg, Bernh. Anton, Hofkammer-Rat, zu Münster, Pächter Althoff	Acker	4	43		4	5	28		
Bellevedière	405	Duesberg, Bernh. Anton, Hofkammer-Rat, zu Münster, Pächter Althoff	Nadelholz	3	129	95	3	1	25	10	
vordersten Südkamp Sudkamp	406	Duesberg, Bernh. Anton, Hofkammer-Rat, zu Münster, Pächter Althoff	Acker	10	74	10	4	14	17	4	
Hülsenbusch	407	Duesberg, Bernh. Anton, Hofkammer-Rat, zu Münster, Pächter Althoff	Wald	14	57	75	3	7	4	10	
Lange Teich	408	Duesberg, Bernh. Anton, Hofkammer-Rat, zu Münster, Pächter Althoff	Fischteich	3	122		1	9	16	10	
ollen Garen	409	Duesberg, Bernh. Anton, Hofkammer-Rat, zu Münster, Pächter Althoff	*Acker* Wald	3	156	75	2	5	1		
ollen Garen	410	Duesberg, Bernh. Anton, Hofkammer-Rat, zu Münster, Pächter Althoff	Acker	8	106	90	4	12	1		
große Wiese	411	Duesberg, Bernh. Anton, Hofkammer-Rat, zu Münster, Pächter Althoff	Wiese	8	45	80	3	23	3	5	
kleine Wiese	412	Duesberg, Bernh. Anton, Hofkammer-Rat, zu Münster, Pächter Althoff	Wiese	2	54	90	3	6	13	7	
am Hause	413	Duesberg, Bernh. Anton, Hofkammer-Rat, zu Münster, Pächter Althoff	Weide		51		2		23	10	
Hausgraben	414	Duesberg, Bernh. Anton, Hofkammer-Rat, zu Münster, Pächter Althoff	Fischteich		50	70	1		22		
Bleiche	415	Duesberg, Bernh. Anton, Hofkammer-Rat, zu Münster, Pächter Althoff	Wiese		21	55	3, 2		14	4	
Garten	416	Duesberg, Bernh. Anton, Hofkammer-Rat, zu Münster, Pächter Althoff	Gemüsegarten		131	85	4	3	11	1	
Schaafstallkamp	417	Duesberg, Bernh. Anton, Hofkammer-Rat, zu Münster, Pächter Althoff	Acker	5	132		3, 4	11	3	2	
	418	Duesberg, Bernh. Anton, Hofkammer-Rat, zu Münster, Pächter Althoff	Haus, Hof		142	25	VI	3	19		12

Flurnummer mit Flurname Flurbezeichnung	Par-zellen-nr.	Eigentümer und Nummer in der Bauerschaft (Bsch) Lage und Zuordnung von Höfen und Pächtern in den drei Bauerschaften Mecklenbeck, Geist und Delstrup der Gemeinde Lamberti siehe Karte auf Seite 166	Nutzungsart	Parzellengröße Morgen	Ruthen	Fuss	Klasse	Ertrag Taler	Silbergr.	Pfennig	steuer-barer Rein-ertrag
	419	Duesberg, Bernh. Anton, Hofkammer-Rat, zu Münster, Pächter Althoff	Hofraum	2	75		1	11	3	6	
Stickmanns Kamp	420	Duesberg, Bernh. Anton, Hofkammer-Rat, zu Münster, Pächter Althoff	Acker	12	104	25	3	30	5	8	
Sternenbusch Vorderer Kamp	421	Duesberg, Bernh. Anton, Hofkammer-Rat, zu Münster, Pächter Althoff	Wald	18	46	50	1	40	5		
Nienkamps Wiese	422	Duesberg, Bernh. Anton, Hofkammer-Rat, zu Münster	Wiese		128		3	1	29	9	
Nienkamp	423	Duesberg, Bernh. Anton, Hofkammer-Rat, zu Münster	Acker	27	7	50	2, 3	73	27	5	
vorderste Ossenkamp	424	Duesberg, Bernh. Anton, Hofkammer-Rat, zu Münster	Acker	22	113	10	3	54	9	2	
hinterste Ossenkamp	425	Duesberg, Bernh. Anton, Hofkammer-Rat, zu Münster	Acker	22	12	50	3	52	29	1	
Overbusch	426	Duesberg, Bernh. Anton, Hofkammer-Rat, zu Münster	Acker	19	26	50	4	26	24	3	
Overbuschwiese Ueberlereschwiese	427	Duesberg, Bernh. Anton, Hofkammer-Rat, zu Münster	Wiese	2	179	75	4	3			
	428	Duesberg, Bernh. Anton, Hofkammer-Rat, zu Münster	Schaafstall als Hofraum		12	90	1		9	10	
Hausgarten	429	Duesberg, Bernh. Anton, Hofkammer-Rat, zu Münster	Fischteich	2	18	80	1	5	14	2	
Hausgarten	430	Duesberg, Bernh. Anton, Hofkammer-Rat, zu Münster	Haus, Hof, Haus Geist	1	9	25	VII, X	4	25	1	15,30
Bleiche	431	Duesberg, Bernh. Anton, Hofkammer-Rat, zu Münster	Wiese		72	35	2	1	18	3	
große Wiese	432	Duesberg, Bernh. Anton, Hofkammer-Rat, zu Münster	Wiese	6	175	20	4	6	29	3	
lange Teich	433	Duesberg, Bernh. Anton, Hofkammer-Rat, zu Münster	Fischteich	1	50	50	1	3	9	10	
kleine Pferdekamp	434	Duesberg, Bernh. Anton, Hofkammer-Rat, zu Münster	Acker	13	132		4	19	6	10	
große Pferdekamp	435	Duesberg, Bernh. Anton, Hofkammer-Rat, zu Münster	Acker	29	112	75	4	41	14	3	
Baumgarten	436	Duesberg, Bernh. Anton, Hofkammer-Rat, zu Münster	*Acker* Garten		170	50	4	4	10	10	
Potthoff	437	Duesberg, Bernh. Anton, Hofkammer-Rat, zu Münster	Gemüsegarten	2	62	50	4	10	23	10	
Potthoff	438	Duesberg, Bernh. Anton, Hofkammer-Rat, zu Münster	Acker	2	140	65	2	9	16	8	
Potthoffwiese	439	Duesberg, Bernh. Anton, Hofkammer-Rat, zu Münster	Wiese	3	24		3	8	23	2	
Geistbusch	440	Duesberg, Bernh. Anton, Hofkammer-Rat, zu Münster	Schlagholz	36	54	25	1	19	25	11	
Gerstkamp	441	Duesberg, Bernh. Anton, Hofkammer-Rat, zu Münster	Acker	22	132	25	4	31	24	11	
Weitkamp	442	Duesberg, Bernh. Anton, Hofkammer-Rat, zu Münster	Acker	22	124	75	3	54	13	11	
Telgenbusch	443	Duesberg, Bernh. Anton, Hofkammer-Rat, zu Münster, Pächter Althoff	Wald	6	37	25	1	13	19	8	
	444	Duesberg, Bernh. Anton, Hofkammer-Rat, zu Münster, Pächter Althoff	*Garten* Teich	1	33		1	3	2	4	
	445	Duesberg, Bernh. Anton, Hofkammer-Rat, zu Münster, Pächter Althoff	Buschholz		41	50	1		15	2	
	446	Duesberg, Bernh. Anton, Hofkammer-Rat, zu Münster, Pächter Althoff	Buschholz		117	15	1		1	13	
Rüschenkamp Reischenkamp	447	Duesberg, Bernh. Anton, Hofkammer-Rat, zu Münster, Pächter Althoff	Acker	14	19	75	4	19	22	7	
Telgenkamp	448	Duesberg, Bernh. Anton, Hofkammer-Rat, zu Münster, Pächter Althoff	Acker	13	1		3	31	6	5	
Hartikenkamp Hartichenkamp	449	Duesberg, Bernh. Anton, Hofkammer-Rat, zu Münster	Acker	16	70	35	4	22	28	5	
Kegelskamp Kiegelskamp	450	Duesberg, Bernh. Anton, Hofkammer-Rat, zu Münster	Acker	20	143	75	3	49	27	6	
Kloppenbusch	451	Regensberg, Hauptmann, zu Münster	Wald	11	168	90	1	26	8		
	452	Duesberg, Bernh. Anton, Hofkammer-Rat, zu Münster, Pächter Althoff	Schlagholz		65	25	2		14	1	
	453	Duesberg, Bernh. Anton, Hofkammer-Rat, zu Münster, Pächter Althoff	Schlagholz		171		2	1	7	1	
Klaverkamp	454	Duesberg, Bernh. Anton, Hofkammer-Rat, zu Münster, Pächter Althoff	Acker	8	33		3	19	19	2	

Flur 7 Geist II, Flur 8 Friedrichsburg

Flurnummer mit Flurname Flurbezeichnung	**Par-zellen-nr.**	**Eigentümer und Nummer in der Bauerschaft (Bsch)** Lage und Zuordnung von Höfen und Pächtern in den drei Bauerschaften Mecklenbeck, Geist und Delstrup der Gemeinde Lamberti siehe Karte auf Seite 166	**Nutzungsart**	**Parzellengröße** Morgen	Ruthen	Fuss	**Klasse**	**Ertrag** Taler	Silbergr.	Pfennig	steuer-barer Rein-ertrag
lange Straße	455	Duesberg, Bernh. Anton, Hofkammer-Rat, zu Münster, Pächter Althoff	Wiese	3	37	25	4	3	6	2	
Kleikamp	456	*Freckmann* Frerichmann, Bernh. Anton, Bsch Geist No 29	Acker	4	31	60	4	5	25	4	
Kleikamps Busch	457	*Freckmann* Frerichmann, Bernh. Anton, Bsch Geist No 29	Schlagholz	1	51	75	1	2	25		
hinterste Busch	458	von Droste zu Vischering, Graf, Erbdroste, für Kleimanns Kolonat, Bsch Delstrup No 20	Schlagholz	3	81	85	1	7	18		
Nienkamp Kleikamp	459	von Droste zu Vischering, Graf, Erbdroste, für Kleimanns Kolonat, Bsch Delstrup No 20	Acker	4	125	90	4	6	17	5	
Weitkamp	460	von Droste zu Vischering, Graf, Erbdroste, für Kleimanns Kolonat, Bsch Delstrup No 20	Acker	4	19	50	4	5	22	6	
Heidkamps Busch	461	von Droste zu Vischering, Graf, Erbdroste, für Kleimanns Kolonat, Bsch Delstrup No 20	Schlagholz	3	136	50	1	8	8		
hintere Bickkamp hinterste Biekkamp	462	Duesberg, Bernh. Anton, Hofkammer-Rat, zu Münster, Pächter Beckkotten	Acker	8	112		4	12	2	2	
vordere Bickkamp vorderste Biekkamp	463	Duesberg, Bernh. Anton, Hofkammer-Rat, zu Münster, Pächter Beckkotten	Acker	8	25	25	4	11	11	10	
Bickkamp	464	Duesberg, Bernh. Anton, Hofkammer-Rat, zu Münster, Pächter Beckkotten	Acker	7	9	5	3	16	27	8	
Bickkötters Garten	465-1	Duesberg, Bernh. Anton, Hofkammer-Rat, zu Münster, Pächter Beckkotten	Gemüsegarten	1	*9*, 6	*65*, 59	4	4	23		
Bickkötters Garten	465-2	Duesberg, Bernh. Anton, Hofkammer-Rat, zu Münster, Pächter Beckkotten	Haus		3	6	IV		2	5	6
Bleiche	466	Duesberg, Bernh. Anton, Hofkammer-Rat, zu Münster, Pächter Beckkotten	Wiese		18	90	3		8	10	
Hafkebrock Hafkesbrock	467	Duesberg, Bernh. Anton, Hofkammer-Rat, zu Münster, Pächter Althoff	Wald	27	21	75	1	59	19	11	
8 Friedrichsburg											
Willhoock	1	Böckmann, Anton, Bsch Mecklenbeck No 8	Wiese	3	41	60	1	16	4	8	
Willhoock	2	Böckmann, Anton, Bsch Mecklenbeck No 8	Acker		157	36	3	2	3		
Wiese über die Aa	3	v(on) Kaassche Concursmasse, *Eigentümer, P(ächter) Schulze Sentrup zu Gievenbeck, gemeinschaftlich,* (Curator ist der Justiz-Commissair Schweling)	Wiese	3	93	65	1	17	18		
Wiese über die Aa	4	v(on) Kaassche Concursmasse, *Eigentümer, P(ächter) Schulze Sentrup zu Gievenbeck, gemeinschaftlich,* (Curator ist der Justiz-Commissair Schweling)	Acker	1	54	3	2	4	12	7	
	5	Hassenkamp, Joh. Anton, Bsch *Geist* Mecklenbeck	*Obst*garten		45	60	4	1	4	11	
	6	Hassenkamp, Joh. Anton, Bsch *Geist* Mecklenbeck	Garten		72	90	4	1	25	10	
	7	Hassenkamp, Joh. Anton, Bsch *Geist* Mecklenbeck	Haus, Hof		72	30	VIII	1	25	10	20
	8	Hassenkamp, Joh. Anton, Bsch *Geist* Mecklenbeck	Gemüsegarten		11	49	4		8	10	
	9	Hassenkamp, Joh. Anton, Bsch *Geist* Mecklenbeck	Obstgarten	1	27	49	4	5	9	1	
	10	Hassenkamp, Joh. Anton, Bsch *Geist* Mecklenbeck	*Wiese* Acker	2	174	85	2	10	3	1	
	11	Hassenkamp, Joh. Anton, Bsch *Geist* Mecklenbeck	*Wiese* Acker	3	143	63	1	18	29	9	
hinterste Flender	12	Bischof, Heinr., Bsch Mecklenbeck No 2	Acker	2	79	97	2	8	9	4	
vorderste Flender	13	Bischof, Heinr., Bsch Mecklenbeck No 2	Acker	3	11	79	2	10	12	8	
	14	Bischof Bischoff, Heinr., Bsch Mecklenbeck No 2	Haus, Hof		25		IV		19	2	6
	15	Bischof, Heinr., Bsch Mecklenbeck No 2	Gemüsegarten		120	28	4	3	2	3	
Kötters	16	Bischof, Heinr., Bsch Mecklenbeck No 2, Bischofs Kotten	Haus, Hof		9		III		6	11	4
Kötter	17	Bischof, Heinr., Bsch Mecklenbeck No 2	Gemüsegarten		116	16	4	2	29		
Flender	18	Bischof, Heinr., Bsch Mecklenbeck No 2	Wiese	12	59	13	1	61	19	3	

Flur 8 Friedrichsburg

Flurnummer mit Flurname Flurbezeichnung	**Par-zellen-nr.**	**Eigentümer und Nummer in der Bauerschaft (Bsch)** Lage und Zuordnung von Höfen und Pächtern in den drei Bauerschaften Mecklenbeck, Geist und Delstrup der Gemeinde Lamberti siehe Karte auf Seite 166	**Nutzungsart**	**Parzellengröße** Morgen	Ruthen	Fuss	**Klasse**	**Ertrag** Taler	Silbergr.	Pfennig	steuer-barer Rein-ertrag
Wischk	19	Schulte, Theod., Bsch Mecklenbeck No 1	Wiese	6	6	30	1	30	5	3	
Wieschkamp Wischkamp	20	Schulte, Theod., Bsch Mecklenbeck No 1	Acker	2	77	45	2	8	7	11	
Huskamp	21	Schulte, Theod., Bsch Mecklenbeck No 1	Acker	5	86	65	1	25	6	5	
	22	Schulte, Theod., Bsch Mecklenbeck No 1	Gemüsegarten		141	33	4	3	18	4	
	23	Schulte, Theod., Bsch Mecklenbeck No 1	Gemüsegarten		29	98	4		23		
	24	Schulte Schulz, Theod., Bsch Mecklenbeck No 1	Haus, Hof		84	25	VIII	2	4	7	20
Homanns Kamp	25	Schulte, Theod., Bsch Mecklenbeck No 1	Acker	10	57	45	2	35	2	7	
Schmidts Kamp Tehmielskamp	26	Schulte, Theod., Bsch Mecklenbeck No 1	Acker	8	145	48	2, 3	21	4	2	
vorm Aegiditor	27	Lutterbeck, Bernh., zu Münster, auf der Sandstr. No 278	Acker	30	145	98	2	104	22	9	
Engels Kamp	28	*Schultze* Schulte, Theod., Bsch Mecklenbeck No 1	Acker	9	30	72	2, 3	22		3	
Hockenkamp	29	*Schultze* Schulte, Theod., Bsch Mecklenbeck No 1	Acker	10	80	44	2	35	15	7	
Hockenkamp Stortskamp No 27	30	Studienfond zu Münster, Kentling, Rentmeister	Acker	35	48	14	2	119	27	3	
an Mertens Garten u. dem Horks Kamp gnt Luttergotts Kamp	31	*Cottken,* Winkelsett, Theod. Anton, zu Münster, und Erben, Dr. Schmitjan zu Hildesheim, Heinr., jedem zur Hälfte	Acker	5	66	49	2	18	7	8	
	32	Brüning, Kaufmann, zu Überwasser, Jüdefelder Str. No 247	Acker	5	92	9	2	18	22	2	
unterste Kamp	33	Mertens, Joh. Herm., Bsch Mecklenbeck No 4	Acker	5	58	25	2	18	3		
	34	Mertens, Joh. Herm., Bsch Mecklenbeck No 4	Gemüsegarten		55	50	4	1	12	7	
	35	Mertens, Joh. Herm., Bsch Mecklenbeck No 4	Haus, Hof		20	40	III		15	8	4
	36	Mertens, Joh. Herm., Bsch Mecklenbeck No 4	Gemüsegarten		158	73	4	4	1	9	
Ossenbeck	37	Bischof, Heinr., Bsch Mecklenbeck No 2	Acker	6	44	25	2	21	7	1	
korte Ossenweg Sandwegossenbeck	38	*Hossmann* Meckmann, Schulte, Friedr., Bsch Mecklenbeck No 15	Acker	11	104	35	2, 3	27	23	9	
Meckmanns Kotten	39	Meckmann, Schulte, Friedr., Bsch Mecklenbeck No 15, Horstmann Hossmann, Bsch Mecklenbeck	Haus, Hof Haus		10	92	III		8	4	4
lange Ossenweg	40	Meckmann, Schulte, Friedr., Bsch Mecklenbeck No 15	Acker	11	164	28	2, 3	36	16		
Ossenbeck	41	Mertens, Joh. Herm., Bsch Mecklenbeck No 4	Acker	6	5	17	2	20	14	11	
Haferkamp No 23	42	Studienfond zu Münster, Kentling, Rentmeister	Acker	20	62	23	2, 3	119	12	8	
an in der Galgheide Anschluss an die Hafer-kämpen	43-1	Studienfond zu Münster, Kentling, Rentmeister	Heide	*7,* 6	*42,* 22	*97,* 47	1	1		7	
an der Chaussee	43-2	Winkelsett, Theod. Anton, zu Münster, Aegidistr. No 60	Heide	1	20	50	1		5	7	
in der Galgheide der kleine Haferkamp No 24	44	Studienfond zu Münster, Kentling, Rentmeister	Acker	10	101	19	2, 3	32	11	8	
oberste Kamp	45	Mertens, Joh. Herm., Bsch Mecklenbeck No 4	Acker	5	66		2	18	7	5	
kleiner Galgenkamp	46	Münstermann, *Heinr.* Ignatz, *Bsch Geist* Bsch Mecklenbeck No 28	Gemüsegarten		115	31	4	2	28	5	
kleiner Galgenkamp	47	Münstermann, *Heinr.* Ignatz, *Bsch Geist* Bsch Mecklenbeck No 28	Haus, Hof		38	45	III		29	3	4
Kamp	48	Münstermann, *Heinr.* Ignatz, *Bsch Geist* Bsch Mecklenbeck No 28	Acker	7	44	9	2	24	19		
Lutterbecks Kamp Hahnenkamp	49	Lutterbeck, Heinr., zu Münster, Ludgeristr. No 161 u. 162	Acker	7	99	2	2	25	20	1	
an der Galgheide der große Haferkamp No 25	50	Studienfond zu Münster, Kentling, Rentmeister	Acker	17	11	89	2, 3	52	10	2	
Fillkuhle Fellkuhle	51-1	Hölscher, Joh. Heinr., Erbg(emeinschaft) des Winkelsett, Theod. Anton, zu Münster, Aegidistr. No 60	Acker	*8,* 6	*12,* 166	*50,* 2	4	9	20	9	
Fillkuhle Fellkuhle	51-2	Hölscher, Joh. Heinr., Erbg(emeinschaft) des Winkelsett, Theod. Anton, zu Münster, Aegidistr. No 60	Haus		7	48	III		5	8	4
	51-3	Hölscher, Joh. Heinr., Erbg(emeinschaft) des Winkelsett, Theod. Anton, zu Münster, Aegidistr. No 60	Acker	1	19		2	1	16	5	
an der Fillkuhle Kamps Stücks Kamp No 26	52	Studienfond zu Münster, Kentling, Rentmeister	Acker	3	171		2, 3	11	13	9	

Flur 8 Friedrichsburg

Flurnummer mit Flurname Flurbezeichnung	**Par-zellen-nr.**	**Eigentümer und Nummer in der Bauerschaft (Bsch)** Lage und Zuordung von Höfen und Pächtern in den drei Bauerschaften Mecklenbeck, Geist und Delstrup der Gemeinde Lamberti siehe Karte auf Seite 166	**Nutzungsart**	**Parzellengröße** Morgen	Ruthen	Fuss	**Klasse**	**Ertrag** Taler	Silbergr.	Pfennig	steuer-barer Rein-ertrag
ober Isselmanns Kamp	53	Winkelsett, Theod. Anton, zu Münster, Aegidistr. No 60	Acker	13	159	30	2, 3	40	7	11	
Haugekamp	54	v(on) Galle, Frau, und v(on) Besward Berswald, Freiherr, zum Hause Sentmaring, Pächter Leissing, Bsch Geist	Acker	4	168	90	2, 3	14	9	7	
Schröders Kamp Knapp	55	v(on) Galle, Frau, und v(on) Besward Berswald, Freiherr, zum Hause Sentmaring, Pächter Leissing, Bsch Geist	Acker		140	65	2	2	19	8	
achtersten Schröders Kamp Knapp Achterste Bodrups Kamp Bödrups Kamp	56	v(on) Galle, Frau, und v(on) Besward Berswald, Freiherr, zum Hause Sentmaring, Pächter Leissing, Bsch Geist	Acker	11	83	60	2	38	29	4	
Inkmanns Kamp	57	Lutterbeck, Heinr., zu Münster, Ludgeristr. No 161 u. 162	Acker	9	141	9	2	33	8		
Wolfskamp Hohe Kamp	58	*Schultze* Schulte, Theod., Bsch Mecklenbeck No 1	Acker	9	21	30	2	31		1	
achterste Kamp	59	Edelgrimm, Jos., zu Münster, Aegidistr. No 104	Acker	4	160	96	1, 2	19	17	3	
achterste Kamp Vorderste Kamp	60	Edelgrimm, Jos., zu Münster, Aegidistr. No 104	Acker	5	112	56	1, 2	22	15	1	
vorderste Kamp	61	Renne, Anton, zu Münster, Aegidistr. No 75	Acker	5	23	35	1	23	17	11	
achterste Grawinckels Kamp	62	v(on) Droste zu Vischering, Erbdroste, Graf, zu Münster, Pächter Krawinkels Kotten	Acker	6	133	98	1, 2	26	29	4	
achterste Kamp	63	Renne, Anton, zu Münster, Aegidistr. No 75	Acker	5	91	40	1	25	10	1	
vorderste Kamp	64	v(on) Droste zu Vischering, Erbdroste, Graf, zu Münster, Pächter Krawinkels Kotten	Acker	7	132	97	1, 2	29	12	2	
vorderste Lödrups Vorderste Bodrups Kamp	65	v(on) Galle, Frau, und v(on) Besward Berswald, Freiherr, zum Hause Sentmaring, Pächter Leissing, Bsch Geist	Acker	10	140	1	2	36	19	4	
Pennekamp	66	von Droste zu Vischering, Erbdroste, Graf, zu Münster, *Pächter Grawinkel zum Neuen Krug*, Pächter Pennekamps Kotten, No 14	Gemüsegarten		66	20	3	2	6	3	
Pennekamp	67	von Droste zu Vischering, Erbdroste, Graf, zu Münster, für Pennekamps Kotten, No 14	Haus, Hof		38	76	V		29	10	9
	68	von Droste zu Vischering, Erbdroste, Graf, zu Münster, für Pennekamps Kotten, No 14	Gemüsegarten		47	51	3	1	17	6	
Neuenkrug	69	von Droste zu Vischering, Erbdroste, Graf, zu Münster, für Krawinkels Kotten	Gemüsegarten	1	102		3	9	12		
Neuenkrug	70	von Droste zu Vischering, Erbdroste, Graf, zu Münster, für Krawinkels Kotten	Gemüsegarten		68	5	3	2	8	1	
Neuenkrug	71	von Droste zu Vischering, Erbdroste, Graf, zu Münster, für Krawinkels Kotten	Haus, Hof		122	64	IX	3	4		25
	72	von Droste zu Vischering, Erbdroste, Graf, zu Münster, für Krawinkels Kotten	Obstgarten		29	99	3	1			
Garten an der Friedrichsburg	73	v(on) Galen, Graf, zu Münster	Gemüsefeld	6	112	64	2	37	16	4	
hintere Kamp	74	v(on) Galen, Graf, zu Münster	Acker	10	1	7	1	46		10	
hintersten Hoppenkamp	75	Leinemann, August, zu Münster, Grüne Stiege No 323	Acker	5	113	29	1	25	26	11	
vordersten Hoppenkamp	76	Leinemann, August, zu Münster, Grüne Stiege No 323	Acker	10	175	85	1, 2	43	27	3	
Aakamp	77	Lutterbeck, Heinr., zu Münster, Ludgeristr. No 161 u. 162	Acker	6	72	73	1	29	13	9	
Wellkamp	78	Hassenkamp, Werner, Herrmanns Sohn, zu Münster, Aegidi-Laischaft No 285	Acker	9	41	43	1	42	13	9	
Aakamp	79	v(on) Galen, Graf, zu Münster	Acker	9	102	30	1, 2	38	8	2	
Aakamp	80	v(on) d(er) Beck, Clara, Präsidentin, zu Münster, Aegidi-Laischaft No 124	Acker	4	159	26	2	16	18	3	
Aawiese	81	v(on) d(er) Beck, Clara, Präsidentin, zu Münster, Aegidistr. No 124	Wiese	3	95	85	1	17	19	10	
Aawiese	82	von Galen, Graf, zu Münster	Wiese	13	30	16	1	65	25	2	
Wellkamp	83	Hassenkamp, Werner, Herrmanns Sohn, zu Münster, Aegidi-Laischaft No 285	Wiese	4	159	37	1	25	12	10	
Aawiese	84	Lutterbeck, Heinr., zu Münster, Ludgeristr. No 161 u. 162	Wiese	7	139	50	1	38	26	3	

Flurnummer mit Flurname Flurbezeichnung	Parzellennr.	Eigentümer und Nummer in der Bauerschaft (Bsch) Lage und Zuordnung von Höfen und Pächtern in den drei Bauerschaften Mecklenbeck, Geist und Delstrup der Gemeinde Lamberti siehe Karte auf Seite 166	Nutzungsart	Parzellengröße Morgen	Ruthen	Fuss	Klasse	Ertrag Taler	Silbergr.	Pfennig	steuerbarer Reinertrag
an der Aa	85	Vogelsang, *Theod.*, Maria Theresia, *Particulier*, zu Münster, Alten Fischmakrt No 303	*Sumpf* Wiese	11	43	75	1	56	6	5	
an der Aa	86	Vogelsang, *Theod.*, Maria Theresia, *Particulier*, zu Münster, Alten Fischmakrt No 303	Wiese	4	169	46	1	24	21	3	
an der Bleiche	87	Tourtual, Medizinalrat, Erben, zu Münster, Rothenburg	Wiese		131	25	1	3	19	4	
Bleiche	88	Tourtual, Medizinalrat, Erben, zu Münster, Rothenburg	Wiese	2	26	97	1	10	22	6	
Teich	89	Tourtual, Medizinalrat, Erben, zu Münster, Rothenburg	Fischteich	1	156	70	1	4	25	11	
Hofplatz	90	Tourtual, Florenz, Medizinalrat, Erben, zu Münster, Rothenburg	Haus, Hof	1	30	25	IV	5	11	2	6
Hofplatz	91	Tourtual, Medizinalrat, Erben, zu Münster, Rothenburg	Wiese	2	118	62	1	13	8	10	
an Hoppenkamp	92	Tourtual, Medizinalrat, Erben, zu Münster, Rothenburg	Acker		123	19	1	3	4	6	
	93	v(on) Galen, Graf, zu Münster	Gemüsegarten	2	166	75	2	26	10	1	
	94	v(on) Galen, Graf, zu Münster	Gemüsegarten		29	86	2	1	14	9	
	95	v(on) Galen, Graf, zu Münster	Gemüsegarten		23	20	2	1	4	10	
Friedrichsburg	96	v(on) Galen, Graf, zu Münster	Haus, Hof	1	40	39	VI, VI, X	5	19		12, 12, 30
	97	von Galen, Graf, zu Münster	Gemüsegarten	1	24	23	3	6	24	3	
	98	von Galen, Graf, zu Münster	Gemüsegarten	2	54	88	3	13	24	10	
	99-1	von Galen, Graf, zu Münster	Gemüsefeld	*2*, 1	*136*, 169	45	2	11			
an der Mühle	99-2	Hegemann, Schneider, zu Münster, Aegidistr.	Gemüsefeld		147		2	4	18	10	
an der Chaussee nach Dülmen	100	v(on) Galen, Graf, zu Münster	Gemüsegarten		71	70	3	2	11	8	
an der Friedrichsburg	101	Schürmann, Jos., zu Münster, Aegidistr. No 61	Gemüsegarten		136	20	2	4	16	2	
vorm Aegiditor	102	Tourtual Duttewald, Medizinalrat, Erben, zu Münster, Rothenburg	Gemüsegarten		131	20	2	6	16	10	
vorm Aegiditor	103	Wessendorf, zu Münster, Aegidistr. No 13	Gemüsegarten		53	69	2	2	20	6	
	104	Hummels, Erben, zu Münster, ... Erdmann, Königstr. No 237	Gemüsegarten		57	66	2	2	26	6	
vorm Aegiditor	105	Tourtual Tuddwald, Medizinalrat, Erben, zu Münster, Rothenburg	Gemüsegarten		123	11	2	6	4	8	
	106	Leinemann Leymann, August, zu Münster, Grüne Stiege No 323	Gemüsegarten		88	73	3	2	28	9	
	107	v(on) Dellweg, Ernst, zu Münster, Rothenburg	Gemüsegarten		81	76	3	2	21	9	
	108	Veltmann Vellmann Feldmann, Franz, Schlosser, zu Münster, auf der Rothenburg No 154	Gemüsegarten		99	76	3	3	9	9	
	109	Lutterbeck, Heinr., zu Münster, Ludgeri-Laischaft No 161 u. 162	Gemüsegarten		58	40	3	1	28	5	
	110	*Jüttig, Kleidermacher, zu Münster, Klemenzstr.*, Pölling Pohling, Witwe, zu Münster, Schützenstr. No 94	Gemüsegarten		52	47	3	1	22	6	
	111	*Jüttig, Kleidermacher, zu Münster, Klemenzstr.*, Pölling Pohling, Witwe, zu Münster, Schützenstr. No 94	Gemüsegarten		54	51	3	1	24	6	
	112	Lutterbeck, Heinr., zu Münster, Ludgeristr. No 161 u. 162	Gemüsegarten		48	32	3	1	18	4	
	113	*Domaine, Königl.*, Tombrinck, Bernh., Brandweinbrenner, Aegidistr. No 102	Gemüsegarten		88	29	2	2	23	4	
	114	Kneer, Instrumentenmacher, zu Münster, Aegidistr.	Gemüsegarten		68	85	2	3	13	3	
	115	Finkenbrink, zu Münster, Aegidistr.	Gemüsegarten		54	11	3	1	24	1	
	116	Schwermann, zu Münster	Gemüsegarten		47	84	3	1	17	10	
	117	Schwermann, zu Münster	Gemüsegarten		52	71	3	1	22	8	
vor Aegiditor	118	*Jürgens, Erben, zu Münster*, Tourtual, Medizinalrat, Erben, zu Münster, Rothenburg	Gemüsegarten		49	38	3	1	19	5	
vor Aegiditor	119	*Jürgens, Erben, zu Münster*, Tourtual, Medizinalrat, Erben, zu Münster, Rothenburg	Gemüsegarten		48	2	3	1	18		

Flur 8 Friedrichsburg

Flurnummer mit Flurname Flurbezeichnung	**Par-zellen-nr.**	**Eigentümer und Nummer in der Bauerschaft (Bsch)** Lage und Zuordung von Höfen und Pächtern in den drei Bauerschaften Mecklenbeck, Geist und Delstrup der Gemeinde Lamberti siehe Karte auf Seite 166	**Nutzungsart**	**Parzellengröße** Morgen	Ruthen	Fuss	**Klasse**	**Ertrag** Taler	Silbergr.	Pfennig	steuer-barer Rein-ertrag
	120	Pöttken, Anton, zu Münster	Gemüsegarten		57	48	3	1	27	6	
	121	Engelkamp, Paul, zu Münster, Rothenburg No 42	Gemüsegarten		78	89	2	3	27	8	
	122	Gausepohl, Anton, zu Münster, Aegidistr.	Gemüsegarten		97	52	2, 3	4	1		
vor Aegiditor	123	Köhler, Reinhard, zu Münster, Aegidi-Laischaft No 12	Gemüsegarten		46	6	3	1	16	1	
vor Aegiditor	124	Köhler, Reinhard, zu Münster, Aegidi-Laischaft No 12	Gemüsegarten		45	90	3	1	12	11	
vor Aegiditor	125	Fabian, Clemens, zu Münster, Pächter bei Heidebrink, auf dem Schilde	Gemüsegarten		36	38	3	1	6	5	
	126	Kleikamp, Bern., Huiker, zu Münster, Salzstr.	Gemüsegarten		35	84	3	1	5	10	
an der Mecklenbekschen Stiege	127	v(on) Zurmühlen, Erben, zu Münster, Salzstr.	Gemüsegarten		72	90	2, 3	3	1	1	
	128	Evens, Bernh., Gastwirt, zu Münster, auf d. Rothenburg No 38	Gemüsegarten		55	21	2	2	22	10	
	129	Evens, Bernh., Gastwirt, zu Münster, auf d. Rothenburg No 38	Gemüsegarten		83	44	2	4	5	2	
	130	Evens, Bernh., Gastwirt, zu Münster, auf d. Rothenburg No 38	Gemüsegarten		132	39	2	6	18	7	
	131	*Domaine, Königl.*, Beermann Well-, Joh. Heinr., Bsch Geist	Mühle, Mühlenplatz als Hofraum		65	38	1	1	20	1	
	132	*Domaine, Königl.*, Beermann, Joh. Heinr., Bsch Geist	Gemüsegarten		58	81	2	2	28	2	
	133	Giese, Franz, zu Münster, Rothenburg No 16	Gemüsegarten		58	11	2	2	27	2	
	134	*Fale* Fahle, Registrator, zu Münster, Johannisstr.	Gemüsegarten		103	59	2	5	5	5	
	135	Giese, Franz, zu Münster, Rothenburg No 16	Gemüsegarten		38	27	2	1	27	5	
	136	Veltmann Wellmann, Schlosser, zu Münster, Rothenburg	Gemüsegarten		39	67	2	1	29	6	
gegen den Hoppendamm	137	Hüger, Ignatz, zu Münster, Ludgerii-Laischaft No 48	*Weide* Wiese	1	61	6	1	6	20	11	
hinter den Garten	138	Hüger, Ignatz, zu Münster, Ludgerii-Laischaft No 48	Wiese		64	59	1	1	23	10	
	139	Hüger, Ignatz, zu Münster, Ludgerii-Laischaft No 48	Gemüsegarten		113	99	2	5	21		
	140	Hüger, Ignatz, zu Münster, Ludgerii-Laischaft No 48	Gemüsegarten		101	86	2	5	2	9	
	141	Hüger, Ignatz, zu Münster, Ludgerii-Laischaft No 48	*Acker* Wiese	2	55	91	1	11	16	7	
	142	*Schmeeing* Schmedding, Philippina *Josephine*, Erben, zu Münster	Gemüsegarten		72	69	2	3	19		
	143	Schölling, Jos. Casper, zu Münster, Aegidistr.	Gemüsegarten		55	71	2	2	23	7	
vor Aegiditor	144	*Tüschhaus* Tüshaus, Johannes, zu Münster, Rothenburg No 35	Gemüsegarten		88	84	2	4	13	3	
vor Aegiditor	145	Törnig, Franz, zu Münster, Aegidistr.	Gemüsegarten		90	70	2	4	16	1	
	146	Beermann, Joh. Heinr., Bsch Geist No 8	Gemüsegarten		124	72	2	6	7	1	
	147	Beermann, Joh. Heinr., Bsch Geist No 8	Haus, Hof		19	88	VII		15	3	15
	148	Haesch, Herm., Bsch Geist No 39	*Acker* Gemüsefeld	1	76	29	2	8	2	1	
vorm Aegiditor am Wege nach der Kornmühle	149	*Bahmer, Kaufmann, zu Münster, Aegidistr.*, Bäumer in Rinkerodde	Gemüsegarten		98	1	3	3	8		
vor Aegiditor	150	Wessendorf, Bernh., zu Münster, Aegidistr. 13	Gemüsegarten		61	15	3	2	1	2	
vor Aegiditor	151	Wessendorf, Bernh., zu Münster, Aegidistr. 13	Gemüsegarten		58	13	3	1	28	2	
bei der Mühle	152	*Domaine, Königl.*, Grues, Anton, zu Münster, im Sack No 176	Gemüsegarten		49		3	1	19		
Mühle	153	*Domaine, Königl.*, Grues, Anton, zu Münster, im Sack No 176	Krainmühle, Hofraum		75	95	1	1	28	3	
Kreinacker	154	*Block Notar, zu Münster, Höxterstr.*, Hegemann, Wilh., Schneider, zu Münster, Aegidistr.	Gemüsefeld	1	52	38	2	7	9	6	
vor Aegiditor	155	Westermann, zu Münster, Grüne Stiege No 317	Gemüsegarten		74	65	3	2	14	8	
an Penekamps Mühle	156	von Droste zu Vischering, Erbdroste, Graf, Pächter Pennekamp	Gemüsefeld		132	85	2	4	5	6	
	157	von Droste zu Vischering, Erbdroste, Graf, Pächter Pennekamp	Mühle, Hofraum		66	64	1	1	21	1	
auf Vahrt	158	von Droste zu Vischering, Erbdroste, Graf, Pächter Pennekamp	*Wildland*, Hofraum		36	41	1	2	7	11	
Kreinacker	159	*Block Notar, zu Münster, Höxterstr.*, Hegemann, Wilh., Schneider, zu Münster, Aegidistr.	Gemüsegarten		61	85	3	2	1	10	

Flur 8 Friedrichsburg

Flurnummer mit Flurname Flurbezeichnung	Par-zellen-nr.	Eigentümer und Nummer in der Bauerschaft (Bsch) Lage und Zuordnung von Höfen und Pächtern in den drei Bauerschaften Mecklenbeck, Geist und Delstrup der Gemeinde Lamberti siehe Karte auf Seite 166	Nutzungsart	Parzellengröße Morgen	Ruthen	Fuss	Klasse	Ertrag Taler	Silbergr.	Pfennig	steuer-barer Rein-ertrag
Kreinacker	160	*Block Notar, zu Münster, Höxterstr.,* Hegemann, Wilh., Schneider, zu Münster, Aegidistr.	Gemüsegarten		50	22	3	1	20	3	
Kreinacker	161	*Block Notar, zu Münster, Höxterstr.,* Hegemann, Wilh., Schneider, zu Münster, Aegidistr.	Gemüsegarten		59	80	3	1	29	10	
	162	Bruns, Pelzer, zu Münster, Aegidistr. No 71	Gemüsegarten		48	88	3	1	18	11	
	163	Bruns, Pelzer, zu Münster, Aegidistr. No 71	Gemüsegarten		57	49	3	1	27	6	
an Linns Garten	164	Linsmann, Gottfr., Blechschläger, zu Münster, Lütke Stiege 131	Gemüsegarten		62	49	3	2	2	6	
	165	Linsmann, Gottfr., Blechschläger, zu Münster, Lütke Stiege 131	Gemüsegarten		67	78	3	2	7	9	
vor Aegiditor	166	Wessendorf, Bernh., zu Münster, Aegidistr. 13	Gemüsegarten		16	83	3		16	10	
	167	Fehr, Professor, zu Münster, Breite Gasse	Gemüsegarten		48	25	3	1	18	2	
	168	Linsmann, Gottfr., Blechschläger, zu Münster, Lütke Stiege 131	Gemüsegarten		46	64	3	1	16	7	
vor Aegiditor	169	*Themanns* Niermann, Erben, zu Mstr, Vormund Metzger Hessing	Gemüsegarten		44	50	3	1	14	6	
	170	Sichmann, Bernh., Bsch Geist	Gemüsegarten		29	24	3		29	3	
	171	*Thoor, Heinr., zu Münster,* Sichmann Theer, Bernh., Bsch Geist	Haus, Hof		13	96	II, VIII		10	9	2, 20
	172	Giese, Franz, *Schneider,* zu Münster, Rothenburg No 16	Gemüsegarten		37	60	3	1	7	7	
	173	Giese, Franz, *Schneider,* zu Münster, Rothenburg No 16	Gemüsegarten		29	24	3		29	3	
	174	Giese, Franz, *Schneider,* zu Münster, Rothenburg No 16	Gemüsegarten		25	98	3		26		
	175	Haesch, Herm., Bsch Geist No 39	Mühle, Hofraum		83	9	1	2	3	9	
	176	Haesch, Herm., Bsch Geist No 39	Gemüsegarten		152	63	3	5	2	7	
	177	Haesch, Herm., Bsch Geist No 39	Haus, Hof		28	94	VIII		22	2	20
vor Aegiditor 1. Garten	178	Hegemann, Wilh., Schneider, zu Münster, Aegidistr.	Gemüsegarten		137	82	2	6	26	8	
2. Garten	179	Hegemann, Wilh., Schneider, zu Münster, Aegidistr.	Gemüsegarten		39	3	2	1	28	6	
3. Garten	180	Hegemann, Wilh., Schneider, zu Münster, Aegidistr.	Gemüsegarten		49	98	2	2	15		
4. Garten	181	Hegemann, Wilh., Schneider, zu Münster, Aegidistr.	Gemüsegarten		73	87	3	3	20	10	
	182	*Pohling, Witwe, zu Münster, Aegidi-Laischaft,* Zurborn, H., Aegidistr.	Gemüsegarten		58	50	2	2	27	9	
vor Aegiditor	183	Törnig, Franz, zu Münster, Aegidistr.	Gemüsegarten		33	13	1	1	19	8	
	184	*zum Bolen,* Zurborn, H., zu Münster, Aegidistr.	Gemüsegarten		70	15	3	3	15	3	
vor Aegiditor	185	*Wiechers* Wiegent, Witwe, Seifenfabrikant, zu Münster, auf der Rothenburg No 149	Gemüsegarten		72	75	3	3	19	2	
vor Aegiditor	186	*Wiechers* Wiegent, Witwe, Seifenfabrikant, zu Münster, auf der Rothenburg No 149	Gemüsegarten		93	19	4	4	19	10	
	187	*Stacke* Starcke Starke, Anton, Fassbinder, zu Münster, Lütken Stiege No 135	Gemüsegarten		87	57	4	4	11	4	
	188	Thier, Joh. Heinr., Bsch Geist	Haus, Hof		8	34	VIII		6	5	20
	189	Thier, Joh. Heinr., Bsch Geist	Garten		72	27	3	3	18	5	
	190	Hassenkamp, Werner, Hermanns Sohn, zu Münster, Aegidi-Laischaft No 285	Gemüsegarten		49	11	2	2	16	8	
vor Aegiditor	191	Scheffer-Boichorst, Oberlandes-Gerichtspräsident, zu Münster, Neubrückenstr.	Gemüsegarten		46	56	2	2	9	10	
	192	Straßenfischer, Anton, Bsch Geist	Gemüsegarten		120	10	6	6		2	
	193	Straßenfischer Strassenfischer, Anton, Bsch Geist	Haus, Hof		23	7	VIII		17	8	20
	194	Engelkamp, Paul, zu Münster, Rothenburg No 42	Gemüsegarten		142	3	1	9	14	1	
	195	*Boele* Bothe Bode, Erben, zu Münster	Gemüsegarten		125	85	1	8	9	8	
	196	Schölling, Jos. Casper, zu Münster, Aegidistr.	Gemüsegarten		99	98	1	6	20		
	197	*Honerkamp* Honenkamp, Rectoratin, zu Münster	Gemüsegarten		61	24	1	4	2	6	

Flurnummer mit Flurname Flurbezeichnung	**Par-zellen-nr.**	**Eigentümer und Nummer in der Bauerschaft (Bsch)** Lage und Zuordung von Höfen und Pächtern in den drei Bauerschaften Mecklenbeck, Geist und Delstrup der Gemeinde Lamberti siehe Karte auf Seite 166	**Nutzungsart**	**Parzellengröße** Morgen	Ruthen	Fuss	**Klasse**	**Ertrag** Taler	Silbergr.	Pfennig	steuer-barer Rein-ertrag
	198	*Niehus* Neuhaus, Witwe, zu Münster, Prinzipalmarkt	Gemüsegarten		81	5	1	5	12	1	
	199	Engelkamp, Paul, zu Münster, Rothenburg No 42	Gemüsegarten		99	39	1	6	18	10	
Weltwiese	200	Averbeck, Jos., zu Münster, *an der Jurgerei,* St. Georgs-Kommende, Liebfrauen-Laischaft No 128	Wiese	1	41	98	1	40	17	2	
End vor Aegidi-Weltwiese	201	Hüger, Ignatz, zu Münster, Ludgeri-Laischaft No 48	*Wiese* Acker		87	70	1	2	7	2	
End vor Aegidi-Weltwiese	202	Hüger, Ignatz, zu Münster, Ludgeri-Laischaft No 48	*Sumpf* Wiese	2	51	70	3	6	12	2	
Aawiese Weltwiese	203	Averbeck, Jos., zu Münster, *an der Jurgerei,* St. Georgs-Kommende, Liebfrauen-Laischaft No 128	*Sumpf* Wiese	3	*53,* 109	36	3	10	3		
zwischen der Bleiche und Averbecks Wiese	204	*Averbeck,* Jos., *zu Münster, an der Jurgerei,* St. Georgs-Kommende, Liebfrauen-Laischaft No 128, Stadt Münster	Wiese	*1*	*68,* 116	*25,* 50	3	1	24	4	
Wiese vorm Aegiditor	205	Stadt Münster	Wiese	2	145	73	1	14	1	5	
vorm Tor	206	*Stadt Münster,* Alard, Bernh. Jos. Bsch Geist No 1	*Sumpf* Gebäudefläche Haus		7	28	VII		5	6	15
an Aegiditor an der Brücke u. Bleiche	207	Stadt Münster	Weide	1	*58,* 140	*70,* 86	2	4	29	9	
9 Mertens											
Honnekamps Wiese	1	Brüggemann, Joh. Franz, Bsch Mecklenbeck No 7	Wiese	2	135	21	1	13	22	8	
große Wiese	2	*Schmeckmann* Schmiemann, Joh. Heinr., Bsch Mecklenbeck No 6	Wiese	5	23	55	1	25	19	8	
Moorwiese	3	Werlmann, Joh. Melchior, Bsch Mecklenbeck No 9	Wiese	1	47		1	6	9	2	
Moorwiese	4	Rausmann, Joh. *Heinr.* Herm., Bsch Mecklenbeck No 14	Wiese	1	158	3	1	9	11	8	
graute Wiese	5	*Kumpmann, Kötter, Pächter Kintrup, Bsch Gievenbeck No 45,* Gassel, Witwe, geb. Kumpmann, Bsch Gievenbeck No 45	Wiese	6	128	71	1	33	17	3	
Moorkamp Mohrkamp	6	Rausmann, Joh. *Heinr.* Herm., Bsch Mecklenbeck No 14	Acker	3	121	55	2, 3	17	25	1	
Wischkamp	7	*Schmeckmann* Schmiemann, Joh. Heinr., Bsch Mecklenbeck No 6	Acker	5	146	96	2, 3	29	3	2	
Linnebaum	8	Bauerschaft Mecklenbeck	Strauchholz		74	75	3		6	3	
Kuhle	9	Böckmann, Anton, Bsch Mecklenbeck No 8	*Kuhle* Strauchholz		43	48	3		3	7	
Linnbrinck	10	Bennemann, Joh. Melchior, Bsch Mecklenbeck No 5	Strauchholz		41	47	3		3	5	
Linnbrinck	11	*Schmeckmann* Schmiemann, Joh. Heinr., Bsch Mecklenbeck No 6	Strauchholz		30	50	3		2	7	
Linnbrinck	12	*Schmeckmann* Schmiemann, Joh. Heinr., Bsch Mecklenbeck No 6	*Gestrüpp* Strauchholz		32	47	3		2	8	
Linnbrinck	13	*Schmeckmann* Schmiemann, Joh. Heinr., Bsch Mecklenbeck No 6	Strauchholz		27	55	3		2	4	
an Linnebrincks Kamp an Linnebaums Kamp	14	*Schmeckmann* Schmiemann, Joh. Heinr., Bsch Mecklenbeck No 6	*Gestrüpp* Strauchholz		69	66	3		5	10	
an Linnebrincks Kamp an Linnebaums Kamp	15	*Schmeckmann* Schmiemann, Joh. Heinr., Bsch Mecklenbeck No 6	Acker	2	1	98	2	6	25	2	
Linnenbrincks Kamp Linnebaums Kamp	16	Bennemann, Joh. Melchior, Bsch Mecklenbeck No 5	Acker	3	35	6	2	10	25	1	
Niekamp	17	Werlmann Werlemann, Joh. Melchior, Bsch Mecklenbeck No 9	Acker	4	109	73	3	11	1	11	
Niekamps Wiese	18	Werlmann Werlemann, Joh. Melchior, Bsch Mecklenbeck No 9	Wiese	1	58	42	3	3	21	3	
Niekamps Wiese	19	Böckmann, Anton, Bsch Mecklenbeck No 8	Wiese	1	56	79	3	3	20	6	
Niekamp Nienkämpe	20	Böckmann, Anton, Bsch Mecklenbeck No 8	Acker	4	39	72	3	10	3	11	
Ostekamp	21	Böckmann, Anton, Bsch Mecklenbeck No 8	Acker	8	92	49	2, 3	26	3	3	
Ostergeist	22	*Schmemann* Schmiemann, Joh. Heinr., Bsch Mecklenbeck No 6	Acker	4	179	68	2	16	29	10	
Ostergeist	23	Bennemann, Joh. Melchior, Bsch Mecklenbeck No 5	Acker	6	123	30	2	22	21	10	
Kohkamp Kokamp	24	*Schmemann* Schmiemann, Joh. Heinr., Bsch Mecklenbeck No 6	Acker	10	20	21	2	34	11	6	
Wiedbüschen	25	*Schmemann* Schmiemann, Joh. Heinr., Bsch Mecklenbeck No 6	Wald	1	122	73	1	3	21		

Flurnummer mit Flurname Flurbezeichnung	**Par-zellen-nr.**	**Eigentümer und Nummer in der Bauerschaft (Bsch)** Lage und Zuordung von Höfen und Pächtern in den drei Bauerschaften Mecklenbeck, Geist und Delstrup der Gemeinde Lamberti siehe Karte auf Seite 166	**Nutzungsart**	**Parzellengröße** Morgen	Ruthen	Fuss	**Klasse**	**Ertrag** Taler	Silbergr.	Pfennig	steuer-barer Rein-ertrag
Rohrkamp	26	Böckmann Bökmann, Anton, Bsch Mecklenbeck No 8	Acker	6	137	9	3	16	6	10	
Kötterkamp	27	Böckmann Bökmann, Anton, Bsch Mecklenbeck No 8	Acker	3	96	64	3	8	14	7	
Garten	28	Böckmann Bökmann, Anton, Bsch Mecklenbeck No 8	Gemüsegarten		104	70	4	2	20	4	
Kötters Böckmanns Kötter	29	Böckmann Bökmann, Anton, Bsch Mecklenbeck No 8	Haus, Hof		15	3	I		11	6	1
Kötters	30	Böckmann Bökmann, Anton, Bsch Mecklenbeck No 8	Gemüsegarten		14	97	4		11	6	
Osterbecks Busch	31	Böckmann Bökmann, Anton, Bsch Mecklenbeck No 8	Wald	9	126	88	2	12	18	6	
Osterkamps Busch	32	Brüggemann Brüge-, Joh. Franz, Bsch Mecklenbeck No 7	Wald	6	113	61	2	8	18	7	
Osterkamp	33	Brüggemann Brüge-, Joh. Franz, Bsch Mecklenbeck No 7	Acker	7	70	20	3	17	22	2	
Ackerkamps Wiese	34	Brüggemann Brüge-, Joh. Franz, Bsch Mecklenbeck No 7	Wiese	1	102	14	3	4	11	8	
Kamp Aakamp	35	Werlemann Werlmann, Joh. Melchior, Bsch Mecklenbeck No 9	Acker	1	173	73	3	4	21	6	
Ackerkamp Aakamp	36	*Schmeckmann* Schmiemann, Joh. Heinr., Bsch Mecklenbeck No 6	Acker	2	33	50	3	5	7	5	
Ackerkamp Aakamp	37	*Gräwe* Greiwe, Joh. Bernh., Bsch Mecklenbeck No 11	Acker	3	64	25	3	8	1	8	
Ackerkamp Aakamp	38	Böckmann Bökmann, Anton, Bsch Mecklenbeck No 8	Acker	7	28	24	3	17	5	3	
obersten Klüfkamp oberste Kluftkamp	39	*Kumpmann, Kötter, Pächter Kintrup, Bsch Gievenbeck No 45, Gassel, Witwe, geb. Kumpmann, Bsch Gievenbeck No 45*	Acker	5	73	90	3	12	29	7	
entfällt hier, zur Flur 10 gehörig	*40*	*entfällt, Hesselmann, Joh. Melchior, Bsch Mecklenbeck No 13*	*Gemüsegarten*	*1*	*25*	*10*	*4*				
entfällt hier, zur Flur 10 gehörig	*41*	*entfällt, Hesselmann, Joh. Melchior, Bsch Mecklenbeck No 13*	*Haus, Hof*		*8*	*78*	*II*				
achterste Klafkamp aechterste Kluftkamp	42	Hesselmann, Joh. Melchior, Bsch Mecklenbeck No 13	Acker	3	36	18	3	7	20	6	
achterste Klafkamp aechterste Kluftkamp	43	Brüggemann Brüge-, Joh. Franz, Bsch Mecklenbeck No 7	Acker	6	115	50	2, 3	13	21	9	
vorderste Klufkamp vorderste Kluftkamp	44	Brüggemann Brüge-, Joh. Franz, Bsch Mecklenbeck No 7	Acker	6	23	50	3	14	21	4	
vorderste Klufkamp vorderste Kluftkamp	45	Hesselmann, Joh. Melchior, Bsch Mecklenbeck No 13	Acker	5	101	50	3	13	10	7	
Klafkamp Klaftkamp Kluftkamp	46	Rausmann, Joh. Herm., Bsch Mecklenbeck No 14	Acker	3	38	13	3	7	21	3	
vorderste Klufkamp vorderste Kluftkamp	44	Brüggemann Brüge-, Joh. Franz, Bsch Mecklenbeck No 7	Acker	6	23	50	3	14	21	4	
vorderste Klufkamp vorderste Kluftkamp	45	Hesselmann, Joh. Melchior, Bsch Mecklenbeck No 13	Acker	5	101	50	3	13	10	7	
Klafkamp Klaftkamp Kluftkamp	46	Rausmann, Joh. Herm., Bsch Mecklenbeck No 14	Acker	3	38	13	3	7	21	3	
	47	*Kumpmann, Kötter, Pächter Kintrup, Bsch Gievenbeck No 45, Gassel, Witwe, geb. Kumpmann, Bsch Gievenbeck No 45*	Gemüsegarten		90	9	4	2	9	1	
	48	*Kumpmann, Kötter, Pächter Kintrup, Bsch Gievenbeck No 45, Gassel, Witwe, geb. Kumpmann, Bsch Gievenbeck No 45*	Haus, Hof		20		III		15	4	4
Klufkamp Kluftkamp	49	*Kumpmann, Kötter, Pächter Kintrup, Bsch Gievenbeck No 45, Gassel, Witwe, geb. Kumpmann, Bsch Gievenbeck No 45*	Acker	2	112	12	3	6	8	11	
kleine Wiese	50	Bennemann, Joh. Melchior, Bsch Mecklenbeck No 5	Wiese	1	1	5	1	5		10	
Aawiese	51	*Gräwe* Greiwe, Joh. Bernh., Bsch Mecklenbeck No 11	Wiese	1	177	83	1	9	28	2	
Berg wall	52	Meckmann, Schulte, Friedr., Bsch Mecklenbeck No 15	Wiese	1	53	56	1	6	14	8	
Berg wall	53	Meckmann, Schulte, Friedr., Bsch Mecklenbeck No 15	Acker	1	153	50	3	4	13	5	
Berg wall	54	Meckmann, Schulte, Friedr., Bsch Mecklenbeck No 15	Wiese	1	75		1	7	2	6	
korte Ossenbeck Ossenbek	55	Bennemann, Joh. Melchior, Bsch Mecklenbeck No 5	Acker	7		50	3	16	24	2	
vordere Klufkamp	56	Böckmann Bökmann, Anton, Bsch Mecklenbeck No 8	Acker	7	34	10	3	17	7	8	
hintere Klufkamp	57	Böckmann Bökmann, Anton, Bsch Mecklenbeck No 8	Acker	8	24	22	3	19	15	8	
	58	Schultmann, Joh. Heinr., Pächter Plettner Plettzer, Anton, Köt-ter, Bsch Mecklenbeck No 24	Haus, Hof		43	26	III, I	1	3	2	4, 1
	59	Schultmann, Joh. Heinr., Pächter Plettner, Anton, Bsch Meck-lenbeck No 24	Gemüsegarten		115	98	4	2	28	11	
	60	Schultmann, Joh. Heinr., Pächter Plettner, Anton, Bsch Meck-lenbeck No 24	Gemüsegarten		39	59	4	1		4	

Flur 9 Mertens

Flurnummer mit Flurname Flurbezeichnung	Parzellennr.	Eigentümer und Nummer in der Bauerschaft (Bsch) Lage und Zuordung von Höfen und Pächtern in den drei Bauerschaften Mecklenbeck, Geist und Delstrup der Gemeinde Lamberti siehe Karte auf Seite 166	Nutzungsart	Parzellengröße Morgen	Ruthen	Fuss	Klasse	Ertrag Taler	Silbergr.	Pfennig	steuerbarer Reinertrag
Ossenbeck Ossenbek	61	Schultmann, Joh. Heinr., Pächter Plettner, Anton, Bsch Mecklenbeck No 24	Acker	9	47	22	3, 4	24	13	10	
lange Ossenbeck Ossenbek	62	Bennemann, Joh. Melchior. Bsch Mecklenbeck No 5	Acker	15	89	44	2	47	15	8	
lange Ossenbeck Ossenbek	63	Rotert, Joh. Melchior, Bsch Mecklenbeck No 12	Acker	7	175	65	2, 3	24	13	10	
Ossenbeck Ossenbek	64	*Schmeckmann* Schmiemann, Joh. Heinr., Bsch Mecklenbeck No 6	Acker	9	135	34	2, 3	29	27	3	
große Wiese	65	Bennemann, Joh. Melchior, Bsch Mecklenbeck No 5	Wiese	1	22	37	1	8	12		
zwischen von der Aa	66	Bauerschaft Mecklenbeck	Wiese	1	130		1	8	18	4	
Hesselmanns Ziegelei	67	Hesselmann, Joh. Melchior, Bsch Mecklenbeck No 13	*Ziegelei Packhof* Gebäudef(läche)		31	83	1		24	5	
Ossenbeck Ossenbek	68	Hesselmann, Joh. Melchior, Bsch Mecklenbeck No 13	Acker	8	159	34	2, 3	27	7	5	
Ossenbecks Wiese	69	Hesselmann, Joh. Melchior, Bsch Mecklenbeck No 13	*Wildgrund* Weide	1	170	14	2, 3		13	11	
lütke Wiese	70	*Schmehmann* Schmiemann, Joh. Heinr., Bsch Mecklenbeck No 6	Wiese	1	173	75	1	9	24	10	
Ossenbeck	71	Werlmann Werlemann, Joh. Melchior, Bsch Mecklenbeck No 9	Wiese	4	88	43	1	22	13	8	
Ossenbeck	72	Werlmann Werlemann, Joh. Melchior, Bsch Mecklenbeck No 9	Acker		128	59	3	1	21	5	
Hilligenkamp	73	Brüggemann, Joh. Franz, Bsch Mecklenbeck No 7	Acker	6	114		2, 3	20	10	3	
Ossenbeck Ossenbek	74	Rausmann, Joh. Herm., Bsch Mecklenbeck No 14	Acker	5	123	5	3	13	19	3	
korte Ossenbeck	75	Rotert, Joh. Melchior, Bsch Mecklenbeck No 12	Acker	2	169	57	3	7	1	10	
No 6 Mecklenbeck	76	Rotert, Joh. Melchior, Bsch Mecklenbeck No 6, (Pächter) Wechelmann Weggel-, Casper, Bsch Mecklenbeck No 6	Hausf(läche) Haus		6	22	II		4	9	2
korte Ossenbeck Ossenbek	77	Meckmann Mekmann, Schulte, Friedr., Bsch Mecklenbeck No 15	Acker	7	160	34	2, 3	24	5	11	
Kiskamp	78	Schmiemann, Joh. Heinr., Bsch Mecklenbeck No 6	Acker	8	139	59	3	21	1	10	
Schaug Ossenbeck	79	Meckmann Mekmann, Schulte, Friedr., Bsch Mecklenbeck No 15	Acker	12	110	78	3, 4	23	29	2	
	80	Meckmann, Schulte, Friedr., Bsch Mecklenbeck No 15, Pächter Langenhövel Langenhöwel, Bernh., Bsch Mecklenbeck No 25	Haus, Hof Haus		25	52	III		19	7	4
	81	Meckmann, Schulte, Friedr., Bsch Mecklenbeck No 15, Pächter Langenhövel, Bernh.	Gemüsegarten		127	39	4	3	7	7	
	82	Meckmann Mekmann, Schulte, Friedr., Bsch Mecklenbeck No 15, Pächter Brockkötter Brokkötter, Heinr., Bsch Mecklenbeck No 26	Haus, Hof Haus		21	50	II		16	5	2
	83	Meckmann, Schulte, Friedr., Bsch Mecklenbeck No 15, Pächter Brockkötter	Gemüsegarten		118	14	4	3		7	
	84	Meckmann, Schulte, Friedr., Bsch Mecklenbeck No 15, Pächter Stilhoff Stielhoff, Joh.	*Obst*garten		39	91	4	1		7	
Bauerschaft	85	Meckmann, Schulte, Friedr., Bsch Mecklenbeck No 15, Pächter Stilhoff Stielhoff, Joh., Bsch Mecklenbeck No 27	Haus, Hof Haus		14	46	III		11	2	4
	86	Meckmann, Schulte, Friedr., Bsch Mecklenbeck No 15, Pächter Stilhoff Stielhoff, Joh.	Gemüsegarten		131	72	4	3	11		
Larkamp	87	Meckmann, Schulte, Friedr., Bsch Mecklenbeck No 15	Acker	3	37	90	3	7	21	2	
Larkamp	88	Meckmann, Schulte, Friedr., Bsch Mecklenbeck No 15	Acker	4	100	34	3	10	28	2	
	89	von der Beck, Clara, Präsidentin, zu Münster, Aegidistr. No 124, *Pächter Jülkenbeck*	Acker	4	9	37	3	9	21	9	
am Huskamp	90	von der Beck, Clara, Präsidentin, zu Münster, Aegidistr. No 124, *Pächter Jülkenbeck*	Acker	4	27	8	3	9	28	10	
Huskamp	91	von der Beck, Clara, Präsidentin, zu Münster, Aegidistr. No 124, *Pächter Jülkenbeck*	Acker	5	120	51	3	13	18	2	

Flur 9 Mertens, Flur 10 Galgheide

Flurnummer mit Flurname Flurbezeichnung	Par-zellen-nr.	Eigentümer und Nummer in der Bauerschaft (Bsch) Lage und Zuordung von Höfen und Pächtern in den drei Bauerschaften Mecklenbeck, Geist und Delstrup der Gemeinde Lamberti siehe Karte auf Seite 166	Nutzungsart	Parzellengröße Morgen	 Ruthen	 Fuss	Klasse	Ertrag Taler	 Silbergr.	 Pfennig	steuer-barer Rein-ertrag
	92	von der Beck, Clara, Präsidentin, zu Münster, Aegidistr. No 124, *Pächter Jülkenbeck*	Gemüsegarten		156	80	4	4		3	
	93	von der Beck, Clara, Präsidentin, zu Münster, Aegidistr. No 124, *Pächter Jülkenbeck*	Haus, Hof		22	82	III		17	6	4
10 Galgheide											
Galgheide	1	Schepers, Notar, zu Münster, Jüdefelder Str.	Wohnhaus		8	64	VI		6	5	12
Galgheide	2	Schepers, Notar, zu Münster, Jüdefelder Str.	Acker	7	39	2	3, 4	7	25	1	
Galgheide	3	Schepers, Notar, zu Münster, Jüdefelder Str.	*Heide* Acker	*3,* 2	117	*3,* 88	4, 5	2	26	7	
über Notar Schepers	4	Delius, Regierungs-Rat, zu Münster	Acker	*9,* 10	*139,* 27	*17,* 32	4, 5	11	5		
zwischen den Stücken d. Reg.-Rats Delius	5	*Grawinkel* Krawinkel, Witwe, Gastgeber, *am Neuen Krug, zu Münster,* Bsch Geist No 13	Acker	9	164	7	4, 5	10	27	1	
an Grawinkels Ackerland	6	Jülkenbeck, Heinr., Kötter, Bsch Mecklenbeck, Erb(gemeinschaft) von Präsidentin von der Becke, Stadt Münster	*Heide* Acker	11	173	93	4	16	22	7	
	7-1	Delius, Regierungs-Rat, zu Münster, Stadt Münster	*Heide* Weide	11	*77,* 69	*7,* 89	3	3	23	11	
	7-2	Delius, Regierungs-Rat, zu Münster, Stadt Münster	Gebäudefl(äche)		7	82	1		6		
	8	Duesberg, Hofkammer-Rat, zu Münster	*Heide* Weide		49	42	3		2	9	
zu (Bsch) Geist, Niehaus Kötter	9	Duesberg, Hofkammer-Rat, zu Münster	Haus, Hof		34	87	IV		26	9	6
zu (Bsch) Geist, Niehaus Kötter	10	Duesberg, Hofkammer-Rat, zu Münster	Gemüsegarten		63	47	4	1	18	8	
zu (Bsch) Geist, Niehaus Kötter	11	Duesberg, Hofkammer-Rat, zu Münster	*Heide Weide* Hude	3	123	1	3		18	5	
zu (Bsch) Geist, Niehaus Kötter	12	Duesberg, Hofkammer-Rat, zu Münster	Acker	8	144		5	7	1	2	
Galgenheide	13	*Sentmaring,* von Galle, Frau, und von *Bersfard,* Bersward, Freiherr, für Pächter Leissing, Bsch Geist	*Heide* Weide Heide	*26,* 13 13	*42,* 21 21		3 *3,* 1	4 2	11 5	2 7	
an Sentmarings Heidestück	14	Winkelsett, Theod. Anton, Gastgeber, zu Münster, Aegidistr. No 60	*Heide* Weide	3	77	4	3	1	4	3	
Galgheide	15-1	*Woestmann, Franz, Zimmermann,* Winkelsett, Theod. Anton, Gastgeber, zu Münster, Aegidistr. No 60	Acker	*20,* 9	*119,* 4	*2,* 58	5	7	6	7	
Galgheide	15-2	*Winkelsett, Theod. Anton, Gastgeber, zu Münster, Aegidistr. No 60,* Woestmann, Franz, Zimmermann, Bsch Mecklenbeck	Acker	9	62	6	4, 5	12	21	8	
	15-3	Woestmann, Franz, Zimmermann, Bsch Mecklenbeck	Gebäudefläche		9	40	I		7	2	?
Mohrheide	15-4	Schwarze, Bsch Mecklenbeck	Gebäudefläche		4	42	I		3	5	?
Galgenheide	15-5	Schwarze, Bsch Mecklenbeck	Acker	2	8	2	4, 5	2	4	10	
neben Brüggemann	16	*Meckmann,* Schepers, Notar, zu Münster, Jüdefelder Str.	*Heide* Weide	19	83		3	6	14	7	
Galgheide neben Meckmanns Stück	17	Brüggemann Brügemann, Joh. Franz, Bsch Mecklenbeck No 7	*Heide* Weide	26	153		3	8	28	6	
neben Schultmann	18-1	Meckmann, Schulte, Friedr., (Bsch Mecklenbeck) No 15	Heide	6	56	50	1, 3	1	4	1	
zum Brockkotten (in Flur 9, Parzelle 82)	18-2	Meckmann, Schulte, Friedr., (Bsch Mecklenbeck) No 15	*Weide* Heide	1	95		1		7	8	
zum Langenhövels Kotten (in Flur 9, Parz. 80)	18-3	Meckmann, Schulte, Friedr., (Bsch Mecklenbeck) No 15	Heide	2	177		1		14	11	
	18-4	*Schwarze, Bsch Mecklenbeck,* Schepers, Notarius	Heide	45	12	13	1	7	15	4	
	18-5	Licher, Heinr., Bsch Mecklenbeck No 37	Heide	3	24	60	1		15	8	
Galgenheide	19-1	Schultmann, Joh. Heinr., (Bsch Mecklenbeck) No 18	Heide	*7,* 6	*35,* 5	5	1	2	6		
an Meckmanns Heidestück Galgenheide	19-2	*Schultmann,* Licher, Heinr., Bsch Mecklenbeck No 37	*Heide* Haus		5	5	II		3	10	
an Meckmanns Heidestück Galgenheide *aus Flur 9* *aus Flur 9*	19-3 *40* *41*	Licher, Heinr., Bsch Mecklenbeck No 37 *Hesselmann, Joh. Melchior, Bsch Mecklenbeck No 13* *Hesselmann, Joh. Melchior, Bsch Mecklenbeck No 13*	Acker *Gemüsegarten* *Haus, Hof*	1 *1* 	105 *25* *8*	5 *10* *78*	4 *II*	2	6	6	 *2*
neben Böckmanns Stück	20	Brüggemann, Joh. Franz, Bsch Mecklenbeck No 7	*Heide* Weide	6	130		3	2	7	3	
zwischen Roterts Stück	21	Böckmann, Anton, Bsch Mecklenbeck No 8	*Heide* Weide	16	4		3	5	10	3	
zwischen Böckmanns Stück	22	Rotert, Joh., Bsch Mecklenbeck No 12	*Heide* Weide	23	8		3	7	20	5	

Flurnummer mit Flurname Flurbezeichnung	Parzellen-nr.	Eigentümer und Nummer in der Bauerschaft (Bsch) Lage und Zuordnung von Höfen und Pächtern in den drei Bauerschaften Mecklenbeck, Geist und Delstrup der Gemeinde Lamberti siehe Karte auf Seite 166	Nutzungsart	Parzellengröße Morgen	 Ruthen	 Fuss	Klasse	Ertrag Taler	 Silbergr.	 Pfennig	steuerbarer Reinertrag
zwischen Roterts Stück	23	Böckmann, Anton, Bsch Mecklenbeck No 8	Heide Weide	11 11	165 165	50 50	1 3	1 3	29 29	7 2	
an Duesbergs Stück Galgheide	24	Schmiemann, Joh. Heinr., Bsch Mecklenbeck No 6	*Heide* Weide	*12*, 24	*78*, 156		1	4	4	4	
Stück auf der Galgenheide	25	Duesberg, Hofkammer-Rat, zu Münster	*Heide* Weide	40	158		1	6	24	5	
eine Parzelle	26, 27	Duesberg, Hofkammer-Rat, zu Münster	Weide Heide	*122*, 92 30	*132*, 19 126	*84*, 35 45	3 1	5	3	7	
zwischen Duesberg und Schultmann	28	*Greise*, Schepers Schäfers, Notar, zu Münster	*Weide* Heide	29	13		1, *3*	4	25	4	
zwischen Greise und Werfelmanns Stück	29	Schultmann, Joh. Heinr., Bsch Mecklenbeck No 18	Heide Weide	*16*, 13 *16*, 13	*126*, 19 *126*, 19		1 3	2 4	5 11	6 11	
zwischen Schultmanns u. Werlemanns Stück	30	Hesselmann, Joh. Melchior, Bsch Mecklenbeck No 13	Heide Weide	*30*, 15 15	*41*, 20 20	50 50	1 3	2 5	15 1	7 1	
zw. Wesselmanns u. Buschmanns Stück Galgheide	31	Werlemann, Joh. Melchior, Bsch Mecklenbeck No 9	Heide Weide	*31*, 15 15	*131*,155 155	50 50	1 3	2 5	19 8	4 8	
zw. Bennemanns und Werlemanns Stück	32	*Bauschmann* Rausmann, Joh Herm., Bsch Mecklenbeck No 14	*Heide* Weide	29	*105*, 10	50	3	9	20	7	
an Asshofs Ackerland	33	Rotert, Joh., Bsch Mecklenbeck No 12	Heide	5	134	40	1		28	9	
an Asshofs Ackerland	34	Rotert, Joh., Bsch Mecklenbeck No 12	Acker	3	98	60	5	2	25	2	
an Roterts Ackerland	35	Ashoff, Theod., Bsch Mecklenbeck No 20	Acker	12	145		5	10	7	4	
neben Buschmanns Stück	36	Bennemann, Joh. Melchior, Bsch Mecklenbeck No 5	*Heide* Weide	20	155		3	6	28	8	
zwischen Böckmanns und Bennemanns Stück	37	Schmiemann, Joh. Heinr., Bsch Mecklenbeck No 6	*Heide* Weide	16	29		3	5	11	7	
an Schmiemanns Stück	38	Bennemann, Joh. Melchior, Bsch Mecklenbeck No 5	*Heide* Weide	19	8		3	6	10	5	
11 Untied											
an Dudas Kortenkamp und der Chaussee	1	Schmedding, Weinhändler, zu Münster, zu Fustrups Colonat, zum Erbe Vantrups in Albachten gehörig	Weide		25	43	3		1	5	
Kortenkamp	2	Duddey, Anton, Bsch Mecklenbeck No 16	Acker	2	131	75	3	6	16	8	
Langenkamp	3	Duddey, Anton, Bsch Mecklenbeck No 16	Acker	3	17	75	4	4	10	2	
Garten	4	Duddey, Anton, Bsch Mecklenbeck No 16	Gemüsegarten	1		5	4	4	18		
	5	Duddey Duda Duddei, Anton, Bsch Mecklenbeck No 16	Haus, Hof		76		IV	1	28	3	6
am Hause	6	Duddey, Anton, Bsch Mecklenbeck No 16	Gemüsegarten		76	9	4	1	28	4	
Heidkamp	7	Duddey, Anton, Bsch Mecklenbeck No 16	Acker	3	6	50	4	4	7	6	
Untieds u. Hafkhorstheide	8-1	*zur Teilung des Mühlenfeldes*, Duddey, Anton, Bsch Mecklenbeck No 16	*Heide* Acker	*65*	*102*, 92	*60*	*1*, 5		12	3	
Duddenheide	8-2	Duddey, Anton, Bsch Mecklenbeck No 16	Heide	7	140		1	1	8	11	
	8-3	Brirup, Colon, zu Albachten	Heide	6	21		1	1		7	
Dudeiheide	8-4	Böckmann, Anton, Bsch Mecklenbeck No 8	Heide	10	103		1	1	22	10	
Dudeiheide	8-5	Böckmann, Anton, Bsch Mecklenbeck No 8	Gebäudefläche		7	59	I		5	9	?
Dudeiheide	8-6	Böckmann, Anton, Bsch Mecklenbeck No 8	Acker		97	41	5		97	41	
Untieds Heide	8-7	Greive Greiwe, Joh. Bern., Bsch Mecklenbeck No 11	Heide	5	151		1		29	2	
Untieds Heide	8-8	Bennemann, Joh. Melchior, Bsch Mecklenbeck No 5	Heide	4	153		1		24	3	
Dudenheide	8-9	Rausmann, Joh. Herm., Bsch Mecklenbeck No 14	Heide	8	126		1	1	13	6	
Dudenheide	8-10	Meckmann, Schulte, Friedr., Bsch Mecklenbeck No 15	Heide	16	115		1	2	23	3	
die Untied	9-1	Böckmann, Anton, Bsch Mecklenbeck No 8	Wald	11	11	50	1, 2	19	10	9	
an Untieds Buschweg	9-2	Böckmann, Anton, Bsch Mecklenbeck No 8	Holz		106		1, 2	1		11	
an Untieds Buschweg	9-3	Brirup, Colon, zu Albachten	Holz		77		1, 2		11	6	
Mönchg. Münck Bröde Mönkebreihe	10	Winkelsett, Theod. Anton, zu Münster, Aegidistr. No 60	Wald	5	*66*, 51	*10*, 22	1, 2	9	7	6	
die Untied	11	Schulze Schulte Meckmann, Friedr., Bsch Mecklenbeck No 15	Wald	*46*, 45	*74*, 62	*55*, 26	1, 2	79	10	8	

Flur 11 Untied

Flurnummer mit Flurname Flurbezeichnung	Parzellennr.	Eigentümer und Nummer in der Bauerschaft (Bsch) Lage und Zuordung von Höfen und Pächtern in den drei Bauerschaften Mecklenbeck, Geist und Delstrup der Gemeinde Lamberti siehe Karte auf Seite 166	Nutzungsart	Parzellengröße Morgen	Ruthen	Fuss	Klasse	Ertrag Taler	Silbergr.	Pfennig	steuerbarer Reinertrag
die Untied Meckmanns Schulkamp	12	*Capelle zu Bsch Mecklenbeck,* Schulze Schulte Meckmann, Friedr., Bsch Mecklenbeck No 15	Acker	3	*77,* 173	65	4	5	16	4	
Untied entfällt	*13*	*zur Teilung des Mühlenfeldes*	*Wald*		*74*	*40*	*3*				
am Hause	14	Mühlenkamp, Heinr. Anton, Bsch Mecklenbeck No 17	Garten		159	50	4	4	2	4	
	15	Mühlenkamp, Heinr. Anton, Bsch Mecklenbeck No 17	Haus, Hof		25	50	III		19	7	4
vörnste Hornhorst	16	Mühlenkamp, Heinr. Anton, Bsch Mecklenbeck No 17	Acker	5	*131,* 157	*25,* 8	3	14	2	10	
hinterste Hornhorst	17	Mühlenkamp, Heinr. Anton, Bsch Mecklenbeck No 17	Acker	3	*87,* 99	20	3	8	15	8	
an Mühlenkamps Kamp	18	Hesselmann, Joh. Melchior, Bsch Mecklenbeck No 13	Acker	1	*30,* 34	*95,* 32	3	2	25	9	
Untied und Hafkhorstheide	19-1	*zur Teilung des Mühlenfeldes,* Mühlenkamp, Heinr. Anton, Bsch Mecklenbeck No 17	Heide	*40,* 1	172		1	11	11	5	
Hawichter Heide	19-2	Mühlenkamp, Heinr. Anton, Bsch Mecklenbeck No 17	Acker	2	9	18	5	1	19	2	
Hawichter Heide	19-3	Mühlenkamp, Heinr. Anton, Bsch Mecklenbeck No 17	Acker		87	80	5		11	9	
Hawichhorster Heide	19-4	Rotert, Joh., Bsch Mecklenbeck No 12	Acker	4	32		5	3	10	3	
Hawichhorster Heide	19-5	Werlemann, Joh. Melchior, Bsch Mecklenbeck No 9	Heide	2	89		1		12	6	
Hawichhorster Heide	19-6	Hesselmann, Joh. Melchior, Bsch Mecklenbeck No 13	Acker	7	40		5	5	23	4	
Hawichhorster Heide	19-7	Schulze Meckmann, Friedr., Bsch Mecklenbeck No 15	Acker	1	82		5	1	4	11	
Hawichhorster Heide	19-8	Bauerschaft Mecklenbeck	Acker	1			5		24		
Hawichhorster Heide	19-9	Schmiemann, Joh. Heinr., Bsch Mecklenbeck No 6	Acker	3	27		5	2	15	7	
Hawichhorster Heide	19-10	Brüggemann, Joh. Franz, Bsch Mecklenbeck No 7	Acker	4	1		5	3	6	2	
Hawichhorster Heide	19-11	Ashoff Aschoff, Theod., Bsch Mecklenbeck No 20	Acker	3	98		5	2	25	1	
Hawichhorster Heide	19-12	Ashoff Aschoff, Theod., Bsch Mecklenbeck No 20	Heide	1	128		1		8	7	
Hawichhorster Heide	19-13	Schultmann, Joh. Heinr., Bsch Mecklenbeck No 18	Heide	3	29		1		15	9	
Hawichhorster Heide	19-14	Bauerschaft Mecklenbeck	Heide, Wegematerial		11	73	1			4	
Edelers Haus	20	Meckmann, Friedr., Schulze Schulte, Bsch Mecklenbeck No 15 (Pächter ?) Edeler, Wilh. Heinr., Bsch Mecklenbeck No 35	Haus Haus		3 3	40 40	*I* I		2	8	1
vornste Halfhorst	21	Meckmann, Friedr., Schulze Schulte, Bsch Mecklenbeck No 15	Acker	6	*130,* 165	*5,* 2	4	9	20	6	
Flachskämpchen	22	Pastorat *zu* ad St*um* Lambertum	Acker	2	*160,* 154	9	3				
Nienkamp	23	*Schuttmann* Schultmann, Joh. Heinr., Bsch Mecklenbeck No 18	Acker	2	89	40	3	5	29	9	
Nienkamp	24	Rausmann, Joh. Herm., Bsch Mecklenbeck No 14	Acker	1	31	85	3	2	24	8	
Nienkamp	25	*Schuttmann* Schultmann, Joh. Heinr., Bsch Mecklenbeck No 18	Acker	2	12	50	3	4	29		
Hafkhorst	26	*Greve* Greive, Joh. Bernh, Bsch Mecklenbeck No 11	*Sumpf* Lache		28		1			3	
Hafkhorst	27	*Greve* Greive, Joh. Bernh, Bsch Mecklenbeck No 11	Acker	2	126	85	4	3	25	7	
Hafkhorst	28	Böckmann, Anton, Bsch Mecklenbeck No 8	Acker	1	121	75	4	2	10	5	
Hafkhorst	29	*Greve* Greive, Joh. Bernh, Bsch Mecklenbeck No 11	Acker	2	79	70	4	3	12	7	
Nienkamp	30	*Schuttmann* Schultmann, Joh. Heinr., Bsch Mecklenbeck No 18	Acker	4	144	75	3	11	15	11	
Hafkhorst	31	Werlemann, Joh. Melchior, Bsch Mecklenbeck No 9	Acker	7	77		4	10	12		
Hafkhorst	32	Brüggemann, Joh. Franz, Bsch Mecklenbeck No 7	Acker	8	*111,* 147	*75,* 35	3	21	5		
Hofkämpken	33	Ashoff, Theod., Bsch Mecklenbeck No 20	Acker	1	*24,* 171	*65,* 45	3	2	8	7	
Kanal	34-1	Ashoff, Theod., Bsch Mecklenbeck No 20	Holz		6	60	3			7	
Kanal	34-2	*Gemeinde zu Mecklenbeck,* Brüggemann, Joh. Franz, Bsch Mecklenbeck No 7	Holz	*2*	*23,* 87	*29,* 69	3		7	3	
	34-3	Werlemann, Joh. Melchior, Bsch Mecklenbeck No 9	Holz		81		3		6	9	
	34-4	Schmiemann, Joh. Heinr., Bsch Mecklenbeck No 6	Holz	1	28		3		17	4	
Nienkamp	35	Schmiemann, Joh. Heinr., Bsch Mecklenbeck No 6	Acker	6	84	30	3, 4	13	1	1	
Papenerlen	36	Pastorat *zu* ad St*um* Lambertum	Wald	8	69	10	1, 2				

Flurnummer mit Flurname Flurbezeichnung	**Par-zellen-nr.**	**Eigentümer und Nummer in der Bauerschaft (Bsch)** Lage und Zuordnung von Höfen und Pächtern in den drei Bauerschaften Mecklenbeck, Geist und Delstrup der Gemeinde Lamberti siehe Karte auf Seite 166	**Nutzungsart**	**Parzellengröße** Morgen	Ruthen	Fuss	**Klasse**	**Ertrag** Taler	Silbergr.	Pfennig	steuer-barer Rein-ertrag
Papenkamp	37	Pastorat *zu* ad Stum Lambertum	Acker	7	2	25	3				
	38	Pastorat *zu* ad Stum Lambertum	Gemüsegarten		124	55	4				
	39	Pastorat *zu* ad Stum Lambertum, (Pächter ?) Schopmann, Kötter zu Mecklenbeck, Papenkotten	Haus, Hof Haus		32	14	I				1
alte Uhlenstiege	40	Werlemann, Joh. Melchior, Bsch Mecklenbeck No 9	*Sumpf* Weide	1	*33,* 178	85	3		9	11	
Werlemanns Kötter	41	Werlemann, Joh. Melchior, Bsch Mecklenbeck No 9	Haus		5	62	II		4	4	2
Rohr	42	Werlemann, Joh. Melchior, Bsch Mecklenbeck No 9	Acker	12	*72,* 107	70	4	17	19	2	
Rohrbusch	43	Werlemann, Joh. Melchior, Bsch Mecklenbeck No 9	Wald	*6,* 3	*117,* 58	*70,* 85	1, 2	11	9	4	
Rohrbusch	44	Schmiemann, Joh. Heinr., Bsch Mecklenbeck No 6	Wald	14	65		1, 2	25	4		
achterste Rohrbusch	45	Brüggemann, Joh. Franz, Bsch Mecklenbeck No 7	Wald	10	45		1, 2	17	28	1	
Lange Rohr	46	Brüggemann, Joh. Franz, Bsch Mecklenbeck No 7	Acker	6	136	10	4	9	13	9	
Korte Rohr	47	Brüggemann, Joh. Franz, Bsch Mecklenbeck No 7	Acker	3	82	95	4	4	25	4	
vorderste Rohrbusch	48	Brüggemann, Joh. Franz, Bsch Mecklenbeck No 7	Wald	7			1	15	12		
Rohr	49	Schmiemann, Joh. Heinr., Bsch Mecklenbeck No 6	Acker	9	64	50	4	13	3		
mit Parzellennummer *50 alt* **wurde unmittelbar nach der Erstaufnahme 1828 ein Eigentumswechsel mit** 50 neu **angefangen, siehe nach** *80 alt*											
Dingbänger Heide	*50 alt*	*Gemeinde Mecklenbeck*	*Heide*	*14*	*58*	*22*	*1*				
Dingbänger Heide	*51 alt*	*Brockmann,* Franz, *zu Lamberty,* Erb(gemeinschaft) von Bennemann, Bsch Mecklenbeck	*Haus*		*5*	*28*	*II*				*2*
Heidkämpken	*52 alt*	*Bennemann, Melchior, Bsch Mecklenbeck No 5*	*Acker*	*1*	*131*		*4*				
Kittelfeld, am vorderen Rohrbusch, Dingbänger Heide	*53 alt*	*Brüggemann,* Joh. *Franz, Bsch Mecklenbeck No 7*	*Acker*		*132*	*55*	*4*				
Dingbänger Heide, an Rausmann	*54 alt*	*Brüggemann,* Joh. *Franz, Bsch Mecklenbeck No 7*	*Acker*	*3*	*64*		*4*				
Dingbänger Heide, an Schmiemann	*55 alt*	*Rausmann, Joh. Herm., Bsch Mecklenbeck No 5*	*Acker*	*2*	*147*	*10*	*4*				
Kettelfeld, an Rausmans Stück	*56 alt*	*Schmiemann, Joh. Heinr., Bsch Mecklenbeck No 6*	*Acker*	*3*	*47*	*35*	*4*				
Kettelfeld, an Rausmans Stück	*57 alt*	*Schmiemann, Joh. Heinr., Bsch Mecklenbeck No 6*	*Acker*	*3*	*27*	*75*	*4*				
Kettelfeld, an Rotert	*58 alt*	*Schmiemann, Joh. Heinr., Bsch Mecklenbeck No 6*	*Acker*	*3*	*48*	*35*	*4*				
Kittelfeld zw. Schmiemann u. Werlemann	*59 alt*	*Rotert, Joh. Melchior, Bsch Mecklenbeck No 12*	*Weide*	*3*	*96*	*10*	*4*				
Kittelfeld, an Rotert	*60 alt*	*Werlemann, Joh. Melchior, Bsch Mecklenbeck No 9*	*Acker*	*3*	*40*	*45*	*4*				
Kittelfeld	*61 alt*	*Werlemann, Joh. Melchior, Bsch Mecklenbeck No 9*	*Acker*	*3*	*41*	*20*	*4*				
Kittelfeld	*62 alt*	*Werlemann, Joh. Melchior, Bsch Mecklenbeck No 9*	*Acker*	*2*	*122*	*90*	*4*				
Kettelfeld, an Werlemanns	*63 alt*	*Schmiemann, Joh. Heinr., Bsch Mecklenbeck No 6*	*Wechselland*	*2*	*77*	*55*	*4*				
Kettelfeld, an Rotert und Schmiemann	*64 alt*	*Werlemann, Joh. Melchior, Bsch Mecklenbeck No 9*	*Wechselland*	*2*	*141*	*70*	*4*				
Kettelfeld, an Werlemann	*65 alt*	*Rotert, Joh. Melchior, Bsch Mecklenbeck No 12*	*Acker*	*2*	*110*		*4*				
Kettelfeld, an Brüggemann	*66 alt*	*Schmiemann, Joh. Heinr., Bsch Mecklenbeck No 6*	*Acker*	*2*	*14*	*55*	*4*				
Kettelfeld, an Brüggemann	*67 alt*	*Rausmann, Joh. Herm., Bsch Mecklenbeck No 14*	*Acker*		*111*	*35*	*4*				
Kittelfeld, an Rotert	*68 alt*	*Brüggemann, Joh. Franz, Bsch Mecklenbeck No 7*	*Acker*	*2*	*81*	*95*	*4*				
Kittelfeld, an Schmiemann	*69 alt*	*Brüggemann, Joh. Franz, Bsch Mecklenbeck No 7*	*Acker*	*2*	*79*	*75*	*4*				
Kittelfeld zw. Werlemann u. Brüggemann	*70 alt*	*Schmiemann, Joh. Heinr., Bsch Mecklenbeck No 6*	*Acker*	*2*	*35*	*35*	*4*				
Kittelfeld zw. Schmiemann u. Brüggemann	*71 alt*	*Werlemann, Joh. Melchior, Bsch Mecklenbeck No 9*	*Acker*	*2*	*90*	*75*	*4*				
Kittelfeld, an Werlemann	*72 alt*	*Brüggemann, Joh. Franz, Bsch Mecklenbeck No 7*	*Acker*	*2*	*36*	*25*	*4*				
Kittelfeld, an Greive	*73 alt*	*Brüggemann, Joh. Franz, Bsch Mecklenbeck No 7*	*Acker*	*2*	*9*	*15*	*4*				
Kittelfeld	*74 alt*	*Greve* Greive, *Joh. Bernh, Bsch Mecklenbeck No 11*	*Acker*	*2*	*29*	*60*	*4*				
Kittelfeld zw. Pastorat u. Greive	*75 alt*	*Werlemann, Joh. Melchior, Bsch Mecklenbeck No 9*	*Acker*	*1*	*171*		*4*				
Kittelfeld	*76 alt*	*Pastorat zu Lamberti*	*Acker*	*2*	*1*	*85*	*4*				

Flurnummer mit Flurname Flurbezeichnung	Parzellen-nr.	Eigentümer und Nummer in der Bauerschaft (Bsch) Lage und Zuordnung von Höfen und Pächtern in den drei Bauerschaften Mecklenbeck, Geist und Delstrup der Gemeinde Lamberti siehe Karte auf Seite 166	Nutzungsart	Parzellengröße Morgen	Ruthen	Fuss	Klasse	Ertrag Taler	Silbergr.	Pfennig	steuerbarer Reinertrag
Kittelfeld zw. Pastorat u. Schmiemann	77 alt	Rotert, Joh. Melchior, Bsch Mecklenbeck No 12	Acker	1	113	35	4				
Kittelfeld zw. Werlemann u. Rotert	78 alt	Schmiemann, Joh. Heinr., Bsch Mecklenbeck No 6	Acker		157	80	4				
Kittelfeld an Schmiemann	79 alt	Werlemann, Joh. Melchior, Bsch Mecklenbeck No 9	Acker	2	101	50	4				
Kittelfeld an vörnsten Busch	80 alt	Bennemann, Melchior, Bsch Mecklenbeck No 5	Vördeland, Acker	1	62	25	4				
mit Parzellennummer *50 alt bis 80 alt* **wurde unmittelbar nach der Erstaufnahme 1828 ein Eigentumswechsel mit** 50 neu bis 66 neu **angefangen**											
Dingbänger Heide Benner Kämpe	50 neu	Gemeinde Mecklenbeck, Schmiemann, Joh. Heinr., Bsch Mecklenbeck No 6	Heide	14, 1	49, 163	22	1		9	6	
Dingbänger Heide Benner Kämpe	51 neu	Brüggemann, Joh. Franz, Bsch Mecklenbeck No 7	Heide	3	132, 21	55	1, 4		15	7	
Dingbänger Heide Benner Kämpe	52 neu	Brüggemann, Joh. Franz, Bsch Mecklenbeck No 7	Heide	3, 2	64, 106		1, 4		12	11	
Dingbänger Heide Benner Kämpe	53 neu	Bennemann, Joh. Melchior, Bsch Mecklenbeck No 5	Heide	2, 5	147,164	10, 72	1, 4	1	28	1	
Dingbänger Heide Benner Kämpe	54 neu	Brockmann, Franz, zu Lamberty, Erb(gemeinschaft) von Bennemann, Bsch Mecklenbeck	Haus		5	28	II		4		2
Heidkämpken	55 neu	Brockmann, Franz, zu Lamberty, Erb(gemeinschaft) von Bennemann, Bsch Mecklenbeck	Acker	1	131,140		4	2	14	8	
Kettelfeld Völefeld	56 neu	Schmiemann, Joh. Heinr., Bsch Mecklenbeck No 6, Brüggemann, Joh. Franz, Bsch Mecklenbeck No 7	Acker	3	47, 95	35	4	4	28	2	
Kettelfeld Völefeld	57 neu	Schmiemann, Joh. Heinr., Bsch Mecklenbeck No 6	Acker	3	27, 60	75	4	4	20		
Kettelfeld Völefeld	58 neu	Bennemann, Joh. Melchior, Bsch Mecklenbeck No 5	Acker	3	48, 160	35	4	5	13	4	
Kettelfeld Völefeld	59 neu	Rotert, Joh. Melchior, Bsch Mecklenbeck No 12, Pastorat zu ad Sanct. Lambertum	Wildland Acker	3, 2	96, 63	10	4				
Kettelfeld Völefeld	60neu	Werlemann, Joh. Melchior, Bsch Mecklenbeck No 9, Rotert, Joh. Melchior, Bsch Mecklenbeck No 12	Acker	3, 11	40, 32	45	4	15	19	6	
Kettelfeld Völefeld	61neu	Greive, Joh. Bernh., Bsch Mecklenbeck No 11	Acker	3	41, 162	20	4	5	13	10	
Kettelfeld Völefeld	62neu	Werlemann, Joh. Melchior, Bsch Mecklenbeck No 9	Acker	2, 6	122,128	90	4	9	11	10	
Kettelfeld Völefeld	63 neu	Schmiemann, Joh. Heinr., Bsch Mecklenbeck No 6, Rausmann, Joh. Heinr., Bsch Mecklenbeck No 14	Wechselland Acker	2, 4	77, 36	55	4	5	26	5	
an Rotert u. Schmiemann Kettelfeld Völefeld	64neu	Werlemann, Joh. Melchior, Bsch Mecklenbeck No 9	Acker	2, 7	141,154	70	4	10	29	11	
an Werlemann Kittelfeld Kettelfeld Völefeld	65 neu	Rotert, Joh. Melchior, Bsch Mecklenbeck No 12, Brüggemann, Joh. Franz, Bsch Mecklenbeck No 7	Wildland Acker	2, 8	110, 82		4	11	25	2	
an Brüggeman Kittelfeld Kettelfeld Völefeld	66neu	Schmiemann, Joh. Heinr., Bsch Mecklenbeck No 6	Acker	2, 10	14, 90	55	4	14	21		
vornste Busch	81	Bennemann, Joh. Melchior, Bsch Mecklenbeck No 5	Wald	19	47	15	1	42	11	4	
Kumpmann	82	Gassel geb Kumpmann, Witwe, Bsch Gievenbeck, zu Überwasser No 45	Wald	7	72	50	1	16	8	7	
Buschwiese	83	Bennemann, Joh. Melchior, Bsch Mecklenbeck No 5	Acker	7	113		4	10	20	4	
achterste Busch	84	Bennemann, Joh. Melchior, Bsch Mecklenbeck No 5	Wald	12	110		1, 3	22	2	1	
Feldhausbusch	85	Rausmann, Joh. Heinr., Bsch Mecklenbeck No 14	Wald	9	156	30	1, 3	17	8	2	
12 Mecklenbeck											
Dill	1	Hesselmann, Joh. Melchior, Bsch Mecklenbeck No 13	Wald	7	63	85	3	3	20	4	
Mühlenfeld	2	Schulze Schulte Meckmann, Friedr., Bsch Mecklenbeck No 15	Strauchholz	5	125	44	3	2	25	5	
Mühlenfeld	3	Brüggemann, Joh. Franz, Bsch Mecklenbeck No 7	Gestrüpp Holz	5	74		3	2	21	2	
Mühlenfeld	4	Schmiemann, Joh. Heinr., Bsch Mecklenbeck No 6	Holz	8	77	99	3	4	6	6	
Mühlenfeld	5	Werlemann, Joh. Melchior, Bsch Mecklenbeck No 9	Holz	12	99	55	3	6	8	4	
am Berlenkamp am Birkenkamp Mühlenfeld	6	Schulze Schulte Meckmann, Friedr., Bsch Mecklenbeck No 15	Wald	1	95	25	3		22	11	
lange schwarze Kamp	7	Schulze Schulte Meckmann, Friedr., Bsch Mecklenbeck No 15	Acker	6	9	40	3	14	15	9	
Mühlenfeld	8	Capelle zu Bsch Mecklenbeck, Schule zu Mecklenbeck	Wald	6	18		3				
Mühlenfeld	9	Schulze Schulte Meckmann, Friedr., Bsch Mecklenbeck No 15	Gestrüpp Holz Heide	14, 12 6	102, 68 34	25, 17 8	3 1	6 1	5 11	8	

Flur 12 Mecklenbeck

Flurnummer mit Flurname Flurbezeichnung	**Par-zellen-nr.**	**Eigentümer und Nummer in der Bauerschaft (Bsch)** Lage und Zuordung von Höfen und Pächtern in den drei Bauerschaften Mecklenbeck, Geist und Delstrup der Gemeinde Lamberti siehe Karte auf Seite 166	**Nutzungsart**	**Parzellengröße** Morgen	Ruthen	Fuss	**Klasse**	**Ertrag** Taler	Silbergr.	Pfennig	steuer-barer Rein-ertrag
kurze schwarze Kamp	10	Schulze Schulte Meckmann, Friedr., Bsch Mecklenbeck No 15	Acker	5	114	25	3	13	15	8	
Birkenkamp	11	Schulze Schulte Meckmann, Friedr., Bsch Mecklenbeck No 15	Acker	10	135	20	3	25	24	1	
Schürbusch	12	Schulze Schulte Meckmann, Friedr., Bsch Mecklenbeck No 15	Wald	39	4	75	1	85	25	9	
Hofhorstheide	13	Schultmann, Joh. Heinr., Bsch Mecklenbeck No 18	*Gestrüpp* Holz	13	118	70	3	6	24	11	
Rohrbrinck	14	Schultmann, Joh. Heinr., Bsch Mecklenbeck No 18	Acker	6	25		3	14	22		
im Büschen	15	Schultmann, Joh. Heinr., Bsch Mecklenbeck No 18	Wald	1	23	65	1	2	14	8	
Bleiche	16	Schultmann, Joh. Heinr., Bsch Mecklenbeck No 18	Wiese		35		2		23	4	
	17	Schultmann, Joh. Heinr., Bsch Mecklenbeck No 18	Haus, Hof	1	20	62	VI	5	3	10	12
Wiese am Hof	18	Schultmann, Joh. Heinr., Bsch Mecklenbeck No 18	Wiese	1	57	70	3	3	20	11	
	19	Schultmann, Joh. Heinr., Bsch Mecklenbeck No 18	*Obst*garten		36	85	4		28	3	
	20	Schultmann, Joh. Heinr., Bsch Mecklenbeck No 18	Gemüsegarten		159	90	4	4	2	7	
	21	Schultmann, Joh. Heinr., Bsch Mecklenbeck No 18	Gemüsegarten		59	55	4	1	15	8	
	22	Schultmann, Joh. Heinr., Bsch Mecklenbeck No 18	Gemüsegarten		39	95	4	1		7	
zum Büschen	23	Schultmann, Joh. Heinr., Bsch Mecklenbeck No 18	Strauchholz		49	45	1		18	5	
Schürkamp	24	Schulze Schulte Meckmann, Friedr., Bsch Mecklenbeck No 15	Acker	16	33	50	2	55	1		
kleine Eschkamp	25	Schulze Schulte Meckmann, Friedr., Bsch Mecklenbeck No 15	Acker	7	131	70	2	26	8	8	
Schürhof	26	Schulze Schulte Meckmann, Friedr., Bsch Mecklenbeck No 15	Wald	3	40	50	1	7	2	10	
am Schürhof	27	Schulze Schulte Meckmann, Friedr., Bsch Mecklenbeck No 15	Weide		31	5	2		14	6	
	28	Schulze Schulte Meckmann, Friedr., Bsch Mecklenbeck No 15	Haus, Hof		155	5	VIII	3	28	10	20
	29	Schulze Schulte Meckmann, Friedr., Bsch Mecklenbeck No 15	*Obst*garten		25		4		19	2	
	30	Schulze Schulte Meckmann, Friedr., Bsch Mecklenbeck No 15	Gemüsegarten		29		4		22	3	
	31	Schulze Schulte Meckmann, Friedr., Bsch Mecklenbeck No 15	*Obst*garten		54	25	4	1	11	7	
	32	Schulze Schulte Meckmann, Friedr., Bsch Mecklenbeck No 15	Gemüsegarten		168	25	4	4	9		
alte Hausstelle	33	Schulze Schulte Meckmann, Friedr., Bsch Mecklenbeck No 15	*Wildland* Weide	2	6	25	1	9	10	10	
im Hülser	34	Schulze Schulte Meckmann, Friedr., Bsch Mecklenbeck No 15	Wald	1	108	50	1	3	15	9	
Rohrkamp	35	Schulze Schulte Meckmann, Friedr., Bsch Mecklenbeck No 15	Acker	17	70	25	2	59	3	9	
am Rohrkamp	36	Schulze Schulte Meckmann, Friedr., Bsch Mecklenbeck No 15	Wald	1	148	15	3		27	4	
Hülswiese	37	Schulze Schulte Meckmann, Friedr., Bsch Mecklenbeck No 15	Wiese	2	177		2	11	28		
Leiswiese	38	Schulze Schulte Meckmann, Friedr., Bsch Mecklenbeck No 15	Wiese	2	7	65	2	8	5	1	
Ortken	39	Schulze Schulte Meckmann, Friedr., Bsch Mecklenbeck No 15	Wald		63	15	3		5	3	
Ortken	40	Rotert, Joh. Melchior, Bsch Mecklenbeck No 12	Wald		70	10	3		5	10	
Ortken	41	Böckmann, Anton, Bsch Mecklenbeck No 8	Wald		29	25	3		2	5	
Ortken	42	Schulze Schulte Meckmann, Friedr., Bsch Mecklenbeck No 15	Wald		55	75	3		4	8	
Nienkämpken	43	Schulze Schulte Meckmann, Friedr., Bsch Mecklenbeck No 15	Acker	4	74	25	2	15		1	
Westenkamp	44	Rausmann, Joh. Heinr., Bsch Mecklenbeck No 14	Acker	13	85	80	2, 3	41	9	10	
Westenbüschen	45	Hesselmann, Joh. Melchior, Bsch Mecklenbeck No 13	Wald		118	95	3		9	11	
vörnste Westenkämpchen	46	Greive Greve, Joh. Bernh., Bsch Mecklenbeck No 11	Acker	2	9	50	3	4	27	9	
vörnste Büschen Westenbüschen	47	Greive Greve, Joh. Bernh., Bsch Mecklenbeck No 11	Strauchholz	4	62	55	2	5	19	7	
Westenwiese	48	Greive Greve, Joh. Bernh., Bsch Mecklenbeck No 11	Wiese		174	25	4		29		
Westenwiese	49	Werlemann, Joh. Melchior, Bsch Mecklenbeck No 9	Wiese	2	165		4	2	27	6	
Westerwiese	50	Hesselmann, Joh. Melchior, Bsch Mecklenbeck No 13	Wiese	2	148	30	4	2	24	9	
Westenkamp	51	Hesselmann, Joh. Melchior, Bsch Mecklenbeck No 13	Acker	4	137	10	3	18	18	10	
vornste Westenkamp	52	Werlemann, Joh. Melchior, Bsch Mecklenbeck No 9	Acker	6	132	80	3	16	5	2	

Flur 12 Mecklenbeck

Flurnummer mit Flurname Flurbezeichnung	**Par-zellen-nr.**	**Eigentümer und Nummer in der Bauerschaft (Bsch)** Lage und Zuordnung von Höfen und Pächtern in den drei Bauerschaften Mecklenbeck, Geist und Delstrup der Gemeinde Lamberti siehe Karte auf Seite 166	**Nutzungsart**	**Parzellengröße** Morgen	Ruthen	Fuss	**Klasse**	**Ertrag** Taler	Silbergr.	Pfennig	steuerbarer Reinertrag
hinterste Westenkamp	53	Werlemann, Joh. Melchior, Bsch Mecklenbeck No 9	Acker	8	5	75	3	19	8	4	
hinterste Westenkamp	54	Greive, Joh. Bernh., Bsch Mecklenbeck No 11	Acker	2	97	35	3	6	3		
Kortenkamp	55	Rotert, Joh. Melchior, Bsch Mecklenbeck No 12	Acker	3	114	75	2	12	11		
Nienkamp	56	Rausmann, Joh. Heinr., Bsch Mecklenbeck No 14	Acker	7	118	62	2	26	1	2	
Westerkamp	57	Böckmann, Anton, Bsch Mecklenbeck No 8	Acker	5	114	25	2	19	4	9	
Westerkamp	58	Rotert, Joh. Melchior, Bsch Mecklenbeck No 12	Acker	4	137	70	2	16	6	1	
lange Kamp	59	Rotert, Joh. Melchior, Bsch Mecklenbeck No 12	Acker	8	71	40	2	28	16	6	
schmale Kämpken	60	Werlemann, Joh. Melchior, Bsch Mecklenbeck No 9	Acker	4	21	95	3	9	26	9	
Nienkamp	61	Greive Greve, Joh. Bernh., Bsch Mecklenbeck No 11	Acker	4	31	50	3	10		7	
Roxelesch	62	Rotert, Joh. Melchior, Bsch Mecklenbeck No 12	Acker	5	36	75	3	12	14	8	
Roxelesch	63	Greive Greve, Joh. Bernh., Bsch Mecklenbeck No 11	Acker	5	150	50	3	14		2	
Nienkamp	64	Rotert, Joh. Melchior, Bsch Mecklenbeck No 12	Acker	7	125	65	2, 3	21	1	2	
Igelkamp	65	Greive Greve, Joh. Bernh., Bsch Mecklenbeck No 11	Acker	1	158	20	2	6	11	7	
Westerkamp Westenkamp	66	Schulze Schulte Meckmann, Friedr., Bsch Mecklenbeck No 15	Acker	5	164		2	20	2	11	
Stertkamp	67	Hesselmann, Joh. Melchior, Bsch Mecklenbeck No 13	Acker	9	154	50	2	33	15	7	
Igelkamp	68	Hesselmann, Joh. Melchior, Bsch Mecklenbeck No 13	Acker	5	54	30	2, 3	15	11	4	
kleine Igelkamp	69	Schulze Schulte Meckmann, Friedr., Bsch Mecklenbeck No 15	Acker	3	101	15	3	8	16	5	
	70	Meckmann, Friedr., Schulze Schulte, Bsch Mecklenbeck No 15, Zeitpächter Mersmann, Theod., Bsch Mecklenbeck No 157 Pächter Mersmann, Theod., Bsch Mecklenbeck No 157	Haus, Hof Haus		29 29	95 95	I, *II* II		23		2
	71	Schulze Schulte Meckmann, Friedr., Bsch Mecklenbeck No 15	Gemüsegarten		173	80	4	4	13	3	
Igelkamp	72	Schulze Schulte Meckmann, Friedr., Bsch Mecklenbeck No 15	Acker	3	19		2	10	16	9	
große Igelkamp	73	Schulze Schulte Meckmann, Friedr., Bsch Mecklenbeck No 15	Acker	7	82	50	3	17	27	1	
Derdelbusch Derdels Busch	74	Hesselmann, Joh. Melchior, Bsch Mecklenbeck No 13	Wald	8	107	50	2	11	5	4	
kleine Derdel	75	Hesselmann, Joh. Melchior, Bsch Mecklenbeck No 13	Acker	1	170	65	4	2	21	10	
Wildland	76	Hesselmann, Joh. Melchior, Bsch Mecklenbeck No 13	*Wildland* Weide		72	55	3		4		
lange Derdel	77	Hesselmann, Joh. Melchior, Bsch Mecklenbeck No 13	Acker	10	58	65	3	24	23	5	
Schürkamp	78	Böckmann, Anton, Bsch Mecklenbeck No 8	Acker	5	10	15	2, 3	34	24	3	
Schürkampwiese Schürkamps Wiese	79	Böckmann, Anton, Bsch Mecklenbeck No 8	Wiese	5	105	50	1	27	24	7	
Eschkämpken	80	Rotert, Joh. Melchior, Bsch Mecklenbeck No 12	Acker	2	89	70	2, 3	4	22	5	
große Wiese	81	Schulze Schulte Meckmann, Friedr., Bsch Mecklenbeck No 15	Wiese	4			1	20			
Höckschen	82	Hesselmann, Joh. Melchior, Bsch Mecklenbeck No 13	Wiese		133	15	1	3	21		
hintere Hofenkamp	83	Brüggemann, Joh. Franz, Bsch Mecklenbeck No 7	Acker	7	94		2, 3	21	24	6	
Aawiese Ahewiese	84	Rotert, Joh. Melchior, Bsch Mecklenbeck No 12	Wiese	1	131	25	2, 3	5	26	4	
Kalverkamp	85	Brüggemann, Joh. Franz, Bsch Mecklenbeck No 7	Acker		159	15	2	3		2	
Kalverkamp	86	Böckmann, Anton, Bsch Mecklenbeck No 8	Acker		175	60	2	3	9	6	
Brüggenwiese Brüggewiese	87	Bennemann, Joh. Melchior, Bsch Mecklenbeck No 5	*Wiese* Weide	2	130	15	1	12	15	9	
vornste Hofenkamp	88	Brüggemann, Joh. Franz, Bsch Mecklenbeck No 7	Acker	2	145	50	2	9	16	6	
Haferkamp Hofenkamp	89	Böckmann, Anton, Bsch Mecklenbeck No 8	Acker	3	84	75	2	11	24		
Eschkamp	90	Bennemann, Joh. Melchior, Bsch Mecklenbeck No 5	Acker	9	54	50	2, 3	15	24	6	
Eschkamp	91	Werlemann, Joh. Melchior, Bsch Mecklenbeck No 9	Acker	8	120		2, 3	14	22		
Backenkamp	92	Werlemann, Joh. Melchior, Bsch Mecklenbeck No 9	Acker	7	141	10	2	26	14		
lange Backenkamp	93	Böckmann, Anton, Bsch Mecklenbeck No 8	Acker	6	65		2, 3	18	13	5	
Derdel	94	Greive Greve, Joh. Bernh., Bsch Mecklenbeck No 11	Acker	6	38	35	2, 3	18		6	

Flur 12 Mecklenbeck

Flurnummer mit Flurname Flurbezeichnung	**Par-zellen-nr.**	**Eigentümer und Nummer in der Bauerschaft (Bsch)** Lage und Zuordnung von Höfen und Pächtern in den drei Bauerschaften Mecklenbeck, Geist und Delstrup der Gemeinde Lamberti siehe Karte auf Seite 166	**Nutzungsart**	**Parzellengröße**			**Klasse**	**Ertrag**			steuer-barer Rein-ertrag
				Morgen	**Ruthen**	**Fuss**		**Taler**	**Silbergr.**	**Pfennig**	
kurze Derdel	95	Hesselmann, Joh. Melchior, Bsch Mecklenbeck No 13	Acker	2	172	60	3	7	3	1	
kurze Backenkamp	96	Böckmann, Anton, Bsch Mecklenbeck No 8	Acker	2	90	25	2	5	15	1	
Hofenkamp	97	Greive Greve, Joh. Bernh., Bsch Mecklenbeck No 11	Acker	5	119	15	2	19	7	6	
Hofenkamp	98	Rotert, Joh. Melchior, Bsch Mecklenbeck No 12	Acker	9	26	90	2	31	3	3	
Esch	99	Hesselmann, Joh. Melchior, Bsch Mecklenbeck No 13	Acker	6	161		2	23	13	3	
Eschkamp	100	Greive Greve, Joh. Bernh., Bsch Mecklenbeck No 11	Acker	7	71	40	2	25	4	6	
Eschkamp	101	Rausmann, Joh. Heinr., Bsch Mecklenbeck No 14	Acker	9	69	50	2	31	27	4	
Eschkamp	102	Schulze Schulte Meckmann, Friedr., Bsch Mecklenbeck No 15	Acker	10	*103,* 66	*70,* 20	2	35	7	7	
Hofenkamp Hosenkamp	103	Rausmann, Joh. Heinr., Bsch Mecklenbeck No 14	Acker	5	*23,* 40	*60,* 8	2	17	22	8	
Weghäuschen	104	Hesselmann, Joh. Melchior, Bsch Mecklenbeck No 13	Acker		105	25	2	1	29	8	
Winkel	105	Schulze Schulte Meckmann, Friedr., Bsch Mecklenbeck No 15	Acker	3	109	45	2	12	8		
alte Garten	106	Rausmann, Joh. Heinr., Bsch Mecklenbeck No 14	Acker	3	146	50	2	12	29		
	107	Rausmann, Joh. Heinr., Bsch Mecklenbeck No 14	Haus, Hof		164	75	VI	4	6	3	12
	108	Rausmann, Joh. Heinr., Bsch Mecklenbeck No 14	Gemüsegarten		36		4		27	7	
Bleichhof	109	Rausmann, Joh. Heinr., Bsch Mecklenbeck No 14	Wiese	1	110	85	2	6	13	11	
	110	Rausmann, Joh. Heinr., Bsch Mecklenbeck No 14	Gemüsegarten	1	25	70	4	5	7	9	
Winkel	111	Hesselmann, Joh. Melchior, Bsch Mecklenbeck No 13	Acker	1	60	40	2	4	16	3	
	112	Rotert, Joh. Melchior, Bsch Mecklenbeck No 12	Gemüsegarten		146	40	4	3	22	2	
Hofweide	113	Rotert, Joh. Melchior, Bsch Mecklenbeck No 12	Wiese	2	34	55	2	8	23	1	
Heidstraße	114	Rotert, Joh. Melchior, Bsch Mecklenbeck No 12	Weg als Weide		57	65	3		3	3	
	115	Rotert, Joh. Melchior, Bsch Mecklenbeck No 12	Haus, Hof	1	14	70	VI	4	29	4	12
Gärtken	116	Rotert, Joh. Melchior, Bsch Mecklenbeck No 12	Acker		175	75	2	3	9	7	
	117	Greive Greiwe, Joh. Bernh., Bsch Mecklenbeck No 11	Haus, Hof		71	80	V	1	25	1	9
Gartenwiese	118	Greive Greiwe, Joh. Bernh., Bsch Mecklenbeck No 11	Wiese	2	66	25	2	9	14	2	
	119	Greive Greiwe, Joh. Bernh., Bsch Mecklenbeck No 11	Gemüsegarten	1	61	85	4	6	5	5	
	120	Greive Greiwe, Joh. Bernh., Bsch Mecklenbeck No 11	Acker	1	88		2	5	1	10	
Gartenwiese	121	Werlemann, Joh. Melchior, Bsch Mecklenbeck No 9	Wiese	1	25	50	2	4	17		
	122	Werlemann, Joh. Melchior, Bsch Mecklenbeck No 9	Gemüsegarten	1	52	50	4	5	28	2	
Schule	123	*Capelle zu Bsch Mecklenbeck* Schule zu Mecklenbeck	Haus		4	95	IV				
Kapelle	124	Kapelle zu Mecklenbeck	Capelle		4	50	IV				
	125	Werlemann, Joh. Melchior, Bsch Mecklenbeck No 9	Haus, Hof		131	60	VI	3	10	10	12
Weg auf dem Hof	126	Werlemann, Joh. Melchior, Bsch Mecklenbeck No 9	Weg als Weide		35	55	3		1	11	
	127	Böckmann, Anton, Bsch Mecklenbeck No 8	Gemüsegarten		167	55	4	4	8	5	
Gartenwiese	128	Böckmann, Anton, Bsch Mecklenbeck No 8	Wiese	1	99	40	2	6	6	3	
	129	Böckmann, Anton, Bsch Mecklenbeck No 8	Haus, Hof	1	18	55	VI	5	2	3	12
Bleiche	130	Brüggemann, Joh. Franz, Bsch Mecklenbeck No 7	Wiese		25	96	2		17	4	
	131	Brüggemann, Joh. Franz, Bsch Mecklenbeck No 7	Gemüsegarten	1	145	10	4	8	9	3	
	132	Brüggemann, Joh. Franz, Bsch Mecklenbeck No 7	Haus, Hof		92	30	VI	2	10	9	12
Hofwiese	133	Brüggemann, Joh. Franz, Bsch Mecklenbeck No 7	Wiese	1	87	75	1	7	13	1	
Garten	134	Bennemann, Joh. Melchior, Bsch Mecklenbeck No 5	Garten	1	23	55	4	5	6	1	
Wurth	135	Bennemann, Joh. Melchior, Bsch Mecklenbeck No 5	Acker	3	42		2	10	29	10	
Nienkamp	136	Bennemann, Joh. Melchior, Bsch Mecklenbeck No 5	Acker	8	126		2	29	17	5	
Haberkamp	137	Schmiemann, Joh. Heinr., Bsch Mecklenbeck No 6	Acker	7	89	65	2	25	14	9	

Flur 12 Mecklenbeck

Flurnummer mit Flurname Flurbezeichnung	Par-zellen-nr.	Eigentümer und Nummer in der Bauerschaft (Bsch) Lage und Zuordung von Höfen und Pächtern in den drei Bauerschaften Mecklenbeck, Geist und Delstrup der Gemeinde Lamberti siehe Karte auf Seite 166	Nutzungsart	Parzellengröße Morgen	 Ruthen	 Fuss	Klasse	Ertrag Taler	 Silbergr.	 Pfennig	steuer-barer Rein-ertrag
	138	Bennemann, Joh. Melchior, Bsch Mecklenbeck No 5	Haus, Hof		85	25	VII	2	5	4	15
Hauswiese	139	Bennemann, Joh. Melchior, Bsch Mecklenbeck No 5	Wiese	1	19	35	2	4	12	11	
	140	Schmiemann, Joh. Heinr., Bsch Mecklenbeck No 6	Gemüsegarten	1	58	40	4	6	2	10	
	141	Schmiemann, Joh. Heinr., Bsch Mecklenbeck No 6	*Garten* Haus, Hof		169		VII	4	9	7	15
Telgenkamps Wiese	142	Schmiemann, Joh. Heinr., Bsch Mecklenbeck No 6	*Haus, Hof* Wiese	1	78		2	5	22		
Telgenkamps Wiese Schürbusch	143	Schmiemann, Joh. Heinr., Bsch Mecklenbeck No 6	*Wald* Holz	3	44	5	1	7	4	5	
Telgenkamps Wiese Schürbusch	144	Schmiemann, Joh. Heinr., Bsch Mecklenbeck No 6	*Wald* Acker	3	141	25	2	12	26	1	
Telgenkamp Schürkamp	145	*Schmiemann, Joh. Heinr., Bsch Mecklenbeck No 6,* Werlemann, Joh. Melchior, Bsch Mecklenbeck No 9	Acker	5	*92,* 112	65	2	19	3	10	
Gärtken	146	Rotert, Joh. Melchior, Bsch Mecklenbeck No 12	Acker	1	16	25	2	3	21	3	
Schürkämpchen	147	Greve Greive Greiwe, Joh. Bernh., Bsch Mecklenbeck No 11	Acker	1	*75,* 105		2	5	11	6	
Nienkamp	148	Hesselmann, Joh. Melchior, Bsch Mecklenbeck No 13	Acker	*6,* 7	*157,* 7	50	2	23	28	3	
	149	Hesselmann, Joh. Melchior, Bsch Mecklenbeck No 13	Gemüsegarten	1	67	50	4	6	9	9	
Gartenwiese	150	Hesselmann, Joh. Melchior, Bsch Mecklenbeck No 13	Wiese	1	127	85	2	6	25	2	
Straße	151	Hesselmann, Joh. Melchior, Bsch Mecklenbeck No 13	Weg als Weide		52	10	3		2	11	
	152	Hesselmann, Joh. Melchior, Bsch Mecklenbeck No 13	Haus, Hof		135	95	VII	3	14	3	15
am Hof grenzend	153	Hesselmann, Joh. Melchior, Bsch Mecklenbeck No 13	*Strauch*holz		62	25	2		13	6	
Breilken Breike	154	Hesselmann, Joh. Melchior, Bsch Mecklenbeck No 13	Acker	1	174	95	2	6	21	3	
Breilken Breike	155	Rotert, Joh. Melchior, Bsch Mecklenbeck No 12	*Wildland* Holz	3	13	20	1	6	22	10	
Niederkamp Niedenkamp	156	Rausmann, Joh. Heinr., Bsch Mecklenbeck No 14	Acker	4	165	10	2, 3	14	7	11	
Weg am Hof	157	Rausmann, Joh. Heinr., Bsch Mecklenbeck No 14	Weide		121	60	3		6	9	
Niederkamp	158	Rausmann, Joh. Heinr., Bsch Mecklenbeck No 14	Acker	4	74	35	2	15		1	
Wiese hinter die Bach	159	Rausmann, Joh. Heinr., Bsch Mecklenbeck No 14	Wiese		169	10	2	3	22	9	
im alten Garten an ollen Garten	160	Schultmann, Joh. Heinr., Bsch Mecklenbeck No 18	Wiese	3	77	40	2	13	21	7	
Thierwiese Thiewiese	161	Schulze Schulte Meckmann, Friedr., Bsch Mecklenbeck No 15	Wiese	2	2	20	2	8	1	6	
Esch	162	Schulze Schulte Meckmann, Friedr., Bsch Mecklenbeck No 15	Acker	12	155	65	2	42	22	3	
Kamp hinterm Haus	163	Schultmann, Joh. Heinr., Bsch Mecklenbeck No 18	Acker	11	166		2	40	16	1	
Holtkamps Esch	164	Schultmann, Joh. Heinr., Bsch Mecklenbeck No 18	Acker	11	65	50	2, 3	34	25	5	
Hölkenstiege	165	Schultmann, Joh. Heinr., Bsch Mecklenbeck No 18	Wald		119		3		9	11	
Rörken	166	Hesselmann, Joh. Melchior, Bsch Mecklenbeck No 13	Acker	4	83	50	2, 3	10	21	4	
Midenstraße	167	Schultmann & *Rausmann,* Joh. Heinr., Bsch Mecklenbeck No 18	Weg als Weide		102	75	3		5	9	
Brinck Brink	168	Rausmann, Joh. Heinr., Bsch Mecklenbeck No 14	Wald	7	40	25	1	15	26	9	
Brinck Brink	169	Rausmann, Joh. Heinr., Bsch Mecklenbeck No 14	Acker	4	30	55	3	10		2	
Roggenkämpchen	170	Ashoff, Theod. Henr., Bsch Mecklenbeck No 20	Acker	3	132	60	3	8	29	1	
	171	Ashoff, Theod. Henr., Bsch Mecklenbeck No 20	Haus, Hof		51	50	VII	1	9	6	15
	172	Ashoff, Theod. Henr., Bsch Mecklenbeck No 20	Gemüsegarten		161	60	4	4	3	11	
Gartenkämpchen	173	Ashoff, Theod. Henr., Bsch Mecklenbeck No 20	Acker	1	131	25	3, 2	3	8	7	
alte Aa	174	Ashoff, Theod. Henr., Bsch Mecklenbeck No 20	Wiese		109	70	3, 4		18	3	
an die alte Aa	175	Ashoff, Theod. Henr., Bsch Mecklenbeck No 20	Acker	2	44	75	3	5	11	11	
Canal	176	Hesselmann, Joh. Melchior, Bsch Mecklenbeck No 13	*Wasser* Acker		114	25	3	1	15	8	
Wallstück	177	Hesselmann, Joh. Melchior, Bsch Mecklenbeck No 13	Acker		161	30	3	2	4	6	
Homnieskamp	178	*Homeyer* Homeier, Franz Wilh., Bsch Mecklenbeck No 21	Acker	2	55	75	3	5	16	4	
Lehmkuhle	179-1	*Homeyer* Homeier, Franz Wilh., Bsch Mecklenbeck No 21	Weide	1	62		3		13	5	

Flur 12 Mecklenbeck

Flurnummer mit Flurname Flurbezeichnung	Parzellennr.	Eigentümer und Nummer in der Bauerschaft (Bsch) Lage und Zuordnung von Höfen und Pächtern in den drei Bauerschaften Mecklenbeck, Geist und Delstrup der Gemeinde Lamberti siehe Karte auf Seite 166	Nutzungsart	Parzellengröße			Klasse	Ertrag			steuerbarer Reinertrag
				Morgen	Ruthen	Fuss		Taler	Silbergr.	Pfennig	
Lehmkuhle	179-2	*Homeyer* Homeier, Franz Wilh., Bsch Mecklenbeck No 21	Haus, Hof		*99,* 6	*90,* 10	II		4	8	2
	180	*Homeyer* Homeier, Franz Wilh., Bsch Mecklenbeck No 21	Gemüsegarten		130	25	4	3	9	11	
Wall am Pulbusch	181	*Schulze* Schulte *Meckmann, Friedr., Bsch Mecklenbeck No 15,* Bauerschaft Mecklenbeck	Strauchholz		27	53	3		2	3	
Hecke am Pollbusch	182	*Rausmann, Joh. Heinr., Bsch Mecklenbeck No 14,* Bauerschaft Mecklenbeck	*Heide* Strauchholz		28	83	3		2	5	
Hecke am Pullbusch	183	*Böckmann, Anton, Bsch Mecklenbeck No 8,* Bauerschaft Mecklenbeck	Strauchholz		26	51	3		2	2	
Hecke am Pullbusch	184	*Greve, Joh. Bernh., Bsch Mecklenbeck No 11,* Bauerschaft Mecklenbeck	Strauchholz		27	82	3		2	4	
Hecke am Pullbusch	185	*Werlemann, Joh., Bsch Mecklenbeck No 9,* Bauerschaft Mecklenbeck	Strauchholz		29	11	3		2	5	
	186	Bauerschaft Mecklenbeck	Strauchholz		26	70	3		2	3	
Hecke am Pollbusch	187	*Brüggemann, Joh. Franz, Bsch Mecklenbeck No 7,* Bauerschaft Mecklenbeck	Strauchholz		26		3		2	2	
Hecke am Pollbusch	188	*Bennemann, Joh. Melchior, Bsch Mecklenbeck No 5,* Bauerschaft Mecklenbeck	Strauchholz		36	37	3		3		
Hawerkamps Häckschen	189	*Schmiemann, Joh. Heinr., Bsch Mecklenbeck No 6,* Bauerschaft Mecklenbeck	Strauchholz		26	74	3		2	3	
Hecke am Pollbusch	190	*Hesselmann, Bsch Mecklenbeck No 13,* Bauerschaft Mecklenbeck	Strauchholz		27	80	3		2	4	
Hecke am Pollbusch	191	*Schultmann, Joh. Heinr., Bsch Mecklenbeck No 18,* Bauerschaft Mecklenbeck	Strauchholz		27	55	3		2	4	
Pollbusch Pullbusch	192	*Privative zu Mecklenbeck,* Bauerschaft Mecklenbeck	Wald	6	167		2	9		2	
Bietenpohl	193	Schultmann, Joh. Heinr., Bsch Mecklenbeck No 18	Acker	6	113	50	3	15	27	5	
mit Parzellennummer *194 alt* **wurde unmittelbar nach der Erstaufnahme 1828 ein Eigentumswechsel mit** 194 neu **angefangen, siehe nach** *222 alt*											
Dingenbender Heide Dingbänger Heide	*194 alt*	*Privative zu Mecklenbeck*	*Strauch- u Buschholz*	*21*	*23*		*1*				
Dingbänger Heide	*195 alt*	*Privative zu Mecklenbeck*	*Strauchholz*	*7*	*65*	*70*	*3*				
untern Telgen	*196 alt*	*Hesselmann, Bsch Mecklenbeck, No 13*	*Wald*	*4*	*177*	*75*	*2*				
untern Telgen	*197 alt*	*Böckmann, Anton, Bsch Mecklenbeck No 8*	*Hochwald*	*1*	*42*	*55*	*2*				
untern Telgen	*198 alt*	*Hesselmann, Bsch Mecklenbeck, No 13*	*Hochwald*	*2*	*35*	*15*	*2*				
untern Telgen	*199 alt*	*Schultmann, Joh. Heinr., Bsch Mecklenbeck No 18*	*Hochwald*	*1*	*5*	*2*	*2*				
untern Telgen	*200 alt*	*Hesselmann, Bsch Mecklenbeck, No 13*	*Wald*	*1*	*20*	*90*	*2*				
untern Telgen	*201 alt*	*Bennemann, Joh. Melchior, Bsch Meklenbeck No*	*Wald*	*1*	*10*	*55*	*2*				
untern Telgen	*202 alt*	*Werlemann, Joh., Bsch Mecklenbeck No 9*	*Wald*	*1*	*8*	*30*	*2*				
achtern Telgen	*203 alt*	*Greive, Joh., Bsch Mecklenbeck No*	*Wald*	*2*	*101*	*10*	*2*				
Lehmkuhlen	*204 alt*	*Pastorat, zu Lamberty*	*Weide*	*1*	*171*	*50*	*2*				
Lehmkuhlen	*205 alt*	*Rotert, Joh. Melchior, Bsch Mecklenbeck No*	*Wald*	*4*	*53*	*75*	*2*				
Schürbusch	*206 alt*	*Werlemann, Joh., Bsch Mecklenbeck No 9*	*Wald*	*10*	*40*		*1*				
im Wienhagen	*207 alt*	*Brüggemann,Joh. Franz, Bsch Mecklenbeck No 7*	*Wald*	*1*	*125*		*2*				
im Wienhagen	*208 alt*	*Pastorat, zu Lamberty*	*Weide*		*114*		*2*				
im Wierhagen	*209 alt*	*Schmiemann, Joh. Heinr., Bsch Mecklenbeck No 6*	*Wald*	*3*	*39*	*75*	*2*				
im Wierhagen	*210 alt*	*Werlemann, Joh., Bsch Mecklenbeck No 9*	*Wald*		*127*	*95*	*2*				
im Wierhagen	*211alt*	*Hesselmann, Bsch Mecklenbeck, No 13*	*Wald*	*1*	*131*	*35*	*2*				
Haberkamp	*212 alt*	*Schmiemann, Joh. Heinr., Bsch Mecklenbeck No 6*	*Acker*	*8*	*107*	*25*	*2*				
im Wierhagen	*213 alt*	*Rausmann, Joh. Herm., Bsch Mecklenbeck No 14*	*Wald*	*3*	*146*	*70*	*2*				
im Wierhagen	*214 alt*	*Bennemann, Joh. Melchior, Bsch Mecklenbeck No 5*	*Wald*	*3*	*127*	*30*	*2*				

Flur 12 Mecklenbeck

Flurnummer mit Flurname Flurbezeichnung	Par-zellen-nr.	Eigentümer und Nummer in der Bauerschaft (Bsch) Lage und Zuordung von Höfen und Pächtern in den drei Bauerschaften Mecklenbeck, Geist und Delstrup der Gemeinde Lamberti siehe Karte auf Seite 166	Nutzungsart	Parzellengröße Morgen	Ruthen	Fuss	Klasse	Ertrag Taler	Silbergr.	Pfennig	steuer-barer Rein-ertrag
im Wierhagen	*215 alt*	*Werlemann, Joh., Bsch Mecklenbeck No 9*	*Wald*	*1*	*15*	*85*	*2*				
im Wierhagen	*216 alt*	*Pastorat, zu Lamberty*	*Wald*		*160*	*75*	*2*				
im Wierhagen	*217 alt*	*Bennemann, Joh. Melchior, Bsch Mecklenbeck No 5*	*Acker*	*5*	*146*	*50*	*2*				
Büschen	*218 alt*	*Bennemann, Joh. Melchior, Bsch Mecklenbeck No 5*	*Wald*		*80*	*6*	*2*				
im Wierhagen	*219 alt*	*Böckmann, Anton, Bsch Mecklenbeck No 8*	*Wald*	*2*	*5*	*50*	*2*				
im Wierhagen	*220 alt*	*Bennemann, Joh. Melchior, Bsch Mecklenbeck No 5*	*Wald*	*1*	*24*	*15*	*2*				
im Wierhagen	*221 alt*	*Brüggemann,Joh. Franz, Bsch Mecklenbeck No 7*	*Wald*	*1*	*21*	*15*	*2*				
im Wierhagen	*222 alt*	*Werlemann, Joh., Bsch Mecklenbeck No 9*	*Wald*	*1*	*149*	*10*	*2*				
mit Parzellennummer *194 alt bis 222 alt* **wurde unmittelbar nach der Erstaufnahme 1828 ein Eigentumswechsel mit** 194 neu bis 222 neu **angefangen**											
Dingbänger Heide	194 neu	*Privative zu Mecklenbeck,* Schultmann, Joh. Heinr., Bsch Mecklenbeck No 18	*Strauchholz* Heide Weide	*21,* 3 *6*	*23* 175		1 3		15 9	 9	
Dingbänger Heide Lehmkuhlen	195 neu	Mühlenkamp, Heinr. Anton, Bsch Mecklenbeck No 17	*Strauchholz Weide* Heide	*7,* 1	*65,* 165		1		9	7	
untere Telgen Dingbänger Heide	196 neu	*Hesselmann, Bsch Mecklenbeck No 13,* Asshoff, Theod., Bsch Mecklenbeck No 20	*Wald* Heide	*4,* 2	*177,* 9	*75*	*2,* 1		10	3	
untere Telgen Dingbänger Heide	197 neu	*Böckmann, Anton, Bsch Mecklenbeck No 8,* *Dudei* Duddey, Anton, Bsch Mecklenbeck No 16	*Wald* Heide	*1*	*42,* 96	*55*	1, *2*		7	8	
Dingbänger Heide	198 neu	*Hesselmann, Bsch Mecklenbeck No 13,* Brüggemann, Joh. Franz, Bsch Mecklenbeck No 7	*Wald* Heide	*2*	35, 116	*15*	1, *2*		13	3	
Dingbänger Heide	199 neu	*Schultmann, Joh. Heinr., Bsch Mecklenbeck No 18,* Schulte Schulze Meckmann, Friedr., Bsch Mecklenbeck No 15	*Wald* Heide	*1,* 5	*5,* 163		1, *2*		29	7	
untere Telgen Dingbänger Heide	200 neu	*Hesselmann, Bsch Mecklenbeck No 13,* *Oertken* Aertker, Jos., Bsch Mecklenbeck	*Wald* Heide Weide	*1,* 2	*20,* 107 90	*90*	1, *2* 3		13 5		
untere Telgen Dingbänger Heide	201 neu	*Bennemann, Joh. Melchior, Bsch Mecklenbeck No 5,* Rotert, Joh. Melchior, Bsch Mecklenbeck No 12	*Wald* Weide Heide	1	90 139		3, *2* 1		10 15		
untere Telgen Dingbänger Heide	202 neu	*Werlemann, Joh., Bsch Mecklenbeck No 9,* Schultmann, Joh. Heinr., Bsch Mecklenbeck No 18,	*Wald* Weide Heide	*1,* 3	*8* 145	*50*	3, *2* 1	1	 4		
achtere Telgen Dingbänger Heide	203 neu	*Greiwe, Joh. Bernh., Bsch Mecklenbeck No 11, Interessenten der Dingbänger Heide,* Bauerschaft Mecklenbeck	*Wald* Weide	*2*	*101,*100	*10*	*2,* 3		5	7	
Dingbänger Heide, Lehmkuhlen	204 neu	*Pastorat zu Lamberty,* Werlemann, Joh., Bsch Mecklenbeck No 9	*Wald* Weide	1	*171,* 75	*50*	*2,* 3		14	2	
Dingbänger Heide, Lehmkuhlen	205 neu	*Rotert, Joh. Melchior, Bsch Mecklenbeck No 12,* Hesselmann, Bsch Mecklenbeck No 13	*Wald* Weide	*4,* 3	*13,* 7	*75*	*2,* 3	1	20	1	
vorn auf der Heide	206 neu	Hesselmann, Bsch Mecklenbeck No 13	Holz		59		2		12	9	
im Wienhagen 1. Stück vorn auf der Heide	207 neu	*Brüggemann, Joh. Franz, Bsch Mecklenbeck No 7,* Hesselmann, Bsch Mecklenbeck No 13	Wald	*1*	*125,*145		2	1	1	5	
im Wienhagen vorn auf der Heide	208 neu	*Pastorat zu Lamberty,* Böckmann, Anton, Bsch Mecklenbeck No 8	*Weide* Holz	3	*114,* 20		2	4	1	4	
im Wienhagen vorn auf der Heide	209 neu	*Schmiemann, Joh. Heinr., Bsch Mecklenbeck No 6,* Hesselmann, Bsch Mecklenbeck No 13	Wald	*3*	*39,* 92	*75*	2		19	11	
vorn auf der Heide	210 neu	*Werlemann, Joh., Bsch Mecklenbeck No 9,* Hesselmann, Bsch Mecklenbeck No 13	Wald	4	*127,*113	*95*	2	6		6	
im Wienhagen vorn auf der Heide	211 neu	Hesselmann, Bsch Mecklenbeck No 13, Greive, Joh. Bernh., Bsch Mecklenbeck No 11	Wald	*1,* 4	*131,*128	*35*	2	6	3	9	
im Wienhagen vorn auf der Heide	212 neu	*Rausmann, Joh. Herm., Bsch Mecklenbeck No 14,* Rotert, Joh. Melchior, Bsch Mecklenbeck No 12	Wald	*3,* 4	*146,* 61	*70*	2	5	19	3	
Schürbusch	213 neu	Werlemann, Joh., Bsch Mecklenbeck No 9	Wald	10	*46,* 66		1	22	24	2	
im Wiedehagen	214 neu	*Bennemann, Joh. Melchior, Bsch Mecklenbeck No 5,* Brüggemann, Joh. Franz, Bsch Mecklenbeck No 7	Wald	1	*127,*134	*30*	2	2	8		

Flur 12 Mecklenbeck

Flurnummer mit Flurname Flurbezeichnung	**Par-zellen-nr.**	**Eigentümer und Nummer in der Bauerschaft (Bsch)** Lage und Zuordnung von Höfen und Pächtern in den drei Bauerschaften Mecklenbeck, Geist und Delstrup der Gemeinde Lamberti siehe Karte auf Seite 166	**Nutzungsart**	**Parzellengröße** Morgen	 Ruthen	 Fuss	**Klasse**	**Ertrag** Taler	 Silbergr.	 Pfennig	steuer-barer Rein-ertrag
Haberkamp	215 neu	Schmiemann, Joh. Heinr., Bsch Mecklenbeck No 6	Acker	8	*37,* 107	25	2, 3	24	27	9	
im Wiedehagen	216 neu	*Werlemann, Joh., Bsch Mecklenbeck No 9,* Schmiemann, Joh. Heinr., Bsch Mecklenbeck No 6	Wald	*1,* 4	*15,* 134	*85*	2	2		8	
im Wiedehagen	217 neu	*Werlemann, Joh., Bsch Mecklenbeck No 9,* Rausmann, Joh. Herm., Bsch Mecklenbeck No 14	Wald	5	*160,* 29	*75*	2	6	21	3	
im Wiedehagen	218 neu	*Böckmann, Anton, Bsch Mecklenbeck No 8,* Werlemann, Joh., Bsch Mecklenbeck No 9	Wald	*2,* 3	*5,* 123	*50*	2	4	23	8	
Wiedehagenkamp	219 neu	Bennemann, Joh. Melchior, Bsch Mecklenbeck No 5	Acker	5	146	50	2, 3	16	25	10	
Büschen	220 neu	Bennemann, Joh. Melchior, Bsch Mecklenbeck No 5	Wald		80	5	2		17	3	
im Wiedehagen	221 neu	Bennemann, Joh. Melchior, Bsch Mecklenbeck No 5	Wald	1	*176,*131	*80*	2	2	7	5	
im Wiedehagen	222 neu	*Werlemann, Joh., Bsch Mecklenbeck No 9,* Böckmann, Anton, Bsch Mecklenbeck No 8	Wald	1	*119,*136	*10*	2	2	8	6	
im Wiedehagen	223	*Örtker* Aertker, Jos., Bsch Mecklenbeck No 22	Gemüsegarten	1	41	30	4	5	19	8	
	224	*Örtker* Aertker, Jos., Bsch Mecklenbeck No 22	Haus		9		II		6	11	2
ächterste Kämpken	225	*Örtker* Aertker, Jos., Bsch Mecklenbeck No 22	Acker	1	106	25	3	3	24	6	
vornste Kämpken	226	*Örtker* Aertker, Jos., Bsch Mecklenbeck No 22	Acker	3	164	60	*3,* 4	7	2	1	

C. Alphabetisch sortierte Aufstellung der Grundeigentümer nach dem Flurbuch zum Urkataster der Gemeinde Lamberti 1828-1829

Eigentümer mit Katastralnr. (Haus/Hofnr.) in den Bauerschaften (Bsch)	Par-zellen-nummer	Gemeinde Lamberti, Flurnummer u. Name der Flurkarte
A		
Achtermann, Theod. Wilh., zu Münster, Königsstr. No 259	204	1 Althoff
Aertker, Jos., Bsch Mecklenbeck No 22	223	12 Mecklenbeck
Aertker, Jos., Bsch Mecklenbeck No 22	224	12 Mecklenbeck
Aertker, Jos., Bsch Mecklenbeck No 22	225	12 Mecklenbeck
Aertker, Jos., Bsch Mecklenbeck No 22	226	12 Mecklenbeck
Aertker, Jos., Bsch Mecklenbeck	200 neu	12 Mecklenbeck
Ahlers, Engelbert, zu Münster, Salzstr. No 56	690	1 Althoff
Ahlers, Engelbert, zu Münster, Salzstr. No 56	667	1 Althoff
Ahlmann, Witwe, zu Münster, Prinzipalmarkt, Aegidi-Laischaft No 11	697	1 Althoff
Ahshoff, Theod., Bsch Mecklenbeck No 20	196 neu	12 Mecklenbeck
Alard, Bern, Jos., Bsch Geist No 1	64	7 Geist II
Alard, Bernh. Jos. Bsch Geist No 1	206	8 Friedrichsburg
Alard, Bernh. Jos., Bsch Geist No 1	82	1 Althoff
Aldendorf, Heinr., zu Münster, Aegidistr.	406	1 Althoff
Aldendorf, Jos., zu Münster, Aegidistr. No 178	502	1 Althoff
Allenkamp, Gerh., zu Münster, aufm Prinzipalmarkt, Königstr. No 281	260	1 Althoff
Althaus, Christof Anton, zu Münster, Domhof	245	1 Althoff
Althoff *Althof,* Anton, Witwe, Bsch Geist No 35	286	1 Althoff
Althoff *Althof,* Anton, Witwe, Bsch Geist No 35	287	1 Althoff
Althoff *Althof,* Anton, Witwe, Bsch Geist No 35	288	1 Althoff
Althoff, Anton, Witwe, Bsch Geist No 25 35	72	6 Geist I
Althoff, Anton, Witwe, Bsch Geist No 25 35	115	6 Geist
Althoff, Anton, Witwer, Bsch Geist No 25	38	6 Geist
Armen-Commission zu Münster, zum Clemenz-Hospital gehörig	216	1 Althoff
Armen-Commission zu Münster, zum Clemenz-Hospital gehörig	217	1 Althoff
Armen-Commission zum Clemenz-Hospital gehörig, zu Münster, Barmherzigen Kloster	595	1 Althoff
Armen-Commission zum Clemenz-Hospital gehörig, zu Münster, Barmherzigen Kloster	596	1 Althoff
Armen-Commission, Dechaney ad St. Ludgeri, zu Münster, Kellermann, Dechant ad St. Ludgerum	229	1 Althoff
Armen-Commission, zu Münster, Jungebloths Stiftung gehörig	548	1 Althoff
Armen-Commission, zu Münster, zum Großen Armenhaus gehörig	401	1 Althoff
Armen-Commission, zu Münster, zum Großen Armenhaus gehörig	287	7 Geist II
Armen-Commission, zu Münster, zum Magdalenen-Spital gehörig	575	1 Althoff
Armen-Commission, zu Münster, zur Stiftung Schultenkamp gehörig	473	1 Althoff
Armen-Commission, zum Clemenz-Hospital gehörig, zu Münster	3	2 Haferland
Armen-Commission, zum Clemenz-Hospital gehörig, zu Münster	4	2 Haferland
Armen-Commission, zum Clemenz-Hospital gehörig, zu Münster	5	2 Haferland
Armen-Commission, zum Clemenz-Hospital gehörig, zu Münster	6	2 Haferland
Armen-Commission, zum Clemenz-Hospital gehörig, zu Münster	7	2 Haferland
Armen-Commission, zum Clemenz-Hospital gehörig, zu Münster	8	2 Haferland
Armen-Commission, zum Clemenz-Hospital gehörig, zu Münster	9	2 Haferland
Armen-Commission, zum Clemenz-Hospital gehörig, zu Münster	10	2 Haferland
Armen-Commission, zum Clemenz-Hospital gehörig, zu Münster	11	2 Haferland
Armen-Commission, zum Clemenz-Hospital gehörig, zu Münster	12	2 Haferland
Armen-Commission, zum Clemenz-Hospital gehörig, zu Münster	13	2 Haferland
Armen-Commission, zum Clemenz-Hospital gehörig, zu Münster	14	2 Haferland
Armen-Commission, zum Clemenz-Hospital gehörig, zu Münster	15	2 Haferland
Armen-Commission, zum Clemenz-Hospital gehörig, zu Münster	16	2 Haferland
Armen-Commission, zum Clemenz-Hospital gehörig, zu Münster	17	2 Haferland
Armen-Commission, zum Clemenz-Hospital gehörig, zu Münster	18	2 Haferland
Armen-Commission, zum Clemenz-Hospital gehörig, zu Münster	19	2 Haferland
Armen-Commission, zum Clemenz-Hospital gehörig, zu Münster	20	2 Haferland
Armen-Commission, zum Clemenz-Hospital gehörig, zu Münster	21	2 Haferland
Armen-Commission, zum Clemenz-Hospital gehörig, zu Münster	22	2 Haferland
Armen-Commission, zum Clemenz-Hospital gehörig, zu Münster	23	2 Haferland
Armen-Commission, zum Clemenz-Hospital gehörig, zu Münster	24	2 Haferland
Armen-Commission, zum Clemenz-Hospital gehörig, zu Münster	25	2 Haferland
Armen-Commission, zum Clemenz-Hospital gehörig, zu Münster	26	2 Haferland
Armen-Commission, zum Clemenz-Hospital gehörig, zu Münster	27	2 Haferland
Armen-Commission, zum Magdalenenspital gehörig, zu Münster	31	1 Althoff
Armen-Commission, zum Magdalenenspital gehörig, zu Münster	575	1 Althoff
Armen-Kommission, zu Mauritz, zum Clemenz-Hospital gehörig	121	6 Geist I
Armenstiftung (privat) Frie Vendt, Patronin Sophia Vollbier, geb. Boichorst	154	1 Althoff
Armenstiftung (privat) Frie Vendt, Patronin Sophia Vollbier, geb. Boichorst	155	1 Althoff
Armenstiftung (privat) Frie Vendt, Patronin Sophie Vollbier, geb. Boichorst, Pächter Bredenbeck *Brielenbeck,* Friedr.	156	1 Althoff
Artmann, Ludwig, Bote, Neustr. No 165	271	1 Althoff
Ashoff *Aschoff,* Theod., Bsch Mecklenbeck No 20	19-11	11 Untied
Ashoff *Aschoff,* Theod., Bsch Mecklenbeck No 20	19-12	11 Untied
Ashoff, Theod. Henr., Bsch Mecklenbeck No 20	170	12 Mecklenbeck
Ashoff, Theod. Henr., Bsch Mecklenbeck No 20	171	12 Mecklenbeck
Ashoff, Theod. Henr., Bsch Mecklenbeck No 20	172	12 Mecklenbeck
Ashoff, Theod. Henr., Bsch Mecklenbeck No 20	173	12 Mecklenbeck
Ashoff, Theod. Henr., Bsch Mecklenbeck No 20	174	12 Mecklenbeck
Ashoff, Theod. Henr., Bsch Mecklenbeck No 20	175	12 Mecklenbeck
Ashoff, Theod., Bsch Mecklenbeck No 20	35	10 Galgheide
Ashoff, Theod., Bsch Mecklenbeck No 20	33	11 Untied
Ashoff, Theod., Bsch Mecklenbeck No 20	34-1	11 Untied
Asshoff, Theod., Bsch Mecklenbeck No 20	196 neu	12 Mecklenbeck
Aulike, Kammer-Secretair, zu Münster, Rothenburg No 37	179	1 Althoff
Aulike, Joh., Rendant, zu Münster, Königstr. No 277	493	1 Althoff
Aulike, Kammer-Secretair, zu Münster, Rothenburg No 37	590	1 Althoff
Aulike, Kammer-Secretair, zu Münster, Rothenburg No 37	676	1 Althoff
Aulike, Kammer-Secretair, zu Münster, Rothenburg No 37	687	1 Althoff
Aulike, zu Münster, Salzstr.	472	1 Althoff
Averbeck, Adolph, Bsch Geist	257	7 Geist II
Averbeck, Adolph, Bsch Geist	258	7 Geist II
Averbeck, Herm., Bsch Geist No 57	207	7 Geist II
Averbeck, Herm., Bsch Geist No 57	208	7 Geist II
Averbeck, Herm., Bsch Geist No 57	209	7 Geist II
Averbeck, Jos., zu Münster, St. Georgs-Kommende, Liebfrauen-Laischaft No 128	200	8 Friedrichsburg

Eigentümer mit Katastralnr. (Haus/Hofnr.) in den Bauerschaften (Bsch)	Par-zellen-nummer	Gemeinde Lamberti, Flurnummer u. Name der Flurkarte
Averbeck, Jos., zu Münster, St. Georgs-Kommende, Liebfrauen-Laischaft No 128	203	8 Friedrichsburg
Averkamp, Franz, Bsch Delstrup No 14	40	4 Averkamp
Averkamp, Franz, Bsch Delstrup No 14	41	4 Averkamp
Averkamp, Franz, Bsch Delstrup No 14	136	4 Averkamp
Averkamp, Franz, Bsch Delstrup No 14	80	5 Loddenheide
Averkamp, Franz, Bsch Delstrup No 14	84	5 Loddenheide
Averkamp, Franz, Bsch Delstrup No 14	69	4 Averkamp
Averkamp, Franz, Bsch Delstrup No 14	70	4 Averkamp
Averkamp, Franz, Bsch Delstrup No 14	71	4 Averkamp
Averkamp, Franz, Bsch Delstrup No 14	72	4 Averkamp
Averkamp, Franz, Bsch Delstrup No 14	80	4 Averkamp
Averkamp, Franz, Bsch Delstrup No 14	82	4 Averkamp
Averkamp, Franz, Bsch Delstrup No 14	84	4 Averkamp
Averkamp, Franz, Bsch Delstrup No 14	86	4 Averkamp
Averkamp, Franz, Bsch Delstrup No 14	87	4 Averkamp
Averkamp, Franz, Bsch Delstrup No 14	88	4 Averkamp
Averkamp, Franz, Bsch Delstrup No 14	89	4 Averkamp
Averkamp, Franz, Bsch Delstrup No 14	90	4 Averkamp
Averkamp, Franz, Bsch Delstrup No 14	91	4 Averkamp
Averkamp, Franz, Bsch Delstrup No 14	92	4 Averkamp
Averkamp, Franz, Bsch Delstrup No 14	93-1	4 Averkamp
Averkamp, Franz, Bsch Delstrup No 14	93-2	4 Averkamp
Averkamp, Franz, Bsch Delstrup No 14	94	4 Averkamp
Averkamp, Franz, Bsch Delstrup No 14	95	4 Averkamp
Averkamp, Franz, Bsch Delstrup No 14	96	4 Averkamp
Averkamp, Franz, Bsch Delstrup No 14	97	4 Averkamp
Averkamp, Franz, Bsch Delstrup No 14	98	4 Averkamp
Averkamp, Franz, Bsch Delstrup No 14	102	4 Averkamp
Averkamp, Franz, Bsch Delstrup No 14	103	2 Haferland
Averkamp, Franz, Bsch Delstrup No 14	107	2 Haferland
B		
Baader *Bader,* Engelhart, zu Münser, Aerz-karrengasse No 10	678	1 Althoff
Baader *Bader,* Franz, zu Münstr, Winckelstr. No 31	622	1 Althoff
Baltzer, Franz, zu Münster, Ludgeristr. No 143	506	1 Althoff
Bartz, Peter, zu Münster, Königsstr. No 222	503	1 Althoff
Bauerschaft Geist	74	7 Geist II
Bauerschaft Mecklenbeck	8	9 Mertens
Bauerschaft Mecklenbeck	66	9 Mertens
Bauerschaft Mecklenbeck	19-8	11 Untied
Bauerschaft Mecklenbeck	19-14	11 Untied
Bauerschaft Mecklenbeck	181	12 Mecklenbeck
Bauerschaft Mecklenbeck	182	12 Mecklenbeck
Bauerschaft Mecklenbeck	183	12 Mecklenbeck
Bauerschaft Mecklenbeck	184	12 Mecklenbeck
Bauerschaft Mecklenbeck	185	12 Mecklenbeck
Bauerschaft Mecklenbeck	186	12 Mecklenbeck
Bauerschaft Mecklenbeck	187	12 Mecklenbeck
Bauerschaft Mecklenbeck	188	12 Mecklenbeck
Bauerschaft Mecklenbeck	189	12 Mecklenbeck
Bauerschaft Mecklenbeck	190	12 Mecklenbeck
Bauerschaft Mecklenbeck	191	12 Mecklenbeck
Bauerschaft Mecklenbeck	192	12 Mecklenbeck
Bauerschaft Mecklenbeck	203 neu	12 Mecklenbeck
Bäumer in Rinkerodde	149	8 Friedrichsburg
Bäumer, in Rinkerodde	87	7 Geist II
Beckel, Konrad, zu Münster, Krumme Stiege No 429	247	1 Althoff
Beermann *Well-*, Joh. Heinr., Bsch Geist	131	8 Friedrichsburg
Beermann, Joh. Heinr., Bsch Geist	132	8 Friedrichsburg
Beermann, Joh. Heinr., Bsch Geist No 8	146	8 Friedrichsburg
Beermann, Joh. Heinr., Bsch Geist No 8	147	8 Friedrichsburg
Bennemann, Joh. Melchior, Bsch Mecklen-beck No 5	10	9 Mertens
Bennemann, Joh. Melchior, Bsch Mecklen-beck No 5	16	9 Mertens
Bennemann, Joh. Melchior, Bsch Mecklen-beck No 5	23	9 Mertens
Bennemann, Joh. Melchior, Bsch Mecklen-beck No 5	50	9 Mertens
Bennemann, Joh. Melchior, Bsch Mecklen-beck No 5	55	9 Mertens
Bennemann, Joh. Melchior, Bsch Mecklen-beck No 5	62	9 Mertens
Bennemann, Joh. Melchior, Bsch Mecklen-beck No 5	65	9 Mertens
Bennemann, Joh. Melchior, Bsch Mecklen-beck No 5	36	10 Galgheide
Bennemann, Joh. Melchior, Bsch Mecklen-beck No 5	38	10 Galgheide
Bennemann, Joh. Melchior, Bsch Mecklen-beck No 5	8-8	11 Untied
Bennemann, Joh. Melchior, Bsch Mecklen-beck No 5	53 neu	11 Untied
Bennemann, Joh. Melchior, Bsch Mecklen-beck No 5	58 neu	11 Untied
Bennemann, Joh. Melchior, Bsch Mecklen-beck No 5	81	11 Untied
Bennemann, Joh. Melchior, Bsch Mecklen-beck No 5	83	11 Untied
Bennemann, Joh. Melchior, Bsch Mecklen-beck No 5	84	11 Untied
Bennemann, Joh. Melchior, Bsch Mecklen-beck No 5	87	12 Mecklenbeck
Bennemann, Joh. Melchior, Bsch Mecklen-beck No 5	90	12 Mecklenbeck
Bennemann, Joh. Melchior, Bsch Mecklen-beck No 5	134	12 Mecklenbeck
Bennemann, Joh. Melchior, Bsch Mecklen-beck No 5	135	12 Mecklenbeck
Bennemann, Joh. Melchior, Bsch Mecklen-beck No 5	136	12 Mecklenbeck
Bennemann, Joh. Melchior, Bsch Mecklen-beck No 5	138	12 Mecklenbeck
Bennemann, Joh. Melchior, Bsch Mecklen-beck No 5	139	12 Mecklenbeck
Bennemann, Joh. Melchior, Bsch Mecklen-beck No 5	219 neu	12 Mecklenbeck
Bennemann, Joh. Melchior, Bsch Mecklen-beck No 5	220 neu	12 Mecklenbeck
Bennemann, Joh. Melchior, Bsch Mecklen-beck No 5	221 neu	12 Mecklenbeck
Berbaum, Witwe, zu Münster, Ludgeri-Laischaft No 18	1	1 Althoff
Berbaum, Witwe, zu Münster, Ludgeri-Laischaft No 18	2	1 Althoff
Berbaum, Witwe, zu Münster, Ludgeri-Laischaft No 18	3	1 Althoff
Berbaum, Witwe, zu Münster, Ludgeri-Laischaft No 18	200	1 Althoff
Berges *Berger,* Bernh., Bsch Delstrup No 3	138	2 Haferland
Berges, Bernh., Bsch Delstrup No 3	139	2 Haferland
Berges, Bernh., Bsch Delstrup No 3	140	2 Haferland
Berges, Bernh., Bsch Delstrup No 3	141	2 Haferland
Berges, Bernh., Bsch Delstrup No 3	142	2 Haferland
Berges, Bernh., Bsch Delstrup No 3	143	2 Haferland
Berkemeyer, Witwe, zu Sassenberg, (Pächter) Riekamp, Rentmeister	295	1 Althoff
Berlage, Witwe, zu Münster, Ludgeri-Laischaft No 10	570	1 Althoff
Bersward, Freifrau, für Pächter Leissing, Bsch Geist	13	10 Galgheide
Besmann, Franz, zu Münster, Breite Gasse	188	7 Geist II
Beyink, Jos, zu Münster, Winkelstr. No 34	176	7 Geist II
Bienengräber, Friedr., zu Münster, Königsstr. No 245	495	1 Althoff
Bischof Bischoff, Heinr., Bsch Mecklenbeck No 2	14	8 Friedrichsburg
Bischof, Heinr., Bsch Mecklenbeck No 2	12	8 Friedrichsburg
Bischof, Heinr., Bsch Mecklenbeck No 2	13	8 Friedrichsburg
Bischof, Heinr., Bsch Mecklenbeck No 2	15	8 Friedrichsburg

Eigentümer mit Katastralnr. (Haus/Hofnr.) in den Bauerschaften (Bsch)	Parzellennummer	Gemeinde Lamberti, Flurnummer u. Name der Flurkarte
Bischof, Heinr., Bsch Mecklenbeck No 2	17	8 Friedrichsburg
Bischof, Heinr., Bsch Mecklenbeck No 2	18	8 Friedrichsburg
Bischof, Heinr., Bsch Mecklenbeck No 2	37	8 Friedrichsburg
Bischof, Heinr., Bsch Mecklenbeck No 2, Bischofs Kotten	16	8 Friedrichsburg
Bischof *Bischoff*, Witwe, zu Münster, Ludgeristr. No 210	412	1 Althoff
Bispink *Bispinck*, Franz, zu Münster, Aegidistr.	451	1 Althoff
Bispink *Bispinck*, Franz, zu Münster, Aegidistr.	452	1 Althoff
Bispink, Franz, zu Münster, Aegidistr.	240	1 Althoff
Bitter, Adolph, zu Münster, Rothenburg	175	1 Althoff
Bitter, Bernh., zu Münster, Alten Steinweg No 406	227	1 Althoff
Bleckmann, Bernh., Bsch Geist No 31	47	1 Althoff
Bleckmann, Bernh., Bsch Geist No 31	48	1 Althoff
Bleckmann, Bernh., Bsch Geist No 31	49	1 Althoff
Bleckmann, Bernh., Bsch Geist No 31	50	1 Althoff
Bleckmann, Bernh., Bsch Geist No 31	51	1 Althoff
Bockelmann, Joh. Bern., zu Kirchspiel Angelmodde No 30	152	7 Geist II
Böckelmann, Joh. Bern., zu Kirchspiel Angelmodde No 30	160	7 Geist II
Böckelmann, Joh. Bern., zu Kirchspiel Angelmodde No 30	189	7 Geist II
Bockelmann, Joh. Bernh., zu Angelmodde No 30	74	6 Geist I
Bockelmann, Joh. Bernh., zu Angelmodde No 30	133	6 Geist I
Bockelmann, Joh. Bernh., zu Angelmodde No 30	200-4	6 Geist I
Böcker, Joh., Wagenfabrikant, zu Münster	643	1 Althoff
Böcker, Joh., Wagenfabrikant, zu Münster	644	1 Althoff
Böcker, Joh., Wagenfabrikant, zu Münster	645	1 Althoff
Böcker, Joh., Wagenfabrikant, zu Münster	646	1 Althoff
Böcker, Joh., Wagenfabrikant, zu Münster	647	1 Althoff
Böcker, Joh., Wagenfabrikant, zu Münster	648	1 Althoff
Böcker, Joh., Wagenfabrikant, zu Münster	649	1 Althoff
Böcker, Joh., Wagenfabrikant, zu Münster	650	1 Althoff
Böcker, Joh., Wagenfabrikant, zu Münster	651	1 Althoff
Böcker, Joh., Wagenfabrikant, zu Münster	652	1 Althoff
Böcker, Joh., Wagenfabrikant, zu Münster	653	1 Althoff
Böcker, Joh., Wagenfabrikant, zu Münster	654	1 Althoff
Böcker, Joh., Wagenfabrikant, zu Münster	655	1 Althoff
Böcker, Joh., Wagenfabrikant, zu Münster	656	1 Althoff
Böcker, Joh., Wagenfabrikant, zu Münster	657	1 Althoff

Eigentümer mit Katastralnr. (Haus/Hofnr.) in den Bauerschaften (Bsch)	Parzellennummer	Gemeinde Lamberti, Flurnummer u. Name der Flurkarte
Böcker, Joh., Wagenfabrikant, zu Münster	658	1 Althoff
Böcker, Joh., Wagenfabrikant, zu Münster	659	1 Althoff
Böcker, Joh., Wagenfabrikant, zu Münster	660	1 Althoff
Böcker, Joh., Wagenfabrikant, zu Münster	663	1 Althoff
Böcker, Joh., Wagenfabrikant, zu Münster	664	1 Althoff
Böcker, Joh., Wagenfabrikant, zu Münster	30	2 Haferland
Böcker, Joh., Wagenfabrikant, zu Münster	56	2 Haferland
Böcker, Joh., Wagenfabrikant, zu Münster	64-1	2 Haferland
Böcker, Joh., Wagenfabrikant, zu Münster	64-2	2 Haferland
Böcker, Joh., Wagenfabrikant, zu Münster	64-3	2 Haferland
Böcker, Joh., Wagenfabrikant, zu Münster	64-4	2 Haferland
Böcker, Joh., Wagenfabrikant, zu Münster	64-5	2 Haferland
Böcker, Joh., Wagenfabrikant, zu Münster	64-6	2 Haferland
Böcker, Joh., Wagenfabrikant, zu Münster	64-7	2 Haferland
Böcker, Joh., Wagenfabrikant, zu Münster	64-8	2 Haferland
Böcker, Joh., Wagenfabrikant, zu Münster	64-9	2 Haferland
Böcker, Joh., Wagenfabrikant, zu Münster	64-10	2 Haferland
Böcker, Joh., Wagenfabrikant, zu Münster, am Mauritztor	77	7 Geist II
Böckmann *Bök-*, Anton, Bsch Mecklenbeck No 8	26	9 Mertens
Böckmann *Bök-*, Anton, Bsch Mecklenbeck No 8	27	9 Mertens
Böckmann *Bök-*, Anton, Bsch Mecklenbeck No 8	28	9 Mertens
Böckmann *Bök-*, Anton, Bsch Mecklenbeck No 8	29	9 Mertens
Böckmann *Bök-*, Anton, Bsch Mecklenbeck No 8	30	9 Mertens
Böckmann *Bök-*, Anton, Bsch Mecklenbeck No 8	31	9 Mertens
Böckmann *Bök-*, Anton, Bsch Mecklenbeck No 8	38	9 Mertens
Böckmann *Bök-*, Anton, Bsch Mecklenbeck No 8	56	9 Mertens
Böckmann *Bök-*, Anton, Bsch Mecklenbeck No 8	57	9 Mertens
Böckmann, Anton, Bsch Mecklenbeck No 8	1	8 Friedrichsburg
Böckmann, Anton, Bsch Mecklenbeck No 8	2	8 Friedrichsburg
Böckmann, Anton, Bsch Mecklenbeck No 8	9	9 Mertens
Böckmann, Anton, Bsch Mecklenbeck No 8	19	9 Mertens
Böckmann, Anton, Bsch Mecklenbeck No 8	20	9 Mertens
Böckmann, Anton, Bsch Mecklenbeck No 8	21	9 Mertens
Böckmann, Anton, Bsch Mecklenbeck No 8	21	10 Galgheide
Böckmann, Anton, Bsch Mecklenbeck No 8	23	10 Galgheide
Böckmann, Anton, Bsch Mecklenbeck No 8	8-4	11 Untied
Böckmann, Anton, Bsch Mecklenbeck No 8	8-5	11 Untied

Eigentümer mit Katastralnr. (Haus/Hofnr.) in den Bauerschaften (Bsch)	Parzellennummer	Gemeinde Lamberti, Flurnummer u. Name der Flurkarte
Böckmann, Anton, Bsch Mecklenbeck No 8	8-6	11 Untied
Böckmann, Anton, Bsch Mecklenbeck No 8	9-1	11 Untied
Böckmann, Anton, Bsch Mecklenbeck No 8	9-2	11 Untied
Böckmann, Anton, Bsch Mecklenbeck No 8	28	11 Untied
Böckmann, Anton, Bsch Mecklenbeck No 8	41	12 Mecklenbeck
Böckmann, Anton, Bsch Mecklenbeck No 8	57	12 Mecklenbeck
Böckmann, Anton, Bsch Mecklenbeck No 8	78	12 Mecklenbeck
Böckmann, Anton, Bsch Mecklenbeck No 8	79	12 Mecklenbeck
Böckmann, Anton, Bsch Mecklenbeck No 8	86	12 Mecklenbeck
Böckmann, Anton, Bsch Mecklenbeck No 8	89	12 Mecklenbeck
Böckmann, Anton, Bsch Mecklenbeck No 8	93	12 Mecklenbeck
Böckmann, Anton, Bsch Mecklenbeck No 8	96	12 Mecklenbeck
Böckmann, Anton, Bsch Mecklenbeck No 8	127	12 Mecklenbeck
Böckmann, Anton, Bsch Mecklenbeck No 8	128	12 Mecklenbeck
Böckmann, Anton, Bsch Mecklenbeck No 8	129	12 Mecklenbeck
Böckmann, Anton, Bsch Mecklenbeck No 8	208 neu	12 Mecklenbeck
Böckmann, Anton, Bsch Mecklenbeck No 8	222 neu	12 Mecklenbeck
Bödding, Christian, zu Münster, Königsstr. No 271	2	7 Geist II
Bödding, zu Münster, Königsstr. No 271	50	7 Geist II
Bonenkamp *Bone-*, Caplan, zu Münster, Ludgeristr.	675	1 Althoff
Bothe Bode, Erben, zu Münster	195	8 Friedrichsburg
Bracht, Anton, Bsch Delstrup	693	1 Althoff
Bracht, Anton, Bsch Delstrup	694	1 Althoff
Bracht, Anton, Bsch Delstrup	695	1 Althoff
Brirup, Colon, zu Albachten	8-3	11 Untied
Brirup, Colon, zu Albachten	9-3	11 Untied
Brockhausen, Franz, Referendar, zu Münster, im Kathagen, Pächter Helmers	409	1 Althoff
Brockmann, Franz, Erb(gemeinschaft) von Bennemann, Bsch Mecklenbeck	54 neu	11 Untied
Brockmann, Franz, Erb(gemeinschaft) von Bennemann, Bsch Mecklenbeck	55 neu	11 Untied
Brockmann, Joh., zu Münster, Klemenzstr. No 125	519	1 Althoff
Broschard, Franz, Justizrat, zu Münster, *Erben,* Salzstr. No 66	44	1 Althoff
Broschard, Franz, Justizrat, zu Münster, *Erben,* Salzstr. No 66	711	1 Althoff
Brotzmann *Pretzmann,* Franz Heinr., zu Münster, Loerstr. No 209	273	1 Althoff
Brückener *Brükkener,* Witwe, zu Münster, Hollenbeckerstiege No 174	639	1 Althoff
Brüggemann *Brüge-*, Joh. Franz, Bsch Mecklenbeck No 7	32	9 Mertens

Eigentümer mit Katastralnr. (Haus/Hofnr.) in den Bauerschaften (Bsch)	**Par-zellen-nummer**	**Gemeinde Lamberti,** Flurnummer u. Name der Flurkarte
Brüggemann *Brüge-*, Joh. Franz, Bsch Mecklenbeck No 7	33	9 Mertens
Brüggemann *Brüge-*, Joh. Franz, Bsch Mecklenbeck No 7	34	9 Mertens
Brüggemann *Brüge-*, Joh. Franz, Bsch Mecklenbeck No 7	43	9 Mertens
Brüggemann *Brüge-*, Joh. Franz, Bsch Mecklenbeck No 7	44	9 Mertens
Brüggemann *Brüge-*, Joh. Franz, Bsch Mecklenbeck No 7	17	10 Galgheide
Brüggemann, Friedr., zu Münster, Aegidistr. No 67	43	1 Althoff
Brüggemann, Friedr., zu Münster, Aegidistr. No 67	486	1 Althoff
Brüggemann, Friedr., zu Münster, Aegidistr. No 67	492	1 Althoff
Brüggemann, Joh. Franz, Bsch Mecklenbeck No 7	1	9 Mertens
Brüggemann, Joh. Franz, Bsch Mecklenbeck No 7	73	9 Mertens
Brüggemann, Joh. Franz, Bsch Mecklenbeck No 7	20	10 Galgheide
Brüggemann, Joh. Franz, Bsch Mecklenbeck No 7	19-10	11 Untied
Brüggemann, Joh. Franz, Bsch Mecklenbeck No 7	32	11 Untied
Brüggemann, Joh. Franz, Bsch Mecklenbeck No 7	34-2	11 Untied
Brüggemann, Joh. Franz, Bsch Mecklenbeck No 7	45	11 Untied
Brüggemann, Joh. Franz, Bsch Mecklenbeck No 7	46	11 Untied
Brüggemann, Joh. Franz, Bsch Mecklenbeck No 7	47	11 Untied
Brüggemann, Joh. Franz, Bsch Mecklenbeck No 7	48	11 Untied
Brüggemann, Joh. Franz, Bsch Mecklenbeck No 7	51 neu	11 Untied
Brüggemann, Joh. Franz, Bsch Mecklenbeck No 7	52 neu	11 Untied
Brüggemann, Joh. Franz, Bsch Mecklenbeck No 7	56 neu	11 Untied
Brüggemann, Joh. Franz, Bsch Mecklenbeck No 7	65neu	11 Untied
Brüggemann, Joh. Franz, Bsch Mecklenbeck No 7	3	12 Mecklenbeck
Brüggemann, Joh. Franz, Bsch Mecklenbeck No 7	83	12 Mecklenbeck
Brüggemann, Joh. Franz, Bsch Mecklenbeck No 7	85	12 Mecklenbeck
Brüggemann, Joh. Franz, Bsch Mecklenbeck No 7	88	12 Mecklenbeck
Brüggemann, Joh. Franz, Bsch Mecklenbeck No 7	130	12 Mecklenbeck

Eigentümer mit Katastralnr. (Haus/Hofnr.) in den Bauerschaften (Bsch)	**Par-zellen-nummer**	**Gemeinde Lamberti,** Flurnummer u. Name der Flurkarte
Brüggemann, Joh. Franz, Bsch Mecklenbeck No 7	131	12 Mecklenbeck
Brüggemann, Joh. Franz, Bsch Mecklenbeck No 7	132	12 Mecklenbeck
Brüggemann, Joh. Franz, Bsch Mecklenbeck No 7	133	12 Mecklenbeck
Brüggemann, Joh. Franz, Bsch Mecklenbeck No 7	198 neu	12 Mecklenbeck
Brüggemann, Joh. Franz, Bsch Mecklenbeck No 7	214 neu	12 Mecklenbeck
Bruns, Pelzer, zu Münster, Aegidistr. No 71	162	8 Friedrichsburg
Bruns, Pelzer, zu Münster, Aegidistr. No 71	163	8 Friedrichsburg
Brüning, Kaufmann, zu Überwasser, Jüdefelder Str. No 247	32	8 Friedrichsburg
Budde, Witwe, zu Münster, Ludgeristr. No 209	32	7 Geist II
Budde, Witwe, zu Münster, Ludgeristr. No 209	444	1 Althoff
Budde, Witwe, zu Münster, Ludgeristr. No 209	53	7 Geist II
Bursa-Vicariorum, ad St. Ludgerum	629	1 Althoff
Busch, Adolph, Minoreneum für das Elatersche Canonicat ad St. Martinum, zu Münster No 12	571	1 Althoff
Bussmann *Bus-*, Bern. Henr., Bsch Geist No 47	57	1 Althoff
Bussmann *Bus-*, Bern. Henr., Bsch Geist No 47	58	1 Althoff
Bussmann *Bus-*, Bern. Henr., Bsch Geist No 47	59	1 Althoff
Bussmann *Busch-*, Bernh. Heinr., Bsch Geist No 31	258	6 Geist I
Bussmann, Bern. Heinr., Bsch Geist 31	45	6 Geist I
Bussmann, Bern. Heinr., Bsch Geist No 31	9	5 Loddenheide
Bussmann, Bern. Heinr., Bsch Geist No 31	14	5 Loddenheide
Bussmann, Bern. Heinr., Bsch Geist No 31	16	5 Loddenheide
Bussmann, Bern. Heinr., Bsch Geist No 31	17	5 Loddenheide
Bussmann, Bern. Heinr., Bsch Geist No 31, u. Frickmann, Kolon, Bsch Geist, gemeinschaftlich	13	5 Loddenheide
Bussmann, Bernh. Heinr., Bsch Geist 31	49	6 Geist I
Bussmann, Bernh. Heinr., Bsch Geist No 31	200-3	6 Geist I
Bussmann, Bernh. Heinr., Bsch Geist No 31	247	6 Geist I
Bussmann, Bernh. Heinr., Bsch Geist No 31	248	6 Geist I
Bussmann, Bernh. Heinr., Bsch Geist No 31	249	6 Geist I
Bussmann, Bernh. Heinr., Bsch Geist No 31	250	6 Geist I
Bussmann, Bernh. Heinr., Bsch Geist No 31	254	6 Geist I
Bussmann, Bernh. Heinr., Bsch Geist No 31	255	6 Geist I
Bussmann, Bernh. Heinr., Bsch Geist No 31	256	6 Geist I
Bussmann, Bernh. Heinr., Bsch Geist No 31	257	6 Geist I

Eigentümer mit Katastralnr. (Haus/Hofnr.) in den Bauerschaften (Bsch)	**Par-zellen-nummer**	**Gemeinde Lamberti,** Flurnummer u. Name der Flurkarte
Bussmann, Bernh. Heinr., Bsch Geist No 31	259	6 Geist I
Bussmann, Bernh. Heinr., Bsch Geist No 31	265	6 Geist I
Bussmann, Bernh. Heinr., Bsch Geist No 31	266	6 Geist I
Bussmann, Bernh. Heinr., Bsch Geist No 31	267	6 Geist I
Bussmann, Bernh. Heinr., Bsch Geist No 31	268	6 Geist I
Bussmann, Bernh. Heinr., Bsch Geist No 31	269	6 Geist I
Bussmann, Bernh. Heinr., Bsch Geist No 31	285	6 Geist I
Bussmann, Bernh. Heinr., Bsch Geist No 31	286	6 Geist I
Bussmann, Bernh. Heinr., Bsch Geist No 31	290	6 Geist I
Bussmann, Bernh. Heinr., Bsch Geist No 31	317	6 Geist I
Bussmann, Bernh. Heinr., Bsch Geist No 31	325	6 Geist I
Bussmann, Bernh. Heinr., Bsch Geist No 31	330	6 Geist I
Bussmann, Bernh. Heinr., Bsch Geist No 31	342	6 Geist I
Bussmann, Bernh. Heinr., Bsch Geist No 31	349	6 Geist I
Bussmann, Bernh. Heinr., Bsch Geist No 31	229	6 Geist I
Bussmann, Heinr., Bsch Geist No 31	280	7 Geist II
Bussmann, Heinr., Bsch Geist No 31	300	7 Geist II
Bussmann, Heinr., Bsch Geist No 31	313	7 Geist II
Bussmann, Heinr., Bsch Geist No 31	314	7 Geist II
Bussmann, Heinr., Bsch Geist No 31	327	7 Geist II
Bussmann, Heinr., Bsch Geist No 31	328	7 Geist II
Bussmann, Heinr., Bsch Geist No 31	339	7 Geist II
Bussmann, Heinr., Bsch Geist No 31	340	7 Geist II
Bussmann, Heinr., Bsch Geist No 31	351	7 Geist II
Bussmann, Heinr., Bsch Geist No 31	358	7 Geist II
Bussmann, Heinr., Bsch Geist No 31	368	7 Geist II
Busson, Paul, zu Münster, im Drubbel No 3	583	1 Althoff
Busson, Paul, zu Münster, im Drubbel No 3	584	1 Althoff
Busson, Paul, zu Münster, im Drubbel No 3	585	1 Althoff
Buurmann, *Buer-*, Joh. Heinr., zu Hiltrup, Dorfbauerschaft No 36	379	7 Geist II
C		
Callenberg, Oberlandes-Gerichtsrat, zu Münster	27	7 Geist II
Callenberg, Oberlandes-Gerichtsrat, zu Münster	38	7 Geist II
Callenberg, Oberlandes-Gerichtsrat, zu Münster	39	7 Geist II
Callenberg, Oberlandes-Gerichtsrat, zu Münster	40	7 Geist II
Caplanay ad St Lambertum	542	1 Althoff
Caplanei St. Ludgerum, zu Münster, Gilhaus, Cappelan in Ludgeri	258	1 Althoff
Chaussee Baufond, zu Münster	3.-2	7 Geist II
Chaussee Baufond, zu Münster	26	7 Geist II

Eigentümer mit Katastralnr. (Haus/Hofnr.) in den Bauerschaften (Bsch)	**Par-zellen-nummer**	**Gemeinde Lamberti,** Flurnummer u. Name der Flurkarte
Chaussee Baufond, zu Münster	52	7 Geist II
Chaussee Baufond, zu Münster	70	7 Geist II
Coermann, Louise, zu Münster, Bispinghof	195	1 Althoff
Coermann, Louise, zu Münster, Bispinghof	196	1 Althoff
Collegium Heerde, zu Münster	235	7 Geist II
Collegium Heerde, zu Münster, Salzstr.	213	7 Geist II
Coppenrath *Koppen-*, Jos., zu Münster, Königsstr. No 252	19	1 Althoff
Cordes, Elise, zu Münster, Ludgeristr. No 210	222	1 Althoff
Cruse *Kruse,* Balthasar, Actuar, zu Münster	189	1 Althoff, siehe auch 515
D		
Dahlmann, Everhard Anton, Bsch Delstrup No 21	43	2 Haferland
Dahlmann, Everhard Anton, Bsch Delstrup No 21	93	2 Haferland
Dahlmann, Everhard, Bsch Delstrup No 21	39	2 Haferland
Dahlmann, Everhard, Bsch Delstrup No 21	40	2 Haferland
Dahlmann, Everhard, Bsch Delstrup No 21	41	2 Haferland
Dahlmann, Everhard, Bsch Delstrup No 21	42	2 Haferland
Dahlmann, Everhard, Bsch Delstrup No 21	44	2 Haferland
Dahlmann, Everhard, Bsch Delstrup No 21	45	2 Haferland
Dahlmann, Gottfried *Godfried,* zu Münster, Schützenstr. No 96	159	7 Geist II
Dakke Dacke, Metzger, zu Münster, Salzstr.	219	7 Geist II
Dankelmann, Jos., zu Münster, aufm Prinzipalmarkt No 13	139	1 Althoff
Deckhorn, Peter, zu Münster, Wiethower Gasse No 314	679	1 Althoff
Deckwitz, Friedr., zu Münster	188	1 Althoff
Delius, Reg. Rat, zu Münster, Starp, Joh., Erbg. des Reg. Rat, Bsch Geist	231-1	6 Geist I
Delius, Reg. Rat, zu Münster, Starp, Joh., Erbg. des Reg. Rat, Bsch Geist	231-2	6 Geist I
Delius, Regierungs-Rat, zu Münster	111	7 Geist II
Delius, Regierungs-Rat, zu Münster	112	7 Geist II
Delius, Regierungs-Rat, zu Münster	113	7 Geist II
Delius, Regierungs-Rat, zu Münster	114	7 Geist II
Delius, Regierungs-Rat, zu Münster	115	7 Geist II
Delius, Regierungs-Rat, zu Münster	116	7 Geist II
Delius, Regierungs-Rat, zu Münster	117	7 Geist II
Delius, Regierungs-Rat, zu Münster	118	7 Geist II
Delius, Regierungs-Rat, zu Münster	119	7 Geist II
Delius, Regierungs-Rat, zu Münster	120	7 Geist II
Delius, Regierungs-Rat, zu Münster	121	7 Geist II
Delius, Regierungs-Rat, zu Münster	122	7 Geist II
Delius, Regierungs-Rat, zu Münster	123	7 Geist II
Eigentümer mit Katastralnr. (Haus/Hofnr.) in den Bauerschaften (Bsch)	**Par-zellen-nummer**	**Gemeinde Lamberti,** Flurnummer u. Name der Flurkarte
Delius, Regierungs-Rat, zu Münster	124	7 Geist II
Delius, Regierungs-Rat, zu Münster	125	7 Geist II
Delius, Regierungs-Rat, zu Münster	126-1	7 Geist II
Delius, Regierungs-Rat, zu Münster	127	7 Geist II
Delius, Regierungs-Rat, zu Münster	128	7 Geist II
Delius, Regierungs-Rat, zu Münster	129	7 Geist II
Delius, Regierungs-Rat, zu Münster	130	7 Geist II
Delius, Regierungs-Rat, zu Münster	131	7 Geist II
Delius, Regierungs-Rat, zu Münster	133	7 Geist II
Delius, Regierungs-Rat, zu Münster	132 zu 134	7 Geist II
Delius, Regierungs-Rat, zu Münster	135	7 Geist II
Delius, Regierungs-Rat, zu Münster	136	7 Geist II
Delius, Regierungs-Rat, zu Münster	137	7 Geist II
Delius, Regierungs-Rat, zu Münster	142	7 Geist II
Delius, Regierungs-Rat, zu Münster	260	7 Geist II
Delius, Regierungs-Rat, zu Münster, *Stadt Münster*	4	10 Galgheide
Delius, Regierungs-Rat, zu Münster, *Stadt Münster*	7-1	10 Galgheide
Delius, Regierungs-Rat, zu Münster	7-2	10 Galgheide
Dieckhoff, Franz, zu Münster, Salzstr. No 60	617	1 Althoff
Diekhoff *Dieckhoff,* Witwe, Franz, zu Münster, Salzstr. No 60	556	1 Althoff
Diericks, Hofkammerrat, zu Münster, Königsstr. 367	540	1 Althoff
Dirckmann, Friedr., Tagelöhner, Bsch Geist	60	1 Althoff
Dirckmann, Friedr., Tagelöhner, Bsch Geist	61	1 Althoff
Doemer, Executorum Pastoris, Pächter Em.... D..... Rat Scheffer Boichorst	535	1 Althoff
Drees, Gerh. Heinr., zu Kirchspiel Hiltrup No 9	249	7 Geist II
Drees, Gerh. Heinr., zu Kirchspiel Hiltrup No 9	254	7 Geist II
Driver, Witwe, zu Münster, Ludgeristr. No 194	553	1 Althoff
Driver, Witwe, zu Münster, Ludgeristr. No 194	554	1 Althoff
Duddey *Duda Duddei,* Anton, Bsch Mecklenbeck No 16	5	11 Untied
Duddey, Anton, Bsch Mecklenbeck No 16	2	11 Untied
Duddey, Anton, Bsch Mecklenbeck No 16	3	11 Untied
Duddey, Anton, Bsch Mecklenbeck No 16	4	11 Untied
Duddey, Anton, Bsch Mecklenbeck No 16	6	11 Untied
Duddey, Anton, Bsch Mecklenbeck No 16	7	11 Untied
Duddey, Anton, Bsch Mecklenbeck No 16	8-1	11 Untied
Duddey, Anton, Bsch Mecklenbeck No 16	8-2	11 Untied
Eigentümer mit Katastralnr. (Haus/Hofnr.) in den Bauerschaften (Bsch)	**Par-zellen-nummer**	**Gemeinde Lamberti,** Flurnummer u. Name der Flurkarte
Duddey, Anton, Bsch Mecklenbeck No 16	197 neu	12 Mecklenbeck
Duesberg, Anton Bernh., Hofkammer-Rat, zu Münster	113	6 Geist I
Duesberg, Anton Bernh., Hofkammer-Rat, zu Münster	222	7 Geist II
Duesberg, Anton Bernh., Hofkammer-Rat, zu Münster	238	7 Geist II
Duesberg, Anton Bernh., Hofkammer-Rat, zu Münster, Pächter Althoff	272	7 Geist II
Duesberg, Anton Bernh., Hofkammer-Rat, zu Münster, Pächter Althoff	278	7 Geist II
Duesberg, Anton Bernh., Hofkammer-Rat, zu Münster, Pächter Althoff	281	7 Geist II
Duesberg, Anton Bernh., Hofkammer-Rat, zu Münster, Pächter Althoff	295	7 Geist II
Duesberg, Anton Bernh., Hofkammer-Rat, zu Münster, Pächter Althoff	298	7 Geist II
Duesberg, Anton Bernh., Hofkammer-Rat, zu Münster, Pächter Althoff	307	7 Geist II
Duesberg, Anton Bernh., Hofkammer-Rat, zu Münster, Pächter Althoff	308	7 Geist II
Duesberg, Anton Bernh., Hofkammer-Rat, zu Münster, Pächter Althoff	317	7 Geist II
Duesberg, Anton Bernh., Hofkammer-Rat, zu Münster, Pächter Althoff	318	7 Geist II
Duesberg, Anton Bernh., Hofkammer-Rat, zu Münster, Pächter Althoff, Bsch Geist	291	7 Geist II
Duesberg, Bernh. Anton, Hofkammer-Rat, zu Münster	422	7 Geist II
Duesberg, Bernh. Anton, Hofkammer-Rat, zu Münster	423	7 Geist II
Duesberg, Bernh. Anton, Hofkammer-Rat, zu Münster	424	7 Geist II
Duesberg, Bernh. Anton, Hofkammer-Rat, zu Münster	425	7 Geist II
Duesberg, Bernh. Anton, Hofkammer-Rat, zu Münster	426	7 Geist II
Duesberg, Bernh. Anton, Hofkammer-Rat, zu Münster	427	7 Geist II
Duesberg, Bernh. Anton, Hofkammer-Rat, zu Münster	428	7 Geist II
Duesberg, Bernh. Anton, Hofkammer-Rat, zu Münster	429	7 Geist II
Duesberg, Bernh. Anton, Hofkammer-Rat, zu Münster	430	7 Geist II
Duesberg, Bernh. Anton, Hofkammer-Rat, zu Münster	431	7 Geist II
Duesberg, Bernh. Anton, Hofkammer-Rat, zu Münster	432	7 Geist II
Duesberg, Bernh. Anton, Hofkammer-Rat, zu Münster	433	7 Geist II
Duesberg, Bernh. Anton, Hofkammer-Rat, zu Münster	434	7 Geist II

Eigentümer mit Katastralnr. (Haus/Hofnr.) in den Bauerschaften (Bsch)	Parzellennummer	Gemeinde Lamberti, Flurnummer u. Name der Flurkarte
Duesberg, Bernh. Anton, Hofkammer-Rat, zu Münster	435	7 Geist II
Duesberg, Bernh. Anton, Hofkammer-Rat, zu Münster	436	7 Geist II
Duesberg, Bernh. Anton, Hofkammer-Rat, zu Münster	437	7 Geist II
Duesberg, Bernh. Anton, Hofkammer-Rat, zu Münster	438	7 Geist II
Duesberg, Bernh. Anton, Hofkammer-Rat, zu Münster	439	7 Geist II
Duesberg, Bernh. Anton, Hofkammer-Rat, zu Münster	440	7 Geist II
Duesberg, Bernh. Anton, Hofkammer-Rat, zu Münster	441	7 Geist II
Duesberg, Bernh. Anton, Hofkammer-Rat, zu Münster	442	7 Geist II
Duesberg, Bernh. Anton, Hofkammer-Rat, zu Münster	449	7 Geist II
Duesberg, Bernh. Anton, Hofkammer-Rat, zu Münster	450	7 Geist II
Duesberg, Bernh. Anton, Hofkammer-Rat, zu Münster, Pächter Beckkotten	463	7 Geist II
Duesberg, Bernh. Anton, Hofkammer-Rat, zu Münster, Pächter Beckkotten	464	7 Geist II
Duesberg, Bernh. Anton, Hofkammer-Rat, zu Münster, Pächter Beckkotten	465-1	7 Geist II
Duesberg, Bernh. Anton, Hofkammer-Rat, zu Münster, Pächter Beckkotten	465-2	7 Geist II
Duesberg, Bernh. Anton, Hofkammer-Rat, zu Münster, Pächter Beckkotten	466	7 Geist II
Duesberg, Bernh. Anton, Hofkammer-Rat, zu Münster, Pächter Althoff	403	7 Geist II
Duesberg, Bernh. Anton, Hofkammer-Rat, zu Münster, Pächter Althoff	404	7 Geist II
Duesberg, Bernh. Anton, Hofkammer-Rat, zu Münster, Pächter Althoff	405	7 Geist II
Duesberg, Bernh. Anton, Hofkammer-Rat, zu Münster, Pächter Althoff	406	7 Geist II
Duesberg, Bernh. Anton, Hofkammer-Rat, zu Münster, Pächter Althoff	407	7 Geist II
Duesberg, Bernh. Anton, Hofkammer-Rat, zu Münster, Pächter Althoff	408	7 Geist II
Duesberg, Bernh. Anton, Hofkammer-Rat, zu Münster, Pächter Althoff	409	7 Geist II
Duesberg, Bernh. Anton, Hofkammer-Rat, zu Münster, Pächter Althoff	410	7 Geist II
Duesberg, Bernh. Anton, Hofkammer-Rat, zu Münster, Pächter Althoff	411	7 Geist II
Duesberg, Bernh. Anton, Hofkammer-Rat, zu Münster, Pächter Althoff	412	7 Geist II
Duesberg, Bernh. Anton, Hofkammer-Rat, zu Münster, Pächter Althoff	413	7 Geist II

Eigentümer mit Katastralnr. (Haus/Hofnr.) in den Bauerschaften (Bsch)	Parzellennummer	Gemeinde Lamberti, Flurnummer u. Name der Flurkarte
Duesberg, Bernh. Anton, Hofkammer-Rat, zu Münster, Pächter Althoff	414	7 Geist II
Duesberg, Bernh. Anton, Hofkammer-Rat, zu Münster, Pächter Althoff	415	7 Geist II
Duesberg, Bernh. Anton, Hofkammer-Rat, zu Münster, Pächter Althoff	416	7 Geist II
Duesberg, Bernh. Anton, Hofkammer-Rat, zu Münster, Pächter Althoff	417	7 Geist II
Duesberg, Bernh. Anton, Hofkammer-Rat, zu Münster, Pächter Althoff	418	7 Geist II
Duesberg, Bernh. Anton, Hofkammer-Rat, zu Münster, Pächter Althoff	419	7 Geist II
Duesberg, Bernh. Anton, Hofkammer-Rat, zu Münster, Pächter Althoff	420	7 Geist II
Duesberg, Bernh. Anton, Hofkammer-Rat, zu Münster, Pächter Althoff	421	7 Geist II
Duesberg, Bernh. Anton, Hofkammer-Rat, zu Münster, Pächter Althoff	443	7 Geist II
Duesberg, Bernh. Anton, Hofkammer-Rat, zu Münster, Pächter Althoff	444	7 Geist II
Duesberg, Bernh. Anton, Hofkammer-Rat, zu Münster, Pächter Althoff	445	7 Geist II
Duesberg, Bernh. Anton, Hofkammer-Rat, zu Münster, Pächter Althoff	446	7 Geist II
Duesberg, Bernh. Anton, Hofkammer-Rat, zu Münster, Pächter Althoff	447	7 Geist II
Duesberg, Bernh. Anton, Hofkammer-Rat, zu Münster, Pächter Althoff	448	7 Geist II
Duesberg, Bernh. Anton, Hofkammer-Rat, zu Münster, Pächter Althoff	452	7 Geist II
Duesberg, Bernh. Anton, Hofkammer-Rat, zu Münster, Pächter Althoff	453	7 Geist II
Duesberg, Bernh. Anton, Hofkammer-Rat, zu Münster, Pächter Althoff	454	7 Geist II
Duesberg, Bernh. Anton, Hofkammer-Rat, zu Münster, Pächter Althoff	455	7 Geist II
Duesberg, Bernh. Anton, Hofkammer-Rat, zu Münster, Pächter Althoff	467	7 Geist II
Duesberg, Bernh. Anton, Hofkammer-Rat, zu Münster, Pächter Beckkotten	462	7 Geist II
Duesberg, Hofkammer-Rat zu Münster	126-2	7 Geist II
Duesberg, Hofkammerrat, Eigentümer, Pächter Burgard, Bsch Delstrup	110	2 Haferland
Duesberg, Hofkammerrat, Eigentümer, Pächter Burgard, Bsch Delstrup	111	2 Haferland
Duesberg, Hofkammerrat, Eigentümer, Pächter Burgard, Bsch Delstrup	112	2 Haferland
Duesberg, Hofkammerrat, Eigentümer, Pächter Burgard, Bsch Delstrup	113	2 Haferland
Duesberg, Hofkammerrat, Eigentümer, Pächter Burgard, Bsch Delstrup	114	2 Haferland
Duesberg, Hofkammer-Rat, zu Münster	182	7 Geist II
Duesberg, Hofkammer-Rat, zu Münster	8	10 Galgheide

Eigentümer mit Katastralnr. (Haus/Hofnr.) in den Bauerschaften (Bsch)	Parzellennummer	Gemeinde Lamberti, Flurnummer u. Name der Flurkarte
Duesberg, Hofkammer-Rat, zu Münster	9	10 Galgheide
Duesberg, Hofkammer-Rat, zu Münster	10	10 Galgheide
Duesberg, Hofkammer-Rat, zu Münster	11	10 Galgheide
Duesberg, Hofkammer-Rat, zu Münster	12	10 Galgheide
Duesberg, Hofkammer-Rat, zu Münster	25	10 Galgheide
Duesberg, Hofkammer-Rat, zu Münster	26, 27	10 Galgheide
Duesberg, Hofkammer-Rat, zu Münster, Pächter Gerpels Kotten	252-3	6 Geist I
Duesberg, Hofkammer-Rat, zu Münster, Pächter Gerpels Kotten	275	6 Geist I
Duesberg, Hofkammer-Rat, zu Münster, Pächter Gerpels Kotten	278	6 Geist I
Duesberg, Hofkammer-Rat, zu Münster, Pächter Gerpels Kotten	279-1	6 Geist I
Duesberg, Hofkammer-Rat, zu Münster, Pächter Gerpels Kotten	279-2	6 Geist I
Duesberg, Hofkammer-Rat, zu Münster, Pächter Gerpels Kotten	283	6 Geist I
Duesberg, Hofkammerrat, zu Münster, Pächter Holtenkotten	39	5 Loddenheide
Duesberg, Hofkammerrat, zu Münster, Pächter Holtenkotten	40	5 Loddenheide
Duesberg, Hofkammer-Rat, zu Münster, Pächter Holtenkotten *Höltenkotten*	41	5 Loddenheide
Duesberg, Hofkammer-Rat, zu Münster, Pächter Holtenkotten *Höltenkotten*	43	5 Loddenheide
Duesberg, Hofkammer-Rat, zu Münster, Pächter Holtenkötter	412	6 Geist I
Duesberg, Pächter Holtenkötter	413	6 Geist I
Duesberg, Pächter Holtenkötter	414	6 Geist I
Duesberg, Pächter Holtenkötter	415	6 Geist I
Duesberg, Pächter Holtenkötter	416	6 Geist I
Duesberg, Pächter Holtenkötter	417	6 Geist I
Duesberg, zu Münster, Pächter Holtenkötter	418	6 Geist I
Duesberg, Pächter Holtenkötter	419	6 Geist I
Duesberg, zu Münster, zum Hause Geist, Pächter Burghard, Bsch Delstrup	22	5 Loddenheide
E		
Edeler, Wilh. Heinr., Bsch Mecklenbeck No 35, siehe auch Schulze Meckmann	20	11 Untied
Edelgrimm, Jos., zu Münster, Aegidistr. No 104	123	1 Althoff
Edelgrimm, Jos., zu Münster, Aegidistr. No 104	172	1 Althoff
Edelgrimm, Jos., zu Münster, Aegidistr. No 104	262	1 Althoff
Edelgrimm, Jos., zu Münster, Aegidistr. No 104	123	6 Geist I
Edelgrimm, Jos., zu Münster, Aegidistr. No 104	149	7 Geist II

Eigentümer mit Katastralnr. (Haus/Hofnr.) in den Bauerschaften (Bsch)	**Par-zellen-nummer**	**Gemeinde Lamberti,** Flurnummer u. Name der Flurkarte
Edelgrimm, Jos., zu Münster, Aegidistr. No 104	154	7 Geist II
Edelgrimm, Jos., zu Münster, Aegidistr. No 104	158	7 Geist II
Edelgrimm, Jos., zu Münster, Aegidistr. No 104	59	8 Friedrichsburg
Edelgrimm, Jos., zu Münster, Aegidistr. No 104	60	8 Friedrichsburg
Edelgrimm, Jos., zu Münster, Aegidistr. No 104	197	7 Geist II
Eleemosynenfond ad St. Aegidi	4	1 Althoff
Ellerbrock, Franz, zu Münster, Rothenburg No 44	232	1 Althoff
Endersen, Jacob, zu Münster, am Markt No 20	207	1 Althoff
Endersen, Jacob, zu Münster, am Markt No 20	505	1 Althoff
Engelkamp, Paul, zu Münster, Rothenburg No 42	253	1 Althoff
Engelkamp, Paul, zu Münster, Rothenburg No 42	121	8 Friedrichsburg
Engelkamp, Paul, zu Münster, Rothenburg No 42	194	8 Friedrichsburg
Engelkamp, Paul, zu Münster, Rothenburg No 42	199	8 Friedrichsburg
Erdhütter, Heinr., Bsch Geist No 44	224	7 Geist II
Erdhütter, Heinr., Bsch Geist No 44	240	7 Geist II
Erdhütter, Heinr., Bsch Geist No 44	241	7 Geist II
Erdhütter, Heinr., Bsch Geist No 44	242	7 Geist II
Erdhütter, Witwe, zu Münster, Ludgeri-Laischaft No 52, *Salzstr. 52*	700	1 Althoff
Eskötter, Jos. Heinr., Zimmermann, Bsch Geist	138-1	1 Althoff
Eskötter, Jos. Heinr., Zimmermann, Bsch Geist	138-2	1 Althoff
Essing Witwe, zu Münstr, Rothenburg No 27	134	1 Althoff
Essmann *Es-*, Bernh. Wilh., zu Amelsbüren	5	1 Althoff
Essmann *Es-*, Bernh. Wilh., zu Amelsbüren	6	1 Althoff
Essmann *Es-*, Bernh. Wilh., zu Amelsbüren	7	1 Althoff
Essmann *Es-*, Bernh. Wilh., zu Amelsbüren	8	1 Althoff
Ester, Witwe, zu Münster, Prinzipalmarkt No 77	567	1 Althoff
Ester, Witwe, zu Münster, Prinzipalmarkt No 77	619	1 Althoff
Ester, Witwe, zu Münster, Prinzipalmarkt No 77	623	1 Althoff
Ester, Witwe, zu Münster, Prinzipalmarkt No 77	709	1 Althoff
Esthers *Eters,* Joh. Heinr., zu Münster, Aegidistr. No 68	184	1 Althoff
Evens Evets, Bernard., zu Münster, Rothenburg No 38	146	1 Althoff
Evens, Bernard., Geschwister, zu Münster, auf der Rothenburg No 38	134	6 Geist I
Evens, Bernard., Gastgeber, zu Münster, auf der Rothenburg No 38	34	7 Geist II
Evens, Bernard., Gastwirt, zu Münster, auf der Rothenburg No 38	128	8 Friedrichsburg
Evens, Bernard., Gastwirt, zu Münster, auf der Rothenburg No 38	129	8 Friedrichsburg
Evens, Bernard., Gastwirt, zu Münster, auf der Rothenburg No 38	130	8 Friedrichsburg
Evers Elvers, zu Münster, Ludgeristr.	374	1 Althoff
Evers Elvers, zu Münster, Ludgeristr.	375	1 Althoff
Evers Elvers, zu Münster, Ludgeristr.	376	1 Althoff
Executorium Galen in Familie von Olfers, zu Münster	688	1 Althoff
Executorium Pastoris Doemer	535	1 Althoff
Executorium Schlebrügge, zu Münster, Alten Steinweg No 400	410	1 Althoff
Executorium Schlebrügge, zu Münster, Alten Steinweg No 400	59	2 Haferland
Executorium von der Tinnen, zu Münster	53	6 Geist I
Executorium von der Tinnen, zu Münster	162	6 Geist I
Executorium von der Tinnen, zu Münster	167	6 Geist I
Executorium von der Tinnen, zu Münster	113	1 Althoff
Executorium von der Tinnen, zu Münster	116	1 Althoff
Executorium von der Tinnen, zu Münster	117	1 Althoff
Executorium von der Tinnen, zu Münster	120	1 Althoff
Executorium von der Tinnen, zu Münster	122	1 Althoff
Executorium von der Tinnen, zu Münster	123	1 Althoff
Executorium von der Tinnen, zu Münster	124	1 Althoff
Executorium von der Tinnen, zu Münster	125	1 Althoff
Executorium von der Tinnen, zu Münster	126	1 Althoff
Executorium von der Tinnen, zu Münster	127	1 Althoff
Executorium von der Tinnen, zu Münster	128	1 Althoff
Executorium von der Tinnen, zu Münster	129	1 Althoff
Executorium von der Tinnen, zu Münster	130	1 Althoff
Executorium von der Tinnen, zu Münster	254	1 Althoff
Executorium von der Tinnen, zu Münster	255	1 Althoff
Executorium von der Tinnen, zu Münster	256	1 Althoff
Executorium von der Tinnen, zu Münster	704	1 Althoff
Executorium von der Tinnen, zu Münster	28	2 Haferland
Executorium von der Tinnen, zu Münster	33	2 Haferland
Executorium von der Tinnen, zu Münster	67	2 Haferland
Executorium von der Tinnen, zu Münster	92	2 Haferland
Executorium von der Tinnen, zu Münster	129	2 Haferland
Executorium von der Tinnen, zu Münster	132	2 Haferland
Executorium von der Tinnen, zu Münster	137	2 Haferland
Executorium von der Tinnen, zu Münster	64	6 Geist
Executorium von der Tinnen, zu Münster	42	7 Geist II
Executorium von der Tinnen, zu Münster	43	7 Geist II
Executorium von der Tinnen, zu Münster	231	7 Geist II
Executorium von der Tinnen, zu Münster	244	7 Geist II
Executorium von der Tinnen, zu Münster-Armen-Commission zu St. Mauritz	71	2 Haferland
Executorium von der Tinnen, zu Münster-Armen-Commission zu St. Mauritz, Pächter Kirchoff	73	2 Haferland
Executorium von der Tinnen, zu Münster	108	1 Althoff
Executorium von der Tinnen, zu Münster	109	1 Althoff
Executorium von der Tinnen, zu Münster	112	1 Althoff
Executorium von der Tinnen, zu Münster	1	2 Haferland
Executorium von der Tinnen, zu Münster	127	2 Haferland
Executorium von der Tinnen, zu Münster	128	2 Haferland
Executorium von der Tinnen, zu Münster	8	6 Geist I
Executorium von der Tinnen, zu Münster	40	6 Geist I
Executorium von der Tinnen, zu Münster	50	6 Geist I
Executorium von der Tinnen, zu Münster	70	6 Geist I
Executorium von der Tinnen, zu Münster	77	6 Geist I
Executorium von der Tinnen, zu Münster	96	6 Geist I
Executorium von der Tinnen, zu Münster	120	6 Geist I
Executorium von der Tinnen, zu Münster	140	6 Geist I
Executorium von der Tinnen, zu Münster	142	6 Geist I
Executorium von der Tinnen, zu Münster	147	6 Geist I
Executorium von der Tinnen, zu Münster	184	6 Geist I
Executorium von der Tinnen, zu Münster	246	6 Geist I
Executorium von der Tinnen, zu Münster	67	7 Geist II
F		
Fabian, Clemens, zu Münser, Ludgeristr. No 370, bei Heidebrink, auf dem Schilde	498	1 Althoff
Fabian, Clemens, zu Münster, Pächter bei Heidebrink, auf dem Schilde	125	8 Friedrichsburg
Fahle, Registrator, zu Münster, Johannisstr.	134	8 Friedrichsburg
Falger, Mienor....., zu Münster, Frauenstr.	1	7 Geist II
Fehr, Professor, zu Münster, Breite Gasse	167	8 Friedrichsburg
Finkenbrink, zu Münster, Aegidistr.	115	8 Friedrichsburg
Finkenbrink, zu Münster, Aegidistr. No 81	148	1 Althoff
Forstmann, Witwe, zu Münster, Kreuzstr. *Kreutzstr.* No 97	298	1 Althoff
Frerichmann, Bern. Anton, Bsch Geist No 29	1	5 Loddenheide
Frerichmann, Bern. Anton, Bsch Geist No 29	3	5 Loddenheide
Frerichmann, Bern. Anton, Bsch Geist No 29	6	5 Loddenheide
Frerichmann, Bern. Anton, Bsch Geist No 29	34	5 Loddenheide
Frerichmann, Bern. Anton, Bsch Geist No 29	245	6 Geist I

Eigentümer mit Katastralnr. (Haus/Hofnr.) in den Bauerschaften (Bsch)	Parzellennummer	Gemeinde Lamberti, Flurnummer u. Name der Flurkarte
Frerichmann, Bern. Anton, Bsch Geist No 29	251	6 Geist I
Frerichmann, Bern. Anton, Bsch Geist No 29	280	6 Geist I
Frerichmann, Bern. Anton, Bsch Geist No 29	281	6 Geist I
Frerichmann, Bern. Anton, Bsch Geist No 29	282	6 Geist I
Frerichmann, Bern. Anton, Bsch Geist No 29	297	6 Geist I
Frerichmann, Bern. Anton, Bsch Geist No 29	299	6 Geist I
Frerichmann, Bern. Anton, Bsch Geist No 29	301	6 Geist I
Frerichmann, Bern. Anton, Bsch Geist No 29	303	6 Geist I
Frerichmann, Bern. Anton, Bsch Geist No 29	308	6 Geist I
Frerichmann, Bern. Anton, Bsch Geist No 29	311	6 Geist I
Frerichmann, Bern. Anton, Bsch Geist No 29	314	6 Geist I
Frerichmann, Bern. Anton, Bsch Geist No 29	316	6 Geist I
Frerichmann, Bern. Anton, Bsch Geist No 29	324	6 Geist I
Frerichmann, Bern. Anton, Bsch Geist No 29	332	6 Geist I
Frerichmann, Bern. Anton, Bsch Geist No 29	335	6 Geist I
Frerichmann, Bern. Anton, Bsch Geist No 29	376	6 Geist I
Frerichmann, Bern. Anton, Bsch Geist No 29	385	6 Geist I
Frerichmann, Bern. Anton, Bsch Geist No 29	391	6 Geist I
Frerichmann, Bern. Anton, Bsch Geist No 29	392	6 Geist I
Frerichmann, Bern. Anton, Bsch Geist No 29	393	6 Geist I
Frerichmann, Bern. Anton, Bsch Geist No 29	394	6 Geist I
Frerichmann, Bern. Anton, Bsch Geist No 29	200-2	6 Geist I
Frerichmann, Bern. Anton, Bsch Geist No 29	32	6 Geist I
Frerichmann, Bern. Anton, Kolon, Bsch Geist No 39	10	5 Loddenheide
Frerichmann, Bern. Anton, Kolon, Bsch Geist No 39	11	5 Loddenheide
Frerichmann, Bern. Anton, Kolon, Bsch Geist No 39	12	5 Loddenheide
Frerichmann, Bern. Anton, Bsch Geist No 29	34	6 Geist I
Frerichmann, Bern. Anton, Bsch Geist No 29	35	6 Geist I
Frerichmann, Bern. Anton, Bsch Geist No 29	37	6 Geist I
Frerichmann, Bern. Anton, Bsch Geist No 29	275	7 Geist II
Frerichmann, Bern. Anton, Bsch Geist No 29	299	7 Geist II
Frerichmann, Bern. Anton, Bsch Geist No 29	304	7 Geist II
Frerichmann, Bern. Anton, Bsch Geist No 29	305	7 Geist II
Frerichmann, Bern. Anton, Bsch Geist No 29	306	7 Geist II
Frerichmann, Bern. Anton, Bsch Geist No 29	311	7 Geist II
Frerichmann, Bern. Anton, Bsch Geist No 29	312	7 Geist II
Frerichmann, Bern. Anton, Bsch Geist No 29	319	7 Geist II
Frerichmann, Bern. Anton, Bsch Geist No 29	320	7 Geist II
Frerichmann, Bern. Anton, Bsch Geist No 29	329	7 Geist II
Frerichmann, Bern. Anton, Bsch Geist No 29	330	7 Geist II
Frerichmann, Bern. Anton, Bsch Geist No 29	345	7 Geist II
Frerichmann, Bern. Anton, Bsch Geist No 29	346	7 Geist II
Frerichmann, Bern. Anton, Bsch Geist No 29	349	7 Geist II
Frerichmann, Bern. Anton, Bsch Geist No 29	357	7 Geist II
Frerichmann, Bern. Anton, Bsch Geist No 29	370	7 Geist II
Frerichmann, Bern. Anton, Bsch Geist No 29	401	7 Geist II
Frerichmann, Bern. Anton, Bsch Geist No 29	456	7 Geist II
Frerichmann, Bern. Anton, Bsch Geist No 29	457	7 Geist II
Fröling *Fröhlig*, Bernh.,zu Münster, Rothenburg No 33	171	1 Althoff
Fröling *Fröhlig*, Bernh.,zu Münster, Rothenburg No 33	504	1 Althoff
Frye *Frie*, Anton, zu Münster, Königsstr. No 260	520	1 Althoff
Frye, Anton, zu Münster, Königsstr. No 260	269	1 Althoff
Funke *Funcke*, Jos., zu Münster, an Überwasser-Kirchhof	202	1 Althoff
Funke, Peter Anton, Reg.-Secrtäir, zu Münster, Klemenzstr. No 328	706	1 Althoff
G		
Garrissen *Garitzen, Weinhändler,* zu Münster, Höxterstr. No 107	637	1 Althoff
Gassel geb Kumpmann, Witwe, Bsch Gievenbeck No 45, zu Kirchspiel Überwasser	5	9 Mertens
Gassel geb Kumpmann, Witwe, Bsch Gievenbeck No 45, zu Kirchspiel Überwasser	39	9 Mertens
Gassel geb Kumpmann, Witwe, Bsch Gievenbeck No 45, zu Kirchspiel Überwasser	47	9 Mertens
Gassel geb Kumpmann, Witwe, Bsch Gievenbeck No 45, zu Kirchspiel Überwasser	48	9 Mertens
Gassel geb Kumpmann, Witwe, Bsch Gievenbeck No 45, zu Kirchspiel Überwasser	49	9 Mertens
Gassel geb Kumpmann, Witwe, Bsch Gievenbeck No 45, zu Kirchspiel Überwasser	82	11 Untied
Gausepohl, Anton, zu Münster, Aegidistr.	122	8 Friedrichsburg
Gausepohl, Anton, zu Münster, Aegidistr. No 66	491	1 Althoff
Gausepohl, Anton, zu Münster, Aegidistr. No 66	496	1 Althoff
Gemeinde Lamberti	23	5 Loddenheide
Gemeinde Lamberti	46	5 Loddenheide
Gemeinde Lamberti	54	5 Loddenheide
Gemeinde Lamberti	74	5 Loddenheide
Gemeinde Lamberti	75	5 Loddenheide
Gemeinde Lamberti	81	5 Loddenheide
Gertzen *Gerzen*, Mathias, zu Münster, Aegidi-Laischaft No 280	449	1 Althoff
Giesbert, Bern. Heinr., Bsch Geist No 32	2	5 Loddenheide
Giesbert, Bern. Heinr., Bsch Geist No 32	15	5 Loddenheide
Giesbert, Bern. Heinr., Kolon, Bsch Geist No 32	19	5 Loddenheide
Giesbert, Bern. Heinr., Bsch Geist No 32	47	6 Geist I
Giesbert, Bern. Heinr., Bsch Geist No 32	182	6 Geist I
Giesbert, Bern. Heinr., Bsch Geist No 32	192	6 Geist I
Giesbert, Bern. Heinr., Bsch Geist No 32	193	6 Geist I
Giesbert, Bern. Heinr., Bsch Geist No 32	194	6 Geist I
Giesbert, Bern. Heinr., Bsch Geist No 32	195	6 Geist I
Giesbert, Bern. Heinr., Bsch Geist No 32	196	6 Geist I
Giesbert, Bern. Heinr., Bsch Geist No 32	210	6 Geist I
Giesbert, Bern. Heinr., Bsch Geist No 32	216	6 Geist I
Giesbert, Bern. Heinr., Bsch Geist No 32	219	6 Geist I
Giesbert, Bern. Heinr., Bsch Geist No 32	220	6 Geist I
Giesbert, Bern. Heinr., Bsch Geist No 32	221	6 Geist I
Giesbert, Bern. Heinr., Bsch Geist No 32	222	6 Geist I
Giesbert, Bern. Heinr., Bsch Geist No 32	223	6 Geist I
Giesbert, Bern. Heinr., Bsch Geist No 32	224	6 Geist I
Giesbert, Bern. Heinr., Bsch Geist No 32	225	6 Geist I
Giesbert, Bern. Heinr., Bsch Geist No 32	226	6 Geist I
Giesbert, Bern. Heinr., Bsch Geist No 32	227	6 Geist I
Giesbert, Bern. Heinr., Bsch Geist No 32	228	6 Geist I
Giesbert, Bern. Heinr., Bsch Geist No 32	232	6 Geist I
Giesbert, Bern. Heinr., Bsch Geist No 32	234	6 Geist I
Giesbert, Bern. Heinr., Bsch Geist No 32	235	6 Geist I
Giesbert, Bern. Heinr., Bsch Geist No 32	236	6 Geist I
Giesbert, Bern. Heinr., Bsch Geist No 32	237	6 Geist I
Giesbert, Bern. Heinr., Bsch Geist No 32	239	6 Geist I
Giesbert, Bern. Heinr., Bsch Geist No 32	261	6 Geist I
Giesbert, Bern. Heinr., Bsch Geist No 32	262	6 Geist I
Giesbert, Bern. Heinr., Bsch Geist No 32	263	6 Geist I
Giesbert, Bern. Heinr., Bsch Geist No 32	264	6 Geist I
Giesbert, Bern. Heinr., Bsch Geist No 32	270	6 Geist I
Giesbert, Bern. Heinr., Bsch Geist No 32	288	6 Geist I
Giesbert, Bern. Heinr., Bsch Geist No 32	291	6 Geist I
Giesbert, Bern. Heinr., Bsch Geist No 32	304	6 Geist I
Giesbert, Bern. Heinr., Bsch Geist No 32	309	6 Geist I
Giesbert, Bern. Heinr., Bsch Geist No 32	313	6 Geist I
Giesbert, Bern. Heinr., Bsch Geist No 32	384	6 Geist I
Giesbert, Bernh., Heinr., Bsch Geist No 32	270	7 Geist II
Giesbert, Bernh., Heinr., Bsch Geist No 32	292	7 Geist II
Giesbert, Bernh., Heinr., Bsch Geist No 32	296	7 Geist II
Giesbert, Bernh., Heinr., Bsch Geist No 32	321	7 Geist II
Giesbert, Bernh., Heinr., Bsch Geist No 32	322	7 Geist II
Giesbert, Bernh., Heinr., Bsch Geist No 32	325	7 Geist II
Giesbert, Bernh., Heinr., Bsch Geist No 32	326	7 Geist II

Eigentümer mit Katastralnr. (Haus/Hofnr.) in den Bauerschaften (Bsch)	Parzellennummer	Gemeinde Lamberti, Flurnummer u. Name der Flurkarte
Giesbert, Bernh., Heinr., Bsch Geist No 32	331	7 Geist II
Giesbert, Bernh., Heinr., Bsch Geist No 32	332	7 Geist II
Giesbert, Bernh., Heinr., Bsch Geist No 32	337	7 Geist II
Giesbert, Bernh., Heinr., Bsch Geist No 32	338	7 Geist II
Giesbert, Bernh., Heinr., Bsch Geist No 32	341	7 Geist II
Giesbert, Bernh., Heinr., Bsch Geist No 32	342	7 Geist II
Giesbert, Bern. Heinr., Bsch Geist No 32 und Bussmann, Bernh. Heinr., Bsch Geist No 31	260	6 Geist
Giese, Criminal-Richter, zu Münster	566	1 Althoff
Giese,Franz, zu Münster, Rothenburg No 16	445	1 Althoff
Giese,Franz, zu Münster, Rothenburg No 16	133	8 Friedrichsburg
Giese,Franz, zu Münster, Rothenburg No 16	135	8 Friedrichsburg
Giese,Franz, zu Münster, Rothenburg No 16	172	8 Friedrichsburg
Giese,Franz, zu Münster, Rothenburg No 16	173	8 Friedrichsburg
Giese,Franz, zu Münster, Rothenburg No 16	174	8 Friedrichsburg
Göcke *Göcks,* Bernh., Erbpächter von Lutterbeck, im Dahl No 58	179	6 Geist I
Göcke, Bernh., Erbpächter von Lutterbeck, im Dahl No 58	197	6 Geist I
Göcke, Bernh., Erbpächter von Lutterbeck, im Dahl No 58	180	6 Geist I
Göcke, Bernh., Erbpächter von Lutterbeck, im Dahl No 58	181	6 Geist I
Gössling *Gossling,* Wilh.,Bsch Delstrup No 1	715	1 Althoff
Gössling, Wilh., zu Bsch Delstrup No 1	716	1 Althoff
Graes, Anton, Müller, zu Münster, im Sack, Ludgeri-Laischaft No 176	202	7 Geist II
Graes, Anton, zu Münster, im Sack No 176	152	1 Althoff
Graes, Anton, zu Münster, im Sack No 176	153	1 Althoff
Graes, Anton, zu Münster, im Sack No 176	265	1 Althoff
Grantegain *Grautegain,* Jos., sen., zu Münster, Domhof No 34	500	1 Althoff
Greive *Greiwe,* Joh. Bern., Bsch Mecklenbeck No 11	8-7	11 Untied
Greive Greiwe, Joh. Bernh., Bsch Mecklenbeck No 11	117	12 Mecklenbeck
Greive *Greiwe,* Joh. Bernh., Bsch Mecklenbeck No 11	118	12 Mecklenbeck
Greive *Greiwe,* Joh. Bernh., Bsch Mecklenbeck No 11	119	12 Mecklenbeck
Greive *Greiwe,* Joh. Bernh., Bsch Mecklenbeck No 11	120	12 Mecklenbeck
Greive *Greve,* Joh. Bernh., Bsch Mecklenbeck No 11	46	12 Mecklenbeck
Greive *Greve,* Joh. Bernh., Bsch Mecklenbeck No 11	47	12 Mecklenbeck
Greive *Greve,* Joh. Bernh., Bsch Mecklenbeck No 11	48	12 Mecklenbeck

Eigentümer mit Katastralnr. (Haus/Hofnr.) in den Bauerschaften (Bsch)	Parzellennummer	Gemeinde Lamberti, Flurnummer u. Name der Flurkarte
Greive *Greve,* Joh. Bernh., Bsch Mecklenbeck No 11	61	12 Mecklenbeck
Greive *Greve,* Joh. Bernh., Bsch Mecklenbeck No 11	63	12 Mecklenbeck
Greive *Greve,* Joh. Bernh., Bsch Mecklenbeck No 11	65	12 Mecklenbeck
Greive *Greve,* Joh. Bernh., Bsch Mecklenbeck No 11	94	12 Mecklenbeck
Greive *Greve,* Joh. Bernh., Bsch Mecklenbeck No 11	97	12 Mecklenbeck
Greive *Greve,* Joh. Bernh., Bsch Mecklenbeck No 11	100	12 Mecklenbeck
Greive, Joh. Bernh, Bsch Mecklenbeck No 11	26	11 Untied
Greive, Joh. Bernh, Bsch Mecklenbeck No 11	27	11 Untied
Greive, Joh. Bernh, Bsch Mecklenbeck No 11	29	11 Untied
Greive, Joh. Bernh, Bsch Mecklenbeck No 11	61 neu	11 Untied
Greive, Joh. Bernh, Bsch Mecklenbeck No 11	54	12 Mecklenbeck
Greive, Joh. Bernh, Bsch Mecklenbeck No 11	211 neu	12 Mecklenbeck
Greive, Joh. Bernh, Bsch Mecklenbeck No 11	37	9 Mertens
Greive, Joh. Bernh, Bsch Mecklenbeck No 11	51	9 Mertens
Greve Greive Greiwe, Joh. Bernh., Bsch Mecklenbeck No 11	147	12 Mecklenbeck
Grotemeyer *Grautemeyer,* Albert, Metzger, zu Münster, Lamberti-Laischaft No 203	54	2 Haferland
Grotemeyer *Grautemeyer,* Albert, Metzger, zu Münster, Lamberti-Laischaft No 203	55	2 Haferland
Grotemeyer, Albert, Metzger, zu Münster, Lamberti-Laischaft No 203	57	2 Haferland
Grotemeyer, Albert, Metzger, zu Münster, Lamberti-Laischaft No 203	61	2 Haferland
Grotemeyer, Joh. Bernh, zu Münster, Ludgeristr. No 206	220	1 Althoff
Grues, Anton, zu Münster, im Sack No 176	152	8 Friedrichsburg
Grues, Anton, zu Münster, im Sack No 176	153	8 Friedrichsburg
Günther, Fried. Wilh., Serois-Rendant, zu Münster No 348, Clemensstr. 119	594	1 Althoff
H		
Hackenesch *Hakenesch,* zu Münster, Ludgeristr.	447	1 Althoff
Hackenholz, Oberlandes-Gerichtsbote, zu Münster, Driver, Ludgeristr.,	177-1	1 Althoff
Haesch, Herm., Bsch Geist No 39	165	7 Geist II
Haesch, Herm., Bsch Geist No 39	148	8 Friedrichsburg
Haesch, Herm., Bsch Geist No 39	175	8 Friedrichsburg
Haesch, Herm., Bsch Geist No 39	176	8 Friedrichsburg
Haesch, Herm., Bsch Geist No 39	177	8 Friedrichsburg
Hagemann, Herm., zu Münster, Grüne Gasse 316	164	1 Althoff
Hagemann *Hegemann,* Bsch Geist No 22	322	6 Geist I

Eigentümer mit Katastralnr. (Haus/Hofnr.) in den Bauerschaften (Bsch)	Parzellennummer	Gemeinde Lamberti, Flurnummer u. Name der Flurkarte
Hamers *Hamer,* Joh. Herm., zu Münster, Klemenzstr. No 136	501	1 Althoff
Hamers,, Joh. Herm., zu Münster, Klemenzstr. No 136	518	1 Althoff
Hammer, Landrat, zu Münster, Ludgeristr.	471	1 Althoff
Hammer, Landrat, zu Münster, Ludgeristr.	124	2 Haferland
Hammer, Landrat, zu Münster, Ludgeristr.	79	7 Geist II
Hannasch, Witwe, Weinhändler, zu Münster, alter Fischmarkt No 87	136	2 Haferland
Hannasch, Witwe, zu Münster, alten Fischmarkt No 87	224	1 Althoff
Hannasch, Witwe, zu Münster, alten Fischmarkt No 87	225	1 Althoff
Hannasch, Witwe, zu Münster, alten Fischmarkt No 87	568	1 Althoff
Hannasch, Witwe, zu Münster, alten Fischmarkt No 87	569	1 Althoff
Hardemeyer, Marianne, *Maria Anna,* zu Münster, Grüne Stiege	402	1 Althoff
Hartmann, Fried., Baubeamter?, zu Münster	442	1 Althoff
Hassenkamp, Florenz, Clemenzstr.	621	1 Althoff
Hassenkamp, Joh. Anton, Bsch Mecklenbeck	5	8 Friedrichsburg
Hassenkamp, Joh. Anton, Bsch Mecklenbeck	6	8 Friedrichsburg
Hassenkamp, Joh. Anton, Bsch Mecklenbeck	7	8 Friedrichsburg
Hassenkamp, Joh. Anton, Bsch Mecklenbeck	8	8 Friedrichsburg
Hassenkamp, Joh. Anton, Bsch Mecklenbeck	9	8 Friedrichsburg
Hassenkamp, Joh. Anton, Bsch Mecklenbeck	10	8 Friedrichsburg
Hassenkamp, Joh. Anton, Bsch Mecklenbeck	11	8 Friedrichsburg
Hassenkamp, Werner, Hermanns Sohn, zu Münster, Aegidi-Laischaft No 285	190	8 Friedrichsburg
Hassenkamp, Werner, Herrmanns Sohn, zu Münster, Aegidi-Laischaft No 285	78	8 Friedrichsburg
Hassenkamp, Werner, Herrmanns Sohn,zu Münster, Aegidi-Laischaft No 285	83	8 Friedrichsburg
Hatzfeld, Franz, zu Münster, Ludgeristr.	301	1 Althoff
Haverkämper Haverkamp, Witwe, Bsch Geist	43	6 Geist I
Haverkämper, Witwe, Bsch Geist	41	6 Geist I
Haverkämper, Witwe, Bsch Geist	42	6 Geist I
Haverkämper, Witwe, Bsch Geist	44	6 Geist I
Haverkämper, Witwe, Bsch Geist	46	6 Geist I
Haverkämper, Witwe, Bsch Geist	183	6 Geist I
Haverkämper, Witwe, Bsch Geist	185	6 Geist I
Haverkämper, Witwe, Bsch Geist	322	6 Geist I

Eigentümer mit Katastralnr. (Haus/Hofnr.) in den Bauerschaften (Bsch)	Par-zellen-nummer	Gemeinde Lamberti, Flurnummer u. Name der Flurkarte
Hegemann *Hagemann,* Bernh. Heinr., Bsch Geist No 22	329	6 Geist
Hegemann, Bernh. Heinr, Bsch Geist No 22	355	7 Geist II
Hegemann, Bernh. Heinr, Bsch Geist No 22	365	7 Geist II
Hegemann, Bernh. Heinr., Bsch Geist No 22	261	7 Geist II
Hegemann, Bernh. Heinr., Bsch Geist No 22	376	7 Geist II
Hegemann, Bernh. Heinr., Bsch Geist No 22	382	7 Geist II
Hegemann, Bernh. Heinr., Bsch Geist No 22	384	7 Geist II
Hegemann, Bernh. Heinr., Bsch Geist No 22	385	7 Geist II
Hegemann, Bernh. Heinr., Bsch Geist No 22	386	7 Geist II
Hegemann, Bernh. Heinr., Bsch Geist No 22	387	7 Geist II
Hegemann, Bernh. Heinr., Bsch Geist No 22	388	7 Geist II
Hegemann, Bernh. Heinr., Bsch Geist No 22	383	7 Geist II
Hegemann, Wilh., Schneider, zu Münster, Aegidistr.	99-2	8 Friedrichsburg
Hegemann, Wilh., Schneider, zu Münster, Aegidistr.	169	7 Geist II
Hegemann, Wilh., Schneider, zu Münster, Aegidistr.	234	7 Geist II
Hegemann, Wilh., Schneider, zu Münster, Aegidistr.	267	7 Geist II
Hegemann, Wilh., Schneider, zu Münster, Aegidistr.	154	8 Friedrichsburg
Hegemann, Wilh., Schneider, zu Münster, Aegidistr.	159	8 Friedrichsburg
Hegemann, Wilh., Schneider, zu Münster, Aegidistr.	160	8 Friedrichsburg
Hegemann, Wilh., Schneider, zu Münster, Aegidistr.	161	8 Friedrichsburg
Hegemann, Wilh., Schneider, zu Münster, Aegidistr.	178	8 Friedrichsburg
Hegemann, Wilh., Schneider, zu Münster, Aegidistr.	179	8 Friedrichsburg
Hegemann, Wilh., Schneider, zu Münster, Aegidistr.	180	8 Friedrichsburg
Hegemann, Wilh., Schneider, zu Münster, Aegidistr.	181	8 Friedrichsburg
Hegemann, zu Kirchspiel Rinkerodde, Bsch Hemmer No 12	191	7 Geist II
Hegemann, zu Kirchspiel Rinkerodde, Bsch Hemmer No 12	192	7 Geist II
Hegemann, zu Kirchspiel Rinkerodde, Bsch Hemmer No 12	266	7 Geist II
Hegemann, zu Kirchspiel Rinkerodde, Bsch Hemmer No 12	151	7 Geist II
Heidebrink, Witwe, zu Münster, No 321	531	1 Althoff
Heidebrink, Witwe, zu Münster, No 321	582	1 Althoff
Heitalbers, *Witwe,* Georg Anton, zu Kirch-spiel Hiltrup No 20	161	7 Geist II
Heitmann, Christoph, Bsch Geist No 24	350	7 Geist II
Heitmann, Christoph, Bsch Geist No 24	353	7 Geist II

Eigentümer mit Katastralnr. (Haus/Hofnr.) in den Bauerschaften (Bsch)	Par-zellen-nummer	Gemeinde Lamberti, Flurnummer u. Name der Flurkarte
Heitmann, Christophrus, Bsch Geist No 24	335	7 Geist II
Heitmann, Christophrus, Bsch Geist No 24	336	7 Geist II
Heitmann, Christoph, Bsch Geist No 24	318	6 Geist I
Heitmann, Christoph, Bsch Geist No 24	320	6 Geist I
Heitmann, Christoph, Bsch Geist No 24	337	6 Geist I
Heitmann, Christoph, Bsch Geist No 24	339	6 Geist I
Heitmann, Christoph, Bsch Geist No 24	343	6 Geist I
Heitmann, Christoph, Bsch Geist No 24	344	6 Geist I
Heitmann, Christoph, Bsch Geist No 24	348	6 Geist I
Heitmann, Christoph, Bsch Geist No 24	350	6 Geist I
Heitmann, Christoph, Bsch Geist No 24	351	6 Geist I
Heitmann, Christoph, Bsch Geist No 24	352	6 Geist I
Heitmann, Christoph, Bsch Geist No 24	353	6 Geist I
Heitmann, Christoph, Bsch Geist No 24	354	6 Geist I
Heitmann, Christoph, Bsch Geist No 24	356	6 Geist I
Heitmann, Christoph, Bsch Geist No 24	357	6 Geist I
Heitmann, Christoph, Bsch Geist No 24	358	6 Geist I
Heitmann, Christoph, Bsch Geist No 24	359	6 Geist I
Heitmann, Christoph, Bsch Geist No 24	360	6 Geist I
Heitmann, Christoph, Bsch Geist No 24	361	6 Geist I
Heitmann, Christoph, Bsch Geist No 24	362	6 Geist I
Heitmann, Christoph, Bsch Geist No 24	363	6 Geist I
Heitmann, Christoph, Bsch Geist No 24	364	6 Geist I
Heitmann, Christoph, Bsch Geist No 24	365	6 Geist I
Heitmann, Christoph, Bsch Geist No 24	366	6 Geist I
Heitmann, Christoph, Bsch Geist No 24	410	6 Geist I
Heitmann, Christoph, Bsch Geist No 24	411	6 Geist I
Heitmann, Christoph, Bsch Geist No 24	374	7 Geist II
Heitmann, Christoph, Bsch Geist No 24, Pächter Gorpelkotten	355	6 Geist
Heitmann, Christopherus, Bsch Geist No 24	37	5 Loddenheide
Heitmann, Christopherus, Bsch Geist No 24	38	5 Loddenheide
Heitmann, Joh. Herm., zu Hiltrup No 33	334	6 Geist
Helweg, Andreas, zu Münster, auf der Rothenburg	14	1 Althoff
Helweg, Andreas, zu Münster, Rothenburg	186	1 Althoff
Henkhaus, Jos., zu Münster, Grüne Gasse No 315	165	1 Althoff
Henkhaus, Jos., zu Münster, Grüne Gasse No 315	261	1 Althoff
Herkmann, Witwe, zu Münster, Ludgeristr.	572	1 Althoff
Hersemann, Hofrat, zu Münster, Neuenplatz	173	1 Althoff
Hesse, Conrad, zu Münster, Loestr. No 296	513	1 Althoff
Hesselmann, Joh. Melchior, Bsch Mecklen-beck No 13	205 neu	12 Mecklenbeck

Eigentümer mit Katastralnr. (Haus/Hofnr.) in den Bauerschaften (Bsch)	Par-zellen-nummer	Gemeinde Lamberti, Flurnummer u. Name der Flurkarte
Hesselmann, Joh. Melchior, Bsch Mecklen-beck No 13	206 neu	12 Mecklenbeck
Hesselmann, Joh. Melchior, Bsch Mecklen-beck No 13	207 neu	12 Mecklenbeck
Hesselmann, Joh. Melchior, Bsch Mecklen-beck No 13	209 neu	12 Mecklenbeck
Hesselmann, Joh. Melchior, Bsch Mecklen-beck No 13	210 neu	12 Mecklenbeck
Hesselmann, Joh. Melchior, Bsch Mecklen-beck No 13	42	9 Mertens
Hesselmann, Joh. Melchior, Bsch Mecklen-beck No 13	45	9 Mertens
Hesselmann, Joh. Melchior, Bsch Mecklen-beck No 13	67	9 Mertens
Hesselmann, Joh. Melchior, Bsch Mecklen-beck No 13	68	9 Mertens
Hesselmann, Joh. Melchior, Bsch Mecklen-beck No 13	69	9 Mertens
Hesselmann, Joh. Melchior, Bsch Mecklen-beck No 13	30	10 Galgheide
Hesselmann, Joh. Melchior, Bsch Mecklen-beck No 13	18	11 Untied
Hesselmann, Joh. Melchior, Bsch Mecklen-beck No 13	19-6	11 Untied
Hesselmann, Joh. Melchior, Bsch Mecklen-beck No 13	1	12 Mecklenbeck
Hesselmann, Joh. Melchior, Bsch Mecklen-beck No 13	45	12 Mecklenbeck
Hesselmann, Joh. Melchior, Bsch Mecklen-beck No 13	50	12 Mecklenbeck
Hesselmann, Joh. Melchior, Bsch Mecklen-beck No 13	51	12 Mecklenbeck
Hesselmann, Joh. Melchior, Bsch Mecklen-beck No 13	67	12 Mecklenbeck
Hesselmann, Joh. Melchior, Bsch Mecklen-beck No 13	68	12 Mecklenbeck
Hesselmann, Joh. Melchior, Bsch Mecklen-beck No 13	74	12 Mecklenbeck
Hesselmann, Joh. Melchior, Bsch Mecklen-beck No 13	75	12 Mecklenbeck
Hesselmann, Joh. Melchior, Bsch Mecklen-beck No 13	76	12 Mecklenbeck
Hesselmann, Joh. Melchior, Bsch Mecklen-beck No 13	77	12 Mecklenbeck
Hesselmann, Joh. Melchior, Bsch Mecklen-beck No 13	82	12 Mecklenbeck
Hesselmann, Joh. Melchior, Bsch Mecklen-beck No 13	95	12 Mecklenbeck
Hesselmann, Joh. Melchior, Bsch Mecklen-beck No 13	99	12 Mecklenbeck
Hesselmann, Joh. Melchior, Bsch Mecklen-beck No 13	104	12 Mecklenbeck
Hesselmann, Joh. Melchior, Bsch Mecklen-beck No 13	111	12 Mecklenbeck

Eigentümer mit Katastralnr. (Haus/Hofnr.) in den Bauerschaften (Bsch)	Parzellennummer	Gemeinde Lamberti, Flurnummer u. Name der Flurkarte
Hesselmann, Joh. Melchior, Bsch Mecklenbeck No 13	148	12 Mecklenbeck
Hesselmann, Joh. Melchior, Bsch Mecklenbeck No 13	149	12 Mecklenbeck
Hesselmann, Joh. Melchior, Bsch Mecklenbeck No 13	150	12 Mecklenbeck
Hesselmann, Joh. Melchior, Bsch Mecklenbeck No 13	151	12 Mecklenbeck
Hesselmann, Joh. Melchior, Bsch Mecklenbeck No 13	152	12 Mecklenbeck
Hesselmann, Joh. Melchior, Bsch Mecklenbeck No 13	153	12 Mecklenbeck
Hesselmann, Joh. Melchior, Bsch Mecklenbeck No 13	154	12 Mecklenbeck
Hesselmann, Joh. Melchior, Bsch Mecklenbeck No 13	166	12 Mecklenbeck
Hesselmann, Joh. Melchior, Bsch Mecklenbeck No 13	176	12 Mecklenbeck
Hesselmann, Joh. Melchior, Bsch Mecklenbeck No 13	177	12 Mecklenbeck
Hesselmann, Joh. Melchior, Bsch Mecklenbeck No 13	205 neu	12 Mecklenbeck
Hesselmann, Joh. Melchior, Bsch Mecklenbeck No 13	206 neu	12 Mecklenbeck
Hesselmann, Joh. Melchior, Bsch Mecklenbeck No 13	207 neu	12 Mecklenbeck
Hesselmann, Joh. Melchior, Bsch Mecklenbeck No 13	209 neu	12 Mecklenbeck
Hesselmann, Joh. Melchior, Bsch Mecklenbeck No 13	210 neu	12 Mecklenbeck
Hildebrand, Franz, zu Münster, Loerstr. No 309	305	1 Althoff
Hildebrand, Franz, zu Münster, Loerstr. No 309	306	1 Althoff
Hildebrand, Franz, zu Münster, Loerstr. No 309	307	1 Althoff
Hildebrand, Franz, zu Münster, Loerstr. No 309	308	1 Althoff
Hildebrand, Franz, zu Münster, Loerstr. No 309	309	1 Althoff
Hildebrand, Franz, zu Münster, Loerstr. No 309	310	1 Althoff
Hildebrand, Franz, zu Münster, Loerstr. No 309	311	1 Althoff
Hildebrand, Franz, zu Münster, Loerstr. No 309	312	1 Althoff
Hildebrand, Franz, zu Münster, Loerstr. No 309	313	1 Althoff
Hildebrand, Franz, zu Münster, Loerstr. No 309	314	1 Althoff
Hildebrand, Franz, zu Münster, Loerstr. No 309	315	1 Althoff
Hildebrand, Franz, zu Münster, Loerstr. No 309	316	1 Althoff
Hildebrand, Franz, zu Münster, Loerstr. No 309	317	1 Althoff
Hildebrand, Franz, zu Münster, Loerstr. No 309	318	1 Althoff
Hildebrand, Franz, zu Münster, Loerstr. No 309	319	1 Althoff
Hildebrand, Franz, zu Münster, Loerstr. No 309	320	1 Althoff
Hildebrand, Franz, zu Münster, Loerstr. No 309	321	1 Althoff
Hildebrand, Franz, zu Münster, Loerstr. No 309	322	1 Althoff
Hildebrand, Franz, zu Münster, Loerstr. No 309	323	1 Althoff
Hildebrand, Franz, zu Münster, Loerstr. No 309	324	1 Althoff
Hildebrand, Franz, zu Münster, Loerstr. No 309	325	1 Althoff
Hildebrand, Franz, zu Münster, Loerstr. No 309	326	1 Althoff
Hildebrand, Franz, zu Münster, Loerstr. No 309	327	1 Althoff
Hildebrand, Franz, zu Münster, Loerstr. No 309	328	1 Althoff
Hildebrand, Franz, zu Münster, Loerstr. No 309	329	1 Althoff
Hildebrand, Franz, zu Münster, Loerstr. No 309	330	1 Althoff
Hildebrand, Franz, zu Münster, Loerstr. No 309	331	1 Althoff
Hildebrand, Franz, zu Münster, Loerstr. No 309	332	1 Althoff
Hildebrand, Franz, zu Münster, Loerstr. No 309	333-1	1 Althoff
Hildebrand, Franz, zu Münster, Loerstr. No 309	333-2	1 Althoff
Hildebrand, Franz, zu Münster, Loerstr. No 309	334	1 Althoff
Högemann, Moritz *Mauritz,* Bsch Geist	189	6 Geist I
Högemann, Moritz *Mauritz,* Bsch Geist	190	6 Geist I
Högemann, Moritz *Mauritz,* Bsch Geist	191	6 Geist I
Holdheide, Anton, zu Münster Korduanenstr. No 219	268	1 Althoff
Höller, Franz, Bsch Geist No 65	212-1	6 Geist I
Höller, Franz, Bsch Geist No 65	212-2	6 Geist I
Hölling, Joh. Herm., Bsch Geist No 59	151	6 Geist I
Hölling, Joh. Herm., Bsch Geist No 59	152-1	6 Geist I
Hölling, Joh. Herm., Bsch Geist No 59	152-2	6 Geist I
Hölscher, Joh. Heinr., Erbg(emeinschaft) des Winkelsett, Theod. Anton, zu Münster, Aegidistr. No 60	51-1	8 Friedrichsburg
Hölscher, Joh. Heinr., Erbg(emeinschaft) des Winkelsett, Theod. Anton, zu Münster, Aegidistr. No 60	51-2	8 Friedrichsburg
Hölscher, Joh. Heinr., Erbg(emeinschaft) des Winkelsett, Theod. Anton, zu Münster, Aegidistr. No 60	51-3	8 Friedrichsburg
Hölscher, Pastor ad St Clementinum, zu Münster	552	1 Althoff
Holtermann, P. L. Erben, zu Münster, Prinzipalmarkt No 14	533	1 Althoff
Holtkamp, Bernh., zu Münster, Ludgeristr. No 183	219	1 Althoff
Homann, Bernh., Erbpächter, Bsch Delstup No 2	133	2 Haferland
Homann, Bernh., Erbpächter, Bsch Delstup No 2	134	2 Haferland
Homann, Bernh., Erbpächter, Bsch Delstup No 2	135	2 Haferland
Homeier, Franz Wilh., Bsch Mecklenbeck No 21	178	12 Mecklenbeck
Homeier, Franz Wilh., Bsch Mecklenbeck No 21	179-1	12 Mecklenbeck
Homeier, Franz Wilh., Bsch Mecklenbeck No 21	179-2	12 Mecklenbeck
Homeier, Franz Wilh., Bsch Mecklenbeck No 21	180	12 Mecklenbeck
Honenkamp, Rectoratin, zu Münster	197	8 Friedrichsburg
Hoppe, Bernh., Förster, Bsch Delstrup No a	125	2 Haferland
Hoppe, Bernh., Förster, Bsch Delstrup No a, zum Gute Lütkenbeck	78	2 Haferland
Hoppe, Bernh., Förster, Bsch Delstrup No a, zum Gute Lütkenbeck	82	2 Haferland
Hoppe, Bernh., Förster, Bsch Delstrup No a, zum Gute Lütkenbeck	94	2 Haferland
Hosson, zu Münster, Ludgeristr. No 164	469	1 Althoff
Horstmann, Bsch Meckenbeck, s. auch Meckmann 39 in 8 Friedrichsburg	39	8 Friedrichsburg
Hüger, Ignatz, zu Münster, Ludgeri-Laischaft No 48	137	8 Friedrichsburg
Hüger, Ignatz, zu Münster, Ludgeri-Laischaft No 48	138	8 Friedrichsburg
Hüger, Ignatz, zu Münster, Ludgeri-Laischaft No 48	139	8 Friedrichsburg
Hüger, Ignatz, zu Münster, Ludgeri-Laischaft No 48	140	8 Friedrichsburg
Hüger, Ignatz, zu Münster, Ludgeri-Laischaft No 48	141	8 Friedrichsburg
Hüger, Ignatz, zu Münster, Ludgeri-Laischaft No 48	201	8 Friedrichsburg
Hüger, Ignatz, zu Münster, Ludgeri-Laischaft No 48	202	8 Friedrichsburg
Hüger, Mauritz, Proenrator?, zu Münster, Aegidistr. No 72	15	1 Althoff
Hüger, Witwe, zu Münster, Mauritzstr. 346	632	1 Althoff

Eigentümer mit Katastralnr. (Haus/Hofnr.) in den Bauerschaften (Bsch)	Par-zellen-nummer	Gemeinde Lamberti, Flurnummer u. Name der Flurkarte
Hülsmann, Herm., zu Münster, Grüne Gasse No 324	296	1 Althoff
Humke, Secretair, *bei Ludorf*, zu Münster	158	1 Althoff
Hummels, Erben, zu Münster, ... Erdmann, Königstr. No 237	104	8 Friedrichsburg
J		
Jülkenbeck, Heinr., Kötter, Bsch Mecklenbeck, Erb(gemein-schaft von Präsidentin von der Becke, Stadt Münster	6	10 Galgheide
Jütting, Bernh., zu Münster, Clemensstr. No 110	15-2	6 Geist I
Jütting, Bernh., zu Münster, Clemensstr. No 110	23	6 Geist I
Jütting, Bernh., zu Münster, Clemensstr. No 110	180	7 Geist II
Jütting, Bernh., zu Münster, Clemensstr. No 110	184	7 Geist II
Jütting, Bernh., zu Münster, Clemensstr. No 110	217	7 Geist II
Jütting, Bernh., zu Münster, Klemenzstr. No 110	684	1 Althoff
Jütting, Bernh., zu Münster, Klemenzstr. No 110 Clemensstr.	73	1 Althoff
Jütting, Bernh., zu Münster, Klemenzstr. No 110 Clemensstr.	74	1 Althoff
Jütting, Bernh., zu Münster, Klemenzstr. No 110 Clemensstr.	75	1 Althoff
Jütting, Bernh., zu Münster, Klemenzstr. No 110 Clemensstr.	76	1 Althoff
Jütting, Bernh., zu Münster, Klemenzstr. No 110 Clemensstr.	77	1 Althoff
K		
Kapelle zu Bsch Mecklenbeck	124	12 Mecklenbeck
Kentling, Rentmeister, zu Münster, unterm Bogen	181	1 Althoff
Kentling, Rentmeister, zu Münster, unterm Bogen	208	1 Althoff
Kerckhoff *Kirchhoff*, Joh. Theod., zu Münster, Mauritzstr. No 368	69	2 Haferland
Kerckhoff *Kirckhoff*, Joh. Theod., zu Münster, Mauritzstr. No 368	68	2 Haferland
Kerckhoff, Joh. Theod., zu Münster, Mauritzstr. No 368	72	2 Haferland
Kies, Witwe, zu Münster, Rothenburg No 36	674	1 Althoff
Kirche ad St. Ludgericum, zu Münster	397	1 Althoff
Kirchhoff, Drechsler, zu Münster, aufm Markt	549	1 Althoff
Kirchhoff, Drechsler, zu Münster, Prinzipalmarkt	579	1 Althoff
Klaverkamp, Bernh., zu Münster, Ludgeristr. No 201	223	1 Althoff
Kleikamp, Bern., Huiker, zu Münster, Salzstr. *Georgskommende*	126	8 Friedrichsburg

Eigentümer mit Katastralnr. (Haus/Hofnr.) in den Bauerschaften (Bsch)	Par-zellen-nummer	Gemeinde Lamberti, Flurnummer u. Name der Flurkarte
Kneer, Instrumentenmacher, zu Münster, Aegidistr.	114	8 Friedrichsburg
Koberg, Kaplan zu Überwasser, zu Münster	197	1 Althoff
Koch, Gerh., zu Münster, *Aegidistr.* No 349	36	1 Althoff
Köhler, Reinhard, zu Münster, Aegidi-Laischaft No 12	123	8 Friedrichsburg
Köhler, Reinhard, zu Münster, Aegidi-Laischaft No 12	124	8 Friedrichsburg
Köhling, Schlachter, zu Münster	150	6 Geist I
Kohn, Karalina, zu Münster	203	1 Althoff
Koppe, Bernh., Förster, Bsch Delstrup No a	78	2 Haferland
Kopstadt, Franz, zu Münster, aufm Markt *Ludgeristr.* No 203	166	1 Althoff
Kopstadt, Franz, zu Münster, aufm Markt *Ludgeristr.* No 203	25	6 Geist I
Kottmeyer Kort-, Regierungs-Rat, zu Münster, Breite Stiege	25	1 Althoff
Kottmeyer Kort-, Regierungs-Rat, zu Münster, Breite Stiege	26	1 Althoff
Kramer, Witwe, zu Fraicenhorst *Freckenhorst*, Kreis Warendorf	537	1 Althoff
Krawinkel, *Wirtschafter*, Witwe, Bsch Geist No 13	29	7 Geist II
Krawinkel, *Wirtschafter*, Witwe, Bsch Geist No 13	31	7 Geist II
Krawinkel, *Wirtschafter*, Witwe, Bsch Geist No 13	84	7 Geist II
Krawinkel, *Wirtschafter*, Witwe, Bsch Geist No 13, Neuen Krug	68	1 Althoff
Krawinkel, *Wirtschafter*, Witwe, Bsch Geist No 13, Neuen Krug	69	1 Althoff
Krawinkel, *Wirtschafter*, Witwe, Bsch Geist No 13, Neuen Krug	70	1 Althoff
Krawinkel, *Wirtschafter*, Witwe, Bsch Geist No 13, Neuen Krug	71	1 Althoff
Krawinkel, *Wirtschafter*, Witwe, Bsch Geist No 13, Neuen Krug	72	1 Althoff
Krawinkel, *Wirtschafter*, Witwe, Gastgeber, Bsch Geist No 13	5	10 Galgheide
Kres, Witwe, Rothenburg No 36	674	1 Althoff
Kres, Witwe, Rothenburg No 36	689	1 Althoff
Kretz, Anton, Sattler, zu Münster, Aegidistr.	244	1 Althoff
Krüger, Gerh. Heinr. Anton, zu Münster, Königsstr. 216	248	1 Althoff
Kumpmann, zu Münster, Domhof	205	1 Althoff
Kruse, Anton, zu Münster, Aegidi-Laischaft *Aegidistr.* No 118	242	1 Althoff
Kruse, Balthasar, Actuar, zu Münster	515	1 Althoff
Kühling, Konrad, zu Münster, Ludgeristr. No 173	470	1 Althoff
Kühling, Conr., zu Münster, Ludgeristr. No 173	6	6 Geist I

Eigentümer mit Katastralnr. (Haus/Hofnr.) in den Bauerschaften (Bsch)	Par-zellen-nummer	Gemeinde Lamberti, Flurnummer u. Name der Flurkarte
Kühling, Conr., zu Münster, Ludgeristr. No 173	7	6 Geist I
Kühling, Ferdinand, zu Münster, Klemensstr. 119	508	1 Althoff
Kühling, Ferdinand, Instrumentenmacher, zu Münster, Klemensstr. 119	514	1 Althoff
Kurtz, Joh., Witwe, zu Münster, aufm Spieckerhof No 49	555	1 Althoff
Küsterei zu Aegidi, zu Münster	168	1 Althoff
L		
Lagemann, Jos., zu Münster, Aegidistr. No 62	488	1 Althoff
Lagemann, Jos., zu Münster, Aegidistr. No 62	489	1 Althoff
Lagemann, Paul, zu Münster, Ludgeristr. No 200	361	1 Althoff
Lagemann, Paul, zu Münster, Ludgeristr. No 200	362	1 Althoff
Lagemann, Paul, zu Münster, Ludgeristr. No 200	363	1 Althoff
Lagemann, Paul, zu Münster, Ludgeristr. No 200	364	1 Althoff
Lagemann, Paul, zu Münster, Ludgerstr. No 200	365	1 Althoff
Lagemann, Paul, zu Münster, Ludgeristr. No 200	206	1 Althoff
Lagemann, Paul, zu Münster, Ludgeristr. No 200	366	1 Althoff
Lagemann, Paul, zu Münster, Ludgeristr. No 200	367	1 Althoff
Lagemann, Paul, zu Münster, Ludgeristr. No 200	368	1 Althoff
Lagemann, Paul, zu Münster, Ludgeristr. No 200	369	1 Althoff
Lagemann, Paul, zu Münster, Ludgeristr. No 200	370	1 Althoff
Lagemann, Paul, zu Münster, Ludgeristr. No 200	371	1 Althoff
Lagemann, Paul, zu Münster, Ludgeristr. No 200	372	1 Althoff
Lagemann, Paul, zu Münster, Ludgeristr. No 200	450	1 Althoff
Lagemann, Paul, zu Münster, Ludgeristr. No 200	453	1 Althoff
Lagemann, Paul, zu Münster, Ludgeristr. No 200	454	1 Althoff
Lagemann, Paul, zu Münster, Ludgeristr. No 200	455	1 Althoff
Lagemann, Paul, zu Münster, Ludgeristr. No 200	456	1 Althoff
Lagemann, Paul, zu Münster, Ludgeristr. No 200	457	1 Althoff
Lagemann, Paul, zu Münster, Ludgeristr. No 200	458	1 Althoff

Eigentümer mit Katastralnr. (Haus/Hofnr.) in den Bauerschaften (Bsch)	Parzellennummer	Gemeinde Lamberti, Flurnummer u. Name der Flurkarte
Lagemann, Paul, zu Münster, Ludgeristr. No 200	459	1 Althoff
Lagemann, Paul, zu Münster, Ludgeristr. No 200	524	1 Althoff
Lagemann, Paul, zu Münster, Ludgeristr. No 200	525	1 Althoff
Lagemann, Paul, zu Münster, Ludgeristr. No 200	526	1 Althoff
Lagemann, Paul, zu Münster, Ludgeristr. No 200	527	1 Althoff
Lagemann, Paul, zu Münster, Ludgeristr. No 200	528	1 Althoff
Lagemann, Paul, zu Münster, Ludgeristr. No 200	532	1 Althoff
Lagemann, Paul, zu Münster, Ludgeristr. No 200	662	1 Althoff
Lagemann, geb. Dingerkus, Witwe, Assessorin, Lamberti-Laischaft No 39	701	1 Althoff
Landgräber, Witwe, Rätin, zu Münster	107	1 Althoff
Landgräber, Witwe, Rätin, zu Münster	110	1 Althoff
Landgräber, Witwe, Rätin, zu Münster	111	1 Althoff
Landgräber, Witwe, Rätin, zu Münster	114	1 Althoff
Landgräber, Witwe, Rätin, zu Münster	115	1 Althoff
Landgräber, Witwe, Rätin, zu Münster	118	1 Althoff
Landgräber, Witwe, Rätin, zu Münster	119	1 Althoff
Landgräber, Witwe, Rätin, zu Münster	121	1 Althoff
Landgräber, Witwe, zu Münster	598	1 Althoff
Landgräber, Witwe, zu Münster	599	1 Althoff
Lange, Joh. Bernh., zu Kirchspiel Hiltrup No 18	288	7 Geist II
Langenhövel, Bsch Mecklenbeck No 25	80	9 Mertens
Lanwer, Herm., Bsch Geist No 36	zu 454	1 Althoff
Leinemann *Leymann,* August, zu Münster, Grüne Stiege No 323	106	8 Friedrichsburg
Leinemann, August, zu Münster, Grüne Stiege No 323	75	8 Friedrichsburg
Leinemann, August, zu Münster, Grüne Stiege No 323	76	8 Friedrichsburg
Lembeck, Bern., Erbg(emeinschaft) des Studienfonds, Bsch Geist	83	1 Althoff
Lepper, Heinr., Grüne Gasse No 303	24	6 Geist I
Lepper, Heinr., zu Münster, Aegidii-Laischaft No 303	28	7 Geist II
Lepper, Heinr., zu Münster, Aegidii-Laischaft No 303	35	7 Geist II
Lepper, Heinr., zu Münster, Aegidi-Laischaft No 303	155	7 Geist II
Lepper, Heinr., zu Münster, Aegidi-Laischaft No 303	196	7 Geist II
Lepper, Heinr., zu Münster, Aegidi-Laischaft No 303	198	7 Geist II
Lepper, Heinr., zu Münster, Aegidi-Laischaft No 303	215	7 Geist II
Lepper, Heinr., zu Münster, Grüne Stiege No 303	14	6 Geist I
Lepper, Heinr., zu Münster, Grüne Gasse No 303	513	1 Althoff
Leppermann, Joh. Bern, zu Münster, Königsstr. No 284	30	6 Geist I
Leppermann, Joh. Bern., zu Münster, Königsstr. No 284	18	6 Geist I
Leppermann, Joh. Bern., zu Münster, Königsstr. No 284	39	6 Geist I
Leppermann, Joh. Bern., zu Münster, Königsstr. No 284	57	6 Geist I
Leppermann, Joh. Bern., zu Münster, Königsstr. No 284	58	6 Geist I
Leppermann, Joh. Bern., zu Münster, Königsstr. No 284	186	6 Geist I
Leppermann, Joh. Bernh., zu Münster Aegidi-Laischaft No 84	201	7 Geist II
Leppermann, Joh. Bernh., zu Münster, Aegidii-Laisch. No 284	99	2 Haferland
Leppermann, Joh. Bernh., zu Münster, Aegidii-Laischaft No 84	47	7 Geist II
Leppermann, Joh. Bernh., zu Münster, Aegidi-Laischaft No 284	214	1 Althoff
Leppermann, Joh. Bernh., zu Münster, Aegidi-Laischaft No 284	215	1 Althoff
Leppermann, Joh. Bernh., zu Münster, Aegidii-Laischaft No 284	29	2 Haferland
Letterhaus, Heinr. Heindrich, zu Münster, im Hals No 300	297	1 Althoff
Levermann, Heinr., zu Münster, Loerstr. No 304	257	1 Althoff
Licher, Heinr., Bsch Mecklenbeck No 37	18-5	10 Galgheide
Licher, Heinr., Bsch Mecklenbeck No 37	19-2	10 Galgheide
Licher, Heinr., Bsch Mecklenbeck No 37	19-3	10 Galgheide
Linde, Doktorin, zu Münster, Königsstr. No 239	174	1 Althoff
Linde, Doktorin, zu Münster, Königsstr. No 239	403	1 Althoff
Linde, Dr., Witwe, zu Münster, Königsstr. No 239	534	1 Althoff
Lindenkamp, Witwe, zu Münster, Ludgeri-Kirche No 184	33	1 Althoff
Lindenkamp, Witwe, zu Münster, Ludgeri-Kirche No 184	34	1 Althoff
Lindenkamp, Witwe, zu Münster, Ludgeri-Kirche No 184	37	1 Althoff
Linsmann, Gottfr., Blechschläger, zu Münster, Lütke Stiege 131	164	8 Friedrichsburg
Linsmann, Gottfr., Blechschläger, zu Münster, Lütke Stiege 131	165	8 Friedrichsburg
Linsmann, Gottfr., Blechschläger, zu Münster, Lütke Stiege 131	168	8 Friedrichsburg
Linsmann, Gottfried, zu Münster, Lütke Gasse No 131	241	1 Althoff
Lohaus, A., *Kaufmann,* zu Münster, im Drubbel	615	1 Althoff
Lohaus, A., *Kaufmann,* zu Münster, im Drubbel	627	1 Althoff
Lohaus, A., *Kaufmann,* zu Münster, im Drubbel	628	1 Althoff
Lohkampf *Lohkamp,*Steuerempfänger, zu Münster, Ludgeristr. *Bergstr.*	248	7 Geist II
Lohkampf, Steuerempfänger, zu Münster, Ludgeristr. *Bergstr.*	161	6 Geist I
Lohkampf, Steuerempfänger, zu Münster, Ludgeristr. *Bergstr.*	175	6 Geist I
Lohkampf, Steuerempfänger, zu Münster, Ludgeristr. *Bergstr.*	229	7 Geist II
Lohkampff, Steuerempfänger, zu Münster, Ludgeristr. *Bergstr.*	61	5 Loddenheide
Lohkampff, Steuerempfänger, zu Münster, Ludgeristr. *Bergstr.*	62	5 Loddenheide
Lohkampff *Lohkamp,* Joh. Henr., zu Münster, aufm Fischmarkt No 26	580	1 Althoff
Lorentz, Bernh., zu Münster, Königsstr. No 272	521	1 Althoff
Lorenz, Jos., zu Münster, Ludgeristr. No 204	185	1 Althoff
Lücke, Heinr. *Hendrich,* zu Münster, Rothenburg	604	1 Althoff
Ludorff, Oberlandes-Gerichtsrat, zu Münster, Salzstr.	573	1 Althoff
Lütke Reismann, Bernh., Bäcker, zu Münster, Clemensstr. No 103	76	2 Haferland
Lutterbeck, Bernh., zu Münster, auf der Sandstr. No 278	27	8 Friedrichsburg
Lutterbeck, Heinr., zu Münster, Ludgeri-Laischaft No 161 u. 162	109	8 Friedrichsburg
Lutterbeck, Heinr., zu Münster, Ludgeri-Laischaft No 161,162	250	1 Althoff
Lutterbeck, Heinr., zu Münster, Ludgeristr.	34	2 Haferland
Lutterbeck, Heinr., zu Münster, Ludgeristr.	37	2 Haferland
Lutterbeck, Heinr., zu Münster, Ludgeristr.	53	2 Haferland
Lutterbeck, Heinr., zu Münster, Ludgeristr.	66	2 Haferland
Lutterbeck, Heinr., zu Münster, Ludgeristr.	130	2 Haferland
Lutterbeck, Heinr., zu Münster, Ludgeristr.	131	2 Haferland
Lutterbeck, Heinr., zu Münster, Ludgeristr.	190	7 Geist II
Lutterbeck, Heinr., zu Münster, Ludgeristr. No 160	170	6 Geist I
Lutterbeck, Heinr., zu Münster, Ludgeristr. No 161 u. 162	49	8 Friedrichsburg
Lutterbeck, Heinr., zu Münster, Ludgeristr. No 161 u. 162	57	8 Friedrichsburg

Eigentümer mit Katastralnr. (Haus/Hofnr.) in den Bauerschaften (Bsch)	**Par-zellen-nummer**	**Gemeinde Lamberti,** Flurnummer u. Name der Flurkarte
Lutterbeck, Heinr., zu Münster, Ludgeristr. No 161 u. 162	77	8 Friedrichsburg
Lutterbeck, Heinr., zu Münster, Ludgeristr. No 161 u. 162	84	8 Friedrichsburg
Lutterbeck, Heinr., zu Münster, Ludgeristr. No 161 u. 162	112	8 Friedrichsburg
Lutterbeck, Heinr., zu Münster, Ludgeristr. No 161,162	41	1 Althoff
Lutterbeck, Heinr., zu Münster, Ludgeristr. No 160	52	6 Geist I
Lutterbeck, Heinr., zu Münster, Ludgeristr. No 160	54	6 Geist I
Lutterbeck, Heinr., zu Münster, Ludgeristr. No 160	59	6 Geist I
Lutterbeck, Heinr., zu Münster, Ludgeristr. No 160	110	6 Geist I
Lutterbeck, Heinr., zu Münster, Ludgeristr. No 160	116	6 Geist I
Lutterbeck, Heinr., zu Münster, Ludgeristr. No 160	131	6 Geist I
Lutterbeck, Heinr., zu Münster, Ludgeristr. No 160	136	6 Geist I
Lutterbeck, Heinr., zu Münster, Ludgeristr. No 160	148	6 Geist I
Lutterbeck, Heinr., zu Münster, Ludgeristr. No 160	168	6 Geist I
Lutterbeck, Heinr., zu Münster, Ludgeristr. No 160	169	6 Geist I
Lutzenkirchen, Witwe, zu Münster, Bogenstr. No 22	494	1 Althoff
M		
Marckfort *Markfort,* Anton, Bsch Delstrup	612	1 Althoff
Marckfort Markfort, Anton, Bsch Delstrup	613	1 Althoff
Marckfort, Anton, Bsch Delstrup	611	1 Althoff
Martin Theod., Ludgeristr. No 204	448	1 Althoff
Martin, Theod., Chirug, zu Münster, Ludgeri. str. No 204	446	1 Althoff
Meckmann *Mekmann,* Friedr., Bsch Mecklenbeck No 15, *siehe auch Schulze Meckmann*	77	9 Mertens
Meckmann *Mekmann,* Friedr., Bsch Mecklenbeck No 15, *siehe auch Schulze Meckmann*	79	9 Mertens
Meckmann *Mekmann,* Friedr., Bsch Mecklenbeck No 15, Pächter Brockkötter *Brokkötter,* Heinr., Bsch Mecklenbeck No 26, *siehe auch Schulze Meckmann*	82	9 Mertens
Meckmann, Friedr., Bsch Mecklenbeck No 15, *siehe auch Schulze Meckmann*	18-1	10 Galgheide
Meckmann, Friedr., Bsch Mecklenbeck No 15, *siehe auch Schulze Meckmann*	18-2	10 Galgheide
Meckmann, Friedr., Bsch Mecklenbeck No 15, *siehe auch Schulze Meckmann*	18-3	10 Galgheide

Eigentümer mit Katastralnr. (Haus/Hofnr.) in den Bauerschaften (Bsch)	**Par-zellen-nummer**	**Gemeinde Lamberti,** Flurnummer u. Name der Flurkarte
Meckmann, Friedr., Bsch Mecklenbeck No 15, *siehe auch Schulze Meckmann*	38	8 Friedrichsburg
Meckmann, Friedr., Bsch Mecklenbeck No 15, *siehe auch Horstmann, 39 in 8 Friedrichsburg*	39	8 Friedrichsburg
Meckmann, Friedr., Bsch Mecklenbeck No 15, *siehe auch Schulze Meckmann*	40	8 Friedrichsburg
Meckmann, Friedr., Bsch Mecklenbeck No 15, *siehe auch Schulze Meckmann*	52	9 Mertens
Meckmann, Friedr., Bsch Mecklenbeck No 15, *siehe auch Schulze Meckmann*	53	9 Mertens
Meckmann, Friedr., Bsch Mecklenbeck No 15, *siehe auch Schulze Meckmann*	54	9 Mertens
Meckmann, Friedr., Bsch Mecklenbeck No 15, *siehe auch Schulze Meckmann*	87	9 Mertens
Meckmann, Friedr., Bsch Mecklenbeck No 15, *siehe auch Schulze Meckmann*	88	9 Mertens
Meckmann, Friedr., Bsch Mecklenbeck No 15, *siehe auch Schulze Meckmann*	8-10	11 Untied
Meckmann, Friedr., Bsch Mecklenbeck No 15, u. Horstmann, Bsch Mecklenbeck, Haus	39	8 Friedrichsburg
Meckmann, Friedr., Bsch Mecklenbeck No 15, *siehe auch Schulze Meckmann,* Pächter Brockkötter	83	9 Mertens
Meckmann, Friedr., Bsch Mecklenbeck No 15, *siehe auch Schulze Meckmann* Pächter Langenhövel *Langenhöwel,* Bernh., Bsch Mecklenbeck No 25	80	9 Mertens
Meckmann, Friedr., Bsch Mecklenbeck No 15, *siehe auch Schulze Meckmann* Pächter Langenhövel, Bernh.	81	9 Mertens
Meckmann, Friedr., Bsch Mecklenbeck No 15, *siehe auch Schulze Meckmann,* Pächter Stilhoff *Stielhoff,* Joh.	84	9 Mertens
Meckmann, Friedr., Bsch Mecklenbeck No 15, *siehe auch Schulze Meckmann,* Pächter Stilhoff *Stielhoff,* Joh.	86	9 Mertens
Meckmann, Friedr., Bsch Mecklenbeck No 15, *siehe auch Schulze Meckmann,* Pächter Stilhoff *Stielhoff,* Joh., Bsch Mecklenbeck No 27	85	9 Mertens
Mense, Arnold Anton, zu Münster, Hausknecht bei Hf. v. Landsberg	78	1 Althoff
Mense, Arnold Anton, zu Münster, Hausknecht bei Hf. v. Landsberg	79	1 Althoff
Mense, Arnold Anton, zu Münster, Hausknecht bei Hf. v. Landsberg	80	1 Althoff
Mense, Arnold Anton, zu Münster, Hausknecht bei Hf. v. Landsberg	81-1	1 Althoff
Mense, Arnold Anton, zu Münster, Hausknecht bei Hf. v. Landsberg	81-2	1 Althoff
Merlin *Merlien,* Heinr., Wirt, zu Münster, Ludgeri-Laischaft No 291	335	1 Althoff
Merlin, Heinr., Wirt, Ludgeri-Laischaft No 291	439	1 Althoff

Eigentümer mit Katastralnr. (Haus/Hofnr.) in den Bauerschaften (Bsch)	**Par-zellen-nummer**	**Gemeinde Lamberti,** Flurnummer u. Name der Flurkarte
Merlin, Amseln zu Münster, Ludgeristr. 212	266	1 Althoff
Merlin, Amseln, zu Münster, Ludgeristr. 212, u. Chor Caplanei zu St. Ludgeri //Caplan Bohnenkamp, jedem zur Hälfte	226	1 Althoff
Mersmann, Theod., Bsch Mecklenbeck, Haus	70	12 Mecklenbeck
Mertens, Bernh., Brandweinbrenner, zu Münster, Lamberti-Laischaft No 21	2	2 Haferland
Mertens, Bernh., zu Münster, Lamberti-Laischaft No 21	633	1 Althoff
Mertens, Bernh., zu Münster, Telgter Str. No 21	76	6 Geist I
Mertens, Bernh., zu Münster, Telgter Str. No 21	592	1 Althoff
Mertens, Bernh., zu Münster, Telgter Str. No 21	597	1 Althoff
Mertens, Bernh., zu Münster, Telgter Str. No 21	713	1 Althoff
Mertens, Bernh., zu Münster, Telgter Str. No 21	129	6 Geist I
Mertens, Bernh., zu Münster, Telgter Str. No 21	155	6 Geist I
Mertens, Bernh., zu Münster, Telgter Str. No 21	158	6 Geist I
Mertens, Bernh., zu Münster, Lamberti-Laischaft No 21, Telgter Str.	635	1 Althoff
Mertens, Bernh., zu Münster, Lamberti-Laischaft No 21, Telgter Str.	636	1 Althoff
Mertens, Conrad, zu Münster	52	1 Althoff
Mertens, Conrad, zu Münster	53	1 Althoff
Mertens, Conrad, zu Münster	54	1 Althoff
Mertens, Conrad, zu Münster	55	1 Althoff
Mertens, Franz Heinr., zu Münster, Aegidistr. No 114	9	1 Althoff
Mertens, Franz Heinr., zu Münster, Aegidistr. No 114	10	1 Althoff
Mertens, Franz Heinr., zu Münster, Aegidistr. No 114	150	1 Althoff
Mertens, Franz Heinr., zu Münster, Aegidistr. No 114	151	1 Althoff
Mertens, Franz Heinr., zu Münster, Aegidistr. No 114 *Egidistr.*	62	1 Althoff
Mertens, Franz Heinr., zu Münster, Aegidistr. No 114 *Egidistr.*	63	1 Althoff
Mertens, Franz Heinr., zu Münster, Aegidistr. No 114 *Egidistr.*	64	1 Althoff
Mertens, Franz Heinr., zu Münster, Aegidistr. No 114 *Egidistr.*	65	1 Althoff
Mertens, Franz Heinr., zu Münster, Aegidistr. No 114 *Egidistr.*	66	1 Althoff
Mertens, Franz Heinr., zu Münster, Aegidistr. No 114 *Egidistr.*	67	1 Althoff
Mertens, Franz Heinr., zu Münster, Aegidistr. No 114 *Egidistr.*	90	1 Althoff

Eigentümer mit Katastralnr. (Haus/Hofnr.) in den Bauerschaften (Bsch)	**Par-zellen-nummer**	**Gemeinde Lamberti,** Flurnummer u. Name der Flurkarte
Mertens, Franz Heinr., zu Münster, Aegidistr. No 114 *Egidistr.*	91	1 Althoff
Mertens, Franz Heinr., zu Münster, Aegidistr. No 114 *Egidistr.*	92	1 Althoff
Mertens, Franz Heinr., zu Münster, Aegidistr. No 114 *Egidistr.*	93	1 Althoff
Mertens, Franz Heinr., zu Münster, Aegidistr. No 114 *Egidistr.*	94	1 Althoff
Mertens, Franz Heinr., zu Münster, Aegidistr. No 114 *Egidistr.*	95	1 Althoff
Mertens, Franz Heinr., zu Münster, Aegidistr. No 114 *Egidistr.*	96	1 Althoff
Mertens, Franz Heinr., zu Münster, Aegidistr. No 114 *Egidistr.*	97	1 Althoff
Mertens, Franz Heinr., zu Münster, Aegidistr. No 114 *Egidistr.*	98	1 Althoff
Mertens, Franz Heinr., zu Münster, Aegidistr. No 114 *Egidistr.*	99	1 Althoff
Mertens, Franz Heinr., zu Münster, Aegidistr. No 114 *Egidistr.*	100	1 Althoff
Mertens, Franz Heinr., zu Münster, Aegidistr. No 114 *Egidistr.*	101	1 Althoff
Mertens, Franz Heinr., zu Münster, Aegidistr. No 114 *Egidistr.*	102	1 Althoff
Mertens, Franz Heinr., zu Münster, Aegidistr. No 114 *Egidistr.*	103	1 Althoff
Mertens, Franz Heinr., zu Münster, Aegidistr. No 114 *Egidistr.*	104	1 Althoff
Mertens, Franz Heinr., zu Münster, Aegidistr. No 114 *Egidistr.*	105	1 Althoff
Mertens, Joh. Herm., Bsch Mecklenbeck No 4	33	8 Friedrichsburg
Mertens, Joh. Herm., Bsch Mecklenbeck No 4	34	8 Friedri chsburg
Mertens, Joh. Herm., Bsch Mecklenbeck No 4	35	8 Friedrichsburg
Mertens, Joh. Herm., Bsch Mecklenbeck No 4	36	8 Friedrichsburg
Mertens, Joh. Herm., Bsch Mecklenbeck No 4	41	8 Friedrichsburg
Mertens, Joh. Herm., Bsch Mecklenbeck No 4	45	8 Friedrichsburg
Mertens, zu Münster, Telgter Str. No 21	155	6 Geist I
Meyer, Bernh., Buchbinder, Hörsterstr.	640	1 Althoff
Meyer, Joh. Heinr., zu Münster, Loerstr. No 306	696	1 Althoff
Meyer, Jos., zu Münster, Conditor, Prinzipalmarkt No 2	481	1 Althoff
Meyer, Jos., zu Münster, Conditor, Prinzipalmarkt No 2	483	1 Althoff
Militair-Fiskus, in Münster	31	5 Loddenheide
Molitor, Wilh., zu Münster, Spieckerhoff No 32	438	1 Althoff
Moll, Walter, zu Münster, in der Königsstr.	17	1 Althoff
Molle, Witwe, zu Münster, Ludgeristr.	539	1 Althoff
Möllers, *Heinr.*, zu Münster, Königsstr.	443	1 Althoff
Mühlenkamp, Heinr. Anton, Bsch Mecklenbeck No 17	14	11 Untied
Mühlenkamp, Heinr. Anton, Bsch Mecklenbeck No 17	15	11 Untied
Mühlenkamp, Heinr. Anton, Bsch Mecklenbeck No 17	16	11 Untied
Mühlenkamp, Heinr. Anton, Bsch Mecklenbeck No 17	17	11 Untied
Mühlenkamp, Heinr. Anton, Bsch Mecklenbeck No 17	19-1	11 Untied
Mühlenkamp, Heinr. Anton, Bsch Mecklenbeck No 17	19-2	11 Untied
Mühlenkamp, Heinr. Anton, Bsch Mecklenbeck No 17	19-3	11 Untied
Mühlenkamp, Heinr. Anton, Bsch Mecklenbeck No 17	195 neu	12 Mecklenbeck
Müller, Wilh., zu Münster, Prinzipalmarkt	620	1 Althoff
Müller, Wilh., zu Münster, Prinzipalmarkt	265	7 Geist II
Münster Stadt	461	1 Althoff
Münster Stadt	462	1 Althoff
Münster Stadt	463	1 Althoff
Münstermann, *Heinr.*, Bsch Geist	28-1	6 Geist I
Münstermann, *Heinr.*, Bsch Geist	29	6 Geist I
Münstermann, Heinr. Kötter, Bsch Geist	250	7 Geist II
Münstermann, Heinr. Kötter, Bsch Geist	253	7 Geist II
Münstermann, Heinr., Bsch Geist	28-1	6 Geist I
Münstermann, Heinr., Bsch Geist	28-2	6 Geist I
Münstermann, Heinr., Kötter, Bsch Geist	289	7 Geist II
Münstermann, Ignatz, Bsch Mecklenbeck No 28	46	8 Friedrichsburg
Münstermann, Ignatz, Bsch Mecklenbeck No 28	47	8 Friedrichsburg
Münstermann, Ignatz, Bsch Mecklenbeck No 28	48	8 Friedrichsburg
Mushoff, Christian, Witwe, Loerstr. No 318	661	1 Althoff
Mushoff, Christian, Witwe, Loerstr. No 318	668	1 Althoff
N		
Nademann *Nadermann,* Joh. Heinr., Bsch Delstrup	98	2 Haferland
Nademann *Nadermann,* Joh. Heinr., Bsch Delstrup	97-2	2 Haferland
Nademann, Joh. Heinr., Bsch Delstrup	97-1	2 Haferland
Neiteler, Franz Caspar, zu Münster, Telgter Str. No 318	558	1 Althoff
Nettebrock, Anton, Bsch Delstrup	529-2	1 Althoff
Nettebrock, Anton, zu Bsch Delstrup	529-1	1 Althoff
Neuhaus, Witwe, zu Münster, Prinzipalmarkt	246	1 Althoff
Neuhaus, Witwe, zu Münster, Prinzipalmarkt	673	1 Althoff
Neuhaus, Witwe, zu Münster, Prinzipalmarkt	198	8 Friedrichsburg
Neuwöhner, Witwe, zu Münster, Bergstr. No 68	707	1 Althoff
Niemöller, Friedr. Wilh., Bsch Delstrup No 35	52-1	2 Haferland
Niemöller, Friedr. Wilh., Bsch Delstrup No 35	52-2	2 Haferland
Niermann Erben, ... Metzger Hessing, zu Münster	169	8 Friedrichsburg
Niesert, Friedr., zu Münster, Frauenstr. No 44	530	1 Althoff
Nimphius, Heinr. *Hendrik,* Schneider, Königsstr. No 231	490	1 Althoff
O		
Oberrecht *Oberecht,* Gastwirt, zu Münster, Neubrückenstr. No 132	605	1 Althoff
Oberrecht *Oberecht,* Gastwirt, zu Münster, Neubrückenstr. No 132	626	1 Althoff
Oberschmidt, Theod., Kaufmann, zu Münster, aufm Spiekerhof No 14	373	1 Althoff
Oberschmidt, Theod., Kaufmann, zu Münster, aufm Spiekerhof, Jüdefelder Str. No 14	337	1 Althoff
Oberschmidt, Theod., Kaufmann, zu Münster, aufm Spiekerhof, Jüdefelder Str. No 14	338	1 Althoff
Oberschmidt, Theod., Kaufmann, zu Münster, aufm Spiekerhof, Jüdefelder Str. No 14	339	1 Althoff
Oberschmidt, Theod., Kaufmann, zu Münster, aufm Spiekerhof, Jüdefelder Str. No 14	340	1 Althoff
Oberschmidt, Theod., Kaufmann, zu Münster, aufm Spiekerhof, Jüdefelder Str. No 14	341	1 Althoff
Oberschmidt, Theod., Kaufmann, zu Münster, aufm Spiekerhof, Jüdefelder Str. No 14	342	1 Althoff
Oberschmidt, Theod., Kaufmann, zu Münster, aufm Spiekerhof, Jüdefelder Str. No 14	343	1 Althoff
Oberschmidt, Theod., Kaufmann, zu Münster, aufm Spiekerhof, Jüdefelder Str. No 14	344	1 Althoff
Oberschmidt, Theod., Kaufmann, zu Münster, aufm Spiekerhof, Jüdefelder Str. No 14	345	1 Althoff
Oberschmidt, Theod., Kaufmann, zu Münster, aufm Spiekerhof, Jüdefelder Str. No 14	346	1 Althoff
Oberschmidt, Theod., Kaufmann, zu Münster, aufm Spiekerhof, Jüdefelder Str. No 14	347	1 Althoff
Oberschmidt, Theod., Kaufmann, zu Münster, aufm Spiekerhof, Jüdefelder Str. No 14	348	1 Althoff
Oberschmidt, Theod., Kaufmann, zu Münster, aufm Spiekerhof, Jüdefelder Str. No 14	349	1 Althoff
Oberschmidt, Theod., Kaufmann, zu Münster, aufm Spiekerhof, Jüdefelder Str. No 14	350	1 Althoff
Oberschmidt, Theod., Kaufmann, zu Münster, aufm Spiekerhof, Jüdefelder Str. No 14	351	1 Althoff
Oberschmidt, Theod., Kaufmann, zu Münster, aufm Spiekerhof, Jüdefelder Str. No 14	352	1 Althoff

Eigentümer mit Katastralnr. (Haus/Hofnr.) in den Bauerschaften (Bsch)	Parzellennummer	Gemeinde Lamberti, Flurnummer u. Name der Flurkarte
Oberschmidt, Theod., Kaufmann, zu Münster, Spiekerhof	353	1 Althoff
Oberschmidt, Theod., Kaufmann, zu Münster, Spiekerhof	354	1 Althoff
Oberschmidt, Theod., Kaufmann, zu Münster, Spiekerhof	355	1 Althoff
Oberschmidt, Theod., Kaufmann, zu Münster, Spiekerhof	356	1 Althoff
Oberschmidt, Theod., Kaufmann, zu Münster, Spiekerhof	357	1 Althoff
Oberschmidt, Theod., Kaufmann, zu Münster, Spiekerhof	358	1 Althoff
Oberschmidt, Theod., Kaufmann, zu Münster, Spiekerhof	359	1 Althoff
Oberschmidt, Theod., Kaufmann, zu Münster, Spiekerhof	360	1 Althoff
Oberschmidt, Theod., zu Münster, aufm Spiekerhof	377	1 Althoff
Oberschmidt, Theod., zu Münster, aufm Spiekerhof	378	1 Althoff
Oberschmidt, Theod., zu Münster, aufm Spiekerhof	379	1 Althoff
Oberschmidt, Theod., zu Münster, aufm Spiekerhof	380	1 Althoff
Oberschmidt, Theodor, Kaufmann, zu Münster, aufm Spiekerhof No 14	409	6 Geist I
Odendahl, Herm., zu Münster, aufm Markt No 8	703	1 Althoff
Oeding, Joh. Melchior, bei Münster, vor Ludgeritor No 66	22-1	6 Geist I
Oeding, Joh. Melchior, bei Münster, vor Ludgeritor No 66	22-2	6 Geist I
Offenberg, Herm., zu Münster, Klemenzstr. No 130	681	1 Althoff
Ostkirchen, Heinr., Minor......?, zu Münster, auf der Hagedorngasse	263	1 Althoff
P		
Pape, zu Münster, Rothenburg No 32	482	1 Althoff
Paschen, Chirurg, zu Münster, Ludgeristr. No 166	135	1 Althoff
Pastorat ad Stum Lambertum, zu Münster	22	11 Untied
Pastorat ad Stum Lambertum, zu Münster	36	11 Untied
Pastorat ad Stum Lambertum, zu Münster	37	11 Untied
Pastorat ad Stum Lambertum, zu Münster	38	11 Untied
Pastorat ad Stum Lambertum, (Pächter?) Schopmann, Kötter zu Mecklenbeck, Papenkotten	39	11 Untied
Pastorat ad Sanct. Lambertum	59 neu	11 Untied
Pastorat ad Stum Lambertum, zu Münster	541	1 Althoff
Pastorat ad St. Servatii, zu Münster	564	1 Althoff
Pastorat ad St. Servatii, zu Münster	565	1 Althoff

Eigentümer mit Katastralnr. (Haus/Hofnr.) in den Bauerschaften (Bsch)	Parzellennummer	Gemeinde Lamberti, Flurnummer u. Name der Flurkarte
Pastorat zu Kinderhaus	145	6 Geist I
Pauck, Theod., Kötter, Bsch Geist	372	7 Geist II
Pauck, Theod., Kötter, Bsch Geist	373	7 Geist II
Pauly *Pauli,* Herm., zu Münster, Corduanenstr. No 204	581	1 Althoff
Pennekamp, Bern. Heinr., Müller, Bsch Geist No 14	81	7 Geist II
Pennekamp, Bernh. Heinr., Müller, Bsch Geist No 111	59	7 Geist II
Peters, Gertrudis, bei Schulle Hermine Bitter, zu Münster, Voßgasse	405	1 Althoff
Peters, Wilh., Bsch Geist No 42	367	6 Geist I
Peters, Wilh., Bsch Geist No 42	371-1	6 Geist I
Peters, Wilh., Bsch Geist No 42	371-2	6 Geist I
Peters, Wilh., Bsch Geist No 42	372	6 Geist I
Peters, Wilh., Bsch Geist No 42	373	6 Geist I
Polack, Herm. Jos., zu Münster, Rothenburg No 151	616	1 Althoff
Pölling *Pohling,* Witwe, zu Münster, Schützenstr. No 94	20	1 Althoff
Pölling *Pohling,* Witwe, zu Münster, Schützenstr. No 94	110	8 Friedrichsburg
Pölling *Pohling,* Witwe, zu Münster, Schützenstr. No 94	111	8 Friedrichsburg
Potthoff, Franz Anton, zu Münster, Ludgeri-Laischaft No 203	45	7 Geist II
Potthoff, Franz Anton, zu Münster, Ludgeri-Laischaft No 203	203	7 Geist II
Pöttken, Anton, zu Münster	120	8 Friedrichsburg
Primavesi *Primawesi,* Witwe, zu Münster, Prinzipalmarkt No 80	614	1 Althoff
R		
Rausmann, Joh Herm., Bsch Mecklenbeck No 14	32	10 Galgheide
Rausmann, Joh. Heinr., Bsch Mecklenbeck No 14	63 neu	11 Untied
Rausmann, Joh. Heinr., Bsch Mecklenbeck No 14	85	11 Untied
Rausmann, Joh. Heinr., Bsch Mecklenbeck No 14	44	12 Mecklenbeck
Rausmann, Joh. Heinr., Bsch Mecklenbeck No 14	56	12 Mecklenbeck
Rausmann, Joh. Heinr., Bsch Mecklenbeck No 14	101	12 Mecklenbeck
Rausmann, Joh. Heinr., Bsch Mecklenbeck No 14	103	12 Mecklenbeck
Rausmann, Joh. Heinr., Bsch Mecklenbeck No 14	106	12 Mecklenbeck
Rausmann, Joh. Heinr., Bsch Mecklenbeck No 14	107	12 Mecklenbeck
Rausmann, Joh. Heinr., Bsch Mecklenbeck No 14	108	12 Mecklenbeck

Eigentümer mit Katastralnr. (Haus/Hofnr.) in den Bauerschaften (Bsch)	Parzellennummer	Gemeinde Lamberti, Flurnummer u. Name der Flurkarte
Rausmann, Joh. Heinr., Bsch Mecklenbeck No 14	109	12 Mecklenbeck
Rausmann, Joh. Heinr., Bsch Mecklenbeck No 14	110	12 Mecklenbeck
Rausmann, Joh. Heinr., Bsch Mecklenbeck No 14	156	12 Mecklenbeck
Rausmann, Joh. Heinr., Bsch Mecklenbeck No 14	157	12 Mecklenbeck
Rausmann, Joh. Heinr., Bsch Mecklenbeck No 14	158	12 Mecklenbeck
Rausmann, Joh. Heinr., Bsch Mecklenbeck No 14	159	12 Mecklenbeck
Rausmann, Joh. Heinr., Bsch Mecklenbeck No 14	168	12 Mecklenbeck
Rausmann, Joh. Heinr., Bsch Mecklenbeck No 14	169	12 Mecklenbeck
Rausmann, Joh. Herm., Bsch Mecklenbeck No 14	4	9 Mertens
Rausmann, Joh. Herm., Bsch Mecklenbeck No 14	6	9 Mertens
Rausmann, Joh. Herm., Bsch Mecklenbeck No 14	46	9 Mertens
Rausmann, Joh. Herm., Bsch Mecklenbeck No 14	74	9 Mertens
Rausmann, Joh. Herm., Bsch Mecklenbeck No 14	8-9	11 Untied
Rausmann, Joh. Herm., Bsch Mecklenbeck No 14	24	11 Untied
Rausmann, Joh. Herm., Bsch Mecklenbeck No 14	217 neu	12 Mecklenbeck
Reckfort, Domcapitular, zu Münster	477	1 Althoff
Regensberg, Hauptmann, zu Münster	144	6 Geist I
Regensberg, Hauptmann, zu Münster	451	7 Geist II
Reismann, Bernh., Bäcker, Clemenzstr. No 103, Ludgeri-Laischaft	638	1 Althoff
Renne, Anton, zu Münster, Aegidistr. No 75	42	1 Althoff
Renne, Anton, zu Münster, Aegidistr. No 75	163	1 Althoff
Renne, Anton, zu Münster, Aegidistr. No 75	601	1 Althoff
Renne, Anton, zu Münster, Aegidistr. No 75	61	8 Friedrichsburg
Renne, Anton, zu Münster, Aegidistr. No 75	63	8 Friedrichsburg
Renne, Anton, zu Münster, am Aegiditor No 75	55	7 Geist II
Renne, Ferd., Wirt, zu Münster, Ludgeristr.	111	6 Geist I
Renne, Ferdinand, zu Münster, Ludgeristr.	60	6 Geist I
Renne, Ferdinand, zu Münster, Ludgeristr.	61	6 Geist I
Renne, Ferdinand, zu Münster, Ludgeristr. No 212	259	1 Althoff
Riepensell *-zell,* zu Münster, Grüne Gasse	162	1 Althoff
Riethmann, Joh. Heinr., zu Münster, Rothenburg No 28	441	1 Althoff

Eigentümer mit Katastralnr. (Haus/Hofnr.) in den Bauerschaften (Bsch)	Par-zellen-nummer	Gemeinde Lamberti, Flurnummer u. Name der Flurkarte
Ringkamp, Franz, zu Münster, Ludgeristr. No 202	408	1 Althoff
Rinnermann, Witwe, zu Münster, Jüdefelder Str. No 79	672	1 Althoff
Rinnermann, Wiwe, zu Münster, Jüdefelder Str. No 79	686	1 Althoff
Rocchetti *Roketti,* Peter, zu Münster, Pferdegasse No 31	507	1 Althoff
Rocchetti, Peter, zu Münster, Pferdestiege No 31	164	7 Geist II
Rocchetti, Peter, zu Münster, Pferdestiege No 31	173	7 Geist II
Rocchetti, Peter, zu Münster, Pferdestiege No 31	210	7 Geist II
Röchette *Rochetti,* Peter, zu Münster, Pferdestiege No 31	122	6 Geist I
Roelen, Gastwirt *Gastgeber,* zu Münster, Ludgeristr.	440	1 Althoff
Roelen, Gastwirt *Gastgeber,* zu Münster, Ludgeristr.	79	6 Geist I
Roelen, Gastwirt *Gastgeber,* zu Münster, Ludgeristr.	80	6 Geist I
Roelen, Gastwirt *Gastgeber,* zu Münster, Ludgeristr.	81	6 Geist I
Roelen, Gastwirt *Gastgeber,* zu Münster, Ludgeristr.	82	6 Geist I
Roelen, Gastwirt *Gastgeber,* zu Münster, Ludgeristr.	83	6 Geist I
Roelen, Gastwirt *Gastgeber,* zu Münster, Ludgeristr.	84	6 Geist I
Roelen, Gastwirt *Gastgeber,* zu Münster, Ludgeristr.	85	6 Geist I
Roelen, Gastwirt *Gastgeber,* zu Münster, Ludgeristr.	86	6 Geist I
Roelen, Gastwirt *Gastgeber,* zu Münster, Ludgeristr.	87	6 Geist I
Roelen, Gastwirt *Gastgeber,* zu Münster, Ludgeristr.	88	6 Geist I
Roelen, Gastwirt *Gastgeber,* zu Münster, Ludgeristr.	89	6 Geist I
Roelen, Gastwirt *Gastgeber,* zu Münster, Ludgeristr.	90	6 Geist I
Roelen, Gastwirt *Gastgeber,* zu Münster, Ludgeristr.	97	6 Geist I
Roelen, Gastwirt *Gastgeber,* zu Münster, Ludgeristr.	98	6 Geist I
Roelen, Gastwirt *Gastgeber,* zu Münster, Ludgeristr.	99	6 Geist I
Roelen, Gastwirt *Gastgeber,* zu Münster, Ludgeristr.	100	6 Geist I
Roelen, Gastwirt *Gastgeber,* zu Münster, Ludgeristr.	101	6 Geist I
Roelen, Gastwirt *Gastgeber,* zu Münster, Ludgeristr.	102	6 Geist I
Roelen, Gastwirt *Gastgeber,* zu Münster, Ludgeristr.	103	6 Geist I
Roelen, Gastwirt *Gastgeber,* zu Münster, Ludgeristr.	104	6 Geist I
Roelen, Gastwirt *Gastgeber,* zu Münster, Ludgeristr.	105	6 Geist I
Roelen, Gastwirt *Gastgeber,* zu Münster, Ludgeristr.	106	6 Geist I
Roelen, Gastwirt *Gastgeber,* zu Münster, Ludgeristr.	107	6 Geist I
Roelen, Gastwirt *Gastgeber,* zu Münster, Ludgeristr.	108	6 Geist I
Roelen, Gastwirt *Gastgeber,* zu Münster, Ludgeristr.	176	1 Althoff
Roelen, Gastwirt *Gastgeber,* zu Münster, Ludgeristr.	576	1 Althoff
Roelen, Gastwirt *Gastgeber,* zu Münster, Ludgeristr.	577	1 Althoff
Roer, Bern., Bäcker, zu Münster, Ludgeristr. No 329	220	7 Geist II
Roer, Bern., Bäcker, zu Münster, Clemensstr. No 329	228	7 Geist II
Roer, Bern., Bäcker, zu Münster, Clemensstr. No 329	247	7 Geist II
Rogge, Heinr. Anton, Bsch Delstrup No 34	698	1 Althoff
Rogge, Heinr. Anton, Bsch Delstrup No 34	699	1 Althoff
Roer *Röhr,* Bernh., Bäcker, zu Münster, Klemensstr. No 329	141	6 Geist I
Rölen *Roelen,* Geschwister, Gastgeber, in Münster, Ludgeristr.	31	2 Haferland
Rölen *Roelen,* Geschwister, Gastgeber, in Münster, Ludgeristr.	32	2 Haferland
Rölen *Roelen,* Geschwister, Gastgeber, in Münster, Ludgeristr.	38	2 Haferland
Rölen *Roelen,* Geschwister, Gastgeber, in Münster, Ludgeristr.	46	2 Haferland
Rolinck, Friedr. Anton, zu Münster, Alten Fischmarkt	117	6 Geist I
Rolinck, Friedr. Anton, zu Münster, Alten Fischmarkt	118	6 Geist I
Rolinck, Friedr. Anton, zu Münster, Fischmarkt	136	1 Althoff
Rolinck, Friedr. Anton, zu Münster, Fischmarkt	137	1 Althoff
Rolinck, Friedr. Anton, zu Münster, Fischmarkt Ludgeristr.	499	1 Althoff
Roling *Rolinck,* Witwe, zu Münster, Prinzipalmarkt No 46	84	1 Althoff
Roling *Rolinck,* Witwe, zu Münster, Prinzipalmarkt No 46	85	1 Althoff
Roling *Rolinck,* Witwe, zu Münster, Prinzipalmarkt No 46	86	1 Althoff
Roling *Rolinck,* Witwe, zu Münster, Prinzipalmarkt No 46	87	1 Althoff
Roling *Rolinck,* Witwe, zu Münster, Prinzipalmarkt No 46	88	1 Althoff
Roling *Rolinck,* Witwe, zu Münster, Prinzipalmarkt No 46	89	1 Althoff
Rotert, Joh. Melchior, Bsch Mecklenbeck No 12	63	9 Mertens
Rotert, Joh. Melchior, Bsch Mecklenbeck No 12	75	9 Mertens
Rotert, Joh. Melchior, Bsch Mecklenbeck No 12	60 neu	11 Untied
Rotert, Joh. Melchior, Bsch Mecklenbeck No 12	40	12 Mecklenbeck
Rotert, Joh. Melchior, Bsch Mecklenbeck No 12	55	12 Mecklenbeck
Rotert, Joh. Melchior, Bsch Mecklenbeck No 12	58	12 Mecklenbeck
Rotert, Joh. Melchior, Bsch Mecklenbeck No 12	59	12 Mecklenbeck
Rotert, Joh. Melchior, Bsch Mecklenbeck No 12	62	12 Mecklenbeck
Rotert, Joh. Melchior, Bsch Mecklenbeck No 12	64	12 Mecklenbeck
Rotert, Joh. Melchior, Bsch Mecklenbeck No 12	80	12 Mecklenbeck
Rotert, Joh. Melchior, Bsch Mecklenbeck No 12	84	12 Mecklenbeck
Rotert, Joh. Melchior, Bsch Mecklenbeck No 12	98	12 Mecklenbeck
Rotert, Joh. Melchior, Bsch Mecklenbeck No 12	112	12 Mecklenbeck
Rotert, Joh. Melchior, Bsch Mecklenbeck No 12	113	12 Mecklenbeck
Rotert, Joh. Melchior, Bsch Mecklenbeck No 12	114	12 Mecklenbeck
Rotert, Joh. Melchior, Bsch Mecklenbeck No 12	115	12 Mecklenbeck
Rotert, Joh. Melchior, Bsch Mecklenbeck No 12	116	12 Mecklenbeck
Rotert, Joh. Melchior, Bsch Mecklenbeck No 12	146	12 Mecklenbeck
Rotert, Joh. Melchior, Bsch Mecklenbeck No 12	155	12 Mecklenbeck
Rotert, Joh. Melchior, Bsch Mecklenbeck No 12	201 neu	12 Mecklenbeck
Rotert, Joh. Melchior, Bsch Mecklenbeck No 12	212	12 Mecklenbeck
Rotert, Joh. Melchior, Bsch Mecklenbeck No 6, (Pächter) Wechelmann, Casper, Bsch Mecklenbeck No 6	76	9 Mertens
Rotert, Joh., Bsch Mecklenbeck No 12	22	10 Galgheide
Rotert, Joh., Bsch Mecklenbeck No 12	33	10 Galgheide
Rotert, Joh., Bsch Mecklenbeck No 12	34	10 Galgheide
Rotert, Joh., Bsch Mecklenbeck No 12	19-4	11 Untied

Eigentümer mit Katastralnr. (Haus/Hofnr.) in den Bauerschaften (Bsch)	Par-zellen-nummer	Gemeinde Lamberti, Flurnummer u. Name der Flurkarte
Rothmann *Rottmann,* Joh. Heinr., Bsch Geist No 28	5	5 Loddenheide
Rothmann *Rottmann,* Joh. Heinr., Bsch Geist No 28	33	5 Loddenheide
Rotmann *Rott-,* Joh. Heinr.,Bsch Geist No 28	336	6 Geist I
Rottmann *Rodmann,* Joh. Heinr., Bsch Geist 28	68	6 Geist I
Rottmann *Rodmann*, Joh. Heinr., Bsch Geist No 28	26	6 Geist I
Rottmann *Rodmann,* Joh. Heinr., Bsch Geist No 28	27	6 Geist I
Rottmann, Joh. Heinr., Bsch Geist 28	55	6 Geist I
Rottmann, Joh. Heinr., Bsch Geist 28	65	6 Geist I
Rottmann, Joh. Heinr., Bsch Geist 28	323	6 Geist I
Rottmann, Joh. Heinr., Bsch Geist 28	331	6 Geist I
Rottmann, Joh. Heinr., Bsch Geist 28	341	6 Geist I
Rottmann, Joh. Heinr., Bsch Geist 28	315	6 Geist I
Rottmann, Joh. Heinr., Bsch Geist 28	312	6 Geist I
Rottmann, Joh. Heinr., Bsch Geist 28	377	6 Geist I
Rottmann, Joh. Heinr., Bsch Geist 28	387	6 Geist I
Rottmann, Joh. Heinr., Bsch Geist 28	388	6 Geist I
Rottmann, Joh. Heinr., Bsch Geist 28	395	6 Geist I
Rottmann, Joh. Heinr., Bsch Geist 28	396	6 Geist I
Rottmann, Joh. Heinr., Bsch Geist 28	397	6 Geist I
Rottmann, Joh. Heinr., Bsch Geist 28	398	6 Geist I
Rottmann, Joh. Heinr., Bsch Geist 28	399	6 Geist I
Rottmann, Joh. Heinr., Bsch Geist 28	400	6 Geist I
Rottmann, Joh. Heinr., Bsch Geist 28	401	6 Geist I
Rottmann, Joh. Heinr., Bsch Geist 28	402	6 Geist I
Rottmann, Joh. Heinr., Bsch Geist No 28	33	5 Loddenheide
Rottmann, Joh. Heinr., Bsch Geist No 28	163	6 Geist I
Rottmann, Joh. Heinr., Bsch Geist No 28	165	6 Geist I
Rottmann, Joh. Heinr., Bsch Geist No 28	177	6 Geist I
Rottmann, Joh. Heinr., Bsch Geist No 28	178	6 Geist I
Rottmann, Joh. Heinr., Bsch Geist No 28	199	6 Geist I
Rottmann, Joh. Heinr., Bsch Geist No 28	200-1	6 Geist I
Rottmann, Joh. Heinr., Bsch Geist No 28	230	6 Geist I
Rottmann, Joh. Heinr., Bsch Geist No 28	233	6 Geist I
Rottmann, Joh. Heinr., Bsch Geist No 28	252-1	6 Geist I
Rottmann, Joh. Heinr., Bsch Geist No 28	252-2	6 Geist I
Rottmann, Joh. Heinr., Bsch Geist No 28	289	6 Geist I
Rottmann, Joh. Heinr., Bsch Geist No 28	292	6 Geist I
Rottmann, Joh. Heinr., Bsch Geist No 28	295	6 Geist I
Rottmann, Joh. Heinr., Bsch Geist No 28	305	6 Geist I
Rottmann, Joh. Heinr., Bsch Geist No 28	341	6 Geist I

Eigentümer mit Katastralnr. (Haus/Hofnr.) in den Bauerschaften (Bsch)	Par-zellen-nummer	Gemeinde Lamberti, Flurnummer u. Name der Flurkarte
Rottmann, Joh. Heinr., Bsch Geist No 28	223	7 Geist II
Rottmann, Joh. Heinr., Bsch Geist No 28	230	7 Geist II
Rottmann, Joh. Heinr., Bsch Geist No 28	293	7 Geist II
Rottmann, Joh. Heinr., Bsch Geist No 28	297	7 Geist II
Rottmann, Joh. Heinr., Bsch Geist No 28	301	7 Geist II
Rottmann, Joh. Heinr., Bsch Geist No 28	303	7 Geist II
Rottmann, Joh. Heinr., Bsch Geist No 28	315	7 Geist II
Rottmann, Joh. Heinr., Bsch Geist No 28	316	7 Geist II
Rottmann, Joh. Heinr., Bsch Geist No 28	323	7 Geist II
Rottmann, Joh. Heinr., Bsch Geist No 28	324	7 Geist II
Rottmann, Joh. Heinr., Bsch Geist No 28	343	7 Geist II
Rottmann, Joh. Heinr., Bsch Geist No 28	344	7 Geist II
Rottmann, Joh. Heinr., Bsch Geist No 28	347	7 Geist II
Rottmann, Joh. Heinr., Bsch Geist No 28	348	7 Geist II
Rottmann, Joh. Heinr., Bsch Geist No 28	356	7 Geist II
Rottmann, Joh. Heinr., Bsch Geist No 28	369	7 Geist II
Rüden, Witwe, zu Münster, Aegidistr. No 128	182	1 Althoff
Rüwell *Ruwell,* zu Münster, Königsstr. No 276	407	1 Althoff
S		
Saltz, Witwe, Reg-Bote, zu Münster, Breite Stiege *Gasse*	169	1 Althoff
Säpers *Schäpers,* Wilh., Zimmermann, Bsch Geist	299	1 Althoff
Säpers *Schäpers,* Wilh., Zimmermann, Bsch Geist	300	1 Althoff
Sauerland, Witwe, Ludgeristr. No 189	523	1 Althoff
Sauerland, Witwe, zu Münster, Ludgeristr. No 189	478	1 Althoff
Sauermann, Heinr., zu Münster, Klosterstr. No 227	630	1 Althoff
Schaale, Carl, zu Münster, Roggenmarkt No 11	642	1 Althoff
Schauff, Joh., zu Münster, Krumme Gasse No 430 Aegidistr.	270	1 Althoff
Schaus, A., zu Münster, im Drubbel	615	1 Althoff
Scheffer, Reg.-Rat, zu Münster	187	1 Althoff
Scheffer, Witwe, zu Münster, Loerstr. No 293	480	1 Althoff
Scheffer-Boichorst, Bernh., zu Münster, alten Steinweg	183	1 Althoff
Scheffer-Boichorst, Fried., Domainenrat, zu Münster, *am Servatitor*	608	1 Althoff
Scheffer-Boichorst, Fried., Domainenrat, zu Münster, *am Servatitor*	609	1 Althoff
Scheffer-Boichorst, Fried., Domainenrat, zu Münster, *am Servatitor*	610	1 Althoff
Scheffer-Boichorst, Fried., Domainenrat, zu Münster, *am Servatitor*	58	2 Haferland

Eigentümer mit Katastralnr. (Haus/Hofnr.) in den Bauerschaften (Bsch)	Par-zellen-nummer	Gemeinde Lamberti, Flurnummer u. Name der Flurkarte
Scheffer-Boichorst, Fried., Domainenrat, zu Münster, *am Servatitor*	60	2 Haferland
Scheffer-Boichorst, Jos., zu Münster, alten Steinweg No 404	62	2 Haferland
Scheffer-Boighorst, Jos, zu Münster, alten Steinweg No 404	65	2 Haferland
Scheffer-Boichorst, Oberlandes-Gerichts-präsidet, zu Münster, Neubrückenstr.	63	2 Haferland
Scheffer-Boichorst, Oberlandes-Gerichts-präsidet, zu Münster, Neubrückenstr.	191	8 Friedrichsburg
Scheloer, Witwe, zu Münster	161	1 Althoff
Schepers *Schäfers,* Notar, zu Münster	28	10 Galgheide
Schepers, Notar, zu Münster, Jüdefelder Str.	263	7 Geist II
Schepers, Notar, zu Münster, Jüdefelder Str.	285	7 Geist II
Schepers, Notar, zu Münster, Jüdefelder Str.	1	10 Galgheide
Schepers, Notar, zu Münster, Jüdefelder Str.	2	10 Galgheide
Schepers, Notar, zu Münster, Jüdefelder Str.	3	10 Galgheide
Schepers, Notar, zu Münster, Jüdefelder Str.	16	10 Galgheide
Schepers, Notarius, zu Münster, Jüdefelder Str.	18-4	10 Galgheide
Schlemmer, Anton, Pächter im Großen Armenhaus, No 339	574	1 Althoff
Schlichter, Joh. Heinr., Eisenhändler, zu Münster, Ludgeristr. No 164	3	6 Geist I
Schlichter, Joh. Heinr., Eisenhändler, zu Münster, Ludgeristr. No 164	4	6 Geist I
Schlichter, Joh. Heinr., Eisenhändler, zu Münster, Ludgeristr. No 164	5	6 Geist I
Schlichter, Joh. Heinr., zu Münster, Ludgeri-str. No 164	294	1 Althoff
Schlichter, Joh. Heinr., zu Münster, Ludgeri-str. No 164	468	1 Althoff
Schlichter, Joh. Heinr., zu Münster, Ludgeri-str. No 164	166	7 Geist II
Schlichter, Joh. Heinr., zu Münster, Ludgeri-str. No 164	218	7 Geist II
Schlüter, Wilh., Kaufmann, Witwe, zu Müns-ter, Ludgeri-Kirchhof No 206	404	1 Althoff
Schlüter, Wilh., seel. Witwe, Kaufmann, zu Münster, Ludgeri-Kirchhoff No 206	83	2 Haferland
Schlüter, Wilh., seel. Witwe, Kaufmann, zu Münster, Ludgeri-Kirchhof No 206	239	1 Althoff
Schlüter, Wilh., seel. Witwe, Kaufmann, zu Münster, Ludgeri-Kirchhof No 206	190	1 Althoff
Schmedding, (Adolph), Weinhändler, (zu Münster), Prinzipalmarkt No 8	589	1 Althoff
Schmedding, Weinhändler, zu Münster, Prinzipalmarkt No 8	31	6 Geist I
Schmedding, Weinhändler, zu Münster, Prinzipalmarkt No 8	63	6 Geist I
Schmedding, Adolph, zu Münster, aufm Prinzipalmarkt No 8	150	7 Geist II

Eigentümer mit Katastralnr. (Haus/Hofnr.) in den Bauerschaften (Bsch)	Par-zellen-nummer	Gemeinde Lamberti, Flurnummer u. Name der Flurkarte
Schmedding, Adolph, zu Münster, Prinzipalmarkt No 8	593	1 Althoff
Schmedding, Adolph, zu Münster, Prinzipalmarkt No 8	33	7 Geist II
Schmedding, Adolph, zu Münster, Prinzipalmarkt No 8	41	7 Geist II
Schmedding, Philippina *Josephine,* Erben, zu Münster	142	8 Friedrichsburg
Schmedding, Weinhändler, zu Münster, zu Fustrups Colonat, zum Erbe Vantrups in Albachten gehörig	1	11 Untied
Schmiemann, Joh. Heinr., Bsch Mecklenbeck No 6	2	9 Mertens
Schmiemann, Joh. Heinr., Bsch Mecklenbeck No 6	7	9 Mertens
Schmiemann, Joh. Heinr., Bsch Mecklenbeck No 6	11	9 Mertens
Schmiemann, Joh. Heinr., Bsch Mecklenbeck No 6	12	9 Mertens
Schmiemann, Joh. Heinr., Bsch Mecklenbeck No 6	13	9 Mertens
Schmiemann, Joh. Heinr., Bsch Mecklenbeck No 6	14	9 Mertens
Schmiemann, Joh. Heinr., Bsch Mecklenbeck No 6	15	9 Mertens
Schmiemann, Joh. Heinr., Bsch Mecklenbeck No 6	22	9 Mertens
Schmiemann, Joh. Heinr., Bsch Mecklenbeck No 6	24	9 Mertens
Schmiemann, Joh. Heinr., Bsch Mecklenbeck No 6	25	9 Mertens
Schmiemann, Joh. Heinr., Bsch Mecklenbeck No 6	36	9 Mertens
Schmiemann, Joh. Heinr., Bsch Mecklenbeck No 6	64	9 Mertens
Schmiemann, Joh. Heinr., Bsch Mecklenbeck No 6	70	9 Mertens
Schmiemann, Joh. Heinr., Bsch Mecklenbeck No 6	78	9 Mertens
Schmiemann, Joh. Heinr., Bsch Mecklenbeck No 6	24	10 Galgheide
Schmiemann, Joh. Heinr., Bsch Mecklenbeck No 6	37	10 Galgheide
Schmiemann, Joh. Heinr., Bsch Mecklenbeck No 6	19-9	11 Untied
Schmiemann, Joh. Heinr., Bsch Mecklenbeck No 6	34-4	11 Untied
Schmiemann, Joh. Heinr., Bsch Mecklenbeck No 6	35	11 Untied
Schmiemann, Joh. Heinr., Bsch Mecklenbeck No 6	44	11 Untied
Schmiemann, Joh. Heinr., Bsch Mecklenbeck No 6	49	11 Untied
Schmiemann, Joh. Heinr., Bsch Mecklenbeck No 6	50 neu	11 Untied

Eigentümer mit Katastralnr. (Haus/Hofnr.) in den Bauerschaften (Bsch)	Par-zellen-nummer	Gemeinde Lamberti, Flurnummer u. Name der Flurkarte
Schmiemann, Joh. Heinr., Bsch Mecklenbeck No 6	57 neu	11 Untied
Schmiemann, Joh. Heinr., Bsch Mecklenbeck No 6	66 neu	11 Untied
Schmiemann, Joh. Heinr., Bsch Mecklenbeck No 6	4	12 Mecklenbeck
Schmiemann, Joh. Heinr., Bsch Mecklenbeck No 6	137	12 Mecklenbeck
Schmiemann, Joh. Heinr., Bsch Mecklenbeck No 6	140	12 Mecklenbeck
Schmiemann, Joh. Heinr., Bsch Mecklenbeck No 6	141	12 Mecklenbeck
Schmiemann, Joh. Heinr., Bsch Mecklenbeck No 6	142	12 Mecklenbeck
Schmiemann, Joh. Heinr., Bsch Mecklenbeck No 6	143	12 Mecklenbeck
Schmiemann, Joh. Heinr., Bsch Mecklenbeck No 6	144	12 Mecklenbeck
Schmiemann, Joh. Heinr., Bsch Mecklenbeck No 6	215 neu	12 Mecklenbeck
Schmiemann, Joh. Heinr., Bsch Mecklenbeck No 6	216 neu	12 Mecklenbeck
Schmitz, Witwe, zu Münster, Loerstr. No 300	201	1 Althoff
Schneiderkötter *Schniederskötter,* Bernh. Heinr., Bsch Geist *Delstrup* No 10	146	6 Geist I
Schölling, Casper, zu Münster, Aegidistr.	143	8 Friedrichsburg
Schölling, zu Münster, Aegidistr.	196	8 Friedrichsburg
Schopmann, Kötter,Bsch Mecklenbeck, Haus	36	11 Untied
Schopmann *Schoschmann,* Wilh., Müller	11-2	6 Geist I
Schopmann, Wilh., *Müller, zu Lamberti*	211	1 Althoff
Schopmann, Wilh., *Müller, zu Lamberti*	212	1 Althoff
Schopmann, Wilh., Müller, *zu Lamberti*	11-1	6 Geist I
Schopmann, Wilh., *Müller,* zu Lamberti	73	7 Geist II
Schröder, Mathias, zu Münster, im Hals No 305	289	1 Althoff
Schröder, Mathias, zu Münster, im Hals No 305	290	1 Althoff
Schröder, Mathias, zu Münster, im Hals No 305	291	1 Althoff
Schröder, Mathias, zu Münster, im Hals No 305	292	1 Althoff
Schröder, Mathias, zu Münster, im Hals No 305	293	1 Althoff
Schrott *Schrot,* Casper, zu Münster, Werninsgasse, Lindenkamp, Witwe, Ludgeristr.	140	1 Althoff
Schrott *Schrot,* Casper, zu Münster, Werninsgasse, Lindenkamp, Witwe, Ludgeristr.	141	1 Althoff
Schrott *Schrot,* Casper, zu Münster, Werninsgasse, Lindenkamp, Witwe, Ludgeristr.	142	1 Althoff
Schrott *Schrot,* Casper, zu Münster, Werninsgasse, Lindenkamp, Witwe, Ludgeristr.	143	1 Althoff

Eigentümer mit Katastralnr. (Haus/Hofnr.) in den Bauerschaften (Bsch)	Par-zellen-nummer	Gemeinde Lamberti, Flurnummer u. Name der Flurkarte
Schücking, Gerh., Kaufmann, zu Münster, aufm Markt No 37	180	1 Althoff
Schule zu Mecklenbeck	8	12 Mecklenbeck
Schule zu Mecklenbeck	123	12 Mecklenbeck
Schulte Althof *Althoff,* zu Angelmodde	49	5 Loddenheide
Schulte Dernebocholt, zu Alberslohe	45	5 Loddenheide
Schulte Dernebocholt, zu Alberslohe	48	5 Loddenheide
Schulte Niehoff, zu Kirchspiel Angelmodde	85	4 Averkamp
Schulte Niehoff, zu Kirchspiel Angelmodde	66	5 Loddenheide
Schulte, Theod., Bsch Mecklenbeck No 1	24	8 Friedrichsburg
Schulte, Theod., Bsch Mecklenbeck No 1	19	8 Friedrichsburg
Schulte, Theod., Bsch Mecklenbeck No 1	20	8 Friedrichsburg
Schulte, Theod., Bsch Mecklenbeck No 1	21	8 Friedrichsburg
Schulte, Theod., Bsch Mecklenbeck No 1	22	8 Friedrichsburg
Schulte, Theod., Bsch Mecklenbeck No 1	23	8 Friedrichsburg
Schulte, Theod., Bsch Mecklenbeck No 1	25	8 Friedrichsburg
Schulte, Theod., Bsch Mecklenbeck No 1	26	8 Friedrichsburg
Schulte, Theod., Bsch Mecklenbeck No 1	28	8 Friedrichsburg
Schulte, Theod., Bsch Mecklenbeck No 1	29	8 Friedrichsburg
Schulte, Theod., Bsch Mecklenbeck No 1	58	8 Friedrichsburg
Schultmann, Joh. Heinr., (Bsch Mecklenbeck) No 18	19-1	10 Galgheide
Schultmann, Joh. Heinr., Bsch Mecklenbeck No 18	29	10 Galgheide
Schultmann, Joh. Heinr., Bsch Mecklenbeck No 18	13	12 Mecklenbeck
Schultmann, Joh. Heinr., Bsch Mecklenbeck No 18	14	12 Mecklenbeck
Schultmann, Joh. Heinr., Bsch Mecklenbeck No 18	15	12 Mecklenbeck
Schultmann, Joh. Heinr., Bsch Mecklenbeck No 18	16	12 Mecklenbeck
Schultmann, Joh. Heinr., Bsch Mecklenbeck No 18	17	12 Mecklenbeck
Schultmann, Joh. Heinr., Bsch Mecklenbeck No 18	18	12 Mecklenbeck
Schultmann, Joh. Heinr., Bsch Mecklenbeck No 18	19	12 Mecklenbeck
Schultmann, Joh. Heinr., Bsch Mecklenbeck No 18	20	12 Mecklenbeck
Schultmann, Joh. Heinr., Bsch Mecklenbeck No 18	21	12 Mecklenbeck
Schultmann, Joh. Heinr., Bsch Mecklenbeck No 18	22	12 Mecklenbeck
Schultmann, Joh. Heinr., Bsch Mecklenbeck No 18	23	12 Mecklenbeck
Schultmann, Joh. Heinr., Bsch Mecklenbeck No 18	160	12 Mecklenbeck
Schultmann, Joh. Heinr., Bsch Mecklenbeck No 18	163	12 Mecklenbeck

Eigentümer mit Katastralnr. (Haus/Hofnr.) in den Bauerschaften (Bsch)	Parzellennummer	Gemeinde Lamberti, Flurnummer u. Name der Flurkarte
Schultmann, Joh. Heinr., Bsch Mecklenbeck No 18	164	12 Mecklenbeck
Schultmann, Joh. Heinr., Bsch Mecklenbeck No 18	165	12 Mecklenbeck
Schultmann, Joh. Heinr., Bsch Mecklenbeck No 18	167	12 Mecklenbeck
Schultmann, Joh. Heinr., Bsch Mecklenbeck No 18	193	12 Mecklenbeck
Schultmann, Joh. Heinr., Bsch Mecklenbeck No 18	194 neu	12 Mecklenbeck
Schultmann, Joh. Heinr., Bsch Mecklenbeck No 18	202 neu	12 Mecklenbeck
Schultmann, Joh. Heinr., Pächter Plettner *Plettzer,* Anton, Kötter, Bsch Mecklenbeck No 24	58	9 Mertens
Schultmann, Joh. Heinr., Pächter Plettner, Anton, Bsch Mecklenbeck No 24	59	9 Mertens
Schultmann, Joh. Heinr., Pächter Plettner, Anton, Bsch Mecklenbeck No 24	60	9 Mertens
Schultmann, Joh. Heinr., Pächter Plettner, Anton, Bsch Mecklenbeck No 24	61	9 Mertens
Schultmann, Joh. Heinr., Bsch Mecklenbeck No 18	19 -13	11 Untied
Schultmann, Joh. Heinr., Bsch Mecklenbeck No 18	23	11 Untied
Schultmann, Joh. Heinr., Bsch Mecklenbeck No 18	25	11 Untied
Schultmann, Joh. Heinr., Bsch Mecklenbeck No 18	30	11 Untied
Schulze Meckmann, Friedr., Bsch Mecklenbeck No 15, *siehe auch Meckmann*	19-7	11 Untied
Schulze Schulte Meckmann, Friedr., Bsch Mecklenbeck No 15, *siehe auch Meckmann*	11	11 Untied
Schulze Schulte Meckmann, Friedr., Bsch Mecklenbeck No 15, *siehe auch Meckmann*	12	11 Untied
Schulze Schulte Meckmann, Friedr., Bsch Mecklenbeck No 15, *siehe auch Meckmann*	21	11 Untied
Schulze Schulte Meckmann, Friedr., Bsch Mecklenbeck No 15, *siehe auch Meckmann*	2	12 Mecklenbeck
Schulze Schulte Meckmann, Friedr., Bsch Mecklenbeck No 15, *siehe auch Meckmann*	6	12 Mecklenbeck
Schulze Schulte Meckmann, Friedr., Bsch Mecklenbeck No 15, *siehe auch Meckmann*	7	12 Mecklenbeck
Schulze Schulte Meckmann, Friedr., Bsch Mecklenbeck No 15, *siehe auch Meckmann*	9	12 Mecklenbeck
Schulze Schulte Meckmann, Friedr., Bsch Mecklenbeck No 15, *siehe auch Meckmann*	10	12 Mecklenbeck
Schulze Schulte Meckmann, Friedr., Bsch Mecklenbeck No 15, *siehe auch Meckmann*	11	12 Mecklenbeck
Schulze Schulte Meckmann, Friedr., Bsch Mecklenbeck No 15, *siehe auch Meckmann*	12	12 Mecklenbeck
Schulze Schulte Meckmann, Friedr., Bsch Mecklenbeck No 15, *siehe auch Meckmann*	24	12 Mecklenbeck
Schulze Schulte Meckmann, Friedr., Bsch Mecklenbeck No 15, *siehe auch Meckmann*	25	12 Mecklenbeck

Eigentümer mit Katastralnr. (Haus/Hofnr.) in den Bauerschaften (Bsch)	Parzellennummer	Gemeinde Lamberti, Flurnummer u. Name der Flurkarte
Schulze Schulte Meckmann, Friedr., Bsch Mecklenbeck No 15, *siehe auch Meckmann*	26	12 Mecklenbeck
Schulze Schulte Meckmann, Friedr., Bsch Mecklenbeck No 15, *siehe auch Meckmann*	27	12 Mecklenbeck
Schulze Schulte Meckmann, Friedr., Bsch Mecklenbeck No 15, *siehe auch Meckmann*	28	12 Mecklenbeck
Schulze Schulte Meckmann, Friedr., Bsch Mecklenbeck No 15, *siehe auch Meckmann*	29	12 Mecklenbeck
Schulze Schulte Meckmann, Friedr., Bsch Mecklenbeck No 15, *siehe auch Meckmann*	30	12 Mecklenbeck
Schulze Schulte Meckmann, Friedr., Bsch Mecklenbeck No 15, *siehe auch Meckmann*	31	12 Mecklenbeck
Schulze Schulte Meckmann, Friedr., Bsch Mecklenbeck No 15, *siehe auch Meckmann*	32	12 Mecklenbeck
Schulze Schulte Meckmann, Friedr., Bsch Mecklenbeck No 15, *siehe auch Meckmann*	33	12 Mecklenbeck
Schulze Schulte Meckmann, Friedr., Bsch Mecklenbeck No 15, *siehe auch Meckmann*	34	12 Mecklenbeck
Schulze Schulte Meckmann, Friedr., Bsch Mecklenbeck No 15, *siehe auch Meckmann*	35	12 Mecklenbeck
Schulze Schulte Meckmann, Friedr., Bsch Mecklenbeck No 15, *siehe auch Meckmann*	36	12 Mecklenbeck
Schulze Schulte Meckmann, Friedr., Bsch Mecklenbeck No 15, *siehe auch Meckmann*	37	12 Mecklenbeck
Schulze Schulte Meckmann, Friedr., Bsch Mecklenbeck No 15, *siehe auch Meckmann*	38	12 Mecklenbeck
Schulze Schulte Meckmann, Friedr., Bsch Mecklenbeck No 15, *siehe auch Meckmann*	39	12 Mecklenbeck
Schulze Schulte Meckmann, Friedr., Bsch Mecklenbeck No 15, *siehe auch Meckmann*	42	12 Mecklenbeck
Schulze Schulte Meckmann, Friedr., Bsch Mecklenbeck No 15, *siehe auch Meckmann*	43	12 Mecklenbeck
Schulze Schulte Meckmann, Friedr., Bsch Mecklenbeck No 15, *siehe auch Meckmann*	66	12 Mecklenbeck
Schulze Schulte Meckmann, Friedr., Bsch Mecklenbeck No 15, *siehe auch Meckmann*	69	12 Mecklenbeck
Schulze Schulte Meckmann, Friedr., Bsch Mecklenbeck No 15, *siehe auch Meckmann*	71	12 Mecklenbeck
Schulze Schulte Meckmann, Friedr., Bsch Mecklenbeck No 15, *siehe auch Meckmann*	72	12 Mecklenbeck
Schulze Schulte Meckmann, Friedr., Bsch Mecklenbeck No 15, *siehe auch Meckmann*	73	12 Mecklenbeck
Schulze Schulte Meckmann, Friedr., Bsch Mecklenbeck No 15, *siehe auch Meckmann*	81	12 Mecklenbeck
Schulze Schulte Meckmann, Friedr., Bsch Mecklenbeck No 15, *siehe auch Meckmann*	102	12 Mecklenbeck
Schulze Schulte Meckmann, Friedr., Bsch Mecklenbeck No 15, *siehe auch Meckmann*	105	12 Mecklenbeck
Schulze Schulte Meckmann, Friedr., Bsch Mecklenbeck No 15, *siehe auch Meckmann*	161	12 Mecklenbeck
Schulze Schulte Meckmann, Friedr., Bsch Mecklenbeck No 15, *siehe auch Meckmann*	162	12 Mecklenbeck
Schulze Schulte Meckmann, Friedr., Bsch Mecklenbeck No 15, *siehe auch Meckmann*	199 neu	12 Mecklenbeck

Eigentümer mit Katastralnr. (Haus/Hofnr.) in den Bauerschaften (Bsch)	Parzellennummer	Gemeinde Lamberti, Flurnummer u. Name der Flurkarte
Schulze Schulte Meckmann, Friedr., Bsch Mecklenbeck No 15, (Pächter?) Edeöer. Wilh. Heinr., Bsch Mecklenbeck No 35, *siehe auch Meckmann*	20	11 Untied
Schulze Schulte Meckmann, Friedr., Bsch Mecklenbeck No 15, Zeitpächter Mersmann, Theod., Bsch Mecklenbeck No 157, siehe auch Meckmann	70	12 Mecklenbeck
Schumacher, Erben, Blechschläger, zu Münster	303	1 Althoff
Schumacher, Erben, zu Münster	302	1 Althoff
Schürmann, Anton, zu Münster, Ludgeristr. No 213	479	1 Althoff
Schürmann, Jos., zu Münster, Aegidistr. No 61	101	8 Friedrichsburg
Schürmann, Theod., zu Münster, Klemenzstr. No 132	708	1 Althoff
Schwarze *Schwartze,* Witwe, zu Münster, Ludgeri-Laischaft	51	7 Geist II
Schwarze, Bsch Mecklenbeck	15-4	10 Galgheide
Schwarze, Bsch Mecklenbeck	15-5	10 Galgheide
Schweling *Schwerling,* verwitwete Bürgermeisterin, zu Münster, Neubrückenstr. No 181	264	1 Althoff
Schweling, Gograf, zu Münster, St. Mauritz	173	6 Geist I
Schweling, Gograf, zu Münster, St. Mauritz	205	6 Geist I
Schweling, Justiz-Commissair, zu Münster, Rothenburg	71	6 Geist I
Schwermann, zu Münster	116	8 Friedrichsburg
Schwermann, zu Münster	117	8 Friedrichsburg
Schwick, Geschwister, zu Münster, Lamberti-Laischaft 406, Alten Steinweg	284	7 Geist II
Seminarium zu Münster	36	7 Geist II
Seminarium, zu Münster	157	1 Althoff
Seveneick, Doktor, zu Münster, Rothenburg No 23	198	1 Althoff
Sichmann *Theer,* Bernh., Bsch Geist	171	8 Friedrichsburg
Sichmann, Bernh., Bsch Geist	170	8 Friedrichsburg
Siemers, Witwe, zu Münster, Loerstr. No 295	702	1 Althoff
Sprickmann Kerkerinck, Prof., zu Münster	286	7 Geist II
Stadt Münster	18	1 Althoff
Stadt Münster	177-2	1 Althoff
Stadt Münster	177-3	1 Althoff
Stadt Münster	209	1 Althoff
Stadt Münster	210	1 Althoff
Stadt Münster	213	1 Althoff
Stadt Münster	461	1 Althoff
Stadt Münster	462	1 Althoff
Stadt Münster	463	1 Althoff
Stadt Münster	714	1 Althoff

Eigentümer mit Katastralnr. (Haus/Hofnr.) in den Bauerschaften (Bsch)	**Par-zellen-nummer**	**Gemeinde Lamberti,** Flurnummer u. Name der Flurkarte
Stadt Münster	201	6 Geist
Stadt Münster	204	8 Friedrichsburg
Stadt Münster	205	8 Friedrichsburg
Stadt Münster	207	8 Friedrichsburg
Stähler, Bernh. Heinr., zu Hiltrup No 12	276	7 Geist II
Stähler, Bernh. Heinr., zu Hiltrup No 12	282	7 Geist II
Starcke *Starke,* Anton, Fassbinder, zu Münster, Lütken Stiege No 135	187	8 Friedrichsburg
Starpe, Joh., *siehe Delius*	231-1	6 Geist
Starpe, Joh., *siehe Delius*	231-2	6 Geist
Steinhoff, *Joh.* Wilh., zu Unna	187	7 Geist II
Steinlage, Nicolaus Joh., Bsch Geist	10	6 Geist
Steinlage, Nicolaus Joh., Bsch Geist	65	7 Geist II
Steinlage, Nicolaus Joh., Bsch Geist	66	7 Geist II
Steinlage, Nicolaus Joh., Bsch Geist	69	7 Geist II
Sterneberg *Sternenberg,* Anton Bern., zu Münster, Ludgeristr. No 141	712	1 Althoff
Sterneberg, Witwe, zu Münster, Königstr.	192	1 Althoff
Stertmann, Joh. Herm., Kirchspiel Hiltrup No 33	42	5 Loddenheide
Stertmann, Joh. Herm., Kirchspiel Hiltrup No 33	334	6 Geist
Stilhoff *Stielhoff,* Joh., Bsch Mecklenbeck No 27, Haus	85	9 Mertens
Stienen, Ludwig, zu Münster, Ludgeri-Laischaft No 28	484	1 Althoff
Straßenfischer, Anton, Bsch Geist	193	8 Friedrichsburg
Straßenfischer, Anton, Bsch Geist	192	8 Friedrichsburg
Stratmann, Messionaricus in Rom, Emonitor, Klaverkampf, Kaufmann, Ludgeristr.	94	6 Geist
Strotkamp, Bernh., Oberlandes-Gerichts-Bote, zu Münster, Sonnenstr. *Sandstr.* No 262	631	1 Althoff
Studienfond zu Münster, Kentling, Rentmeister	62	6 Geist
Studienfond zu Münster, Kentling, Rentmeister	15-1	6 Geist
Studienfond zu Münster, Kentling, Rentmeister	16	6 Geist
Studienfond zu Münster, Kentling, Rentmeister	17	6 Geist
Studienfond zu Münster, Kentling, Rentmeister	19	6 Geist
Studienfond zu Münster, Kentling, Rentmeister	20	6 Geist
Studienfond zu Münster, Kentling, Rentmeister	21	6 Geist
Studienfond zu Münster, Kentling, Rentmeister	33	6 Geist
Studienfond zu Münster, Kentling, Rentmeister	36	6 Geist

Eigentümer mit Katastralnr. (Haus/Hofnr.) in den Bauerschaften (Bsch)	**Par-zellen-nummer**	**Gemeinde Lamberti,** Flurnummer u. Name der Flurkarte
Studienfond zu Münster, Kentling, Rentmeister	51	6 Geist
Studienfond zu Münster, Kentling, Rentmeister	56	6 Geist
Studienfond zu Münster, Kentling, Rentmeister	73	6 Geist
Studienfond zu Münster, Kentling, Rentmeister	78	6 Geist
Studienfond zu Münster, Kentling, Rentmeister	95	6 Geist
Studienfond zu Münster, Kentling, Rentmeister	138	6 Geist
Studienfond zu Münster, Kentling, Rentmeister	143	6 Geist
Studienfond zu Münster, Kentling, Rentmeister	157	6 Geist
Studienfond zu Münster, Kentling, Rentmeister	160	6 Geist
Studienfond zu Münster, Kentling, Rentmeister	174	6 Geist
Studienfond zu Münster, Kentling, Rentmeister	176	6 Geist
Studienfond zu Münster, Kentling, Rentmeister	213	6 Geist
Studienfond zu Münster, Kentling, Rentmeister	214	6 Geist
Studienfond zu Münster, Kentling, Rentmeister	217	6 Geist
Studienfond zu Münster, Kentling, Rentmeister	238	6 Geist
Studienfond zu Münster, Kentling, Rentmeister	242	6 Geist
Studienfond zu Münster, Kentling, Rentmeister	244	6 Geist
Studienfond zu Münster, Kentling, Rentmeister	44	7 Geist II
Studienfond zu Münster, Kentling, Rentmeister	46	7 Geist II
Studienfond zu Münster, Kentling, Rentmeister	48	7 Geist II
Studienfond zu Münster, Kentling, Rentmeister	60	7 Geist II
Studienfond zu Münster, Kentling, Rentmeister	167	7 Geist II
Studienfond zu Münster, Kentling, Rentmeister	170	7 Geist II
Studienfond zu Münster, Kentling, Rentmeister	172	7 Geist II
Studienfond zu Münster, Kentling, Rentmeister	175	7 Geist II
Studienfond zu Münster, Kentling, Rentmeister	179	7 Geist II
Studienfond zu Münster, Kentling, Rentmeister	181	7 Geist II

Eigentümer mit Katastralnr. (Haus/Hofnr.) in den Bauerschaften (Bsch)	**Par-zellen-nummer**	**Gemeinde Lamberti,** Flurnummer u. Name der Flurkarte
Studienfond zu Münster, Kentling, Rentmeister	185	7 Geist II
Studienfond zu Münster, Kentling, Rentmeister	186	7 Geist II
Studienfond zu Münster, Kentling, Rentmeister	200	7 Geist II
Studienfond zu Münster, Kentling, Rentmeister	206	7 Geist II
Studienfond zu Münster, Kentling, Rentmeister	212	7 Geist II
Studienfond zu Münster, Kentling, Rentmeister	221	7 Geist II
Studienfond zu Münster, Kentling, Rentmeister	233	7 Geist II
Studienfond zu Münster, Kentling, Rentmeister	239	7 Geist II
Studienfond zu Münster, Kentling, Rentmeister	243	7 Geist II
Studienfond zu Münster, Kentling, Rentmeister	255	7 Geist II
Studienfond zu Münster, Kentling, Rentmeister	259	7 Geist II
Studienfond zu Münster, Kentling, Rentmeister	264	7 Geist II
Studienfond zu Münster, Kentling, Rentmeister	268	7 Geist II
Studienfond zu Münster, Kentling, Rentmeister	271	7 Geist II
Studienfond zu Münster, Kentling, Rentmeister	277	7 Geist II
Studienfond zu Münster, Kentling, Rentmeister	283	7 Geist II
Studienfond zu Münster, Kentling, Rentmeister	290	7 Geist II
Studienfond zu Münster, Kentling, Rentmeister	30	8 Friedrichsburg
Studienfond zu Münster, Kentling, Rentmeister	42	8 Friedrichsburg
Studienfond zu Münster, Kentling, Rentmeister	43-1	8 Friedrichsburg
Studienfond zu Münster, Kentling, Rentmeister	44	8 Friedrichsburg
Studienfond zu Münster, Kentling, Rentmeister	50	8 Friedrichsburg
Studienfond zu Münster, Kentling, Rentmeister	52	8 Friedrichsburg
Studienfond, zu Münster, Kentling, Rentmeister	400	1 Althoff
Studienfond, zu Münster, Kentling Rentmeister	665	1 Althoff
Studienfond, zu Münster, Kentling Rentmeister	666	1 Althoff
Studienfond, zu Münster, Kentling, Rentmeister	415	1 Althoff

Eigentümer mit Katastralnr. (Haus/Hofnr.) in den Bauerschaften (Bsch)	Parzellennummer	Gemeinde Lamberti, Flurnummer u. Name der Flurkarte
Studienfond, zu Münster, Kentling, Rentmeister	416	1 Althoff
Studienfond, zu Münster, Kentling, Rentmeister	417	1 Althoff
Studienfond, zu Münster, Kentling, Rentmeister	418	1 Althoff
Studienfond, zu Münster, Kentling, Rentmeister	419	1 Althoff
Studienfond, zu Münster, Kentling, Rentmeister	420	1 Althoff
Studienfond, zu Münster, Kentling, Rentmeister	421	1 Althoff
Studienfond, zu Münster, Kentling, Rentmeister	422	1 Althoff
Studienfond, zu Münster, Kentling, Rentmeister	423	1 Althoff
Studienfond, zu Münster, Kentling, Rentmeister	424	1 Althoff
Studienfond, zu Münster, Kentling, Rentmeister	425	1 Althoff
Studienfond, zu Münster, Kentling, Rentmeister	426	1 Althoff
Studienfond, zu Münster, Kentling, Rentmeister	427	1 Althoff
Studienfond, zu Münster, Kentling, Rentmeister	428	1 Althoff
Studienfond, zu Münster, Kentling, Rentmeister	429	1 Althoff
Studienfond, zu Münster, Kentling, Rentmeister	430	1 Althoff
Studienfond, zu Münster, Kentling, Rentmeister	431	1 Althoff
Studienfond, zu Münster, Kentling, Rentmeister	432	1 Althoff
Studienfond, zu Münster, Kentling, Rentmeister	433	1 Althoff
T		
Teissing, Frau, Lieutenantin, zu Münster, am Prinzipalmarkt	641	1 Althoff
Terbille, Casper, zu Münster, Loerstr. No 312	691	1 Althoff
Terbille, Casper, zu Münster, Loerstr. No 312	692	1 Althoff
Tergeist, Erben (Lohaus u. Vonnegut), zu Münster	624	1 Althoff
Tergeist, Erben (Lohaus u. Vonnegut), zu Münster	680	1 Althoff
Tergeist, Erben, Lohaus u. Vonnegut, zu Münster, im Drubbel	685	1 Althoff
Theissing, Bernh., zu Münster, Prinzipalmarkt No 21	168	7 Geist II
Theissing, Heinr., Ludgeristr. No 192	522	1 Althoff
Theissing, Heinr., zu Münster Ludgeristr. No 192	304	1 Althoff
Theissing, Heinr., zu Münster Ludgeristr. No 192	95	2 Haferland
Theissing, Heinr., zu Münster Ludgeristr. No 192	96	2 Haferland
Theissing, Heinr., zu Münster Ludgeristr. No 192	228	1 Althoff
Theissing, Heinr., zu Münster, Ludgeristr. No 192	112	6 Geist
Theissing, Heinr., zu Münster, Ludgeristr. No 192	125	6 Geist
Theissing, Heinr., zu Münster, Ludgeristr. No 192	128	6 Geist
Theissing, Heinr., zu Münster, Ludgeristr. No 192	202	6 Geist
Theissing, Heinr., zu Münster, Ludgeristr. No 192	203	6 Geist
Theissing, Heinr., zu Münster, Ludgeristr. No 192	204	6 Geist
Thier, Joh. Heinr., Bsch Geist	188	8 Friedrichsburg
Thier, Joh. Heinr., Bsch Geist	189	8 Friedrichsburg
Thüer, Theod. Heinr. Bernh., im Busch, Bsch Delstrup No 9	101	2 Haferland
Thüer, Theod. Heinr., im Busch, Bsch Delstrup No 9	81	2 Haferland
Thüer, Theod. Heinr., im Busch, Bsch Delstrup No 9	84	2 Haferland
Thüer, Theod. Heinr., im Busch, zu Bsch Delstrup No 9	90	2 Haferland
Thüer, Theod. Heinr., im Busch, zu Bsch Delstrup No 9	200-5	6 Geist
Thüer gnt Stauveresch *Stauervisch,* aufm Stapels Kotten, Bsch Delstrup	107	3 Lütgenbeck (Lüt(t)kenbeck)
Thüer gnt Stauveresch, aufm Stapels Kotten, Bsch Delstrup	106	3 Lütgenbeck (Lüt(t)kenbeck)
Thüer gnt Stauveresch, aufm Stapels Kotten, Bsch Delstrup	108	3 Lütgenbeck (Lüt(t)kenbeck)
Thüer gnt Stauveresch, aufm Stapels Kotten, Bsch Delstrup	109	3 Lütgenbeck (Lüt(t)kenbeck)
Thüer gnt Stauveresch, aufm Stapels Kotten, Bsch Delstrup	110	3 Lütgenbeck (Lüt(t)kenbeck)
Thüer gnt Stauveresch, aufm Stapels Kotten, Bsch Delstrup	111	3 Lütgenbeck (Lüt(t)kenbeck)
Thüer gnt Stauveresch, aufm Stapels Kotten, Bsch Delstrup	112	3 Lütgenbeck (Lüt(t)kenbeck)
Thüer gnt Stauveresch, aufm Stapels Kotten, Bsch Delstrup	113	3 Lütgenbeck (Lüt(t)kenbeck)
Thüer gnt Stauveresch, aufm Stapels Kotten, Bsch Delstrup	114-1	3 Lütgenbeck (Lüt(t)kenbeck)
Thüer gnt Stauveresch, aufm Stapels Kotten, Bsch Delstrup	114-2	3 Lütgenbeck (Lüt(t)kenbeck)
Thüer gnt Stauveresch, aufm Stapels Kotten, Bsch Delstrup	115	3 Lütgenbeck (Lüt(t)kenbeck)
Thüer, Joh. Herm., Bsch Geist No 34	172	6 Geist
Thüer, Joh. Herm., Bsch Geist No 34	198	6 Geist
Thüer, Joh. Herm., Bsch Geist No 34	206	6 Geist
Thüer, Joh. Herm., Bsch Geist No 34	207	6 Geist
Thüer, Joh. Herm., Bsch Geist No 34	208	6 Geist
Thüer, Joh. Herm., Bsch Geist No 34	209	6 Geist
Thüssing *Tüssing,* A. J., zu Münster, alten Steinweg	606	1 Althoff
Timmer, Elisabeth geb Funhoff, zu Münster, Klosterstr. No 196	199	7 Geist II
Timmer, Elisabeth geb. Funhoff, zu Münster, Klosterstr. No 196	509	1 Althoff
Tombrinck, Bernh., Brandweinbrenner, Aegidistr. No 102	113	8 Friedrichsburg
Törnig, Franz, zu Münster, Aegidistr.	145	8 Friedrichsburg
Törnig, Franz, zu Münster, Aegidistr.	183	8 Friedrichsburg
Tourtual *Duttewald,* Medizinalrat, Erben, zu Münster, Rothenburg	102	8 Friedrichsburg
Tourtual *Tuddwald,* Medizinalrat, Erben, zu Münster, Rothenburg	105	8 Friedrichsburg
Tourtual, Florenz, Medizinalrat, Erben, zu Münster, Rothenburg	90	8 Friedrichsburg
Tourtual, Medizinalrat, Erben, zu Münster, Rothenburg	550	1 Althoff
Tourtual, Medizinalrat, Erben, zu Münster, Rothenburg	87	8 Friedrichsburg
Tourtual, Medizinalrat, Erben, zu Münster, Rothenburg	88	8 Friedrichsburg
Tourtual, Medizinalrat, Erben, zu Münster, Rothenburg	89	8 Friedrichsburg
Tourtual, Medizinalrat, Erben, zu Münster, Rothenburg	91	8 Friedrichsburg
Tourtual, Medizinalrat, Erben, zu Münster, Rothenburg	92	8 Friedrichsburg
Tourtual, Medizinalrat, Erben, zu Münster, Rothenburg	118	8 Friedrichsburg
Tourtual, Medizinalrat, Erben, zu Münster, Rothenburg	119	8 Friedrichsburg
Trenkpohl gnt Twiellenkötter *Twielenkötter, Moritz,* Bsch Delstrup No 8	154	6 Geist
Tüning, Wilh., Bsch Geist No 67	163	7 Geist II
Tüning, Wilh., Bsch Geist No 67	225-1	7 Geist II
Tüning, Wilh., Bsch Geist No 67	225-2	7 Geist II
Tüning, Wilh., Bsch Geist No 67	232	7 Geist II
Tüshaus, Johannes, zu Münster, Rothenburg No 35	144	8 Friedrichsburg
V		
Veltmann *Wellmann, Franz* Schlosser, zu Münster, Rothenburg No 154	136	8 Friedrichsburg
Veltmann *Feldmann,* Franz, Schlosser, zu Münster, auf der Rothenburg No 154	108	8 Friedrichsburg
Vennemann *Fennemann,* Anton, Bsch Geist No 23	366	7 Geist II
Vennemann, Anton, Bsch Geist No 23	256	7 Geist II

Eigentümer mit Katastralnr. (Haus/Hofnr.) in den Bauerschaften (Bsch)	Par-zellen-nummer	Gemeinde Lamberti, Flurnummer u. Name der Flurkarte
Vennemann, Anton, Bsch Geist No 23	274	7 Geist II
Vennemann, Anton, Bsch Geist No 23	279	7 Geist II
Vennemann, Anton, Bsch Geist No 23	360	7 Geist II
Vennemann, Anton, Bsch Geist No 23	361	7 Geist II
Vennemann, Anton, Bsch Geist No 23	362	7 Geist II
Vennemann, Anton, Bsch Geist No 23	364	7 Geist II
Vennemann, Anton, Bsch Geist No 23	367	7 Geist II
Vennemann, Anton, Kötter, Bsch Geist No 23	241	6 Geist
Vennemann, Anton, Kötter, Bsch Geist No 23	243	6 Geist
Vennemann, Anton, Kötter, Bsch Geist No 23	328	6 Geist
Vennemann, Anton, Kötter, Bsch Geist No 23	338	6 Geist
Vennemann, Anton, Kötter, Bsch Geist No 23	346	6 Geist
Vennemann, Bernh. Heinr., Bsch Geist No 54	215	6 Geist
Vennemann, Bernh. Heinr., Bsch Geist No 54	218-1	6 Geist
Vennemann, Bernh. Heinr., Bsch Geist No 54	218-2	6 Geist
Vennemann, Mauritz, zu Münster, in der Lütken Stiege *130*	133	1 Althoff
Vicarie ad St. Ludgeri	51	2 Haferland
Vicariorum ad St. Ludgerium Bursa, zu Münster	66	6 Geist
Vicariorum ad Stum Ludgerum Bursa, zu Münster	634	1 Althoff
Vicarium ad St. Ludgerum Bursa	37	7 Geist II
Vicarium ad St. Ludgerum Bursa, zu Mün-ster	49	7 Geist II
Vogelmann, zu Hiltrup, Dorfbauerschaft	48	6 Geist
Vogelmann, zu Hiltrup, Dorfbauerschaft	345	6 Geist
Vogelsang, Maria Theresia, zu Münster, Alten Fischmakrt No 303	85	8 Friedrichsburg
Vogelsang, Maria Theresia, zu Münster, Alten Fischmakrt No 303	86	8 Friedrichsburg
Vohrmann, Witwe, zu Münster, (Prinzipal-) markt No 7	602	1 Althoff
Volpert, Anton, zu Münster, beim Verspohl No 222	267	1 Althoff
von Beverförde, Freiherr, zu Münster	243	1 Althoff
von Beverförde, Freiherr, zu Münster	249	1 Althoff
von Beverförde, Freiherr, zu Münster	336	1 Althoff
von Bissing, Freifrau, geb. von Galle und von Bersward, Freiherr, für Hovestadts *Howe-*, Kolonat, Bsch Geist No 30	302	7 Geist II

Eigentümer mit Katastralnr. (Haus/Hofnr.) in den Bauerschaften (Bsch)	Par-zellen-nummer	Gemeinde Lamberti, Flurnummer u. Name der Flurkarte
von Bissing, Freifrau, geb. von Galle und von Bersward, Freiherr, für Hovestadts *Howe-*, Kolonat, Bsch Geist No 30	309	7 Geist II
von Bissing, Freifrau, geb. von Galle und von Bersward, Freiherr, für Hovestadts *Howe-*, Kolonat, Bsch Geist No 30	310	7 Geist II
von Bissing, Freifrau, geb. von Galle und von Bersward, Freiherr, für Hovestadts *Howe-*, Kolonat, Bsch Geist No 30	333	7 Geist II
von Bissing, Freifrau, geb. von Galle und von Bersward, Freiherr,, für Hovestadts *Howe-*, Kolonat, Bsch Geist No 30	334	7 Geist II
von Bissing, Freifrau, geb. von Galle und von Bersward, Freiherr, für Hovestadts *Howe-*, Kolonat, Bsch Geist No 30	352	7 Geist II
von Bissing, Freifrau, geb. von Galle und von Bersward, Freiherr,, für Hovestadts Kolonat, Bsch Geist No 30	294	7 Geist II
von Bissing, Freifrau, geb. von Galle und von Bersward, Freiherr, Pächter Leissing, Bsch Geist No 16	76	7 Geist II
von Bissing, Freifrau, geb. von Galle und von Bersward, Freiherr, Pächter Leissing, für Haus Sentmaring, Bsch Geist No 16	78	7 Geist II
von Bissing, Freifrau, geb. von Galle und von Bersward, Freiherr, Pächter Leissing, für Haus Sentmaring, Bsch Geist No 16	80	7 Geist II
von Bissing, Freifrau, geb. von Galle und von Bersward, Freiherr, Pächter Leissing, für Haus Sentmaring, Bsch Geist No 16	93	7 Geist II
von Bissing, Freifrau, geb. von Galle und von Bersward, Freiherr, Pächter Leissing, für Haus Sentmaring, Bsch Geist No 16	94	7 Geist II
von Bissing, Freifrau, geb. von Galle und von Bersward, Freiherr, Pächter Leissing, für Haus Sentmaring, Bsch Geist No 16	95	7 Geist II
von Bissing, Freifrau, geb. von Galle und von Bersward, Freiherr, Pächter Leissing, für Haus Sentmaring, Bsch Geist No 16	96	7 Geist II
von Bissing, Freifrau, geb. von Galle und von Bersward, Freiherr, Pächter Leissing, für Haus Sentmaring, Bsch Geist No 16	97	7 Geist II
von Bissing, Freifrau, geb. von Galle und von Bersward, Freiherr, Pächter Leissing, für Haus Sentmaring, Bsch Geist No 16	98	7 Geist II
von Bissing, Freifrau, geb. von Galle und von Bersward, Freiherr, Pächter Leissing, für Haus Sentmaring, Bsch Geist No 16	99	7 Geist II
von Bissing, Freifrau, geb. von Galle und von Bersward, Freiherr, Pächter Leissing, für Haus Sentmaring, Bsch Geist No 16	100	7 Geist II
von Bissing, Freifrau, geb. von Galle und von Bersward, Freiherr, Pächter Leissing, für Haus Sentmaring, Bsch Geist No 16	101	7 Geist II
von Bissing, Freifrau, geb. von Galle und von Bersward, Freiherr, Pächter Leissing, für Haus Sentmaring, Bsch Geist No 16	102	7 Geist II

Eigentümer mit Katastralnr. (Haus/Hofnr.) in den Bauerschaften (Bsch)	Par-zellen-nummer	Gemeinde Lamberti, Flurnummer u. Name der Flurkarte
von Bissing, Freifrau, geb. von Galle und von Bersward, Freiherr, Pächter Leissing, für Haus Sentmaring, Bsch Geist No 16	103	7 Geist II
von Bissing, Freifrau, geb. von Galle und von Bersward, Freiherr, Pächter Leissing, für Haus Sentmaring, Bsch Geist No 16	104	7 Geist II
von Bissing, Freifrau, geb. von Galle und von Bersward, Freiherr, Pächter Leissing, für Haus Sentmaring, Bsch Geist No 16	105	7 Geist II
von Bissing, Freifrau, geb. von Galle und von Bersward, Freiherr, Pächter Leissing, für Haus Sentmaring, Bsch Geist No 16	106	7 Geist II
von Bissing, Freifrau, geb. von Galle und von Bersward, Freiherr, Pächter Leissing, für Haus Sentmaring, Bsch Geist No 16	107	7 Geist II
von Bissing, Freifrau, geb. von Galle und von Bersward, Freiherr, Pächter Leissing, für Haus Sentmaring, Bsch Geist No 16	108	7 Geist II
von Bissing, Freifrau, geb. von Galle und von Bersward, Freiherr, Pächter Leissing, für Haus Sentmaring, Bsch Geist No 16	109	7 Geist II
von Bissing, Freifrau, geb. von Galle und von Bersward, Freiherr, Pächter Leissing, für Haus Sentmaring, Bsch Geist No 16	138	7 Geist II
von Bissing, Freifrau, geb. von Galle und von Bersward, Freiherr, Pächter Leissing, für Haus Sentmaring, Bsch Geist No 16	139	7 Geist II
von Bissing, Freifrau, geb. von Galle und von Bersward, Freiherr, Pächter Leissing, für Haus Sentmaring, Bsch Geist No 16	140	7 Geist II
von Bissing, Freifrau, geb. von Galle und von Bersward, Freiherr, Pächter Leissing, für Haus Sentmaring, Bsch Geist No 16	141	7 Geist II
von Bissing, Freifrau, geb. von Galle und von Bersward, Freiherr, Pächter Leissing, für Haus Sentmaring, Bsch Geist No 16	143	7 Geist II
von Bissing, Freifrau, geb. von Galle und von Bersward, Freiherr, Pächter Leissing, für Haus Sentmaring, Bsch Geist No 16	144	7 Geist II
von Bissing, Freifrau, geb. von Galle und von Bersward, Freiherr, Pächter Leissing, für Haus Sentmaring, Bsch Geist No 16	145	7 Geist II
von Bissing, Freifrau, geb. von Galle und von Bersward, Freiherr, Pächter Leissing, für Haus Sentmaring, Bsch Geist No 16	146	7 Geist II
von Bissing, Freifrau, geb. von Galle und von Bersward, Freiherr, Pächter Leissing, für Haus Sentmaring, Bsch Geist No 16	147	7 Geist II
von Bissing, Freifrau, geb. von Galle und von Bersward, Freiherr, Pächter Leissing, für Haus Sentmaring, Bsch Geist No 16	148	7 Geist II
von Bissing, Freifrau, geb. von Galle und von Bersward, Freiherr, Pächter Leissing, für Haus Sentmaring, Bsch Geist No 16	227	7 Geist II
von Bissing, Freifrau, geb. von Galle und von Bersward, Freiherr, Pächter Leissing, für Haus Sentmaring, Bsch Geist No 16	236	7 Geist II

Eigentümer mit Katastralnr. (Haus/Hofnr.) in den Bauerschaften (Bsch)	Par-zellen-nummer	Gemeinde Lamberti, Flurnummer u. Name der Flurkarte
von Bissing, Freifrau, geb. von Galle und von Bersward, Freiherr, Pächter Leissing, für Haus Sentmaring, Bsch Geist No 16	246	7 Geist II
von Bissing, Freifrau, geb. von Galle und von Bersward, Freiherr, Pächter Leissing, für Haus Sentmaring, Bsch Geist No 16	251	7 Geist II
von Bissing, Freifrau, geb. von Galle und von Bersward, Freiherr, Pächter Leissing, für Haus Sentmaring, Bsch Geist No 16	262	7 Geist II
von Bissing, Freifrau, geb. von Galle und von Bersward, Freiherr, Pächter Leissing, für Haus Sentmaring, Bsch Geist No 16	183	7 Geist II
von Bissing, Freifrau, geb. von Galle und von Bersward, Freiherr, Pächter Leissing, für Haus Sentmaring, Bsch Geist No 16	193	7 Geist II
von Bissing, Freifrau, geb. von Galle und von Bersward, Freiherr, Pächter Leissing, für Haus Sentmaring, Bsch Geist No 16	194	7 Geist II
von Bissing, Freifrau, geb. von Galle und von Bersward, Freiherr, Pächter Leissing, für Haus Sentmaring, Bsch Geist No 16	153	7 Geist II
von Bissing, Freifrau, geb. von Galle und von Bersward, Freiherr, Pächter Leissing, für Haus Sentmaring, Bsch Geist No 16	157	7 Geist II
von Bissing, Freifrau, geb. von Galle und von Bersward, Freiherr, Pächter Leissing, für Haus Sentmaring, Bsch Geist No 16	162	7 Geist II
von Bissing, Freifrau, geb. von Galle und von Bersward, Freiherr, Pächter Leissing, für Haus Sentmaring, Bsch Geist No 16	171	7 Geist II
von Bissing, Freifrau, geb. von Galle und von Bersward, Freiherr, Pächter Leissing, für Haus Sentmaring, Bsch Geist No 16	178	7 Geist II
von Bissing, Freifrau, geb. von Galle und von Bersward, Freiherr, Pächter Leissing, für Haus Sentmaring, Bsch Geist No 16	54	8 Friedrichsburg
von Bissing, Freifrau, geb. von Galle und von Bersward, Freiherr, Pächter Leissing, für Haus Sentmaring, Bsch Geist No 16	55	8 Friedrichsburg
von Bissing, Freifrau, geb. von Galle und von Bersward, Freiherr, Pächter Leissing, für Haus Sentmaring, Bsch Geist No 16	56	8 Friedrichsburg
von Bissing, Freifrau, geb. von Galle und von Bersward, Freiherr, Pächter Leissing, für Haus Sentmaring, Bsch Geist No 16	65	8 Friedrichsburg
von Bissing, Freifrau, geb. von Galle und von Bersward, Freiherr, Pächter Leissing, für Haus Sentmaring, Bsch Geist No 16	13	10 Galgheide
von Bissing, Freifrau, geb. von Galle und von Bersward, Freiherr, für Hovestadts Kolonat, Bsch Geist No 31	8	5 Loddenheide
von Bissing, Freifrau, geb. von Galle und von Bersward, Freiherr, für Hovestadts Kolonat, Bsch Geist No 31	276	6 Geist
von Bissing, Freifrau, geb. von Galle und von Bersward, Freiherr, für Hovestadts Kolonat, Bsch Geist No 31	277	6 Geist

Eigentümer mit Katastralnr. (Haus/Hofnr.) in den Bauerschaften (Bsch)	Par-zellen-nummer	Gemeinde Lamberti, Flurnummer u. Name der Flurkarte
von Bissing, Freifrau, geb. von Galle und von Bersward, Freiherr,, für Hovestadts Kolonat, Bsch Geist No 31	284	6 Geist
von Bissing, Freifrau, geb. von Galle und von Bersward, Freiherr, für Hovestadts Kolonat, Bsch Geist No 31	287	6 Geist
von Bissing, Freifrau, geb. von Galle und von Bersward, Freiherr, für Hovestadts Kolonat, Bsch Geist No 31	293	6 Geist
von Bissing, Freifrau, geb. von Galle und von Bersward, Freiherr, für Hovestadts Kolonat, Bsch Geist No 31	294	6 Geist
von Bissing, Freifrau, geb von Gall und von Bersward, Freifrau, für Hovestadts Kolonat, Bsch Geist No 31	296	6 Geist
von Bissing, Freifrau, geb. von Galle und von Bersward, Freiherr, für Hovestadts Kolonat, Bsch Geist No 31	298	6 Geist
vvon Bissing, Freifrau, geb. von Galle und von Bersward, Freiherr, für Hovestadts Kolonat, Bsch Geist No 31	300	6 Geist
von Bissing, Freifrau, geb. von Galle und von Bersward, Freiherr, für Hovestadts Kolonat, Bsch Geist No 31	302	6 Geist
von Bissing, Freifrau, geb. von Galle und von Bersward, Freiherr, für Hovestadts Kolonat, Bsch Geist No 31	306	6 Geist
von Bissing, Freifrau, geb. von Galle und von Bersward, Freiherr, für Hovestadts Kolonat, Bsch Geist No 31	307	6 Geist
von Bissing, Freifrau, geb. von Galle und von Bersward, Freiherr, für Hovestadts Kolonat, Bsch Geist No 31	319	6 Geist
von Bissing, Freifrau, geb. von Galle und von Bersward, Freiherr, für Hovestadts Kolonat, Bsch Geist No 31	327	6 Geist
von Bissing, Freifrau, geb. von Galle und von Bersward, Freiherr, für Hovestadts Kolonat, Bsch Geist No 31	374	6 Geist
von Bissing, Freifrau, geb. von Galle und von Bersward, Freiherr, für Hovestadts Kolonat, Bsch Geist No 31	375	6 Geist
von Bissing, Freifrau, geb. von Galle und von Bersward, Freiherr, für Hovestadts Kolonat, Bsch Geist No 31	378	6 Geist
von Bissing, Freifrau, geb. von Galle und von Bersward, Freiherr,, für Hovestadts Kolonat, Bsch Geist No 31	379	6 Geist
von Bissing, Freifrau, geb. von Galle und von Bersward, Freiherr, für Hovestadts Kolonat, Bsch Geist No 31	386	6 Geist
von Bissing, Freifrau, geb. von Galle und von Bersward, Freiherr, für Hovestadts Kolonat, Bsch Geist No 31	390	6 Geist
von Bissing, Freifrau, geb. von Galle und von Bersward, Freiherr, gemeinschaftl., für Hovestadts Kolonat, Bsch Geist No 31	272	6 Geist

Eigentümer mit Katastralnr. (Haus/Hofnr.) in den Bauerschaften (Bsch)	Par-zellen-nummer	Gemeinde Lamberti, Flurnummer u. Name der Flurkarte
von Bissing, Freifrau, geb. von Galle und von Bersward, Freiherr, gemeinschaftl., für Hovestadts Kolonat, Bsch Geist No 31	273	6 Geist
von Bissing, Freifrau, geb. von Galle und von Bersward, Freiherr, gemeinschaftl., für Hovestadts Kolonat, Bsch Geist No 31	274	6 Geist
von Bissing, Freifrau, geb. von Galle und von Bersward, Freiherr, gemeinschaftl., für Hovestadts Kolonat, Bsch Geist No 31	271	6 Geist
von Bissing, Freifrau, geb. von Galle und von Bersward, Freiherr, Pächter Leissing, für Haus Sentmaring, Bsch Geist No 16	62	7 Geist II
von Bissing, Freifrau, geb. von Galle und von Bersward, Freiherr, Pächter Leissing, für Haus Sentmaring, Bsch Geist No 16	75	7 Geist II
von Bissing, Freifrau, geb. von Galle und von Bersward, Freiherr, Pächter Leissing, für Haus Sentmaring, Bsch Geist No 16	78	7 Geist II
von Bissing, Freifrau, geb. von Gall und von Bersward, Freifrau, für Hovestadts Kolonat zu Lamberti, Bsch Geist No 31	252-4	6 Geist
von Bissing, Freifrau, geb. von Galle und von Bersward, Freiherr, für Hovestadts Kolonat, Bsch Geist No 30	363	7 Geist II
von Bissing, Freifrau, geb. von Galle und von Bersward, Freiherr, für Hovestadts Kolonat, Bsch Geist No 31	32	5 Loddenheide
von Böselage, Carl, Freiherr, zu Münster, Pächter Hölscher, Everhard	71	7 Geist II
von Böselage, Carl, Freiherr, zu Münster, Pächter Hölscher, Everhard	72	7 Geist II
von Böselager, Carl, Freiherr, zu Münster, Pächter Hölscher, Everhard	12	6 Geist
von Böselager, Carl, Freiherr, zu Münster, Pächter Hölscher, Everhard	13	6 Geist
von Dellweg, Ernst, zu Münster, Rothenburg	107	8 Friedrichsburg
von Dellwig *Dellweg,* Ernst, zu Münster, Rothenburg	27	1 Althoff
von Dellwig *Dellweg,* Ernst, zu Münster, Rothenburg	28	1 Althoff
von Dellwig *Dellweg,* Ernst, zu Münster, Rothenburg	29	1 Althoff
von Dellwig *Dellweg,* Ernst, zu Münster, Rothenburg	30	1 Althoff
von Dellwig *Dellweg,* Ernst, zu Münster, Rothenburg	32	1 Althoff
von der Beck *von der Becke,* Clara, Präsidentin, zu Münster, Aegidistr. No 124	11	1 Althoff
von der Beck *von der Becke,* Clara, Präsidentin, zu Münster, Aegidistr. No 124	12	1 Althoff
von der Beck, Clara, Präsidentin, zu Münster, Aegidistr. No 124	13	1 Althoff
von der Beck, Clara, Präsidentin, zu Münster, Aegidi-Laischaft No 124	80	8 Friedrichsburg

Eigentümer mit Katastralnr. (Haus/Hofnr.) in den Bauerschaften (Bsch)	Parzellennummer	Gemeinde Lamberti, Flurnummer u. Name der Flurkarte
von der Beck, Clara, Präsidentin, zu Münster, Aegidistr. No 124	81	8 Friedrichsburg
von der Beck, Clara, Präsidentin, zu Münster, Aegidistr. No 124	89	9 Mertens
von der Beck, Clara, Präsidentin, zu Münster, Aegidistr. No 124	90	9 Mertens
von der Beck, Clara, Präsidentin, zu Münster, Aegidistr. No 124	91	9 Mertens
von der Beck, Clara, Präsidentin, zu Münster, Aegidistr. No 124	92	9 Mertens
von der Beck, Clara, Präsidentin, zu Münster, Aegidistr. No 124	93	9 Mertens
von der Beck, geb. Clara Wenner, Präsidentin, zu Münster, No 124	153	1 Althoff
von der Beck, geb. Clara Wenner, Präsidentin, zu Münster, No 124	166	1 Althoff
von der Forst, zu Münster, alten Fischmarkt No 309	511	1 Althoff
von der Forst, zu Münster, alten Fischmarkt No 309	512	1 Althoff
von Detten, Witwe, Hofrätin, zu Münster, Aegidistr.	144	1 Althoff
von Droste gnt von Kerkerinck, Freiherr zu Stapel	546	1 Althoff
von Droste gnt von Kerkerinck, Freiherr zu Stapel	551	1 Althoff
von Droste gnt von Kerkerinck, Freiherr zu Stapel	253-1	6 Geist
von Droste gnt von Kerkerinck, Freiherr zu Stapel	253-2	6 Geist
von Droste Hülshoff Drostin von Hüshoff, geb. Engelen, und deren Bruder Licentiae Ignatz Engelen, zu Oedingberge	399	1 Althoff
von Droste Hülshoff Drostin von Hüshoff, geb. Engelen, und deren Bruder Licentiae Ignatz Engelen, zu Oedingberge	414	1 Althoff
von Droste Hülshoff Drostin von Hüshoff, geb. Engelen, und deren Bruder Licentiae Ignatz Engelen zu Oedingberge	434	1 Althoff
von Droste Hülshoff Drostin von Hüshoff, geb. Engelen, und deren Bruder Licentiae Ignatz Engelen zu Oedingberge	435	1 Althoff
von Droste Hülshoff Drostin von Hüshoff, geb. Engelen, und deren Bruder Licentiae Ignatz Engelen zu Oedingberge	436	1 Althoff
von Droste Hülshoff Drostin von Hüshoff, geb. Engelen, und deren Bruder Licentiae Ignatz Engelen zu Oedingberge	437	1 Althoff
von Droste zu Vischering, Graf, und Consorten, zu Münster	68	3 Lütgenbeck (Lüt(t)kenbeck)
von Droste zu Vischering *Fischering*, Graf, Erbdroste, Besitzer des Gutes Lutkenbeck, zu Darfeld	147	1 Althoff
von Droste zu Vischering, Graf, Erbdroste, als Besitzer des Gutes Lütkenbeck	71	5 Loddenheide

Eigentümer mit Katastralnr. (Haus/Hofnr.) in den Bauerschaften (Bsch)	Parzellennummer	Gemeinde Lamberti, Flurnummer u. Name der Flurkarte
von Droste zu Vischering, Graf, Erbdroste, als Besitzer des Gutes Lütkenbeck	216	7 Geist II
von Droste zu Vischering, Graf, Erbdroste, als Besitzer Lütkenbecks	21	5 Loddenheide
von Droste zu Vischering, Graf, Erbdroste, als Besitzer Lütkenbecks	26	5 Loddenheide
von Droste zu Vischering, Graf, Erbdroste, Besitzer d. Gutes Lütkenbeck	2	3 Lütgenbeck (Lüt(t)kenbeck)
von Droste zu Vischering, Graf, Erbdroste, Besitzer des Gutes Lütkenbeck	1	3 Lütgenbeck (Lüt(t)kenbeck)
von Droste zu Vischering, Graf, Erbdroste, Besitzer des Gutes Lütkenbeck	29	3 Lütgenbeck (Lüt(t)kenbeck)
von Droste zu Vischering, Graf, Erbdroste, Besitzer des Gutes Lütkenbeck	30	3 Lütgenbeck (Lüt(t)kenbeck)
von Droste zu Vischering, Graf, Erbdroste, Besitzer des Gutes Lütkenbeck	32	3 Lütgenbeck (Lüt(t)kenbeck)
von Droste zu Vischering, Graf, Erbdroste, Besitzer des Gutes Lütkenbeck	34	3 Lütgenbeck (Lüt(t)kenbeck)
von Droste zu Vischering, Graf, Erbdroste, Besitzer des Gutes Lütkenbeck	35	3 Lütgenbeck (Lüt(t)kenbeck)
von Droste zu Vischering, Graf, Erbdroste, Besitzer des Gutes Lütkenbeck	40	3 Lütgenbeck (Lüt(t)kenbeck)
von Droste zu Vischering, Graf, Erbdroste, Besitzer des Gutes Lütkenbeck	41	3 Lütgenbeck (Lüt(t)kenbeck)
von Droste zu Vischering, Graf, Erbdroste, Besitzer des Gutes Lütkenbeck	49	3 Lütgenbeck (Lüt(t)kenbeck)
von Droste zu Vischering, Graf, Erbdroste, Besitzer des Gutes Lütkenbeck	51	3 Lütgenbeck (Lüt(t)kenbeck)
von Droste zu Vischering, Graf, Erbdroste, Besitzer des Gutes Lütkenbeck	52	3 Lütgenbeck (Lüt(t)kenbeck)
von Droste zu Vischering, Graf, Erbdroste, Besitzer des Gutes Lütkenbeck	53	3 Lütgenbeck (Lüt(t)kenbeck)
von Droste zu Vischering, Graf, Erbdroste, Besitzer des Gutes Lütkenbeck	54	3 Lütgenbeck (Lüt(t)kenbeck)
von Droste zu Vischering, Graf, Erbdroste, Besitzer des Gutes Lütkenbeck	55	3 Lütgenbeck (Lüt(t)kenbeck)
von Droste zu Vischering, Graf, Erbdroste, Besitzer des Gutes Lütkenbeck	59	3 Lütgenbeck (Lüt(t)kenbeck)
von Droste zu Vischering, Graf, Erbdroste, Besitzer des Gutes Lütkenbeck	60	3 Lütgenbeck (Lüt(t)kenbeck)
von Droste zu Vischering, Graf, Erbdroste, Besitzer des Gutes Lütkenbeck	64	3 Lütgenbeck (Lüt(t)kenbeck)
von Droste zu Vischering, Graf, Erbdroste, Besitzer des Gutes Lütkenbeck	83	3 Lütgenbeck (Lüt(t)kenbeck)
von Droste zu Vischering, Graf, Erbdroste, Besitzer des Gutes Lütkenbeck	20	4 Averkamp
von Droste zu Vischering, Graf, Erbdroste, Besitzer des Gutes Lütkenbeck	21	4 Averkamp
von Droste zu Vischering, Graf, Erbdroste, Besitzer des Gutes Lütkenbeck	22	4 Averkamp
von Droste zu Vischering, Graf, Erbdroste, Besitzer des Gutes Lütkenbeck	23	4 Averkamp
von Droste zu Vischering, Graf, Erbdroste, Besitzer des Gutes Lütkenbeck	28	4 Averkamp

Eigentümer mit Katastralnr. (Haus/Hofnr.) in den Bauerschaften (Bsch)	Parzellennummer	Gemeinde Lamberti, Flurnummer u. Name der Flurkarte
von Droste zu Vischering, Graf, Erbdroste, Besitzer des Gutes Lütkenbeck	42	4 Averkamp
von Droste zu Vischering, Graf, Erbdroste, Besitzer des Gutes Lütkenbeck	44	4 Averkamp
von Droste zu Vischering, Graf, Erbdroste, Besitzer des Gutes Lütkenbeck	47	4 Averkamp
von Droste zu Vischering, Graf, Erbdroste, Besitzer des Gutes Lütkenbeck	50	4 Averkamp
von Droste zu Vischering, Graf, Erbdroste, Besitzer des Gutes Lütkenbeck	51	4 Averkamp
von Droste zu Vischering, Graf, Erbdroste, Besitzer des Gutes Lütkenbeck	52	4 Averkamp
von Droste zu Vischering, Graf, Erbdroste, Besitzer des Gutes Lütkenbeck	53	4 Averkamp
von Droste zu Vischering, Graf, Erbdroste, Besitzer des Gutes Lütkenbeck	54	4 Averkamp
von Droste zu Vischering, Graf, Erbdroste, Besitzer des Gutes Lütkenbeck	55	4 Averkamp
von Droste zu Vischering, Graf, Erbdroste, Besitzer des Gutes Lütkenbeck	68	4 Averkamp
von Droste zu Vischering, Graf, Erbdroste, Besitzer des Gutes Lütkenbeck	83	4 Averkamp
von Droste zu Vischering, Graf, Erbdroste, Besitzer des Gutes Lütkenbeck	119	6 Geist
von Droste zu Vischering, Graf, Erbdroste, Besitzer des Gutes Lütkenbeck	149	6 Geist
von Droste zu Vischering, Graf, Erbdroste, Besitzer des Gutes Lütkenbeck	153	6 Geist
von Droste zu Vischering, Graf, Erbdroste, Besitzer des Gutes Lütkenbeck	164	6 Geist
von Droste zu Vischering, Graf, Erbdroste, Besitzer des Gutes Lütkenbeck	81	4 Averkamp
von Droste zu Vischering, Graf, Erbdroste, zu Darfeld wohnhaft, Besitzer des Gutes Lütkenbeck	74	2 Haferland
von Droste zu Vischering, Graf, Erbdroste, zu Darfeld wohnhaft, Besitzer des Gutes Lütkenbeck	88	2 Haferland
von Droste zu Vischering, Graf, Erbdroste, zu Darfeld wohnhaft, Besitzer des Gutes Lütkenbeck	70	2 Haferland
von Droste zu Vischering, Graf, Erbdroste, zu Darfeld wohnhaft, Besitzer des Gutes Lütkenbeck	75	2 Haferland
von Droste zu Vischering, Graf, Erbdroste, zu Darfeld wohnhaft, Besitzer des Gutes Lütkenbeck	77	2 Haferland
von Droste zu Vischering, Graf, Erbdroste, zu Darfeld wohnhaft, Besitzer des Gutes Lütkenbeck	79	2 Haferland
von Droste zu Vischering, Graf, Erbdroste, zu Darfeld wohnhaft, Besitzer des Gutes Lütkenbeck	89	2 Haferland
von Droste zu Vischering, Graf, Erbdroste, zu Darfeld wohnhaft, Besitzer des Gutes Lütkenbeck	102	2 Haferland

Eigentümer mit Katastralnr. (Haus/Hofnr.) in den Bauerschaften (Bsch)	Parzellennummer	Gemeinde Lamberti, Flurnummer u. Name der Flurkarte
von Droste zu Vischering, Graf, Erbdroste, zu Darfeld wohnhaft, Besitzer des Gutes Lütkenbeck	104	2 Haferland
von Droste zu Vischering, Graf, Erbdroste, zu Darfeld wohnhaft, Besitzer des Gutes Lütkenbeck	108	2 Haferland
von Droste zu Vischering, Graf, Erbdroste, zu Darfeld wohnhaft, Besitzer des Gutes Lütkenbeck	109	2 Haferland
von Droste zu Vischering, Graf, Erbdroste, zu Darfeld wohnhaft, Besitzer des Gutes Lütkenbeck	116	2 Haferland
von Droste zu Vischering, Graf, Erbdroste, zu Darfeld wohnhaft, Besitzer des Gutes Lütkenbeck	117	2 Haferland
von Droste zu Vischering, Graf, Erbdroste, zu Darfeld wohnhaft, Besitzer des Gutes Lütkenbeck	119	2 Haferland
von Droste zu Vischering, Graf, Erbdroste, zu Darfeld wohnhaft, Besitzer des Gutes Lütkenbeck	120	2 Haferland
von Droste zu Vischering, Graf, Erbdroste, zu Darfeld wohnhaft, Besitzer des Gutes Lütkenbeck	121	2 Haferland
von Droste zu Vischering, Graf, Erbdroste, zu Darfeld wohnhaft, Besitzer des Gutes Lütkenbeck	122	2 Haferland
von Droste zu Vischering, Graf, Erbdroste, zu Darfeld wohnhaft, Besitzer des Gutes Lütkenbeck	123	2 Haferland
von Droste zu Vischering, Graf, Erbdroste, zu Darfeld wohnhaft, Besitzer des Gutes Lütkenbeck	126	2 Haferland
von Droste zu Vischering, Graf, Erbdroste, zu Darfeld wohnhaft, Besitzer des Gutes Lütkenbeck	152	2 Haferland
von Droste zu Vischering, Graf, Erbdroste, zu Darfeld wohnhaft, Besitzer des Gutes Lütkenbeck	153	2 Haferland
von Droste zu Vischering, Graf, Erbdroste, zu Darfeld, Besitzer des Gutes Lütkenbeck	49	2 Haferland
von Droste zu Vischering, Graf, Erbdroste, zu Darfeld, Besitzer des Gutes Lütkenbeck	50	2 Haferland
von Droste zu Vischering, Graf, Freiherr, als Besitzer des Gutes Lütkenbeck	67	6 Geist
von Droste zu Vischering, Graf, Erbdroste, Pächter Baumeister, Bsch Delstrup No 17	113	4 Averkamp
von Droste zu Vischering, Graf, Erbdroste, Pächter Baumeister, Bsch Delstrup No 17	114	4 Averkamp
von Droste zu Vischering, Graf, Erbdroste, Pächter Baumeister, zu Delstrup No 17	115	4 Averkamp
von Droste zu Vischering, Graf, Erbdroste, Pächter Baumeister, Bsch Delstrup	59	5 Loddenheide
von Droste zu Vischering, Graf, Erbdroste, Haus Kaldenhoff, Bsch Delstrup, Pächter Bracht, Casper	29	5 Loddenheide

Eigentümer mit Katastralnr. (Haus/Hofnr.) in den Bauerschaften (Bsch)	Parzellennummer	Gemeinde Lamberti, Flurnummer u. Name der Flurkarte
von Droste zu Vischering, Graf, Erbdroste, Pächter Bertels Kotten, Bernh. Heinr., No 23 in Lamberti	18	3 Lütgenbeck (Lüt(t)kenbeck)
von Droste zu Vischering, Graf, Erbdroste, Pächter Berdels Kötter, Bsch Delstrup	20	3 Lütgenbeck (Lüt(t)kenbeck)
von Droste zu Vischering, Graf, Erbdroste, Pächter Berdels Kötter, Bsch Delstrup	21	3 Lütgenbeck (Lüt(t)kenbeck)
von Droste zu Vischering, Graf, Erbdroste, Pächter Berdels Kötter, Bsch Delstrup	22	3 Lütgenbeck (Lüt(t)kenbeck)
von Droste zu Vischering, Graf, Erbdroste, Pächter Berdels Kötter, Bsch Delstrup	23	3 Lütgenbeck (Lüt(t)kenbeck)
von Droste zu Vischering, Graf, Erbdroste, Pächter Berdels Kötter, Bsch Delstrup	24	3 Lütgenbeck (Lüt(t)kenbeck)
von Droste zu Vischering, Graf, Erbdroste, Pächter Berdels Kötter, Bsch Delstrup	25	3 Lütgenbeck (Lüt(t)kenbeck)
von Droste zu Vischering, Graf, Erbdroste, Pächter Berdels Kötter, Bsch Delstrup	26	3 Lütgenbeck (Lüt(t)kenbeck)
von Droste zu Vischering, Graf, Erbdroste, Pächter Berdels Kötter, Bsch Delstrup	28	3 Lütgenbeck (Lüt(t)kenbeck)
von Droste zu Vischering, Graf, Erbdroste, Pächter Bertelskötter Berdelskötter, Bsch Delstrup	30	5 Loddenheide
von Droste zu Vischering, Graf, für Ferichmanns Kolonat, Pächter Milskämper	310	6 Geist
von Droste zu Vischering, Graf, Erbdroste, für Fertmanns Kolonat, Bsch Geist, Pächter Melskämper	4	5 Loddenheide
von Droste zu Vischering, Graf, Erbdroste, für Fertmanns Kolonat, Bsch Geist, Pächter Melskämper	7	5 Loddenheide
von Droste zu Vischering, Graf, Erbdroste, für Fertmanns Kolonat, Bsch Geist, Pächter Melskämper	35	5 Loddenheide
von Droste zu Vischering, Graf, Erbdroste, für Fertmanns Kolonat, Bsch Geist, Pächter Melskämper	36	5 Loddenheide
von Droste zu Vischering, Graf, Erbdroste, für Fertmanns Kolonat, Bsch Geist, Pächter Melskamper Milskamper	321	6 Geist
von Droste zu Vischering, Graf, Erbdroste, für Fertmanns Kolonat, Bsch GeistPächter Melskamper Milskämper	326	6 Geist
von Droste zu Vischering, Graf, Erbdroste, für Fertmanns Kolonat, Bsch Geist, Pächter Milskämper Melskämper	333	6 Geist
von Droste zu Vischering, Graf, Erbdroste, für Ferthmanns Kolonat, Bsch Geist, Pächter Melskamper	340	6 Geist
von Droste zu Vischering, Graf, Erbdroste, für Fertmanns Kolonat, Pächter Melskamper	368	6 Geist
von Droste zu Vischering, Graf, Erbdroste, für Fertmanns Kolonat, Pächter Melskamper	369	6 Geist
von Droste zu Vischering, Graf, Erbdroste, für Fertmanns Kolonat, Pächter Melskamper	370	6 Geist
von Droste zu Vischering, Graf, Erbdroste, für Fertmanns Kolonat, Pächter Melskämper	380	6 Geist

Eigentümer mit Katastralnr. (Haus/Hofnr.) in den Bauerschaften (Bsch)	Parzellennummer	Gemeinde Lamberti, Flurnummer u. Name der Flurkarte
von Droste zu Vischering, Graf, Erbdroste, für Fertmanns Kolonat, Pächter Melskämper	381	6 Geist
von Droste zu Vischering, Graf, Erbdroste, für Fertmanns Kolonat, Pächter Melskämper	382	6 Geist
von Droste zu Vischering, Graf, Erbdroste, für Fertmanns Kolonat, Pächter Melskämper	383	6 Geist
von Droste zu Vischering, Graf, Erbdroste, für Fertmanns Kolonat, Pächter Melskämper	403	6 Geist
von Droste zu Vischering, Graf, Erbdroste, für Fertmanns Kolonat, Pächter Melskämper	404	6 Geist
von Droste zu Vischering, Graf, Erbdroste, für Fertmanns Kolonat, Pächter Melskämper	405	6 Geist
von Droste zu Vischering, Graf, Erbdroste, für Fertmanns Kolonat, Pächter Melskämper	406	6 Geist
von Droste zu Vischering, Graf, Erbdroste, für Fertmanns Kolonat, Pächter Melskämper	407	6 Geist
von Droste zu Vischering, Graf, Erbdroste, für Fertmanns Kolonat, Pächter Melskämper	408	6 Geist
von Droste zu Vischering, Graf, Erbdroste, für Ferthmanns Kolonat, Pächter Melskämper	354	7 Geist II
von Droste zu Vischering, Graf, Erbdroste, für Ferthmanns Kolonat, Pächter Melskämper	359	7 Geist II
von Droste zu Vischering, Graf, Erbdroste, für Ferthmanns Kolonat, Pächter Melskämper	371	7 Geist II
von Droste zu Vischering, Graf, Erbdroste, für Ferthmanns Kolonat, Pächter Melskämper	375	7 Geist II
von Droste zu Vischering, Graf, Erbdroste, für Gremmes Kotten, Bsch Delstrup	18	4 Averkamp
von Droste zu Vischering, Graf, Erbdroste, für Gremms Kotten, Bsch Delstrup	110	4 Averkamp
von Droste zu Vischering, Graf, Erbdroste, für Gremms Kotten, Bsch Delstrup	111	4 Averkamp
von Droste zu Vischering, Graf, Erbdroste, für Gremms Kotten, Bsch Delstrup	112	4 Averkamp
von Droste zu Vischering, Graf, Erbdroste, für Gremmes Kotten, Bsch Delstrup	58	5 Loddenheide
von Droste zu Vischering, Graf, Erbdroste, Besitzer des Gutes Lütkenbeck, Pächter Colonat Heimann	31	3 Lütgenbeck (Lüt(t)kenbeck)
von Droste zu Vischering, Graf, Erbdroste, Besitzer des Gutes Lütkenbeck, Heimanns Kotten, zu Münster	33	3 Lütgenbeck (Lüt(t)kenbeck)
von Droste zu Vischering, Graf, Erbdroste, Besitzer des Gutes Lütkenbeck, Heimanns Kotten,zu Münster	36	3 Lütgenbeck (Lüt(t)kenbeck)
von Droste zu Vischering, Graf, Erbdroste, Besitzer des Gutes Lütkenbeck, Heimanns Kotten,zu Münster	37	3 Lütgenbeck (Lüt(t)kenbeck)
von Droste zu Vischering, Graf, Erbdroste, Besitzer des Gutes Lütkenbeck, Heimanns Kotten,zu Münster	38	3 Lütgenbeck (Lüt(t)kenbeck)

Eigentümer mit Katastralnr. (Haus/Hofnr.) in den Bauerschaften (Bsch)	Parzellennummer	Gemeinde Lamberti, Flurnummer u. Name der Flurkarte
von Droste zu Vischering, Graf, Erbdroste, Besitzer des Gutes Lütkenbeck, Heimanns Kotten, zu Münster	39	3 Lütgenbeck (Lüt(t)kenbeck)
von Droste zu Vischering, Graf, Erbdroste, Besitzer des Gutes Lütkenbeck, Heimanns Kotten, zu Münster	42	3 Lütgenbeck (Lüt(t)kenbeck)
von Droste zu Vischering, Graf, Erbdroste, Besitzer des Gutes Lütkenbeck, Heimanns Kotten, zu Münster	43	3 Lütgenbeck (Lüt(t)kenbeck)
von Droste zu Vischering, Graf, Erbdroste, Besitzer des Gutes Lütkenbeck, Heimanns Kotten, zu Münster	44	3 Lütgenbeck (Lüt(t)kenbeck)
von Droste zu Vischering, Graf, Erbdroste, Besitzer des Gutes Lütkenbeck, Heimanns Kotten, zu Münster	45	3 Lütgenbeck (Lüt(t)kenbeck)
von Droste zu Vischering, Graf, Erbdroste, Besitzer des Gutes Lütkenbeck, Heimanns Kotten, zu Münster	46	3 Lütgenbeck (Lüt(t)kenbeck)
von Droste zu Vischering, Graf, Erbdroste, Besitzer des Gutes Lütkenbeck, Heimanns Kotten, zu Münster	47	3 Lütgenbeck (Lüt(t)kenbeck)
von Droste zu Vischering, Graf, Erbdroste, Besitzer des Gutes Lütkenbeck, Heimanns Kotten	87	3 Lütgenbeck (Lüt(t)kenbeck)
von Droste zu Vischering, Graf, Erbdroste, Heimanns Kotten, zu Münster	19	4 Averkamp
von Droste zu Vischering, Graf, Erbdroste, Heumanns Kotten	50	5 Loddenheide
von Droste zu Vischering, Graf, Erbdroste, Besitzer, Heumanns Kotten	68	5 Loddenheide
von Droste zu Vischering, Graf, Erbdroste, für Holtkamps Kotten gnt Stoermann, Bsch Delstrup	66	4 Averkamp
von Droste zu Vischering, Graf, Erbdroste, für Holtkamps Kotten gnt Stoermann, Bsch Delstrup	67-1	4 Averkamp
von Droste zu Vischering, Graf, Erbdroste, für Holtkamps Kotten gnt Stoermann, Bsch Delstrup	67-2	4 Averkamp
von Droste zu Vischering, Graf, Erbdroste, für Holtkamps Kotten gnt Stoermann, Bsch Delstrup	86	5 Loddenheide
von Droste zu Vischering, Graf, Erbdroste, Besitzer des Gutes Lütkenbeck, Pächter Hoppe und Kruse	58	3 Lütgenbeck (Lüt(t)kenbeck)
von Droste zu Vischering, Graf, Erbdroste, Besitzer des Gutes Lütkenbeck, Pächter Hoppe und Kruse	61	3 Lütgenbeck (Lüt(t)kenbeck)
von Droste zu Vischering, Graf, Erbdroste, Besitzer des Gutes Lütkenbeck, Pächter Hoppe u. Kruse	11	4 Averkamp
von Droste zu Vischering, Graf, Erbdroste, Besitzer des Gutes Lütkenbeck, Pächter Hoppe u. Kruse	12	4 Averkamp
von Droste zu Vischering, Graf, Erbdroste, für Kleimanns Kotten	116	4 Averkamp

Eigentümer mit Katastralnr. (Haus/Hofnr.) in den Bauerschaften (Bsch)	Parzellennummer	Gemeinde Lamberti, Flurnummer u. Name der Flurkarte
von Droste zu Vischering, Graf, Erbdroste, für Kleimanns Kotten, Bsch Delstrup	77	5 Loddenheide
von Droste zu Vischering, Graf, Erbdroste, für Kleimanns Kolonat, Bsch Delstrup No 20	377	7 Geist II
von Droste zu Vischering, Graf, Erbdroste, für Kleimanns Kolonat, Bsch Delstrup No 20	378	7 Geist II
von Droste zu Vischering, Graf, Erbdroste, für Kleimanns Kolonat, Bsch Delstrup No 20	380	7 Geist II
von Droste zu Vischering, Graf, Erbdroste, für Kleimanns Kolonat, Bsch Delstrup No 20	381	7 Geist II
von Droste zu Vischering, Graf, Erbdroste, für Kleimanns Kolonat, Bsch Delstrup No 20	389	7 Geist II
von Droste zu Vischering, Graf, Erbdroste, für Kleimanns Kolonat, Bsch Delstrup No 20	390	7 Geist II
von Droste zu Vischering, Graf, Erbdroste, für Kleimanns Kolonat, Bsch Delstrup No 20	391	7 Geist II
von Droste zu Vischering, Graf, Erbdroste, für Kleimanns Kolonat, Bsch Delstrup No 20	392	7 Geist II
von Droste zu Vischering, Graf, Erbdroste, für Kleimanns Kolonat, Bsch Delstrup No 20	393	7 Geist II
von Droste zu Vischering, Graf, Erbdroste, für Kleimanns Kolonat, Bsch Delstrup No 20	394	7 Geist II
von Droste zu Vischering, Graf, Erbdroste, für Kleimanns Kolonat, Bsch Delstrup No 20	395	7 Geist II
von Droste zu Vischering, Graf, Erbdroste, für Kleimanns Kolonat, Bsch Delstrup No 20	396	7 Geist II
von Droste zu Vischering, Graf, Erbdroste, für Kleimanns Kolonat, Bsch Delstrup No 20	397	7 Geist II
von Droste zu Vischering, Graf, Erbdroste, für Kleimanns Kolonat, Bsch Delstrup No 20	398	7 Geist II
von Droste zu Vischering, Graf, Erbdroste, für Kleimanns Kolonat, Bsch Delstrup No 20	399	7 Geist II
von Droste zu Vischering, Graf, Erbdroste, für Kleimanns Kolonat, Bsch Delstrup No 20	400	7 Geist II
von Droste zu Vischering, Graf, Erbdroste, für Kleimanns Kolonat, Bsch Delstrup No 20	401	7 Geist II
von Droste zu Vischering, Graf, Erbdroste, für Kleimanns Kolonat, Bsch Delstrup No 20	402	7 Geist II
von Droste zu Vischering, Graf, Erbdroste, für Kleimanns Kolonat, Bsch Delstrup No 20	458	7 Geist II
von Droste zu Vischering, Graf, Erbdroste, für Kleimanns Kolonat, Bsch Delstrup No 20	459	7 Geist II
von Droste zu Vischering, Graf, Erbdroste, für Kleimanns Kolonat, Bsch Delstrup No 20	460	7 Geist II
von Droste zu Vischering, Graf, Erbdroste, für Kleimanns Kolonat, Bsch Delstrup No 20	461	7 Geist II
von Droste zu Vischering, Erbdroste, Graf, zu Münster, Pächter Krawinkels Kotten	91	6 Geist
von Droste zu Vischering, Erbdroste, Graf, zu Münster, Pächter Krawinkels Kotten	92	6 Geist
von Droste zu Vischering, Erbdroste, Graf, zu Münster, Pächter Krawinkels Kotten	30	7 Geist II
von Droste zu Vischering, Erbdroste, Graf, zu Münster, Pächter Krawinkels Kotten	56	7 Geist II

Eigentümer mit Katastralnr. (Haus/Hofnr.) in den Bauerschaften (Bsch)	Parzellennummer	Gemeinde Lamberti, Flurnummer u. Name der Flurkarte
von Droste zu Vischering, Erbdroste, Graf, zu Münster, Pächter Krawinkels Kotten	58	7 Geist II
von Droste zu Vischering, Erbdroste, Graf, zu Münster, Pächter Krawinkels Kotten	82	7 Geist II
von Droste zu Vischering, Erbdroste, Graf, zu Münster, Pächter Krawinkels Kotten	88	7 Geist II
von Droste zu Vischering, Erbdroste, Graf, zu Münster, Pächter Krawinkels Kotten	92	7 Geist II
von Droste zu Vischering, Erbdroste, Graf, zu Münster, Pächter Krawinkels Kotten	62	8 Friedrichsburg
von Droste zu Vischering, Erbdroste, Graf, zu Münster, Pächter Krawinkels Kotten	64	8 Friedrichsburg
von Droste zu Vischering, Erbdroste, Graf, zu Münster, Pächter Krawinkels Kotten	69	8 Friedrichsburg
von Droste zu Vischering, Erbdroste, Graf, zu Münster, Pächter Krawinkels Kotten	70	8 Friedrichsburg
von Droste zu Vischering, Erbdroste, Graf, zu Münster, Pächter Krawinkels Kotten	71	8 Friedrichsburg
von Droste zu Vischering, Erbdroste, Graf, zu Münster, Pächter Krawinkels Kotten	72	8 Friedrichsburg
von Droste zu Vischering, Graf, Erbdroste, für Konermanns Kotten, Anton	13	4 Averkamp
von Droste zu Vischering, Graf, Erbdroste, für Konermanns Kotten, Anton	14	4 Averkamp
von Droste zu Vischering, Graf, Erbdroste, für Konermanns Kotten, Anton	15	4 Averkamp
von Droste zu Vischering, Graf, Erbdroste, für Könermanns Konermanns Kotten	17	4 Averkamp
von Droste zu Vischering, Graf, Erbdroste, Konermanns Kotten, Bsch Delstrup	57	5 Loddenheide
von Droste zu Vischering, Graf, Erbdroste, für Konermanns Kotten, Bsch Delstrup	72	5 Loddenheide
von Droste zu Vischering, Graf, Erbdroste, Besitzer des Gutes Lütkenbeck, Pächter Kruse	56	3 Lütgenbeck (Lüt(t)kenbeck)
von Droste zu Vischering, Graf, Erbdroste, Besitzer des Gutes Lütkenbeck, Pächter Kruse	57	3 Lütgenbeck (Lüt(t)kenbeck)
von Droste zu Vischering, Graf, Erbdroste, Besitzer des Gutes Lütkenbeck, Pächter Kruse	62	3 Lütgenbeck (Lüt(t)kenbeck)
von Droste zu Vischering, Graf, Erbdroste, Besitzer des Gutes Lütkenbeck, Pächter Kruse	63	3 Lütgenbeck (Lüt(t)kenbeck)
von Droste zu Vischering, Graf, Erbdroste, Besitzer des Gutes Lütkenbeck, Pächter Kruse	65	3 Lütgenbeck (Lüt(t)kenbeck)
von Droste zu Vischering, Graf, Erbdroste, Besitzer des Gutes Lütkenbeck, Pächter Kruse	66	3 Lütgenbeck (Lüt(t)kenbeck)
von Droste zu Vischering, Graf, Erbdroste, Besitzer des Gutes Lütkenbeck, Pächter Kruse	67	3 Lütgenbeck (Lüt(t)kenbeck)
von Droste zu Vischering, Graf, Erbdroste, Besitzer des Gutes Lütkenbeck, Pächter Lammerdings Kotten, zu Mauritz	102	3 Lütgenbeck (Lüt(t)kenbeck)

Eigentümer mit Katastralnr. (Haus/Hofnr.) in den Bauerschaften (Bsch)	Parzellennummer	Gemeinde Lamberti, Flurnummer u. Name der Flurkarte
von Droste zu Vischering, Graf, Erbdroste, zu Darfeld wohnhaft, Besitzer des Gutes Lütkenbeck, für Münings *Münichs* Colonat, Bsch Delstrup No 24	115	2 Haferland
von Droste zu Vischering, Graf, Erbdroste, zu Darfeld wohnhaft, Besitzer des Gutes Lütkenbeck, für Münnings *Münichs* Colonat, zu Bsch Delstrup No 24	118	2 Haferland
von Droste zu Vischering, Graf, Erbdroste, Besitzer des Gutes Lütkenbeck, für Münnings Colonat, Bsch Delstrup No 24	3	3 Lütgenbeck (Lüt(t)kenbeck)
von Droste zu Vischering, Graf, Erbdroste, Besitzer des Gutes Lütkenbeck, für Münnings Colonat, Bsch Delstrup No 24	4	3 Lütgenbeck (Lüt(t)kenbeck)
von Droste zu Vischering, Graf, Erbdroste, Besitzer des Gutes Lütkenbeck, für Münnings Colonat, Bsch Delstrup No 24	5	3 Lütgenbeck (Lüt(t)kenbeck)
von Droste zu Vischering, Graf, Erbdroste, Besitzer des Gutes Lütkenbeck, für Münnings Colonat, Bsch Delstrup No 24	6	3 Lütgenbeck (Lüt(t)kenbeck)
von Droste zu Vischering, Graf, Erbdroste, Besitzer des Gutes Lütkenbeck, für Münnings Colonat, Bsch Delstrup No 24	7	3 Lütgenbeck (Lüt(t)kenbeck)
von Droste zu Vischering, Graf, Erbdroste, Besitzer des Gutes Lütkenbeck, für Münnings Colonat, Bsch Delstrup No 24	8	3 Lütgenbeck (Lüt(t)kenbeck)
von Droste zu Vischering, Graf, Erbdroste, Besitzer des Gutes Lütkenbeck, für Münnings Colonat, Bsch Delstrup No 24	9	3 Lütgenbeck (Lüt(t)kenbeck)
von Droste zu Vischering, Graf, Erbdroste, Besitzer des Gutes Lütkenbeck, für Münnings Colonat, Bsch Delstrup No 24	10	3 Lütgenbeck (Lüt(t)kenbeck)
von Droste zu Vischering, Graf, Erbdroste, Besitzer des Gutes Lütkenbeck, für Münnings Colonat, Bsch Delstrup No 24	11	3 Lütgenbeck (Lüt(t)kenbeck)
von Droste zu Vischering, Graf, Erbdroste, Besitzer des Gutes Lütkenbeck, für Münnings Colonat, Bsch Delstrup No 24	12,13	3 Lütgenbeck (Lüt(t)kenbeck)
von Droste zu Vischering, Graf, Erbdroste, Besitzer des Gutes Lütkenbeck, für Münnings Colonat, Bsch Delstrup No 24	14	3 Lütgenbeck (Lüt(t)kenbeck)
von Droste zu Vischering, Graf, Erbdroste, Besitzer des Gutes Lütkenbeck, für Münnings Colonat, Bsch Delstrup No 24	15	3 Lütgenbeck (Lüt(t)kenbeck)
von Droste zu Vischering, Graf, Erbdroste, Besitzer des Gutes Lütkenbeck, für Münnings Colonat, Bsch Delstrup No 24	16	3 Lütgenbeck (Lüt(t)kenbeck)
von Droste zu Vischering, Graf, Erbdroste, Besitzer des Gutes Lütkenbeck, für Münnings Colonat, Bsch Delstrup No 24	17	3 Lütgenbeck (Lüt(t)kenbeck)
von Droste zu Vischering, Graf, Erbdroste, Besitzer des Gutes Lütkenbeck, für Münnings Kolonat, Bsch Delstrup No 24	50	3 Lütgenbeck (Lüt(t)kenbeck)
von Droste zu Vischering, Graf, Erbdroste, für Münnings Kolonat, Bsch Delstrup No 24	18	5 Loddenheide
von Droste zu Vischering, Graf, Erbdroste, für Münnings Kolonat, Bsch Delstrup No 24	20	5 Loddenheide

Eigentümer mit Katastralnr. (Haus/Hofnr.) in den Bauerschaften (Bsch)	Parzellennummer	Gemeinde Lamberti, Flurnummer u. Name der Flurkarte
von Droste zu Vischering, Graf, Erbdroste, für Münnings Kolonat, Bsch Delstrup No 24	24	5 Loddenheide
von Droste zu Vischering, Graf, Erbdroste, für Münnings Kolonat, Bsch Delstrup No 24	25	5 Loddenheide
von Droste zu Vischering, Graf, Erbdroste, für Münnings Kolonat, Bsch Delstrup No 24	27	5 Loddenheide
von Droste zu Vischering, Graf, Erbdroste, für Münnings Kolonat, Bsch Delstrup No 24	28	5 Loddenheide
von Droste zu Vischering, Graf, Erbdroste, für Münnings Kolonat, Bsch Delstrup No 24	63	5 Loddenheide
von Droste zu Vischering, Graf, Erbdroste, für Niemöllers Kotten, Bsch Delstrup	56	4 Averkamp
von Droste zu Vischering, Graf, Erbdroste, für Niemöllers Kotten, Bsch Delstrup	57	4 Averkamp
von Droste zu Vischering, Graf, Erbdroste, für Niemöllers Kotten, Bsch Delstrup	59	4 Averkamp
von Droste zu Vischering, Graf, Erbdroste, für Niemöllers Kotten, Bsch Delstrup	60	4 Averkamp
von Droste zu Vischering, Graf, Erbdroste, für Niemöllers Kotten, Bsch Delstrup	61	4 Averkamp
von Droste zu Vischering, Graf, Erbdroste, für Niemöllers Kotten, Bsch Delstrup	62	4 Averkamp
von Droste zu Vischering, Graf, Erbdroste, für Niemöllers Kotten, Bsch Delstrup	63	4 Averkamp
von Droste zu Vischering, Graf, Erbdroste, für Niemöllers Kotten, Bsch Delstrup	64	4 Averkamp
von Droste zu Vischering, Graf, Erbdroste, für Niemöllers Kotten, Bsch Delstrup	65	4 Averkamp
von Droste zu Vischering, Graf, Erbdroste, für Niemöllers Kotten, Bsch Delstrup	67-1	4 Averkamp
von Droste zu Vischering, Graf, Erbdroste, für Niemöllers Kotten, Bsch Delstrup	67-2	4 Averkamp
von Droste zu Vischering, Graf, Erbdroste, für Niemöllers Kotten	73	4 Averkamp
von Droste zu Vischering, Graf, Erbdroste, für Niemöllers Kotten, Bsch Delstrup	74	4 Averkamp
von Droste zu Vischering, Graf, Erbdroste, für Niemöllers Kotten, Bsch Delstrup	75-1	4 Averkamp
von Droste zu Vischering, Graf, Erbdroste, für Niemöllers Kotten, Bsch Delstrup	75-2	4 Averkamp
von Droste zu Vischering, Graf, Erbdroste, für Niemöllers Kotten, Bsch Delstrup	75-3	4 Averkamp
von Droste zu Vischering, Graf, Erbdroste, für Niemöllers Kotten, Bsch Delstrup	76	4 Averkamp
von Droste zu Vischering, Graf, Erbdroste, für Niemöllers Kotten, Bsch Delstrup	77	4 Averkamp
von Droste zu Vischering, Graf, Erbdroste, für Niemöllers Kotten, Bsch Delstrup	78	4 Averkamp
von Droste zu Vischering, Graf, Erbdroste, für Niemöllers Kotten, Bsch Delstrup	79	4 Averkamp
von Droste zu Vischering, Graf, Erbdroste, für Niemöllers Kotten, Bsch Delstrup	53	5 Loddenheide
von Droste zu Vischering, Graf, Erbdroste, für Niemöllers Kotten, Bsch Delstrup	79	5 Loddenheide

Eigentümer mit Katastralnr. (Haus/Hofnr.) in den Bauerschaften (Bsch)	Parzellennummer	Gemeinde Lamberti, Flurnummer u. Name der Flurkarte
von Droste zu Vischering, Erbdroste, Graf, zu Münster, Pächter Pennekamps Kotten, No 14	66	8 Friedrichsburg
von Droste zu Vischering, Erbdroste, Graf, zu Münster, Pächter Pennekamps Kotten, No 14	67	8 Friedrichsburg
von Droste zu Vischering, Erbdroste, Graf, zu Münster, Pächter Pennekamps Kotten, No 14	68	8 Friedrichsburg
von Droste zu Vischering, Erbdroste, Graf, zu Münster, Pächter Pennekamps Kotten, No 14	156	8 Friedrichsburg
von Droste zu Vischering, Erbdroste, Graf, zu Münster, Pächter Pennekamps Kotten, No 14	157	8 Friedrichsburg
von Droste zu Vischering, Erbdroste, Graf, zu Münster, Pächter Pennekamps Kotten, No 14	158	8 Friedrichsburg
von Droste zu Vischering, Graf, Erbdroste, für Renzelkötter, Renzels Kotten, Bsch Delstrup	37	4 Averkamp
von Droste zu Vischering, Graf, Erbdroste, für Renzelkötter, Renzels Kotten, Bsch Delstrup	38	4 Averkamp
von Droste zu Vischering, Graf, Erbdroste, für Renzelkötter, Renzels Kotten, Bsch Delstrup	39	4 Averkamp
von Droste zu Vischering, Graf, Erbdroste, für Renzelkötter, Renzels Kotten, Bsch Delstrup	58	4 Averkamp
von Droste zu Vischering, Graf, Erbdroste, Eigentümer für Renzelkotten, Bsch Delstrup	60	5 Loddenheide
von Droste zu Vischering, Graf, Erbdroste, für Schapmanns Kotten, Bsch Delstrup	1	4 Averkamp
von Droste zu Vischering, Graf, Erbdroste, für Schapmanns Kotten, Bsch Delstrup	2	4 Averkamp
von Droste zu Vischering, Graf, Erbdroste, für Schapmanns Kotten, Bsch Delstrup	3	4 Averkamp
von Droste zu Vischering, Graf, Erbdroste, für Schapmanns Kotten, Bsch Delstrup	4	4 Averkamp
von Droste zu Vischering, Graf, Erbdroste, für Schapmanns Kotten, Bsch Delstrup	5	4 Averkamp
von Droste zu Vischering, Graf, Erbdroste, für Schapmanns Kotten, Bsch Delstrup	6	4 Averkamp
von Droste zu Vischering, Graf, Erbdroste, für Schapmanns Kotten, Bsch Delstrup	7	4 Averkamp
von Droste zu Vischering, Graf, Erbdroste, für Schapmanns Kotten, Bsch Delstrup	8	4 Averkamp
von Droste zu Vischering, Graf, Erbdroste, für Schapmanns Kotten, Bsch Delstrup	9	4 Averkamp
von Droste zu Vischering, Graf, Erbdroste, für Schapmanns Kotten, Bsch Delstrup	10	4 Averkamp
von Droste zu Vischering, Graf, Erbdroste, für Schapmanns Kotten, Bsch Delstrup	35	4 Averkamp
von Droste zu Vischering, Graf, Erbdroste, für Schapmanns Kotten, Bsch Delstrup	55	5 Loddenheide

Eigentümer mit Katastralnr. (Haus/Hofnr.) in den Bauerschaften (Bsch)	Parzellennummer	Gemeinde Lamberti, Flurnummer u. Name der Flurkarte
von Droste zu Vischering, Graf, Erbdroste, für Schapmanns Kotten, Bsch Delstrup	78	5 Loddenheide
von Droste zu Vischering, Graf, Erbdroste, für Schapmanns Kotten, Bsch Delstrup	99	4 Averkamp
von Droste zu Vischering, Graf, Erbdroste, für Schapmanns Kotten, Bsch Delstrup	100	4 Averkamp
von Droste zu Vischering, Graf, Erbdroste, für Schaafmanns Kotten, Bsch Delstrup	118	4 Averkamp
von Droste zu Vischering, Graf, Erbdroste, für Schapmanns Kotten, Bsch Delstrup	119	4 Averkamp
von Droste zu Vischering, Graf, Erbdroste, für Schaafmanns Kotten, Bsch Delstrup	120	4 Averkamp
von Droste zu Vischering, Graf, Erbdroste, für Schaafmanns Kotten,Bsch Delstrup	117	4 Averkamp
von Droste zu Vischering, Graf, Erbdroste, für Schapmanns Kotten, Bsch Delstrup	135	4 Averkamp
von Droste zu Vischering, Graf, Erbdroste, Schnieders Kotten, zu Münster	31	4 Averkamp
von Droste zu Vischering, Graf, Erbdroste, Schnieders Kotten, zu Münster	32	4 Averkamp
von Droste zu Vischering, Graf, Erbdroste, Schnieders Kotten, zu Münster	33	4 Averkamp
von Droste zu Vischering, Graf, Erbdroste, Schnieders Kotten, zu Münster	34-1	4 Averkamp
von Droste zu Vischering, Graf, Erbdroste, Schnieders Kotten, zu Münster	34-2	4 Averkamp
von Droste zu Vischering, Graf, Erbdroste, Schnieders Kotten, zu Münster	36	4 Averkamp
von Droste zu Vischering, Graf, Erbdroste, zu Darfeld wohnhaft, Besitzer des Gutes Lütkenbeck, für Stöbler, Bernh., Kotten, Bsch Delstrup No 4	144	2 Haferland
von Droste zu Vischering, Graf, Erbdroste, zu Darfeld wohnhaft, Besitzer des Gutes Lütkenbeck, für Stöbler, Bernh., Kotten, Bsch Delstrup No 4	145	2 Haferland
von Droste zu Vischering, Graf, Erbdroste, zu Darfeld wohnhaft, Besitzer des Gutes Lütkenbeck, für Stöbler, Bernh., Kotten, Bsch Delstrup No 4	146	2 Haferland
von Droste zu Vischering, Graf, Erbdroste, zu Darfeld wohnhaft, Besitzer des Gutes Lütkenbeck, für Stöbler, Bernh., Kotten, Bsch Delstrup No 4	147	2 Haferland
von Droste zu Vischering, Graf, Erbdroste, zu Darfeld wohnhaft, Besitzer des Gutes Lütkenbeck, für Stöbler, Bernh., Kotten, Bsch Delstrup No 4	148	2 Haferland
von Droste zu Vischering, Graf, Erbdroste, zu Darfeld wohnhaft, Besitzer des Gutes Lütkenbeck, für Stöbler, Bernh., Kotten, Bsch Delstrup No 4	149	2 Haferland
von Droste zu Vischering, Graf, Erbdroste, für Tillings Kotten, Joh. Theod., zu Bsch Delstrup No 5	100	2 Haferland
von Droste zu Vischering, Graf, Erbdroste, Besitzer des Gutes Lütkenbeck, für Tillings Kotten, Bsch Delstrup No 5	76	3 Lütgenbeck (Lüt(t)kenbeck)
von Droste zu Vischering, Graf, Erbdroste, Besitzer des Gutes Lütkenbeck, für Tillings Kotten, Bsch Delstrup No 5	77	3 Lütgenbeck (Lüt(t)kenbeck)
von Droste zu Vischering, Graf, Erbdroste, Besitzer des Gutes Lütkenbeck, für Tillings Kotten, Bsch Delstrup No 5	78	3 Lütgenbeck (Lüt(t)kenbeck)
von Droste zu Vischering, Graf, Erbdroste, Besitzer des Gutes Lütkenbeck, für Tillings Kotten, Bsch Delstrup No 5	79	3 Lütgenbeck (Lüt(t)kenbeck)
von Droste zu Vischering, Graf, Erbdroste, Besitzer des Gutes Lütkenbeck, für Tillings Kotten, Bsch Delstrup No 5	80	3 Lütgenbeck (Lüt(t)kenbeck)
von Droste zu Vischering, Graf, Erbdroste, Besitzer des Gutes Lütkenbeck, für Tillings Kotten, Bsch Delstrup No 5	81	3 Lütgenbeck (Lüt(t)kenbeck)
von Droste zu Vischering, Graf, Erbdroste, Besitzer des Gutes Lütkenbeck, für Tillings Kotten, Bsch Delstrup No 5	82	3 Lütgenbeck (Lüt(t)kenbeck)
von Droste zu Vischering, Graf, Erbdroste, Pächter Thürs Kotten, zu Münster	101	4 Averkamp
von Droste zu Vischering, Graf, Erbdroste, Pächter Thürs Kotten, zu Münster	103	4 Averkamp
von Droste zu Vischering, Graf, Erbdroste, Pächter Thürs Kotten, zu Münster	104	4 Averkamp
von Droste zu Vischering, Graf, Erbdroste, Pächter Thürs Kotten, zu Münster	105	4 Averkamp
von Droste zu Vischering, Graf, Erbdroste, Pächter Thürs Kotten, zu Münster	106	4 Averkamp
von Droste zu Vischering, Graf, Erbdroste, Pächter Thürs Kotten, zu Münster	107	4 Averkamp
von Droste zu Vischering, Graf, Erbdroste, Thürs Kotten	56	5 Loddenheide
von Droste zu Vischering, Graf, Erbdroste, zu Münster, für Thürs Kotten	73	5 Loddenheide
von Droste zu Vischering, Graf, Erbdroste, Pächter Tombrink, Bsch Delstrup	48	3 Lütgenbeck (Lüt(t)kenbeck)
von Droste zu Vischering, Graf, Erbdroste, Pächter Tombrink, Bsch Delstrup	16 -1	4 Averkamp
von Droste zu Vischering, Graf, Erbdroste, Pächter Tombrink, Bsch Delstrup	16-2	4 Averkamp
von Droste zu Vischering, Graf, Erbdroste, Pächter Tombrink, Bsch Delstrup	76	5 Loddenheide
von Droste zu Vischering, Graf, Erbdroste, Trenkpohls Kotten, Bsch Geist	30	4 Averkamp
von Droste zu Vischering, Graf, Erbdroste, Trenkpohls Kotten, Bsch Geist	51	5 Loddenheide
von Droste zu Vischering, Graf, Erbdroste, Trenkpohls Kotten, Bsch Geist	67	5 Loddenheide
von Droste zu Vischering, Graf, zu Münster	65	5 Loddenheide
von Droste, Dr., zu Münster, am Domhof	561	1 Althoff
von Droste, Dr., zu Münster, am Domhof	562	1 Althoff
von Droste, Dr., zu Münster, am Domhof	563	1 Althoff
von Drüffel *Druffel*, Medicinal-Rat, zu Münster, Königsstr.	235	1 Althoff
von Forkenbeck, Rat, zu Münster, *Frauenstraße*, Pächter Wissing, Joh. Heinr., Bsch Delstrup No 26	85	2 Haferland
von Forkenbeck, Rat, zu Münster, *Frauenstraße*, Pächter Wissing, Joh. Heinr., Bsch Delstrup No 26	86	2 Haferland
von Forkenbeck, Rat, zu Münster, *Frauenstraße*, Pächter Wissing, Joh. Heinr., Bsch Delstrup No 26	87	2 Haferland
von Forkenbeck, Rat, zu Münster, *Frauenstraße*, Pächter Wissing, Joh. Heinr., Bsch Delstrup No 26	88	2 Haferland
von Forkenbeck, Rat, zu Münster, *Frauenstraße*, Pächter Wissing, Joh. Heinr., Bsch Delstrup No 26	91	2 Haferland
von Gahlen, Graf, zu Münster	75	6 Geist
von Gahlen, Graf, zu Münster	126	6 Geist
von Gahlen, Graf, zu Münster	137	6 Geist
von Gahlen, Graf, zu Münster	156	6 Geist
von Gahlen, Graf, zu Münster	159	6 Geist
von Galen, Graf, zu Münster	3-1	7 Geist II
von Galen, Graf, zu Münster	4	7 Geist II
von Galen, Graf, zu Münster	5	7 Geist II
von Galen, Graf, zu Münster	6	7 Geist II
von Galen, Graf, zu Münster	7	7 Geist II
von Galen, Graf, zu Münster	8	7 Geist II
von Galen, Graf, zu Münster	9	7 Geist II
von Galen, Graf, zu Münster	10	7 Geist II
von Galen, Graf, zu Münster	11	7 Geist II
von Galen, Graf, zu Münster	12	7 Geist II
von Galen, Graf, zu Münster	13	7 Geist II
von Galen, Graf, zu Münster	14	7 Geist II
von Galen, Graf, zu Münster	15	7 Geist II
von Galen, Graf, zu Münster	16	7 Geist II
von Galen, Graf, zu Münster	17	7 Geist II
von Galen, Graf, zu Münster	18	7 Geist II
von Galen, Graf, zu Münster	19	7 Geist II
von Galen, Graf, zu Münster	20	7 Geist II
von Galen, Graf, zu Münster	21	7 Geist II
von Galen, Graf, zu Münster, Pächter Lembeck, Caspar	22	7 Geist II
von Galen, Graf, zu Münster	23	7 Geist II
von Galen, Graf, zu Münster, Pächter Lembeck, Caspar	24	7 Geist II
von Galen, Graf, zu Münster	269	7 Geist II
von Galen, Graf, zu Münster	273	7 Geist II
von Galen, Graf, zu Münster	73	8 Friedrichsburg

Eigentümer mit Katastralnr. (Haus/Hofnr.) in den Bauerschaften (Bsch)	**Parzellennummer**	**Gemeinde Lamberti,** Flurnummer u. Name der Flurkarte
von Galen, Graf, zu Münster	74	8 Friedrichsburg
von Galen, Graf, zu Münster	79	8 Friedrichsburg
von Galen, Graf, zu Münster	82	8 Friedrichsburg
von Galen, Graf, zu Münster	93	8 Friedrichsburg
von Galen, Graf, zu Münster	94	8 Friedrichsburg
von Galen, Graf, zu Münster	95	8 Friedrichsburg
von Galen, Graf, zu Münster	96	8 Friedrichsburg
von Galen, Graf, zu Münster	97	8 Friedrichsburg
von Galen, Graf, zu Münster	98	8 Friedrichsburg
von Galen, Graf, zu Münster	99-1	8 Friedrichsburg
von Galen, Graf, zu Münster	100	8 Friedrichsburg
von Galle, Frau, und von Besward *Bersward*, Freiherr, zum Hause Sentmaring, Pächter Leissing, Bsch Geist	54	8 Friedrichsburg
von Galle, Frau, und von Besward *Bersward*, Freiherr, zum Hause Sentmaring, Pächter Leissing, Bsch Geist	55	8 Friedrichsburg
von Galle, Frau, und von Besward *Bersward*, Freiherr, zum Hause Sentmaring, Pächter Leissing, Bsch Geist	56	8 Friedrichsburg
von Galle, Frau, und von Besward *Bersward*, Freiherr, zum Hause Sentmaring, Pächter Leissing, Bsch Geist	65	8 Friedrichsburg
von Hatzfeld, Franz, zu Münster Ludgeristr.	301	1 Althoff
von Herding, Freiherr u. von Stapel, Freiherr	44	5 Loddenheide
von Herding, zu Münster, Königsstr., *Pächter Moll* Lohkampff, Rentmeister	600	1 Althoff
von Hövel, zu Ruhr, Pächter Harz, Schuster, zu Münster	47	2 Haferland
von Hövel, zu Ruhr, Pächter Harz, Schuster, zu Münster, *Krumme Stiege*	48	2 Haferland
von Kaas, ..., Concursmasse, Curator ist der Justiz-Commissair Schwering	3	8 Friedrichsburg
von Kaas, ..., Concursmasse, Curator ist der Justiz-Commissair Schwering	4	8 Friedrichsburg
von Kerkering *Kerkerink*-Borg, Freiherr, Haus Bödingheide, Bsch Delstrup No 15	137	4 Averkamp
von Kerkering *Kerkerink*-Borg, Freiherr, Haus Bödingheide, Bsch Delstrup No 15	138	4 Averkamp
von Kerkering *Kerkerink*-Borg, Freiherr, Haus Bödingheide, Bsch Delstrup No 15	139	4 Averkamp
von Kerkering *Kerkerink*-Borg, Freiherr, Haus Bödingheide, Bsch Delstrup No 15	140	4 Averkamp
von Kerkering *Kerkerink*-Borg, Freiherr, Haus Bödingheide, Bsch Delstrup No 15	141	4 Averkamp
von Kerkering *Kerkerink*-Borg, Freiherr, Haus Bödingheide, Bsch Delstrup No 15	142	4 Averkamp
von Kerkering *Kerkerink*-Borg, Freiherr, Haus Bödingheide, Bsch Delstrup No 15	143	4 Averkamp
von Kerkering *Kerkerink*-Borg, Freiherr, Haus Bödingheide, Bsch Delstrup No 15	144	4 Averkamp

Eigentümer mit Katastralnr. (Haus/Hofnr.) in den Bauerschaften (Bsch)	**Parzellennummer**	**Gemeinde Lamberti,** Flurnummer u. Name der Flurkarte
von Kerkering *Kerkerink*-Borg, Freiherr, zu Münster, Pächter Bödingheide, Bsch Delstrup, No 15	120	4 Averkamp
von Kerkering *Kerkerink*-Borg, Freiherr, zu Münster, Pächter Bödingheide, Bsch Delstrup, No 15	122	4 Averkamp
von Kerkering *Kerkerink*-Borg, Freiherr, zu Münster, Pächter Bödingheide, Bsch Delstrup No 15	129	4 Averkamp
von Kerkering *Kerkerink*-Borg, Freiherr, zu Münster, Pächter Bödingheide, Bsch Delstrup No 15	130	4 Averkamp
von Kerkering *Kerkerink*-Borg, Freiherr, zu Münster, Pächter Bödingheide, Bsch Delstrup No 15	131	4 Averkamp
von Kerkering *Kerkerink*-Borg, Freiherr, zu Münster, Pächter Bödingheide, Bsch Delstrup No 15	132	4 Averkamp
von Kerkering *Kerkerink*-Borg, Freiherr, zu Münster, Pächter Bödingheide, Bsch Delstrup No 15	133	4 Averkamp
von Kerkering *Kerkerink*-Borg, Freiherr, zu Münster, Pächter Bödingheide, Bsch Delstrup No 15	134	4 Averkamp
von Kerkering *Kerkerink*-Borg, Freiherr, zu Münster, Pächter Bödingheide, Bsch Delstrup No 15	121	4 Averkamp
von Kerkering *Kerkerink*-Borg, Freiherr, zu Münster, Zeitpächter Bödingheide, Bsch Delstrup No 15	127	4 Averkamp
von Kerkering *Kerkerink*-Borg, Freiherr, zu Münster, Zeitpächter Bödingheide, Bsch Delstrup	123	4 Averkamp
von Kerkering *Kerkerink*-Borg, Freiherr, zu Münster, Zeitpächter Bödingheide, Bsch Delstrup	124	4 Averkamp
von Kerkering *Kerkerink*-Borg, Freiherr, zu Münster, Zeitpächter Bödingheide, Bsch Delstrup	128	4 Averkamp
von Kerkering *-erink*-Borg, Freiherr, zu Münster, Zeitpächter Bödingheide, Bsch Delstrup	125	4 Averkamp
von Kerkering *Kerkerink*-Borg, Freiherr, zu Münster, Zeitpächter Bödingheide, Bsch Delstrup No 15	126	4 Averkamp
von Kerkering *Kerkerink*-Borg, Freiherr, zu Münster, Zeitpächter Bödingheide, Caspar, Bsch Delstrup No 15	108	4 Averkamp
von Kerkering *Kerkerink*-Borg, Freiherr, zu Münster, Zeitpächter Bödingheide, Caspar, Bsch Delstrup No 15	109	4 Averkamp
von Kerkering Kerker*ink*-Borg, Freiherr, zu Münster, Haus Böddingheide, Bsch Delstrup No 15	82	5 Loddenheide
von Kerkering *Kerkerink*-Borg, Freiherr, zu Münster, Haus Böddingheide, Bsch Delstrup No 15	83	5 Loddenheide

Eigentümer mit Katastralnr. (Haus/Hofnr.) in den Bauerschaften (Bsch)	**Parzellennummer**	**Gemeinde Lamberti,** Flurnummer u. Name der Flurkarte
von Ketteler *Kettler*, Franz, Freiherr zu Harkotten, Frau von Kettler	285	1 Althoff
von Ketteler, Freiherr, Harkotten *Haarkotten*	21	1 Althoff
von Ketteler, Freiherr, Harkotten *Haarkotten*	22	1 Althoff
von Ketteler, Freiherr, Harkotten *Haarkotten*	23	1 Althoff
von Ketteler, Freiherr, Harkotten *Haarkotten*	24	1 Althoff
von Ketteler, Freiherr, zu Haarkotten, Pächter Bracht, Haus Kaldenhoff, Bsch Delstrup	29	5 Loddenheide
von Ketteler, Freiherr, zu Haarkotten, Pächter Bracht, Haus Kaldenhoff, Bsch Delstrup	52	5 Loddenheide
von Ketteler, Freiherr, zu Haarkotten, Pächter Bracht, Haus Kaldenhoff, Bsch Delstrup	69	5 Loddenheide
von Kettler Ketteler, Freiherr zu Haarkotten, Haus Kaldenhoff, Pächter Bracht, Anton, Bsch Delstrup No 6	43	4 Averkamp
von Kettler Ketteler, Freiherr zu Haarkotten, Haus Kaldenhoff, Pächter Bracht, Bsch Delstrup	98	3 Lütgenbeck (Lüt(t)kenbeck)
von Kettler Ketteler, Freiherr zu Haarkotten, Haus Kaldenhoff, Pächter Bracht, Bsch Delstrup	101	3 Lütgenbeck (Lüt(t)kenbeck)
von Kettler, Freiherr zu Haarkotten, Haus Kaldenhoff, Pächter Berdels Kötter, Bsch Delstrup No 23	27	3 Lütgenbeck (Lüt(t)kenbeck)
von Kettler, Freiherr zu Haarkotten, Haus Kaldenhoff, Pächter Bracht	88	3 Lütgenbeck (Lüt(t)kenbeck)
von Kettler, Freiherr zu Haarkotten, Haus Kaldenhoff, Pächter Bracht	89	3 Lütgenbeck (Lüt(t)kenbeck)
von Kettler, Freiherr zu Haarkotten, Haus Kaldenhoff, Pächter Bracht	90	3 Lütgenbeck (Lüt(t)kenbeck)
von Kettler, Freiherr zu Haarkotten, Haus Kaldenhoff, Pächter Bracht	91	3 Lütgenbeck (Lüt(t)kenbeck)
von Kettler, Freiherr zu Haarkotten, Haus Kaldenhoff, Pächter Bracht	92	3 Lütgenbeck (Lüt(t)kenbeck)
von Kettler, Freiherr zu Haarkotten, Haus Kaldenhoff, Pächter Bracht	93	3 Lütgenbeck (Lüt(t)kenbeck)
von Kettler, Freiherr zu Haarkotten, Haus Kaldenhoff, Pächter Bracht	94	3 Lütgenbeck (Lüt(t)kenbeck)
von Kettler, Freiherr zu Haarkotten, Haus Kaldenhoff, Pächter Bracht	95	3 Lütgenbeck (Lüt(t)kenbeck)
von Kettler, Freiherr zu Haarkotten, Haus Kaldenhoff, Pächter Bracht, Anton, Bsch Delstrup No 6	96	3 Lütgenbeck (Lüt(t)kenbeck)
von Kettler, Freiherr zu Haarkotten, Haus Kaldenhoff, Pächter Bracht, Anton, Bsch Delstrup No 6	19	3 Lütgenbeck (Lüt(t)kenbeck)
von Kettler, Freiherr zu Haarkotten, Haus Kaldenhoff, Pächter Bracht, Anton, Bsch Delstrup No 6	70	3 Lütgenbeck (Lüt(t)kenbeck)
von Kettler, Freiherr zu Haarkotten, Haus Kaldenhoff, Pächter Bracht, Anton, Bsch Delstrup No 6	71	3 Lütgenbeck (Lüt(t)kenbeck)

Eigentümer mit Katastralnr. (Haus/Hofnr.) in den Bauerschaften (Bsch)	Parzellennummer	Gemeinde Lamberti, Flurnummer u. Name der Flurkarte
von Kettler, Freiherr zu Haarkotten, Haus Kaldenhoff, Pächter Bracht, Anton, Bsch Delstrup No 6	84	3 Lütgenbeck (Lüt(t)kenbeck)
von Kettler, Freiherr zu Haarkotten, Haus Kaldenhoff, Pächter Bracht, Anton, Bsch Delstrup No 6	85	3 Lütgenbeck (Lüt(t)kenbeck)
von Kettler, Freiherr zu Haarkotten, Haus Kaldenhoff, Pächter Bracht, Anton, Bsch Delstrup No 6	86	3 Lütgenbeck (Lüt(t)kenbeck)
von Kettler, Freiherr zu Haarkotten, Haus Kaldenhoff, Pächter Bracht, Bsch Delstrup	97	3 Lütgenbeck (Lüt(t)kenbeck)
von Kettler, Freiherr zu Haarkotten, Haus Kaldenhoff, Pächter Bracht, Bsch Delstrup	99	3 Lütgenbeck (Lüt(t)kenbeck)
von Kettler, Freiherr zu Haarkotten, Haus Kaldenhoff, Pächter Bracht, Bsch Delstrup	100	3 Lütgenbeck (Lüt(t)kenbeck)
von Kettler, Freiherr zu Haarkotten, Haus Kaldenhoff, Pächter Bracht, Bsch Delstrup	45	4 Averkamp
von Kettler, Freiherr zu Haarkotten, Haus Kaldenhoff, Pächter Bracht, Bsch Delstrup	46	4 Averkamp
von Kettler, Freiherr zu Haarkotten, Haus Kaldenhoff, Pächter Bracht, Bsch Delstrup	48	4 Averkamp
von Kettler, Freiherr zu Haarkotten, Haus Kaldenhoff, Pächter Bracht, Bsch Delstrup	49	4 Averkamp
von Kettler, Freiherr zu Haarkotten, Pächter Bracht, Anton, zum Hause Kaltenhoff, Bsch Delstrup	150	2 Haferland
von Kettler, Freiherr zu Haarkotten, Pächter Bracht, Anton, zum Hause Kaltenhoff, Bsch Delstrup	151	2 Haferland
von Landsberg- Lansberg-Veelen, Freiherr, Aegidistr.	411	1 Althoff
von Meerveldt, Graf, zu Münster, Ludgeristr.	413	1 Althoff
von Meerveldt, Graf, zu Münster, Ludgeristr.	47	5 Loddenheide
von Meerveldtsche Stiftung, Emonitor Seeling, Pastor, Loerstr.	682	1 Althoff
von Meerveldtsche Stiftung, Emonitor Seeling, Pastor, Loerstr.	683	1 Althoff
von Münstermann, Oberbürgermeister, zu Münster, Aegidistr.	16	1 Althoff
von Nagel, verwitwete Ge........., zu Münster, Königsstr.	45	1 Althoff
von Nagel, verwitwete Ge........., zu Münster, Königsstr.	46	1 Althoff
von Oer, Freiherr, zu Münster, Königsstr.	251	1 Althoff
von Olfers, Heinr., Bau......?, zu Münster	193	1 Althoff
von Olfers, Witwe, zu Münster, Ludgeristr. No 208, *Königsstr.*	191	1 Althoff
von Olfers, Witwe, zu Münster, Ludgeristr. No 208, *Königsstr.*	194	1 Althoff
von Plettenberg, Graf, zu Nordkirchen	274	1 Althoff
von Plettenberg, Graf, zu Nordkirchen	275	1 Althoff
von Plettenberg, Graf, zu Nordkirchen	276	1 Althoff
von Plettenberg, Graf, zu Nordkirchen	277	1 Althoff
von Plettenberg, Graf, zu Nordkirchen	278	1 Althoff
von Plettenberg, Graf, zu Nordkirchen	279	1 Althoff
von Plettenberg, Graf, zu Nordkirchen	280	1 Althoff
von Plettenberg, Graf, zu Nordkirchen	281	1 Althoff
von Plettenberg, Graf, zu Nordkirchen	282	1 Althoff
von Plettenberg, Graf, zu Nordkirchen	283	1 Althoff
von Plettenberg, Graf, zu Nordkirchen	284	1 Althoff
von Rantzau, Fräulein Sophie, auf der Rothenburg	105	2 Haferland
von Rantzau, Fräulein Sophie, auf der Rothenburg	106	2 Haferland
von Rantzau, Fräulein, zu Münster, Rothenburg	385	1 Althoff
von Rantzau, Fräulein, zu Münster, Rothenburg	386	1 Althoff
von Rantzau, Fräulein, zu Münster, Rothenburg	387	1 Althoff
von Rantzau, Fräulein, zu Münster, Rothenburg	389	1 Althoff
von Rantzau, Fräulein, zu Münster, Rothenburg	390	1 Althoff
von Rantzau, Fräulein, zu Münster, Rothenburg	391	1 Althoff
von Rantzau, Fräulein, zu Münster, Rothenburg	392	1 Althoff
von Rantzau, Fräulein, zu Münster, Rothenburg	393	1 Althoff
von Rantzau, Fräulein, zu Münster, Rothenburg	394	1 Althoff
von Rantzau, Fräulein, zu Münster, Rothenburg	395	1 Althoff
von Rantzau, Fräulein, zu Münster, Rothenburg	396	1 Althoff
von Rantzau, Fräulein, zu Münster, Rothenburg	398	1 Althoff
von Rantzau, Sophia, Fräulein, zu Münster, Rothenburg	381	1 Althoff
von Rantzau, Sophia, Fräulein, zu Münster, Rothenburg	382	1 Althoff
von Rantzau, Sophia, Fräulein, zu Münster, Rothenburg	383	1 Althoff
von Rantzau, Sophia, Fräulein, zu Münster, Rothenburg	384	1 Althoff
von Rantzau, Sophia, Fräulein, zu Münster, Rothenburg	135	6 Geist
von Rantzau, Sophia, Fräulein, zu Münster, Rothenburg	166	6 Geist
von Rantzau, Sophia, Fräulein, zu Münster, Rothenburg	171	6 Geist
von Rantzau, Sophia, zu Münster, Rothenburg	57	7 Geist II
von Rantzau, Sophia, zu Münster, Rothenburg	61	7 Geist II
von Rantzau, Sophia, zu Münster, Rothenburg	83	7 Geist II
von Rantzau, Sophie *Sophia,* Fraulein, zu Münster, Rothenburg	669	1 Althoff
von Rantzau, Sophie *Sophia,* Fraulein, zu Münster, Rothenburg	670	1 Althoff
von Rantzau, Sophie, Fraulein, zu Münster, Rothenburg	536	1 Althoff
von Rantzau, Sophie, Fraulein, zu Münster, Rothenburg	543	1 Althoff
von Rantzau, Sophie, Fraulein, zu Münster, Rothenburg	544	1 Althoff
v(on) Scheloer, Witwe, zu Münster, *Krummen Timpen*	161	1 Althoff
von Schilgen, Geschwister Deiters gnt Mandatar, zu Münster	233	1 Althoff
von Schilgen, Geschwister Deiters gnt Mandatar, zu Münster	234	1 Althoff
von Schonebeck *Schonne-,* Majorin, zu Münster, Ludgeristr.	221	1 Althoff
von Zurmühlen, Erben, zu Münster, Salzstr.	127	8 Friedrichsburg
von *und* Zurmühlen, Prof., zu Münster, Ludgeristr.	236	1 Althoff
von *und* Zurmühlen, Prof., zu Münster, Ludgeristr.	237	1 Althoff
von *und* Zurmühlen, Prof., zu Münster, Ludgeristr.	238	1 Althoff
Vonnemann, Anton, Kötter, Bsch Geist No 23	338	6 Geist
Vonnemann, Anton, Kötter, Bsch Geist No 23	346	6 Geist
Vosborgmann, Bernh. Heinr., Bsch Werse No 32	103	3 Lütgenbeck (Lüt(t) kenbeck)
Vosborgmann, Bernh. Heinr., Bsch Werse No 32	104	3 Lütgenbeck (Lüt(t) kenbeck)
Vosborgmann, Bernh. Heinr., Bsch Werse No 32	105	3 Lütgenbeck (Lüt(t) kenbeck)
W		
Wagener, Witwe, zu Münster	487	1 Althoff
Wagener, zu Münster, Prinzipalmarkt	618	1 Althoff
Wagener, zu Münster, Prinzipalmarkt	625	1 Althoff
Waldeck, Professor, zu Münster, Alten Steinweg	705	1 Althoff
Waldeck, Professorin, zu Münster	710	1 Althoff
Wechelmann *Weggel-,* Casper, Bsch Mecklenbeck No 6, Haus	76	9 Mertens
Wegmann, Jos., zu Münster, Ludgeristr. No 208	485	1 Althoff
Wegemann, Jos., zu Münster, Ludgeri-Laischaft No 208	510	1 Althoff
Wegener, zu Münster, Königsstr. No 275	106	1 Althoff

Eigentümer mit Katastralnr. (Haus/Hofnr.) in den Bauerschaften (Bsch)	**Par-zellen-nummer**	**Gemeinde Lamberti,** Flurnummer u. Name der Flurkarte
Wegmann, Heinr., Witwe, zu Hiltrup, Dorfbauerschaft No 37	347	6 Geist
Weingärtner *-gärtener,* Friedr., zu Münster, Pferdestiege No 32 *Pferdegasse*	497	1 Althoff
Weitkamp, Bernh., (zu Münster), Aegidistr.	9	6 Geist
Weitzel, Joh. Conrad, zu Münster, Pferdestiege	167	1 Althoff
Weitkamp, Bernh., zu Münster, Aegidistr.	68	7 Geist II
Wellmann, Theod., Bsch Geist No 60	204	7 Geist II
Wellmann, Theod., Bsch Geist No 60	205-1	7 Geist II
Wellmann, Theod., Bsch Geist No 60	205-2	7 Geist II
Wemann, Wilh., zu Münster, Clemensstr. No 135	547	1 Althoff
Wenner, Doktorin, Witwe, Reg.-Secretair, zu Münster, auf der Rothenburg	152	1 Althoff
Wenner, Doktorin, Witwe, Reg.-Secretair, zu Münster, auf der Rothenburg	165	1 Althoff
Wenning, Gerh., zu Münster, Salzstr. No 54	578	1 Althoff
Wenning, Joh. Heinr., zu Münster, Rothenburg No 146	545	1 Althoff
Werlemann *Werlmann,* Joh. Melchior, Bsch Mecklenbeck No 9	35	9 Mertens
Werlemann, Joh. Melchior, Bsch Mecklenbeck No 9	31	10 Galgheide
Werlemann, Joh. Melchior, Bsch Mecklenbeck No 9	19-5	11 Untied
Werlemann, Joh. Melchior, Bsch Mecklenbeck No 9	31	11 Untied
Werlemann, Joh. Melchior, Bsch Mecklenbeck No 9	34-3	11 Untied
Werlemann, Joh. Melchior, Bsch Mecklenbeck No 9	40	11 Untied
Werlemann, Joh. Melchior, Bsch Mecklenbeck No 9	41	11 Untied
Werlemann, Joh. Melchior, Bsch Mecklenbeck No 9	42	11 Untied
Werlemann, Joh. Melchior, Bsch Mecklenbeck No 9	43	11 Untied
Werlemann, Joh. Melchior, Bsch Mecklenbeck No 9	62 neu	11 Untied
Werlemann, Joh. Melchior, Bsch Mecklenbeck No 9	64 neu	11 Untied
Werlemann, Joh. Melchior, Bsch Mecklenbeck No 9	5	12 Mecklenbeck
Werlemann, Joh. Melchior, Bsch Mecklenbeck No 9	49	12 Mecklenbeck
Werlemann, Joh. Melchior, Bsch Mecklenbeck No 9	52	12 Mecklenbeck
Werlemann, Joh. Melchior, Bsch Mecklenbeck No 9	53	12 Mecklenbeck
Werlemann, Joh. Melchior, Bsch Mecklenbeck No 9	60	12 Mecklenbeck
Werlemann, Joh. Melchior, Bsch Mecklenbeck No 9	91	12 Mecklenbeck
Werlemann, Joh. Melchior, Bsch Mecklenbeck No 9	92	12 Mecklenbeck
Werlemann, Joh. Melchior, Bsch Mecklenbeck No 9	121	12 Mecklenbeck
Werlemann, Joh. Melchior, Bsch Mecklenbeck No 9	122	12 Mecklenbeck
Werlemann, Joh. Melchior, Bsch Mecklenbeck No 9	125	12 Mecklenbeck
Werlemann, Joh. Melchior, Bsch Mecklenbeck No 9	126	12 Mecklenbeck
Werlemann, Joh. Melchior, Bsch Mecklenbeck No 9	145	12 Mecklenbeck
Werlemann, Joh., Bsch Mecklenbeck No 9	204 neu	12 Mecklenbeck
Werlemann, Joh., Bsch Mecklenbeck No 9	213 neu	12 Mecklenbeck
Werlemann, Joh., Bsch Mecklenbeck No 9	218 neu	12 Mecklenbeck
Werlemann, Peter, Bsch Geist No 15	25	7 Geist II
Werlemann, Peter, Bsch Geist No 15	54	7 Geist II
Werlemann, Peter, Bsch Geist No 15	85	7 Geist II
Werlemann, Peter, Bsch Geist No 15	86	7 Geist II
Werlemann, Peter, Bsch Geist No 15	89	7 Geist II
Werlemann, Peter, Bsch Geist No 15	90	7 Geist II
Werlemann, Peter, Bsch Geist No 15	211	7 Geist II
Werlemann, Peter, Bsch Geist No 15, Pächter Hölscher	91	7 Geist II
Werlmann *Werlemann,* Joh. Melchior, Bsch Mecklenbeck No 9	17	9 Mertens
Werlmann *Werlemann,* Joh. Melchior, Bsch Mecklenbeck No 9	18	9 Mertens
Werlmann *Werlemann,* Joh. Melchior, Bsch Mecklenbeck No 9	71	9 Mertens
Werlmann *Werlemann,* Joh. Melchior, Bsch Mecklenbeck No 9	72	9 Mertens
Werlmann *Werlemann,* Joh. Melchior, Bsch Mecklenbeck No 9	3	9 Mertens
Wernekinck, Rat, zu Münster, Ludgeristr.	93	6 Geist I
Wernekinck, Rat, zu Münster, Ludgeristr.	114	6 Geist I
Wernekinck, Rat, zu Münster, Ludgeristr.	80	2 Haferland
Wernekinck, Rat, zu Münster, Ludgeristr.	109	6 Geist I
Wernekinck, Rat, zu Münster, Ludgeristr.	124	6 Geist I
Wernekinck, Rat, zu Münster, Ludgeristr.	127	6 Geist I
Werneking *-kinck,* Rat, zu Münster, Ludgeristr.	130	6 Geist I
Werneking *-kinck,* Rat, zu Münster, Ludgeristr.	132	6 Geist I
Wessendorf, Bernh., *Schlosser,* zu Münster, Aegidistr. 13	150	8 Friedrichsburg
Wessendorf, Bernh., *Schlosser,* zu Münster, Aegidistr. 13	151	8 Friedrichsburg
Wessendorf, Bernh., *Schlosser,* zu Münster, Aegidistr. 13	166	8 Friedrichsburg
Wessendorf, Bernh., *Schlosser,* zu Münster, Aegidistr. 13	103	8 Friedrichsburg
Westermann, zu Münster, Grüne Stiege No 317 *Grüne Gasse*	155	8 Friedrichsburg
Wewering *Weverinck,* Witwe, zu Münster, Ludgeristr. No 163	230	1 Althoff
Wewering *Weverinck,* Witwe, zu Münster, Ludgeristr. No 163	252	1 Althoff
Wewering *Weverinck,* Witwe, zu Münster, Ludgeristr. No 163	231	1 Althoff
Wewering *Weverinck,* Witwe, zu Münster, Ludgeristr. No 163	517	1 Althoff
Wewering *Weverinck,* Witwe, zu Münster, Ludgeristr. No 163	538	1 Althoff
Wibbelt, Heinr., Bsch Geist No 3	35	1 Althoff
Wibbelt, Heinr., Bsch Geist No 3	38	1 Althoff
Wibbelt, Heinr., Bsch Geist No 3	39	1 Althoff
Wibbelt, Heinr., Bsch Geist No 3	40	1 Althoff
Wibbelt, Heinr., Bsch Geist No 3	56	1 Althoff
Wibbelt, Heinr., Müller, Bsch Geist No 3	63	7 Geist II
Wibbelt, Heinr., Bsch Geist No 3	1	6 Geist I
Wibbelt, Heinr., Bsch Geist No 3	2	6 Geist I
Wibbelt, Müller, Kirchspiel Lamberti	131-1	1 Althoff
Wibbelt, Müller, Kirchspiel Lamberti	132	1 Althoff
Wibbelt, Müller, Kirchspiel Lamberti	131-2	1 Althoff
Wibbelt, Theod. Heinr., Bsch Geist	187	6 Geist I
Wibbelt, Theod. Heinr., Bsch Geist	188-1	6 Geist I
Wibbelt, Theod. Heinr., Bsch Geist	188-2	6 Geist I
Wiedemann, Florenz, zu Münster, Prinzipalmarkt No 25	559	1 Althoff
Wiedemann, Florenz, zu Münster, Prinzipalmarkt	240	6 Geist I
Wiedemann, Florenz, zu Münster, Prinzipalmarkt No 25	252	7 Geist II
Wiegent, Witwe, Seifenfabrikantin, zu Münster, auf der Rothenburg No 149	185	8 Friedrichsburg
Wiegent, Witwe, Seifenfabrikantin, zu Münster, auf der Rothenburg No 149	186	8 Friedrichsburg
Wiese, Joh.Heinr.,seel.Witwe, zu Münster. Schützenstr. No 295	272	1 Althoff
Wilken, *zu Münster, Salzstr.*	199	1 Althoff
Winkelsett, Bernard, zu Münster, Spieckerhof No 46	677	1 Althoff
Winkelsett, Theod. Anton, Gastgeber, zu Münster, Aegidistr. No 60	14	10 Galgheide
Winkelsett, Theod. Anton, Gastgeber, zu Münster, Aegidistr. No 60	15 -1	10 Galgheide

Eigentümer mit Katastralnr. (Haus/Hofnr.) in den Bauerschaften (Bsch)	**Par-zellen-nummer**	**Gemeinde Lamberti,** Flurnummer u. Name der Flurkarte
Winkelsett, Theod. Anton, Gastwirt, zu Münster, Aegidistr. No 60	160	1 Althoff
Winkelsett, Theod. Anton, Gastwirt, zu Münster, Aegidistr. No 60	173	1 Althoff
Winkelsett, Theod. Anton, zu Münster, Aegidiistr. No 60	35	2 Haferland
Winkelsett, Theod. Anton, zu Münster, Aegidiistr. No 60	36	2 Haferland
Winkelsett, Theod. Anton, zu Münster, Aegidistr. No 60	149	1 Althoff
Winkelsett, Theod. Anton, zu Münster, Aegidistr. No 60	162	1 Althoff
Winkelsett, Theod. Anton, zu Münster, Aegidistr. No 60	43-2	8 Friedrichsburg
Winkelsett, Theod. Anton, zu Münster, Aegidistr. No 60	53	8 Friedrichsburg
Winkelsett, Theod. Anton, zu Münster, Aegidistr. No 60	10	11 Untied
Winkelsett, Theodor Anton, zu Münster, Aegidistr. No 60	156	7 Geist II
Winkelsett, Theodor Anton, zu Münster, Aegidistr. No 60	195	7 Geist II
Winkelsett, Theod. Anton, zu Münster, Aegidistr. No 60	51-3	8 Friedrichsburg
Winkelsett, Theod. Anton, zu Münster, und Erben, Dr. Schmitjan, Heinr., zu Hildesheim, jedem zur Hälfte	31	8 Friedrichsburg
Winkelsett, Theodor Anton, zu Münster, auf Aegidistr. No 60, *von der Tinnen, zu Mauritz*	110	7 Geist II
Winkelsett *Winkelzet*, Wilh., zu Münster, Ludgeristr. No 144	218	1 Althoff
Winkelsett, zu Münster, Ludgeristr. No 144	139	6 Geist I
Winninghoff *Wenning-*, Witwe, zu Münster, Huxterstr. *Hucksterstr.* No 269	671	1 Althoff
Winters, Witwe, Rendantin, zu Münster, Domhof No 8	170	1 Althoff
Wippo, Witwe, Wilh. Anton, zu Münster, Ludgeristr. No 171	557	1 Althoff
Wirtensohn *Wiertensohn*, Witwe, zu Münster, Johannesstr.	464	1 Althoff
Wirtensohn *Wiertensohn*, Witwe, zu Münster, Johannesstr.	465	1 Althoff
Wirtensohn *Wiertensohn*, Witwe, zu Münster, Johannesstr.	466	1 Althoff
Wirtensohn *Wiertensohn*, Witwe, zu Münster, Johannesstr.	467	1 Althoff
Wirtensohn, Witwe, zu Münster, Johannesstr.	460	1 Althoff
Wirtensohn, Witwe, zu Münster, Johannesstr.	474	1 Althoff
Wirtensohn, Witwe, zu Münster, Johannesstr.	476	1 Althoff
Wirtensohn, Witwe, zu Münster, Johannesstr., *Schumann*	475	1 Althoff

Eigentümer mit Katastralnr. (Haus/Hofnr.) in den Bauerschaften (Bsch)	**Par-zellen-nummer**	**Gemeinde Lamberti,** Flurnummer u. Name der Flurkarte
Wissing, Joh. Heinr., Bsch Delstrup No 26, Haus	88	2 Haferland
Wittgen Witgen, Franz, zu Münster, Salzstr. 52	591	1 Althoff
Wittkampf, Ignatz, zu Münster, Königsstr. No 223	69	6 Geist
Woestmann, Franz, Zimmermann, Bsch Mecklenbeck	15-2	10 Galgheide
Woestmann, Franz, Zimmermann, Bsch Mecklenbeck	15-3	10 Galgheide
Woldering, Registrator, zu Münster, im Sack	145	1 Althoff
Wolff gnt Hoffmann, Joh. Heinr., zu Hiltrup, No 29	174	7 Geist II
Wolf *Wolff* gnt Hoffmann, Joh. Heinr., zu Kirchspiel Hiltrup, No 29	177	7 Geist II
Wolf *Wolff* gnt Hoffmann, Joh. Heinr., zu Kirchspiel Hiltrup, No 29	214	7 Geist II
Wolf *Wolff* gnt Hoffmann, Joh. Heinr., zu Kirchspiel Hiltrup, No 29	226	7 Geist II
Wolf *Wolff* gnt Hoffmann, Joh. Heinr., zu Kirchspiel Hiltrup, No 29	237	7 Geist II
Wolf *Wolff* gnt Hoffmann, Joh. Heinr., zu Kirchspiel Hiltrup, No 29	245	7 Geist II
Wolff, Nicolaus, zu Münster, unterm Bogen 1, *Prinzipalmarkt*	178	1 Althoff
Z		
Zumbrock, geb. Sophie Schweling, Räthin, zu Münster	159	1 Althoff
Zumbrock, Witwe, zu Münster, Prinzipalmarkt	560	1 Althoff
Zumbrock, Witwe, zu Münster, Prinzipalmarkt No 41?	607	1 Althoff
Zumbrock, geb.Sophie Schweling, Rätin, zu Münster, Königsstr.	388	1 Althoff
Zumhülsen, Witwe, zu Münster, Ludgeristr.	603	1 Althoff
Zurborn, H., zu Münster, Aegidistr.	182	8 Friedrichsburg
Zurborn, H., zu Münster, Aegidistr.	184	8 Friedrichsburg
Zurstrassen, Anton, zu Münster, Roggenmarkt	587	1 Althoff
Zurstrassen, Anton, zu Münster, Roggenmarkt	588	1 Althoff
Zurstrassen, Melchior, Wirt, zu Münster, Salzstr. No 45	586	1 Althoff

D. Themenkarten

Haus Lütkenbeck: Urhandriss und Urkarte von 1828, Neuzeichnung (S. 165)

Gemeinde Lamberti: Lage der Haus-/Hofeigentümer und Pächter in den Bauerschaften Mecklenbeck, Geist und Delstrup (S. 166)

Grundbesitz von Droste zu Vischering mit Pächtern in der Gemeinde Lamberti 1828 -1829 (S. 167)

N

Gemeinde Lamberti, Flur 3 Lüttkenbeck
Urhandriss Abteilung III, Haus Lütkenbeck
aufgenommen vom 10. bis 17. Mai 1828
unter der Leitung der Geometer v. Manger
und Stiehl

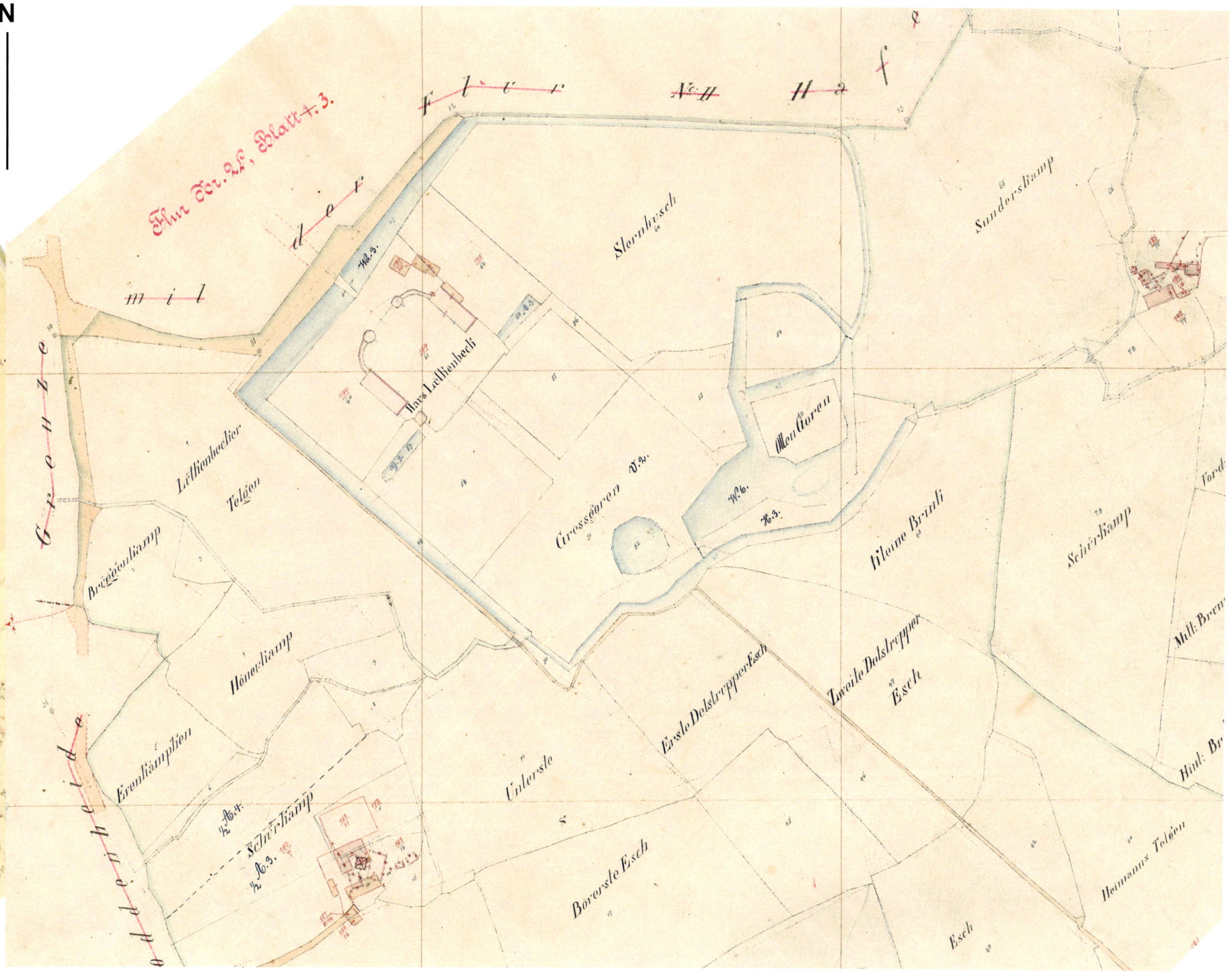

Gemeinde Lamberti, Flur 3 Lüttkenbeck
(Ausschnitt Haus Lütkenbeck)
Urkarte aufgenommen im Jahr 1828,
unter der Leitung der Geometer
von Manger und Stiehl durch Stricker,
chartiert durch Wennemar

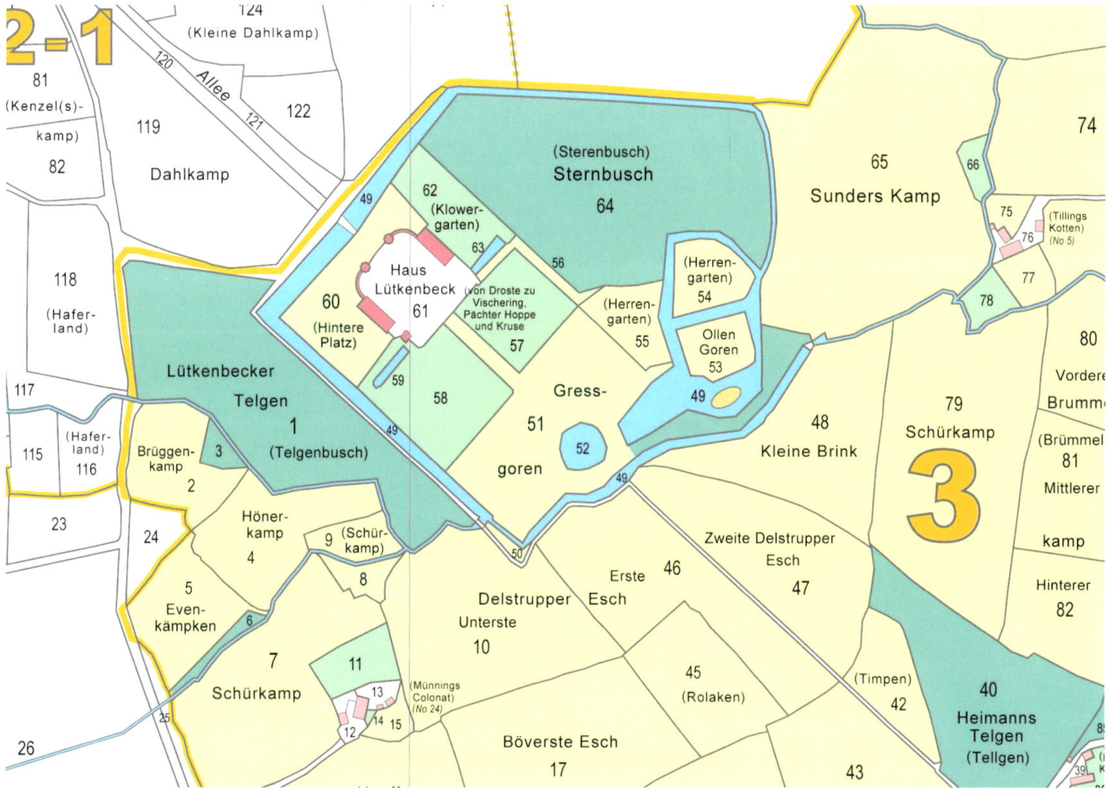

Gemeinde Lamberti, Flur 3 Lüttkenbeck
Neuzeichnung nach der Urkarte, aufgenommen
1828, unter Leitung der Geometer v. Manger
und Stiehl

Haus Lütkenbeck 1828

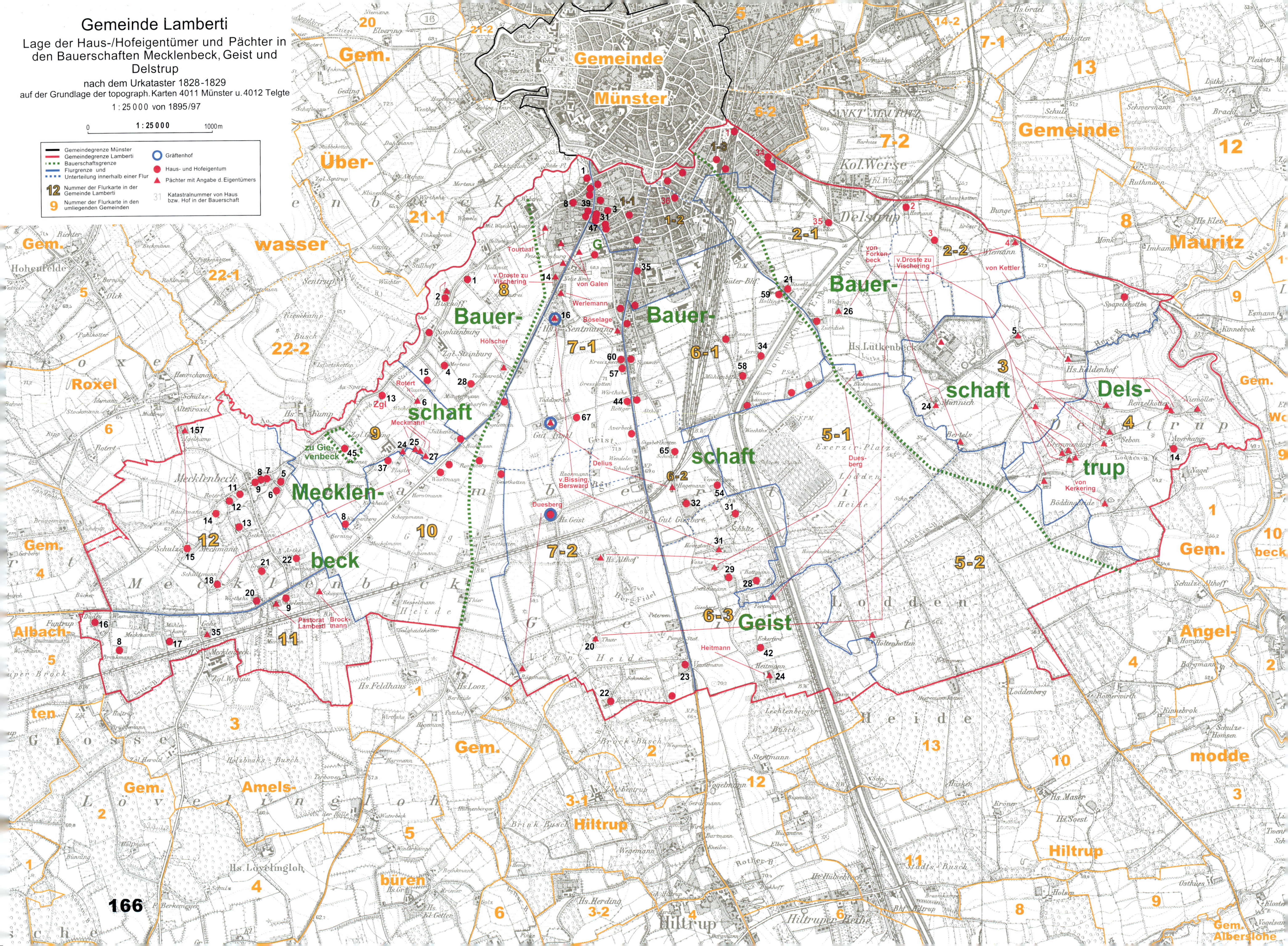
Gemeinde Lamberti
Lage der Haus-/Hofeigentümer und Pächter in den Bauerschaften Mecklenbeck, Geist und Delstrup
nach dem Urkataster 1828-1829
auf der Grundlage der topograph. Karten 4011 Münster u. 4012 Telgte
1 : 25 000 von 1895/97
0
1 : 25 000
1000m
Gemeindegrenze Münster
Gemeindegrenze Lamberti
Bauerschaftsgrenze
Flurgrenze und Unterteilung innerhalb einer Flur
12 Nummer der Flurkarte in der Gemeinde Lamberti
9 Nummer der Flurkarte in den umliegenden Gemeinden
Gräftenhof
Haus- und Hofeigentum
Pächter mit Angabe d. Eigentümers
31 Katastralnummer von Haus bzw. Hof in der Bauerschaft
Gemeinde Münster
Gemeinde Mauritz
Gem. Überwasser
Gem. Roxel
Gem. Albachten
Gem. Amelsbüren
Gem. Hiltrup
Gem. Angelmodde
Gem. Wolbeck
Gem. Albersloh
Bauerschaft Mecklenbeck
Bauerschaft Geist
Bauerschaft Delstrup
Tourtual
v. Droste zu Vischering
von Galen
Werlemann
Böselage
Hölscher
Rotert
Zgl
Meckmann
zu Gievenbeck
Delius
Bauman v. Bissing Berswand
Duesberg
Pastorat Lamberti
Brockmann
Heitmann
von Forkenbeck
v. Droste zu Vischering
von Kettler
von Kerkering
Duesberg
Hiltrup

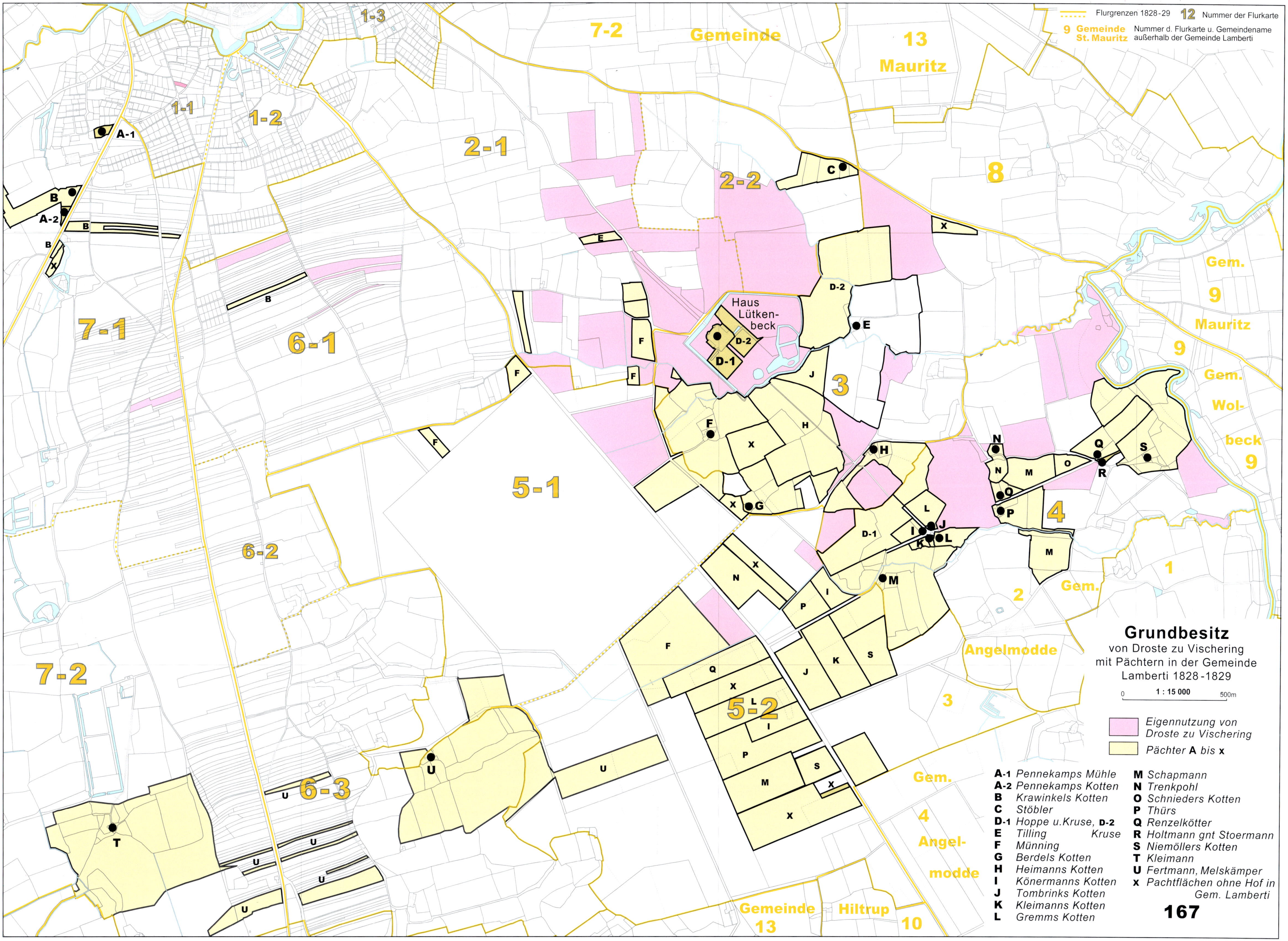

Flurgrenzen 1828-29
12 Nummer der Flurkarte
9 Gemeinde St. Mauritz
Nummer d. Flurkarte u. Gemeindename außerhalb der Gemeinde Lamberti
Haus Lütken-beck
Gemeinde 13 Mauritz
Gem. 9 Mauritz
Gem. Wol-beck 9
Gem. Angelmodde
Gem. 4 Angel-modde
Gemeinde 13
Hiltrup 10
Grundbesitz
von Droste zu Vischering
mit Pächtern in der Gemeinde
Lamberti 1828-1829
1 : 15 000
0
500m
Eigennutzung von Droste zu Vischering
Pächter A bis x
A-1 Pennekamps Mühle
A-2 Pennekamps Kotten
B Krawinkels Kotten
C Stöbler
D-1 Hoppe u. Kruse, D-2 Kruse
E Tilling
F Münning
G Berdels Kotten
H Heimanns Kotten
I Könermanns Kotten
J Tombrinks Kotten
K Kleimanns Kotten
L Gremms Kotten
M Schapmann
N Trenkpohl
O Schnieders Kotten
P Thürs
Q Renzelkötter
R Holtmann gnt Stoermann
S Niemöllers Kotten
T Kleimann
U Fertmann, Melskämper
x Pachtflächen ohne Hof in Gem. Lamberti
167

E. Literatur

100 Jahre Führung des Grundkatasters, in: 60 Jahre Bundesamt für Eich- u. Vermessungswesen, Wien 1984, S. 199-235

100 Jahre Stadtvermessung in Münster 1899-1999, hg. v. d. Stadt Münster, Vermessungs- und Katasteramt, 1999

Altdeutsche Längen- und Flächenmaße, in: Geographisches Taschenbuch 1950, S. 258, und 1953, S. 524-529

Alte lokale u. nichtmetrische Gewichte und Maße umd ihre Größe nach metrischem System. Ein Beitrag in Übersichten und Tabellen, Stuttgart 1985

Barwinski, Klaus-J., Das Liegenschaftskataster als Bestandteil eines Informationssystems, in: Nachrichten aus dem öffentlichen Vermessungsdienst Nordrhein-Westfalens (NÖV), 7. Jg., Heft 1, Febr. 1974, S. 3-23

Batz, E., Der Weg zur Karte, in: Von der Allmende bis zum heutigen Privateigentum, Schriftenreihe des Förderkreises Vermessungstechnisches Museum 3, Stuttgart 1981

Baumann, G., Von französischen Katastervermessungen zur Uraufnahme – die Entwicklung des Pfälzischen Katasterkartenwerks in der Zeit von 1809 bis 1842, in: Das Vermessungs- u. Katasterwesen in der Pfalz, Koblenz 1992, S. 89-119

Berg, Thomas Reinertsen, Auf einem Blatt die ganze Welt, München 2020

Bockhorst, Wolfgang (Hg.), Die Höfe des Münsterlandes und ihre grundherrlichen Verhältnisse, Beiträge der Westfälischen Gesellschaft für Genealogie und Familienforschung, Bd. 52, 1994

Borgert, Nicole, Haus Dyckburg, Universität Essen, Diplomarbeit 1999

Brands, Reinhard, Haus Körde 1022-1976, Münster 1976

Christiani, [.....], Die ungleiche Größe der älteren Feldmaße, in: Verbandsnachrichten, hg. v. Verband Preussischer Katasterkontrolleure, 5-1911, S. 131

Dickel, Hanspeter, Das Preußische Grundsteuerkataster (Urkataster), in: Wonderbaarlijke Tijden – Wundersame Zeiten, Herrschaftswechsel im Achterhoek/ Westmünsterland zwischen 1795 und 1816, darin S. 319-328, Aalten 2004

Die Bedeutung des Vorhabens "Automatisierung der Liegenschaftskarte" für die Kommunalverwaltungen, in: Nachrichten aus dem öffentlichen Vermessungsdienst NRW 14-1981-1, S. 13-52

Diekmann, Fritz, Das niedersächische Vermessungs- und Katasterwesen, in: Methodische Handbuch für Heimatforschung in Niedersachsen, Veröffentlichung des Instituts für historische Landesforschung der Universität Göttingen 1, S. 113-303, Göttingen 1965

Ditt, Hildegard, Struktur und Wandel westfälischer Agrarlandschaften, Veröffentlichung des Provinzialinstituts für westfälische Landes- und Volkskunde, Reihe 1, Heft 13, Münster 1963

Dreier, Franz Adrian (Bearb.), Winkelmessinstrumente vom 16. bis frühen 19. Jahrhundert, Staatliche Museen Preußischer Kulturbesitz. Ausstellungskatalog zur Ausstellung im Kunstgewerbemuseum vom 9.11.1979 bis 23.2.1980, Berlin 1979

Dunkel, A., Katastererneuerung in Duisburg im Wandel der Zeit, in: Nachrichten aus dem öffentlichen Vermessungsdienst NRW 22-1989-1, S. 10-18

Dunkel, A., Arbeiten eines großstädtischen Vermessungs- und Katasteramtes – dargestellt am Beispiel Stadt Duisburg, in: Nachrichten aus dem öffentlichen Vermessungsdienst NRW 24-1991-1, S. 31-49

Eggert, Heinz-Ulrich (Hg.), Umwelt hat Geschichte – auch in Münster, Schriftenreihe des Wilhelm-Hittorf-Gymnasiums Münster, Bd. 6, Münster 1988

Ehrlich, Wilfried, „nach besten synnen und vernunfften", Geschichte der Stadtvermessung Frankfurt a. Main, hg. von der Stadt Frankfurt a. Main, Stadtvermessungsamt, 1987

Eine Stadt wird vermessen. 125 Jahre hamburgische Stadt- und Katastervermessung, Hamburger Schriften zu Bau-, Wohnungs- und Siedlungswesen, Heft 51, 1970

Eisele, V., Baden-Württemberg auf dem Weg zum Koordinatenkataster, in: Festschrift zum 60. Geburtstag von W. Böser, Karlsruher Geowissensch. Schriften, Reihe A, Bd. 2, S. 115-121, 1986

Elter, P. u. Liebsch, H., Erneuerung von Flurkarten im Braunkohlenbergbau, in: Vermessungstechnik 39-1991-5, S. 162-164

Faber, Th. F., Der Wert archivalischer Kartenquellen für die historische Kulturlandschaftsforschung – dargestellt am Beispiel des ehemaligen Amtes Kevelaer, in: Landkarten als Geschichtsquellen, Landschaftsverband Rheinland, Archivberatungsstelle, Archivhefte 16, S. 107-28, Köln 1985

Folkerts, Liselotte, Haus Lütkenbeck, Münster 2003

Förstner, R., Gedanken zum Aufbau eines Vermessungs- und Kartenwerks in Entwicklungsländern, in: Nachrichten aus dem Karten- u. Vermessungswesen 1973, S. 33-52

Freitag, U., Quellen und Tabellen. Das metrische Maßsystem in seinen Beziehungen zu anderen Maßsystemen, in: Kartographische Nachrichten 4-1969, S. 159 und 21-1971-3, S. 115-118

Frese, Werner (Hg.), Von Sankt Mauritius und seiner Gesellschaft, Festschrift zur 150jährigen Neugründung der Pfarre St. Mauritius in Münster, Münster 1995

Fröhlich, H. (Hg.), Das Reisetagebuch des Hauptmann Bendemann. Aus der preußischen Landesvermessung vor 100 Jahren, Karlsruhe 1986

Funcke, H., Von Feldmessern und Flurkarten, in: Lauenburgische Heimat, Ratzeburg, NF Heft 44, 1964, S. 25-47

Geise, Heinrich, Tafeln zur Verwandlung der bisherigen preußischen Morgen, Quadratruthen und Quadratfuße in Hectare, Are, Quadratmeter, Münster 1869

Gruhle, J., Über das Vermessungs- und Katasterwesen in der ehemalingen DDR, in: Mitteilungen Deutscher Verein für Vermessungswesen, Landesverein Hessen 42-1991-1, S. 35-43

Hemann, Friedrich-Wilhelm und Overhageböck, Dieter, Das Dülmener Urkataster von 1825, Grundeigentümer in Stadt und Land in Karten und Tabellen, hg. v. der Stadt Dülmen, Veröffentlichung der Historischen Kommission für Westfalen, Dülmen/Münster 2008

Hemfort, Elisabeth und Reinke, Ulrich, Die Mauritzkirche in Münster, 950 Jahre Stifts- und Pfarrkirche, Münster 2020

Hövelmann, Gregor u. Steinbring, Heinrich (Hg.), 250 Jahre Klevisches Kataster, Studien zur Geschichte der Kartographie und des Vermessungs- und Katasterwesens am Niederrhein, Schriftenreihe des Kreises Kleve 4, 1984

Jaeger, U., Das Vermessungs- und Liegenschaftswesen in Großbritannien, in: Nachrichten aus dem öffentlichen Vermessungsdienst NRW 15-1982-3, S. 151-190

Junk, Heinz-K., Zur Zuverlässigkeit von Katasterkarten des 19. Jh. und historischen Stadtansichten, in: Stad in Kaart, S. 71-93, Groningen 1984

Junk, Heinz-K., Zur edierenden Neuzeichnung einer Urkatasterkarte, in: Mitteilungsblatt des Arbeitskreises für Historische Kartographie in der Arbeitsgemeinschaft Historischer Kommissionen und Landesgeschichtlicher Institute, 25-1986, S. 4-11

Junk, Heinz-K. u. Kessemeier, Siegfried, Westfalen in Landkarten, Druckkartographie 1780-1800, Bildhefte des Westfälischen Landesmuseums für Kunst und Kulturgeschichte, Nr. 23, Münster 1986

Kertscher, K., ALK – die automatisierte Liegenschaftskarte, in: Festschrift B. Schrader zum 65. Geburtstag, Geodätische Schriftenreihe der Technischen Universität Braunschweig 12, S. 93-100, Braunschweig 1994

Kirchhoff, Karl-Heinz, Der Bogengang am Prinzipalmarkt zu Münster, in: Beiträge zur westfälischen Stadtgeschichte, hsg. von Fahlbusch, Friedrich Bernward, S. 135-185, Warendorf 1992

Klüver, H., Kartographische Grundlagen der Regionalforschung: Die Urkataster in Württemberg und Hohenzollern, in: Regionalforschung in der Landesverwaltung, Werkhefte der Staatlichen Archivdirektion Baden-Württemberg, Ser. A: Landesarchivdirektion, Heft 6, S. 65-79, Stuttgart 1995

Kneppe, Cornelia und Pingel, Volker (Hg.), Die Stadtlandwehren des östlichen Münsterlandes, Veröffentlichung der Altertumskommission für Westfalen, Band XIV, Münster 2004

Kötzschke, Rudolph, Ländliche Siedlung und Agrarwesen in Sachsen, Forschungen zur deutschen Landeskunde, Bd. 77, Remagen 1953

Kraft, Benedikt u. Rieger, Wulf, Münster und seine Landschaft 793 -1993, hg. v. Landesamt für Agrarordung NRW, Amt für Agrarordnung Münster, Münster [1993]

Kreucher, Gerald, Die Urkatasteraufnahme in Westfalen, Veröffentlichung des Landesarchivs Nordrhein-Westfalen 20, Düsseldorf 2008

Kühbach, Hans-Theo., Von der Kunst, die Erde zu vermessen. 180 Jahre Landesvermessung – 160 Jahre Kataster im Bergischen, in: Rheinisch-Bergischer Kalender, Heimatjahrbuch für das Bergische Land 56-1985, S. 7-15

Schmitz, Kurt (Hg), Landkarten als Geschichtsquellen, Landschaftsverband Rheinland, Archivberatungsstelle Rheinland, Archivheft 16, Köln 1985

Lego, K., Der Mailänder Kataster – Vorbild der Katastralvermessungen des 19. Jh., in: Nachrichten der Niedersächsischen Vermessungs- und Katasterverwaltung 18-1968-3, S. 89-100

Leopold, J., Das Grund- und Gebäudekataster in Preußen, 1920

Mattenklodt, Herbert-Fritz, Gebiets- und Verwaltungsreform in Nordrhein-Westfalen. Ein Zwischenbericht zum Abschluß des ersten kommunalen Neugliederungsprogramms, in: Westfälische Forschungen 22, Münster 1969/70

Maxweiler, W., Die Katasterkarte als Grundlage für die Heimatforschung, in: Nachrichtenblatt der Vermessungs- und Katasterverwaltung Rheinland-Pfalz 20-1977-4, S. 167-70

Meier, Friedhelm, Die Änderung der Bodennutzung und des Grundeigentums im Ruhrgebiet von 1820 bis 1955, Bad Godesberg 1961

Messner, Robert, Der Franziszeische Grundsteuerkataster, ein Überblick über seinen Werdegang und sein Wirken, in: Jahrbuch des Vereins für Geschichte der

Stadt Wien, Teil 1: Bd. 28-1972, S. 62-105; Teil 2: Bd. 29-1973, S. 88-141; Teil 3: Bd. 30/31-1974/75, S. 125-76; Teil 4: 32/33- 1976/77, S. 133-85

Minow, H., Hinweise zum antiken Vermessungs- und Liegenschaftswesen in der Bibel. Ein kulturgeschichtlicher Beitrag, in: Vermessungs-Ingenieur 1972, S. 69-78

Müller-Wille, Wilhelm, Die Akten der Katastralabschätzung 1822-35 und die Grundsteuerregelung 1861-65 in ihrer Bedeutung für die Landesforschung in Westfalen, in: Westfälische Forschungen 3, Münster 1940, Seiten 48-64

Müller-Wille, Wilhelm und Bertelsmeier, Elisabeth, Der Stadtkreis Münster 1820 bis 1955, Erläuterungen zur Karte 1:10 000. Landeskundliche Karten u. Hefte der Geographischen Kommission für Westfalen, Reihe Siedlung und Landschaft in Westfalen, 19 Seiten und eine großformatige Karte 1:10 000, Münster 1955, vergleiche: Pape 1956

Müller-Wille, Wilhelm, Probleme und Ergebnisse geographischer Landesforschung und Länderkunde, Teile 1 u. 2, Westfälische Geographische Studien 39 u. 40, Münster 1983, darin: Die Akten der Katastralabschätzung 1822-35 und die Grundsteuerregelung 1861-65 in ihrer Bedeutung für die Landesforschung in Westfalen

Orth, G., Das Grundsteuerkataster – Wurzel des modernen Liegenschaftskatasters, in: Das Vermessungs- und Katasterwesen in der Pfalz, Koblenz 1992, S- 57-71

Pape, Heinz, Die Kulturlandschaft des Stadtkreises Münster 1828 auf Grund der Katasterunterlagen, Westfälische Geographische Studien 9, 1956, eine großformatige Karte 1:10000, Münster 1956; gleichzeitig in: Forschungen zur deutschen Landeskunde, Bd. 93, Remagen 1956

Pfeiffer, Elisabeth, Die alten Längen- und Flächenmaße. Ihr Ursprung, geometrische Darstellung und arithmetischen Werte, Bd. 1 u. 2, Sachüberliefererung und Geschichte, Bd. 7, Ellen und ihre Vergleichungen, Siegener Abhandlungen zur Entwicklung der materiellen Kultur, hg. von Harald Witthöft, St. Katharinen 1986/1990

Sandgruber, R., Der Franziszeische Kataster als Quelle für die Wirtschaftsgeschichte und historische Volkskunde, in: Mitteilungen des Nieder-österreichischen Landesarchivs, Wien 1979, S. 17-27

Schäfer, H., Das Brandkataster. Ein Beitrag zur Methode stadtgeographischer Untersuchungen, in: Berichte zur deutschen Landeskunde, Bd. 37, 1966, S. 98-104

Scharlau, K., Katasterkarten und Flurpläne als Forschungsmittel der Siedlungsgeographie, in: Mitteilungsblatt des DVW Hessen 10-1959-1, S. 9-11

Schepers, Josef, Haus und Hof westälischer Bauern, Münster 1976[3]

Schollmeier, Axel und Thier, Bernd, Münster auf alten Postkarten. Vom Aasee zum Hafen, Münster 2023

Siekmann, Mechthild, Die Stadt Münster von 1770, Münster 1989

Siekmann, Mechthild, Brandkataster. in: Mitteilungsblatt des Arbeitskreises f. Historische Kartographie 29-1990, S. 50-65

Spannhoff, Christof, Münsters Ortsnamen.Sprachliche und geschichtliche Betrachtungen, Norderstedt 2020

Stadt Münster, Pläne, Karten, Ansichten, Chronologische Zusammenstellung, Heft 2, hg. v. Vermessungs- u. Katasteramt Münster, Münster 1992

Stichling, P., Die kulturgeschichtliche Bedeutung der Feldmaße, in: Zeitschrift f. Vermessungswesen, 76-1951, S. 161 und 81-1956, S. 61

Stromberg, v., Helmut, Historischer Abriss des französischen Parzellarkatasters von 1807 (Napoleonischer Kataster), in: Nachrichten aus dem öffentlichen Vermessungsdienst Nordrhein-Westfalens (NÖV), 5. Jg., Heft 1, April 1972, S. 26-29; darin auch S. 61-63, Abschnitt III: Zweck und Aufbau des Liegenschaftskatasters. Das preußische Kataster, Teil 1, in: NÖV, 7. Jg., Heft 1, Febr. 1974, S. 24-62, Teil 2, in: NÖV, 7. Jg., Heft 2, Juni 1974, S. 99-146, Teil 3, in: NÖV, 7. Jg., Heft 3, Sept. 1974, S. 184-210, Teil 4, in: NÖV, 7. Jg., Heft 4, Dez. 1974, S. 264-289, Teil 5, in: NÖV, 8. Jg., Heft 2, März 1975, S. 67-86

Theis, Karl-Peter, Franz Leeck und Guido Leeck (Hg.), Ketten, Karten und Koordinaten, Die Entwicklung des Liegenschaftskatasters im Westmünsterland, Beiträge des Heimatvereins Vreden zur Landes- u. Volkskunde 71, Vreden 2006

Tippach, Thomas, Der Rheinisch-Westfälische Kataster. Entstehung – Entwicklung – Quellenwert, in: Westfälischer Städteatlas, Lieferung VIII, Altenbeken 2004

Wagner, G., Die Entstehung und Fortführung des rheinisch-westphälischen Grundsteuer-Katasters, Düsseldorf 1860, ND Koblenz 1983

Westfälischer Städteatlas, hg. v. d. Historischen Kommission für Westfalen: Kirchhoff, Karl-Heinz und Siekmann, Mechthild, Blatt Münster, Lieferung IV, Nr. 3, Altenbeken 1993, Ehbrecht, Wilfried, Blatt Wolbeck, Lieferung IV, Nr. 5, Altenbeken 1993

Wittstock, Bernhard, Rechts- und Verwaltungsvorschriften des Preußischen Grundsteuerkatasters 1820-1945, Berlin 2001

Zubler, L., Novum instrumentum geometricum: Das ist kurtzer und grundtlicher Bericht, alle Weite, Breite, Höhe und Tieffe .... abzumessen sowie newe planimetrische Beschreibung: wie man mit einem .... Instrument alle Stätt, Gärten, Weyer und Landschafften, jedes in sein gewisse Lagerstatt und Proportion auffreissen und verjüngen soll. Basel 1625. ND Dortmund 1978